Niklas Luhmann
Das Recht
der Gesellschaft

Suhrkamp

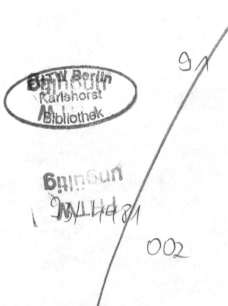

Erste Auflage 1993
© Suhrkamp Verlag Frankfurt am Main 1993
Alle Rechte vorbehalten
Druck: Wagner GmbH, Nördlingen
Printed in Germany

Die Deutsche Bibliothek – CIP-Einheitsaufnahme
Luhmann, Niklas:
Das Recht der Gesellschaft / Niklas Luhmann. –
1. Aufl. – Frankfurt am Main : Suhrkamp, 1993
ISBN 3-518-58168-6

Inhalt

Vorwort

Von der fachlichen Zuordnung her kann der folgende Text als Rechtssoziologie gelesen werden – aber in einem zugleich weiteren und engeren Sinne. Der Kontext des Textes ist eine Theorie der Gesellschaft und nicht eine der auf bestimmte Ausschnitte beschränkten speziellen Soziologie, die den Sektionen soziologischer Gesellschaften oder einzelnen Lehrveranstaltungen ihren Namen geben. Niemand wird bestreiten, daß in der Gesellschaft das Recht einen wichtigen Platz einnimmt. Also muß eine Gesellschaftstheorie sich um das Recht der Gesellschaft kümmern. Und da auch noch die anspruchsvollsten Figuren des Rechts in der Gesellschaft und nur in der Gesellschaft vorkommen, gilt dies bis in die feinsten Verzweigungen der juristischen Semantik und für jede im Recht getroffene Entscheidung – auch wenn sie nur den Durchmesser von Äpfeln oder die Ingredienzen der Biersorten betrifft, die verkauft werden dürfen. Keine Esoterik, keine Seltsamkeit, die vorkommt, darf vorab aus dem Relevanzbereich der Soziologie ausgeschlossen werden. Die Selektion obliegt allein der soziologischen Theorie.

Dies kann gewiß Verschiedenes bedeuten. Wenn im folgenden der Bezug auf die Gesellschaft als umfassendes, alles Soziale einschließendes System als Referenz gewählt wird, liegt darin also auch eine Einschränkung, verglichen etwa mit Ansätzen einer Institutionentheorie, einer Handlungstheorie, einer Professionssoziologie. Einschränkung soll nicht besagen, daß Begriffe anderer Provenienz nicht zugelassen werden; aber die Zuweisung ihrer Plätze obliegt der Gesellschaftstheorie. Die Begriffe (wie: operative Geschlossenheit, Funktion, Codierung/Programmierung, funktionale Differenzierung, strukturelle Kopplung, Selbstbeschreibung, Evolution usw.) sind so gewählt, daß sie auch in anderen Funktionsbereichen der modernen Gesellschaft angewandt werden können. (Ob mit Erfolg, bleibt zu zeigen.) Gelänge ein solcher Gesamtversuch der Anwendung abstrakter Begriffe auf höchst verschiedene Sachbereiche wie Politik und Religion, Wissenschaft und Erziehung, Wirtschaft und eben Recht, dann drängte sich die Vermutung auf, daß eine solche Übereinstimmung im Verschiedenen kein Zufall ist, sondern etwas über die Eigenart der modernen Gesellschaft aussagt; und dies gerade deshalb, weil ein solcher Befund nicht aus dem »Wesen« des Rechts oder irgendeinem anderen »Wesen« gefolgert werden kann.

Mit diesem Beweisziel vor Augen begreifen die folgenden Untersuchungen rechtlich orientierte Kommunikation als Vollzug von Gesellschaft. Sie setzen daher immer, auch wo dies nicht explizit gesagt wird, zwei Systemreferenzen voraus: das Rechtssystem und das Gesellschaftssystem. Sie folgen mit dieser Orientierung Untersuchungen über die Wirtschaft und über die Wissenschaft, die bereits publiziert sind.[1] Eine Einbeziehung weiterer ist geplant.

Meine Arbeiten zum Thema Rechtssystem reichen weit zurück. Sie waren ursprünglich als Parallelpublikation zu einer evolutionstheoretisch angelegten Rechtssoziologie geplant, die systemtheoretische Aspekte voraussetzen mußte, ohne sie ausreichend einbeziehen zu können.[2] In letzter Zeit haben vor allem Aufenthalte an der Law School der Northwestern University in Chicago und an der Cardozo School of Law der Yeshiva University in New York Möglichkeiten geboten, mich mit der Denkweise des Common Law vertraut zu machen. Ich danke den amerikanischen Kolleginnen und Kollegen für diese Förderung. Von Kritik habe ich vor allem aus Anlaß einzelner Vorträge und Tagungen profitiert. Auch kritische Äußerungen zu dem noch unfertigen Konzept einer »Autopoiesis« des Rechts haben die Dosierung der Argumentation im hier vorgelegten Buch beeinflußt.[3] Ich hoffe, daß es mir gelungen ist, allzu schnell gewachsene Mißverständnisse auszuräumen. Daß jede Theorie mit distinkten Eigenarten auch gut begründbare Ablehnung auslöst, versteht sich von selbst. Aber dann sollte man sich an eine Eigenart der jüdischen Rechtsexegese erinnern: daß es wichtig ist, Dissense auf ein angemessenes Niveau zu bringen und als Tradition zu bewahren.

Bielefeld, im Juni 1993   Niklas Luhmann

---

1 Siehe Niklas Luhmann, Die Wirtschaft der Gesellschaft, Frankfurt 1988; ders., Die Wissenschaft der Gesellschaft, Frankfurt 1990.
2 Siehe Niklas Luhmann, Rechtssoziologie (1972), 2. Aufl. Opladen 1983.
3 Siehe vor allem Gunther Teubner (Hrsg.), Autopoietic Law: A New Approach to Law and Society, Berlin 1988, und das Heft 13/5 (1992) des Cardozo Law Review.

Kapitel 1

Zur rechtstheoretischen Ausgangslage

I

In der Welt des Rechts sind theoretische Bemühungen nichts Ungewöhnliches. Sowohl in der Tradition des römischen Zivilrechts als auch in der Tradition des Common Law haben sich juristische Theorien der verschiedensten Art entwickelt.[1] Teils ergab sich ein Bedarf dafür aus dem Rechtsunterricht, teils, und dann überwiegend, aus der Rechtspraxis selbst. Zunächst ging es dabei um rechtsbezogene Argumente der Prozeßbeteiligten, später auch und vor allem um eine Begründung der Gerichtsentscheidung und in diesem Zusammenhang um konsistenten Gerichtsgebrauch. Fallerfahrungen und Begriffe mußten zur Wiederverwendung aufbereitet und zur Verfügung gehalten werden. Dieser Bedarf hat, wie wir noch ausführlich analysieren werden, eine Doppelstruktur. Einerseits müssen Begriffe und Theorien so kondensiert werden, daß sie in der Wiederverwendung identifizierbar sind. Andererseits erfolgt die Wiederverwendung in anderen Situationen, aus Anlaß neuer Fälle und muß die invariant gehaltenen Sinnstrukturen trotzdem bestätigen. Auf dem einen Wege ergibt sich eine Reduktion, auf dem anderen eine Anreicherung mit Sinn, und das eine bedingt das andere.

Die in der Rechtspraxis selbst erzeugten juristischen Theorien halten jedoch nicht das, was der Theoriebegriff im Kontext des Wissenschaftssystems verspricht. Sie sind eher Nebenprodukte der Notwendigkeit, zu tragfähigen Entscheidungen zu kommen. Man kann, ohne zu übertreiben, von einem Vorrang methodischer vor theoretischen Rücksichten sprechen. Theorien gruppieren den Stoff, ordnen das unübersichtliche Material, mit dem die Rechtspraxis es zu tun hat, in problem- und fallnahe Konstellationen, die den Entscheidungsprozeß dann limitieren und führen können. Wenn es zum Beispiel darum geht, eine Kollision von Interessen als Kollision von als *rechtmäßig* anerkannten Interessen zu regeln (etwa: Enteignungsrecht, Notstandsrecht, Gefährdungshaftung),

---

1 Im Common Law findet man entsprechendes Gedankengut allerdings eher unter der (vielleicht treffenderen) Bezeichnung »rules«.

kann es sich empfehlen, Regeln für »Interessenabwägung« zu entwickeln, die beteiligte Interessen nicht vorab schon als unrechtmäßig klassifizieren. Und wenn es darum geht, eine »ungerechtfertigte Bereicherung« an den abzuführen, der entsprechend benachteiligt ist, gerät die Praxis rasch in riffreiches Wasser, in dem kein prinzipienorientierter Kurs gesteuert werden kann und doch wiederholt anwendbare Regeln entwickelt und durch verallgemeinerungsfähige Gesichtspunkte begründet werden müssen.[2]

Eine zweite wesentliche Quelle der begrifflichen Abstraktion und der theoretischen Systematisierung ist der Rechtsunterricht. Man kann dessen Bedeutung im Verhältnis zur Entscheidungspraxis des Rechtssystems verschieden einschätzen.[3] In jedem Fall bereitet jedoch die Ausbildung im Erziehungssystem auf die Ausübung juristischer Berufe vor. Sie kann sich mehr Abstraktion, mehr Allgemeinurteile, auch mehr »Philosophie« leisten, als jemals am Arbeitsplatz wird genutzt werden können. Das für Ausbildungszwecke zubereitete Theoriematerial hat dazu geführt, daß man die Text- und Fallabhängigkeit der Überzeugungskraft juristischer Argumente, also den »lokalen« Charakter juridischer Rationalität oft verkennt.[4] Immerhin wird jede Entwicklung juristischer Theorien auf Akzeptanz im System achten. Die amerikanischen Law Schools halten engen Kontakt mit der American Bar Association. In Deutschland sind juristische Examina »Staatsexamen«. Die Auswirkungen von Universitätsprodukten personeller oder textmäßiger Art können der Praxis des Rechtssystems Änderungen nahelegen, Lehrbücher und Monographien werden gelegentlich in Gerichtsentscheidungen zitiert, aber es muß sich dabei immer noch um eine im System verwendbare Änderung handeln; und um eine Änderung von etwas, was bereits vorlag. Wissenschaftliche Forschung hat natürlich ähnliche Beschränkungen zu beachten – aber in einem ganz anderen System.

2 Siehe an Hand dieses Beispiels Charles Fried, The Artificial Reason of the Law or: What Lawyers Know, Texas Law Review 60 (1981), S. 35-58.

3 Bei R.B.M. Cotterrell, Jurisprudence and Sociology of Law, in: William M. Evan (Hrsg.), The Sociology of Law: A Social-Structural Perspective, New York 1980, S. 21-29 (23) liest man (bezogen auf England) sogar: »jurisprudence derives such unity as it possesses, from its place within legal education«.

4 Ein Parallelfall wäre: die Bilanz- oder Budgetabhängigkeit der Rationalität wirtschaftlicher Entscheidungen.

»Rechtstheorien«, die in der Rechtspraxis oder im Rechtsunterricht entstehen, sind, neben den Texten des geltenden Rechts, die Form, in der das Recht sich als Resultat von Interpretationen präsentiert. Sie sind in diesem Sinne Produkte der Selbstbeobachtung des Rechtssystems, aber damit noch keineswegs Reflexionstheorien, die die Einheit des Systems, den Sinn des Rechts, seine Funktion usw. beschreiben, um daraus dann erwartungsbildende Folgerungen zu ziehen.

Man darf die rechtssysteminterne Arbeit an Rechtstheorie, juristischer Dogmatik, Prinzipien und Begriffen des Rechts also nicht so verstehen, als ob es ausschließlich um eine professionelle Abwehr von Kritik, um Defensive, um symbolische und legitimatorische Funktionen ginge.[5] Im Vordergrund steht vielmehr ein Bemühen um begriffliche Konsistenz, um ein Testen der Verallgemeinerbarkeit von Prinzipien, Begriffen oder Entscheidungsregeln, also um »Amplifikation«[6], und dann um Korrektur zu weit gehender Generalisierungen, vor allem durch das Regel/Ausnahme-Schema. Systemintern kann gerade das aber als Arbeit an Gerechtigkeit verstanden und damit einem Wertbegriff zugeordnet werden, der dem Juristen den Sinn seines Tuns verdeutlicht. Das Legitimationsproblem ergibt sich erst aus den dafür notwendigen Selektionen, also erst aus der sichtbar werdenden Kontingenz der Ergebnisse.

Erst seit etwa drei Jahrzehnten gibt es Bemühungen, die deutlich über diesen Stand der Dinge hinausgehen und sich weder auf dogmatische Theorien noch auf »Rechtsphilosophie« beschränkt wissen wollen. Sie melden ihre Ansprüche unter der Bezeichnung »Rechtstheorie« (im Singular) an.[7] Man versucht unter diesem Titel,

---

5 Diese Auffassung hatte eine Zeitlang die sogenannte »Critical Legal Studies«-Bewegung in den Vereinigten Staaten motiviert. Sie wird heute aber zunehmend ersetzt durch ein Interesse an der sozialen Relevanz von Rechtsformen, das sich nicht mehr unreflektiert »ideologiekritisch« versteht. Siehe z. B. Alan Hunt, The Ideology of Law: Advances and Problems in Recent Applications of the Concept of Ideology to the Analysis of Law, Law and Society Review 19 (1985), S. 11-37; Stewart Field, Without the Law? Professor Arthurs and the Early Factory Inspectorate, Journal of Law and Society 17 (1990), S. 445-468.

6 So z. B. Christian Atias, Epistémologie juridique, Paris 1985, S. 86 f.

7 Siehe vor allem die Zeitschrift »Rechtstheorie« (seit 1970) sowie zahlreiche, das Terrain sondierende Veröffentlichungen ihres geschäftsführenden Redakteurs Werner Krawietz, etwa: Juristische Entscheidung und wissenschaftliche Erkenntnis: Eine

logische und hermeneutische, institutionelle (spätpositivistische) und systemtheoretische, rhetorische und argumentationstheoretische Bestrebungen (oder jedenfalls: Beiträge mit solchen Hintergründen) zusammenzuführen. Ein klares Profil ist einstweilen nicht zu erkennen. Die Unterscheidung von rechtsdogmatischen Theorien und Rechtstheorie in einem allgemeinen Sinne gilt inzwischen als akzeptiert.[8] Aber damit ist die Zuordnung der Rechtstheorie zu den Binnenperspektiven des Rechtssystems noch nicht aufgegeben. Jedenfalls wird auch in der allgemeinen Rechtstheorie der Normbegriff *als Grundbegriff* für unverzichtbar gehalten.[9] Als Grundbegriff – das heißt aber: als durch sich selbst definierter Begriff, als kurzgeschlossene Selbstreferenz. Die Norm schreibt vor, was gesollt ist. Das macht dann auch die Unterscheidung von Normen und Fakten als Leitunterscheidung unentbehrlich, wobei als Faktum das in Betracht kommt, was von der Norm aus gesehen als konform oder als abweichend beurteilt werden kann. Schon mit diesen Festlegungen ordnet die Rechtstheorie sich selbst dem Rechtssystem zu.[10] Es handelt sich immer noch um eine in die Abstraktion und in interdisziplinäre Kontaktsuche getriebene Reflexionstheorie des Rechtssystems mit der alten Grundthese, daß Normen sich nicht aus Fakten »ableiten« lassen und sich auch nicht als Fakten beschreiben lassen, wenn man ihrem Eigenwert, ihrem Sollsinn, ihrem Forderungscharakter gerecht werden will. Und das mag ja auch sein, wenn man auf diese Sinnimmanenz der Normativität abstellt. Aber: daß dies geschieht, weist die Rechtstheorie schon als eine Reflexionsbemühung aus, die herausbekommen will, womit es das Recht seinem eigenen Verständnis nach zu tun hat.

Untersuchung zum Verhältnis von dogmatischer Rechtswissenschaft und rechtswissenschaftlicher Grundlagenforschung, Wien 1978; ders., Recht als Regelsystem, Wiesbaden 1984. In Frankreich hatte man schon früher von théorie générale du droit gesprochen und dabei im wesentlichen an eine Klärung der Prinzipien und Begriffe des Rechts gedacht, die den Anforderungen positiver Wissenschaftlichkeit im Sinne Comtes entsprechen sollte.

8 Siehe nur Krawietz a.a.O. (1978), S. 210 ff.

9 Siehe speziell dazu: Werner Krawietz, Staatliches oder gesellschaftliches Recht? Systemabhängigkeiten normativer Strukturbildung im Funktionssystem Recht, in ders. und Michael Welker (Hrsg.), Kritik der Theorie sozialer Systeme: Auseinandersetzungen mit Luhmanns Hauptwerk, Frankfurt 1992, S. 247-301. Ich komme auf diese Frage bei der Behandlung des Normbegriffs (Kap. 3) zurück.

10 Auch wenn Krawietz a.a.O. (1992) das entschieden bestreitet.

Philosophen hatten immer schon mit Fragen zu tun, die so abstrakt waren, daß man nicht unterstellen konnte, daß Juristen oder in Rechtsfragen verwickelte Laien sich dafür interessieren. Zum Beispiel die Frage, weshalb man verpflichtet sei, dem Recht zu gehorchen.[11] Dies ist zweifellos eine Frage, deren positive Beantwortbarkeit im Rechtssystem unterstellt werden muß, denn anderenfalls würde das System kollabieren. Andererseits gibt es Grenz- und Ausnahmefälle (Widerstandsrecht!). Dann mag auch eine theoretische Klärung der Verpflichtungsfrage hilfreich sein, wenngleich im praktischen Betrieb des Systems nur aus gegebenem Anlaß. (Aber das gilt schließlich für jedes Problem.)

Weiteren Auftrieb erhält diese Tendenz zur Abstraktion einer Rechtstheorie aus Bemühungen um einen Vergleich verschiedener Rechtsordnungen oder Rechtsordnungsfamilien, zum Beispiel solcher des Common Law und solcher mit Kodifikationen wichtiger Rechtsgebiete. Beim Rechtsvergleich ist es wichtig, Distanz zu den Wertungen der einzelnen Rechtsordnungen zu gewinnen, aber trotzdem die Selbstbejahung des Rechts mitzuvollziehen, also zum Beispiel nicht zu bezweifeln, daß Recht durchgesetzt, ein Gesetz fallweise konkretisiert werden muß und daß es gute und weniger gute Gründe für bestimmte Textauslegungen gibt.[12] Ansatzweise kann man hier das Entstehen einer weltweiten Rechtskultur beobachten, die hohen Spielraum für Unterschiede läßt, aber doch auf

11 »Who cares«, fragt zum Beispiel Philip Soper, A Theory of Law, Cambridge Mass. 1984, in seiner Einleitung zu entsprechenden Untersuchungen. Doch die Antwort: die Philosophie, wird kaum befriedigen, denn dann hätte man immer noch die Frage, woher die Philosophie die Relevanz der Frage kennt und wieso sie sich gehindert fühlt (wie man hofft), sie nicht einfach negativ zu beantworten.

12 Siehe als ein Bekenntnis zu solchen residualen Wertungen des Rechts (im Unterschied etwa zu ideologischen oder rein privaten Ansichten) den Abschnitt »Rational Reconstruction« (als Anliegen der Methode) in: D. Neil MacCormick / Robert S. Summers (Hrsg.), Interpreting Statutes: A Comparative Study, Aldershot, Hants. England 1992, S. 18 ff. Hier wird zum Beispiel nicht bezweifelt, daß »justifications« notwendig und in ihrem Begründungsduktus beurteilbar sind; »for rational reconstruction has also a normative element in so far as the rationally reconstructed underlying structure presupposes a model of good or acceptable justification for the decisions of rational beings« (S. 22); und die Feststellung, »interpretation is through and through a matter implicating fundamental values of the law« (S. 538) wird offensichtlich auch von denen, die ihre Untersuchungen damit beschließen, positiv bewertet. (Und wer sollte anders urteilen, wenn schon so formuliert wird.).

ihre eigenen Maßstäbe Wert legt und sich hierin nicht reinreden läßt.

Auch hier wird von Rechtstheorie gesprochen. Eine strikt wissenschaftliche Analyse gibt dem Theoriebegriff aber eine ganz andere, eine den Gegenstand konstituierende Funktion. Jede wissenschaftliche Bemühung hat sich vorab ihres Gegenstandes zu vergewissern. Sie muß ihn bezeichnen und das heißt: unterscheiden können. Dies gilt unabhängig davon, wie man in Fragen der Erkenntnistheorie optiert, ob man also eher realistischen, eher idealistischen oder eher konstruktivistischen Theorien folgt. Mit der Bestimmung des Gegenstandes ist in einem pluralistischen Wissenschaftskontext jedoch zugleich die Möglichkeit, ja die Wahrscheinlichkeit gegeben, daß verschiedene Theorien und erst recht verschiedene Disziplinen ihren Gegenstand verschieden bestimmen und deshalb nicht miteinander kommunizieren können. Sie sprechen dann, auch wenn sie denselben Namen, in unserem Falle »Recht«, verwenden, über Verschiedenes. Es mögen dann Seiten um Seiten mit »Auseinandersetzungen« gefüllt werden, die aber ohne Ergebnis bleiben oder bestenfalls der Schärfung der eigenen Waffen dienen. Man redet aneinander vorbei.

Dies liegt besonders im Verhältnis von Rechtswissenschaft und Soziologie nahe. Für die Rechtswissenschaft geht es um eine normative Ordnung. Für die Soziologie je nach Theorierichtung um soziales Verhalten, Institutionen, soziale Systeme – also um etwas, was so ist, wie es ist, und allenfalls zur Prognose und Erklärung herausfordert. Man kann es bei der Feststellung dieses Unterschiedes belassen, muß dann allerdings einräumen, daß die Disziplinen und innerhalb der Disziplinen die verschiedenen Theorien einander nichts zu sagen haben. Die allgemeine Theorie des Rechts oder das, was in Einführungskursen gelehrt wird, hat sich dann darauf zu beschränken, vorzustellen, was es so alles gibt: Rechtsrealismus amerikanischer und skandinavischer Variante und analytische Rechtstheorie, soziologische Jurisprudenz und Rechtssoziologie, vernunftrechtliche und rechtspositivistische Strömungen mit den jeweils unterschiedlichen Abschwächungen ihrer Spätphasen, ökonomische Analyse des Rechts und Systemtheorie. Auf einen gemeinsamen Nenner muß man verzichten. Oder?

Vielleicht kann man sich heute aber mindestens darauf verständigen, daß es sich nicht lohnt, über die »Natur« oder das »Wesen« des

Rechts zu streiten,[13] und daß die interessante Frage die nach den Grenzen des Rechts ist.[14] Damit stößt man auf das bekannte Problem, ob diese Grenzen analytisch oder konkret, also durch den Beobachter oder durch das Objekt bestimmt seien. Antwortet man (und manche glauben irrig, dazu durch die Wissenschaftstheorie gezwungen zu sein): »analytisch«, konzediert man jedem Beobachter das Recht zu eigener Objektivität und findet sich wieder dort, wo man nur noch die Unmöglichkeit eines interdisziplinären Gesprächs konstatieren kann. Wir antworten deshalb: »durch das Objekt«. Das läuft darauf hinaus zu sagen: Das Recht selbst bestimmt, was die Grenzen des Rechts sind; bestimmt also, was zum Recht gehört und was nicht. Dann verlagert sich der Punkt, an dem Meinungsverschiedenheiten ansetzen können, auf die Frage: *wie* das geschieht.

Kann man die Bemühung um einen interdisziplinär und international gemeinsamen Ausgangspunkt so weit treiben, wird auch der Auswahlbereich für Theorien klein, die hierzu etwas sagen können. Wir können dies in vier Punkten zusammenfassen:

(1) Die Theorie, die beschreibt, wie etwas seine eigenen Grenzen im Verhältnis zur Umwelt erzeugt, ist heute die Systemtheorie. Es mag durchaus andere Theorieangebote geben, aber wenn es sie bereits gibt, halten sie sich gut versteckt.[15] Und deshalb kann auch (noch) nicht entschieden werden, ob ihnen mit Verände-

---

13 Einen neueren Überblick über solche Versuche mit dem Ergebnis, ihr Resultat bleibe ambivalent, findet man bei Manuel Atienza, Introducción al Derecho, Barcelona 1985, S. 5 ff.

14 André-Jean Arnaud, Droit et société: Un carrefour interdisciplinaire, Revue interdisciplinaire d'études juridiques 10 (1988), S. 7-32 (8). Vgl. auch ders., Essai d'une définition stipulative du droit, Droits 10 (1989), S. 11-14.

15 Immerhin: Eine über die Systemtheorie weit hinausgreifende kybernetische Theorie der Beobachtung zweiter Ordnung versucht Ranulph Glanville, Objekte, Berlin 1988. Und überhaupt melden sich unter dem Kennwort »der Beobachter« heute Theorieansätze, die nicht mehr unbedingt auf systemtheoretische Ausformulierungen angewiesen zu sein scheinen. Vgl. z. B. Niklas Luhmann et al., Beobachter: Konvergenz der Erkenntnistheorien?, München 1990. Auch an die »Spieltheorie« könnte man denken; aber ob diese sich dauerhaft von einer konstruktivistisch ansetzenden Systemtheorie unterscheiden kann, ist derzeit nicht sicher abzusehen. Vgl. hierzu das Heft 17-18 (1991) der Zeitschrift Droit et Société; ferner François Ost, Pour une théorie ludique du droit, Droit et Société 20-21 (1992), S. 89-98, sowie Michel van de Kerchove / François Ost, Le droit ou les paradoxes du jeu, Paris 1992 mit Hinweisen auf die neuere Diskussion.

rungen des systemtheoretischen Repertoires zu begegnen wäre, oder durch Anerkennung einer konkurrierenden Alternative.

(2) Die »rein analytische« Bestimmung der Grenzen des Rechts ist bei dieser Vorgehensweise zwar abgelehnt, aber damit entfällt noch nicht die Feststellung, daß alles, was gesagt wird, durch einen Beobachter gesagt wird.[16] Auch eine Theorie, die die Bestimmung der Objektgrenzen dem Objekt selbst überläßt, ist die Theorie eines Beobachters. Aber dieser Beobachter muß sein Beobachten auf einer Ebene zweiter Ordnung organisieren, will er einem sich selbst in seinen Grenzen bestimmenden Objekt gerecht werden oder dies auch nur als Thema zulassen. Er muß sein Objekt als einen Beobachter beobachten, das heißt: als ein Objekt, das sich selbst an der Unterscheidung von System und Umwelt orientiert.

(3) Über den Begriff des beobachtenden Systems erschließt die Systemtheorie einen Zugang zu einer sehr allgemein gehaltenen konstruktivistischen Epistemologie. Damit kann man nicht nur auf Kognition spezialisierte Systeme erfassen[17], sondern Systeme jeder Art, die selbstproduzierte Beobachtungen einsetzen, um ihr Verhältnis zur Umwelt zu regeln, zu der sie keinen direkten operativen Zugang haben – also auch Systeme wie Religion, Kunst, Wirtschaft, Politik – und eben Recht.[18] Die Zusammenführung von derart unterschiedlichen, polykontexturalen Konstruktionen muß dann über eine Theorie der Beobachtung zweiter Ordnung geleistet werden.

(4) Hier angelangt, kann man nun zwei Möglichkeiten sehen und entsprechend eine juristische und eine soziologische Beobachtungsweise des Rechts (immer: des Rechts als eines sich selbst beobachtenden Systems) unterscheiden. Der Soziologe beobachtet das Recht von außen, der Jurist beobachtet es von

---

16 Diese Formulierung bei Humberto R. Maturana, Biologie der Kognition, zit. nach ders., Erkennen: Die Organisation und Verkörperung von Wirklichkeit: Ausgewählte Arbeiten zur biologischen Epistemologie, Braunschweig 1982, S. 34.

17 Hierzu Niklas Luhmann, Die Wissenschaft der Gesellschaft, Frankfurt 1990.

18 Zu den Möglichkeiten, die interdisziplinäre Orientierung der Rechtstheorie in einer konstruktivistischen Epistemologie abzusichern, siehe auch André-Jean Arnaud, Droit et Société: du constat à la construction d'un champs commun, Droit et Société 20-21 (1992), S. 17-37. Vgl. ferner Gunther Teubner, How the Law Thinks: Towards a Constructivist Epistemology of Law, Law and Society Review 23 (1989), S. 727-757.

innen.[19] Der Soziologe folgt nur den Bindungen seines eigenen Systems, das ihm zum Beispiel »empirische Forschungen« abverlangen kann.[20] Der Jurist gehorcht ebenfalls nur den Bindungen seines eigenen Systems, aber dieses System ist das Rechtssystem selbst. Eine soziologische Rechtstheorie liefe demnach auf eine Fremdbeschreibung des Rechtssystems hinaus; aber sie wäre eine sachangemessene Theorie nur, wenn sie das System als ein sich selbst beschreibendes System beschriebe (was in der Rechtssoziologie heute noch kaum ausprobiert ist). Eine juristische Rechtstheorie liefe auf eine Selbstbeschreibung des Rechtssystems hinaus, die aber in Rechnung stellen müßte, daß Selbstbeobachtungen und Selbstbeschreibungen ihren Gegenstand nur in Differenz zu etwas anderem erfassen können. Sie müssen ihn identifizieren, also ihn unterscheiden, um sich selbst ihm zuordnen zu können. Und hier werden einstweilen nur problematische Formeln wie »Recht und Gesellschaft« angeboten, die dem Irrtum Vorschub leisten, als ob das Recht außerhalb der Gesellschaft existiere.[21] Eben deshalb lautet der Titel unseres Buches mit Bedacht: »Das Recht der Gesellschaft«.

Diese wenigen Bemerkungen zu Implikaten eines interdisziplinären Gesprächs führen bereits mitten in ungelöste Theoriefragen hinein.

19 Die Unterscheidung intern/extern ist seit Hart geläufig und inzwischen sogar lexikonreif. Siehe den entsprechenden Beitrag im Dictionnaire encyclopédique de théorie et de sociologie du droit, Paris 1988, S. 197 f. Seitdem etwa François Ost / Michel van de Kerchove, De la scène au balcon: d'où vient la science du droit, in: François Chazel / Jacques Commaille (Hrsg.), Normes juridiques et régulation sociale, Paris 1991, S. 67-80. Der Diskussion fehlt jedoch ein ausgearbeiteter systemtheoretischer Kontext.

20 Wenn dies geschieht, und es gibt Fachvertreter, die sich vehement dafür einsetzen (z. B. Hubert Rottleuthner, Rechtstheorie und Rechtssoziologie, Freiburg 1981), kommt alles darauf an, wie eng der Methodenkanon gefaßt wird und wieviel Themen, die durchaus die Realität des Rechts betreffen, damit aus der Rechtssoziologie ausgeschlossen werden.

21 Gegen diese »fallacy of distinction« auch Csaba Varga, Macrosociological Theories of Law: From the »Lawyer's World Concept« to a Social Science Conception of Law, in: Eugene Kamenka / Robert S. Summers / William L. Twining (Hrsg.), Soziologische Jurisprudenz und realistische Theorien des Rechts, Rechtstheorie Beiheft 9, Berlin 1986, S. 197-215 (198 ff.). Das kann aber nicht heißen, daß man die Unterscheidung von »innen« und »außen« aufgeben muß; sie muß nur in ausreichender Weise theoretisch fundiert werden.

Wir müssen sie an dieser Stelle abbrechen mit der Bemerkung, daß eine adäquate soziologische Rechtstheorie zwar die Vorteile einer externen Beschreibung nutzen kann, die nicht gehalten ist, die internen Normen, Gepflogenheiten, Verständigungsvoraussetzungen zu respektieren. Sie kann, ja sie muß mit inkongruenten Perspektiven arbeiten. Sie darf andererseits aber auch ihr Objekt nicht verfehlen. Das heißt: Sie muß es so beschreiben, wie die Juristen es verstehen. Ihr Objekt ist ein sich selbst beobachtendes und beschreibendes Objekt. Das Sicheinlassen auf die Tatsache der Selbstbeobachtung und Selbstbeschreibung des Objekts ist Voraussetzung einer wissenschaftlich angemessenen, realistischen, und ich möchte sogar sagen: empirisch adäquaten Beschreibung. Oder man müßte den Mut haben, zu bestreiten, daß es Selbstbeobachtungen und Selbstbeschreibungen im Rechtssystem gibt.

II

Diese Überlegungen zwingen uns zu der Anerkennung, daß das, was als Rechtstheorie vorliegt, durchweg im Zusammenhang mit Selbstbeschreibungen des Rechtssystems entstanden ist. Es geht um theoretische Bemühungen, die – bei aller Bereitschaft zur Kritik – das Recht zunächst einmal respektieren und sich zu entsprechenden normativen Bindungen bekennen. Das gilt sowohl für juristische Theorien im engeren Sinne, die aus der Fallpraxis erwachsen und deren Regeln auf verallgemeinerbare Gesichtspunkte beziehen, etwa auf das Prinzip des Vertrauensschutzes, als auch für Reflexionstheorien des Rechtssystems, die die Eigenwertproduktion des Rechts und den Sinn der Autonomie des Rechtssystems darstellen. Formuliert man solche sich aus der Praxis quasi naturwüchsig ergebenden Tendenzen als normatives Gebot, so laufen sie auf die Forderung *konsistenten* Entscheidens hinaus. Das kann als Abwehr von Außeneinflüssen formuliert werden (»ohne Ansehen der Person«) oder auch als rechtsinterne Norm der Gerechtigkeit, der gleichen Behandlung gleicher Fälle. Offensichtlich erfordern solche Kriterien weitere Spezifikationen, das heißt weitere Unterscheidungen, etwa die zwischen relevanten und irrelevanten Personmerkmalen oder die zwischen gleichen und ungleichen Fällen. Daran wird mit Hilfe von Begriffen und Theorien gearbeitet, etwa zur Fixierung von Bedingungen der Kausalzurechnung, zur Qualifizierung der subjektiven Komponente des Handelns (Vorsatz, Fahrlässigkeit) oder zur Unterscheidung verschiedener Fehlerformen, die beim Abschluß oder bei der Durchführung von Verträgen auftreten können. Das Gesamtmaterial dieser Theorieentwicklung macht auf Außenstehende einen zugleich rationalen und chaotischen Eindruck.

Die Juristen selbst neigen heute zur Distanz. Sie beurteilen Rechtskonstruktionen von ihren Folgen her, also mit der Frage, »was dabei herauskommt«. Das können sie, soweit empirische Folgen in Betracht kommen, natürlich nicht wissen. Insoweit ist die Folgenorientierung daher nichts anderes als ein Indikator für die Positivität des Rechts: für die Kompetenz, nach eigener Einschätzung zu entscheiden. Jedenfalls ist sie kein theoriegenerierendes Prinzip.

Konsistenzprobleme sind zunächst nichts anderes als Probleme *informationeller Redundanz*. Logische Konsistenz oder gar selbstgarantierte Widerspruchsfreiheit wird nicht verlangt. Es geht vielmehr darum, durch eine Information weiteren Informationsbedarf zu reduzieren, also den Überraschungseffekt von Entscheidungen zu verringern, Informationen zu raffen und erratbar zu machen, zu welchen Entscheidungen sie führen. Das Recht soll möglichst vorhersehbar sein oder auch ein Instrument, dessen Effekte man berechnen kann. Im Idealfall ergibt ein Stichwort die Entscheidung – so wie die genaue Analyse eines gefundenen Knochens die Feststellung erlaubt, von welcher Tierart er stammt.

Redundanz kollidiert mit der Varietät der Lebenssachverhalte und Rechtsfälle. Je vielgestaltiger die Sachverhalte sind, die in den Beobachtungsbereich des Rechtssystems geraten, desto schwieriger wird die Aufrechterhaltung ausreichender Konsistenz. Das alte Recht hatte sich deshalb weitgehend an Formalitäten gehalten. Wenn »innere Tatbestände«, »Motive«, »Absichten« hinzukommen, wird eine Revision der Kontrollbegrifflichkeit erforderlich. Das gleiche gilt für den Ausbau von Rechtsverfahren in Richtung auf anspruchsvollere, indirektere Beweismöglichkeiten. Daß das Recht selbst für Beweise sorgen müsse, und zwar in Faktenfragen wie in Geltungsfragen, ist, geschichtlich gesehen, keineswegs selbstverständlich gewesen, ja bei genauerer Überlegung eine erstaunliche Zumutung an das Recht. Denn in der Sache geht es um Auflösung einer Paradoxie, um Selbstorganisation, um Durchsetzung gesellschaftlicher Autonomie. Der Durchbruch scheint im 12. Jahrhundert erfolgt zu sein.[22] Seit dem Mittelalter ist diese Entwicklung mit großen Erfolgen, aber auch mit entsprechenden Sicherheitsverlusten vorangetrieben worden – mit Sicherheitsverlusten, auf die dann die Kautelarjurisprudenz durch Vorwegnahme von Entscheidungsproblemen reagieren mußte.

Das alles kann uns am Beginn unserer Untersuchungen nur marginal beschäftigen. Wir müssen darauf zurückkommen. Im Augenblick interessiert nur ein summarischer Blick auf die Folgen dieser Art von Theorieentwicklung. Sie hat zahlreiche Rechtstheorien, aber keine Theorie des Rechts hervorgebracht. Sie hat zur Abbildung ihrer Kasuistik in problemspezifischen Theorien geführt, nicht aber zu einem angemessenen Verständnis des Rechts als einer sich selbst erzeugenden Einheit. Das Ergebnis war eine Theorienvielfalt, nicht aber eine Selbstdarstellung des Rechts als Recht. Den Konsistenzbedürfnissen (Redundanzbedürfnissen) der Praxis konnte auf diese Weise Rechnung getragen werden, aber die Grundlagen mußten »dogmatisch« angeboten bzw. vorausgesetzt werden, das heißt: mit Hilfe von unanalysierten Abstraktionen.

Diese Feststellungen sind nicht als Kritik der bisherigen Theorieentwicklung und ihres Rationalitätsniveaus gemeint. Im Gegenteil: Man könnte heute eher ein Defizit von Informationsverarbeitung in diesem professionell-rationalen Sinne feststellen.[23] Es geht uns also nicht um eine Umlagerung von Rationalitätsinteressen. Wir beschränken uns vielmehr auf die Frage, wie man das Recht als Einheit begreifen kann; und wir werden die Mittel der Systemtheorie einsetzen, um zu untersuchen, auf was man sich einläßt, wenn man die Einheit des Rechts als System definiert.

Natürlich ist dies keine neue Frage. Es gibt eine Reihe von typischen Behandlungsweisen, die aber – und das sollte uns eine Warnung sein – ohne nennenswerten Einfluß auf die Rechtspraxis selbst

---

22 Vgl. Harold J. Berman, Recht und Revolution: Die Bildung der westlichen Rechtstradition, dt. Übers. Frankfurt 1991, S. 252 f. mit Blick auf die Methodisierung der Beweisführung und die Einführung von (zu widerlegenden) Vermutungen. Siehe zum Paradoxieproblem in diesem Zusammenhang auch Roberta Kevelson, Peirce, Paradox, Praxis: The Image, the Conflict, and the Law, Berlin 1990, S. 35 ff.
23 Siehe hierzu Niklas Luhmann, Rechtssystem und Rechtsdogmatik, Stuttgart 1974.

gebliebe n sind.[24] Die vielleicht einflußreichste, jedenfalls traditions-
reichste Konstruktion der Einheit des Rechts hatte mit der Vorstellung einer Hierarchie von Rechtsquellen oder Rechtstypen gearbeitet: ewiges Recht, Naturrecht, positives Recht. Sie konnte sich auf
ein stratifiziertes Gesellschaftssystem und eine entsprechend hierar-
chisierte Weltarchitektur stützen, setzte aber die Notwendigkeit
einer hierarchischen Ordnung dogmatisch und verstellt sich damit
den Blick auf die Paradoxie der Einheit einer Vielfalt. Die Einheit
kann dann nur die Rang*differenz* selbst sein.

Im 18. Jahrhundert wird angesichts des Zerfalls der Ständeordnung
und der zunehmenden Verzeitlichung und Historisierung von
Strukturbeschreibungen[25] die einheitsstiftende Differenz von
Rangordnung auf *Fortschritt* umgestellt. Das Recht ist, nach Hume,
Rousseau, Linguet, Kant und anderen, die historische Zivilisierung
der Gewalt. Bereits Darwin wird jedoch kategorisch ablehnen, von
»höher und niedriger« auch nur zu reden – und damit die Fort-
schrittsidee sabotieren. Damit ist auch die Geistmetaphysik Hegels
ihrer Tragfähigkeit beraubt.

Ebenfalls im 18./19. Jahrhundert erwächst den Rechtstheorien eine
unerwartete Konkurrenz – zunächst in der Form der Sozialstatistik,
dann in verschiedenen, sich rasch differenzierenden Sozialwissenschaften. Bis dahin hatten Rechtslehrer geglaubt, für die Darstellung der Gesellschaft zuständig zu sein.[26] So lag es nahe, »societas«
wie einen Rechtsbegriff zu behandeln und den Ursprung der Gesellschaft nach dem Muster eines Vertrages zu denken. Die sozial-
wissenschaftliche Konkurrenz zeigt dann aber, wie sehr die Rechtslehrer dabei an eigenes Gedankengut gebunden waren. Jetzt konnte
die Darstellung der Gesellschaft als Rechtsinstitut methodisch unterlaufen und zurückgewiesen werden. Die Juristen hatten sich in
Theorien des positiven Rechts zu retten, die auf Legitimationspro-

24 Ausnahmen seien bereitwilligst konzediert. Die naturrechtlichen Argumentationen
   eines Grotius oder eines Pufendorf werden auch in jurisprudentiellen Texten verwendet, nicht jedoch die eines Hobbes oder eines Locke.
25 Vgl. Wolf Lepenies, Das Ende der Naturgeschichte: Wandel kultureller Selbstverständlichkeiten in den Wissenschaften des 18. und 19. Jahrhunderts, München
   1976.
26 Siehe dazu aus der Sicht des angelsächsischen Rechts W. T. Murphy, The Oldest
   Social Science? The Epistemic Properties of the Common Law Tradition, The Modern Law Review 54 (1991), S. 182-215.

bleme stießen. Seit der Mitte des 19. Jahrhunderts zieht man sich folglich auf die *Geltung* von *Werten* zurück, die niemand bestreitet, auch wenn (oder vielleicht gerade weil) daraus für konkrete Fälle nichts folgt.[27] Die Leitdifferenz lautet jetzt: Sein und Geltung, und für die Ermittlung des Geltenden werden nicht mehr inhaltliche, sondern nur noch prozedurale Vorgaben akzeptiert. Damit scheint es möglich zu sein, die Einheit des Rechts in Argumentationsregeln oder schlichter: in einen auszuhandelnden Interessenausgleich zu verlegen. Bemerkenswert ist, daß all diesen Versuchen eine eigentümliche Rechtsferne anhaftet. Das ist verständlich und vermutlich nicht zu ändern. Denn über die Einheit des Rechts wird im Recht ja nicht entschieden, sie wird nur dadurch produziert und reproduziert, daß über Rechtsfragen entschieden wird. Erstmals scheint die sogenannte ökonomische Analyse des Rechts diese Diskrepanz von jurisprudentiell brauchbaren Problemtheorien und Einheitsbeschreibungen zu durchbrechen.[28] Sie bietet einen Nutzenkalkül an, der in einem sehr spezifischen Sinne rational ist und zugleich hinreichend einfach zu handhaben. Das hat, vor allem in den USA, zu einer überraschenden Annäherung von Theorie und Jurisprudenz geführt – freilich unter Inkaufnahme von Vereinfachungen, die eine Anwendung auf verschiedenartigsten Praxisfeldern erst ermöglichen, aber in ihren Auswirkungen auf die Gerichtspraxis selbst begrenzt geblieben sind. Nach langen Erfahrungen mit einem rein individualistisch verstandenen Utilitarismus, mit den Problemen der Aggregation individueller zu sozialen Präferenzen, mit der Unterscheidung von Handlungsnutzen und Regelnutzen sind hinreichende Kautelen eingebaut. Die These, die die bekannten Aggregationsprobleme überspringt, lautet, daß man gerade auf Grund eines individualistischen Ausgangspunktes die für das Gemeinwohl günstigere bzw. ungünstigere Lösung (nicht natürlich: das Gemeinwohl) ausrechnen könne. Dennoch bleiben viele Probleme unge-

---

27 Mit dieser groben Datierung soll nicht bestritten werden, daß auch der Fortschrittsglaube und mit ihm das Schema Gewalt/Zivilisation noch Anhänger findet. Siehe zum Beispiel Walter Bagehot, Physics and Politics: Thoughts on the Application of the Principles of »Natural Selection« and Inheritance to Political Society, (1869), zit. nach Works Bd. IV, Hartford 1895, S. 427-592, der die Entwicklung auf ein »age of discussion« zulaufen sieht.

28 Inzwischen lehrbuchreif, auch in Deutschland. Siehe Hans-Bernd Schäfer / Claus Ott, Lehrbuch der ökonomischen Analyse des Zivilrechts, Berlin 1986.

löst. Das vielleicht wichtigste ist: daß man mit der Zukunft nicht rechnen kann. Es darf also für die Rechtsgeltung des Ergebnisses solcher Nutzenkalküle keinen Unterschied machen, ob sie sich später als richtig oder als falsch erweisen. Wie alle Versuche, die Einheit des Rechts in irgendeiner Form (und Form heißt: maßgebende Unterscheidung) in das Recht einzuführen, beruht auch dieser auf der Auflösung (Entfaltung, Invisibilisierung, Zivilisierung, Asymmetrisierung) einer Paradoxie. Im übrigen ist die letzte Indifferenz gegen richtig oder falsch in bezug auf zukünftige Bewährung von Erwartungen ein typisches Merkmal riskanten Handelns. Die ökonomische Analyse des Rechts rechtfertigt mithin Rechtsentscheidungen als Risikoübernahmen.

Diese Überlegungen ermutigen uns, ohne in eine detaillierte Polemik einzutreten[29], nach anderen Möglichkeiten Ausschau zu halten. Als Leitdifferenz dient uns die Unterscheidung von System und Umwelt, wie sie allen neueren Varianten der Systemtheorie zugrunde liegt. Das hat, wie leicht zu sehen, den wichtigen Vorteil, daß die Gesellschaft (mitsamt ihrer Umwelt) als Umwelt des Rechtssystems mit in den Blick kommt. Die ökonomische Analyse des Rechts kann die Gesellschaft nur als allgemeines System eines, wie indirekt immer vermittelten, Vorteilsausgleichs in Rechnung stellen.[30] Die Systemtheorie kann eine sehr viel reichhaltigere, konkretere Gesellschaftsbeschreibung ausarbeiten, und dies nicht zuletzt in ihrer Anwendung auf *andere* Funktionssysteme der Gesellschaft. Die innergesellschaftliche Umwelt des Rechtssystems erscheint dann als hochkomplex mit der Konsequenz, daß das Rechtssystem dadurch auf sich selber verwiesen wird: auf eigene Autonomie, selbstbestimmte Grenzen, einen eigenen Code und hochselektive Filter, deren Ausweitung das System gefährden oder sogar seiner Strukturdeterminiertheit berauben könnte.

---

29 Vgl. etwa Karl-Heinz Fezer, Aspekte einer Rechtskritik an der economic analysis of law und am property rights approach, Juristen-Zeitung 41 (1986), S. 817-824; ders., Nochmals: Kritik an der ökonomischen Analyse des Rechts, Juristen-Zeitung 43 (1988), S. 223-228. Auch in den amerikanischen Law Schools ist man entsprechend scharf und unversöhnlich gespalten. Siehe auf der Gegenseite etwa Bruce A. Ackerman, Reconstructing American Law, Cambridge Mass. 1984.

30 Das bedeutet im übrigen, daß Zeitverzögerungen in Anschlag gebracht werden müssen, wodurch diese Theorie sich selbst an ihrem empfindlichsten Punkte trifft: an der Unmöglichkeit der Berechnung der Zukunft.

Wie die ökonomische Analyse des Rechts hat auch die systemtheoretische ihre Nachteile. Im Vergleich zu den zuvor skizzierten Rechtstheorien sind beide neuartig; aber in einem ganz verschiedenen Sinn. Der Nachteil der Systemtheorie (wenn es denn ein Nachteil ist) liegt in ihrer hohen Eigenkomplexität und der entsprechenden Abstraktheit der Begriffe. Ihr gedanklicher Einzugsbereich ist interdisziplinär und mit den gewohnten Mitteln wissenschaftlicher Disziplinen (und seien es Großdisziplinen wie Physik, Biologie, Psychologie, Soziologie) nur ausschnitthaft zu erfassen. Kein Jurist wird sich hier angemessen informieren, geschweige denn angesichts rapider Entwicklungen auf dem laufenden halten können. Anwendungen sollen damit nicht ausgeschlossen sein, aber sie werden sich mehr sporadisch und punktuell, eher zufällig und mehr in der Form von Irritationen als in der Form logischer Schlüsse ergeben. Wir verzichten daher vorab auf die Vorstellung einer praxisleitenden Theorie und beschreiben statt dessen das Rechtssystem als ein System, das sich selbst beobachtet und beschreibt, also eigene Theorien entwickelt und dabei »konstruktivistisch«, das heißt ohne jeden Versuch der Abbildung von Außenwelt im System vorgehen muß.

Außerdem arbeitet die Systemtheorie selbstverständlich mit ihrer eigenen Leitunterscheidung, der Unterscheidung von System und Umwelt. Sie muß daher immer die Systemreferenz angeben, von der aus gesehen etwas anderes Umwelt ist. Zieht man die Selbstbeschreibungsfähigkeit von Systemen in Betracht, führt das zwangsläufig zur Unterscheidung von Selbstbeschreibungen und Fremdbeschreibungen des Rechtssystems. Man kann unter dem Kennwort »Rechtstheorie« zwar eine Integration beider Perspektiven postulieren, muß aber gerade von der Systemtheorie aus mit einem Wiederauseinanderbrechen rechnen, sobald man die Theorieleistungen genauer spezifiziert.

Der Sinn dieser Art systemtheoretischer Beschreibung liegt vor allem in der Herstellung eines Zusammenhangs von Rechtstheorie und Gesellschaftstheorie, also in einer gesellschaftstheoretischen Reflexion des Rechts. Die europäische Gesellschaft hatte seit dem Mittelalter eine im internationalen und interkulturellen Vergleich ungewöhnliche Dichte und Anwendungsintensität rechtlicher Regulierungen entwickelt, bis hin zur Definition der Gesellschaft selbst als Rechtsinstitut. Man denke unter anderem daran, daß bereits im Mittelalter zahlreiche Positionen mit Klerikern besetzt waren, die keineswegs immer Theologie, sondern oft (als Alternativstudiengang) kanonisches Recht studiert hatten; ferner an die damit eng zusammenhängende Bedeutung des Rechts für die Entwicklung des modernen Staates und an die Bedeutung des Eigentums für die Entwicklung der modernen Wirtschaft – also an Rechtseinrichtungen, die wir unter dem Gesichtspunkt der strukturellen Kopplung mit anderen Funktionssystemen analysieren werden. Der Umbau der ständischen in die moderne Gesellschaft ist mit Hilfe des Rechts vollzogen worden (wobei Revolution als Rechtsbruch, also ebenfalls als Form des Rechts gesehen werden muß). Nichts berechtigt uns zu der Unterstellung, daß diese ins gesellschaftliche Leben eindringende, es durchdringende und regulierende Rechtskultur in der modernen Gesellschaft sich halten und fortsetzen läßt. Ein Blick in Entwicklungsländer (und zwar auch solche mit Industrie usw.) genügt, um Zweifel zu wecken.[31] Überlastungserscheinungen im gegenwärtigen Rechtssystem werden bereits viel diskutiert. Sie mögen ein Übergangsphänomen sein, das aus dem Zusammentreffen von alten Ansprüchen an rechtliche Regulierungsdichte und neuen Bedingungen resultiert. Man denke nur an die Schwierigkeit, Risikoprobleme oder ökologische Probleme in Rechtsform zu bringen. Aber wie soll man in diesen Fragen urteilen können, welche Art von Theorie kann helfen, wenn es gilt, den Stellenwert des Rechts in der modernen Gesellschaft zu erkennen und die Veränderungen zu notieren, die sich abzuzeichnen beginnen? Sicher nicht die Rückkehr zu einem Naturrecht aristotelischer oder postaristotelischer (vernunftrechtlicher) Provenienz. Auch nicht die Versuche, sich auf »Ethik« zu gründen, der ihrerseits alle deutlichen Konturen fehlen.[32] Aber auch nicht die ökonomische Analyse des Rechts, die zu wenig Informationen gibt über die Gesellschaft, in der sie praktiziert werden muß.

31 Vgl. z. B. Volkmar Gessner, Recht und Konflikt: Eine soziologische Untersuchung privatrechtlicher Konflikte in Mexiko, Tübingen 1976; Marcelo Neves, Verfassung und Positivität des Rechts in der peripheren Moderne: Eine theoretische Betrachtung und eine Interpretation des Falls Brasilien, Berlin 1992.

32 Eher dienen »Ethik-Analysen« oder »Ethik-Kommissionen« heute umgekehrt der politischen Vorbereitung konsenseller Grundlagen für rechtliche Regulierungen und beziehen vom Recht die Aussicht, daß man alles wieder ändern kann, wenn neue Informationen auftauchen oder die Verhältnisse anders eingeschätzt werden.

Die systemtheoretische Analyse ist heute, wenn weit genug begriffen, der einzig ausgearbeitete Kandidat.[33] Sie erfordert zunächst, daß man die Erklärung aus einem *Prinzip* (Gerechtigkeit, Nutzenkalkül, Gewalt) durch die Erklärung aus einer *Unterscheidung* ersetzt, also hier der Unterscheidung von System und Umwelt. Mehr und mehr zeigt sich aber, daß dies keineswegs ausreicht, sondern eine ganze Galaxie von Unterscheidungen erforderlich macht, die ausreichend aufeinander abgestimmt werden müssen; neben der Unterscheidung von System und Umwelt vor allem die evolutionstheoretische Unterscheidung von Variation/Selektion/Restabilisierung, die kommunikationstheoretische Unterscheidung von Information/Mitteilung/Verstehen und, sehr viel fundamentaler, die Unterscheidung von Operation und Beobachtung. Wir werden den sich daraus ergebenden Begriffsapparat nur sehr selektiv einsetzen und ihn bei entsprechender Gelegenheit vorstellen. Im Moment kommt es nur darauf an, auf die Theorietypik hinzuweisen. Eine komplexe Gesellschaft kann, auch wenn man dabei auf entsprechende Komplexität (requisite variety) verzichten muß, nur durch eine komplexe Theorie angemessen beschrieben werden. Und auch ein Urteil über das Recht der Gesellschaft ist nicht anders zu gewinnen.

III

Aus allgemeinen erkenntnistheoretischen Gründen gehen wir davon aus, daß jede Beobachtung und Beschreibung eine Unterscheidung zugrunde legen muß.[34] Um etwas bezeichnen (intendieren, thematisieren) zu können, muß sie es erst einmal unterscheiden können. Unterscheidet sie etwas von allem anderen, bezeichnet sie *Objekte*. Unterscheidet sie dagegen etwas von bestimmten (und nicht von anderen) Gegenbegriffen, bezeichnet sie *Begriffe*. Zur Be-

---

33 Betont sei der historische, andere Möglichkeiten keineswegs ausschließende Charakter dieser Feststellung.

34 Vgl. für ein diesen Gedanken entfaltendes Kalkül George Spencer Brown, Laws of Form, zit. nach dem Neudruck New York 1979. Zum Implikationszusammenhang von Unterscheiden und Selbstreferenz vgl. auch Louis Kauffman, Self-reference and recursive forms, Journal of Social and Biological Structures 10 (1987), S. 53 bis 72.

griffsbildung gelangt man also nur, wenn man Unterscheidungen unterscheiden kann. Ein theoretisches Verständnis des Rechts setzt Begriffsbildung in mindestens diesem, hier nur ganz anspruchslos skizzierten Sinne voraus.[35]

Lassen wir die bereits erörterten Ansätze zu einer Rechtstheorie noch einmal Revue passieren. Dann zeigt sich, daß sie verschiedene Unterscheidungen verwenden, also auch verschiedene »Formen« bilden[36], also auch verschiedene Gegenstände konstruieren.

Das alteuropäische Naturrecht arbeitet mit einer statischen Weltarchitektur und entsprechend mit der Unterscheidung von oben und unten, begriffen als Rang- und als Qualitätsdifferenz. Diese Ebenen- (Quellen-, Qualitäts-) Hierarchie findet ihren Halt in einer allgemeinen kosmologischen Hierarchie des Wesens der Dinge, und Recht wird innerhalb dieser Hierarchie als eine besondere Wesenheit unterschieden. Das heißt: Das Naturrecht beruht nicht nur unmittelbar auf Naturerkenntnis (so wie heute die Physik), sondern ist mitsamt der es tragenden Hierarchie durch ein ontologisches Weltverständnis gestützt, das sich über eine zweiwertige Logik artikuliert. Infolgedessen verschwimmt das, was man als Gegenseite ansehen könnte. Das Unrecht ist kein Recht. Unrecht und Nichtrecht können theoretisch nicht unterschieden werden (obwohl doch nicht jedes Handeln ein Rechtsproblem aufwirft), und diese Nichtunterscheidung stützt ihrerseits den Eindruck der Unausweichlichkeit einer Rechtsordnung.

Das Vernunftrecht des 17. und 18. Jahrhunderts läßt sich bereits stärker auf eine Nutzenperspektive (Wohlfahrtsperspektive) ein, die die Relevanz von Schichtung relativiert. Die bestimmende Unterscheidung ist hier bereits nützlich/nutzlos/schädlich, und das Freiheitspostulat gilt unter der Voraussetzung, daß es einen großen Bereich menschlichen Handelns gebe, in dem der Einzelne seinen eigenen Nutzen fördern könne, aber niemandem sonst schade. Die heutige ökonomische Analyse des Rechts kann als Fortsetzung dieses Konzepts unter Berücksichtigung der bisher aufgetretenen Be-

---

35 Daß die Ausarbeitung von *Theorien* weiteren Anforderungen genügen und die Begriffsbildung unter spezifischere Bedingungen stellen muß, versteht sich von selbst. Man denke etwa an Bedingungen der Konsistenz (Redundanz) bei zunehmender Komplexität.

36 »Formen« im Sinne von George Spencer Brown als Grenzmarkierungen, die zwei Seiten trennen.

denken verstanden werden. Das Generalisierungspostulat der Transzendentalphilosophie führt diese Annahme auf ein Prinzip zurück.

Nebenher läuft die temporale Unterscheidung, mit der die Aufklärung sich zur Promotion des Fortschritts berechtigt, die Unterscheidung von Gewalt und Zivilisation. Diese Unterscheidung hat in ihrem Ausgangspunkt »Gewalt« (vis, nicht potestas) bereits einen rechtsspezifischen Ansatz. Entsprechend wird, seit Thomasius, Naturrecht nur noch als erzwingbares Recht verstanden und über die Außen/Innen-Unterscheidung gegen Moral abgegrenzt. In dieser Form tendiert die Unterscheidung Gewalt/Zivilisation bereits dazu, nur noch positives Recht anzuerkennen. Aber der (im 18. Jahrhundert neu geschaffene)[37] Begriff der Zivilisation bezieht noch die gesamte gesellschaftliche Entwicklung (auch Erziehung, auch die Vorteile der Arbeitsteilung) ein und macht damit die Rechtstheorie abhängig von der Voraussetzung eines zivilisatorischen Fortschritts. Gegenüber dem älteren Naturrecht liegt in der Einbeziehung von Geschichte und in der Tendenz zur Reduktion auf (wie immer argumentativ kontrolliertes, vernünftig durchdachtes) positives Recht jedoch eine deutliche Anpassung an die Bedingungen der modernen Gesellschaft, die sich im 18. Jahrhundert abzuzeichnen beginnen.

Die Unterscheidung Gewalt/Zivilisation wird bereits im 18. Jahrhundert, zunächst erfolglos, angegriffen.[38] Sie zerfällt – nicht unbedingt als Unterscheidung, wohl aber als ausreichende Grundlagentheorie des Rechts – mit dem Verlust des Fortschrittsvertrauens und wird ersetzt durch die Unterscheidung von Sein und (Wert-)Geltung. Mit Hilfe dieser Unterscheidung kann das Recht sich von den Fakten des gesellschaftlichen Lebens absondern, eine eigene »geistige« Existenz behaupten, die Autonomie eines besonderen Kulturbereichs in Anspruch nehmen. Innerhalb der Rechtstheorie führt das dann zu Schulstreitigkeiten, etwa zu der Kontroverse Be-

---

37 Nach Werner Kraus, Zur Anthropologie des 18. Jahrhunderts: Die Frühgeschichte der Menschheit im Blickpunkt der Aufklärung, München 1979, S. 65, findet sich der Begriff »Zivilisation« zuerst bei Nicolas-Antoine Boulanger, L'Antiquité dévoilée par ces usages, Amsterdam 1766. »Civiliser« ist bereits im 17. Jahrhundert geläufig.

38 Vgl. z. B. Simon-Nicolas-Henri Linguet, Théorie des loix civiles, ou Principes fondamentaux de la société, 2 Bde. London 1767, insb. den discours préliminaire.

griffsjurisprudenz/Interessenjurisprudenz, und zur weiteren Unterscheidung von Legalität und Legitimität, letztere durch Bezug auf Werte definiert.

Vor diesem Hintergrund ist zu verstehen, daß die frühe Rechtssoziologie durch die Unterscheidung von Normen und Fakten in Gang und zugleich auf Distanz gebracht wurde.[39] Für den juristischen Praktiker war es immer selbstverständlich gewesen, daß er auch über Fakten und Faktenzusammenhänge zu urteilen habe, und dies um so mehr, je mehr ihm »social engineering« zugemutet wurde. Insofern führte die Reduktion der Rechtswissenschaft auf eine Normwissenschaft zum Ergänzungspostulat einer Rechtssoziologie als Hilfswissenschaft für die Rechtssetzung und Rechtsanwendung – als »Rechtstatsachenforschung«, wie manche heute noch sagen.[40] In der Soziologie selbst hat dies nicht viel Resonanz gefunden. Ihr ging es bei der Durchsetzung des Unabhängigkeitsanspruchs ihrer Disziplin eher darum, die Gesellschaft selbst als Norm generierendes, auf normative Orientierungen (Religion, Moral, Recht) angewiesenes Faktum darzustellen.[41] Jedenfalls ist es soziologisch (also auch: rechtssoziologisch) ganz unmöglich, den Gegenstandsbereich der Soziologie mit Hilfe der Unterscheidung von Normen und Fakten zu bezeichnen.

Nach einer derart langen Geschichte, in der viele Unterscheidungen benutzt worden sind und dabei ihre Besonderheiten und Grenzen erwiesen haben, steht man vor der Frage, wie man die Einsichtsgewinne behalten und zugleich eine Theorie des Rechts neu formulie-

---

39 Vgl. als klassische Formulierung Hans Kelsen, Zur Soziologie des Rechts: Kritische Betrachtungen, in: Archiv für Sozialwissenschaft und Sozialpolitik 34 (1912), S. 601-614; ders., Der soziologische und der juristische Staatsbegriff: Kritische Untersuchung des Verhältnisses zwischen Staat und Recht, Tübingen 1922.

40 Siehe die unter diesem Namen vom Bundesministerium der Justiz herausgegebene Schriftenreihe. Für einen Überblick aus der Sicht des Verwenders vgl. Dietrich Stempel, Empirische Rechtsforschung als Ressortforschung im Bundesministerium der Justiz, Zeitschrift für Rechtssoziologie 9 (1988), S. 190-201.

41 Gewisse Zusammenhänge mit der Rechtstheorie wurden mit Hilfe des (gegenwärtig gerade wieder aufgewärmten) Begriffs der »Institution« hergestellt. Siehe vor allem Santi Romano, L'ordinamento giuridico, Neudruck der 2. Aufl. Firenze 1962; Maurice Hauriou, Die Theorie der Institution und zwei andere Aufsätze, dt. Übers. (Hrsg. von Roman Schnur), Berlin 1965. Sie haben den Rechtsquellenbegriff soziologisiert, haben aber juristisch nicht sehr weit geführt. Zur aktuellen Diskussion vgl. Neil MacCormick / Ota Weinberger, An Institutional Theory of Law, Dordrecht 1986.

ren könne. Man kann daran denken, dies vermittels einer Mediatisierung der bisher verwendeten Unterscheidungen zu versuchen. Die Frage ist dann aber, welche transzendierende Unterscheidung dies leisten könnte. Selbstverständlich achtet der Jurist auf die Folgen seiner Entscheidungen und bewertet sie unterschiedlich je nach dem, welchen Interessen sie nützen bzw. schaden. Selbstverständlich unterscheidet das Recht Normen und Fakten, Seiendes und Geltendes. Nur kann offenbar keine dieser Unterscheidungen so verwendet werden, daß die eine Seite das Recht und die andere Seite etwas anderes bezeichnet. Offenbar definiert also keine dieser Unterscheidungen die Form des Rechts im Sinne eines Gegenstandes der Beobachtung und Beschreibung. Vielmehr wird man davon ausgehen müssen, daß das Recht diese Unterscheidungen selbst erzeugt, um mit ihrer Hilfe die eigenen Operationen zu orientieren, sie mit Beobachtungsfähigkeit auszustatten. Was die Tradition uns gibt, sind nicht Recht konstituierende Unterscheidungen, sondern Unterscheidungen, die im Rechtsbetrieb selbst produziert und mit jeweils begrenztem Ertrag verwendet werden.

Bei dieser Frage nach der Unterscheidung *des* Rechts angelangt, können wir unsere Karten auf den Tisch legen. Die gestellte Aufgabe kann gelöst werden, wenn es gelingt, das Recht als ein autopoietisches, sich selbst unterscheidendes System zu beschreiben. Dieses Theorieprogramm impliziert, daß das Recht alle Unterscheidungen und Bezeichnungen, die es verwendet, selbst produziert, und daß die Einheit des Rechts nichts anderes ist als das Faktum der Selbstproduktion, der »Autopoiesis«. Die Gesellschaft ist entsprechend als eine dies ermöglichende und aushaltende soziale Umwelt zu behandeln. Der typische Einwand ist sofort, daß dies auf eine völlige Herauslösung des Rechts aus der Gesellschaft, auf eine Art juristischen Solipsismus hinauslaufen würde. Das Gegenteil trifft zu. Dies allerdings kann man nur auf dem Wege einer Vollrezeption von neueren Entwicklungen in der Systemtheorie zeigen, und das belastet den hier vorgeschlagenen Theorieansatz mit komplexen und hochabstrakten Vorüberlegungen, die, im Kontrast dazu, alle bisherigen Rechtstheorien in geradezu klassischer Einfachheit erscheinen lassen. Aber wenn genau das deren Problem war, wenn genau dieses Sichstützen auf ein Prinzip oder auf eine das Recht bestimmende Unterscheidung als unzulänglich erscheint, bleibt kein anderer Weg, als es mit Theorien von höherer Ordnungsmacht, von höherer struktureller Komplexität zu versuchen. Das muß nicht auf den Linien geschehen, die wir in den folgenden Untersuchungen ziehen werden; aber wenn das Problem einmal so gestellt ist, muß jede Alternative dem Problem gewachsen sein.

IV

Im Unterschied zu jurisprudentiellen, rechtsphilosophischen oder sonstigen Rechtstheorien, die auf Gebrauch im Rechtssystem selbst abzielen oder jedenfalls den dort einleuchtenden Sinn aufnehmen und verarbeiten wollen, ist der Adressat der Rechtssoziologie die Wissenschaft selbst und nicht das Rechtssystem. Bei aller Nähe zu rechtstheoretischen Formulierungen (denn schließlich handelt es sich immer um das Recht) muß diese Differenz im Auge behalten werden. Das heißt vor allem, daß die Analysen der folgenden Kapitel normative Implikate strikt vermeiden. Die Aussagen bleiben voll und ganz auf der Ebene dessen, was die Soziologie als Fakten feststellen kann. Alle Begriffe haben in diesem Sinne eine empirische Referenz. Das heißt natürlich nicht, daß wir uns auf Aussagen beschränken, die durch empirische Forschungen im Sinne des üblichen Instrumentariums abgedeckt sind oder abgedeckt werden können. Dazu ist die Reichweite der anerkannten Methoden zu gering.[42]
Um so wichtiger ist es, bei der Begriffswahl Wert darauf zu legen, daß die Begriffe jeweils beobachtbare Sachverhalte bezeichnen, auch wenn auf der Ebene der damit formulierten Aussagen die Beschränkung auf empirisch testbare Hypothesen nicht eingehalten wird. Wir vermeiden, anders gesagt, Aussagen über eine Ideenwelt, eine besondere Ebene der Werte, Normen oder ein »Sollen« im Sinne Kelsens ohne empirische Referenz. Es gibt (für Soziologen) keine »Idee des Rechts« oberhalb des Rechts. Auch entfällt (für

---

42 Nicht selten wird das als Mangel der im folgenden präsentierten Theorie des autopoietischen Rechtssystems herausgestellt – so zum Beispiel von William M. Evan, Social Structure and Law: Theoretical and Empirical Perspectives, Newbury Park 1990. Die eigenen Vorstellungen dieses Autors gehen dann aber in so abenteuerlicher Weise über die empirischen Forschungsmöglichkeiten hinaus, die sich, wenn man sich an den verfügbaren Instrumenten orientiert, vertreten lassen, daß es dann schon besser ist, bestimmte Ansprüche gar nicht erst zu erheben.

Soziologen) die Vorstellung eines »übergesetzlichen Rechts« als einer besonderen Geltungsebene oberhalb der praktizierten Rechtsordnung, von der aus geprüft werden könnte, ob das Recht überhaupt Recht ist oder nicht.[43] Vielmehr prüft das Recht sich selbst, und soweit dies nicht geschieht, geschieht es nicht. Deshalb erscheint das, was im Rechtssystem eventuell als »übergesetzliches Recht« angesehen wird, an den positiven Normen des Verfassungsrechts und wäre ohne diese nicht als Recht erkennbar. Der Begriff der Norm bezieht sich auf eine bestimmte Form faktischen Erwartens, die entweder psychisch oder als gemeinter und verständlicher Sinn von Kommunikationen beobachtbar sein muß. Solche Erwartungen liegen vor – oder sie liegen nicht vor. Und wenn man formulieren will, daß sie vorliegen sollen, muß man nicht auf eine an sich seiende Ebene normativen Sollens zurückgehen, sondern wiederum nur auf Erwartungen, nämlich auf Erwartungen, die normativ erwarten, daß normativ zu erwarten ist.

Erst recht verstehen wir den Begriff der Geltung nicht in einem normativen Sinne, so als ob impliziert sei, daß das, was gilt, auch gelten soll. Wir schneiden jeden Rekurs auf eine »höhere Ebene« der Sollwertzuteilung ab. Recht gilt, wenn es mit dem Geltungssymbol als geltend bezeichnet wird – und wenn nicht, dann nicht.

Schließlich enthält auch der Funktionsbegriff keinerlei normative oder auch nur teleologische Sinnbeimischungen. Es geht um nichts weiter als um einen limitierenden Vergleichsgesichtspunkt und, vom Gesellschaftssystem her gesehen, um ein Problem, dessen Lösung (mit der einen oder anderen Variante von Recht) Voraussetzung ist für die Evolution höherer Grade von Systemkomplexität.

Auch die Rechtstheorie selbst hat sich bisweilen bis nahe an eine solche dezidiert faktenorientierte Selbstbeschreibung herangewagt, etwa unter dem Einfluß des Behaviorismus der ersten Hälfte des 20. Jahrhunderts oder der »unity of science«-Bewegung. Eine genauere Analyse führt dann aber sehr rasch auf Schwachpunkte der Argumentation, zumindest auf Ambivalenzen, die genau dort pla-

---

43 Siehe etwa von juristischer Seite Otto Bachof, Verfassungswidrige Verfassungsnormen? Tübingen 1951, neu gedruckt in ders., Wege zum Rechtsstaat: Ausgewählte Studien zum öffentlichen Recht, Königstein/Ts. 1979, S. 1-48.

ciert sind, wo von der Rechtstheorie eine ins Normative gehende Aussage erwartet wird. So leitet Karl Olivecrona seine programmatische Monographie »Law as Fact«[44] mit dem Thema »The Binding Force of the Law« ein und versucht, alle Mystifikationen des Naturrechts oder der positivistischen Theorie vom Willen des Staates auszufiltern. Wer aber strikt auf die Faktizität des Rechtsgeschehens achtet, würde noch nicht einmal das Problem so formulieren. Das Recht hat keine bindende Gewalt, es besteht nur aus Kommunikationen und Strukturablagerungen von Kommunikationen, die eine solche Sinngebung mitführen. Auch wir werden von »Zeitbindung« sprechen – aber nur in einem Verständnis, in dem man auch sagen kann, daß die Sprache Zeit bindet durch Festlegung des Sinns von Worten auch für zukünftigen Gebrauch.

Es ist nur eine andere Version dieser Grenzziehung gegenüber einer, sagen wir »rechtsfreundlichen«, Rechtstheorie, wenn wir festhalten, daß die Unterscheidung von Normen und Fakten eine rechtssysteminterne Unterscheidung ist. Schon durch Ausarbeitung dieser Unterscheidung ordnet sich die Rechtstheorie dem Rechtssystem zu – und ein. Für die Wissenschaft ist diese Unterscheidung – als Unterscheidung! – ohne Belang. Oder anders gesagt: Wenn hier von der Unterscheidung von Normen und Fakten die Rede ist, dann als von einem Faktum, nämlich von der Tatsache, daß im Rechtssystem aus nachvollziehbaren Gründen so unterschieden wird. Das Wissenschaftssystem hat es nur mit Tatsachen zu tun und unterscheidet Tatsachen von Begriffen – so wie Fremdreferenz von Selbstreferenz. Und deshalb ist es letztlich trivial, auf den nichtnormativen Charakter der Begriffe und Aussagen im folgenden Text hinzuweisen.

V

Anders als die übliche Rechtssoziologie, die ihre Zugehörigkeit zur Soziologie vor allem an der Verwendung empirischer Methoden ausweist und im übrigen in der Soziologie gebrauchte Theorien auf das Recht überträgt, gehen wir davon aus, daß das Rechtssystem ein

---

44 Copenhagen - London 1939.

Teilsystem des Gesellschaftssystems ist.[45] Die folgenden Analysen
verstehen sich daher auch, ja sogar in erster Linie, als ein Beitrag zur
Gesellschaftstheorie. Ebenfalls im Kontrast zu üblichen sozialwissenschaftlichen Analysen des Rechts interessiert uns aber nicht
primär, welche Einflüsse die Gesellschaft auf das Recht ausübt.
Eine solche im Kontext von »Law and Society«-Forschungen übliche Fragestellung setzt ja voraus, daß das Recht bereits konstituiert
ist als etwas, was gesellschaftlichen Einflüssen mehr oder weniger
unterliegen kann. Die Vorfrage, wie Recht in der Gesellschaft überhaupt möglich ist, wird dabei weder gestellt noch beantwortet.
Das folgende Kapitel dient der Ausarbeitung dieser Fragestellung.
Dabei setzen wir voraus, daß die Einheit eines Systems nur durch
das System selbst und nicht durch Faktoren in dessen Umwelt produziert und reproduziert werden kann. Das gilt sowohl für die
Gesellschaft selbst als auch für ihr Rechtssystem. Wir legen den
folgenden Analysen zwar durchgehend und konsequent die Systemreferenz »Rechtssystem« zugrunde, müssen aber vorab klar-
stellen, daß das Verhältnis dieses Systems zum umfassenden
Gesellschaftssystem mehrdeutig ist. Einerseits ist die Gesellschaft
Umwelt ihres Rechtssystems, andererseits sind aber alle Operationen des Rechtssystems immer auch Operationen in der Gesellschaft, also Operationen der Gesellschaft. Das Rechtssystem
vollzieht Gesellschaft, indem es sich in der Gesellschaft ausdifferenziert. Es legt, anders gesagt, mit den eigenen Operationen (die
zugleich gesellschaftliche Operationen sind) einen eigenen Schnitt
in die Gesellschaft, und erst dadurch entsteht in der Gesellschaft
eine gesellschaftsinterne Umwelt des Rechts, so daß man daraufhin
fragen kann, wie Einflüsse dieser Umwelt auf das Recht ausgeübt
werden können, ohne daß dies dazu führte, daß Recht und Gesellschaft nicht mehr zu unterscheiden sind.
Die darin liegende Problematik der zweideutigen Beziehung von
Recht und Gesellschaft wird klar, wenn man von einem strikt operativen Ansatz ausgeht. Das heißt: Die Einheit eines Systems (und
das schließt Strukturen und Grenzen des Systems ein) wird durch
die Operationen des Systems produziert und reproduziert. Wir
werden auch von »operativer Geschlossenheit« des Systems spre-

45 Siehe für eine ähnliche Sichtweise auch Adam Podgorecki / Christopher J. Whelan /
Dinesh Khosla (Hrsg.), Legal Systems and Social Systems, London 1985.

chen. Das gilt sowohl für das Gesellschaftssystem als auch für das Rechtssystem. Die Operationsweise, die das Gesellschaftssystem produziert und reproduziert, ist die sinnhafte Kommunikation.[46] Das erlaubt es zu sagen, daß das Rechtssystem insofern ein Teilsystem der Gesellschaft ist, als es die Operationsweise der Kommunikation benutzt, also nichts anderes tun kann, als im Medium von Sinn mittels Kommunikation Formen (Sätze) zu bilden. Daß dies möglich und im Laufe einer langen soziokulturellen Evolution selbstverständlich geworden ist, ist eine Leistung des Gesellschaftssystems. Das garantiert dem Rechtssystem zum Beispiel, daß weder Papier noch Tinte, weder Menschen noch andere Organismen, weder die Gerichtshäuser und ihre Räume noch die Telefonapparate oder Computer, die dort benutzt werden, Teil des Systems sind.[47] Diese Außengrenze ist bereits durch die Gesellschaft konstituiert. Wer mit einem Telefon zu kommunizieren versucht (»hör auf zu klingeln!«), begeht eine Systemverwechslung, denn man kann nur mittels eines Telefons kommunizieren.

Das Rechtssystem operiert also in der Form von Kommunikation im Schutz von Grenzen, die durch die Gesellschaft gezogen sind. Es muß dann freilich das, was als spezifisch rechtliche Kommunikation im System zu behandeln ist, besonders markieren. Auch dieses Thema wird uns ausführlich beschäftigen. Im Augenblick interessiert nur, daß wir mit Hilfe dieser Theorie operativ geschlossener Systeme eine Position erreichen, die jenseits eines Streites liegt, der die Semiotik und Sprachanalyse seit langem beschäftigt hat – und

---

46 Siehe auch Niklas Luhmann / Raffaele De Giorgi, Teoria della società, Milano 1992, und für soziale Systeme im allgemeinen Niklas Luhmann, Soziale Systeme: Grundriß einer allgemeinen Theorie, Frankfurt 1984.

47 Proteste gegen diese Ausgrenzung, nicht so sehr der Häuser, wohl aber der Menschen, sind Legion. Siehe für den Bereich der Rechtssoziologie etwa Walter Kargl, Kommunikation kommuniziert? Kritik des rechtssoziologischen Autopoiesebegriffs, Rechtstheorie 21 (1990), S. 352-373. Eine auch nur flüchtige Lektüre dieser Stellungnahmen zeigt jedoch, daß sie Begriffe wie Mensch, Subjekt, Individuum im Singular gebrauchen und sich damit die Überlegung ersparen, wer eigentlich gemeint ist. Wenn man die damit bezeichneten Sachverhalte empirisch ernst nimmt, kann keine Rede davon sein, daß der Hinweis auf irgendein Individuum (bitte: Name, Alter, Adresse, Geschlecht usw.) zur Erklärung gesellschaftlicher Phänomene taugen würde. Wir machen denen, die so polemisieren, also den Gegenvorwurf, daß sie den Menschen als Individuum nicht ernst nehmen.

zwar auch in Anwendung auf das Recht.[48] Was Zeichen bzw. Sprache betrifft, hatte die französische, auf Saussure zurückgehende
Tradition eher strukturalistische Aspekte betont, die amerikanische,
auf Peirce zurückgehende Tradition dagegen pragmatische Aspekte.
Im einen Falle lag das Schwergewicht auf den strukturellen Zwän-
gen, denen die sprachliche Zeichenverwendung ausgesetzt ist (was
immer die Philosophen zum Beispiel als Autonomie des Denkens
für sich reklamieren[49]). Im anderen Falle lag der Akzent auf der
Intention des Sprechers, auf den »speech acts« im Sinne von Austin
und Searle.

Weder die strukturalistische noch die sprechakttheoretische Analyse des Rechts haben sich bisher als ergiebig erwiesen.[50] Es ist ja
klar, daß der Jurist, was Phonologie, Syntax usw. betrifft (und hier
liegen Hauptinteressen der Linguistik), die normale Sprache verwendet, durchsetzt nur mit einigen Spezialausdrücken oder mit
Worten, die im juristischen Diskurs einen von der Umgangssprache
abweichenden Sinn annehmen. Rein von der Sprache her gesehen,
käme man nie auf die Idee, den juristischen Diskurs für »autonom«
oder für ein operativ geschlossenes System zu halten; und er findet
ja auch in der Gesellschaft statt. Das Problem ist nur, daß man ihn
oft nicht verstehen kann, wenn man nicht speziell dafür geschult ist.
Und das schließt nicht nur Sinnverstehen ein, sondern auch und erst
recht das Verstehen der Intention und der Folgen bestimmter Mit-
teilungen.

Erst der Übergang von einer sprachtheoretischen (linguistischen)
zu einer kommunikationstheoretischen Analyse eröffnet für die
Rechtstheorie und die Rechtssoziologie den Zugang zu den sie interessierenden Problemen. Das relativiert dann auch die Tragweite
der Kontroverse zwischen Strukturalisten und Sprechakttheoreti-
kern. Beide Seiten dieses Streites erfassen ja nur Teilaspekte des
Phänomens. Weder Mitteilungshandlungen noch Strukturen sind
für Kommunikationen entbehrlich. Aber die Kommunikation

---

48 Siehe z.B. Bernard S. Jackson, Semiotics and Legal Theory, London 1985, insb.
S. 25 f.

49 Bis hin etwa zu Jacques Derrida, Le supplément de copule, in: Jacques Derrida,
Marges de la philosophie, Paris 1972, S. 209-246, der diese Unterscheidung auf seine
Weise »dekonstruiert«.

50 Siehe für Linguistik, Sprachphilosophie usw. die Vorlagen eines Symposiums »Le
langage du droit«, publiziert in den Archives de philosophie du droit 19 (1974).

selbst ist nicht auf das Mitteilungshandeln zu reduzieren. Sie umfaßt auch Information und Verstehen. Und zwischen Struktur und Operation besteht ein zirkuläres Verhältnis derart, daß Strukturen nur durch diejenigen Operationen aufgebaut und variiert werden können, die ihrerseits durch die Strukturen spezifiziert werden. In beiden Hinsichten ist die Theorie des operativ geschlossenen Kommunikationssystems Gesellschaft die umfassendere Theorie; und wenn man das Rechtssystem als ein Teilsystem des Gesellschaftssystems auffaßt, sind damit sowohl pragmatistische als auch strukturalistische Dominanzprätentionen ausgeschlossen.

Ob eine solche Theorie noch als Soziologie oder als Rechtssoziologie firmieren kann, wenn sie auf diese Weise in rechtstheoretische, sprachtheoretische und semiologische Streitfragen eingreift, können wir getrost offenlassen. Eine Soziologie dieses Typs arbeitet so stark im Rahmen interdisziplinärer Verpflichtungen, daß eine fachliche Zuordnung ohnehin wenig besagen würde. Es kommt vor allem darauf an, Abstraktionsschritte zu wagen, die in der Soziologie selbst derzeit wenig Ermutigung finden.

Kapitel 2

Die operative Geschlossenheit des Rechtssystems

I

Das Thema dieses Kapitels wird in der rechtstheoretischen Literatur unter dem Stichwort der »Positivität« des Rechts behandelt. Seit Benthams Polemik gegen die abstrusen Begründungstheorien des Common Law und seit der rechtsphilosophischen Polemik gegen die unpraktikablen Versuche, Rechtsprinzipien transzendentaltheoretisch zu fundieren (Feuerbach, Hugo), beschreibt das moderne Recht sich als positives Recht.[1] Umstritten ist nur, ob das Recht so, wie es gilt, einer darüber hinausweisenden Begründung oder »Legitimation« bedarf. Deren rechtsinterner Status bleibt jedoch unklar. Über eine politische und moralische Beurteilung des geltenden Rechts kann man natürlich sprechen; aber ein Rechtssystem, das neben dem positiven Recht noch anderes, nicht positivierungsbedürftiges Recht enthielte, würde ein Widerstandsrecht gegen positives Recht vorsehen, und davor schreckt man – von Extremisten abgesehen – verständlicherweise zurück.

Theoriediskussionen mögen sich mit solchen Fragen beschäftigen, und wir werden im Kapitel über die Selbstbeschreibungen des Rechtssystems darauf zurückkommen. Die eigentlichen Probleme des »Rechtspositivismus« liegen jedoch nicht im Problem der Legitimation und erst recht nicht im Unterschied zu Naturrecht und Vernunftrecht. Sie liegen vielmehr darin, daß der Begriff der Positivität theoretisch nicht ausreicht. Er mag als Begriff im Kontext von Reflexionstheorien des Rechtssystems seine Dienste leisten; für eine wissenschaftliche Verwendung fehlt ihm eine ausreichende Anschlußfähigkeit.

Der Begriff der Positivität legt eine Erläuterung durch den Begriff der Entscheidung nahe. Positives Recht gelte qua Entscheidung. Das führt auf den Vorwurf des »Dezisionismus« im Sinne einer

---

1 Siehe besonders deutlich: Gustav Hugo, Lehrbuch des Naturrechts als einer Philosophie des positiven Rechts, besonders des Privatrechts, 1798, Nachdruck Vaduz 1971. Vgl. auch Jürgen Blühdorn, »Kantianer« und Kant: Die Wende von der Rechtsmetaphysik zur Wissenschaft vom positiven Recht, Kant-Studien 64 (1973), S. 363-394.

willkürlichen, nur von Durchsetzungsmacht abhängigen Entscheidungsmöglichkeit. Das aber führt in eine Sackgasse, da schließlich jedermann weiß, daß im Recht nie und nimmer beliebig entschieden werden kann. Irgend etwas ist bei diesem Räsonnement also schief gelaufen, und wir vermuten, daß der Fehler bereits in der Unzulänglichkeit des Begriffs der Positivität liegt.

Im Kontext der naturrechtlichen Tradition war zwar positives Recht als »arbiträr« bezeichnet worden[2]; aber diese Kennzeichnung ist zu lesen vor dem Hintergrund der Leitunterscheidung von unveränderlichem und veränderlichem Recht. Wenn veränderliches Recht als »arbiträr« bezeichnet wird, heißt dies also nur: daß es sich nicht aus dem unveränderlichen (göttlichen, natürlichen) Recht ableiten läßt, sondern den Zeitumständen oder Situationen angepaßt werden muß; und gerade diese Begründung schließt aus, daß es jemals beliebig zugehen könnte.[3] Die Unterscheidung unveränderlich/veränderlich hält die alte Vorrangigkeit des Naturrechts noch fest – aber in einer Weise, die eigentlich schon nicht mehr gerechtfertigt werden kann. Wenn die Unterscheidung Naturrecht/positives Recht fällt und Unveränderlichkeit im positiven Recht selbst durch »Verfassungen« vorgeschrieben werden muß, entfällt zwar die über »Natur« laufende Unveränderlichkeitsgarantie des unveränderlichen Rechts; aber auch das kann nicht heißen, daß mehr Willkür zugelassen wird, sondern nur: daß das Recht die eigene Veränderlichkeit für Regelungsaufgaben zur Verfügung stellt.

Man kann fragen, was denn mit dem Begriff der Positivität ausgeschlossen sein soll. Das führt zurück in die mittelalterliche Konzeption einer kosmologisch abgesicherten, hierarchischen Architektur, in der außer dem Akzidentien regelnden positiven Recht noch Naturrecht und göttliches Recht vorgesehen waren. Wenn man diese Konzeption jedoch aufgibt, entfällt ein Gegenbegriff zu Positivität, und es bleibt nur eine Unzufriedenheit mit den Verhältnissen übrig, die sich nicht zureichend artikulieren kann.

Seit dem 18. Jahrhundert unterscheidet man statt dessen Recht und

---

2 Vgl. z. B. Jean Domat, Les loix civiles dans leur ordre naturel, 2. Aufl. Paris 1697, Bd. 1, S. LVI ff.

3 So ausdrücklich David Hume, A Treatise of Human Nature, Book III, Part II, Sect. I, zit. nach der Ausgabe der Everyman's Library, London 1956, Bd. 2, S. 190: »Though the rules of justice be *artificial* (im Unterschied zu natural), they are not *arbitrary*.«

Moral je nach dem, ob es um externe oder interne Zwänge geht.[4] Das mag man akzeptieren, aber es bringt nichts für die Rechtstheorie – außer eben der Bestätigung, daß das Recht positives Recht ist und (ohne unmittelbare Rechtswirkung) auch moralisch beurteilt werden kann. Falls aber die (theoretische) Unzulänglichkeit im Begriff der Positivität selbst stecken sollte, hilft gerade diese (unbestreitbar sinnvolle) Unterscheidung von positivem Recht und Moral nicht weiter, sondern führt nur in Debatten, die die Unterscheidung von Recht und Moral akzeptieren müssen und nicht akzeptieren können.[5]

Wie immer man diese bisherigen Versuche, das Problem der Kontextierung der Positivität des Rechts zu behandeln, beurteilen mag, sie lassen es offen, ob man nicht besser fährt, wenn man das mit »Positivität« unzulänglich bezeichnete Problem begrifflich anders formuliert. Wir wollen das im folgenden mit Hilfe systemtheoretischer Mittel versuchen. Unter »System« verstehen wir dabei nicht, wie manche Juristen, einen Zusammenhang aufeinander abgestimmter Regeln[6], sondern einen Zusammenhang von faktisch voll-

---

4 Offenbar war diese Version des Problems motiviert durch die verspätete Rezeption des westeuropäischen Natur-/Vernunftrechts in Deutschland, und sie brachte dabei auch das Naturrecht auf die Seite des auf externer Sanktionsgewalt beruhenden Rechts, während sich andererseits die Ethik spezialisierte auf eine Theorie der Begründung moralischer Urteile. Vgl. etwa Fritz von Hippel, Zum Aufbau und Sinnwandel unseres Privatrechts, Tübingen 1957, S. 42 ff.; Werner Schneiders, Naturrecht und Liebesethik: Zur Geschichte der praktischen Philosophie im Hinblick auf Christian Thomasius, Hildesheim 1971. Und nur, wenn das Recht in diesem Sinne »hart« gemacht wird, kann es als Garant subjektiver Freiheit erscheinen unter Einschluß der Freiheit, die eigene Moral zu wählen, soweit nicht das Recht selbst entgegensteht.

5 Siehe für die aktuelle Diskussion etwa David Lyons, Ethics and the Rule of Law, Cambridge Engl. 1984; Otfried Höffe, Kategorische Rechtsprinzipien: Ein Kontrapunkt der Moderne, Frankfurt 1990. Auswege ohne großen begrifflichen Aufwand bietet die Zuspitzung des Problems auf spezifische Rechtsfragen, etwa Verfassungsinterpretation und Menschenrechte. Aber darin steckt dann auch der Verzicht darauf, die Frage der Einheit des Rechts im Hinblick auf Moral zu stellen.

6 Siehe dazu (aber gegen die Beschränkung auf die sprachförmig gegebene Gestalt der Regeln unter Absehen von den Auswirkungen auf das Verhalten) Werner Krawietz, Recht als Regelsystem, Wiesbaden 1984. Dabei ist auch zu bedenken, daß das Recht zahllose Texte enthält, die rein sprachlich weder als Regeln noch als Sollaussagen erscheinen – etwa: pater est quem nuptiae demonstrant. (Im übrigen zugleich ein Beispiel für die Geschlossenheit des Rechtssystems, denn selbstverständlich ist hier

zogenen Operationen, die als soziale Operationen Kommunikationen sein müssen, was immer sie dann noch zusätzlich als Rechtskommunikationen auszeichnet. Das aber heißt: die Ausgangsunterscheidung nicht in einer Normen- oder Wertetypologie zu suchen, sondern in der Unterscheidung von System und Umwelt.

Der Übergang zu einer System/Umwelt-Theorie erfordert eine zweite, vorab zu klärende Unterscheidung. Üblicherweise beziehen Rechtstheorien sich auf Strukturen (Regeln, Normen, Texte), die als Recht klassifiziert werden. Das gilt auch und besonders für Theorien des positiven Rechts, es gilt zum Beispiel explizit für die »rules of recognition« in Harts Rechtstheorie.[7] Die Frage, was Recht ist und was nicht, stellt sich damit nur im Hinblick auf die Spezifik bestimmter Regeln. Will man dagegen Anregungen folgen, die in der neueren Systemtheorie ausgebrütet worden sind, muß man von Strukturen auf Operationen umstellen.[8] Die Ausgangsfrage lautet dann, wie Operationen die Differenz von System und Umwelt erzeugen und, da dies Rekursivität erfordert, wie *Operationen* erkennen, welche *Operationen* dazugehören und welche nicht. Strukturen sind zur jeweils hochselektiven Verknüpfung von Operationen erforderlich, aber das Recht hat seine Realität nicht in irgendeiner stabilen Idealität, sondern ausschließlich in den Operationen, die den rechtsspezifischen Sinn produzieren und reproduzieren. Zusätzlich gehen wir davon aus, daß dies immer Operationen des Rechtssystems selbst sein müssen (die natürlich auch von außen beobachtet werden können). Das und nichts anderes besagt die These operativer Schließung. Man könnte, wenn man die erkenntnistheoretische Terminologie adaptieren will, auch von »operativem Konstruktivismus« sprechen.

---

nicht die Rede von dem Erzeuger des Kindes, den man normalerweise als den Vater bezeichnen würde.)

7 Siehe H.L.A. Hart, The Concept of Law, Oxford 1961. Wenngleich dieser *Bezug* klar ist, kommt auch Hart nicht umhin, für die Handhabung dieser Regeln auf so etwas wie institutionelle Praktiken zu verweisen.

8 Das kann auch für die Rechtstheorie nicht ganz überraschend kommen. Melvin Aron Eisenberg, The Nature of Common Law, Cambridge Mass. 1988 unterscheidet zum Beispiel text-based theories und generative theories und optiert (gegen Hart und Raz) für die letztgenannte Version.

II

Was mit System, im Unterschied zu Umwelt, gemeint sein kann, ist in der systemtheoretischen Forschung umstritten. Will man die Falle des Entropiegesetzes der Thermodynamik vermeiden, müssen alle Aussagen der Systemtheorie als Aussagen über die Differenz von System und Umwelt formuliert werden oder jedenfalls von der Form dieser Unterscheidung ausgehen. Hierfür hatte die ältere Systemtheorie zunächst die Form »offene Systeme« vorgeschlagen. Angriffspunkt dieser These war das Entropiegesetz mit der Einsicht, daß Systeme, die gegen ihre Umwelt abgeschlossen sind, sich allmählich der Umwelt angleichen, also auflösen, weil sie Energie verlieren und thermodynamisch irreversibel dem Wärmetod ausgesetzt sind. Für den Aufbau von Komplexität, für die Herstellung und Erhaltung von »Negentropie«, sei daher ein kontinuierlicher Austausch mit der Umwelt erforderlich – sei es von Energie, sei es von Information. Etwas formaler beschrieben, transformieren diese Systeme Inputs in Outputs nach Maßgabe einer Transformationsfunktion, die es ihnen ermöglicht, einen Gewinn für die eigene Selbsterhaltung auf einem durch Evolution erreichten Komplexitätsniveau einzubehalten.

Dem soll durch die Theorie operativ geschlossener Systeme nicht widersprochen werden, wenngleich diese Theorie in der Begrifflichkeit (zum Beispiel was »Information« betrifft) oft andere Akzente setzt.[9] Schon die Input/Output-Modelle hatten zugelassen, daß ein System seinen eigenen Output als Input verwenden kann.[10]

9 Francisco Varela geht so weit, input-type descriptions und closure-type descriptions als zwei verschiedene »complementary modes of descriptions« nebeneinanderzustellen. So in: Hans Ulrich/Gilbert J.B. Probst (Hrsg.), Self-Organization and Management of Social Systems: Insights, Promises, Doubts, and Questions, Berlin 1984, S. 25-32. Vgl. auch ders., L'auto-organisation: De l'apparence au mécanisme, in: Paul Dumouchel / Jean-Pierre Dupuy (Hrsg.), L'auto-organisation: De la physique au politique, Paris 1983, S. 147-164. Die Unterscheidung ist in diesen Texten zu wenig ausgearbeitet, um eine Kritik zu ermöglichen. Wir gehen davon aus, daß diese beiden Beschreibungstypen nicht äquivalent sind, sondern Input/Output-Beschreibungen operative Geschlossenheit voraussetzen müssen, weil ihnen sonst der Träger einer Transformationsfunktion fehlen würde, und im übrigen nur in wenigen Fällen, jedenfalls nicht für das Rechtssystem, adäquat sind, weil sie hohe Spezifikation der Umweltinterdependenzen voraussetzen müssen.

10 Auch in Anwendung auf das Rechtssystem. Siehe vor allem Jay A. Sigler, A Cybernetic Model of the Judicial System, Temple Law Quarterly 41 (1968), S. 398-428.

Die spätere Theorieentwicklung »internalisiert« diese Feedback-Schleife und erklärt sie für notwendig. Der Theoriefortschritt liegt in der Einsicht, daß der Aufbau von Eigenkomplexität eines Systems nur auf Grund von operativer Geschlossenheit möglich ist – oft auch als Bedingung für »order from noise« formuliert.[11] Paradigmatisch wird dies gern am Beispiel der operativen Geschlossenheit des Gehirns gezeigt. Eine mehr theoretische Begründung könnte darauf hinweisen, daß das Überschreiten einer nur minimalen Größe der Zahl und Verschiedenartigkeit von Elementen nur möglich ist, wenn man auf eine vollständige jederzeitige Verknüpfung von jedem Element mit jedem anderen verzichtet. Das aber setzt eine Selektion der praktizierten Verknüpfungen voraus[12] und dies eine interne Konditionierung der Selektion. Erst die selektive Verknüpfung »qualifiziert« die Elemente, und erst das macht es sinnvoll, von system*eigenen* Elementen, von Systemgrenzen oder von Ausdifferenzierung zu sprechen.

Auch die Theorie der operativ geschlossenen Systeme ist eine Theorie des Unterschieds von System und Umwelt. Geschlossenheit darf deshalb nicht als Abgeschlossenheit verstanden werden. Sie bestreitet nicht, ja betont auf ihre Weise, daß intensive Kausalbeziehungen zwischen Systemen und ihren Umwelten bestehen und daß Interde-

Vgl. auch, in der Art eines Einführungstextes, ders., An Introduction to the Legal System, Homewood Ill. 1968, ferner Charles D. Raab, Suggestions for a Cybernetic Approach to Sociological Jurisprudence, Journal of Legal Education 17 (1965), S. 397-411; Ottmar Ballweg, Rechtswissenschaft und Jurisprudenz, Basel 1970, insb. S. 76 ff.; William J. Chambliss / Robert B. Seidman, Law, Order, and Power, Reading Mass. 1971, und unter dem Gesichtspunkt eines Teilsystems des politischen Systems Glendon Schubert, Judicial Policy Making, 2. Aufl. Glenview Ill. 1974, S. 138 ff.

11 Im Anschluß an Heinz von Foerster, On Self-organizing Systems and Their Environments, in: Marshall C. Yovits / Scott Cameron (Hrsg.), Self-organizing Systems: Proceedings of an Interdisciplinary Conference 5 and 6 May 1959, Oxford 1960, S. 31-50.

12 Die nichtberücksichtigten Möglichkeiten werden damit, um eine Formulierung von Yves Barel, Le paradoxe et le système: Essai sur le fantastique social, 2. Aufl. Grenoble 1989, S. 71, aufzunehmen, *potentialisiert*, das heißt: in den Status bloßer Möglichkeiten anderer Kombination versetzt, die das System als Bedingung ihrer Möglichkeit voraussetzen und gegebenenfalls durch Operationen des Systems aus der Inaktualität in Aktualität überführt werden können – eine Bedingung evolutionärer Strukturänderungen. Mit anderen Worten: Das System erinnert auch das, was es selber ausgeschlossen hat.

pendenzen kausaler Art für das System strukturell notwendig sind. Man denke nur an die komplexen und hochselektiven physikalischen Bedingungen des Lebens auf der Erde. Es wäre absurd, hinter solche Alltagseinsichten zurückzufallen. In der Systemtheorie ist deshalb seit langem geklärt, daß die Offenheit (Umweltabhängigkeit) auf der Basis von Materie oder Energie nichts besagt gegen die These informationeller oder semantischer Geschlossenheit.[13] Wir unterscheiden entsprechend kausale Abgeschlossenheit (Isolation) und operative Geschlossenheit. Die Theorie operativer Geschlossenheit der Systeme abstrahiert bei der Definition ihres Gegenstandes von kausalen Beziehungen zwischen System und Umwelt.

Denn zunächst muß (auch wenn man Interdependenzen zwischen System und Umwelt untersuchen will) geklärt werden, was überhaupt beobachtet werden soll. Als operativ geschlossen sollen Systeme bezeichnet werden, die zur Herstellung eigener Operationen auf das Netzwerk eigener Operationen angewiesen sind und in diesem Sinne sich selber reproduzieren.[14] Mit einer etwas weicheren Formulierung kann man auch sagen, daß das System sich selber voraussetzen muß, um mit weiteren Operationen seine eigene Reproduktion in der Zeit betreiben zu können, oder in anderen Worten: daß es eigene Operationen im Rückgriff und Vorgriff auf andere eigene Operationen erzeugt und nur auf diese Weise bestimmen kann, was zum System gehört und was zur Umwelt.

13 Siehe z. B. Gerhard Roth, Die Konstitution von Bedeutung im Gehirn, in: Siegfried J. Schmidt (Hrsg.), Gedächtnis: Probleme und Perspektiven der interdisziplinären Gedächtnisforschung, Frankfurt 1991, S. 360-370.

14 Man beachte, daß der Begriff der Produktion *niemals* die Kontrolle über *sämtliche* Ursachen des Produktes voraussetzt. Zum Beispiel ist für die Herstellung einer Fotografie – sagen wir: des Eiffelturms – die wichtigste Ursache der Eiffelturm selbst. Er allein ist unentbehrlich, der Fotoapparat, ja sogar der Fotograf könnten ausgewechselt werden. Also liegt die wichtigste Ursache außerhalb des Produktionsvorgangs. Der Begriff der Produktion bezeichnet nur das zur Herstellung und Erhaltung einer *Abweichung* Notwendige – einer Abweichung von dem, was anderenfalls der Fall sein würde. Ein weiteres typisches Merkmal ist das der *Disponibilität im System*. Erst wenn zusätzlich noch gesichert ist, daß die Disponibilität im System durch das System selbst produziert wird, kann man im strengen Sinne von einem *auto*poietischen System sprechen. Aber das sind zusätzliche, also einschränkende Anforderungen, die nichts daran ändern, daß kein System alle Ursachen kontrolliert, die nicht entfallen könnten, ohne daß die Autopoiesis selbst entfiele. *Deshalb* ist autopoietische Reproduktion immer auch die Reproduktion der *Grenzen* des Systems, die interne und externe Ursachen trennen.

Die Innovation, die mit dem Begriff der Autopoiesis eingeführt ist, überträgt die Vorstellung der selbstreferentiellen Konstitution auf die Ebene der elementaren (für das System nicht weiter auflösbaren) Operationen des Systems und damit auf alles, was im System für das System als Einheit fungiert. Es geht also nicht mehr nur um Selbstorganisation im Sinne systemeigener Bestimmung und Veränderung von Strukturen, also auch nicht mehr nur um Autonomie im alten Sinne von Selbstregulation. Damit fällt zugleich ein neues Licht auf ein altes Problem, nämlich auf das Verhältnis von Struktur und Operation (Prozeß) bzw. Norm und Handlung oder Regel und Entscheidung.

Irritierend am Begriff der Autopoiesis und Anlaß für eine umfangreiche kritische Diskussion ist vor allem, daß der revolutionierende Effekt des Begriffs in einem umgekehrten Verhältnis steht zu seinem Erklärungswert. Der Begriff sagt nur. daß es Elemente und Strukturen eines Systems nur gibt, wenn und solange es seine Autopoiesis aufrechterhalten kann. Er sagt nichts über die Art der Strukturen, die sich daraus im Zusammenwirken mit strukturellen Kopplungen zwischen System und Umwelt ergeben. Autopoiesis wird mithin als »Invariante« eingeführt. Sie ist bei allen Arten von Leben, bei allen Arten von Kommunikation stets dieselbe. Und wenn das Rechtssystem ein autopoietisches System eigener Art ist, dann gilt das für jede Rechtsordnung gleichermaßen, nur bezogen auf den Code, der die Operationen des Systems dem System zuordnet. Aber das erklärt noch nicht, welche normativen Programme das System ausbildet.[15]

Geht man von selbstproduzierten Operationen aus, dann folgt daraus, daß alles, was geschieht, in der Gegenwart geschieht. Das heißt auch: daß alles, was geschieht, gleichzeitig geschieht. Auch Vergangenheit und Zukunft sind stets, und nur, gleichzeitig relevant, sind Zeithorizonte jeweils gegenwärtiger Operationen und können als solche nur in der Gegenwart unterschieden werden. Ihre rekursive Verknüpfung wird in jeweils aktuellen Operationen hergestellt. Deshalb sind auch die dafür notwendigen Strukturen nur aktuell in

---

15 Ich gebe also allen Kritikern recht, die betonen, daß der Begriff der Autopoiesis empirisch nichts erklärt. Aber das gilt ja für *jeden* Begriff, auch zum Beispiel für den des Handelns. Der Sinn einschneidender begrifflicher Veränderungen liegt in den Anpassungszwängen, die sie auf Theoriezusammenhänge ausüben. Und erst Theorien können in ihrem Realitätsbezug beurteilt werden.

Gebrauch – oder eben nicht. Das System schwingt sich mit ihrer Hilfe von Operation zu Operation – und dies in sehr verschiedenartigen Vollzügen *zugleich*.

Dasselbe gilt für jede Beobachtung dieses Sachverhalts, und zwar für systemexterne ebenso wie für systeminterne Beobachtungen. Denn auch Beobachtungen sind Operationen; auch ein Beobachter beobachtet nur, wenn er es tut, und nicht, wenn er es nicht tut. Er kann konstante Strukturen von ereignishaften Operationen unterscheiden wie Unbewegtes von Bewegtem, aber *nur wenn* er das tut, kann er Strukturveränderungen registrieren. Er ist also seinerseits ein an Zeitbedingungen gebundenes System, und zwar gebunden an die Zeit, die er in jeweils seiner Gegenwart durch eigene Unterscheidungen als Horizont seines Beobachtens konstruiert.

Es gibt keine Ausnahmen – auch nicht für die Wissenschaft, auch nicht für das Rechtssystem. Die Frage nach Konstanz, Geltungsdauer und Änderung von Normen betrifft deshalb ein durchaus sekundäres Phänomen. Und erst recht gilt dies für die weitere Frage, ob und in welchem Umfang das Rechtssystem in seiner Autopoiesis – und damit in seiner dynamischen Stabilität – unabhängig ist von einer laufenden Änderung seiner Strukturen, also Strukturänderungen »überleben« oder sogar benutzen kann, um seine Autopoiesis durchzuführen. Auch diese Frage entscheidet sich von Moment zu Moment (und nicht: durch Strukturwahl ein für allemal), und typisch mit fragloser Sicherheit, daß es weitergeht. Etwaige Unsicherheiten, die in verkraftbaren Grenzen gehalten werden müssen, betreffen das *Wie*.

Realitätswert haben Strukturen nur dadurch, daß sie zur Verknüpfung kommunikativer Ereignisse verwendet werden; Normen nur dadurch, daß sie, explizit oder implizit, zitiert werden; Erwartungen nur dadurch, daß sie in Kommunikationen zum Ausdruck kommen. Es liegt daher eine enorme und primäre Anpassungsfähigkeit des Systems im schlichten Vergessen, in der Nichtwiederverwendung von strukturgebenden Erwartungen, und um so störender wirkt die Erfindung von Schrift. Sobald Schrift in Gebrauch kommt und textliche Fixierungen möglich sind, findet das System sich seinem eigenen Gedächtnis ausgesetzt. Vergessen wird schwieriger, man muß mit jederzeitigem, akzidentell ausgelöstem Zitieren der Normen rechnen. Es kommt zu einer noch im Mittelalter und in der Frühmoderne deutlich erkennbaren Animosität gegen die Schriftform[16] und zugleich zu kompensatorischen Entwicklungen, die auf das neue Problem reagieren, nämlich (1) zur Entwicklung von Rechtsgelehrsamkeit und professioneller Kunstfertigkeit für den *etwaigen* Umgang mit Texten – für den Fall des Falles; und (2) zur Akzeptanz von Normänderungen, die im System selbst mit dafür bereitgestellten Verfahren durchgeführt werden als funktionales Äquivalent fürs Vergessen.

All das ändert aber nichts an der Ausgangslage, daß das System seine Aktualität allein in seinen Operationen hat; daß nur das geschieht, was geschieht, und daß – im System wie in seiner Umwelt – alles, was geschieht, gleichzeitig geschieht.

Will man ein damit bezeichnetes systemtheoretisches Forschungsprogramm durchführen, verlangt das ausreichende Genauigkeit in der Bezeichnung derjenigen Operation, die die autopoietische Reproduktion durchführt. Im Bereich der Biologie kann auf Grund biochemischer Forschungen hierüber Konsens vorausgesetzt werden bis hin zu der Ansicht vieler Biologen, der Begriff der Autopoiesis sei trivial, weil er nur ein Wort anbiete für etwas, was man in der Operationsweise sehr viel genauer beschreiben könne.[17]

---

16 Siehe Peter Goodrich, Literacy and the Language of the Early Common Law, Journal of Law and Society 13 (1987), S. 422-444. Vgl. auch, umfassender, ders., Languages of Law: From Logics of Memory to Nomadic Masks, London 1990.

17 Angesichts einer anhaltenden Kritik der "Übernahme" dieses Begriffs kann nur erneut darauf hingewiesen werden, daß die Anwendung des Begriffs der Autopoiesis nicht mit einer Analogie argumentiert und ebensowenig metaphorisch gemeint ist. Dieses Mißverständnis bei Hubert Rottleuthner, Biological Metaphors in Legal Thought, in: Gunther Teubner (Hrsg.), Autopoietic Law: A New Approach to Law and Society, Berlin 1988, S. 97-127. Vgl. auch Klaus von Beyme, Ein Paradigmawechsel aus dem Geist der Naturwissenschaften: Die Theorien der Selbststeuerung von Systemen (Autopoiesis), Journal für Sozialforschung 31 (1991), S. 3-24, und als Gegenkritik Walter Kargl, Kritik der rechtssoziologischen Autopoiese-Kritik, Zeitschrift für Rechtssoziologie 12 (1991), S. 120-141. Es kann uns aber ganz gleichgültig sein, ob der Begriff auf lebende Systeme angewandt werden kann oder nicht. Deshalb ist es auch kein Einwand, wenn man sagt, daß die Anwendung auf soziale Systeme die Sinngebung durch Maturana und Varela verfälsche. (So z. B. Ulrich Druwe, Recht als autopoietisches System: Zur Kritik des reflexiven Rechtskonstrukts, Jahresschrift für Rechtspolitologie 4 (1990), S. 103-120, 115 f.) Man sollte von einem Kritiker wohl verlangen dürfen, daß er zwischen dem abstrakten Sinn des Begriffs und seiner Materialisation durch biochemische bzw. kommunikative Operationen unterscheiden kann. Im soziologischen Kontext kommt es allein darauf an, ob der Begriff der Autopoiesis zur Formulierung von wissenschaftlich fruchtbaren (und das schließt ein: empirisch fruchtbaren) Hypothesen führt. So

47

Für eine Theorie sozialer Systeme kann ein solcher Konsens nicht vorausgesetzt werden; und erst recht gilt dies, wenn man das Rechtssystem als ein autopoietisches, operativ geschlossenes Sozialsystem beschreiben will. Die Rechtswissenschaft selbst hat als Textwissenschaft keinen Erläuterungsbedarf in dieser Hinsicht. Die Rechtssoziologie begnügt sich zumeist mit einem vagen Begriff des Handelns oder Verhaltens (behaviour) und füllt die rechtsspezifischen Gehalte durch Annahmen über die Vorstellungen und Intentionen der Handelnden, den »gemeinten Sinn« (Max Weber) des Handelns ein. Das wird uns nicht genügen. Wir bestreiten nicht, daß sich psychische Äquivalente rechtsbezogener Operationen bilden und daß sie (mit der bekannten Unzuverlässigkeit) empirisch abfragbar sind. Aber wer sich bewußt am Recht orientiert, muß ja bereits wissen, was er dabei im Sinn hat. Er muß sich auf ein bereits konstituiertes Sozialsystem Recht oder auf textliche Sedimente dieses Systems beziehen können. Die Antwort auf die Frage, welche Operationen das Recht als Recht produzieren, muß vorausgesetzt werden. Psychische Systeme beobachten das Recht, sie erzeugen es nicht, denn sonst bliebe es tief verschlossen in dem, was Hegel einmal die »finstere Innerlichkeit des Gedankens«[18] genannt hat. Deshalb ist es nicht möglich, psychische Systeme, Bewußtsein oder gar den ganzen Menschen für einen Teil oder auch nur für eine interne Komponente des Rechtssystems zu halten.[19] Die

sieht im übrigen auch Richard Lempert, The Autonomy of Law: Two Visions Compared, in: Teubner a.a.O., S. 152-190 (155ff.), das Problem.

18 Vorlesungen über die Ästhetik Bd. 1, zit. nach Werke Bd. 13, Frankfurt 1973, S. 18.

19 Dieser Punkt ist freilich kontrovers. Siehe zum Beispiel Christophe Grzegorczyk, Système juridique et réalité: Discussion de la théorie autopoiétique du droit, in: Paul Amselek / Christophe Grzegorczyk (Hrsg.), Controverse autour de l'ontologie du droit, Paris 1989, S. 179-209; Arthur J. Jacobson, Autopoietic Law: The New Science of Niklas Luhmann, Michigan Law Review 87 (1989), S. 1647-1689; Alan Wolfe, Sociological Theory in the Absence of People: The Limits of Luhmann's Systems Theory, Cardozo Law Review 13 (1992), S. 1729-1743; David E. Van Zandt, The Breath of Life in the Law, Cardozo Law Review 13 (1992), S. 1745-1761. Leider beschränken sich die Gegner der Konsequenzen des Konzepts autopoietischer Geschlossenheit auf den trivialen Hinweis, daß es ohne Menschen nicht geht. Dies entscheidet aber noch nicht darüber, ob konkrete Menschen als Systemteile des Rechts Komponenten seiner Autopoiesis sind – eine kaum wirklich zu denkende Annahme – oder ob sie als Umweltbedingungen unentbehrlich sind. Jacobson a.a.O. verrät im übrigen, daß mit »Individuum« gar nicht das lebende und

Autopoiesis des Rechts kann nur über soziale Operationen realisiert werden.

Autopoietische Systeme sind somit an ihren Operationstypus gebunden, und zwar sowohl für die Erzeugung nächster Operationen als auch für die Bildung von Strukturen. Es gibt, anders gesagt, keine »Wesensverschiedenheit« oder »Materialverschiedenheit« von Operation und Struktur. Schon im Lebensprozeß der Zelle sind die Enzyme zugleich Daten, Produktionsfaktoren und Programme. Im Gesellschaftssystem gilt dasselbe für Sprache. Eine Beschreibung des Rechtssystems kann deshalb nicht davon ausgehen, daß Normen (wir werden Codes und Programme unterscheiden) von anderer Substanz und Qualität sind als Kommunikationen. Rechtsbezogene Kommunikationen haben als Operationen des Rechtssystems immer eine doppelte Funktion als Produktionsfaktoren und als Strukturerhalter. Sie setzen Anschlußbedingungen für weitere Operationen und konfirmieren oder modifizieren in eins damit die dafür maßgebenden Einschränkungen (Strukturen). Insofern sind autopoietische Systeme immer historische Systeme, die von dem Zustand ausgehen, in den sie sich selbst versetzt haben. Sie tun alles, was sie tun, zum ersten und zum letzten Mal. Alle Repetition ist eine Sache artifizieller Strukturfixierung. Und sie sind historisch auch in dem Sinne, als sie ihre Strukturen der Sequenz ihres Operierens verdanken und daher in Richtung Bifurkation und Diversifikation evoluieren.[20] Man kann die Funktionen der Zustandsbe-

bewußte System Mensch gemeint ist. »Individuals figure in the common law only in the character they display through interaction oriented toward the values expressed in prior applications of norms. The individuals applying norms may have hosts of attitudes (personality, emotion) toward the application. The attitudes do not matter: only the *display* of character in interaction matters« (S. 1684). Dem kann man nur zustimmen. Ein solcher Schrumpfbegriff von Individualität ist jedoch nichts anderes als der Begriff der Person, nämlich eine in der Kommunikation produzierte Auswahl von Merkmalen; also nichts, was die Handlung erklären könnte. Gerade diese Theorie autopoietischer Systeme nimmt im Unterschied zu humanistischen Theorien Individuen ernst. »Taking individuals seriously«, könnte man sie überschreiben.

20 Die Determination liegt natürlich im System selbst und nicht im Begriff der Autopoiesis. Das übersehen Kritiker, die sich auf den Begriff der Autopoiesis konzentrieren und der Theorie autopoietischer Systeme mangelnde Aussagekraft vorwerfen – zum Beispiel Walter L. Bühl, Sozialer Wandel im Ungleichgewicht: Zyklen, Fluktuationen, Katastrophen, Stuttgart 1990, S. 189 ff.; ders., Politische Grenzen der Autopoiese sozialer Systeme, in: Hans Rudi Fischer (Hrsg.), Autopoiesis: Eine

stimmung und der Strukturselektion als Beobachter unterscheiden, sie aber operativ nicht trennen. Die Operation hat ihre Einheit als autopoietisches Element gerade darin, daß sie beide bedient. Deshalb verdient der Begriff der Operation mehr Aufmerksamkeit als üblich. Zeitlich gesehen sind Operationen Ereignisse, also Aktualisierungen sinnhafter Möglichkeiten, die im Augenblick ihrer Realisation schon wieder verschwinden. Als Ereignisse haben Operationen keinen Bestand, obwohl eine für ihre Beobachtung notwendige Mindestdauer (etwa: die Zeit der Verkündung eines Urteils). Sie können, da ohne Bestand, auch nicht geändert werden.

Alle Beständigkeit, alle Änderbarkeit, jede Struktur muß im System erst produziert werden, und dies durch die Operationen, über die das System als eigene verfügt. Es gibt, mit anderen Worten, keine externe Strukturdetermination. Nur das Recht selbst kann sagen, was Recht ist. Dabei ist die Produktion von Strukturen zirkulär angelegt, denn die Operationen selbst setzen, um sich durch rekursiven Bezug auf andere Operationen bestimmen zu können, Strukturen voraus. Nicht nur die Produktion von Operation durch Operation, sondern auch und erst recht das Kondensieren und Konfirmieren von Strukturen durch Operationen, die sich an solchen Strukturen orientieren, ist Vollzug von Autopoiesis. Unter diesem Gesichtspunkt werden wir das Rechtssystem auch als (eigen-)strukturbestimmtes System bezeichnen.

Sachlich kann man Operationen beschreiben als Erzeugen einer Differenz. Etwas ist nach der Operation anders als vorher und durch die Operation anders als ohne sie. Man denke an das Einreichen einer Klage bei Gericht oder auch nur an das Aufwerfen einer Rechtsfrage in Beziehungen des täglichen Lebens. Es ist dieser diskriminierende Effekt der Operation, der bei hinreichender Dauer und rekursiver Vernetzung der Operationsfolgen eine Differenz von System und Umwelt erzeugt; oder wie wir sagen: ein System ausdifferenziert. Das muß als ein rein faktisches Geschehen begriffen werden – unabhängig von der Frage, wer dieses Geschehen beobachtet und mit Hilfe welcher Unterscheidungen es beobachtet

Theorie im Brennpunkt der Kritik, Heidelberg 1991, S. 201-225. Der Punkt liegt aber gerade darin, daß man nicht, wie Hegel, aus dem Begriff auf die Bewegung schließen kann. Die Theorie der Autopoiesis besagt, daß ohne operative Schließung eine Selbstdetermination nicht möglich wäre – nicht mehr, aber auch nicht weniger.

und beschrieben wird. Eine Operation kann auf sehr verschiedene Weise beobachtet und beschrieben werden – das Einreichen einer Klage zum Beispiel als Affront, als willkommener Grund für den endgültigen Abbruch sozialer Beziehungen, als rechtlich zulässig, als Einheit im Kontext einer statistischen Zählung, als Anlaß des Registrierens und der Vergabe eines Aktenzeichens usw. Wenn man wissen will, wie eine Operation beobachtet wird, muß man Beobachter beobachten.

Wegen dieser Pluralität von Unterscheidungs- und Beobachtungsmöglichkeiten müssen wir begrifflich Operation und Beobachtung unterscheiden. Ungeachtet dessen ist auch die Beobachtung selbst eine Operation, und auch für sie gilt all das, was wir über Operationen ausmachen.[21] Die Beobachtung schafft als Operation einen neuen Systemzustand. Auch sie trägt zur Autopoiesis und damit zur Ausdifferenzierung des beobachtenden Systems bei. Ferner müssen wir mit Sachverhalten rechnen, in denen die basale Operation des Systems eine Beobachtung impliziert, das heißt: ohne mitlaufende Selbstbeobachtung gar nicht zustande kommen kann. In einem solchen Falle ist das Beobachtungsschema nicht beliebig zu wählen, sondern durch die Typik der Operation festgelegt. So kommt Kommunikation nur zustande, wenn im Vollzug der Operation zwischen Information, Mitteilung und Verstehen unterschieden wird und der Kommunikationsprozeß selbst entscheidet, an welche dieser drei Komponenten er im weiteren Verlauf anknüpft.[22] Für den Fall der rechtsspezifischen Operation werden wir eine Selbstbeobachtung nach Maßgabe der Unterscheidung von Recht und Unrecht für unerläßlich halten.

Nimmt man weitere Überlegungen hinzu, kann ein geschlossenes System auch als selbstreferentielles System bezeichnet werden. In dieser Sprache muß Referieren als Bezeichnen verstanden werden,

21 Eine Theorie, die mit der Unterscheidung von Operation und Beobachtung arbeitet, ist daher immer eine »autologische« Theorie. Das heißt: Sie fertigt eine Beschreibung an, die sowohl qua Operation als auch qua Beobachtung auf sie selbst zutrifft und die sie daher auch an sich selbst testen kann oder zumindest nicht durch Annahmen über sich selbst widerlegen darf.

22 Selbstverständlich sind andere Beobachtungsweisen damit nicht ausgeschlossen – etwa im Hinblick auf den Akzent, mit dem gesprochen wird. Aber diese Beobachtungen sind für die Autopoiesis des Systems nicht unerläßlich, sondern bleiben gelegentlich ergriffene Möglichkeiten.

als Bezeichnen im Kontext einer Unterscheidung, die jeweils eine andere (ebenfalls referenzfähige) Seite verfügbar hält. Insofern impliziert Selbstreferenz Fremdreferenz, und umgekehrt. Das System, das durch operatives Diskriminieren entstanden ist (und damit für Beobachter sichtbar wird), bezeichnet sich selbst im Unterschied zur Umwelt und holt damit das, was schon geschehen ist, in der Beobachtung ein. Das Beobachten selbst bleibt dabei eine Operation des Systems (anderenfalls würde es sich um externe Beobachtung handeln), die im Moment ihres Vollzugs ihrerseits nur diskriminiert, indem sie diese (und keine andere) Unterscheidung verwendet. Als Operation bleibt auch die Beobachtung und auch die Beobachtung mit Hilfe der Unterscheidung von Selbstreferenz und Fremdreferenz »blind«, weil sie im Vollzug des Unterscheidens und Bezeichnens die dazu benutzte Unterscheidung nicht von anderen Unterscheidungen unterscheiden und bezeichnen kann.

Die Begriffe Beobachtung und Selbstreferenz implizieren einander wechselseitig. Denn einerseits kann ein Beobachter nur beobachten, wenn er sich selbst von seinen Beobachtungsinstrumenten, seinen Unterscheidungen und Bezeichnungen unterscheiden kann, sich selbst also nicht dauernd mit seinen Gegenständen verwechselt. Und andererseits ist genau dazu Selbstreferenz erforderlich. Louis Kauffman formuliert deshalb mit Recht: »At least one distinction is involved in the presence of self-reference. The self appears, and an indication of that self can be seen as separate from the self. Any distinction involves the self-reference of the one who distinguishes. Therefore, self-reference and the idea of distinction are inseparable (hence conceptually identical).«[23] Dennoch gewinnen die Begriffe Beobachten und Selbstreferenz unterschiedliche Formen dadurch, daß man sie von jeweils anderen Gegenbegriffen unterscheidet. Der Zirkel der Begriffsbestimmung wird aufgebrochen. Beobachten unterscheidet sich von Bezeichnen (distinction von indication) und Selbstreferenz von Fremdreferenz. Nach dieser Operation des Unterscheidens von jeweils anderen Seiten unterscheiden sich auch die Begriffe, und wir können mit Beobachten und mit Selbstreferenz jeweils Unterschiedliches bezeichnen. Das Rechtssystem ist als ein System, dessen Operationen an Selbstbeobachtung gebunden sind,

---

23 So Louis Kauffman, Self-reference and recursive forms, Journal of Social and Biological Structures 10 (1987), S. 53-72 (53).

in der Lage, die Differenz von System und Umwelt, die durch dieses Operieren reproduziert wird, in das System wiedereinzuführen und sich selbst mit Hilfe der Unterscheidung von System (Selbstreferenz) und Umwelt (Fremdreferenz) zu beobachten. Jede externe Beobachtung und Beschreibung dieses Systems muß daher beachten, daß das System selbst über die Unterscheidung von Selbstreferenz und Fremdreferenz verfügt.

Ferner ist festzuhalten, daß Selbstreferieren das System immer als *Objekt*, nicht als *Begriff* bezeichnet. Damit ist nur gesagt, daß das System von *allem anderen*, nicht von *bestimmtem anderen* unterschieden wird. Das entspricht dem unbestimmten (und nur durch systemeigene Komplexitätsreduktion bestimmbaren) Umweltverhältnis. Das System bezeichnet sich also nicht nur als System, als Sozialsystem, als Rechtssystem in Unterscheidung von anderen Entitäten, sondern als das, was die Selbstbezeichnung selbst voll zieht, was immer sonst noch geschehen mag.

Schließlich ist im Rahmen dieser vorbereitenden Überlegungen zu beachten, daß Selbstreferenz in unterschiedlichen Formen aktualisiert werden kann. Bereits die basalen Operationen eines Systems erfordern, wenn und soweit sie auf Selbstbeobachtung angewiesen sind, ein Mitwirken von Selbstreferenz. Ein System, das sich selbst mit einem Auswahlbereich von Anschlußmöglichkeiten konfrontiert (wir sagen: sinnhaft prozessiert), muß bei der Festlegung der anschließenden Operation eigene Operationen von anderen Sachverhalten unterscheiden können. Ein Sozialsystem muß bei der Durchführung seiner Autopoiesis ein Erkennungsverfahren mitlaufen lassen, das festlegt, welche früheren und späteren Ereignisse als Kommunikation (und im einzelnen dann: als Kommunikation im eigenen System) zählen *und welche nicht.* Die Unterscheidung von Selbstreferenz und Fremdreferenz ist in diesen Fällen bereits ein Erfordernis der Autopoiesis selbst, und das heißt: daß das System im Seitenblick auf eine *gleichzeitig* existierende Umwelt operiert und sich nicht nur mit einer Art kybernetischer Kontrolle an den Effekten der eigenen Operationen im System selbst orientiert.

Davon zu unterscheiden sind anspruchsvollere Formen der Selbstreferenz, vor allem solche der *Selbstbeschreibung* des Systems. Damit ist die Identifizierung des Systems als Einheit und die Beschreibung seiner Eigenschaften (seines Sinnes, seiner Funktion usw.) im System gemeint. Auch dies kann, wenn *Selbst*beschreibung, nur als Operation des Systems selbst geschehen, als eine unter vielen Operationen. Wir werden das Anfertigen solcher Modelle oder Texte des Systems im System auch Reflexion nennen. Und es fällt auf Grund dieser Theorieanlage leicht, zuzugestehen, daß Selbstbeschreibungen dieser Art eine ganz marginale Bedeutung haben mögen, deren Relevanz mit der Ausdifferenzierung des Systems und den Differenzierungsformen, die die Gesellschaft zuläßt, variieren wird.

Von Autopoiesis und operativer Geschlossenheit kann man, all dies vorausgesetzt, nur dann sprechen, wenn die Operationen, die einander – und damit das System – reproduzieren, bestimmte Merkmale aufweisen. Sie bilden *emergente Einheiten*, die es nur dank der operativen Geschlossenheit des Systems geben kann; und sie leisten als solche Einheiten eine *eigenständige Reduktion von Komplexität* – sowohl der Umwelt des Systems als auch des Systems selbst. In der Faktizität des Vollzugs liegt ja schon, daß nicht alles, was es gibt, berücksichtigt werden kann; und an die Stelle dieser Komplettrelationierung tritt die selektive, aber tragfähige Kopplung und das rekursive Netzwerk der autopoietischen Reproduktion.

III

Will man, von diesen Instruktionen ausgehend, die Besonderheiten der selbstreferierenden Operationsweise des Rechtssystems feststellen, kommt eine ganze Hierarchie von Bestimmungen zum Zuge.[24] Ein operativer Ansatz kann die Einheit des Rechtssystems nicht als Einheit eines Textes oder als Konsistenz einer Textmenge begreifen[25], sondern nur als ein soziales System. Die basale Opera-

---

24 Entsprechend müßten Leser ihre Einwände sortieren je nach dem, auf welcher Ebene sie greifen sollen: ob gegen die Theorie autopoietischer Systeme als solche, ob gegen den durch Kommunikation definierten Begriff des sozialen Systems, gegen den Gesellschaftsbegriff oder nur gegen die Darstellung des Rechtssystems als eines autopoietischen Systems innerhalb der Gesellschaft.

25 So der herkömmliche juristische Systembegriff mit seiner bis in den Anfang des 17. Jahrhunderts zurückreichenden Tradition. Vgl. etwa Claus-Wilhelm Canaris, Systemdenken und Systembegriff in der Jurisprudenz am Beispiel des deutschen Privatrechts, Berlin 1969, und, mit Betonung von Werten als Grundlagen der Systembildung, Franz-Josef Peine, Das Recht als System, Berlin 1983. Vermittelnd, und deshalb unscharf, Torstein Eckhoff / Nils Kristian Sundby, Rechtssysteme:

tion, die soziale Systeme aus ihrer Umwelt ausgrenzt, kann als Kommunikation begriffen werden.[26] Damit liegt zugleich der Begriff der Gesellschaft fest als das umfassende System aller Kommunikationen, in dessen Umwelt es keine Kommunikationen, sondern nur Ereignisse anderen Typs gibt.

Diese Begriffsdisposition hat weittragende Folgen. Ihr folgend muß man alle sozialen Systeme als Vollzug von Gesellschaft begreifen. Auch das Rechtssystem ist danach ein zur Gesellschaft gehöriges, Gesellschaft vollziehendes Sozialsystem. Titel wie »Recht und Gesellschaft«[27] verweisen dann nicht auf zwei unabhängige, einander gegenüberstehende Gegenstände, sondern müssen differenzierungstheoretisch reformuliert werden. Das Rechtssystem ist, um diesen wichtigen Punkt zu wiederholen[28], ein Subsystem des Gesellschaftssystems. Die Gesellschaft ist also nicht einfach die Umwelt des Rechtssystems. Sie ist teils mehr – insofern nämlich, als sie die Operationen des Rechtssystems selbst einschließt; und teils weniger – insofern nämlich, als das Rechtssystem es auch mit der Umwelt des Gesellschaftssystems zu tun hat, vor allem mit mentalen und körperlichen Realitäten der Menschen, aber auch mit anderen physikalischen, chemischen, biologischen Sachverhalten, je nach den Ausschnitten, die das Rechtssystem für rechtlich relevant erklärt.

Als soziales System und als Vollzug von Gesellschaft haben die Operationen des Rechtssystems Merkmale, die nicht nur im Rechtssystem realisiert werden.[29] Das gilt für alle Merkmale, die

---

Eine systemtheoretische Einführung in die Rechtstheorie, Berlin 1988, S. 41: Das Rechtssystem bestehe aus »Normen und Aktivitäten«.

26 Hierzu näher Niklas Luhmann, Soziale Systeme: Grundriß einer allgemeinen Theorie, Frankfurt 1984, S. 191 ff.

27 Siehe z. B. Stig Jørgensen, Recht und Gesellschaft, Göttingen 1971.

28 Vgl. Kapitel 1, V.

29 Anders, um dies zu verdeutlichen, im Falle des Gesellschaftssystems. Kommunikation gibt es nur als Vollzug von Gesellschaft, nur im rekursiven Rückgriff auf andere Kommunikationen des Gesellschaftssystems, und es gibt nichts dergleichen in der Umwelt des Systems (was voraussetzt, daß man Kommunikation unter Tieren anders, nämlich nicht als Aktualisierung von Sinn und nicht als gesellschaftlich anschlußfähig begreift). Gunther Teubner, »L'ouvert s'appuye sur le fermé«: Questioni aperte intorno all'apertura dei sistemi chiusi, Iride 6 (1991), S. 248-252, betont mit Recht, daß hier ein wesentlicher Unterschied bestehe zwischen operativer Schließung des Gesellschaftssystems und der gesellschaftlichen Teilsysteme. Ich

einer Kommunikation als solcher zukommen, zum Beispiel die Aktualisierung von Sinn und die Möglichkeit, die Differenz von Mitteilungshandeln und Information zu verstehen, und es gilt vor allem für den Mechanismus der strukturellen Kopplung von Kommunikation und Bewußtsein, für das Einfangen von Aufmerksamkeit, also für Sprache.[30] Sofern das Rechtssystem Sprache benutzt, um zu kommunizieren, setzt es daher immer Anschlußmöglichkeiten außerhalb des Systems voraus. Die Presse kann über neue Gesetze und Urteile berichten. Rechtsfragen können Gegenstand von Alltagsgesprächen werden. Das Rechtssystem kann zwar nicht als System mit der Gesellschaft sprechen; aber seine Grenzen sind für Kommunikation durchlässig. Es kann daher auch verstehen, aufgreifen und intern weiterverarbeiten, was in der Gesellschaft ohne Rücksicht auf Recht gesagt worden war. Es setzt schlicht voraus, daß Kommunikation funktioniert und verstanden oder mißverstanden werden und Annahme nahelegen oder Ablehnung provozieren kann.

Um so dringender wird vor diesem Hintergrund die Frage nach den spezifischen Merkmalen rechtlicher Operationen. Wir erinnern an die durch die Theorie diktierte Notwendigkeit, Genauigkeitsansprüche in dieser Hinsicht einzulösen. Die Theorie eines operativ geschlossenen autopoietischen Rechtssystems ist darauf angewiesen, daß diese Frage befriedigend beantwortet werden kann.

Direkt oder indirekt werden die gesamten Untersuchungen, die folgen, es mit dieser Frage zu tun haben. An dieser Stelle sollen daher, unter Vorbehalt genauerer Erläuterungen, nur Grundzüge skizziert und in ihrem Zusammenhang dargestellt werden. Ihr Ausgangspunkt ist eine rein tautologische, formale, inhaltsleere Antwort, die nur besagt, daß alle weiteren Analysen als »Entfaltung« einer Tautologie (und nicht: als logische Folgerung aus Axiomen) auftreten werden. »Entfaltung« heißt dabei im Anschluß an Tarski und Löfgren: Aufbrechen einer Identität (Recht ist Recht) mit Hilfe von Unterscheidungen, bei denen dann die Einheit der Unterscheidung

würde nur in den Konsequenzen, die aus diesem Unterschied folgen, weniger weit gehen.

30 Hierzu auch Niklas Luhmann, Wie ist Bewußtsein an Kommunikation beteiligt?, in: Hans Ulrich Gumbrecht / K. Ludwig Pfeiffer (Hrsg.), Materialität der Kommunikation, Frankfurt 1988, S. 884-905; ders., Die Wissenschaft der Gesellschaft, Frankfurt 1990, S. 11 ff.

selbst (im Unterschied zum Unterschied des Unterschiedenen) an die Stelle der Identität tritt.[31] Wir halten zunächst also nur fest: Die Ausdifferenzierung eines operativ geschlossenen Rechtssystems erfolgt durch rekursive Bezugnahme rechtlicher Operationen auf rechtliche Operationen. Das System operiert, wie jedes autopoietische System, in ständigem Selbstkontakt. Um eigene Operationen als rechtliche qualifizieren zu können, muß es herausfinden, was es bisher schon getan hat oder weiterhin tun wird, um eigene Operationen als rechtliche zu qualifizieren.

Diese in der Formulierung (also für einen Beobachter) tautologische Version ist für die Rechtspraxis gar kein Problem. Sie kann sich an dem vorhandenen Recht orientieren. Auch und gerade, wenn es um Rechtsänderungen geht, ist immer als bekannt oder als feststellbar anzunehmen, was geändert wird. Nie lautet die Antwort auf eine solche Frage: alles! Auch nicht bei »Revolutionen«. Und nie kommt es dabei auf den Anfang, auf einen Rückgriff auf den historischen Ursprung des Rechts an. Im Kontext von Legitimationsmythen, also von Selbstbeschreibungen bestimmter Art, mag der Ursprung des Rechts eine Bedeutung haben als eine Art Unterbrechung des Zirkels – etwa die göttliche Gabe der Zehn Gebote als gemeinsame Orientierung einer tribalen Gesellschaft oder die göttliche Einsetzung des Areopag als Unterbrechung des Circulus vitiosus einer Recht in Unrecht transformierenden Rache. Die Rechtspraxis operiert stets in einer Situation mit historisch gegebenem Recht, denn anders könnte sie gar nicht auf die Idee kommen, sich selbst als Rechtspraxis zu unterscheiden. Entsprechend gibt es, historisch gesehen, keinen Anfang des Rechts, sondern nur Situationen, in denen es hinreichend plausibel war, davon auszugehen, daß auch schon früher nach Rechtsnormen verfahren worden ist. Deshalb ist auch die Evolution des Rechts als eines autopoietischen Systems kein Problem. Die dazu nötige Zeit ist immer eine Konstruktion in der Mitte der Zeit, in der jeweiligen Gegenwart; und in der objektivierenden Perspektive eines Historikers kann man allen-

---

31 Vgl. Lars Löfgren, Unfoldement of Self-reference in Logic and Computer Science, in: Finn V. Jensen / Brien H. Mayoh / Karen K. Møller (Hrsg.), Proceedings of the 5th Scandinavian Logic Symposium, Aalborg 1979, S. 205-229. Üblicherweise wird bei diesem Begriff an eine Unterscheidung von hierarchischen bzw. linguistischen »Ebenen« gedacht. Unser Text wird anderen, direkter in der Systemtheorie verankerten Vorstellungen folgen.

falls nach den Bedingungen fragen, unter denen solch eine Konstruktion als plausibel angeboten werden kann. Es muß zum Beispiel immer schon Konflikte gegeben haben, in denen der Sieger seinen Sieg als Recht und damit als zukunftsbindend behaupten kann. Oder, um den berühmten Anfang des zweiten Teils des Discours sur l'origine et les fondemengs de l'inégalité parmi les hommes zu zitieren: »Le premier qui ayant enclos un terrain, s'avisa de dire, *ceci est à moi,* et trouva des gens assés simple pour le croire, fut le vrai fondateur de la société civile.«[32]

Auch in einem anderen Sinne ist das Rechtssystem eine historische Maschine, nämlich insofern, als jede autopoietische Operation das System verändert, die Maschine in einen anderen Zustand versetzt und deshalb veränderte Ausgangsbedingungen für weitere Operationen schafft. In der Terminologie Heinz von Foersters handelt es sich also nicht um eine Trivialmaschine, die auf immer gleiche und wiederholbare Weise Inputs in Outputs transformiert (wenn sie nicht Fehler macht bzw. kaputt ist), sondern um eine Maschine, die bei jeder Operation ihren eigenen Zustand ins Spiel bringt und deshalb durch jede Operation eine neue Maschine konstruiert.[33] Erst vor diesem Hintergrund ergibt sich der Sinn des Postulats, das Rechtssystem möge berechenbar funktionieren, es möge wie eine Trivialmaschine funktionieren und künstlich (zum Beispiel durch Abstraktion von Zeit) entsprechend eingerichtet werden.

Diese Möglichkeit, Recht als Recht zu erkennen, reicht aus, um Rechtspflege als gesellschaftliche Autopoiesis in Gang zu bringen. Sie reicht nicht aus, um das Rechtssystem zu schließen, das heißt: ausschließend auf Selbstkontakt zu verweisen. Das Recht bleibt eingebettet in allgemeine gesellschaftliche Ordnungen, bleibt abhängig von Strukturen, die auch anderen Funktionen dienen (zum Beispiel der Familie, zum Beispiel einer religiös gedeckten Moral), und es bleibt vor allem mitbestimmt durch die gesellschaftliche Stratifikation und die einschneidenden Unterschiede zwischen Stadt und Land. Die Zeugnisse, die ältere Hochkulturen uns hinterlassen ha-

32 Zit. nach Jean-Jacques Rousseau, Œuvres complètes Bd.3, éd. de la Pléiade, Paris 1964, S. 164.
33 Siehe Heinz von Foerster, Principles of Self-Organization – In an Socio-Managerial Context, in: Hans Ulrich / Gilbert J.B. Probst (Hrsg.), Self-Organization and Management of Social Systems: Insights, Promises, Doubts, and Questions, Berlin 1984, S. 2-24 (8 ff.)

ben, lassen eine Beobachtung dieser Abhängigkeiten und eine Art Gegenbewegung erkennen. Der König bzw. das städtische Gericht soll die Armen gegen die Reichen schützen, wenn sie im Recht sind. Aber in den Dörfern mißtraut man der städtischen Justiz und verläßt sich lieber auf eigene Kriminalistik, auf Personkenntnisse und auf lokale Pressionen. Und in den Städten wird man kaum jemanden finden, der aus fortbestehenden Abhängigkeitsverhältnissen (Haushalten, Klientelverhältnissen) gegen den Herrn klagt oder gegen ihn Zeugnis ablegt. Noch die Begründung, die Aristoteles für die Trennung von Gesetzgebung und Rechtsprechung gibt, zeugt vom Fortbestehen dieser Bedingungen und zugleich von dem Bemühen, sie zu neutralisieren. Die Rechtsprechung für sich genommen sei den sozialen Pressionen, den Freundschaften und Feindschaften des Richters und seiner Familie ausgeliefert. Auf der Ebene der Gesetzgebung sei es, weil man die künftigen Situationen der Gesetzesanwendung schwer voraussehen könne, kaum möglich, diesen Partikularismen Rechnung zu tragen. Und deshalb müsse es Gesetzgebung und Bindung des Richters an das Gesetz geben.[34] Die Einbettung des Rechts in gesellschaftlich vorgegebene Strukturen kann nur mit einer *rechtsspezifischen* Unterscheidung neutralisiert werden, und nicht durch Machtsprüche des Herrschers oder durch religiöse Konditionierung von Heilschancen. Die Rechtspflege muß, das zeigen solche kritischen Impulse und semantischen Vorentwicklungen an, gesellschaftlich desolidarisiert werden. Aber wie kann das geschehen?

Zunächst und vor allem sicher dadurch, daß das Recht selbst die dominanten gesellschaftlichen Strukturen anerkennt und in der Form von rechtserheblichen Unterscheidungen nachzeichnet. So hatte im alten Europa der Adel nicht nur eine andere Rechtsstellung und andere Rechte, vor allem auch verfahrensmäßiger Art, sondern es galt auch die allgemeine Regel, daß im Prozeß zwischen Adeligen und Bürgerlichen bei unklaren Verhältnissen der Adelige im Zweifel recht bekommt.[35] Mit den gesellschaftlichen Strukturen wandeln

---

34 Siehe Rhetorik 1354 a 32 - 1354 b 15. Zur Aufnahme dieses Gedankens im Hochmittelalter vgl. Aegidius Columnae Romanus (Egidio Colonna), De regimine principum Teil II, Buch III, zit. nach der Ausgabe Rom 1607, Nachdruck Aalen 1967, S. 507 ff. Ausführlicher unten Kap. 7, II.

35 Estienne Pasquier, Les recherches de la France, Paris 1665, S. 577 f. berichtet von einem Fall, in dem der Kaiser während des Prozesses einen Bürgerlichen geadelt

sich dann auch die Formen, in denen die Rechtsordnung ihnen *von sich aus* Rechnung trägt.[36] Dabei nehmen mit zunehmender Komplexität die Isomorphien und semantischen Übereinstimmungen ab, der gesamtgesellschaftliche Bezug der Normen wird abstrahiert und ist im allgemeinen nicht mehr an ihrem Regelungszweck erkennbar. Aber die Form der Lösung bleibt: Das Rechtssystem wird ausdifferenziert, um von sich aus den Gesellschaftsstrukturen Rechnung tragen zu können mit all den Folgeproblemen einer kompletten Rekonstruktion gesellschaftlicher Abhängigkeiten durch rechtssysteminterne Vorkehrungen.

Für die Ausdifferenzierung und operative Schließung eines Rechtssystems scheinen nun zwei weitere Errungenschaften wichtig zu sein, die sich wechselseitig stimulieren, und zwar (1) die funktionale Spezifikation des Rechts, das heißt: die Ausrichtung auf ein spezifisches gesellschaftliches Problem, und (2) die binäre Codierung des Systems durch einen Schematismus, der einen positiven Wert (Recht) und einen negativen Wert (Unrecht) vorsieht. Anders als eine ältere, sich an den Vorteilen der Arbeitsteilung orientierende Theorie funktionaler Differenzierung und Spezifikation vermuten könnte, reicht eine Orientierung an der Funktion allein nicht aus. Das ergibt sich schon daraus, daß der Bezugsgesichtspunkt Funktion immer dazu auffordert, nach funktionalen Äquivalenten Ausschau zu halten, also Systemgrenzen zu überschreiten. Man sieht aber auch, daß »die Funktion des Rechts« in der Praxis als Begründungsgesichtspunkt keine Rolle spielt. Was dem allenfalls nahekommen könnte, ist der zivilrechtliche Begriff der »causa«; aber »nomen et causa« waren im alten Recht nur Erfordernisse der Klageberechtigung, und causa ist folglich auch heute nur ein Interpretationsgesichtspunkt einzelner Rechtsinstitute. Das Recht selbst braucht keine causa. Will ein Jurist erkennen, ob eine Kommunikation zum Rechtssystem gehört oder nicht, muß er daher immer auch prüfen, ob es überhaupt um die Zuordnung von Recht und Unrecht, also um die Domäne des Rechtscodes geht. Nur beide

hat, um ihm gegen den adeligen Prozeßgegner Recht zu verschaffen. In Übereinstimmung mit dem geltenden Recht! Nur: wann hatte man in solchen Fällen schon einen Kaiser zur Hand.

36 Siehe dazu meinen Versuch, die Grundrechte im Hinblick auf die funktionale Differenzierung des Gesellschaftssystems zu interpretieren in: Niklas Luhmann, Grundrechte als Institution: Ein Beitrag zur politischen Soziologie, Berlin 1965.

Errungenschaften, Funktion und Code zusammengenommen, bewirken, daß die rechtsspezifischen Operationen sich deutlich von anderen Kommunikationen unterscheiden lassen und dadurch, mit nur marginalen Randunschärfen, sich aus sich selbst heraus reproduzieren können.

Wir werden beide Errungenschaften in den beiden folgenden Kapiteln ausführlich vorstellen und begnügen uns an dieser Stelle mit einer groben Charakterisierung. Die funktionale Spezifikation schränkt das ein, was als Operation des Systems in Betracht kommt. Sie bezieht sich auf die Operationen des Systems und ist daran zu erkennen, daß sie die Operationen an Normen orientiert. Die binäre Codierung bezieht sich auf die Beobachtung der Operationen des Systems und ist daran zu erkennen, daß sie den Operationen die Werte Recht bzw. Unrecht zuordnet. Diese Unterscheidung wirkt gekünstelt, und sie ist auch ein artifizielles Arrangement, das im System selbst erzeugt wird. (Man beachte die Zirkularität der Argumentation.) Mit der Normativität wird nur festgelegt, daß bestimmte Erwartungen auch dann festgehalten werden können, wenn sie enttäuscht werden. Darin liegt bereits eine Direktive für entsprechendes Unterscheiden nach dem Schema Erwartung/Enttäuschung. Insofern ist jede Operation des Rechtssystems bereits ein formorientiertes, unterscheidungsgeleitetes Beobachten. Sie nimmt nicht einfach hin, was passiert. Aber erst die Beobachtung dieses Beobachtens, erst die Bewertung nach Maßgabe des Schemas Recht/Unrecht ordnet die Intention des obstinaten, kontrafaktischen Festhaltens von Erwartungen dem Recht zu. Wir können auch sagen: Die Ausdifferenzierung eines operativ geschlossenen Rechtssystems setzt voraus, daß das System auf der Ebene der Beobachtung zweiter Ordnung operieren kann, und zwar nicht nur gelegentlich, sondern kontinuierlich. Alle eigenen Operationen, auch die des primären Diskriminierens und auch die des bloßen Feststellens von Erwartungsenttäuschungen, werden von dieser Ebene aus kontrolliert.[37] Was mit diesem Kontrollschema Recht/Unrecht nicht erfaßt wird, gehört nicht zum Rechtssystem, sondern zu seiner inner- oder außergesellschaftlichen Umwelt.

---

37 Zur Entstehung dieser sekundären Beobachtungsweise und zu ihren Zusammenhängen mit der Entstehung von Logik und wissenschaftlichen Beweisverfahren siehe Yehuda Elkana, Das Experiment als Begriff zweiter Ordnung, Rechtshistorisches Journal 7 (1988), S. 244-271.

Das Rechtssystem etabliert sich, wenn die genannten Voraussetzungen erfüllt sind, als ein autopoietisches System. Es konstituiert und reproduziert *emergente Einheiten* (inclusive: sich selber), die es ohne operative Geschlossenheit nicht geben würde. Und es leistet auf diese Weise eine *eigenständige Reduktion von Komplexität*, ein selektives Operieren angesichts einer Fülle von Möglichkeiten, die – sei es ignoriert, sei es abgewiesen – jedenfalls unberücksichtigt bleiben, *ohne daß dies der Autopoiesis Abbruch tut.*

Harold Berman hat viele Belege dafür zusammengestellt, daß diese Umstellung auf Autonomie des Rechtssystems bereits im 11./12. Jahrhundert in der Form einer »Revolution« der gesamten Rechtskultur durchgeführt worden ist.[38] Das dürfte im weltweiten Vergleich zugleich die »Abweichung« Europas, die ganz ungewöhnliche Bedeutung des Rechts für den gesellschaftlichen Alltag und die gesellschaftliche Entwicklung Europas erklären.

IV

Einem Vorschlag von Francisco Varela folgend kann man die operative Geschlossenheit eines Systems als »Autonomie« bezeichnen.[39] Gordon Pask konstatiert: »Computing systems own their autonomy to computing their own boundaries«.[40] In der sozialwissenschaftlichen Diskussion hat diese Begriffsverwendung eher zu Konfusionen geführt.[41] Wenn wir den autopoietischen Begriff der

---

38 Siehe Harold J. Berman, Recht und Revolution: Die Bildung der westlichen Rechtstradition, dt. Übers. Frankfurt 1991.

39 Siehe Francisco J. Varela, Principles of Biological Autonomy, New York 1979, oder ders., On Being Autonomous: The Lessons of Natural History for Systems Theory, in: George J. Klir (Hrsg.), Applied General Systems Research: Recent Developments and Trends, New York 1978, S. 77-84.

40 So in: Developments in Conversation Theory: Actual and Potential Applications, in: George E. Lasker (Hrsg.), Applied Systems and Cybernetics III, New York 1981, S. 1326-1338 (1327).

41 Siehe für die anschließende Diskussion Richard Lempert, The Autonomy of Law: Two Visions Compared, in: Gunther Teubner (Hrsg.), Autopoietic Law: A New Approach to Law and Society, Berlin 1988, S. 152-190; Gunther Teubner, Recht als autopoietisches System, Frankfurt 1989, S. 42 ff., 87 ff.; ferner auch Richard Lempert / Joseph Sanders, An Invitation to Law and Social Science, New York 1986, S. 401 ff. Auch unter Anhängern der Autopoiesis-These wird die *Wortwahl* oft kritisiert. Siehe z. B. Wolfram K. Köck, Autopoiese, Kognition und Kommunikation:

Autonomie trotzdem nicht wieder einstampfen, sondern beibehalten, so deshalb, weil gerade jene Konfusion zum Nachdenken anregt.

Will man die traditionelle, über »nómos« assoziierte Fassung des Begriffs beibehalten[42], so liegt der Erkenntnisgewinn (oder andere würden sagen: die Behauptung) in der These, daß Strukturen des Systems nur durch die Operationen des Systems erzeugt und jeweils fallweise benutzt oder nichtbenutzt, erinnert oder vergessen werden können. Autonomie heißt denn auch wörtlich: Selbstlimitierung. So gesehen ist Autonomie nicht gleichbedeutend mit, sondern eine Konsequenz von operativer Geschlossenheit.[43]

Demgegenüber geht die herkömmliche rechtswissenschaftliche Lehre nicht von Operationen, sondern von Personen aus. Die Autonomie des Rechtssystems ist damit durch die Unabhängigkeit der Richter und eventuell der Anwälte[44] gesichert und Unabhängigkeit definiert durch Freiheit von äußeren Pressionen, denen man sich, wenn nicht auf transzendentale Weise, dann jedenfalls über Lebenszeitanstellung und Weisungsungebundenheit in der eigenen Organisation entziehen kann.[45] Niemand wird die institutionelle

Einige kritische Bemerkungen zu Humberto R. Maturanas Bio-Epistemologie und ihren Konsequenzen, in: Volker Riegas / Christian Vetter (Hrsg.), Zur Biologie der Kognition, Frankfurt 1990, S. 159-188 (179). Sie entspricht jedoch genau dem ursprünglichen Sinn von »nómos« als Resultat einer Grenzziehung, einer Unterscheidung und muß nur von kausalen Implikationen freigehalten werden.

42 Eine Tradition im übrigen, in der bis zu Kants Zeiten (und Kants Vorlieben für juristische Metaphorik sind bekannt) juristische und politische Interpretationen den Begriff beherrscht haben. Siehe die Hinweise im Artikel von R. Pohlmann, Autonomie, Historisches Wörterbuch der Philosophie Bd. 1, Basel 1971, Sp. 701-719.

43 Dies weicht auch von Varela ab, der Autonomie als »the assertion of the system's identity through its internal functioning and selfregulation« definiert (1978, S. 77). Diese Verlagerung des Begriffs auf die Ebene der Selbstbeobachtung und Selbstbeschreibung (statt nur: auf die Ebene der Strukturproduktion) bringt dann Jacques Miermont, Les conditions formelles de l'état autonome, Revue internationale de systémique 3 (1989), S. 295-314, dazu, Autonomie als Produkt einer Imagination des Systems aufzufassen: Sie existiert nur als Metareferenz von Selbstreferenz und Fremdreferenz (Aber würde es hier nicht genügen, von Identität zu sprechen?). In unserem Text wird dagegen durchgehend auf eine Unterscheidung von Operation und Beobachtung (als einer Operation besonderer Art) Wert gelegt.

44 Siehe zum Anwalt/Klient-Verhältnis zum Beispiel John P. Heinz, The Power of Lawyers, Georgia Law Review 17 (1983), S. 891-911.

45 Vgl. hierzu (nicht sehr straff am Thema bleibend, aber materialreich) Joachim

und politische Wichtigkeit solcher Absicherungen bestreiten, man hat Erfahrungen nicht nur nach 1933, sondern überall in der Welt. Was Autonomie des Rechtssystems betrifft, kann die Politik an diesen Zugriffspunkten destruktiv wirken. Aber das besagt nichts für den Begriff. (Schließlich ist ja auch Kaffee nicht das, was schlecht schmeckt, wenn man statt Zucker Salz hineintut.) Die Frage bleibt, was Autonomie eigentlich ist, so daß sie auf bestimmte Weise gegen Gefährdungen gesichert werden kann, ja gesichert werden muß. (Der Kaffee in unserem Beispiel so, daß Zucker und Salz in deutlich verschiedenen Gefäßen aufgehoben werden.)

Als Soziologe tendiert man dazu, die Autonomie von Personen gegenüber Verführungen oder Pressionen ihrer sozialen Umwelt zunächst einmal für einen »Mythos« oder auch für eine Ideologie zu halten.[46] Wenn aber begriffliche Klärungen ausbleiben, zieht man sich aus dieser Verlegenheit auf den unbrauchbaren Begriff der »relativen Autonomie« zurück.[47] Ein gradualisierter Autonomiebegriff ist in der Soziologie ganz üblich[48], gibt aber gerade empirischen

Rückert, Autonomie des Rechts in rechtshistorischer Perspektive, Hannover 1988. Zustimmend Klaus Luig, Autonomie und Heteronomie des Rechts im 19. Jahrhundert, Zeitschrift der Savigny-Stiftung für Rechtsgeschichte, romanistische Abteilung 107 (1990), S. 387-395. Rückert meint, es ginge bei Autonomie um »die konkrete Fähigkeit und Bereitschaft (von Personen in einem institutionellen Kontext, N.L.), sich einem gegebenen Recht gegenüber kritisch oder unkritisch zu verhalten«. A.a.O., S. 35. Kann also das Recht sich um seiner Autonomie willen selber ablehnen? Oder geht es unter dem Titel Autonomie des Rechts überhaupt nicht um die Autonomie des Rechts, sondern nur um ein gesellschaftskritisches Engagement von Juristen, die sich dazu des Rechts bedienen?

46 Von »receding bourgeois ideology of independence« spricht zum Beispiel Magali Sarfatti Larson, The Rise of Professionalism: A Sociological Analysis, Berkeley Cal. 1977, S. 177 f. für Ärzte und Anwälte. Siehe auch Kap. 12 (S. 208 ff.) über »Monopolies of Competence and Bourgeois Ideology«.

47 Ich widerrufe hier auch eigene frühere Formulierungen als nicht hinreichend durchdacht. Siehe jetzt vor allem Lempert a.a.O. (1988) mit der überraschenden These, daß der Begriff der relativen Autonomie, der nichts ausschließt, sich für empirische Forschungen besonders gut eigne. Aber mit diesem Begriff kann man sich empirische Forschung ersparen; man wird diese Variable immer bestätigt finden. Zu »relativer Autonomie« (als Selbstverständlichkeit) auch Lawrence M. Friedman, Total Justice, New York 1985, S. 27 ff., der aber betont, daß es sich letztlich um ein Definitionsproblem handele, die Grenzen des Systems betreffend.

48 Vgl. nur Alvin W. Gouldner, Reciprocity and Autonomy in Functional Theory, in: Llewellyn Gross (Hrsg.), Symposium on Sociological Theory, Evanston Ill. 1959,

Untersuchungen keinerlei Hinweise (außer dem: Absurditäten zu vermeiden). In der neueren rechtssoziologischen Literatur reagiert man damit auf Enttäuschungen mit »Staatsableitungen« oder ähnlichen radikal-marxistischen Ansätzen.[49] Das Recht werde schon dadurch relativ autonom, daß es durch die Geschichte eigener Entscheidungen komplex werde.[50] Das hat aber zur Klärung des Autonomie*begriffs* nichts beigetragen: Der Grad der Abhängigkeit bzw. Unabhängigkeit bleibt offen. Keinesfalls können für den Begriff der Autonomie Kausalbeziehungen den Ausschlag geben, denn da für alle internen Operationen, wenn man nur weit genug blickt, immer auch externe Ursachen angegeben werden können, würde diese Fassung den Begriff zerstören. Auch von »relativer Autonomie« könnte man dann nicht mehr sprechen, und alles hinge davon ab, welche Ursachen und Wirkungen ein Beobachter für Zurechnungen auswählt. Wir bevorzugen deshalb einen Autonomiebegriff, der am Begriff der Autopoiesis gehärtet ist, also entweder gegeben ist oder nicht und keine Zwischentöne erlaubt. Daß »mehr oder weniger«-Aussagen damit nicht ausgeschlossen sind, sei nur vorsorglich hinzugefügt. Aber sie müssen begrifflich anders eingebracht werden, etwa im Hinblick auf die Komplexität des Systems, das autopoietisch, operativ geschlossen und autonom operiert.

Sieht man genauer zu, was mit »relativer Autonomie« möglicherweise gemeint sein könnte, kann man sich an eine Formulierung von Lempert halten. Relative Autonomie des Rechts sei »the degree to which the legal system looks to itself rather than to the standards of some external social, political or ethical system for guidance in

S. 241-270; Fred E. Katz, Autonomy & Organizations: The Limits of Social Control, New York 1968.

49 Siehe Marc V. Tushnett, The American Law of Slavery, 1810-1860: Considerations of Humanity and Interest, Princeton 1981; ders., American Law of Slavery 1810 - 1860: A Study in the Persistence of Legal Autonomy, Law and Society Review 10 (1985), S. 119-184; Isaac D. Balbus, Commodity Form and Legal Form: An Essay on the »Relative Autonomy« of the Law, Law and Society Review 11 (1977), S. 571-588 (hier nur: Autonomie in bezug auf die Präferenzen einzelner Akteure, nicht in bezug auf die Bedingungen der kapitalistischen Gesellschaft); Alan Stone, The Place of Law in the Marxian Structure-Superstructure Archetype, Law and Society Review 19 (1985), S. 39-67.

50 So Tushnett a.a.O. (1985) mit Darstellung eines damit zusammenhängenden Übergangs von analogisierender zu begrifflicher Argumentation.

making or applying law«.[51] Auch das kann noch verschieden interpretiert werden. Jedenfalls aber handelt es sich um Autonomie in unserem Sinne, denn »looks« ist eine interne Operation. Die Frage ist dann nur, wie das Rechtssystem Selbstreferenz und Fremdreferenz, die immer beide impliziert sind, zum Ausgleich bringt. Unsere These ist dann allerdings, daß das Rechtssystem, wenn es die Umwelt nicht nur als Bereich von Tatsachen, sondern auch in ihren »standards« für beachtlich hält, dazu einer internen Legitimation bedarf. Wir kommen darauf unter VI zurück.

V

Wenn man die operative Geschlossenheit, die autopoietische Selbstreproduktion und die Autonomie des Rechtssystems auf diese Weise beschreibt: welche Kommunikationen sind damit erfaßt und wo zieht das System folglich seine eigenen Grenzen?

In der soziologischen Literatur, die den Begriff des Rechtssystems (legal system) verwendet, ist es üblich, dabei nur an den organisierten Rechtsbetrieb, also vor allem an Gerichte und Parlamente zu denken, eventuell noch an Verwaltungen, die Rechtsverhältnisse auf Grund von Delegationsnormen gestalten und an die Anwaltskanzleien, die den Zugang der Rechtsuchenden zu den Gerichten kanalisieren. Im Rechtssystem sind danach eigentlich nur Juristen tätig.[52] Die Schwierigkeiten liegen nicht zuletzt darin, daß man beim Systembegriff üblicherweise an Menschen als Mitglieder denkt, zumindest an bestimmte »Rollen«. Das Von-einem-Auto-angefahren-Werden ist aber keine Rolle im Rechtssystem, ja nicht einmal ein Ereignis im Rechtssystem, obwohl es doch offensichtlich rechtlich relevant ist; ja vielleicht wird man deswegen angefahren, weil man auf seinem (vermeintlichen) Recht besteht, auf einem markierten Fußgängerübergang die Straße zu überqueren und das Auto zum Halten zu veranlassen. Wäre das ein Ereignis im Rechtssystem oder nicht? Sind Verträge rechtssysteminterne Operationen? Sind

51 A.a.O., S. 159.
52 Oft dient auch der vage Begriff rechtlicher Institutionen als Platzhalter. Oder man setzt das, worüber man spricht, als bekannt voraus. Oder man erörtert, wie Lawrence Friedman, The Legal System: A Social Science Perspective, New York 1975, S. 1 ff. das Problem, um dann jede Definition abzulehnen.

sie es auch dann, wenn die Beteiligten gar nicht merken, daß sie einen Vertrag schließen, weil sie irrig meinen, dazu sei schriftliche Form erforderlich? Ist es eine rechtliche Operation, wenn ein Verbrecher sich vor der Polizei versteckt? Ist eine Erfindung ein Rechtsakt, weil man sie als Patent anmelden könnte? Fragen dieser Art ergeben sich aus der Universalität der rechtlichen Relevanz. Alles Verhalten ist entweder erlaubt oder verboten, aber deswegen ist doch wohl nicht alles Verhalten eine rechtssysteminterne Operation.

Wir kommen auf festen Grund nur, wenn wir uns daran erinnern, daß soziale Systeme aus Kommunikationen bestehen, die rekursiv auf andere Kommunikationen Bezug nehmen und dadurch ihren eigenen Sinn, ihre eigene Anschlußfähigkeit konstruieren. Um sagen zu können, daß eine rechtliche Operation vorliegt, muß also zumindest eine Kommunikation vorliegen und nicht nur irgendein Verhalten oder gar nur der gefährliche Zustand eines Gebäudes, der die Polizei zum Eingreifen veranlassen könnte, oder der (in England und Schottland rechtlich unterschiedlich beurteilte) Aufenthalt von Schafen auf Straßen. Offensichtlich genügt aber nicht jede Kommunikation, denn sonst wäre das Rechtssystem wieder kongruent mit Gesellschaft. Es genügt auch nicht jede Benutzung von Rechtsbegriffen oder jede Benutzung von Worten mit rechtlichem Hintergrundsinn – zum Beispiel: »Die Rechnung bitte« im Restaurant. In solchen Verwendungen ist das Recht nur ein Aspekt von Kontakten im täglichen Leben oder in anderen Funktionssystemen. Ins Rechtssystem selbst gehört nur eine code-orientierte Kommunikation, nur eine Kommunikation, die eine Zuordnung der Werte »Recht« und »Unrecht« behauptet; denn nur eine solche Kommunikation sucht und behauptet eine rekurrente Vernetzung im Rechtssystem; nur eine solche Kommunikation nimmt den Code als Form der autopoietischen Offenheit, des Bedarfs für weitere Kommunikation im Rechtssystem in Anspruch. Das kann im täglichen Leben aus den verschiedensten Anlässen geschehen. Ein Behördenchef sagt zu der Frau, die gekommen ist, um sich für eine Beförderung ihres Mannes einzusetzen, weil sie sieht, wie sehr er unter der Nichtbeförderung leidet: Ich habe nicht das Recht, mit Ihnen über dienstliche Angelegenheiten zu sprechen. Er sagt es, um sie loszuwerden; aber dies ist nur sein Motiv. Die Kommunikation selbst ist nach unserem Verständnis eine Kommunikation im

Rechtssystem. Auch der Vorschlag einer Änderung des Rechts wird, sobald die zu ändernde Norm bezeichnet wird, zu einer Kommunikation innerhalb des Rechtssystems – auch wenn dies von politischen Gruppierungen, Interessenverbänden oder sozialen Bewegungen ausgeht. Man denke etwa an Bemühungen um Änderungen des Abtreibungsverbots, um Einführung eines Umweltschutzartikels in die Verfassung, um die civil rights in den Vereinigten Staaten.

Diese Erweiterung dessen, was in den Begriff des Rechtssystems eingeschlossen wird[53], hat erhebliche forschungspraktische Konsequenzen. Rein quantitativ gesehen operiert das Rechtssystem weitgehend außerhalb des organisatorisch-professionellen inneren Kerns. Im Alltag des Rechts herrschen denn auch völlig andere Bedingungen, als man sie sich mit den Augen des Juristen vorstellen würde. Auch hier gilt, anders wäre das Recht nicht als Recht zu erkennen, die harte Ordnung des Codes: entweder Recht oder Unrecht – bei aller davon ausgehenden Bereitschaft, sich eventuell zu vertragen. Im übrigen muß man jedoch beachten, daß das Rechtswissen nicht paragraphenförmig geordnet ist, sondern nur kontextspezifisch gelernt und erinnert werden kann. Man hat in begrenzten Milieus Erfahrungen mit dem, was rechtlich geht, vielleicht auch mit »trouble cases«, die man zu vermeiden sucht. Jeder Hausbesitzer weiß, was Schwarzarbeit ist – ob sie sich nun steuerrechtlich oder sozialrechtlich oder einfach durch geringere bürokratische Umständlichkeit auszahlt. Außerdem ist das Recht infolge der Zweiwertigkeit des Codes im Alltag als unsicher und gerade nicht, wie die Juristen meinen oder wünschen, als sicher gegeben. Jede Kommunikation über Recht führt sehr rasch in Unsicherheit und selbst der Gang zum Anwalt oder zum Gericht gibt Sicherheit nur in konditionierter, noch nicht definitiv absehbarer Form. Selbst

53 Siehe dazu zutreffend Walter Kargl a.a.O. (1991), S. 134 ff. Andererseits kann ich Kargl (in: Walter Kargl, Kommunikation kommuniziert?: Kritik des rechtssoziologischen Autopoiesebegriffs, Rechtstheorie 21 (1990), S. 352-373) nicht folgen, wenn er meint, der Begriff des politischen Systems werde dadurch ausgehöhlt, nämlich auf Parteipolitik reduziert. Ganz abgesehen davon, daß auch in der Parteipolitik Rechtsfragen auftauchen, ist, wie jeder darin Erfahrene weiß, praktisches Handeln im Parlament und in den Spitzenlagen der Verwaltungsbürokratie und selbst in der Kommunalverwaltung ganz unmöglich, wenn man nicht zwischen politischen Fragen und Rechtsfragen unterscheiden kann.

Verfahren werden daher, und alles wird getan, um dies zu bestätigen, als Prozessieren von Ungewißheit erlebt. (Die juristische Gegendarstellung lautet: Unbefangenheit und Unparteilichkeit des Richters.) Es gibt im außerjuristischen Alltag des Rechtssystems denn auch keine Vorschrift/Fall-Relationen, sondern eher Erfahrungswerte im Umgang mit Recht und vor allem: in der Vermeidung entsprechender Unannehmlichkeiten.

Aber auch dies muß als rechtssysteminterner Sachverhalt verstanden werden, denn Ungewißheit ebenso wie Angewiesensein auf milieuspezifische Kontakte mit Recht sind Folgen der binären Codierung, und sie kommen überhaupt nur vor, wenn die Rechtsfrage gestellt wird. Die operative Schließung des Systems wird gerade dadurch bestätigt, daß es diese verschiedenen Perspektiven innerhalb des Systems und deshalb ein hineinorganisiertes Beobachten von Beobachtern gibt. Das Rechtssystem ist und bleibt sehr wohl aus zahllosen verschiedenen Anlässen, aber immer nur intern, reizbar. Es ist, wie man mit Heinz von Foerster sagen könnte, gegenüber Anlässen »undifferenziert codiert«, oder besser vielleicht »indifferent codiert«.[54] Es gibt also keinen Input von rechtlicher Kommunikation in das Rechtssystem, weil es überhaupt keine rechtliche Kommunikation außerhalb des Rechtssystems gibt. Das ist eine Konsequenz des Übergangs von input-type descriptions zu closure-type descriptions (Varela).[55] Und es ist eine Konsequenz der These, daß nur das Rechtssystem selbst seine Schließung bewirken, seine Operationen reproduzieren, seine Grenzen definieren kann, *und daß es keine andere Instanz in der Gesellschaft gibt, die sagen könnte: Dies ist Recht und dies ist Unrecht.*

Wohlgemerkt: Die Bezugnahme auf den negativen Wert (Unrecht) hat denselben Zuordnungseffekt wie die Bezugnahme auf den positiven Wert (Recht). Es kommt darauf an, daß die Kommunikation sich der Regulierung durch den Code unterstellt. Aber es kommt natürlich nicht auf die Worte an, sondern auf das Verstehen des gemeinten Sinnes.

Die Garantie der Selbstzuordnung von Operationen zum System und damit der operativen Schließung des Systems erfordert einen

---

54 Siehe Erkenntnistheorien und Selbstorganisation, in: Siegfried J. Schmidt (Hrsg.), Der Diskurs des Radikalen Konstruktivismus, Frankfurt 1987, S. 133-158 (137 ff.).
55 Siehe oben Anm. 9.

einzigen Code als binären Schematismus, der andere Codierungen und dritte, vierte, fünfte Codewerte ausschließt[56], aber natürlich nicht jeden Gebrauch weiterer Unterscheidungen blockiert. Daß der Code die Einheit des Systems im System vertritt, ist nicht durch eine oberste Norm garantiert, denn das würde auf einen infiniten Regreß oder, wie wir noch sehen werden, auf eine Paradoxie hinauslaufen. Der Code selbst ist keine Norm. Er ist nichts anderes als die Struktur eines Erkennungs- und Zuordnungsverfahrens der gesellschaftlichen Autopoiesis. Immer wenn auf Recht bzw. Unrecht referiert wird, ordnet sich eine solche Kommunikation dem Rechtssystem zu. Sie ist anders nicht als zugehörig erkennbar, anders nicht anschlußfähig. Das Recht der Gesellschaft realisiert sich über die Codereferenz – und nicht über eine (wie immer hypothetische oder kategorische, vernünftige oder faktische) Erzeugungsregel.

Der Code Recht/Unrecht kann nur auf der Ebene der Beobachtung zweiter Ordnung gehandhabt werden, also nur durch Beobachtung von Beobachtern. Er ist indifferent dagegen, ob die Beobachter erster Ordnung – also die Handelnden und ihre Opfer – ihren Weltbezug selbst schon nach Recht und Unrecht klassifizieren oder nicht. Wenn sie sich im Recht oder im Unrecht wähnen und das mitteilen, kann der Beobachter denselben Sachverhalt anders beurteilen. Wenn sie gar nicht an Recht bzw. Unrecht denken, sondern anderes im Sinn haben, kann der Beobachter zweiter Ordnung gleichwohl die Werte Recht bzw. Unrecht applizieren. Im Unterschied zu der (operativ gewiß unentbehrlichen) Normativität der Erwartungen und der Bezugnahme auf historisch vorliegende, als Recht interpretierbare Strukturen hat der Code zwei Besonderheiten: Er ist universell handhabbar, was immer an Kommunikation vorliegt, und er ermöglicht die Schließung des Systems durch Reformulierung seiner Einheit als Differenz.

---

56 Dies ist gegen Einwände von Hubert Rottleuthner, A Purified Theory of Law: Niklas Luhmann on the Autonomy of the Legal System, Law and Society Review 23 (1989), S. 779-797 (792 f.) festzuhalten. Denn jede Hinzunahme weiterer Unterscheidungen auf der Ebene der Codierung (wie z. B. erlaubt/verboten, geltendes/nichtgeltendes Recht) würde eine eindeutige Grenzbestimmung durch jede Operation ausschließen und Unklarheiten erzeugen. Parsons hatte übrigens aus ähnlichen Gründen auf die Tempovorteile binärer Schematisierungen beim Aufbau komplexer Systeme hingewiesen, dann allerdings eine Kreuztabellierung zugelassen, die aber nur noch Klassifikationsvorteile (Typenbildungen) erbringt.

Normatives Prozessieren von Erwartungen ist auch okkasionell möglich. Es sucht Konsens in der Unmittelbarkeit gleichsinniger Beschreibungen von Sachverhalten. Das ist auch auf der Ebene der Beobachtung zweiter Ordnung möglich und notwendig. Ein System kann beobachten, daß ein anderes sich zu bestimmten Sachverhalten normativ verhält, etwa zu den Algen im Meer, und aus deren Vermehrung die Konsequenz zieht, daß der Schuldige gesucht und gefunden werden müsse. Ein Beobachter dieses Beobachters mag daraus seine eigenen Schlüsse ziehen, etwa die Zunahme solcher Beobachtungsweisen für politisch bedenklich (oder: bemerkenswert) halten. Das steht ihm nach Maßgabe des eigenen Systemkontextes frei. Er vernetzt sich selbst damit in das Beobachtetwerden durch weitere (auch: die von ihm beobachteten) Beobachter. Das allein führt aber nur zur Fortsetzung der Autopoiesis der Gesellschaft, nicht zur operativen Schließung des Rechtssystems in der Gesellschaft. Die operative Schließung des Rechtssystems *in* der Gesellschaft kommt *nur auf* der Ebene zweiter Ordnung und *nur durch einen Schematismus zustande, der nur auf dieser Ebene gehandhabt werden kann.*[57]

Erst wenn Produkte dieser Form (Unterscheidung) einer Beobachtung zweiter Ordnung rekursiv aufeinander Bezug nehmen (und dann so tun können, als ob dies immer schon der Fall gewesen sei), zieht sich das Rechtssystem zu autopoietischer Geschlossenheit zusammen.[58] Sicher war dies bereits in einigen Stadtkulturen des antiken Mittelmeerraums der Fall, und sicher nicht zufällig: nur in den Städten. Das schließt »wildes« (manche sagen: naturwüchsiges) Normieren nicht aus – so wenig wie die Erzeugung einer Ebene der Beobachtung zweiter Ordnung in der Wissenschaft der Magie den Garaus gemacht hat.[59] Somit ist auch die funktionale Spezifikation des Rechts auf ein Prozessieren normativer Erwartungen allein

---

57 Dasselbe gilt für Wissenschaft und ihren Code wahr/unwahr.

58 Ich suche damit eine andere Antwort als Gunther Teubner auf die Frage, wie eine Evolution autopoietischer (operativ geschlossener!) Systeme überhaupt zu denken ist. Teubners Begriff des Hyperzyklus verlagert das Problem, wie mir scheint, nur auf die Frage, wie denn die Schließung eines solchen Hyperzyklus evoluieren kann. Siehe Gunther Teubner, Recht als autopoietisches System, Frankfurt 1989, S. 61 ff., und dazu auch William M. Evan, Social Structure and Law: Theoretical and Empirical Perspectives, Newbury Park Cal. 1990, S. 44 f.

59 Hierzu überzeugend G.E.R. Lloyd, Magic, Reason and Experience: Studies in the Origin and Development of Greek Science, Cambridge Engl. 1979.

noch keine ausreichende Erklärung für die evolutionäre Ausdifferenzierung des Rechtssystems[60], obwohl es ohne ein rechtsspezifisches Problem auch nicht geht. Nur die Codierung bietet ein Korrelat für die Universalisierung des Rechts[61], nämlich für die Möglichkeit, auf alle Sachverhalte anwendbar und durch jede Kommunikation reizbar zu sein, unabhängig von dem, was die Primärbeobachter motivierte.

Der Code Recht/Unrecht kann nicht auf sich selbst angewandt werden, ohne daß eine Paradoxie entstünde, die das weitere Beobachten blockierte. Aber er kann unterschieden und bezeichnet werden. Es ist möglich, von der Anwendung des Codes abzusehen und eine Einigung außerhalb des Systems zu versuchen. Die Einheit des Interaktionssystems Konflikt und der beteiligten Personen oder Organisationen bietet die Grundlage für die Entscheidung, das Rechtssystem zu verlassen. Auch diese Entscheidung wird jedoch noch vom Rechtssystem unter Wahrung eigener Belange reguliert. Es ist zum Beispiel nicht möglich, auf Teilnahme am Rechtssystem überhaupt zu verzichten (Sklaverei) und eine außergerichtliche Einigung muß ihrerseits, soll sie rechtsgültig sein, bestimmten Bedingungen genügen. Personen, Interaktionen, Organisationen machen es möglich, Kommunikationen ins Rechtssystem hineinzubringen und wieder herauszunehmen. Dagegen ist das Rechtssystem indifferent. Es verfolgt kein imperialistisches Interesse, möglichst viel Kommunikationen anzuziehen und im System zu behalten. Es ist kein attraktives System. Es sagt nur: *Wenn* Recht in Anspruch genommen wird, das heißt: wenn über Recht und Unrecht disponiert werden soll, *dann nach meinen Bedingungen.* Und nur in genau diesem Sinne ist das System ein operativ geschlossenes und strukturdeterminiertes System.

Schließlich ist zu beachten, daß nicht jede Erwähnung der Codewerte Recht/Unrecht die Kommunikation zu einer rechtssystemin-

---

60 So argumentieren vor allem Theorien, die in Abhängigkeit von den ökonomischen Lehren der Arbeitsteilung entstanden sind und für Differenzierung schlechthin eine Art Wohlfahrtserfolg in Anspruch nehmen, der sich in der Evolution gleichsam blind durchsetzt.

61 Ich muß hier auch an den Perspektiven meines Buches »Rechtssoziologie« (1972) einiges korrigieren, das den Code des Rechts nicht genügend berücksichtigt und in erster Linie mit einem Komplementärverhältnis von Differenzierung (Spezifikation) und Generalisierung arbeitet.

ternen Operation macht. Man kann zum Beispiel im Rechtsunterricht über Rechtsfälle reden oder in der Presse über Gerichtsverhandlungen und -urteile berichten, ohne daß die Kommunikation über die Rechtswerte disponiert. Sie liegt in einem erkennbar anderen Funktionskontext, und dies auch dann, wenn der Rechtslehrer oder der Journalist seine eigene Meinung erkennen läßt. Man sieht den Unterschied sofort, wenn Rechtslehrer oder Zeitungen explizit »in eigener Sache« reden.

Anders als Logiker es fordern müßten und anders als Kelsen meinte, ist die *Einheit* des Rechtssystems *keine operative Prämisse* des Rechtssystems. Sie kann weder als Prinzip noch als Norm begriffen werden. Kein Urteil muß sie erwähnen, geschweige denn nachweisen. Kein Gesetz nennt sie als Bestandteil seiner Regulierungen. Die Einheit wird mit jeder Operation, sofern sie gelingt, reproduziert wie die Einheit eines lebenden Systems durch den Austausch von Zellen. Sie kann jedoch nicht selbst eine Operation des Systems *sein*, weil eine solche Operation das, was zur Einheit gehört, durch ihren eigenen Vollzug schon wieder verändern würde. Deshalb benötigt das Recht für seinen operativen Vollzug auch keine hierarchische Struktur mit der Funktion, die Einheit des Rechts durch eine referenzfähige oberste Norm (Grundnorm), ein oberstes Gesetz (Verfassung) oder eine oberste Instanz zu garantieren. Solche Darstellungen mögen als Beschreibungen des Systems im System sinnvoll sein. Wir kommen darauf zurück. Aber von ihnen hängt nicht ab, daß die Kommunikationen im Rechtssystem gelingen, das heißt: verstanden und befolgt werden. Die Einheit *des* Systems kann nicht in das System eingeführt werden.

Das heißt aber nicht, daß es keine Selbstreferenz gibt. Die Referenz auf Einheit wird ersetzt, wird »repräsentiert« durch die Referenz auf den Code, auf die Unterscheidung von Recht und Unrecht sowie durch die Unterstellung einer normativen Geltung derjenigen Erwartungen, die zur Explikation des Codes eingesetzt werden. An die Stelle der direkten Referenz tritt eine indirekte, die aber ausreicht, um die Anschlußfähigkeit der Operationen des Systems im System zu gewährleisten. Es gibt, mit anderen Worten, verwendungsfähige Indikatoren für Einheit, und die gesellschaftliche Ausdifferenzierung eines operativ geschlossenen Rechtssystems läßt sich deshalb an den Veränderungen der Semantik dieser Indikatoren ablesen, vor allem am Übergang von einer ontologischen und naturalen Begründung der Rechtsgeltung zur vollen Positivierung des Rechts.

Auch hier ist natürlich eine Verwendung der Worte »Recht«, »Unrecht«, »Norm« oft entbehrlich. Wir sind aus der Zeit eines formalistischen, quasi magischen Rechtsbetriebs heraus. Aber man muß mindestens implizit mitteilen und verstehen können, daß es sich um eine Kommunikation handelt, die kontrafaktische, rechtsgestützte Geltung in Anspruch nimmt und dabei voraussetzt, daß Recht und Unrecht einander wechselseitig ausschließen. Das kann aber durchaus in alltäglicher Kommunikation geschehen, denn in der modernen Gesellschaft gibt es keine Sklaven, und jedermann hat das Recht auf Inklusion in das Recht; also auch das Recht auf Verwendung der Rechtssymbole. Die bindende Entscheidung von Rechtsfragen kommt zwar nur durch Assoziierung mit der politischen Funktion kollektiv bindenden Entscheidens zustande, die den Rekurs auf Durchsetzungsgewalt garantiert. Aber das heißt keineswegs, daß nicht riesige Mengen von Rechtskommunikationen außerhalb dieses engen Bereichs der Parlamente und Gerichte zustande kommen und daß nicht riesige Mengen von positivem Recht auch ohne Einschaltung dieser Instanzen, also ohne jede politische Kontrolle geschaffen werden, nämlich durch Verträge.

Wenngleich die Einheit des Systems keine Komponente der Operationen des Systems sein kann (bzw. für diesen Zweck durch *spezifische* Unterscheidungen repräsentiert werden muß), läßt sie sich doch beobachten und beschreiben. Dies kann nur durch einen Beobachter geschehen, der seinerseits ein autopoietisches System sein muß. Dabei mag es sich um einen externen Beobachter (Wissenschaft zum Beispiel) oder um das Rechtssystem selbst handeln. Entsprechend unterscheiden wir Fremdbeobachtung und Selbstbeobachtung. Auch dieses Thema kann erst in einem späteren Kapitel ausführlich behandelt werden.[62] Im Augenblick muß nur das Verhältnis von Selbstbeobachtung/Selbstbeschreibung zur operativen Geschlossenheit des Systems geklärt werden.

Wenn die Einheit des Rechts (also das Recht als Gesamtheit seiner Operationen und Strukturen) beobachtet werden soll, muß sie von etwas anderem unterschieden werden. Außerdem kann die Bezeichnung der Einheit natürlich nicht in einer Bezeichnung aller Ele-

---

62 Siehe Kapitel 11.

mente und ihrer Relationen bestehen, sie kann nur verkürzt und vereinfacht erfolgen. Beides gilt für externe und für interne Beobachtungen gleichermaßen. Sowohl die Unterscheidung, die für diese Zwecke gewählt wird, als auch die Vereinfachungsleistung sind Leistungen des beobachtenden Systems. Oft sagt man auch, daß die Beobachtung (und erst recht dann durch sie bestimmte Operationen der Planung, Steuerung, theoretischen Reflexion) ein »Modell« des Rechtssystems voraussetze.[63] Jedenfalls ist das, was beschrieben wird, nicht die komplette Wirklichkeit des Systems. Um die erforderliche Reduktion zu markieren, wollen wir die Einheit als Gegenstand einer Beobachtung und Beschreibung *Identität* nennen.

Externe Beobachter – ein Heinrich von Kleist, ein Franz Kafka, ein Walter Benjamin zum Beispiel – können das Rechtssystem sehr verschieden identifizieren. Wenn man wissen will wie, muß man den Beobachter beobachten. Das Rechtssystem ist bei seinen Selbstbeobachtungen und Selbstbeschreibungen weniger frei, aber, gleichsam zur Entschädigung dafür, auch sicherer und besser informiert. Es muß die Beobachtung und Beschreibung mit den Operationen des geschlossenen Systems vollziehen, und das heißt: ihnen selbst einen normativen Status und eine Zuordnung zum Code Recht/Unrecht verleihen. Es muß zum Beispiel sagen, daß es recht ist, Recht und Unrecht zu unterscheiden, während externe Beobachter genau darin ein Unrecht sehen könnten. Insofern ist die Theorie des operativ geschlossenen selbstreferentiellen Systems nicht nur eine Objekttheorie, sondern sie erfaßt auch die Reflexionsleistungen des so beschriebenen Systems; sie beschreibt das System als ein sich selbst beschreibendes System.

---

63 Vgl. Jean-Louis Le Moigne, La théorie du système général: Théorie de la modélisation, Paris 1977. Eines der Beispiele Le Moignes ist das Bruttosozialprodukt als Selbstbeschreibung eines Systems (S. 56). Das Beispiel zeigt zugleich, wie komplex (und abwegig?) die Voraussetzungen sein können, auf die eine solche Modellbildung sich einläßt.

Die Beschreibung von Systemen als operativ geschlossen gibt ein recht einseitiges Bild, das wir nunmehr korrigieren müssen. Durch operative Schließung konstituiert sich eine Einheit in einem Bereich, der dann *für sie* Umwelt wird. Weder die Existenz noch die Relevanz der Umwelt wird geleugnet. Im Gegenteil: Die Unterscheidung von System und Umwelt ist genau die Form, die es erlaubt, ein System oder die Umwelt im Unterschied zum jeweils anderen zu bezeichnen. Wir verrennen uns also nicht in die Absurdität zu behaupten, es gebe Recht ohne Gesellschaft, ohne Menschen, ohne die physikalischen und chemischen Sonderbedingungen auf unserem Planeten. Nur: Beziehungen zu dieser Umwelt kann das System nur auf Grund von Eigenleistungen herstellen, nur im Vollzug eigener Operationen, die nur dank jener rekursiven Vernetzung möglich sind, die wir als Geschlossenheit bezeichnen. Oder kurz gesagt: Offenheit ist nur auf Grund von Geschlossenheit möglich.

Die ältere Lehre von den umweltoffenen Systemen hatte diese Offenheit kausal interpretiert und für das Erkennen von Regelmäßigkeiten im Verhältnis von Systemen und Umwelten einen unabhängigen Beobachter vorausgesetzt. Das bleibt unbezweifelt. Selbstverständlich kann ein Beobachter nach Maßgabe eigener Kriterien und eigener Zurechnungspräferenzen Kausalbeziehungen oder Wahrscheinlichkeiten im Verhältnis zwischen Systemen und Umwelten feststellen, zum Beispiel eine bevorzugende Behandlung von Angehörigen der Oberschichten im Recht. Wir gehen statt dessen von einer Vorfrage aus, nämlich von der Frage, wie das Recht überhaupt operiert und wie es seine eigenen Operationen und deren Effekte beobachtet. Damit verschiebt sich das Problem zu der Frage nach den Formen der »Internalisierung« der Unterscheidung von System und Umwelt durch das System oder, formaler ausgedrückt: nach dem Wiedereintritt der Unterscheidung in das durch sie Unterschiedene[64] und nach dem imaginären Raum von Möglichkeiten, den das System mit dieser Operation erschließt.

Um den internen Gebrauch dieser Unterscheidung deutlich heraus-

---

64 »Re-entry« im Sinne von George Spencer Brown, Laws of Form a.a.O., S. 56 f., 69 ff.

zustellen, werden wir *Selbstreferenz* und *Fremdreferenz* unterscheiden, also sagen, daß ein System, das über entsprechende
Beobachtungsfähigkeiten verfügt, zwischen Selbstreferenz und
Fremdreferenz unterscheiden kann. Wir selbst befinden uns mit
dieser Terminologie (anders als die ältere Lehre von offenen Systemen) auf einer Ebene der Beobachtung zweiter Ordnung. Wir
beobachten, wie das System beobachtet und wie es dabei die Unterscheidung von Selbstreferenz und Fremdreferenz operationalisiert.

Anders als im üblichen Verständnis von Autonomie unterscheiden
wir scharf zwischen Fragen kausaler Abhängigkeit/Unabhängigkeit
(die ein Beobachter je nach Auswahl von Ursachen und Wirkungen
so oder anders beurteilen mag) und Fragen der Referenz, die immer
das System als Beobachter voraussetzen. Fremdreferenz gilt uns
deshalb noch nicht als Einschränkung der Systemautonomie, weil
das Referieren immer eine systemeigene Operation bleibt, die im
System durch interne Vernetzungen ermöglicht, das heißt: an Normen sichtbar sein muß.[65] Und deshalb charakterisiert die Operation
des Beobachtens mit Hilfe der Unterscheidung von Selbstreferenz
und Fremdreferenz zunächst auch nur das System selbst, und zwar
genau in der eigenen Handhabung seiner Autonomie.

Je nach dem, ob wir auf die Funktion achten, die im normativen Stil
des Erwartens fixiert ist, oder auf den Code Recht/Unrecht, finden
wir verschiedene Formen, mit denen das Rechtssystem Selbstreferenz und Fremdreferenz auseinanderzieht. Was die Funktion angeht, können wir feststellen, daß das Rechtssystem *normativ
geschlossen* und zugleich *kognitiv offen* operiert.[66] Das Verständnis

---

65 Anders Lempert a.a.O., S. 159 mit der oben (S. 65 f.) zitierten Definition, die im
   Begriff der Autonomie bereits darauf abstellt, ob das System sich auf sich selbst
   (Formalismen, Verfahren, Begriffe) oder auf seine Umwelt bezieht. Die oben im
   Text formulierte Version bringt einfach größere Distanz gegenüber Kausalfeststel-
   lungen zum Ausdruck, die doch eigentlich nur Rückschlüsse auf den zulassen, der
   sie trifft.

66 Arthur J. Jacobson, Autopoietic Law: The New Science of Niklas Luhmann, Michigan Law Review 87 (1989), S. 1647-1689 (1650, 1685) meint, es gebe keine
   empirische Evidenz für die Verwendung dieser Unterscheidung in Rechtssystemen.
   Der Einwand ist nicht leicht zu verstehen. Daß es auf die Verwendung der Worte
   normativ/kognitiv nicht ankommen kann, dürfte sich von selbst verstehen. Man
   könnte die These aber leicht empirisch testen (und widerlegen), wenn man Fälle
   sammeln würde, in denen eine Form aus einem nichtjuristischen Bereich im Recht

dieser knapp gefaßten Trennformel ist auf erhebliche Schwierigkeiten gestoßen, zumal im Erörterungskontext von Autonomie und kausalen Umweltabhängigkeiten.[67] Sie bedarf deshalb einer eingehenden Kommentierung.

Die These normativer Geschlossenheit richtet sich vor allem gegen die Vorstellung, Moral könne im Rechtssystem unmittelbar gelten. In vielen älteren Rechtsordnungen wurde dies durch Formalismen ausgeschlossen – und dann durch die Unterscheidung von Gerechtigkeit und Billigkeit ausgeglichen. In der modernen Gesellschaft ist eine Unmittelbargeltung der Moral im Rechtssystem erst recht unmöglich, und dies aus einleuchtenden Gründen. Das Rechtssystem muß hinreichende Konsistenz seines Entscheidens sicherstellen, also insoweit als Einheit fungieren können. Moralische Bewertungen sind dagegen typisch pluralistisch gegeben, und man kann sich, wo Konsens fehlt, mit Fragmentierung ihrer Anhänger, also mit Gruppenbildung helfen.[68] Dies gilt aber nur unter der Bedingung, daß Moralisten sich nicht selbst mit Rechtsmacht ausstatten können; und es gilt nur unter der Bedingung des territorialen Friedens. Etwas genauer gesagt, muß das Rechtssystem der Tatsache Rechnung tragen, daß zwar der Moral*code* als binärer Schematismus gesellschaftsweit derselbe ist, aber die Moral*programme*, also die Kriterien der Unterscheidung von gut und schlecht bzw. gut und böse, nicht mehr konsensfähig sind. Eine moralische Rechtskritik bleibt möglich, und es ist auch nicht zu erwarten, daß die Moral für

relevant wird, ohne durch das Recht dazu autorisiert zu sein; oder in denen der bloße Verstoß gegen die Norm die Norm außer Kraft setzt, weil der Richter gehalten ist, aus dem Verstoß zu lernen. Jedenfalls muß ein empirischer Test der Auflösungsstärke der Theorie Rechnung tragen, wenn er sie verifizieren oder falsifizieren will. Es genügt deshalb nicht, festzustellen, daß das tägliche Leben solche Unterscheidungen nicht benutzt.

67 Siehe vor allem die sehr sorgfältigen Überlegungen von Lempert a.a.O., S. 178 ff.

68 Gegen die herrschende Auffassung im Verfassungsrecht der Vereinigten Staaten hat besonders Robert M. Cover darauf hingewiesen, daß auch Minderheiten ein Recht haben, ihre Auffassung als Moral anerkannt zu sehen, und daß deshalb Richter nicht einfach ihre Mehrheitsmeinung als *die Moral* ausgeben können. Siehe: The Supreme Court, 1982 Term. Foreword: Nomos and Narrative, Harvard Law Review 97 (1983), S. 4-68, und ders., The Folktales of Justice: Tales of Jurisdiction, The Capital University Law Review 14 (1985), S. 179-203. Diese Auffassung gründet sich auf eine Tradition der religiösen Anerkennung von Minderheitsmeinungen im jüdischen Recht des Talmud.

jeden Fall Rechtsgehorsam verlangt.[69] Aber daraus folgt nicht schon, daß entsprechende Argumente rechtlich überzeugen; und vor allem darf man nicht unterstellen, daß eine Moral, die sich gegen das Recht stellt, universellen Konsens findet. Es wird sich vielmehr typisch eher um eine kontroverse Moral handeln.[70] Gerade die Verfeinerung der moralischen Empfindlichkeit ist darauf angewiesen, daß das moralische Urteil nicht unmittelbare Rechtsfolgen auslöst; denn anderenfalls müßten alle moralischen Meinungsverschiedenheiten im Rechtssystem selbst ausgetragen werden. Dieser Sachverhalt ist an sich seit dem 18. Jahrhundert bekannt. Er wird nur dadurch verschleiert, daß er anthropologisch formuliert wird (etwa mit Hilfe der Unterscheidung von innerem und äußerem Zwang), so daß seine gesellschaftliche Bedeutung leicht übersehen wird. Im übrigen soll natürlich nicht bestritten werden, daß ethische und rechtliche Begründungsvorstellungen konvergieren können. Aber die praktische Bedeutung solcher Konvergenzen (wie entsprechender Argumentationen überhaupt) sollte nicht überschätzt werden. In der Masse der Gerichtsentscheidungen und erst recht in der Rechtsorientierung des täglichen Lebens spielen sie keine Rolle.[71]

Nur wenn das Recht gegen die unbeständige Flut und Ebbe moralischer Kommunikationen differenziert und von ihr an Hand rechtseigener Geltungskriterien unterscheidbar ist, können auch die Tatsachen spezifiziert und gegen eine Gesamtbeurteilung der Personen abgegrenzt werden, auf die es in Rechtszusammenhängen ankommt. Die Offenheit in bezug auf kognitive Fragen hängt direkt von der normativen Geschlossenheit des Systems ab, und sie kann nur zu größerer Differenziertheit und Spezifizität entwickelt

---

69 Vgl. dazu Luc J. Wintgens, Law and Morality: A Critical Relation, Ratio Juris 4 (1991), S. 177-201.

70 Hierzu auch Niklas Luhmann, The Code of the Moral, Cardozo Law Review (14 (1993), S. 995-1009).

71 Viele rechtstheoretische Kontroversen in dieser Frage scheinen darauf zurückzugehen, daß man das Problem des Verhältnisses von Recht und Moral auf diese Frage beschränkt. Und natürlich wird niemand ernstlich bestreiten, daß ein gewisses Maß an Begründungskonvergenz (ein »ethisches Minimum« des Rechts) immer gegeben ist. Bei der spezifischen Begründung von rechtlich problematischen Entscheidungen in »hard cases« hilft diese Einsicht jedoch nicht weiter, und sie ändert auch nichts daran, daß das Recht sich *immer* an Rechtstexten als Recht ausweisen muß.

79

werden, wenn die Relevanzkriterien für unterschiedliche Tatsachen im System selbst festliegen.

Will man die Kombinatorik von normativen und kognitiven Erwartungen, also auch die Kombinatorik von Selbstreferenz und Fremdreferenz analysieren, muß man auf eine Ebene der Beobachtung zweiter Ordnung zurückgehen, also die Frage stellen: Wie werden Erwartungen erwartet?[72] Wenn auf der Ebene der Beobachtung erster Ordnung angesichts auftauchender Rechtsprobleme normativ erwartet wird (und anders würde die Operation sich nicht dem Rechtssystem zuordnen), kann gleichwohl beim Beobachten dieses Erwartens anders optiert werden. Man kann normatives Erwarten normativ oder auch kognitiv erwarten, sofern nur die Beobachtungsebenen getrennt, das heißt Anlässe unterschiedlich spezifiziert werden können. Einerseits kann man dann normativ erwarten, daß normative Erwartungen festgehalten und durchgesetzt werden sollen, und die gesamtgesellschaftliche Unterstützung des Rechtssystems hängt weitgehend davon ab, daß dies geschieht. Andererseits kann man aber erwarten, daß auch normative Erwartungen lernfähig bleiben, das heißt: in einem kognitiven Kontext (zum Beispiel im Blick auf eingetretene Folgen der Rechtsanwendung) geändert werden können, wenn nicht sogar (gesehen von einer dritten Ebene der Beobachtung aus) geändert werden sollten. Wie alle Funktionssysteme der modernen Gesellschaft gewinnt auch das Rechtssystem erst auf einer Ebene der Beobachtung zweiter Ordnung adäquate Komplexität. Aber das ändert nichts daran, daß die basale operative Ebene der autopoietischen Reproduktion sich im Modus normativen Erwartens schließt.

Normative Schließung heißt demnach nicht nur, aber selbstverständlich auch, daß Normen gegenüber Enttäuschungen stabil gehalten werden müssen. Aus dem Verstoß gegen die Norm allein ergibt sich noch kein adaptives, normänderndes Lernen. Das führt aber nur auf die Frage, wie diese kontrafaktische Enttäuschungsfestigkeit, diese Bockigkeit systemintern ermöglicht und gesichert werden kann. Die Antwort liegt in den rekursiven Vernetzungen der Autopoiesis des Systems. Die Norm wird durch vorherige und

---

72 Andernfalls kommt es, wie Kritiker immer wieder bemerkt haben, zu eklatanten Widersprüchen, wenn behauptet wird, daß kognitives und normatives Erwarten einander wechselseitig ausschließen und doch beide zugleich praktiziert werden.

durch spätere Praxis gehalten, durch operative Sequenzen, in denen sie als dieselbe (wie auch immer der Interpretationsspielraum beschaffen sein mag) kondensiert. Das schließt konkret weder rechtswidriges Verhalten im Rechtssystem noch rechtswidrige Entscheidungen der Gerichte aus. Aber dann bleibt die Bezeichnung als rechtswidrig möglich mit Konsequenzen für die weiteren Operationen des Systems – sei es in der Form der Aufhebung einer noch nicht rechtskräftigen Entscheidung, sei es als Nichtberücksichtigung bei späterer Orientierung an Präzendenzentscheidungen. Die normative Geschlossenheit ist mithin der Kontext laufender Selbstbeobachtung des Systems im Schema rechtmäßig/rechtswidrig. Auch Lernen, auch Änderung von Normen bleibt möglich, sei es intern induziert durch nicht mehr akzeptable Rechtsfolgen, sei es extern induziert durch Veränderungen in der gesellschaftlichen Einschätzung des Sinnes spezifischer Normen. Aber das System sieht sich nicht vor der Aufgabe, einen *Wissens*zusammenhang herzustellen und sich auch kognitiv zu schließen, wohl aber einen *Norm*zusammenhang. Eine Öffnung für Kognition steht immer unter der autopoietischen Bedingung der Einarbeitung des Einzelfalles oder auch der geänderten Norm in die laufende und weiterlaufende Entscheidungspraxis des Systems. Ein Willkürakt, der lediglich auf einen »Machtspruch« des politischen Systems reagiert, wäre im System als Rechtsbruch erkennbar – auch wenn das mangels Deckung durch Macht ohne Folgen bleibt.

Ein Rechtssystem, das häufig und in breit streuenden Sachbereichen solchen Eingriffen ausgesetzt ist – und wer würde bestreiten wollen, daß dies vorkommt[73] –, operiert im Zustand der Korruption. Es erkennt an Hand seiner Normen, daß es politischem Druck nicht standhalten kann. Es hält an Attrappen der Rechtlichkeit fest; es verzichtet auch nicht auf Normen schlechthin; aber es mediatisiert den Code Recht/Unrecht durch eine vorgeordnete Unterscheidung, durch einen Rejektionswert, könnte man im Anschluß an Gotthard Günther sagen, der die opportunistische Anpassung an durchsetzungsfähige Eliten erlaubt. Es kommt dann in dafür ausgesuchten Fällen zu einer Vorprüfung in der Frage, ob Recht ange-

---

73 Siehe mit vielen Belegen Marcelo Neves, Verfassung und Positivität des Rechts in der peripheren Moderne: Eine theoretische Betrachtung und eine Darstellung des Falls Brasiliens, Berlin 1992.

wandt werden soll oder nicht. Dabei können Grenzlagen erreicht werden, in denen das Rechtssystem nur noch okkasionell und unzusammenhängend als sich an sich selbst orientierendes System fungiert und in der Realität innen wie außen als bloßes Machtinstrument erfahren wird. Wo diese Grenzen liegen, ist schwer abstrakt auszumachen, da Vertrauen bzw. Mißtrauen als generalisierende Mechanismen im Spiel sind. Im Extremfall kann nicht mehr von autopoietischer Schließung, ja nicht einmal mehr von kognitivem Lernen in bezug auf Normen die Rede sein.

Selbst in Extremfällen oder in Fällen, die wir in unserer Rechtskultur als solche betrachten, macht sich ein Normalbestand an Angewiesenheit auf normale Rechtspflege bemerkbar. Die Nationalsozialisten hatten bei allen politisch markanten Sprüchen von der Einheit von Staat und Recht und der gemeinsamen Ausrichtung am Führerprinzip den § 1 des Gerichtsverfassungsgesetzes, der die Unabhängigkeit der Gerichte garantiert, nicht aufgehoben. Sie hatten den Inhalt, die Bindung an das Gesetz, durch Bindung an die neuen Ansichten ergänzt, hatten für rechtswirksame Entfernung mißliebiger Richter aus dem Amt gesorgt, hatten Sondergerichte eingerichtet; aber das hatte auch genügt, um dem politischen Willen im Recht Geltung zu verschaffen. Es kam darauf an, in jedem denkbaren Konflikt politisch die Oberhand zu behalten. Die Gerichte galten zwar als Formen der Verwirklichung des Willens des Führers, und entsprechend war auch die Zuständigkeitsgestaltung politischen Eingriffen unterworfen – bis hin zur fallweise möglichen Anklage vor Sondergerichten. Aber damit waren nicht schon politische Eingriffe in laufende Verfahren erlaubt. »Es gibt begrifflich und wesensmäßig keine Rechtsprechung ohne unabhängigen Richter. Jedes Ansehen des Gerichts, jedes Vertrauen des Volkes zum Richter und zum Recht wird zerstört, wenn die Unabhängigkeit der Gerichte beseitigt oder angetastet wird«, heißt es in einem führenden Lehrbuch der Zeit.[74] Es konnte ja auch nicht darum gehen, das Recht in seiner Funktionsfähigkeit auszuschalten. Und selbst wenn *wir* meinen, damals habe keine unabhängige Rechtspflege bestanden: die *damalige* Auffassung war eine andere, sie war von einem Orientierungswechsel im Rechtssystem ausgegangen und von der Möglich-

---

74 Ernst Rudolf Huber, Verfassungsrecht des Großdeutschen Reiches, Hamburg 1939, S. 279.

keit eines autopoietischen Vollzugs dieser Änderung.[75] Autopoiesis ist kein politisches und auch kein ethisches Kriterium der Akzeptabilität von Recht.[76]

Diese Analysen zeigen, daß Selbstreferenz und Fremdreferenz in der Form von normativer Schließung und kognitiver Öffnung zusammenwirken müssen, und zwar auf der Basis normativer Schließung. Das System kann Lernleistungen dem Zufall, das heißt dem im System nicht vorgesehenen Anstoß von außen überlassen, wenn es die Möglichkeit hat, Änderungen als Änderungen des geltenden Rechts zu praktizieren und in das rekursive Netzwerk wechselseitiger Interpretation seiner Normen einzuarbeiten. Pressionen kann man schlucken und nachregulieren – etwa Nichtverfolgung von Straftaten auf das Opportunitätsprinzip der Staatsanwaltschaft zurückführen oder Nichtvollstreckung von Gerichtsurteilen auf den höheren Rechtswert der Vermeidung von Unruhen. Die Autopoiesis des Systems ist, im Recht wie in der Gesellschaft wie im Leben auch, ein ziemlich robustes Prinzip gerade weil sie nur weiterlaufen oder aufhören kann. Das heißt aber nicht, daß Destruktion nicht möglich wäre, und man kann an der Art der Lernleistungen, die dem System aufgenötigt werden, Warnsignale ablesen. Nicht umsonst hatte der liberale Staat mit seiner nie wieder erreichten Rechtskultur die Legende verbreitet, der absolute Staat sei durch »Machtsprüche« des Monarchen regiert worden[77] – um ein anderes Rechtsprinzip, das der Gewaltenteilung, dagegen durchzusetzen.

Gegenüber großen historischen Umbrüchen und Gefährdungen und selbst gegenüber der Problematik von Regionen, in denen sich das Prinzip der Ausdifferenzierung eines Funktionssystems für Recht nicht oder nicht voll durchsetzen konnte, darf man den Normalfall nicht aus den Augen verlieren, der mit sehr unterschiedlichen Strukturen, also mit sehr unterschiedlichen Norminhalten

---

75 Siehe hierzu Dieter Simon, Waren die NS-Richter »unabhängige Richter«?, Rechtshistorisches Journal 4 (1985), S. 102-116.

76 Diese Bemerkung zielt auch auf die verbreiteten Bemühungen, ethisch-politische Ablehnung dieses Regimes durch Korrekturen der Rechtstheorie zum Ausdruck zu bringen. Zu lernen wäre hier, daß es auf politische Wachsamkeit ankommt, und nicht auf rechtstheoretische Wachsamkeit.

77 Siehe dazu Regina Ogorek, Das Machtspruchmysterium, Rechtshistorisches Journal 3 (1984), S. 82-107.

kompatibel ist. Die typische Form, in der normative Geschlossenheit und kognitive Offenheit kombiniert werden, ist die des Konditionalprogramms.[78] Sie verlangt, daß normative Entscheidungsregeln (die ihrerseits *nur systemintern* begründet sein dürfen) so formuliert werden, daß eine Deduktion der Entscheidung aus Fakten (die ihrerseits kognitiv ermittelt werden müssen) möglich ist: Wenn die Tatsache a vorliegt, ist die Entscheidung x rechtmäßig; wenn nicht, dann nicht.[79] Das Vorschreiben der Form von Fakten, die diesen Auslöseeffekt haben, geschieht durch Formulierung der Normen, also durch systeminterne Operationen. Sie benutzen, schon im römischen Zivilrecht, in weitem Umfange juristische Fachterminologie, die sich vom Sprachgebrauch des täglichen Lebens unterscheidet.[80] Selbst Formulierungen, die scheinbar zur Übernahme moralischer Wertungen aufrufen, etwa »bona fides«, wurden im Recht in einem spezifisch juristischen Sinne gebraucht.[81] Ob dagegen die *Fakten* vorliegen oder nicht, die ein Konditionalprogramm einrasten lassen, wird durch die Norm nicht präjudiziert und kann nur kognitiv ermittelt werden.

Das Rechtssystem kann demnach externe Fakten zur Kenntnis nehmen, aber nur als intern erzeugte Information, das heißt: nur als »difference that makes a difference« (Bateson), und die Differenz im Systemzustand muß sich auf die Rechtsanwendung, letztlich

---

78 Dazu näher unten Kapitel 4, IV.

79 Es sollte sich von selbst verstehen, aber vorsorglich sei noch angemerkt, daß Deduktion in diesem Verwendungszusammenhang *keine Auslegungsmethode* ist und daß die im Text skizzierten Anforderungen an die Kombination von Selbstreferenz und Fremdreferenz nichts besagen für die Bedeutung der Logik für Fragen der Interpretation des Rechts.

80 Hierzu ausführliche Analysen bei Antonio Carcaterra, Struttura del Linguaggio giuridico-precettivo romano: Contributi, Bari 1968; ders., Dolus bonus / dolus malus: Esegesi di D.4.3.1.2-3, Napoli 1970; ders., Semantica degli enunciati normativo-giuridici romani: Interpretatio iuris, Bari 1972. Im Unterschied zur üblichen Betonung der Eigenarten juristischer Fach*terminologie* meint Carcaterra, daß es sich um eine andere *Sprache* handele, die auch eine andere Realität konstruiere – eine »realtà quale è vista e disciplinata dal diritto« (a.a.O., 1968, S. 210).

81 Bemerkenswerterweise läßt sich diese Juridifizierung gerade am Übergang von »fides« zu »bona fides« zeigen. So im Zusammenhang mit der Ausdifferenzierung der Jurisprudenz aus der älteren »ragione signorile« und mit Bezug auf Quintus Mutius Scaevola Aldo Schiavone, Nascita della giurisprudenza: Cultura aristocratica e pensiero giuridico nella Roma tardo-repubblicano, Bari 1976, S. 147 ff. Vgl. auch Antonio Carcaterra, Intorno ai bonae fides iudicia, Napoli 1964.

diese *Unterscheidung* ankommt, also auch auf die Sorgfalt und Genauigkeit, mit der beide Seiten der Unterscheidung unterschieden und Vermischungen vermieden werden. Denn die Unterscheidung repräsentiert im System die Unterscheidung von Selbstreferenz und Fremdreferenz, also die Art und Weise, in der in jeder Operation des Systems die Differenz von System und Umwelt reflektiert wird. Und allein schon deshalb dürfte, selbst wenn es sie gäbe, eine Logik nicht zugelassen werden, die von Fakten (und seien es: Fakten des vernünftigen Bewußtseins) auf Normen zu schließen erlaubt oder umgekehrt von Normen auf Fakten.

Berücksichtigt man, daß es sich bei der Unterscheidung von Selbstreferenz und Fremdreferenz um die Einheit einer Form handelt, die nach zwei Seiten hin anschlußfähig ist, liegt die Folgerung nahe, daß eine Reaktion auf zunehmende gesellschaftliche Komplexität auf beiden Seiten stattfinden muß. Das Rechtssystem wird einerseits in seiner Normenstruktur komplexer. Manche meinen, dies an einem Ausweichen von sachlichen Generalisierungen auf Verfahrensregelungen erkennen zu können (Prozeduralisierung).[88] Aber auch die kognitive Seite und in diesem Bereich die Verweisung auf rechtsexterne Kriterien gewinnt an Gewicht. Dabei macht es im Prinzip keinen Unterschied, ob auf rechtsexterne Normen (ethische Kriterien, gute Sitte, lokale Gepflogenheiten bestimmter Professionen usw.) oder auf Wissenskomplexe (Stand der Technik, Stand der wissenschaftlichen Forschung) verwiesen wird.[89] Ob eine solche Verweisung vorliegt, bedarf im übrigen jeweils sorgfältiger Prüfung. Es ergibt sich nicht schon allein daraus, daß Terminologien verwendet

---

88 Siehe zum Beispiel Reiner Frey, Vom Subjekt zur Selbstreferenz: Rechtstheoretische Überlegungen zur Rekonstruktion der Rechtskategorie, Berlin 1989, insb. S. 100 ff., im Anschluß an Wiethölter.

89 Vgl. zum letztgenannten Fall Peter Marburger, Die Regeln der Technik im Recht, Berlin 1979; Rainer Wolf, Der Stand der Technik: Geschichte, Strukturelemente und Funktion der Verrechtlichung technischer Risiken am Beispiel des Immissionsschutzes, Opladen 1986. Die strukturelle Ähnlichkeit der Verweisung auf Technik und der Verweisung auf gute Sitten und Moral wird, soweit ich sehe, nirgends vermerkt. Jedenfalls sind die normativen Vorgaben für die Beurteilung der juristischen Relevanz externer Regeln und Sachverhaltsbeurteilungen keine konstanten Gegebenheiten. Sie unterliegen selbst einer richterlichen und gesetzgeberischen Fortentwicklung des Rechts. Eine solche verlangt zum Beispiel Gerd Winter, Die Angst des Richters bei der Technikbewertung, Zeitschrift für Rechtspolitik (1987), S. 425-431.

werden (bona fides, Treu und Glauben, vernünftige Praxis), die außerhalb des Rechts auch mit einer moralischen Bedeutung kursieren[90] die Vermutung spricht eher dagegen. Dasselbe gilt für die Verweisung auf Wissenskomplexe (Stand der Technik, Stand der wissenschaftlichen Forschung), und auch hier genügt es nicht, daß Worte (zum Beispiel »Risiko«) verwendet werden, die auch in den Wissenschaften in Gebrauch sind. Wenn aber eine Verweisung vorliegt, ist das Recht aus *rechtsinternen* Gründen gehalten, Forschungsergebnisse der Wissenschaften bzw. eine wissenschaftliche Aufbereitung von Daten zu beachten. Und dazu kann das Rechtssystem sich auch ohne explizite Verweisung veranlaßt sehen. Wenn es statistische Sterblichkeitstabellen gibt, kann der Richter sich in seiner Einschätzung von Lebenserwartungen nicht mehr allein auf eigenes Gutdünken verlassen. Auch »Gewohnheitsrecht« ist, seitdem es Verfahren gibt, in denen über Recht und Unrecht entschieden wird, nichts anderes als eine rechtsinterne Anerkennung und Verweisung dieser Art; auch Gewohnheitsrecht gilt heute nur in dem Umfange, wie Richter es ihren Entscheidungen zugrunde legen. Immer geht es um das pauschale Zitieren von in sich hochkomplexen Umweltsachverhalten mit der Folge, daß im Rechtsverfahren die Meinung von Experten oder gutachtenden Organisationen zählt, ja oft eine prozeßentscheidende Bedeutung erhält.[91]

Besonders diskutiert wird immer wieder, ob das Recht einer moralischen »Begründung« bedarf. Vor allem im Common Law der USA wird das oft unterstellt. Der Richter müsse in Zweifelsfragen auf

---

90 So, bereits für das römische Recht, Yan Thomas, Le langage du droit romain: Problèmes et méthodes, Archives de Philosophie du Droit 19 (1974), S. 103-125 – gegen eine (allerdings nicht wirklich durchdachte) übliche Meinung. Vgl. auch die Ausführungen zu »The Autonomy of the Legal Lexicon«, in: Bernard S. Jackson, Semiotics and Legal Theory, London 1985, S. 46 ff. Für einen bedeutungsreichen Einzelfall siehe Antonio Carcaterra, Intorno ai bonae fidei iudicia, Napoli 1964.

91 Mit den Folgen dieser, sei es im Beweisverfahren stattfindenden, sei es institutionell vorgesehenen Beteiligungen von Sachverständigen hat sich Helmut Schelsky verschiedentlich befaßt. Siehe z. B. Die Soziologen und das Recht: Abhandlungen und Vorträge zur Soziologie von Recht, Institution und Planung, Opladen 1980, S. 39 ff. Siehe auch Julian L. Woodward, A Scientific Attempt to Provide Evidence for a Decision on Change of Venue, American Sociological Review 17 (1952), S. 447-452, für beweisrechtliche Probleme bei einer rein wissenschaftlichen Tatsachenermittlung und -auswertung. (Der Fall betrifft allerdings eine juristisch eher untypische, politisch aber »aufregende« Untersuchung von Vorurteilen aus Anlaß eines Todesurteils gegen Schwarze wegen Vergewaltigung einer weißen Frau.

das zurückgreifen, was er für die »moral aspirations« der Rechtsgenossen halte.[92] Auf die damit verbundenen Probleme hatten wir bereits hingewiesen.[93] Klar ist, daß die Methode empirischer Meinungsforschung nicht angewandt wird, es also nur darum geht, daß der Richter *sich selber* fragt, was er für die moralische Auffassung *anderer* hält. Der Testfall wäre (und hier kann man nur paradox formulieren), ob das Recht moralische Schranken des Rechtsgehorsams anerkennt, die sich nicht aus dem Recht selbst ergeben. Aber wenn es sie anerkennt, ergeben sie sich damit aus dem Recht; und wenn nicht, dann erkennt es sie auch nicht an. Diesem Paradox entkommt man nur über die Figur des re-entry, das heißt dadurch, daß man externe Referenzen auf Moral als Operationen des Rechtssystems selbst anerkennt.

Bisher hatten wir von externen Kriterien, Standards, Normen gesprochen, auf die das Recht aus internen Gründen gelegentlich zurückgreift. Dieselben Überlegungen gelten auch für Rückgriffe auf externe Anlässe rechtlicher Normierungen, auf Interessen im Hintergrund, Absichten und Nebenabsichten, Motive, und dies vor allem im Bereich der Gesetzgebung. Auch hier wird rechtsintern gefiltert, was unter Umständen für eine Interpretation der Norm in Betracht kommt und was nicht. Nicht alle »Motive« des Gesetzgebers sind rechtlich verwertbar. Nie liest man in einem Gerichtsurteil, daß das Gesetz sich einem parteipolitischen Schachzug verdankt, oder dem Umstand, daß neuerdings auch das Vertreten von Gegenpositionen zum big business politisch Karrierewert hat. Auch in der berühmten Diskussion über »original intent« als Maxime der Verfassungsauslegung in den Vereinigten Staaten hat nie jemand ernstlich an historische Forschung gedacht, sondern es ging immer nur um die Frage, welche Grenzen einer aktiven Interpretation moralistischer Eiferer gezogen seien.

Weder das Heranziehen externer Regeln noch der Durchgriff auf faktisch feststellbare Motive der Gesetzgebung können mithin als Einwand gegen die These der operativen Geschlossenheit und Autonomie des Rechtssystems gelten. Dasselbe gilt, wenn Gerichte

---

92 Siehe für viele David Lyons, Ethics and the Rule of Law, Cambridge Engl. 1984, oder (gemäßigter) Melvon Aron Eisenberg, The Nature of the Common Law, Cambridge Mass. 1988, S. 14 ff. Als Europäer wird man sich fragen, wie Amerikaner wissen können, was sie meinen, wenn sie von Moral sprechen.
93 Siehe S. 78 f.

sich bei der Interpretation von Gesetzestexten explizit auf den alltäglichen Sprachgebrauch berufen.[94] Es handelt sich in all diesen Fällen nicht um Belege für die These der Entdifferenzierung und auch nicht um Indikatoren für einen gesellschaftlichen Bedeutungsverlust des Rechts, sondern um einen Fall von Interpenetration. Das soll heißen: Das Recht setzt voraus, daß die Umwelt Komplexität strukturiert und reduziert hat und benutzt seinerseits dann das Resultat, ohne dessen Zustandekommen zu analysieren (und wenn: dann unter rein rechtlichen Gesichtspunkten).[95] Das führt weder zu einer Verwischung der Systemgrenzen noch zu einem Überlappen der Systeme, noch notwendigerweise zu einer gesamtgesellschaftlichen Gewichtsverlagerung aus dem Rechtssystem in andere Funktionssysteme. Im Prinzip geht es um einen ganz normalen Vorgang der Unsicherheitsabsorption im Verkehr zwischen Systemen (so wie das Gehirn die chemischen Ordnungsleistungen der Nervenzellen benutzt, ohne sie als eigene Operationen zu ordnen). Man erkennt die unberührt bleibende Autonomie daran, daß es normalerweise rechts*spezifische* Entscheidungen sind, die einen solchen Ausgriff nötig machen und ihm im Rechtssystem dann einen dort verantworteten, zumeist sehr engen Anschlußwert verleihen; und ferner daran, daß die Autorisation des Rechts auch Irrtümer deckt, etwa Irrtümer über die technische Realisierbarkeit von Auflagen zu veranschlagten Kosten, während die Technik in solchen Fällen dann schlicht nicht funktioniert. In allen kognitiven Operationen nimmt das Rechtssystem in Anspruch, sich rechtskräftig irren zu können und im Anschluß daran dann selbst zu entscheiden, ob etwas und was zu tun ist, wenn der Irrtum sich herausstellt.[96]

Daß das Recht das Heranziehen von Nichtrecht in rechtlichen Entscheidungen legitimieren muß, zeigt bereits, daß es sich auch bei fremdreferentiellen Kognitionen stets um Aspekte rechtssystemin-

94 »in this sense, ordinary meaning is as much a construct of the law as is legal principle«, bemerken D. Neil MacCormick / Robert S. Summers, Interpretation and Justification, in dies. (Hrsg.), Interpreting Statutes: A Comparative Study, Aldershot Hants, England 1992, S. 511-544 (517).

95 Zu diesem Begriff von Interpenetration als Pauschalanknüpfung an externe Komplexität näher Niklas Luhmann, Soziale Systeme a.a.O. S. 286 ff.

96 Zunehmend führen solche Entdeckungen heute zu verfassungsrechtlichen Auflagen an den Gesetzgeber. Aber das betrifft nur die Irrtümer des Gesetzgebers, nicht die des Richters.

terner Operationen handelt. Soziologische Untersuchungen der Verwendung von Wissen im Recht führen aber noch wesentlich weiter.[97] Sie lassen erkennen, daß Expertenwissen im Prozeß seiner Verwendung in juristischen oder politisch-administrativen Entscheidungsverfahren wesentliche Momente seiner Wissenschaftlichkeit aufgibt und so zubereitet wird, daß es im Entscheidungsprozeß unter Zeitdruck und Vereinfachungsnotwendigkeiten zu Ergebnissen führen kann. Im Rechtssystem heißt dies vor allem, daß das Wissen als Tatsachenwissen deklariert wird, aus dem man dann an Hand der Rechtsnormen direkt zu Entscheidungen kommen kann. Es wird, anders gesagt, in die vom Recht vorgesehene Form gebracht.[98] Es stützt die Prätention der Geltung des Rechts durch eine Darstellung, in der die Entscheidung, gegeben die Regeln, *aus den Fakten folgt.* Zwar kennt auch der Wissenschaftsbetrieb selbst eine überzogene Präsentation von Ergebnissen durch den jeweiligen Forscher[99]; aber Form und Kontext unterscheiden sich deutlich – etwa darin, daß bei einer rein wissenschaftsinternen Präsentation die Präzisierung der Reichweite der Resultate und das Zugeständnis verbleibender Unsicherheit gerade als Strategie der Absicherung der Forschungsresultate gegen Kritik benutzt wird. Demgegenüber legt das Rechtssystem primär auf Haltbarkeit der eigenen Entscheidungen Wert, kann auf Darstellung der Grundlagenunsicherheit allen Wissens, der Abhängigkeit von theoretischen Vorentscheidungen usw. verzichten, da nur das rechtsrelevante Detail interessiert. Und man findet zum Beispiel typisch, daß an die Sicherheit/Unsicherheit wissenschaftlicher Aussagen größere Anforderungen gestellt werden, wenn Fragen der rechtlichen Verantwortung, der Strafbarkeit, der Haftung und des Schadenersatzes davon abhängen. Das heißt: Das Anspruchsniveau in bezug auf Tat-

---

97 Siehe vor allem Roger Smith / Brian Wynne (Hrsg.), Expert Evidence: Interpreting Science in the Law, London 1989.

98 »It follows«, heißt es bei Smith und Wynne a.a.O., S. 3, »that the many areas of legal decision making which draw on scientific or technical expertise value a firm structuring and classification of problems, clear distinctions between what is and is not at issue, precise decision rules (leading as far as possible, to decisions following automatically« from the facts of a problem) and efficiency in presentation and procedure«.

99 Vgl. z. B. Susan Leigh Star, Scientific Work and Uncertainty, Social Studies of Science 15 (1985), S. 391-427; Brian L. Campbell, Uncertainty as Symbolic Action in Disputes Among Experts, Social Studies of Science 15 (1985), S. 429-453.

sachen wird vorweg durch die in Aussicht stehenden Rechtsfolgen reguliert. Der Verwendungskontext unterscheidet mithin wissenschaftlichen und rechtlichen Wissensgebrauch und führt entsprechend zu unterschiedlichen Darstellungsformen je nach dem, in welchem rekursiven Netzwerk Wissen als verwendbar identifiziert wird.

Vorsorglich sei schließlich angemerkt, daß die Unterscheidung normativ/kognitiv nicht identisch ist mit der von System und Umwelt. Das Recht kann einerseits die schlichte Tatsache von Umweltnormen (zum Beispiel religiöser Fanatismen) als Tatsache anerkennen. Es kann im übrigen auch, vor allem im Bereich interpretativer Argumentation oder im Bereich legislativer Selbstkorrekturen, lernen, also Informationen kognitiv verarbeiten. Das ändert jedoch nichts daran, daß die Selbstreferenz durch rekursiven Rückgriff auf ein Nichtlernendürfen, auf eine kontrafaktische Stabilität von Normen gesichert ist, wie offen immer dann die damit begründete Lernbereitschaft auch sein mag. Nur weil es die Norm gibt, daß Verträge zu halten sind, gibt es enorm hohe Lernanforderungen in bezug auf Vertragsinhalte, wirklichen Willen der vertragschließenden Parteien, Erkennbarkeit von Irrtümern usw.[100]

Außerdem sind System und Umwelt immer zugleich gegeben und die eine Seite der Systemform nie ohne die andere. Aber durch die Internalisierung dieser Unterscheidung als Unterschied von Selbstreferenz und Fremdreferenz gewinnt das System für eigene (immer nur: eigene!) Operationen die Freiheit eines »Führungswechsels« der Referenzen, einer Schwerpunktverlagerung von Selbstreferenz auf Fremdreferenz und zurück. Das Problem konkreter Entscheidung kann eher in der Ermittlung von Fakten oder mehr in der Interpretation von Normen liegen. Im Fortgang von Operation zu Operation kann das System also zwischen der internen und der externen Referenz oszillieren, ohne die eigene Grenze je überschreiten zu müssen. Damit kann dann auch die unausweichlich gegebene Gleichzeitigkeit von Welt und Operation durch zeitliche Schematisierung des Beobachtens aufgelöst (nie: aufgehoben!) werden. Vergangenen oder zukünftigen Tatsachen kann man gegenwär-

---

100 Dies Beispiel zeigt im übrigen auch, wie sehr historische Entwicklungen mitzuberücksichtigen sind. Auf das hohe Lernrisiko der Auslegung des Willens der Vertragschließenden hat sich das Recht erst im 19. Jahrhundert eingelassen.

tige Bedeutung geben. Das System gewinnt Synchronisationsfähigkeit.

Die Autopoiesis des Rechts erkennt sich selbst an der Unabdingbarkeit des normativen Stils der Erwartungen, die dem Prozessieren der Rechtskommunikationen zugrunde liegen. Praktisch geschieht dies in der Bezugnahme auf vorhandenes Recht, das die Anspruchshaltungen und die autorisierten Entscheidungen orientiert. Eine zweite Sicherheit liegt in der Referenz auf den binären Schematismus von Recht und Unrecht. Wenn aber jede explizite oder implizite Zuordnung zu den Werten des Codes die Geschlossenheit des Systems symbolisiert, wie wird dann der Unterschied von Selbstreferenz und Fremdreferenz, von Geschlossenheit und Offenheit zum Ausdruck gebracht?

Wir antworten: mit Hilfe der Differenz von Codierung und Programmierung.

Auf der Ebene des Codes besteht die Offenheit des Systems nur in seiner kurzgeschlossenen Selbstreferenz, nämlich darin, daß jede Operation jederzeit über die *beiden* Werte Recht und Unrecht verfügen kann. Hier handelt es sich – im Unterschied zu jeder Teleologie, die auf ein gutes (natürliches, perfektes usw.) Ende abstellt – um eine Offenheit in der Zeitdimension. Man kann nicht abschließen, man kann nur anschließen. Eben das läßt aber zwangsläufig offen, wie die Werte Recht und Unrecht zugeteilt werden und was in dieser Hinsicht richtig bzw. unrichtig ist. Regeln, die darüber entscheiden (mit welchem Spielraum immer für Interpretation), wollen wir Programme nennen. Wir denken dabei an Rechtsgesetze, aber auch an andere Entscheidungsprämissen des Rechtssystems, etwa an Selbstbindungen durch Präjudizien in der Gerichtspraxis. Über Codierung ist die operative Geschlossenheit des Systems gesichert. Auf der Ebene der Programmierung kann dann festgelegt werden, in welchen Hinsichten das System aus welchen Anlässen Kognitionen zu prozessieren hat. Das kann in komplexer werdenden Gesellschaften zu sehr weitreichender Aufgeschlossenheit gegenüber vorweg nicht festlegbaren Umweltbedingungen führen. Es führt jedoch niemals zur Auflösung der Einheit des Rechts, solange diese im System durch einen (und nur einen) Code präsentiert wird, der nirgendwo sonst in der Gesellschaft benutzt werden kann.

Schließlich könnte man noch die Frage stellen, ob es nicht doch und ganz offensichtlich Fälle gibt, in denen die Gesellschaft ihr Rechts-system praktisch zwingt, sich zu ändern.[101] Man denke an die Effekte der civil rights-Bewegung in den USA oder an das zuneh-mende Risikobewußtsein im Bereich des Arbeits- und Konsumen-tenschutzes.[102] Müßte man nicht zugestehen, daß das Rechtssystem sich aus Sorge um seine »Legitimität« (um es im Stile der »Critical Legal Studies«-Bewegung zu formulieren) gezwungen sieht, einer so mächtigen sozialen Pression nachzugeben?[103] Wäre dies jedoch eine Frage von Macht und nicht nur eine Frage des (kognitiven) Lernens, wäre der Tatbestand unvereinbar mit dem, was man unter »rule of law« versteht, und er würde die entsprechenden Kommu-nikationen nicht mehr als solche des Rechtssystems erscheinen lassen. Zum Glück kann keine soziale Bewegung und keine Me-dienkampagne das Recht ändern. Eine Änderung ist gar nicht anders möglich, als daß das Rechtssystem selbst die Formen wählt, in denen es einem Wandel der öffentlichen Meinung Rechnung trägt, also Rassentrennung in öffentlichen Einrichtungen verbietet oder Produkthaftung einführt. Unter den heutigen Bedingungen der Massenpresse und des Fernsehens geschieht eine solche Um-orientierung sehr viel schneller als zu der Zeit, als es um ein Einpendeln des Rechts auf Bedingungen des kapitalistischen Wirt-schaftens ging.[104] Entsprechend können die Ausschläge erratischer und schneller wieder revisionsbedürftig sein, und entsprechend liegt der Kausalschluß vom Meinungswandel auf Rechtsänderung näher. Daß man den Sachverhalt kausal beschreiben kann, soll auch

101 Siehe Joel Handler, Social Movements and the Legal Systems: A Theory of Law Reform and Social Change, New York 1978. Die Untersuchung von Handler kon-zentriert sich allerdings auf die soziale Bewegung selbst, und bei dieser Systemre-ferenz erscheint dann das Rechtssystem nur als eine der Variablen, die den Erfolg bzw. Mißerfolg sozialer Bewegungen mit dem Ziel der Rechtsänderung erklä-ren.

102 George L. Priest, The New Legal Structure of Risk Control, Daedalus 119,4 (1990), S. 207-227, spricht geradezu von einer Revolutionierung des amerikani-schen Zivilrechts.

103 Den Einwand hat Marjorie Schaafsma vorgebracht in einem Referat für den Kurs Sociology of Law, den ich im Herbstsemester 1989 an der Law School der North-western University gegeben habe.

104 Hierzu James W. Hurst, Law and the Conditions of Freedom in the Nineteenth-Century United States, Madison Wisc. 1956; ders., Law and Social Process in United States History, Ann Arbor 1960; Morton J. Horwitz, The Transformation of American Law, 1780-1860, Cambridge Mass. 1977.

gar nicht bestritten werden. Doch das setzt immer noch voraus, daß eine Thementransformation stattfindet, und es schließt auch den Fall nicht aus, daß die Anpassungsschwierigkeiten innerhalb des Rechts (Beispiel: Zulassung von Popularklagen in Fragen des Umweltschutzes) zu groß wären, als daß das System externen Zumutungen nachgeben könnte. Das Rechtssystem selbst ist das Organ der Gesellschaft, das benutzt wird, wenn es darum geht, einen Auffassungswandel in Rechtsform zu bringen. Die Autopoiesis des Rechtssystems blockiert dies nicht, sie muß nur auf die eine oder andere Weise fortgesetzt werden, wenn nicht das Instrument selbst destruiert werden soll, mit dem die Gesellschaft Rechtsänderungen vollzieht. Und vom Rechtssystem aus gesehen muß deshalb ein Filter eingebaut sein, der darin besteht, daß ein Meinungswandel als Lernanlaß, also kognitiv wahrgenommen wird, und nicht etwa als direkte Imposition neuer Normen.

VII

Das Prinzip der operativen Geschlossenheit des Rechtssystems gilt ausnahmslos. Es ist kein normatives Prinzip. Verstöße, die dann im Rechtssystem zu ahnden wären, sind nicht vorgesehen. Wenn eine Kommunikation sich nicht am Code Recht/Unrecht ausweist, ist sie deshalb nicht rechtswidrig und erst recht nicht unmöglich. Sie wird nur nicht dem Rechtssystem zugerechnet, sondern als Tatbestand seiner Umwelt gesehen. (Ob sie einem anderen Funktionssystem zugerechnet wird, ist nach dessen Code zu entscheiden.) Die »Sanktion« liegt, anders gesagt, allein in der Differenz von System und Umwelt. Diese Ausnahmslosigkeit gilt auch dann, wenn das Rechtssystem nach Verfassungsrecht/anderem Recht differenziert ist. Sie schließt also das Verfassungsrecht – wie wäre es sonst Recht? – ein; und dies, obwohl es das übrige Recht mit einer Zusatzcodierung verfassungsmäßig/verfassungswidrig überzieht.[105] Verfassungsrecht ist allerdings in hohem Maße interpretationsbedürftig, und das heißt auch, daß die Interpretation über den schriftlich fixierten Sinn hinausgreifen muß. Für Verfassungsinterpreten stellt sich daher immer wieder die Frage, woher der von der Verfassung

105 Wir kommen darauf in Kapitel 10, IV zurück.

gegebene Sinn zu bestimmen sei. Man kann zweifeln, ob die normalen Interpretationsverfahren auch hier greifen oder ob die Differenz von Verfassungsrecht/normalem Recht auch die Gesichtspunkte der Interpretation differenziert. In diesem Sinne wird nicht selten ein Bezug auf höhere, zum Beispiel moralische oder gar ethische Standards angenommen, weil man anders (also textimmanent) nicht zur Entscheidung kommen könne.[106] Es sieht so aus, als ob die Verfassungsinterpreten, die ohnehin schon mit höherem Recht zu tun haben, auf nochmals Höheres zurückgreifen müßten, um sich von ihren Unsicherheiten zu befreien.

Scheinbar im Kontrast (und wie manche vermuten: in ideologischem Kontrast) dazu findet man das Prinzip der Nicht-Identität der Verfassung mit weltanschaulichen, religiösen, moralischen, ideologischen Gesellschaftskonzeptionen.[107] In Deutschland ergibt sich die Attraktivität dieses Prinzips vor allem aus den Erfahrungen mit dem Nationalsozialismus, der eine solche Distanz zwischen Recht und Weltanschauung als Relikt des liberalen Rechtsstaates prinzipiell verworfen hatte.[108] Eine etwas sorgfältigere Analyse belehrt uns jedoch rasch, daß der vermeintliche Widerspruch von Nicht-Identität und Rückgriffen auf Werte sich auflösen läßt. Nicht-Identität wird unter anderem Namen auch als Pluralismus vertreten. Das heißt zunächst zwar nur, daß die Verfassung weltanschaulich-politische Differenzen als Terrain der Politik akzeptiert und nicht als Rechtstext für die eine oder andere Seite optiert. Zusätzlich findet man aber auch im Verfassungstext eine Vielzahl unterschiedlicher Werte *und keine durchgreifende Regel für ihre Konflikte*. Man denke nur an Freiheit und Gleichheit. Das muß so

---

106 Michael Perry, Morality, Politics and Law, London 1988, spricht von einem Rückgriff auf die moral aspirations des Volkes. Zurückhaltender klingt es, wenn Ronald Dworkin, Taking Rights Seriously, London 1978, von constitutional morality spricht oder Neil MacCormick von institutional morality (Institutional Morality and the Constitution, in: Neil MacCormick / Ota Weinberger, An Institutional Theory of Law: New Approaches to Legal Positivism, Dordrecht 1986, S. 171-188).

107 Vgl. Herbert Krüger, Staatslehre, 2. Aufl. Stuttgart 1966, S. 178 ff.; Alexander Hollerbach, Ideologie und Verfassung, in: Werner Maihofer (Hrsg.), Ideologie und Recht, Frankfurt 1969, S. 37-61 (52 ff.); Reinhold Zippelius, Allgemeine Staatslehre 3. Aufl., München 1971, S. 112 f.

108 Siehe nur Ernst Rudolf Huber, Verfassungsrecht des Großdeutschen Reiches, Hamburg 1939, durchgehend.

verstanden werden, daß die Verfassung für die Entscheidung solcher Konflikte ein funktionierendes Rechtssystem voraussetzt, also nach innen und nicht nach außen verweist. Sie bestätigt damit indirekt, aber in der Praxis unumgehbar, daß das Recht in allem, was es sagt, auf sich selbst verweist, und alle »Durchgriffe«, sei es auf gesellschaftsübliche, sei es auf »höhere« Werte, nur dazu dienen, die Entscheidungslage zu formieren. Sie gehen vom Recht aus und kehren ins Recht zurück.

Tendenzen dieser Art zeigen sich vor allem in der Bundesrepublik Deutschland. Das Verfassungsgericht vermeidet hier zwar, die eigene Meinung als moralische Überzeugung des deutschen Volkes auszugeben. Aber es hat die Grundrechte klassisch-liberalen Zuschnitts in allgemeine Wertprogramme uminterpretiert, um die juristische Kontrolle der Entwicklung zum zweckprogrammierten Wohlfahrtsstaat nicht zu verlieren. Während überall sonst normative Wertbegriffe semantisch aus der Mode gekommen sind (vor allem natürlich in der Philosophie), findet man sie nach wie vor in der Rechtsprechung des Verfassungsgerichts – und in den Bekenntnisprogrammen der politischen Parteien. An beiden Stellen bedient man sich der in den Wertbegriffen liegenden Möglichkeit, sich über Bezugnahme auf Werte Legitimität zu beschaffen und sich zugleich die Entscheidung von Wertkonflikten – also alle Entscheidungen! – offen zu halten. Kann man daraus auf einen Vorgang der Entdifferenzierung im Verhältnis von Rechtssystem und politischem System schließen?

Keineswegs! Allein schon auf organisatorischer Ebene bleibt die Trennung erhalten. Auch die rekursiv eingesetzten, selbstreferentiellen Netzwerke der Verknüpfung von Sinnfestlegungen unterscheiden sich. Das Rechtssystem folgt in höherem Maße Konsistenzansprüchen. Die Parteiprogramme sind, in freilich oberflächlicher Weise, auf Opposition eingestellt. Gerade die Systemdifferenzierung erklärt die Probleme, die sich daraus ergeben, daß im Rechtssystem ebenso wie im politischen System laufend über Wertkonflikte entschieden werden muß. Sie zeigen sich zum Beispiel in der Frage nach der »demokratischen Legitimation« des Verfassungsgerichts. Das Rechtssystem löst sich auf dieser Ebene von klaren dogmatischen Begriffen und ersetzt sie durch eine Bindung des Gerichts an seine eigenen Entscheidungen, die nur mit Behutsamkeit modifiziert wird. Auf seiten des politischen Systems ergeben sich ähnliche Trägheitseffekte – ein Verbleiben bei eingeübten Formen der Unsicherheitsabsorption, bei bekannten Konfliktlinien, bei Risiken, auf die man sich bereits eingelassen hatte.[109] Im weltweiten Vergleich mag ein solches Sicharrangieren die Zensur »noch befriedigend« erhalten. Man wird aber kaum behaupten wollen, daß die Möglichkeiten der Eigenrationalisierung, die mit funktionaler Systemdifferenzierung gegeben sind, damit ausgeschöpft seien.

VIII

Ebenso wie andere Funktionssysteme verfügt auch das Rechtssystem über ein Symbol, das die Einheit des Systems im Wechsel seiner Operationen erzeugt. Im Unterschied zu Reflexionstheorien, auf die wir in Kapitel 11 ausführlich eingehen werden, handelt es sich bei einem solchen Symbol nicht um eine Beschreibung des Systems, sondern um eine operative Funktion. Das Symbol leistet also nicht eine Verknüpfung von Beobachtungen, sondern eine Verknüpfung von Operationen – obwohl natürlich alle Operationen im System beobachtet und beschrieben werden können und somit auch das Systemsymbol selbst. Die operative Symbolisierung setzt tiefer an als die Beobachtungen, sie ist für den Fortgang von Operation zu Operation, also für das Herstellen von rekursiven Bezügen und für das Finden von Anschlußoperationen unentbehrlich – was immer dann ein Beobachter daran zu unterscheiden und zu bezeichnen vermag. Den Begriff »Symbol« wählen wir deshalb, weil es darum geht, in der Verschiedenheit der Operation die *Einheit* des Systems zu wahren und zu reproduzieren. Dies leistet im Rechtssystem das Symbol der *Rechtsgeltung*.[110] Wir werden, wo keine Mißverständnisse zu erwarten sind, abgekürzt von Geltung sprechen.

Ebenso wie Geld ist auch Geltung ein Symbol ohne intrinsischen Wert. Es verweist in keiner Weise auf die Qualität eines Gesetzes, eines rechtskräftigen Urteils oder eines Vertrages. Es entzieht sich jeder qualitativen Gewichtung, die zu einem »besser oder schlech-

---

109 Hierzu auch Niklas Luhmann, Die Unbeliebtheit der politischen Parteien, in: Siegfried Unseld (Hrsg.), Politik ohne Projekt? Nachdenken über Deutschland, Frankfurt 1993, S. 43-53.

110 »Validity is a quality ascribed to the system as a whole«, heißt es zum Beispiel bei Alf Ross, On Law and Justice, London 1958, S. 36.

ter« der Geltung führen müßte. Auch eine Verordnung der Kommission der Europäischen Gemeinschaft in Brüssel zur dritten Änderung der Verordnung derselben Kommission über zulässige Verfahren zur Feststellung des Geschlechts von privat gehaltenen Reptilien könnte gelten oder nicht gelten, auch wenn unklar ist, ob es Anwendungsfälle für diese Verordnung überhaupt gibt und ob im Zoo gehaltene Reptilien unter die Verordnung fallen oder nicht.

»Geltung« symbolisiert, wiederum wie das Geld, nur die Akzeptanz der Kommunikation, also nur die Autopoiesis der Kommunikationen des Rechtssystems. Das schließt keineswegs aus, daß sittenwidrigen Verträgen oder verfassungswidrigen Gesetzen die Rechtsgeltung abgesprochen wird[111] – aber dann wiederum nicht auf Grund der intrinsischen Qualität der Norm, sondern auf Grund von geltendem Recht, das Bedingungen rechtlicher Geltung vorschreibt.

Es ist dieser Punkt, an dem mit Habermas zu diskutieren wäre.[112] Habermas hält an einer normativen Qualifikation der Rechtsgeltung (vielleicht könnte man formulieren: der Gültigkeit von Geltung) fest, weil nur so dem Rechtssystem wie dem politischen System Legitimität zu beschaffen sei. Das ist zunächst in hohem Maße einsichtig. Aber wie kann man diesen Anspruch einlösen? Habermas setzt hier eine im Detail ausgearbeitete »Diskursethik« ein. »Gültig sind«, so lautet die grundlegende Prämisse, »genau die Handlungsformen, denen alle möglicherweise Betroffenen als Teilnehmer an rationalen Diskursen zustimmen könnten«.[113] Ein solches Kriterium für die Unterscheidung Geltung/Nichtgeltung kann jedoch gerichtlich nicht überprüft werden. Es ist nicht justiziabel, ist im Rechtssystem selbst nicht praktizierbar. Schon ein kurzer Blick auf »ökologisch« vermittelte Betroffenheiten dürfte genügen, um das klarzustellen.[114] Es kann deshalb nur als Legaltiktion funk-

---

111 Und dies auf Grund juristischer Überlegungen. Würde man Verfassungswidrigkeit mit Nichtgeltung des Gesetzes gleichsetzen, würde das den Mut des Verfassungsgerichtes zu einer verfassungsrechtlichen Kontrolle des Gesetzgebers im Vorausblick auf die Folgen entscheidend lähmen – was man für wünschenswert oder auch für nachteilig halten kann.

112 Siehe Jürgen Habermas, Faktizität und Geltung: Beiträge zur Diskurstheorie des Rechts und des demokratischen Rechtsstaats, Frankfurt 1992.

113 A.a.O., S. 138.

114 Habermas generalisiert im Grunde nur die alte liberale Regel, daß jeder seine Freiheit nutzen könne (= Geltung in Anspruch nehmen könne), soweit dies an-

tionieren.[115] Man nimmt etwa an, dies Erfordernis sei erfüllt, wenn die üblichen rechtsstaatlichen Verfahrensregeln eingehalten seien. Davon ausgehend ließen sich gewisse verfahrensrechtliche Verbesserungen entwickeln – aber dies dann offensichtlich, ohne daß deren Einführung/Nichteinführung sich auf *die* Geltung *des* Rechts auswirken würde. Ein systemuniverseller, normativer Geltung/Nichtgeltung-Test für *jede* Rechtsnorm läßt sich offenbar nicht in praktikable Programme umsetzen. Geltung wird durch eine Art Idealisierung des Abwesenden begründet.

Die Unvermeidlichkeit von legalfiktionaler Legitimität bestätigt, daß ein normfrei gehaltener Geltungsbegriff, der sich dann konditionieren läßt, der Komplexitätsdiskrepanz von System und Entscheidung besser gerecht wird. Theoriegeschichtlich gesehen ersetzt diese Auffassung von Geltung als Symbol der Einheit des Rechts die Frage nach den Rechtsquellen und damit den Ausgangspunkt aller »positivistischen« Rechtstheorien.[116] Mit dem Begriff der Rechtsquelle war das Problem zu hoch angesetzt. Zum Beispiel führte diese Metapher Savigny dazu, die Vorstellung des Vertrags als »Rechtsquelle« ausdrücklich abzulehnen.[117] Außerdem suggeriert

deren nicht schade (= Betroffene nicht mit vernünftigen Gründen widersprechen könnten). Aber es fällt schwer, sich unter heutigen Bedingungen (Stichworte: Demokratie, Verteilungsstaat, ökologische Betroffenheiten) auch nur einen Fall vorzustellen, in dem diese Regel anwendbar wäre.

115 Habermas selbst spricht von »Vermutung rationaler Akzeptabilität« a.a.O., S. 188.

116 Das gilt allerdings nicht für den normalen rechtstheoretischen Diskurs über Begriff und Kriterien der Rechtsgeltung, der fast alle in der Rechtstheorie laufenden Kontroversen widerspiegelt und jede Abgrenzung des Phänomens gegenüber anderen Gesichtspunkten der Beurteilung von Recht vermissen läßt. Vgl. nur François Ost / Michel van de Kerchove, Jalons pour une théorie critique du droit, Bruxelles 1987, S. 257 ff. und die dort ausgewertete Literatur.

117 Siehe Friedrich Carl von Savigny, System des heutigen Römischen Rechts Bd. 1, Berlin 1840, S. 12. Das widerspricht jedoch dem römischen Zivilrecht. Gerade die Römer hatten (den Hinweis verdanke ich Dieter Simon) von lex contractus gesprochen und damit die inhaltliche Geltungsfestlegung durch Vertrag gemeint. Und noch in den naturrechtlichen Rekonstruktionen des entsprechend erweiterten Vertragsbegriffs liest man etwa: »Les conventions tiennent lieu des loix« (Jean Domat, Les loix civiles dans leur ordre naturel, 2. Aufl. Paris 1697, Bd. 1, S. 72). Erst die Durchsetzung des Gesetzgebungspositivismus scheint dazu geführt zu haben, daß man den engen Zusammenhang von gesetzlicher und vertraglicher Disposition aus den Augen verloren hat. Und daran hat sich bis heute nichts geändert, auch wenn – und dies gilt bezeichnenderweise vor allem für das Arbeits-

der Begriff der Rechtsquelle eine externe Referenz (für Savigny »Volk«, für andere politisch durchgesetzte »authority« = Amtsautorität), für die frühe Rechtssoziologie eher so etwas wie »folkways«, »lebendes Recht«, vorgegebene Erwartungsordnungen, die das geschriebene Recht nicht ändern, sondern allenfalls re-institutionalisieren könne.[118] Beim Begriff des Geltungssymbols kann man sich dagegen sehr wohl eine rein interne, im System zirkulierende Sinneinheit vorstellen. Schließlich dient der Begriff der Rechtsquelle als Begründungsfigur. Er wird als Kriterium benutzt in Rechtsanwendungssituationen, in denen bezweifelt wird, ob Recht, auf das sich jemand beruft, auch wirklich als Recht gilt. Das operative Symbol Rechtsgeltung bezieht sich dagegen auf Änderungen des Rechtszustandes. Denn eine Änderung, sei es durch Gesetzgebung, sei es durch Vertrag, kann ja nur vollzogen werden, wenn man davon ausgeht, daß bestimmtes Recht bisher *nicht* gilt.

Ob das Rechtssystem die Begründungsfigur der Rechtsquelle benutzt oder nicht, um Zweifel zu beheben, wird damit zu einer empirischen Frage. Das kann man feststellen. Die Bedeutung der Geltungssemantik ist damit jedoch nicht erschöpft. Man muß außerdem fragen, welche Funktion die Form der Geltung, das heißt die Unterscheidung von Geltung und Nichtgeltung erfüllt. Der Übergang zu einer Theorie selbstreferentieller, operativ geschlossener Systeme erzwingt diese Theorierevision. Geltung ist ein »Eigenwert« des Rechtssystems, der im rekursiven Vollzug der systemeigenen Operationen entsteht[119] *und nirgendwo anders verwendet werden kann.*

Auch wenn der Begriff der Rechtsquelle von Juristen noch gebraucht wird: in der Rechtstheorie ist er seit langem abgelöst

---

recht – die gegenteilige Auffassung diskutiert wird. Siehe dazu Klaus Adomeit, Rechtsquellenfragen im Arbeitsrecht, München 1969, insb. S. 77 ff.

118 Siehe nur William Graham Sumner, Folkways: A Study of the Importance of Usages, Manners, Customs, Mores and Morals (1906), Neuausgabe New York 1960; Eugen Ehrlich, Grundlegung der Soziologie des Rechts (1913), Neudruck Berlin 1967. Zur Abwandlung in eine Theorie doppelter Institutionalisierung siehe Paul Bohannan, Law and Legal Institutions, International Encyclopedia of the Social Sciences Bd. 9, Chicago 1968, S. 73-78.

119 Vgl. unter allgemeinen sozialtheoretischen Gesichtspunkten Robert Platt, Reflexivity, Recursion and Social Life: Elements for a Postmodern Sociology, The Sociological Review 37 (1989), S. 636-667.

worden durch Figuren, die man als Paradoxieauflösung (oder: Tautologieentfaltung) mit Externalisierungstendenz bezeichnen könnte. Hier geht es, im Anschluß an Entwicklungen in der Logik und der Linguistik, um Inanspruchnahme einer Metaebene, auf der Regeln die Geltung von Regeln regulieren. Kelsens »Grundnorm« ist ein solches Theorieangebot, Harts »secondary rules of recognition« ein anderes. Die vielleicht überzeugendste Lösung eines so gestellten Problems liegt im Rückgriff auf den faktischen Sprachgebrauch der Juristen.[120] Der Ausgangspunkt dieser Überlegungen ist: Alles Recht ist geltendes Recht. Nicht geltendes Recht ist kein Recht. Also kann die Regel, die Geltung erkennbar macht, nicht eine der geltenden Regeln sein. Überhaupt kann es im System keine Regel geben, die die Anwendbarkeit/Nichtanwendbarkeit aller Regeln regelt. Das Problem muß »gödelisiert« werden durch Verweisung auf eine externe Grundlage. Und dann ist Sprache, also Gesellschaft im allgemeinen, ein überzeugender Ausweg, da schließlich das Recht ein Teilbereich der gesellschaftlichen Sprachgemeinschaft ist, so wie alle Wissenschaftssprachen schließlich auch in die Umgangssprache eingebettet sein müssen. Die Entfaltung der Tautologie »Recht ist geltendes Recht« durch Unterscheidung mehrerer Ebenen der Regulierung hat ihren Realitätsgrund im Faktum gesellschaftlicher Differenzierung, nämlich in der Ausdifferenzierung eines Rechtssystems im Gesellschaftssystem.

Nur ist das Mehrebenenkonzept selbst kein logisch geeignetes Mittel, weil die Unterscheidung mehrerer Ebenen der Sprache oder der Regulierung selbst wieder paradox wird, sobald man nach der Einheit der Mehrheit von Ebenen fragt. Das Problem stellt sich aber nur für einen Beobachter, der Unterscheidungen verwenden muß, um etwas zu bezeichnen (hier: als geltendes Recht) und beim Verwenden der Unterscheidung nicht zugleich die Einheit der Unterscheidung beobachten kann. Wir verlagern das Problem deshalb auf die operative Ebene und sehen im Symbol der Rechtsgeltung nur den Vollzug des Übergangs von einem Rechtszustand in einen anderen, also nur die Einheit der Differenz eines vorher und nachher geltenden Rechtszustands.[121]

120 So Alexander Peczenik, The Concept of »Valid Law«, Stockholm 1972; auch in: Scandinavian Studies in Law 1972.

121 Daß das Problem des Beobachters damit nicht gelöst ist, liegt auf der Hand. Aber wenn die Operativität der Selbsttransformation, also die Autopoiesis des Rechts

Als Einheitssymbol des Rechts geht das Symbol Rechtsgeltung über die Unterscheidung kognitiver und normativer Fragen hinaus. Es hat in bezug auf diese Differenz einen ambivalenten Status. Geltung in diesem Verständnis ist keine Bedingung a priori der Erkenntnis (obwohl es ohne Geltung den Gegenstand der Rechtserkenntnis, das Recht, nicht geben würde). Sie hat überhaupt nicht die Form einer kognitiven Aussage über das Recht.[122] Sie ist auch nicht das Ergebnis der Wirkung einer externen Ursache – eines transzendenten, transzendentalen oder immanent-autoritativen (»staatlichen«) Geltungsgrundes. Sie ist nur die Form, in der Operationen auf Systemzugehörigkeit Bezug nehmen und sich dem Kontext anderer Operationen desselben Systems, ihn reproduzierend, zuordnen. Sie ist die Form der Partizipation an der Einheit des Systems.

Ebensowenig ist Geltung eine Norm[123], auch keine Grundnorm, auch keine Metanorm.[124] Es handelt sich nicht um eine Erwartung, die für den Enttäuschungsfall entworfen ist und gegen ihn geschützt werden soll.[125] Das, was im Rechtssystem gilt, soll nicht gelten: es gilt – oder eben nicht. Daher kann das Rechtssystem das, was gilt, ändern, ohne gegen eigene Normen zu verstoßen. Jedenfalls wird die Rechtsänderung nicht durch den Geltungsanspruch des Rechts schon blockiert, sondern allenfalls durch Verfahrensnormen, die regeln, und dadurch einschränken, wie Rechtsgeltung erzeugt, das heißt: Recht geändert werden kann. Im Verfassungsrecht gibt es sogar Normen, die festlegen, daß bestimmte Normen, sie selbst eingeschlossen, nicht geändert werden können. Das läuft auf eine

und ein dafür ausreichendes Identifizierungsverfahren sichergestellt sind, kann man den Beobachtern gestatten, verschiedene Theorien zu unterhalten.

122 Viele rechtstheoretische Geltungstheorien setzen dies voraus und sind dann außerstande, die Unterscheidung Geltung/Nichtgeltung von der Unterscheidung wahrer und unwahrer Aussagen über das Recht zu unterscheiden.

123 Zum selben Ergebnis kommt in einer andersartigen Terminologie auch die Institutionentheorie. Siehe vor allem Santi Romano, L'ordinamento giuridico (1918), Neudruck der 2. Aufl. Firenze 1962.

124 Im Anschluß an Kelsen wird zumeist umgekehrt gefragt: Welchen Sonderstatus in bezug auf Geltung hat eine Grundnorm: außerrechtlich, hypothetisch, moralisch? Siehe z. B. Julius Stone, Legal System and Lawyers' Reasonings, Stanford Cal. 1964, S. 203 ff.

125 Zum hier vorausgesetzten Normbegriff näher unten Kapitel 3, II.

viel diskutierte Paradoxie hinaus.[126] Das Änderungsverbot könnte seinerseits geändert werden – und so weiter in infinitem Regreß. Das Problem läßt sich also normativ nicht kontrollieren. Man muß es in Richtung auf Politik »gödelisieren«. Das heißt: Es erfordert politische Wachsamkeit. Anders gesagt: Man kann diese Änderungsparadoxie entfalten, indem man Normativität und Geltung unterscheidet und dann *politisch* damit rechnet, daß mit einer Abänderung des Änderungsverbotes der Verfassung geltendes Recht geschaffen wird (wobei der Charakter dieses Vorgangs als Normbruch paradox ist und deshalb ohne Folgen bleibt).

So ist Geltung zwar keine Norm, wohl aber eine Form. Als Form markiert das Geltungssymbol die Differenz von zwei Seiten: Geltung und Nichtgeltung. Geltung ist, in der Begriffssprache von George Spencer Brown, die Innenseite der Form und Nichtgeltung die Außenseite. Für das Kreuzen der Form von der einen zur anderen Seite braucht das System Zeit – sei es, daß es Normen aus dem Status der Geltung in den Status der Nichtgeltung versetzt oder umgekehrt; sei es, daß es im Beobachten und Beschreiben von Normen von der Feststellung, daß sie gelten, zur Feststellung, daß sie nicht gelten, übergeht oder umgekehrt. In jedem Falle gibt es die Form nur als Zwei-Seiten-Form und die eine Seite nicht ohne die andere. Und in jedem Falle sind beide Bezeichnungen, die positive und die negative, Ergebnisse interner Operationen des Systems und auf interne Zustände bezogen. Auch die Nichtgeltung, zum Beispiel die Ungültigkeit eines Vertrages oder eines Gesetzes, ist ein Zustand des Rechtssystems und nicht etwa seiner Umwelt. Wie bei allen Symbolen läuft ein diabolischer Gegenfall mit. Es kann sein, daß Operationen unter der Annahme bestimmter Geltungen anlaufen und sich später herausstellt, daß man sich geirrt hat. Oder daß Entscheidungen unter der Voraussetzung bestimmter Geltungen langfristige Bindungen (etwa von Kapital) erzeugen, während bald

---

126 Siehe z. B. David R. Dow, When Words Mean What We Believe They Say: The Case of Article V, Iowa Law Review 76 (1990), S. 1-66. Dow sieht darin unter Hinweis auf die Torah eine religiös begründete und deshalb durch Denken nicht aufzulösende, also hinzunehmende Paradoxie. Vgl. ferner Peter Suber, The Paradox of Self-Amendment, New York 1990, mit der These eines partizipationsdemokratischen (also politischen!) Auswegs. Im Text argumentieren wir dagegen, daß jede Paradoxie durch hinzugefügte Unterscheidungen entfaltet werden kann – allerdings nicht auf eine logisch kontrollierbare und damit zwingende Weise.

darauf das Recht geändert und Geltendes in Nichtgeltendes überführt wird.

Außerdem ist zu beachten, daß das Geltungssymbol auf die *Eigendynamik* des Rechtssystems reagiert und nur dann benötigt wird, wenn das Rechtssystem so weit ausdifferenziert ist, *daß es sich selbst ändern kann.* Noch im Mittelalter hatte man die Rechtlichkeit des Rechts (wenn man so formulieren darf) als gegeben und als Frage der Erkenntnis angesehen – auch dann, wenn es um Gesetzgebung ging.[127] Entsprechend lag die Rechtsquelle in der Überzeugung, daß etwas rechtens sei und Teil einer notwendigen Ordnung menschlichen Zusammenlebens (opinio iuris, opinio necessitatis). Eine schon recht bedeutende kaiserliche, fürstliche und städtische Regelungspraxis konnte als eine dieser Ordnungsnotwendigkeiten begriffen werden, war also nicht etwa eine Ausnahme vom Prinzip, geschweige denn ein Anlaß, den Begriff der Geltung (bzw. der Rechtsquelle) auf ein Herstellen von Recht zu beziehen.[128] Erst der theologische Voluntarismus des Spätmittelalters (Ockham vor allem) bahnt einer anderen, sich auf Willen und auctoritas berufenden Behandlung des Problems den Weg. Das heute benutzte Symbol der Rechtsgeltung ist mithin eine semantische Errungenschaft der Moderne.

Das Symbol der Geltung wird den normativen Erwartungen des Systems attachiert. Es qualifiziert Normen als geltend bzw. nichtgeltend. Dies geschieht jedoch nur dann, wenn eine Rechtslage geändert wird. Einem Beobachter steht zwar frei, zu jedem von ihm gewählten Zeitpunkt festzustellen, welches Recht gilt und welches Recht nicht gilt. Insofern *sieht er* Geltung als (zeitlich begrenzte, widerrufbare) *Dauer.* Geltungs*theorien*, etwa solche, die Geltung auf einen Anfang, einen Grund, auf den Willen Gottes oder auf andere autoritative Instanzen zurückführen, sind Theorien eines solchen Beobachters. So kann auch das Rechtssystem sich selber beobachten, etwa im Zusammenhang von Bestandsaufnahmen oder Reformen. Auf diese Weise kann jedoch nie die Einheit des Systems

127 Siehe zum Beispiel Juan B. Vallet de Goytisolo, Del legislar como »legere« al legislar como »facere«, in ders., Estudios sobre fuentes del derecho y metodo juridico, Madrid 1982, S. 939-988.

128 Selbst Rechtshistorikern, die sich schlicht auf das Faktum vorkommender Gesetzgebung berufen (z. B. Joachim Rückert, Autonomie des Rechts in rechtshistorischer Perspektive, Hannover 1988), ist dies nicht immer klar.

»erkannt« werden. Jede Beobachtung muß schon produzierte Komplexität reduzieren, muß also selektiv vorgehen. Der Realprozeß der permanenten Umgeltung des Geltenden entzieht sich der Beobachtung, und es braucht ein erhebliches Maß an Theoriearbeit, um plausibel zu machen, daß hier die Wurzeln der Geltung liegen.

Denn Geltung ist nichts anderes als das in allen Operationen mitfungierende Verknüpfungssymbol. Sie läßt sich nicht punktuell, sondern nur rekursiv validieren, das heißt nur im Rückgriff auf geltendes Recht.[129] Geltung bewirkt Anschlußfähigkeit im System. Nur darin liegt die Sanktion, die freilich bei allen anderen Sanktionen vorausgesetzt sein muß, wenn sie als rechtsgültige Sanktionen kommuniziert werden sollen. Mit nichtgeltenden Normen kann man im System nichts anfangen. Bester Beweis: Es gibt niemanden, der das auch nur versuchen würde; niemanden, der behaupten würde, daß bestimmte Rechtsnormen zwar nicht gelten, aber ihm trotzdem zu seinem Recht verhelfen würden. Solche Impulse werden automatisch in Streit um entweder die Geltung von Recht oder um Änderung geltenden Rechts verwandelt. Der Negativwert der Nichtgeltung dient nur als Reflexionswert zur Klärung von Geltungsbedingungen, nicht aber zur Erzeugung eigener Anschlußmöglichkeiten. Dadurch unterscheidet sich die Form Geltung/Nichtgeltung auch vom Code Recht/Unrecht, der ebenfalls nach positiv/negativ strukturiert ist, aber vorsehen kann, daß Unrecht bestimmte rechtmäßige Konsequenzen haben kann, zum Beispiel Strafen, Haftung für Schäden oder Rechtsunwirksamkeit bestimmter Handlungen. Auch Strafgefangene haben Rechte, die sie gegebenenfalls durchsetzen können[130], und im übrigen hat jeder ein Recht darauf, daß auf rechtmäßige Weise festgestellt wird, daß er im Unrecht ist, wenn er im Unrecht ist. Gerade für das Kreuzen der Grenze des Codes Recht/Unrecht braucht man also das Geltungssymbol. Um Anschlußmöglichkeiten zu bieten, muß ein Be-

---

129 Ähnlich Ost / van de Kerchove a.a.O. (1987), S. 225: »A l'idée d'une validité conçue comme obligatoriété nécessaire et a priori nous opposons l'idée d'une prétention à la validité qui demande à être confirmée et évaluée«. Vgl. auch S. 228, 283 zu Rekursivität, und zu »validation« auch Michel van de Kerchove / François Ost, Le système juridique entre ordre et désordre, Paris 1988, S. 142 ff.

130 Nicht ohne Probleme, wie man aus der Praxis weiß. Siehe Jim Thomas, Prisoner Litigation: The Paradox of the Jailhouse Lawyer, Totowa N.J. 1988.

zug auf geltendes Recht herstellbar sein, und dies sowohl für die Bezeichnung bestimmter Erwartungen oder Handlungen als rechtmäßig als auch für den Gegenfall der Unrechtmäßigkeit.

Im Anschluß an Talcott Parsons kann man Geltung daher auch als ein zirkulierendes Symbol bezeichnen, das mit jeder Verwendung zu weiteren Operationen weitergereicht wird – so wie Zahlungsfähigkeit in der Wirtschaft oder kollektive Bindung in der Politik. Das Symbol wird von Operation zu Operation transferiert und besteht nur in dieser permanenten Reproduktion. Es ist kein Symbol eines »Bestandes«, an dem der Prozeß des faktischen Rechtsgeschehens entlangfließt. Es ist ein Symbol der dynamischen Stabilität des Systems, die sich in Rückgriffen und Vorgriffen auf Vergangenes und Künftiges manifestiert. Die Geltung von morgen ist, bei gleichbleibender Symbolfunktion, eine andere Geltung, weil heute etwas entschieden wird. Wir hatten bereits gesagt: Das Recht ist eine historische Maschine, die sich mit jeder Operation in eine andere Maschine verwandelt.

Ähnliches besagt der linguistische Begriff des »Verschiebers« (shifter). Hierbei handelt es sich um ein Symbol (das bevorzugte Beispiel der Linguistik sind die Personalpronomina), das nur mit Bezugnahme auf den Prozeß, der es benutzt, benutzt werden kann und daher von Moment zu Moment seine Referenz wechselt.[131] Das erfordert einen Verzicht auf stabile externe Referenzen, bringt aber eben damit eine Art existentielle Verankerung in dem System zum Ausdruck, das solche Verschieber benutzt, um sich selbst in Differenz zur Umwelt mit kontrollierter Dynamik auszustatten.

Nicht jede Rechtskommunikation transportiert allerdings Geltung in diesem Sinne, zum Beispiel nicht das bloße Anmelden von Rechtsansprüchen. Es muß sich um rechtswirksame Entscheidungen handeln. Diese liegen aber nicht nur in den Entscheidungen des Gesetzgebers und der Gerichte, sondern in breitestem Umfang auch in der Gründung von Korporationen und in Verträgen, die in die Rechtslage eingreifen und sie ändern.[132] Es genügen einseitig-

---

131 Vgl. Roman Jakobson, Verschieber, Verbkategorien und das russische Verb, in ders., Form und Sinn: Sprachwissenschaftliche Betrachtungen, München 1974, S. 35-54.

132 Die Rechtstheorie muß hier auf die Tatsache reagieren, daß seit dem 18. Jahrhundert und in Reaktion auf die ausdifferenzierte Geldwirtschaft das Geltungssymbol *auch Privaten* zur Verfügung gestellt wird und trotzdem nichts an seiner Wirk-

verbindliche Erklärungen (zum Beispiel Testamente), nicht aber bloße Fakten, die Rechtsfolgen auslösen – etwa der Tod eines Erblassers oder eine strafbare Handlung. Ähnlich wie im Wirtschaftssystem die Geldzahlung ist auch im Rechtssystem der Geltungstransfer nicht identisch mit der Gesamtheit der Systemoperationen; aber es handelt sich um diejenigen Operationen, die die Autopoiesis des Systems vollziehen und ohne die die Ausdifferenzierung eines operativ geschlossenen Rechtssystems nicht möglich wäre.

Eine Rechtstheorie, die im System für das System geschrieben wird, hat sich immer wieder bemüht, die nur als Zirkel beschreibbare Rechtsgeltung in eine asymmetrische Form zu bringen. So haben die Verfasser der Verfassung der Vereinigten Staaten von 1787, bei allem Mut zur Neukonzipierung des Begriffs und des Textes einer Verfassung, Wert darauf gelegt, daß die Verfassung nur die Einheit des Volkes und das Regierungsinstrument »konstituiert«, nicht aber die individuellen Rechte, um deretwillen das Ganze aufgeführt wird.[133] Diese werden nur *anerkannt* und für Gebrauch im Rechts-

---

samkeit einbüßt: ein weiterer Beleg für die Differenzierung von Rechtssystem und politischem System. Vgl. auch Arthur J. Jacobson, The Private Use of Public Authority: Sovereignty and Associations in the Common Law, Buffalow Law Review 29 (1980), S. 599-665; Morton Horwitz, The Transformation of American Law 1780-1860, Cambridge Mass. 1977, S. 160 ff. Wir kommen darauf in Kapitel 10 ausführlich zurück.

133 Insofern war es konsequent, wenn man zwischen der Bill of Rights und der Verfassung auch redaktionell unterschied – so in der Verfassung von Virginia von 1776 die berühmte »Bill of Rights« und darauf folgend »The Constitution or Form of Government«. Siehe den Text in: Francis N. Thorpe (Hrsg.), The Federal and State Constitutions, Colonial Charters and Other Organic Laws Bd. 7, Washington 1909, S. 3812-3819. Noch die Verfassung Virginias von 1830 zitiert die Bill of Rights nur und sagt, sie »shall be prefixed to this constitution and have the same relation there to as it had to the former constitution of this commonwealth« (a.a.O., S. 3820). Der emphatische Verfassungsbegriff, der die Menschenrechte einschließt, läßt zugleich den Verdacht aufkommen, daß diese Rechte entsprechend abgewertet werden und nur noch positives Recht sind, das mit der Verfassung selbst geändert werden kann. Die Verfassung muß dann als selbstbegründend gedacht werden. Vgl. dazu auch starke Argumente in: Ronald Dworkin, Taking Rights Seriously, London 1978. Es bleibt noch hinzuzufügen, daß dieses Problem im englischen Common Law formal gar nicht auftreten kann, weil die »konstitutionellen« Schranken der Regierungsgewalt ohnehin als *Ergebnis* einer langen geschichtlichen Entwicklung des Schutzes individuellen Rechts interpretiert werden.

system *spezifiziert*. Beschreibt man aber diese Beschreibung, dann ist leicht zu sehen, daß auch dies nur eine Formel ist, mit der im System über Geltung disponiert wird.

Einen andersartigen Ausweg sucht Hart. Er durchschaut rechtsimmanente Hierarchisierungen (Stufentheorien) als unzulänglich, als nicht abschlußfähig, lehnt aber auch die Externalisierung des Geltungsproblems durch Verweis auf außerrechtliche oder naturrechtliche Geltungsgründe ab. Sein Ersatzvorschlag besteht in der bekannten Unterscheidung zweier Arten von Regeln: rules of obligation und rules of recognition. Bezahlt wird diese Lösung aber mit einem Verzicht auf jeden Geltungsanspruch dieser rules of recognition (denn das würde nur erneute rules of recognition erforderlich machen). Eine rule of recognition »can neither be valid nor invalid but is simply accepted as appropriate for use in this way«.[134] Das hat alle Vorteile und Nachteile einer Lösung, die unter dem Namen David Hume Theoriegeschichte gemacht hat, und es läßt vor allem offen, wie denn die Einheit einer aus obligations und habits, eines aus geltenden und nichtgeltenden (aber auch nicht ungültigen) Regeln bestehenden Systems (die Hartsche »union of primary and secondary rules«) zu begreifen sei. Es ist genau die Frage, auf die der Begriff der Autopoiesis angesetzt ist. In jedem Fall handelt es sich – und wir würden dann lieber von »practices of recognition« sprechen – um systemintern vernetzte Operationen, und auch wenn das System Geltungsgründe externalisiert, bleibt die Externalisierung eine systeminterne Operation. Auf der Ebene einer Beobachtung zweiter Ordnung kann eine zirkuläre Definition nicht vermieden werden, und es können dann nur noch *zeitliche* Asymmetrisierungen zugelassen werden. In jedem Moment gilt das als Recht bzw. Unrecht, was zuvor in Geltung gesetzt worden ist.

Die klassischen hierarchischen Geltungstheorien setzen immer eine Skala voraus, die zeitbeständig ist, also mehrfach benutzt werden kann. Der Blick kann von oben nach unten wandern und zurück, um Gründe für Geltung zu suchen und festzustellen. Die hier vertretene temporale Geltungstheorie läßt diese Prämisse fallen. Geltung ist ein von Moment zu Moment neu zu erarbeitendes Produkt des Systems. Sie ist deshalb nur durch rekursive Ver-

---

134 So H. L. A. Hart, The Concept of Law, London 1961, S. 105 f.

netzung der Operationen mit möglichst geringem Informationsaufwand (Redundanz) zu sichern. Das heißt auch, daß das System seine eigene Individualität produziert. Denn Zeit ist auf Grund der Selektivität, zu der sie zwingt, ein individualisierender Faktor: Man bewegt sich nur einmal und nie wieder von 1 zu 2.

Die Umstellung von Hierarchie auf Zeit erlaubt es, auf eine normative Begründung von Geltung in einer »obersten« Norm zu verzichten. Jede normative Begründung von Geltung würde sich in einem infiniten Regreß verlaufen; oder anders gesagt: sie würde sich selbst voraussetzen müssen; sie würde ihr eigenes »undsoweiter« voraussetzen müssen. Die einzige unabdingbare Geltungsgrundlage liegt deshalb in der *Zeit*. Sie liegt, genauer gesagt, in der *Gleichzeitigkeit* aller faktischen Operationen des Gesellschaftssystems und seiner Umwelt. Denn alles, was aktuell geschieht, geschieht *jetzt* – und nicht in der Vergangenheit oder in der Zukunft. Die Zeithorizonte sind, was Aktualität betrifft, Leerhorizonte, die nur dazu dienen, die Gegenwart zu orientieren, und die sich mit ihr verschieben. Gleichzeitigkeit heißt aber, daß man *weder bewirken noch wissen kann, was gleichzeitig geschieht*, man ist auf Vermutungen, Unterstellungen, Fiktionen angewiesen. Auf diese *Inkapazität* stützt sich die Geltung des Geltungssymbols. Man kann gar nicht anders als ungeprüft zu unterstellen, daß im gegebenen Moment auch andere Operationen des Rechtssystems und seiner sozialen und psychischen Umwelt das Geltungssymbol bestätigen. Der einzige Geltungstest liegt deshalb im Gelingen einer laufenden Änderung des Geltungszustandes des Systems, im laufenden Anschluß von Operation an Operation, in der Autopoiesis des Systems. Und als Nebenprodukt dieser laufenden Selbstvergewisserung des Systems entsteht das, was ein Beobachter als Komplexität beschreibt. Es gibt dafür keinen anderen Letztgrund als den Modus und die Einschränkung des Modus der Produktion.

IX

Neben dem formalen Symbol der Rechtsgeltung verfügt das Rechtssystem über eine zweite Möglichkeit, seine operative Geschlossenheit zum Ausdruck zu bringen, und zwar in der Form des

Gleichheitsprinzips.[135] Seit der Antike gehört dieses Prinzip zu den fundamentalen Vorstellungen jeder Rechtskultur. Es wird so akzeptiert, als ob es aus sich heraus selbstverständlich wäre. Gleichheit ist die abstrakteste Präferenz des Systems, das letzte Kriterium für die Zuteilung von Streitfällen auf Recht und Unrecht. Sie nimmt in dieser Funktion auch den Namen »Gerechtigkeit« an.[136] Nach einer weiteren Begründung kann nicht gefragt werden, und dies ist ein sicheres Indiz dafür, daß wir eine Figur von hoher theoretischer Relevanz vor uns haben. Aber: Was hat dies mit operativer Geschlossenheit zu tun?

Als erstes fällt auf, daß nicht behauptet wird, alles sei gleich oder alles solle gleichgemacht werden. Vielmehr ist Gleichheit ein Formbegriff, der davon lebt, daß es eine andere Seite gibt: die Ungleichheit. Gleichheit ohne Ungleichheit gibt keinen Sinn – und umgekehrt. Wenn Gleiches gleich behandelt werden soll, muß Ungleiches ungleich behandelt werden; denn sonst könnte das, was in bestimmten Hinsichten ungleich ist, nicht seinerseits von Fall zu Fall als gleich behandelt werden. Verzichtet man auf einen Normbegriff der Gleichheit, gelangt man zu der aristotelischen Regel, daß Gleiches gleich und Ungleiches ungleich zu behandeln sei. Es handelt sich also um ein Beobachtungsschema, das nur die Entwicklung von Normen und Präferenzen nahelegt, aber nicht selber schon die Präferenz für Gleichheit festlegt. (Es wäre wenig plausibel, wollte man vorschreiben, daß alle Straftäter gleich bestraft werden sollen.) Die Form der Gleichheit dient demnach dazu, Ungleichheiten auffällig werden zu lassen, die ihrerseits im Rahmen der entdeckten Unterschiede gleiche Behandlung verdienen, bis auch diese Gleichheit wieder das Beobachten und Bezeichnen von Ungleichheit nahelegt. Wie alles Vergleichen dient auch dieses dem Entdecken von Ungleichheiten und führt damit zu der Anschlußfrage, ob diese Ungleichheiten eine Gleichbehandlung verbieten oder nicht. Und dies erst ist die Frage, die in der Rechtsentwicklung praktische Bedeutung erlangt.

Von hier aus kann dann Gleichheit aus einer Form in eine Norm transformiert werden. Gleichbehandlung gilt dann als die Regel,

---

135 Vgl. auch Raffaele De Giorgi, Modelli giuridici dell'uguaglianza e dell'equità, Sociologia del diritto 18 (1991), S. 19-31.
136 Darauf werden wir in Kapitel 5 ausführlich zurückkommen.

von der Ausnahmen möglich sind, wenn die Ungleichheit der Fälle sich aufdrängt. Gleichbehandlung ist für sich selbst Grund genug, Ungleichbehandlung dagegen begründungsbedürftig. Die Symmetrie der Zwei-Seiten-Form wird durch das Regel/Ausnahme-Schema asymmetrisiert.

Es ist jedoch die Form, nicht die Norm, die das System schließt. »Distinction is perfect continence«.[137] Die Unterscheidung gleich/ungleich enthält alles, sogar sich selber, denn auch der Gleichheitssatz muß auf alle Fälle gleich angewandt werden. Bei genauerem Zusehen erkennt man ein Paradoxieauflösungsprogramm. Die Universalität (continence) des Gleichheitssatzes heißt, daß es bei *seiner* Anwendung nur gleiche und keine ungleichen Fälle gibt. So gesehen repräsentiert der Gleichheitssatz das System im System. Er benötigt keine weiteren Gründe, da er nur die Autopoiesis des Systems beschreibt. Der logische Trick (oder der logische Sprung aus der Paradoxie in die Asymmetrie einer handhabbaren Regel) liegt in der Interpretation der Form als Norm.[138]

Die Form der Gleichheit ist so formal, daß sie sich vorzüglich den wechselnden Differenzierungsformen des Gesellschaftssystems anpassen läßt. In stratifizierten Gesellschaften ist eben der unterschiedliche soziale Status das, was Ungleichbehandlung rechtfertigt. Unde oportet quod etiam leges imponantur hominibus secundum eorum conditionem.[139] In funktional differenzierter Gesellschaft wird nur der Bezugspunkt geändert. Ungleich ist jetzt das, was im internen Operieren der Funktionssysteme als ungleich behandelt werden muß, damit diese ihre Funktion erfüllen können. Jetzt heißt die Form der Gleichheit aber nicht mehr: Erkennen der Wesen nach Ähnlichkeiten und Unterschieden, sondern Dynamisierung des Gesamtsystems durch ständige Wiederholung der Frage, ob etwas gleich oder ungleich sei.[140]

---

137 George Spencer Brown a.a.O., S. 1.

138 Hier liegt es dann nahe, an eine theologische Umkehrung im Jüngsten Gericht zu denken. Gott benutzt den Gleichheitssatz auch als Paradoxieauflösungsprogramm, aber in umgekehrter Richtung. Er behandelt alle Sünder (nicht aber wohl, so hofft man, alle Sünden) als ungleich, nämlich als Individuen. Für seine Praxis des Gleichheitssatzes gibt es den Fall der Gleichheit nicht.

139 Thomas von Aquino, Summa Theologiae Ia IIae q. 96, art. 2, zit. nach der Ausgabe Turin 1952, S. 435.

140 So z. B. Guido Calabresi, A Common Law for the Age of Statutes, Cambridge

Im übrigen muß man heute einen politischen und einen rechtlichen Gebrauch des Gleichheitssatzes unterscheiden. Die Politik verlangt, daß Menschen gleich behandelt werden. Das Recht verlangt, daß Fälle gleich behandelt werden. Das Gleichheitsgebot der Verfassung mag als Rechtsnorm dazu führen, daß die politische Gleichheit rechtlich als Gleichheit/Ungleichheit der Fälle interpretiert wird; aber politisch gelingt das nie völlig, da die Politik sich zumutet, neue Gleichheitsimpulse aufzunehmen und in Recht (und erst damit: in Rechtsfälle) zu transformieren.

Das Schema gleich/ungleich erzeugt einen Kriterienbedarf. Es selbst legt die benötigten Kriterien aber noch nicht fest. Die Gleichheit selbst ist kein Gleichheitskriterium (so wenig wie die Wahrheit ein Wahrheitskriterium ist). Während im Naturrecht eher von Vernunftprinzipien ausgegangen wurde, hat das Common Law seit dem 16. Jahrhundert mehr auf die geschichtliche Kontinuität des Unterscheidens gesetzt. Dabei ging (und geht) man davon aus, daß eine Tradition von Rechtsentscheidungen immer schon vorliegt, die Fälle zu gleicher bzw. ungleicher Behandlung aussortiert haben. In dieser Tradition findet der Richter das Schema gleich/ungleich in bereits konkretisierter Gestalt vor. Er hat, wenn er überhaupt Recht sprechen will, sich an diese Tradition zu halten; aber gerade dies erlaubt es ihm, seinerseits zu unterscheiden und Fälle zu ungleicher Behandlung auszusondern, wenn er eine – man könnte sagen: gleichheitsfähige Ungleichheit entdeckt und dies überzeugend dartun kann. Die »Vernunft« dieser Praxis liegt in der Handhabung der Zwei-Seiten-Form von gleich und ungleich, und das hat ihr, wie die Erfahrung zeigt, eine ständig erneuerte Verbindung von Kontinuität

---

Mass. 1982, S. 13 f. an Hand der Rechtsprechung zur equal protection clause: »The most powerful engine of change in the common law was, strangely enough, the great principle that like cases should be treated alike« (13). Ähnlich – justitia semper reformanda – auch Reinhold Zippelius, Der Gleichheitssatz, Veröffentlichungen der Vereinigung der Deutschen Staatsrechtslehrer 47 (1991), S. 7-32 (31 f.). Im allgemeinen ist dieser Dynamisierungseffekt allerdings so selbstverständlich, daß der Blick mehr auf die (rechtlichen und sozialen) Gründe gerichtet ist, die die Durchsetzung von Rechtsänderungen erschweren. Siehe für viele Leon H. Mayhew, Law and Equal Opportunity: A Study of the Massachusetts Commission Against Discrimination, Cambridge Mass. 1968; Dinesh Khosla, Untouchability – a Case Study of Law in Life, in: Adam Podgorecki et al. (Hrsg.), Legal Systems and Social Systems, London 1985, S. 126-173.

und Innovation ermöglicht.[142] Ein sich auf Prinzipien gründendes Naturrecht (Vernunftrecht) bekommt es dagegen mit der deduktiven Unergiebigkeit und interpretativen Unterbestimmtheit der Prinzipien zu tun und wird eher dazu neigen, die Aufgabe der Kodifikation und der Innovation dem Gesetzgeber zuzumuten, der sich durch Universitätsgelehrte beraten lassen kann.[143] Aber gleichgültig, welchen Weg die Evolution des Rechts nimmt: ihre Resultate werden mit Hilfe des Schemas gleich/ungleich beobachtet und verfeinert. Das Schema gleich/ungleich ist ein Schema evolutionärer Differenzierung, und das heißt nicht zuletzt: ein Schema, das mehr Gleichheiten und mehr Ungleichheiten erzeugt. Dabei müssen die neuen Fälle, wenn sie als ungleich erkannt werden, unter eine Regel gebracht werden, die es ermöglicht, aus ihnen jeweils wieder eine Serie gleicher Fälle zu machen. Das Schema gleich/ungleich wird in sich selbst reproduziert. Es dient als Prinzip der Bifurkation des Systems. Und Bifurkation heißt immer: Aufbau einer historisch irreversiblen Ordnung. Mit dem Begriff der Gerechtigkeit wird dann die Selbstbewertung dieses Vorgehens zum Ausdruck gebracht. Das hat der Tradition die Möglichkeit gegeben, zu mahnen, zu loben und zu tadeln.

Legt man eine systemtheoretische Begrifflichkeit zugrunde, kommen ganz andere Aspekte zutage. Man kann dann begreifen, daß und wie eine Autopoiesis des Rechtssystems in Gang gebracht wird, indem Konfliktmaterialien, Beilegung von Streitigkeiten in Einzelfällen, zurückgewiesene oder auch bestätigte Ansprüche nicht mehr nur als historische Ereignisse erinnert, sondern als Vorgaben für die weitere Praxis zusammengeschlossen und reflektiert werden. Da neue Fälle sowohl als gleich als auch als ungleich gesehen werden können, legt die Tradition allein das spätere Entscheiden noch nicht fest. Was aber zu akzeptieren ist, ist die rekursive Vernetzung früherer mit späteren Entscheidungen im selben System – eben das, was wir operative Geschlossenheit nennen. Was Recht und was Unrecht ist, kann nur in Auseinandersetzung mit früheren Entscheidungen und, in geringerem Umfang, in Voraussicht künfti-

---

141 Vgl. dazu Gerald J. Postema, Bentham and the Common Law Tradition, Oxford 1986, S. 3 ff.; W. T. Murphy, The Oldest Social Science? The Epistemic Properties of the Common Law Tradition, The Modern Law Review 54 (1991), S. 182-215.
142 Siehe die Juristentypologie von R. C. van Caenegem, Judges, Legislators and Professors: Chapters in European Legal History, Cambridge England 1987.

ger Entscheidungsmöglichkeiten herausgefunden werden, und die Zwei-Seiten-Form der Gleichheit gibt hierfür den Leitfaden. Das heißt: Bei der Entscheidung, ob verschiedene Fälle als gleich oder als ungleich zu behandeln sind, sind nur systemintern generierte Unterscheidungen zu beachten.

In diesem Sinne interessiert Gleichheit gerade am Verschiedenen, und entsprechend ist Ungleichheit etwas anderes als Verschiedenheit. Verschiedenheit muß es schon im Paradies oder in der mythischen Urgemeinschaft gegeben haben. Sie ist, nach alter Darstellung, ein Moment der Perfektion der Schöpfung. Zur Ungleichheit kommt es erst durch den Sündenfall oder, nach der Theorie des Naturrechts, durch differentielle Nutzung des Eigentums.[144] Das Beobachtungsschema gleich/ungleich ist im Unterschied zur bloßen Anerkennung von Verschiedenheiten ein universelles und zugleich hoch spezifisches Schema. Es setzt eine Systemgeschichte in Gang und führt so zur Etablierung (und Änderung) von Kriterien, die nur für das System gelten, das die eigenen Entscheidungen entsprechend artikuliert. Und auch insofern gilt, was man an operativ geschlossenen Systemen allgemein beobachten kann: daß sie ihre Strukturen nicht von außen importieren können, sondern sie mit Hilfe eigener Operationen einrichten, variieren oder auch dem Vergessen überlassen.

Schließlich erlaubt die vorangehende Analyse, das Recht auf Gleichheit dem allgemeinen Normbereich der Menschenrechte zuzuordnen, ja es geradezu als Paradigma für Menschenrechte anzusehen. Wir lösen uns dabei von der juristischen, für Zwecke der Rechtspraxis erforderlichen Interpretation. Menschenrechte haben es mit der Unübersichtlichkeit der Verhältnisse, also wesentlich auch mit den Effekten funktionaler Differenzierung zu tun. Sie sind ein genaues Korrelat der strukturell erzwungenen Zukunftsoffenheit der modernen Gesellschaft. Wenn Individuen auf je verschiedene Weise Zugang zu allen Funktionssystemen erhalten müssen und wenn zugleich ihre Inklusion funktionssystemintern geregelt wird, indem erst an Hand von Funktionskriterien entschieden werden kann, was als gleich und was als ungleich anzusehen ist – wenn also all dies zu den strukturellen Imperativen der modernen Gesell-

---

143 Hierzu ausführlicher Niklas Luhmann, Am Anfang war kein Unrecht, in ders., Gesellschaftsstruktur und Semantik Bd. 3, Frankfurt 1989, S. 11-64.

schaft gehört, *kann man nicht im voraus sagen, wer was zu sagen oder wer was beizutragen hat.* Unter diesen Umständen sind Annahmen über die »Natur« des Menschen und über Rechte, die sich aus dieser Natur logisch schlüssig ergeben, bestenfalls noch malerische Details in Entscheidungsbegründungen. Funktional dienen Menschenrechte dem Offenhalten von Zukunft für je systemverschiedene autopoietische Reproduktion. Keine Einteilung, keine Klassifikation und erst recht: keine politische Sortierung von Menschen darf die Zukunft einschränken. Denn Menschen gehören zur Umwelt des Systems, und die Zukunft ergibt sich, je gegenwärtig unprognostizierbar, allein aus der Autopoiesis und dem structural drift der Gesellschaft.

Die bisherigen Analysen betreffen nur einen Ausschnitt der Gleichheitsproblematik, gleichsam die Semantik der Gleichheitsform, die das System zur Produktion eigener Kriterien zwingt. Unabhängig davon gibt es noch ein zweites Problem: die Gleichheit der Handlungskompetenz im System. Hier handelt es sich nicht um ein Problem der Autonomie[145], sondern um ein Problem der Inklusion. Offenkundig variieren Chancen vor Gericht, aber auch Chancen, Gesetzgebung zu beeinflussen, mit sozialer Schichtung; und zwar deshalb, weil Unterschiede in finanziellen Ressourcen, in Sprachgewandtheit und Interaktionskompetenz oder auch in unterstellter Zivilität mit Schichtung variieren.[146] Weder von der Funktion des Rechts noch von der Autonomie des Systems her gesehen haben Unterschiede des Zugangs zum Recht und der Handlungskompetenz im Recht eine Funktion. Ob und wie sie die Evolution des Systems beeinflussen, ist schwer festzustellen – es sei denn an Einzelfällen oder in spezifischen Problembereichen.[147] Rechtssysteminterne Bemühungen um Chancenausgleich (etwa mit Hilfe des Instituts des Armenrechts im Bereich der Prozeßkosten) finden

---

144 Anders, weil von einem kausalen Autonomiebegriff ausgehend, Richard Lempert, The Autonomy of Law: Two Visions, in: Gunther Teubner (Hrsg.), Autopoietic Law: A New Approach to Law and Society, Berlin 1988, S. 152-190 (166 f.)

145 Siehe für eine theoretische Ausarbeitung Marc Galanter, Why the »Haves« Come Out Ahead: Speculations on the Limits of Legal Change, Law and Society Review 9 (1974), S. 95-160.

146 Wofür es dann wieder zahlreiche Belege gibt. Typisch etwa Marvin E. Wolfgang / Marc Riedel, Race, Judicial Discretion, and the Death Penalty, Annals of the American Academy of Political and Social Sciences 407 (1973), S. 119-133.

darin eine Schranke, daß es Schichtung auch in der modernen Gesellschaft durchaus gibt. Im übrigen sind auch Unterschichtinteressen zunächst nur Interessen, deren Berechtigung sich weder aus dem Unterschichtenstatus noch aus dem Interesse als solchem ergibt. Ein Rechtsfall darf nicht allein deshalb schon anders entschieden werden, weil Beteiligte einer benachteiligten Schicht angehören – es sei denn, daß das Recht selbst solches vorsieht.

X

Wir haben uns lange mit einer Beschreibung der operativen Geschlossenheit des Rechtssystems aufgehalten. Das war nicht zu vermeiden, denn solange man nicht genau genug weiß, wovon überhaupt die Rede ist, kann man mit empirischen Arbeiten oder gar mit Kausalerklärungen nicht beginnen. Die Systemtheorie erhöht zunächst einmal die Ansprüche an die Genauigkeit und Differenziertheit von Beschreibungen. Das heißt aber nicht, daß ihr Anregungspotential sich darin erschöpft, ihre Untersuchungen damit beendet seien.[148] Wir fragen im nächsten Schritt nun nach den strukturellen Bedingungen dieser operativen Geschlossenheit. Der Ausgangspunkt dafür ist die Vermutung, daß es strukturelle Vorkehrungen geben muß, die die Wahrscheinlichkeit der Erfüllung normativer Erwartungen erhöhen, weil anderenfalls die Entwicklung sich nicht weit von den Selbstverständlichkeiten entfernen und bei den elementarsten Strukturen des zwischenmenschlichen Verkehrs stehenbleiben muß.[149]

147 Die häufig zu hörende Forderung nach einer empirischen Umsetzung systemtheoretischer Analysen besteht völlig zu Recht; aber sie ist gegenüber dem *Begriff* der Autopoiesis natürlich unangebracht und verbleibt zumeist so unspezifiziert, daß man vermuten muß, der Ruf nach Empirie ertöne reflexartig immer dann, wenn jemand auf unvertrautes Gelände gelockt wird. Erst recht ist die im Zusammenhang damit zu hörende Klage über den Abstraktionsgrad der Systemtheorie unangebracht. Denn die sogenannten empirischen Forschungen abstrahieren schon aus methodischen Gründen sehr viel stärker, sie wissen es nur nicht.

148 Über den Erfüllungsgrad von Verhaltenserwartungen in sehr einfachen (nicht schon »kolonisierten«) Tribalgesellschaften hat man heute recht skeptische Vorstellungen. Vgl. z.B. Leopold Pospisil, Kapauku Papuans and Their Law, New Haven 1958, Neudruck 1964, insb. S. 250; Ronald M. Berndt, Excess and Restraint: Social Control Among a New Guinea Mountain People, Chicago 1962.

Wir begnügen uns mit der Erörterung von zwei verschiedenen Bedingungen, die im Laufe der Rechtsevolution ineinandergreifen mit sehr verschiedenen, historisch und kulturell variierenden Formen der Kombination. Einmal muß das, was das Recht fordert, hinreichend spezifiziert sein, so daß ein Wiederaufgreifen, ein Wiederholen, eine kondensierende und konfirmierende Expansion möglich wird. Zum anderen muß das Recht hinreichende Aussicht auf Durchsetzung haben, weil man anderenfalls sich schließlich doch lernend den Fakten beugt. Es darf nicht dabei bleiben, daß dem, dessen Rechtserwartungen enttäuscht worden sind, nur bestätigt wird, richtig erwartet zu haben.[150] Es muß etwas für eine sei es reale, sei es kompensatorische Durchsetzung seines Rechts geschehen.

Die Spezifikation von Rechtserwartungen ist in erster Linie eine Frage des Gedächtnisses der Gesellschaft, dann aber mehr und mehr eine Frage der Einschränkung dessen, was als Prämisse künftiger Fallbehandlungen bewahrt werden muß. Sie ist zunächst auf ein Gedächtnis der Lebenden, auf Erinnerung und dann auf schriftliche Aufzeichnung angewiesen. Gedächtnis ist dabei nicht einfach ein Vorrat an vergangenen Tatsachen, sondern in erster Linie eine Organisation des Zugriffs auf Informationen. Diese Organisation, nicht das wirkliche Gewesensein des Vergangenen, entscheidet über die Verwendung in konkreten, jeweils gegenwärtig zu vollziehenden Operationen. Die zeitliche Rekonstruktion mit Hilfe einer Unterscheidung von Gegenwart und Vergangenheit ist nur ein Hilfsmittel und bleibt eine Konstruktion des Gedächtnisses. Das Gedächtnis legitimiert dann sein eigenes Produkt, unter Umständen durch Bezug auf Ursprung, lange Dauer, Bewährung; aber es kann natürlich auch rein faktisch funktionieren (so wie man nicht zu erinnern braucht, wann man gelernt hat, daß eine Tür mit dem Türgriff zu öffnen oder, wenn es nicht geht, verschlossen ist; es ist

---

149 Diese Funktion der bloßen Bestätigung übernimmt in gewissen Hinsichten die Religion, die sich damit die Probleme der Erklärung von Leid, Unrecht, Unglück einhandelt. In gewisser Weise scheint sich die Religion am Punkte genau dieses Ungenügens der Rechtsdurchsetzung zu kristallisieren, indem sie, im Verein mit neuartigen Moralvorstellungen, Erwartungen stimuliert, die rechtlich ohne Sanktion bleiben müssen. Man kann dies an der Abhebung von neuen Motivationsansprüchen gegenüber den im Vergeltungsprinzip erfaßbaren Rechtstatbeständen erkennen, namentlich im Alten Testament.

einfach so). Man kann daher auch sagen: Das Gedächtnis hält die Eigenwerte[151] der rekursiven Produktionsweise des Systems zur Verfügung.

Gesellschaften, die nur mündlich kommunizieren können, sind in ihrem Gedächtnis auf psychische Systeme angewiesen, und zwar sowohl auf deren Erinnerungsvermögen als auch auf ihre Fähigkeit, Erinnertes, das andere gar nicht erlebt oder vergessen haben, plausibel zu kommunizieren. Lebensalter nimmt Autorität in Anspruch. Daß dies zu erheblichen Fluktuationen der Normvorstellungen und zu ihrer Anpassung an neue Sachlagen führt, ist bekannt. Die dabei zu erwartende Unsicherheit ist gleichwohl nicht sehr hoch, weil der Spielraum, der durch Normierungen gestaltet werden kann, nicht sehr groß ist.

Sobald Schrift zur Verfügung steht, verliert das Systemgedächtnis die Leichtigkeit des Vergessens, des Nichtwiederaufgreifens oder auch der Neukonstruktion einer passenden Vergangenheit. Es wird durch Schrift gehärtet und zugleich psychisch dekonditioniert. Die wohl eindrucksvollste Auseinandersetzung mit diesem ursprünglichen Problem der Schrift findet man im jüdischen Recht[152]; und zwar in der Form von genau darauf zielenden Unterscheidungen. Das Recht der Torah ist auf dem Berge Sinai offenbart, also ein durch Religion bestimmter Text. Es ist offenbart für Moses, der es *hören*, und für das Volk, das das Geschehen *sehen* konnte. Es ist offenbart für *schriftliche* und für *mündliche* Überlieferung, womit die Authentizität der Textgrundlage und zugleich die ständige Anpassungsfähigkeit und das Abschleifen ursprünglicher Härten garantiert ist.[153] Und die Tradition hat sowohl *Konsens* als auch

---

150 Im Sinne von Heinz von Foerster, Gegenstände: greifbare Symbole für (Eigen)-Verhalten, in ders., Sicht und Einsicht: Versuche zu einer operativen Erkenntnistheorie, Braunschweig 1985, S. 207-216. Siehe auch: Gedächtnis ohne Aufzeichnung a.a.O., S. 133-171; und ders., What is Memory that it may have Hindsight and Foresight as well, in: Samuel Bogoch (Hrsg.), The Future of the Brain Sciences, New York 1969, S. 19-64.

151 Dazu allgemein Arthur J. Jacobson, The Idolatry of Rules: Writing Law According to Moses, with Reference to Other Jurisprudences, Cardozo Law Review 11 (1990), S. 1079-1132.

152 Siehe Georg Horowitz, The Spirit of Jewish Law (1953), Neudruck New York 1973; Louis Ginzberg, On Jewish Law and Lore (1955), Neudruck New York 1977. Geza Vermes, Scripture and Tradition in Judaims – Haggadic Studies, 2. Aufl. Leiden 1973 (weitgehend exegetisch); ders., Scripture and Tradition in Ju-

Dissens zu überliefern, sowohl die Mehrheitsmeinung, die zu bindenden Entscheidungen führt, als auch die damit zurückgewiesenen Auffassungen, die ebenfalls im offenbarten Text fundiert sind, dessen Uneindeutigkeit seinen religiösen Charakter belegt.[154] Selbstverständlich sind dies Unterscheidungen einer späteren Zeit, vor allem der Zeit nach der Zerstörung des zweiten Tempels. Sie zeigen auf eindrucksvolle Weise die Entfaltung der ursprünglichen Paradoxie des Rechts durch genau darauf bezogene Unterscheidungen; und wenn man die mehrtausendjährige Tradition, die letztlich ohne Staat auskommen mußte, als empirischen Beleg nehmen darf, dann zeigt sie, daß hier tatsächlich eine unter Sonderbedingungen stabile Problemlösung gefunden worden ist. Aber jeder Versuch, sich darauf einzustellen, verstrickt in das Paradox und damit in die Freiheit, sich problemlösend zu verhalten – konsentierend oder dissentierend. Daß es unter diesen Umständen gerade jüdischen Autoren leichter fällt als anderen, die das Recht einsetzende Paradoxie anzuerkennen, wird deshalb nicht überraschen.[155]

Schrift scheint damit der Anlaß gewesen zu sein, die Einheit des Systems durch Unterscheidungen wiederzugeben, deren Einheit dann nur noch paradox formuliert werden kann. Auch wo dies nicht mit dieser Deutlichkeit erfaßt ist, kann man sehen, daß das Rechtssystem auf schriftliche Fixierung durch Korrektive reagiert – sei es durch Interpretationsfreiheiten, sei es durch Einrichtung von Verfahren der Rechtsänderung, sei es auch durch Expansion in bisher rechtlich nicht erfaßte Bereiche.[156] Das materielle Substrat des

daism: Written and Oral Torah, in: Gerd Baumann (Hrsg.), The Written Word: Literacy in Transition, Oxford 1986, S. 79-95; Eliezer Berkowitz, Not in Heaven: The Nature and Function of the Halakha, New York 1983, insb. S. 50 ff.; José Faur, Golden Doves with Silver Dots: Semiotics and Textuality in Rabbinic Tradition, Bloomington Ind. 1986, insb. S. 84 ff.; vgl. ferner Ishak Englard, Majority Decision vs. Individual Truth: The Interpretation of the »Oven of Achnai« Aggadah, Tradition: A Journal of Orthodox Jewish Thought 15 (1975), S. 137-152.

153 Siehe Jeffrey I. Roth, Responding to Dissent in Jewish Law: Suppression Versus Self-Restraint, Rutgers Law Review 40 (1987), S. 31-99; ders., The Justification for Controversy Under Jewish Law, California Law Review 76 (1988), S. 338-387; Suzanne Last Stone, In Pursuit of the Countertext: The Reclaiming of Jewish Sources in Contemporary American Legal Scholarship, Ms. 1992.

154 Vgl. nur Benjamin N. Cardozo, The Paradoxes of Legal Science, New York 1928.

155 In diesem Sinne scheint es kein Zufall zu sein, daß der frühneuzeitliche Begriff der Polizei in dem Zeitraum eingeführt wurde, als der Buchdruck sich auszuwirken

Systemgedächtnisses hat mithin erkennbare Auswirkungen auf die Rechtsentwicklung selbst[157] – aber dies natürlich nur, wenn die Rechtsnormen bereits hinreichend spezifiziert sind. Zu erinnern ist nur erwiesenes, nicht einfach behauptetes Recht; und nur die normativen Aspekte eines Falles, nicht die gelungene Beweisführung bei umstrittenen Tatsachen; also nur das, was die Autopoiesis des Rechts tatsächlich in Gang gehalten hat und dafür wiederverwendet werden kann. Das ist eine so hohe Selektionsleistung gegenüber den Zufällen des Gesamterinnerns und -vergessens, daß eine rollenspezifische, institutionalisierbare Absicherung sich bewährt und, wo sie vorkommt, in der Evolution sich durchsetzt. Neben der direkten Streitentscheidung wird dies eine mehr indirekte, langfristige Funktion des Richteramtes.[158] Hat man diese Errungenschaft, kann man auch an Gesetzgebung denken, das heißt an bindende Programmierung der Entscheidungen des Richters.

Jede Spezifikation der bewahrenswerten Normen macht ihre Durchsetzung im Enttäuschungsfalle zunächst unwahrscheinlich. Denn woher sollen die Interessen und die Bereitschaften kommen, den Enttäuschten zu unterstützen, wenn dessen Erwartungen so genau bestimmt sind, daß niemand sich in die entsprechende Situation einfühlen kann und niemand damit rechnen muß, selbst in eine

---

begann, also um 1500. Polizei heißt eben: Regulierungsvollmacht in Bereichen, die (damals noch) nicht der Jurisdiktion und ihren fixierten Texten unterworfen waren.

156 Ganz unabhängig vom formalen Zusammenhang, den der Text oben nennt, gibt es natürlich auch semantische Zusammenhänge, die die Begrifflichkeit des Rechts betreffen. Vgl. zu Auswirkungen der alphabetischen Schrift Eric A. Havelock, The Greek Concept of Justice: From its Shadows in Homer to Its Substance in Plato, Cambridge Mass. 1978.

157 Hierbei ist es von zweitrangiger Bedeutung, ob und seit wann und dank welcher besonderen Umstände das Amt über Rechtsstreitigkeiten bindend entscheiden kann oder nur ihre Beilegung wirksam beeinflußt. Rank societies (Häuptlingsgesellschaften) kommen normalerweise ohne rechtlich (also zirkulär) gesicherte Bindungswirkung aus. (Zu rank societies vgl. z. B. Morton H. Fried), The Evolution of Political Societies: An Essay in Political Anthropology, New York 1967.) Selbst für die von Homer geschilderte Gesellschaft ist diese Frage nicht sicher zu beantworten. Insofern kann man auch nicht sicher entscheiden, ob das Amt die Erfüllung der Funktion der selektiven Stabilisierung oder umgekehrt die Funktion das Amt erzeugt hat. In all diesen Fällen hängt die Etablierung einer Errungenschaft von Evolution ab, und Evolution heißt: zirkulär produzierte Verstärkung einer Abweichung vom vorherigen Zustand (deviation amplification).

solche Situation zu kommen? Unterstützung muß daher auf generalisierte Teilnahme gestützt, als Pflicht zur Unterstützung der Unterstützer ausgebaut, über Hierarchisierung der Zugehörigkeit kleiner zu größeren Verbänden erweitert[159] und schließlich in die Form ausdifferenzierter politischer Absicherung gebracht werden. Das erfordert eine funktionale Spezifikation der Politik auf kollektiv bindendes Entscheiden (auch für rechtsfreie Räume, etwa Entscheidungen über Krieg und Frieden) und auf deren Absicherung durch Kontrolle über den Einsatz physischer Gewalt.

Entgegen dem ersten Anschein heißt dies nicht, daß Rechtssystem und politisches System nur ein einziges System bilden. Sie sind jedoch auf besondere Formen der strukturellen Kopplung angewiesen und durch sie verknüpft. Eine der bedeutendsten und folgenreichsten Erfindungen auf diesem Gebiet war das römische Amt des Prätors, der die Bedingungen zu formulieren hatte, unter denen er eine Klage gewähren, also ein Gericht mit der Streitentscheidung beauftragen und mit Vollstreckungsgarantie ausstatten würde.[160] Aus der Wiederverwendung solcher Formeln hat sich dann das aktionenrechtliche System des römischen Rechts und aus dessen Interpretation in Lehre und Fallpraxis das entwickelt, was wir als römisches Recht kennen. Einen funktional äquivalenten Mechanismus bilden, wie wir noch ausführlich darstellen werden, die modernen Verfassungen.

Im Ergebnis hat dieser Zweig der Evolution das in ihn eingepflanzte Versprechen eingelöst und zu einem hochkomplexen System von rechtlich gedeckten normativen Erwartungen mit politischer Durchsetzungsgarantie geführt. Das heißt natürlich nicht, daß der Glücklichkeitspegel gesellschaftlichen Lebens wirksam erhöht worden ist, und erst recht nicht: daß das Recht den faktisch erreichba-

---

158 Für segmentäre Gesellschaft gründlich erforscht. Siehe etwa Max Gluckman, Custom and Conflict in Africa, Oxford 1955; P.H. Gulliver, Structural Dichotomy and Jural Processes Among the Arusha of Northern Tanganyika, Africa 31 (1961), S. 19-35.

159 Zu Befremdlichkeit dieser Institution unter modernen Perspektiven siehe Franz Wieacker, Vom römischen Recht, Leipzig 1944, S. 86 ff. Zur Entwicklung des Amtes, seiner Ediktpraxis und des agere per formulas vgl. auch Mario Bretone, Storia del diritto romano, Bari 1987, S. 139 ff. Zum Vergleich mit ganz ähnlichen Bedingungen der Entstehung des Common Law siehe Hans Peter, Actio und Writ: Eine vergleichende Darstellung römischer und englischer Rechtsbehelfe, Tübingen 1957.

ren Zustand der Gesellschaft zutreffend spiegelt. Schon die kontra-faktische Struktur der Normativität steht dem entgegen, und auch die politische Garantie des Rechts kann natürlich nicht sicherstellen, daß alle Erwartungen erfüllt werden. Man muß auf Kompensationen für Nichterfüllung ausweichen, vor allem auf Strafen und auf Geldzahlungen. Was aber unbestritten erreicht worden ist, ist die Erzeugung von Eigenkomplexität auf der Grundlage der Ausdifferenzierung eines Rechtssystems zu operativer Geschlossenheit.

Kapitel 3

Die Funktion des Rechts

I

Die Frage nach der Funktion des Rechts wird hier mit Bezug auf das System der Gesellschaft gestellt. Es geht, anders gesagt, darum, welches Problem des Gesellschaftssystems durch die Ausdifferenzierung spezifisch rechtlicher Normen und schließlich durch die Ausdifferenzierung eines besonderen Rechtssystems gelöst wird. Damit sind vor allem psychologische und anthropologische Fragestellungen ausgeschlossen.[1] Das muß nicht heißen, daß sie als verfehlt abzulehnen seien. Ihr Problem ist aber, daß Menschen empirisch nur als Individuen gegeben sind und daß generalisierende Aussagen über den Menschen, das Bewußtsein, die Person schwer zu kontrollieren sind. Mit Gesellschaft meinen wir dagegen ein durchaus empirisch beobachtbares, in den laufenden Kommunikationen konkret gegebenes, wenngleich hochkomplexes Einzelsystem. Wir müssen deshalb keine Aussagen suchen und verifizieren, die sich über eine Unzahl verschiedenartiger Systeme generalisieren lassen.

In bezug auf das Gesellschaftssystem kann man streiten, ob und in welchem Sinne es »Bezugsprobleme« und damit Funktionen unabhängig von einer Ausdifferenzierung entsprechender Operationen und Funktionssysteme überhaupt gibt. Die Gefahr einer nur tautologischen Antwort liegt auf der Hand (aber dies würde auch für utilitaristische oder für bedürfnisorientierte Ansätze gelten). Wir entgehen diesem Problem durch Abstraktion. Wir beschreiben das Bezugsproblem der Funktion des Rechts in anderen, abstrakteren Begriffen als das Recht selbst. Logiker würden das vielleicht als

---

1 Eine dezidiert entgegengesetzte Auffassung hat vor allem, sich bei Malinowski rückversichernd, Helmut Schelsky vertreten. Siehe: Systemfunktionaler, anthropologischer und personfunktionaler Ansatz der Rechtssoziologie, in: Helmut Schelsky, Die Soziologen und das Recht: Abhandlungen und Vorträge zur Soziologie von Recht, Institution und Planung, Opladen 1980, S. 95-146. Vgl. ferner Norberto Bobbio, L'analisi funzionale del diritto: tendenze e problemi, in ders., Dalla struttura alla funzione: Nuovi studi di teoria del diritto, Milano 1977, S. 89-121 (111 ff.) mit einer Unterscheidung gesellschaftlicher und individueller Funktionsbezüge.

»Entfaltung« der Tautologie bezeichnen, das heißt: als Auflösung eines selbstreferentiellen Zirkels in unterscheidbare Identitäten. Die im folgenden explizierte Hypothese lautet, daß das Recht ein Zeitproblem löst, das sich in der gesellschaftlichen Kommunikation immer dann stellt, wenn die gerade ablaufende Kommunikation sich nicht selbst genügt – sei es als Expression, sei es als »práxis« –, sondern sich in zeitlicher Extension ihres Sinnes an Erwartungen orientiert und Erwartungen zum Ausdruck bringt. Die Funktion des Rechts hat es mit Erwartungen zu tun; und zwar, wenn man auf Gesellschaft und nicht nur auf Individuen abstellt[2], mit der Möglichkeit, Erwartungen zu kommunizieren und in der Kommunikation zur Anerkennung zu bringen. Mit »Erwartung« meinen wir hier also nicht einen aktuellen Bewußtseinszustand eines bestimmten Individuums, sondern einen Zeitaspekt des Sinnes von Kommunikationen.

Mit der Betonung der *Zeit*dimension als Grundlage der Funktion des Rechts finden wir uns im Gegensatz zu einer älteren Lehre der Rechtssoziologie, die den Akzent auf die *soziale* Funktion des Rechts gelegt hatte mit Begriffen wie »soziale Kontrolle« oder »Integration«.[3] Bei der Wahl dieser Begriffe, die zentral sind für das

2 In individualistischer (und dann: utilitaristischer) Perspektive ist für diese Frage Jeremy Bentham der prominente Autor. Siehe zum Thema Erwartungssicherheit bei Bentham Gerald J. Postema, Bentham and the Common Law Tradition, Oxford 1986, S. 159 ff.

3 Vgl. nur Roscoe Pound, Social Control through Law, New Haven 1942; Talcott Parsons, The Law and Social Control, in: William M. Evan (Hrsg.), Law and Sociology, New York 1962, S. 56-72, und mit entsprechendem theoriegeschichtlichem Rückblick auf eine Rechtssoziologie, die das Recht in seiner sozialen Funktion nicht hinreichend würdige, ders., Law as an Intellectual Stepchild, in: Harry M. Johnson (Hrsg.), Social System and Legal Process, San Francisco 1978, S. 11-58. Ferner Harry C. Bredemeier, Law as an Integrative Mechanism, in: Evan a.a.O. S. 73-90; F. James Davis et al., Society and the Law: New Meanings for an Old Profession, New York 1962, S. 39 ff.; Manuel Atienza, Introducción al Derecho, Barcelona 1985, S. 61 ff.; Donald Black, The Social Structure of Right and Wrong. San Diego 1993. Heute ist als Vertreter einer sozialintegrativen Funktion des Rechts vor allem Jürgen Habermas zu nennen. Siehe: Faktizität und Geltung: Beiträge zur Diskurstheorie des Rechts und des demokratischen Rechtsstaats, Frankfurt 1992. An seiner systematischen Durchführung dieses Gedankens zeigen sich paradigmatisch die Schwierigkeiten, in die man gerät, wenn es darum geht, die Operationen zu benennen, die diese Integration tatsächlich leisten. Ist es nur der Austausch von Vermutungen darüber, daß und wie eine kommunikative Verständigung erreicht werden *könnte*? Oder gar nur »die gleichsam subjektlosen Kommunikationskreisläufe von Foren und Kör-

Verständnis sozialer Systeme schlechthin, läuft man jedoch Gefahr, die Besonderheiten des Rechts zu verkennen.[4] Der Vorteil einer Focussierung auf eine einzige (oder doch: primäre) Funktion wird bezahlt mit einer Überlastung durch funktionale Äquivalente, und das hat die Konsequenz, daß die Ausdifferenzierung des Rechts nur noch auf der Ebene der Professionen bzw. Organisationen erfaßt werden kann.

Es versteht sich von selbst, daß die soziale Relevanz des Rechts nicht bestritten werden kann, aber dessen integrative Funktion kann sehr wohl bezweifelt werden. Darauf ist vor allem in der critical legal studies-Bewegung und von anderen, durch Marx inspirierten Kritikern immer wieder hingewiesen worden. Wir entgehen dieser Kontroverse durch Verlagerung des Problems in die Zeitdimension und sehen die soziale Bedeutung des Rechts darin, daß es soziale Konsequenzen hat, wenn Erwartungen zeitstabil gesichert werden können.

Offensichtlich nehmen gesellschaftliche Operationen Zeit in Anspruch. Auch wenn die einzelne Kommunikation nur einen kurzen Moment dauert, ja eigentlich gar nicht dauert, sondern im Moment ihrer Aktualisierung schon wieder verschwindet, ist sie doch darauf angewiesen, sich durch rekursive Vernetzung in der Zeit zu bestimmen, das heißt: sich auf bereits gelaufene Kommunikation und auf künftige Anschlußmöglichkeiten zu beziehen. Jede Kommunikation bindet daher Zeit insofern, als sie bestimmt, von welchem Systemzustand die weitere Kommunikation auszugehen hat.[5] Davon zu unterscheiden ist die Fixierung von Sinn für wiederholten Gebrauch, etwa die Sinnbesetzung von Worten, Begriffen, wahr-

perschaften« (a.a.O. S. 170)? Oder ist es die eloquente Empathie derer, die bei jeder Gelegenheit ihre Betroffenheit über das Betroffensein der Betroffenen äußern? Oder wie ist es, um am Fall zu argumentieren, möglich, eine Regelung von Immigrationsproblemen zu finden, »die im gleichmäßigen Interesse von Mitgliedern wie Anwärtern liegt« (a.a.O. S. 158), wenn man zuvor herausfinden muß, welcher Regelung alle Betroffenen zustimmen könnten?.

4 Darauf zielt der Begriff des »double institutionalization« bei Paul Bohannan, Law and Legal Institutions, International Encyclopedia of the Social Sciences Bd. 9, Chicago 1968, S. 73-78, der aber mehr das Problem als seine Lösung anzeigt.

5 Man kann diese Zeitbindung zwar explizit boykottieren, indem man unterbrechend reagiert; aber dadurch macht man nur auf das aufmerksam, was anderenfalls der Fall sein würde.

heitshaltigen Aussagen.[6] Wir wollen solche Selbstfestlegungen eines Kommunikationssystems Semantik nennen. Erst die Ablagerung einer Semantik für wiederholten Gebrauch führt zu den Zeitbindungen im engeren Sinne, von denen im folgenden die Rede sein wird.[7]

Wiederverwendungen kommunizierten Sinnes folgen einem doppelten Erfordernis, als dessen Resultat schließlich sprachlich fixierter Sinn und ausdifferenzierte gesellschaftliche Kommunikation vorliegen. Sie müssen einerseits die verwendete Bezeichnung kondensieren, um damit sicherzustellen, daß sie auch in einem neuen Kontext als dieselbe erkennbar bleibt. Dadurch entstehen re-identifizierbare Invarianzen. Sie müssen andererseits den wiederverwendeten Sinn konfirmieren, ihn auch für einen anderen Kontext als geeignet erweisen. Dadurch entstehen die dann phänomenologisch aufweisbaren Verweisungsüberschüsse, die jede konkrete Sinnfixierung undefinierbar machen und alle weitere Verwendung unter Selektionszwang setzen.[8] Wir beschreiben hiermit, in extrem abstrakter Form, die Genese von Sinn.[9] Nur wer diese Logik des Kondensierens und Konfirmierens mitvollzieht, kann sich an sprachlicher Kommunikation beteiligen und sein Bewußtsein an soziale Operationen koppeln.

In einer sehr vagen Begrifflichkeit hat man diesen Sachverhalt als Macht oder als Gewalt der Sprache denunziert.[10] Damit bliebe aber

6 Wir setzen hier voraus, daß diese Sinnbesetzung eine Leistung der systemischen Kommunikation ist und nicht eine Leistung des Bewußtseins; und erst recht nicht eine Repräsentation externer Sachverhalte im Bewußtsein. Zur Kritik solcher (durchaus üblicher) Vorstellungen vgl. Dean MacCannell / Juliet F. MacCannell, The Time of the Sign: A Semiotic Interpretation of Modern Culture, Bloomington Ind. 1982, insb. S. 152 f.; Benny Shanon, Metaphors for Language and Communication, Revue internationale de systémique 3 (1989), S. 43-59. Die hier eingenommene Position zwingt dann auch dazu, die Vorstellung aufzugeben, Kommunikation sei eine »Übertragung« von vorgefaßtem Sinn auf ein anderes System.

7 In diesem Sinne spricht Alfred Korzybski, Science and Sanity: An Introduction to Non-aristotelian Systems and General Semantics (1933), 4. Aufl. Lakeville 1958, von time-binding als Funktion der Sprache.

8 Mit dieser These eines Doppelerfordernisses, nicht aber mit ihrer Interpretation, folgen wir George Spencer Brown, Laws and Form, zit. nach dem Neudruck New York 1979, S. 10.

9 Ausführlicher Niklas Luhmann, Identität – was oder wie?, in ders., Soziologische Aufklärung Bd. 5, Opladen 1990, S. 14-30.

10 Pierre Bourdieu zum Beispiel spricht von pouvoir symbolique, rapports de force,

die entscheidende Frage noch zu beantworten: wie die Ubiquität der Macht in einem hochkomplexen System erklärt werden kann. Wir vermeiden so starke Worte und die in ihnen festgelegten Voreingenommenheiten. Aber wir halten fest, daß schon auf dieser Ebene Zeitbindung nicht ohne soziale Konsequenzen zu haben ist. Erst recht gilt dies dann, wenn wir uns dem Bereich normativer Erwartungen und damit der Funktion des Rechts nähern.

Die Wiederholungen ermöglichenden und sie begleitenden Kondensierungen und Konfirmierungen schränken den Spielraum ein, der mit der Willkürlichkeit der Beziehung zwischen Zeichen und Bezeichnetem an sich gegeben wäre. Es entstehen Normen richtigen Sprechens und darüber hinaus Normen des angemessenen Umgangs mit Sprache, die akzeptiert und befolgt werden, *obwohl man anders könnte*. Die Sanktionen liegen zunächst nur, das haben »ethnomethodologische« Forschungen gezeigt, in Selbstkorrekturversuchen der Kommunikation.[11] Normen beschränken die Kontingenz der Einschränkung von Kontingenz, nämlich die Festigung der bewährten Einschränkung arbitären Zeichengebrauchs. Die einzige Alternative zu dieser fundierenden Normativität ist, wie vor allem Durkheim betont hat, Anomie. Die Schematisierung nach richtig/falsch, akzeptabel/unakzeptabel, normal/abweichend oder schließlich Recht/Unrecht liegt bereits mit *beiden* Seiten der Unterscheidung *innerhalb* der sozialen Ordnung. Auch die negativ beurteilte Seite der Unterscheidung bleibt im Bereich des Verständlichen; ja gerade darüber kann und wird man kommunizieren. Die Negativbewertung einer durch die Norm überhaupt erst gegebenen Möglichkeit des Abweichens definiert die sozialen Kosten der Zeitbindung und zugleich den, der sie gegebenenfalls zu tragen hat. Sie werden *im* System ausgewiesen, nicht der Umwelt überlassen und damit ignoriert.

domination vor jeder Alternative von Freiheit und Zwang. Siehe etwa: Ce que parler veut dire: l'économie des échanges linguistiques, Paris 1982. Zur Anwendung auf politischen Sprachgebrauch vgl. Wolfgang Bergsdorf, Herrschaft und Sprache: Studien zur politischen Terminologie der Bundesrepublik Deutschland, Pfullingen 1983, mit deutlichen Vorbehalten gegenüber den Möglichkeiten einer rein sprachlichen Manipulation. Auch die beredte Klage über die »Sprachlosigkeit« der Frauen und ihre Benachteiligung durch bestimmte Fälle linguistischer Geschlechterdifferenzierung gehört in diesen Zusammenhang.

11 Vgl. Harold Garfinkel, Studies in Ethnomethodology, Englewood Cliffs N.J. 1967.

Im Rechtssystem geht es natürlich nicht nur um die kommunikative Bewertung von Kommunikation, sondern – auf dieser Grundlage! – um die Kommunikation über alle Verhaltensweisen, die vom Recht erfaßt und normiert werden. Aber auch dem liegt jene Bedingung der Dearbitrarisierung der Bezeichnungen zugrunde, und auch hier muß deshalb die Zeitbindung gebüßt werden in der Form, daß »Unrecht« etabliert und zugerechnet wird.

Wenn man und soweit man zur Sicherung dieser Zeitbindungen auch Erwartungen stützen muß, die gar nicht der Realität entsprechen, sondern auch etwaigen Enttäuschungen standhalten sollen, wächst die soziale Problematik sprunghaft an. Wer sich zu solchen Erwartungen bekennt, muß Konflikte im voraus entscheiden, ohne zu wissen, wer wie an ihnen beteiligt sein wird. Die Zeitbindung präjudiziert soziale Parteilichkeit. Die Freiheit des Verhaltens wird, wenn nicht faktisch, so doch auf der Ebene der Erwartungen, im voraus eingeschränkt. Diejenigen, die – aus welchen persönlichen, situativen oder sachlichen Gründen auch immer – gegen die Erwartungen verstoßen möchten, werden vorab benachteiligt. Das Recht diskriminiert. Es entscheidet für den einen und gegen den anderen – und dies für eine im einzelnen noch nicht absehbare Zukunft.

Die Problematik solcher Zeitbindung wird üblicherweise dadurch verdeckt, daß das Recht sich eine motivationale Funktion zuspricht. Auch das liegt in der »Sollens«-Symbolik seiner Erwartungen. Denen, die durch das Recht disprivilegiert werden, den Mördern und Dieben also, mutet man Lernen, mutet man Anpassung zu, *obwohl es nicht um ihr eigenes Leben, nicht um ihr eigenes Eigentum geht, sondern um das anderer.*[12] Aber dies geschieht nur deshalb, weil man in bezug auf Zukunft angesichts ihrer inhärenten Unsicherheit sicher gehen will.

Dieser Zukunftsbezug der Rechtsfunktion erklärt den Symbolisierungsbedarf aller Rechtsordnung. Es handelt sich bei Rechtsnor-

---

12 Die hier sichtbar werdende Offenheit und Einschränkungsnotwendigkeit ist vor allem von Thomas Hobbes erkannt und thematisiert worden – wie man weiß: ohne jeden Einfluß auf die jurisprudentielle Praxis seiner Zeit. Man braucht, wie unser Text zeigen soll, nicht einmal die (immerhin noch rechtsnahe) Sprache der »subjektiven Rechte« zu verwenden, um das Problem zu formulieren. Mit diesem Abstraktionsschritt erweitert sich dann das Blickfeld von einer noch im Kontext von »civil society« formulierten politischen Theorie zu einer Theorie der Gesellschaft, in der das politische System und das Rechtssystem Teilsystemfunktionen wahrnehmen.

men um ein Gefüge *symbolisch* generalisierter Erwartungen. Damit werden nicht nur generalisierte, situationsunabhängige Hinweise gegeben, sondern Symbole stehen immer auch für etwas, was als solches unsichtbar ist und nicht sichtbar werden kann – hier also die Zukunft. Mit Symbolisierungen erzeugt die Gesellschaft, man kennt das aus dem Bereich der Religion, spezifische Stabilitäten und spezifische Empfindlichkeiten. Man verläßt sich auf das Symbol, gerade weil man das, was damit gemeint ist, nicht sehen kann. Das Zeichen wird, das definiert uns den Symbolbegriff, als Zeichen reflexiv, es wird als Zeichen bezeichnet. Aber damit kann nicht wirksam ausgeschlossen werden, daß eine anderslaufende Realität sich durchsetzt und man sich am Ende getäuscht sieht. Und dann reicht der Effekt zumeist weit über den gegebenen Anlaß hinaus.

Der Zeitbezug des Rechts liegt nach all dem weder nur in der Dauer der Geltung der Normen, die nach änderbar/nicht änderbar unterschieden werden, noch in der immanenten Geschichtlichkeit des Rechts.[13] Er liegt auch nicht darin, daß das »Material« des Rechts, das menschliche Verhalten, in Raum und Zeit gegeben ist. Er liegt in der Funktion der Normen, nämlich darin, daß man versucht, sich wenigstens auf der Ebene der Erwartungen auf eine noch unbekannte, genuin unsichere Zukunft einzustellen. Daher variiert mit den Normen auch das Ausmaß, in dem die Gesellschaft selbst eine unsichere Zukunft erzeugt.

Offensichtlich steht eine Steigerung von Zeitbindungen auf der Linie des kontrafaktisch stabilisierten Erwartens in Widerspruch zu dem, was man als Belieben im Bereich der sozialen Konvenienz voraussetzen könnte. Eine Extensivierung und Intensivierung normativer Zeitbindungen erzeugt in der Sozialdimension neue Anlässe für Konsens/Dissens. Sie erzeugt eigene Entscheidungslagen, indem sie Situationen so definiert, daß man sich für oder gegen die Erwartung entscheiden muß. Sie erzeugt, wie Anhänger des »labeling approach« sagen, Devianz. Sie erzeugt natürlich auch Konformität. Das Resultat ist eben die Zwei-Seiten-Form Konsens/Dissens mit den sich an ihr entzündenden sozialen Spannungen. Das Resultat ist eine Entzweiung, eine Bifurkation mit der für Bifurka-

13 Speziell hierzu Mario Bretone, Le norme e il tempo: Fra tradizione classica e coscienza moderna, Materiali per una storia della cultura giuridica 19 (1989), S. 7-26.

tionen typischen Folge: daß eine Geschichte entsteht je nach dem, welcher Weg beschritten wird, und daß kleine Ausgangsursachen durch Abweichungsverstärkungen große Wirkungen haben können.

Allgemein ausgedrückt zeigt diese Analyse, daß Zeitbindungen nicht ohne soziale Kosten zu haben sind; oder noch allgemeiner: daß die Zeitdimension und die Sozialdimension von Sinn, weil in jedem sinnhaften Erleben impliziert, zwar analytisch zu unterscheiden, aber empirisch nicht gegeneinander zu isolieren sind. Das Recht gilt uns deshalb als eine Form, die auf das Problem dieser Spannung von Zeitdimension und Sozialdimension bezogen ist und es ermöglicht, sie auch unter Bedingungen evolutionärer Steigerung gesellschaftlicher Komplexität auszuhalten. Innerhalb welcher Schranken und wie lange noch, ist damit nicht vorentschieden. Die Form des Rechts aber findet sich in der Kombination zweier Unterscheidungen, nämlich der Modalitäten kognitiv/normativ des Erwartens und des Codes Recht/Unrecht. Alle gesellschaftlichen Anpassungen des Rechts operieren in diesem Rahmen und variieren den sachlichen Sinn, den »Inhalt« der Rechtsnormen und die Programme, die eine jeweils »richtige« Zuordnung der Werte Recht und Unrecht regulieren, um Zeitbindung und Konsens/Dissensfähigkeit in einer Zone wechselseitiger Kompatibilität zu halten. *Und weil die Sachdimension diese Ausgleichsfunktion wahrnimmt, gibt es keine sachliche Definition des Rechts.* An deren Stelle tritt die Systemreferenz »Rechtssystem«.

II

Die Frage nach der Funktion des Rechts wird durch die Analyse des vorigen Abschnittes auf zwei verschiedene Gleise gesetzt – je nach dem, wie man das Bezugsproblem formuliert. Abstrakt gesehen hat das Recht mit den sozialen Kosten der zeitlichen Bindung von Erwartungen zu tun. Konkret geht es um die Funktion der Stabilisierung normativer Erwartungen durch Regulierung ihrer zeitlichen, sachlichen und sozialen Generalisierung.[14] Das Recht ermöglicht

14 So Niklas Luhmann, Rechtssoziologie, 2. Aufl. Opladen 1983, S. 40 ff. Vgl. auch ders., Die Funktion des Rechts: Erwartungssicherung oder Verhaltenssteuerung? in

es, wissen zu können, mit welchen Erwartungen man sozialen Rückhalt findet, und mit welchen nicht. Gibt es diese Erwartungssicherheit, kann man mit größerer Gelassenheit den Enttäuschungen des täglichen Lebens entgegensehen; man kann sich zumindest darauf verlassen, in seinen Erwartungen nicht diskreditiert zu werden. Man kann sich in höherem Maße riskantes Vertrauen oder auch Mißtrauen leisten, wenn man dem Recht vertrauen kann.[15] Und das heißt nicht zuletzt: Man kann in einer komplexeren Gesellschaft leben, in der personale oder interaktionelle Mechanismen der Vertrauenssicherung nicht mehr ausreichen.[16] Damit ist das Recht aber auch anfällig für symbolisch vermittelte Vertrauenskrisen. Wenn Recht nicht mehr respektiert oder nicht mehr, so weit möglich, durchgesetzt wird, reichen die Folgen weit über das hinaus, was als Rechtsbruch unmittelbar vorliegt, und das System muß auf sehr viel unmittelbarere Formen der Vertrauenssicherung zurückgreifen.

In jedem Falle gehen wir davon aus, daß das Recht *nur eine* Funktion erfüllt, die man natürlich in weitere Probleme und damit in Subfunktionen aufgliedern kann.[17] Analytisch kann man zwar zahl-

ders., Ausdifferenzierung des Rechts: Beiträge zur Rechtssoziologie und Rechtstheorie, Frankfurt 1981, S. 73-91.

15 Vgl. Bernard Barber, The Logic and Limits of Trust, New Brunswick N.J. 1983, S. 22 f. und passim.

16 Vgl. auch Niklas Luhmann, Vertrauen: Ein Mechanismus der Reduktion sozialer Komplexität, 3. Aufl. Stuttgart 1989, S. 50 ff.; ders., Familiarity, Confidence, Trust: Problems and Alternatives, in: Diego Gambetta (Hrsg.), Trust: Making and Breaking Cooperative Relations, Oxford 1988, S. 94-107.

17 Ein komplexes Tableau von Rechtsfunktionen entwirft Joseph Raz, On the Functions of Law, in: A.W.B. Simpson (Hrsg.), Oxford Essays in Jurisprudence (Second Series), Oxford 1973, S. 278-304. Seine Grundunterscheidung von normativen und sozialen Funktionen verdeckt jedoch genau das Problem, auf das es hier ankommt: die *soziale* Funktion der *normativen Form* von Erwartungen. Vincenzo Ferrari, Funzioni del diritto: Saggio critico-ricostruttivo, Roma 1987, S. 87 ff. diskutiert drei verschiedene Funktionen des Rechts, die jedoch zum Teil weit über das Recht hinausgreifen (orientamento sociale!), lehnt aber eine Zusammenfassung zu einer einheitlichen Formel ab, weil dadurch die begrifflichen Erfordernisse des Funktionsbegriffs nicht mehr erfüllt werden könnten. Auch sonst findet man oft die Voraussetzung, daß das Recht eine Vielzahl von Funktionen erfülle – zumeist in der Form einer bloßen Auflistung. Siehe z. B. Davis et al. a.a.O. (1962), S. 65 ff.; Michel van de Kerchove / François Ost, Le système juridique entre ordre et désordre, Paris 1988, S. 161 ff. im Anschluß an R. Summers / Ch. Howard, Law, Its Nature, Functions and Limits, 2. Aufl. Englewood Cliffs N.J. 1975. (Bei all dem ist natürlich gar kein Zweifel, daß ein Beobachter, dem es nicht um das Problem der Einheit des

lose Bezugsprobleme und damit zahllose Funktionen identifizieren je nach dem, welche Vergleiche man ziehen, welche funktionalen Äquivalente man thematisieren will. In diesem Sinne hat das Recht dann schließlich auch die Funktion, den Juristen ihr täglich Brot zu beschaffen. Wenn es aber um die Ausdifferenzierung eines gesellschaftlichen Funktionssystems geht, führt nur die Annahme einer einzigen Funktion zu eindeutigen Ergebnissen. Jede Mehrheit von Funktionen würde zu Problemen der nur partiellen Überschneidung und zu Unklarheiten in der Abgrenzung des Rechts führen.

Unsere funktionale Definition des Rechts hat bestimmte Konsequenzen für den Begriff der Norm (oder umständlicher: des normativen Modus von Erwartungen). Anders als in einer verbreiteten rechtstheoretischen Literatur wird der Begriff nicht durch Angabe besonderer Wesensmerkmale bestimmt, sondern durch eine Unterscheidung, nämlich durch Unterscheidung von Verhaltensmöglichkeiten im Enttäuschungsfall.[18] Entweder gibt man seine Erwartun-

Rechts geht, das Recht unter sehr viel verschiedenen funktionalen Gesichtspunkten analysieren kann, denn jede Norm hat natürlich eine eigene Funktion.) William J. Chambliss / Robert B. Seidman, Law, Order, and Power, Reading Mass. 1971, S. 9 f. gehen davon aus, daß das Rechtssystem »performs a myriad of functions, both manifest and latent«, und erklären sich dann (begreiflicherweise) unfähig, daraus die wesentlichen auszuwählen. Und damit unterbleibt dann auch eine Klärung des Begriffs eines Rechtssystems.

18 Dem widerspricht Werner Krawietz, Zur Einführung: Neue Sequenzierung der Theoriebildung und Kritik der allgemeinen Theorie sozialer Systeme, und ders., Staatliches oder gesellschaftliches Recht? Systemabhängigkeiten normativer Strukturbildung im Funktionssystem Recht, in: Werner Krawietz / Michael Welker (Hrsg.), Kritik der Theorie sozialer Systeme: Auseinandersetzungen mit Luhmanns Hauptwerk, Frankfurt 1992, S. 14-42, 247-301. Krawietz meint, diese »behavioristische« Fassung des Normbegriffs trage der Eigenart der Norm als Norm nicht hinreichend Rechnung. Was immer man nun unter »behavioristisch« verstanden wissen will: als Soziologe wird man nicht auf die Meinung verzichten wollen, daß Normen als Sinnstrukturen der sozialen Realität *faktisch* vorkommen. Die Alternative wäre zu sagen: Es gibt gar keine Normen, es handelt sich um einen Irrtum. So weit werden weder Soziologen noch Juristen gehen wollen. Und schon die Meinung, es sei eine illusionäre oder fiktionale Realität, könnte auf eine Basis in faktischem Erleben und Kommunizieren nicht verzichten. Selbst die Auffassung, der Krawietz anzuhängen scheint: daß die normative Qualität von Normen nur aus Normen zu gewinnen sei (S. 30), müßte für diese gedankliche Operation einen Platz in der realen Welt nachweisen.
Eine ganz andere Frage ist, welcher *Gegenbegriff* zur Definition des Begriffs der

gen in der enttäuschten Hinsicht auf oder man behält sie bei. Antezipiert man diese Bifurkation und legt man sich im voraus auf eine der beiden Möglichkeiten fest, bestimmt man im ersten Falle seine Erwartungen als kognitiv, im anderen Falle als normativ.[19] Mithin bezeichnet der Normbegriff die eine Seite einer Form, die auch eine andere Seite hat. Er kommt ohne diese andere Seite nicht vor, er muß gegen sie gesetzt sein unter Offenhalten von Übergangsmöglichkeiten. Er ist Resultat der Option eines Beobachters und wird empirisch nur dann aktualisiert, wenn mit dieser Form unterschieden wird.

Im funktionalen Begriff der Norm als einer kontrafaktisch stabilisierten Verhaltenserwartung liegt noch keine Vorentscheidung über die Motive, aus denen Normen befolgt oder nicht befolgt werden. Im Gegenteil: gerade davon muß abgesehen werden, wenn die Norm ihre Funktion erfüllen soll. Die Norm mag befolgt oder nicht befolgt werden, weil sie unbekannt ist. (Ihre Bekanntgabe könnte Widerstands- oder Umgehungsmotive wecken.) Sie kann befolgt oder nicht befolgt werden, weil sie Informationen gibt – zum Beispiel über die Gefährlichkeit von Sachlagen im Verkehrs- oder Umweltrecht; und dann nicht befolgt werden, weil man eigenen Informationen mehr traut als denen, die mit der Norm übermittelt werden. Es mag, aber die Fälle werden selten sein, eine Rolle spielen, ob man die Norm für begründet (legitim usw.) hält oder nicht; oder auch, ob die Norm sich mit moralischen Wertungen im Einklang befindet oder in dieser Hinsicht neutral oder gar moralwidrig beurteilt wird. Ein Verhalten kann auch ohne jede normative Regulierung, zum Beispiel aus Interaktionszwängen heraus, so ablaufen, wie es erwünscht ist; und wenn man den Verlauf beeinflussen will, sind nicht nur Normen, sondern in erster Linie wohl positive Anreize oder auch spezifische Unsicherheiten das naheliegende Mittel.

Und natürlich wirken Sanktionserwartungen sich aus. Heute be-

---

Norm verwendet wird. Wenn nicht lernbereite Kognition, was dann? Eine andere Lösung dieses Problems wird von der Kritik nicht vorgeschlagen. Jedenfalls sollte, und das macht die Sache schwierig, Einverständnis darüber herstellbar sein, daß Normwidrigkeit, Normverstoß etc. den Normbegriff voraussetzen (Negieren kann man nur, was man identisch hält) und deshalb *dieses* Problem nicht lösen.

19 Zuerst vorgeschlagen hat diese Unterscheidung Johan Galtung, Expectation and Interaction Processes, Inquiry 2 (1959), S. 213-234.

steht wohl Einverständnis darüber, daß der Normbegriff nicht durch Sanktionsandrohung, geschweige denn Sanktionsverhängung definiert sein kann. Aber gleichwohl gehört die Aussicht auf Sanktionen zu demjenigen symbolischen Instrumentarium, an dem man erkennen kann, ob man im Sinne des Rechts erwartet oder nicht; und entsprechend mag das Ausbleiben von Sanktionen, die zu erwarten man ein Recht hatte, jene drastischen, über den Einzelfall hinauswirkenden Konsequenzen haben, die oft eintreten, wenn Symbole für etwas an sich Unsichtbares, hier die Zukunft, verletzt werden.

Viele Rechtstheorien stellen Befolgungsmotive der einen oder anderen Art ab[20], kommen damit aber auf abschüssiges Gelände. Ohne die empirische Relevanz dieser Fragen und ihre Bedeutung für eine Normpolitik zu bestreiten, muß doch daran festgehalten werden, daß die Funktion der Norm nicht im Dirigieren von Motiven liegt (da wären zu viele Zufälle und zu viele funktionale Äquivalente im Spiel), sondern in einer gerade dagegen absichernden kontrafaktischen Stabilisierung. Die Norm verspricht nicht ein normgemäßes Verhalten, sie schützt aber den, der dies erwartet. Sie gibt ihm damit zugleich Vorteile in der Interaktion an die Hand, besonders in Fällen, wo die Norm selbst nicht umstritten ist. Sie begünstigt auf vielfache Weise ihre eigene Durchsetzung. Ob Normen gegen eine massiv andersgerichtete Realität durchgehalten werden können, ist eine Frage, die erst von dieser Theorie sinnvoll gestellt werden kann. Die Geschichte der Menschenrechte, lanciert in einer Gesellschaft mit Sklaverei, mit massenhaften Enteignungen politischer Gegner, mit drastischen Einschränkungen der Religionsfreiheit, kurz: in der amerikanischen Gesellschaft um 1776, zeigt, daß es möglich ist.

Das damit angesprochene Problem der Durchsetzbarkeit von Normen kann also als Stabilitätsbedingung der Normprojektion behandelt werden. Ohne jede Aussicht auf Erfüllung lassen sich Normen schwer durchhalten. Wenn man, darüber hinausgehend, die Verhaltenssteuerung selbst als eine zweite Funktion des Rechts ansieht[21], kommen sehr viele (und ganz andere) funktionale Äquivalente ins

20 Siehe nur als besonders eindeutigen Fall Karl Olivecrona, Law as Fact, Kopenhagen - London 1939.
21 So Niklas Luhmann a.a.O. (Anm. 14).

Spiel als bei bloßer kontrafaktischer Erwartungssicherung. Und es ist schwer zu sehen, wie mit Bezug auf diese Funktion ein autopoietisches System zu operativer Schließung gebracht werden könnte.

Ebensowenig legt uns die Bestimmung der Funktion des Rechts als Einrichtung und Stabilisierung normativer Erwartungen in einer anderen Hinsicht fest, die es ebenfalls mit dem Verhaltensbezug des Rechts zu tun hat. Man stellt sich Recht oft als *Einschränkung* der Verhaltensmöglichkeiten vor. Ebensogut kann das Recht aber auch die Funktion der *Befähigung* zu einem Verhalten übernehmen, das ohne Recht überhaupt nicht möglich wäre. Man denke an die Möglichkeiten, die sich im Privatrecht auf Grund der Figur des Eigentums, des Vertrags oder auch der juristischen Persönlichkeit mit beschränkter Haftung ergeben. Aber auch das, wie immer »rechtsstaatliche«, Verwaltungsrecht ist nicht gut als Beschränkung der Willkür eines souveränen Machthabers zu begreifen, sondern ist heute mehr denn je ein Recht, das (konditionierte) Handlungsvollmachten erteilt, die es ohne das Recht gar nicht geben würde. In beiden Fällen (und die Wirklichkeit besteht aus Mischungen) ist die normative Struktur des Erwartens vorausgesetzt – beim Einschränken ebenso wie beim Befähigen. Die Übereinstimmung liegt in der Sicherheit, zutreffende Erwartungen bilden zu können in einer gewissen Distanz zu dem, was von Fall zu Fall faktisch geschieht.

Auch in einer weiteren Hinsicht weichen wir von der traditionellen rechtstheoretischen Behandlungsweise ab. Wir bestimmen das Recht nicht durch eine besondere Art von Normen, also nicht nach Maßgabe eines Essenzenkosmos, der sich in Gattungen und Arten gliedert. Normen sehen wir vielmehr als Form einer allgemeinen Stabilisierungsfunktion an, die eine spezifische Rechtsqualität nur dadurch gewinnt, daß sie als Rechtssystem ausdifferenziert wird. Das ist eine Konsequenz der Theorie autopoietischer Systeme, die postuliert, daß Systeme dieses Typs ihre eigenen Elemente und über sie ihre eigenen Strukturen selbst erzeugen.[22] Selbstverständlich

22 Eine übereinstimmende Auffassung, daß man nicht vom Normbegriff, sondern vom Systembegriff ausgehen müsse, wenn man Rechtsnormen von anderen Normen unterscheiden und ihr Specificum definieren will, findet sich aber auch im Kontext anderer Systemtheorien, so explizit bei Torstein Eckhoff / Nils Kristian Sundby, Rechtssysteme: Eine systemtheoretische Einführung in die Rechtstheorie, Berlin 1988, S. 43 und S. 121.

gibt es zahllose normative Erwartungen ohne Rechtsqualität – so wie es ja auch zahllose Wahrheiten ohne wissenschaftliche Qualität oder zahllose Güter (zum Beispiel saubere Luft) ohne wirtschaftliche Qualität und viel Macht ohne politische Qualität gibt. Die Funktionssystembildung zieht aus dem gesellschaftlichen Alltagsleben nur die irgendwie problematischen Erwartungen heraus; sie reagiert nur auf eine sich im Laufe der Evolution steigernde Unwahrscheinlichkeit des Erfolgs von Kommunikationen. Und dann bilden sich autopoietische Systeme im Hinblick auf Steigerungsmöglichkeiten, die an schon vorhandenen Strukturen ablesbar sind. Deren evolutionäre Ausdifferenzierung setzt, wie wir noch sehen werden, vorbereitetes Terrain voraus. Gerade deshalb differenzieren sich dann aber autopoietische Systeme gegen die Selbstverständlichkeiten des Alltags.

Wenn angesichts eines unbestrittenen Wildwuchses normativer Erwartungen (als Sitte, als bloß moralische Zumutung, als Gewohnheit, deren Verletzung bemerkt werden würde) dem Recht die Funktion obliegt, normatives Erwarten zu stabilisieren, so kann das nur über eine Selektion von schützenswerten Erwartungen erfolgen. Davon geht wohl auch die herrschende Rechtstheorie aus. Tiefer einschneidend wirkt eine weitere Konsequenz: daß die Moral (oder in reflektierter Form: die Ethik) nicht geeignet ist, die Geltung von Rechtsnormen zu begründen.[23] Es mag in Einzelfällen Argumentationsvorteile bieten, wenn man sich bei Interpretationsproblemen auf eine in der Gesellschaft angeblich unbestrittene moralische Wertung berufen kann. Moral hat immer bedeutende rhetorische Qualitäten. Aber man kann sich nicht auf sie berufen, wenn es darum geht, normative Erwartungen mit Erfolgs- und Stabilitätschancen auszustatten. Dann muß man die Norm, die in diese Sicherheitszone eingeführt werden soll, juridifizieren; und wenn man dies nicht tut, obwohl die Möglichkeit zur Verfügung steht, wird man auf die Frage gefaßt sein müssen: warum nicht?

Ob eine Norm eine Rechtsnorm ist oder nicht, kann man deshalb nur durch eine Beobachtung des rekursiven Netzwerkes ihrer Erzeugung feststellen, und das heißt: durch Beobachtung desjenigen Produktionszusammenhangs, der sich durch seine Operationen als

---

23 So im Ergebnis auch Jürgen Habermas, Faktizität und Geltung: Beiträge zur Diskurstheorie des Rechts und des demokratischen Rechtsstaates, Frankfurt 1992.

System ausdifferenziert. Erst durch diese (im System wiederholte) Benutzung der normativen Seite des Schemas normativ/kognitiv gewinnen normative Erwartungen im Vergleich zu bloßen Projektionen, Vorhaben, Kommunikationsversuchen eine gewisse Sicherheit. Erst dadurch wird erreicht, daß sich überhaupt stabile Erwartungen herauskristallisieren können, an die man sich halten kann in Lebenslagen, in denen weder eine ausreichende Kontrolle der Zukunft noch ein lernendes Ausweichen auf Alternativen hinreichende Sicherheit bietet. Wir wissen zwar, daß Erwartungen im Modus der Normalität und Erwartungen im Modus der Normativität dicht beieinanderliegen und Erwartungen, die nicht als ausnahmslos sicher festgelegt sind, durch einzelne Störungen noch nicht destruiert werden. In Gegenden, die für ihr gutes Sommerwetter bekannt sind, zwingt ein einzelner Regenschauer nicht zur Korrektur dieses Bildes. Es gibt, anders gesagt, auch nichtnormative Formen der Rejektion von Lernmöglichkeiten. Aber in dem Maße, in dem das Verhalten anderer als frei gewählt erscheint, und das ist ein zwangsläufiger Effekt zunehmender Komplexität, kann man sich nicht mehr mit einem Mischmodus von Normalität/Normativität begnügen. Es müssen dann Normen ausdifferenziert werden, die gegen die mitgesehenen Möglichkeiten anderen Verhaltens gesetzt sind. In der Evolution von Gesellschaften hängen Entwicklungsschwellen an dieser Möglichkeit arbiträrer Normierung – zunächst wohl immer verbunden mit einer Invisibilisierung oder doch Weglegitimierung des Willkürmomentes in der Normfestlegung. Und gerade weil die Mischform Normalität/Normativität (unterschieden vom Unvertrauten, Unerwarteten, Überraschenden) immer vorausgeht, kann das Recht an diesen Entwicklungsschwellen die Vergangenheit so lesen, als ob es immer schon Recht gegeben habe. Das Recht muß nie »anfangen«. Es kann an vorgefundene Traditionen anschließen. Es kann sich, wenn die Gesellschaft seine Ausdifferenzierung ermöglicht, zu einem selbstreferentiellen System schließen und mit dem Normmaterial arbeiten, das immer schon vorliegt.

Die Funktion des Rechts als Stabilisierung normativer Erwartungen geht weit über das hinaus, was man mit dem Begriff einer Konfliktregulierung erfassen kann. Daß Erwartungen in Konflikt treten, das heißt einander wechselseitig in der Kommunikation widersprechen, ist bereits ein Sonderfall, und zwar ein Sonderfall, der in weitem

Umfang außerhalb des Rechts reguliert wird.[24] Enttäuschend kann auch jemand handeln, der gar nicht bestreitet, daß der andere im Recht ist, aber es trotzdem tut. Man denke an den Bereich des Strafrechts oder an die Nichterfüllung von Verträgen mangels Leistungsfähigkeit. Auch in diesen Fällen muß den Erwartungen bestätigt werden, daß sie im Recht sind – und sei es durch eine Transformation in eine andere Form, etwa die einer Strafe. Es würde den Begriff des Konfliktes unnötig überdehnen, wollte man auch in diesen Fällen von Konflikt sprechen. Dieser Unterschied von streitigen und unstreitigen Enttäuschungen besitzt für die Evolution des Rechts erhebliche Bedeutung, denn das Recht entwickelt sein spezifisches Instrumentarium aus Anlaß von Streit über das Recht. Das Ergebnis ist, daß das Recht nicht nur Konflikte bereinigt, sondern auch Konflikte erzeugt; denn mit Berufung auf das Recht kann man dann auch Zumutungen ablehnen und sozialen Pressionen widerstehen.[25] Immer aber setzt das Recht voraus, daß abweichendes Verhalten auf welcher Motivgrundlage auch immer als möglich vorausgesehen und in seinen Auswirkungen auf die Durchhaltefähigkeit der Erwartungen negiert wird. Läßt man dieses spezifisch normative Moment fallen und beschreibt man die Funktion des Rechts ganz allgemein als Regulierung von Beziehungsnetzwerken – als Regulierung also auch mit nichtnormativen Mitteln –[26], verliert man die Spezifizität des Rechts aus den Augen, und man könnte

---

24 Sieht man hier das Problem, kommt es denn auch zu einer höchst problematischen Diskussion über »Alternativen zum Recht«, in der gar nicht mehr geprüft wird, was denn die Funktion des Rechts ist, von der aus man funktionale Äquivalente ermitteln kann. Siehe zum Beispiel den Bd. 6 des Jahrbuchs für Rechtssoziologie und Rechtstheorie (1980) zum Thema: »Alternative Rechtsformen und Alternativen zum Recht«; ferner typisch Donald Black, Sociological Justice, New York - Oxford 1989, S. 74 ff.

25 Zu dieser »polemogenen« Natur des Rechts siehe Julien Freund, Le droit comme motif et solution des conflits, in: Luis Legaz y Lacambra (Hrsg.), Die Funktionen des Rechts, Beiheft 8 des Archivs für Rechts- und Sozialphilosophie, Wiesbaden 1974, S. 47-62; ders., Sociologie du conflit, Paris 1983, S. 22, 327 ff. u. ö. .

26 In dieser Richtung meint Karl-Heinz Ladeur, Computerkultur und Evolution der Methodendiskussion in der Rechtswissenschaft: Zur Theorie rechtlichen Entscheidens in komplexen Handlungsfeldern, Archiv für Rechts- und Sozialphilosophie 74 (1988), S. 218-238 (233), Entwicklungstendenzen zu erkennen. Vielleicht würde Ladeur bestreiten, daß er den Normbegriff aufgibt; aber dann müßte er explizieren, was er unter Normen versteht, wenn nicht Stabilisierung kontrafaktischen Erwartens.

dann ebensogut die Planung einer Warenauslage in Supermärkten oder eines Computernetzes für den Luftverkehr oder schließlich sogar die Sprache selbst als Teil der Rechtsordnung ansehen. Variiert man das Bezugsproblem der Analyse, kommen weitere Möglichkeiten, kommen andere funktionale Äquivalente in den Blick. Wir hatten von den unvermeidlichen sozialen Kosten jeder Zeitbindung gesprochen oder, noch abstrakter, von Problemen der Kompatibilität von Festlegungen in der Zeitdimension und in der Sozialdimension. Diese Formulierung macht erkennbar, daß nicht die gesamte Problemlast auf den Schultern des Rechts liegt. Auch hier muß man jedoch für ältere Gesellschaften Mischformen unterstellen, die sich erst im Laufe evolutionärer Komplexitätssteigerungen in Differenzierungen auflösen lassen. Dafür zwei Beispiele: Das eine funktionale Äquivalent ist unter dem Begriff der Knappheit organisiert. Wenn man sich vorstellt, daß die Versorgung mit Gütern und Hilfsleistungen in Form einer konstanten Summe begrenzt ist, läuft jeder Zugriff auf Knappheitspartikel anderen Zugriffsinteressen zuwider. Wer sich selbst versorgt, tut dies auf Kosten anderer. Dies mag in Überflußgesellschaften der archaischen Welt relativ unschädlich gewesen sein, und einige Expansionsgesellschaften (etwa die des europäischen Mittelalters oder die der kolonialisierten Amerikas) mochten das Problem der Summenkonstanz durch territoriale Ausdehnungsmöglichkeiten modifizieren können. In dem Maße aber, in dem die Wirtschaft sich auf Geldgebrauch einläßt und sich dadurch selbst als operativ geschlossenes System ausdifferenziert, werden diese Bedingungen verändert. Einerseits verlieren die Möglichkeiten der Häufung von ökonomischen Werten, wie schon Aristoteles notiert, in der Form des Geldes alle Grenzen. Das heißt auch, daß man mit Geld sehr langfristige und sehr differenzierte Interessen sichern kann, ohne auf die gegenwärtige Notlage anderer Rücksicht nehmen zu müssen. Die Zukunft kann, anders als bei Sacheigentum, in unbestimmter Form jetzt schon gebunden werden. Die politisch-ökonomische Moral, die sich am Grundeigentum kristallisiert hatte, setzt aus. Andererseits schafft das Geld neuartige Summenkonstanzen und sanktioniert sie durch Inflationen bzw. Deflationen. Die soziale Rücksicht auf andere hat dann nur noch die, freilich ihrerseits stringente, Form, daß man für alles, was man haben will, zahlen muß.[27]

Bis weit in die Neuzeit hinein hat man in diesen Problemen der sozialen Konditionierung des Umgangs mit Knappheit Rechtsprobleme gesehen. Eigentum, also die Parzellierung von Zugriffschancen mit Anerkennung der entsprechenden Chancen anderer, wurde als Rechtsinstitut und die Gesellschaft als Gesellschaft von Eigentümern gesehen, die sich in der Form von Verträgen vertragen.[28] Schon immer konnte aber die Lohnarbeit nur mit Mühe unter dieses Schema gebracht werden; denn es gibt – was immer man darüber hören kann – kein mit Geldwirtschaft kompatibles Recht auf Arbeit. Die wirtschaftliche Funktion des Eigentums entzieht sich ebenfalls der rechtlichen Steuerung, obwohl sie natürlich, wie alles Verhalten, Gegenstand rechtlicher Beurteilung sein kann. Knappheit und Normierung von Verhaltenserwartungen bilden verschiedene Formen der Kollision von Zeitbindung und Sozialität, sind also auch verschiedenartige Probleme. In komplexer werdenden Gesellschaften setzt sich deren Differenzierung durch. Wirtschaftssystem und Rechtssystem sind deshalb jeweils für sich geschlossene autopoietische Funktionssysteme, wenn eine Gesellschaft sich ihre Ausdifferenzierung leisten kann.

Unser zweites Beispiel ist fast noch nicht spruchreif. Es wird erst seit wenigen Jahren diskutiert, und seine Semantik befindet sich noch in einem vorbegrifflichen Stadium. Wir erörtern es unter dem Stichwort »Risiko«. Gemeint sind damit Entscheidungen, die die Möglichkeit nachteiliger Folgen in Kauf nehmen; und dies nicht in der Form gegenzubuchender Kosten, deren Aufwendung gerechtfertigt werden kann, sondern in der Form möglicher, aber mehr oder weniger unwahrscheinlicher Schäden, deren Eintritt die Entscheidung als Auslöseursache brandmarken und sie nachträglich der Reue aussetzen würde.

Das Problem liegt darin, daß die Schäden nicht nur den treffen, der die Entscheidung riskiert hat, und auch nicht nur den, der von ihren positiven Wirkungen profitiert. Auch hier haben wir also eine Form von Zeitbindung mit sozialen Kosten, aber eine Form ganz anderen Typs. Während die Normierung eine Bifurkation nach dem Schema

---

27 Ausführlicher zu diesem Thema Niklas Luhmann, Die Wirtschaft der Gesellschaft, Frankfurt 1988.

28 Zum Auslaufen dieser Tradition vgl. Niklas Luhmann, Am Anfang war kein Unrecht, in: ders., Gesellschaftsstruktur und Semantik Bd. 3, Frankfurt 1989, S. 11-64.

konform/abweichend erzeugt und die Zugriffe auf Knappheit nach dem Schema begünstigt/benachteiligt diskriminieren, geht es hier um die Bifurkation von Entscheidern und Betroffenen. Je nach dem, ob man sich als Entscheider oder als Betroffener sieht, differieren schon die Risikowahrnehmung, die Einschätzung der Vertretbarkeit des riskanten Verhaltens und die Risikoakzeptanz. Und je mehr die Zukunftswahrnehmung der modernen Gesellschaft in den Horizont der Entscheidungsabhängigkeit einrückt, desto schärfer wird diese Kluft von Entscheidern und Betroffenen sich bemerkbar machen; und desto deutlicher wird man erkennen müssen, daß die an ganz anderen Problemen ausgerichteten rechtlichen und finanziellen Regelungsinstrumente hier nicht ausreichend greifen.[29]

In all den genannten Fällen, hier aber besonders, werden die entsprechenden Konflikte in die Gegenwart gezogen. Man wartet die Zukunft nicht ab, man ist schon jetzt vermeintlich im Recht oder angeblich im Unrecht, schon jetzt reich bzw. arm; und man hat schon jetzt eine unterschiedliche Risikowahrnehmung je nach dem, ob man in Entscheidungssituationen steht und den Risiken, so oder so, nicht ausweichen kann, oder ob man in Angst vor dem lebt, was die Entscheider als »normal accidents«[30], als plötzliche oder schleichende Katastrophen mehr oder weniger unausweichlich, wie es scheint, produzieren. Das, was wir als Spannung zwischen zeitlichen und sozialen Perspektiven bezeichnen, ist also ein jeweils gegenwärtiges Phänomen. Die sozialen Kosten entstehen gleichzeitig mit der Zeitbindung, auch wenn ihre Bewertung sich durch spätere Erfahrungen ändern mag.

Um so mehr führen die Unterschiede dieser Probleme zu Unterschieden in der Einschätzung der Zukunft. Im Recht kann man sich, von Revolutionen und politischen Umstürzen einmal abgesehen, einigermaßen sicher fühlen, daß bei allen Rechtsänderungen erworbene Rechte respektiert werden. In der Wirtschaft gibt es die durch die Wirtschaft selbst konditionierte Mobilität von arm zu reich oder umgekehrt bei Erhaltung oder auch Verschärfung eben dieser Differenz. In der Risikoperspektive erscheint dagegen die Zukunft als das ganz Andere – einerseits in ihrer Unsicherheit, an-

---

29 Hierzu ausführlicher Niklas Luhmann, Soziologie des Risikos, Berlin 1991.
30 In dem durch Perrow bekanntgemachten Sinne. Vgl. Charles Perrow, Normal Accidents: Living with High Risk Technologies, New York 1984.

dererseits in der Form durchgreifender Katastrophen, die alles »danach« ins Unerkennbare versetzen. Diese Unterschiede könnten darauf hindeuten, daß eine Ausdifferenzierung separat codierter, operativ geschlossener Systeme zwar für das Recht und für die Wirtschaft gelungen ist, aber daß man nicht sehen kann, wie auf das Problem der sozialen Konsequenzen riskanten Verhaltens in ähnlich systembildenden Formen reagiert werden könnte.

III

Wenn es darum geht, etwas zu projektieren, was auch gilt, wenn es nicht entsprechend realisiert wird: wer kann das tun? Und was muß man voraussetzen, wenn es darum geht, zunehmend voraussetzungsvolle kontrafaktische Erwartungen zu erzeugen, zu erhalten, zu validieren? Diese Frage leitet von der Funktionsbestimmung zu ihrer Realisierung in Systemen über, und sie führt auf zwei ineinandergebaute Systemreferenzen: die Gesellschaft und ihr Rechtssystem.

Die Antwort setzt eine durch das System etablierte Unterscheidung von System und Umwelt voraus. Ein System, das Erwartungen normiert, bestätigt *sich selbst*, indem es *in die Umwelt* eine Differenz einzeichnet, die nur in vorgezeichneter Weise und nicht ohne das System zustandekommen kann. Das geschieht durch das Aufstellen von Normen, von denen man ebenso gut / ebenso schlecht auch abweichen kann. Und dann macht es *für das System* einen *Unterschied*, ob nach der *im System* vorgezeichneten Norm gehandelt wird oder nicht. Das System bleibt, in den Grenzen seiner Möglichkeiten, stabil, wie immer die Umwelt optiert.

Als autopoietisches, operativ geschlossenes System ist das Recht gehalten, seine Funktion eigenständig zu gewährleisten. Selbstverständlich kann dies nicht in der Weise geschehen, daß alle empirischen Bedingungen für eine Reproduktion der Operation des Systems im System selbst erzeugt werden; denn das hieße: die Welt ins System einzuschließen. Gleichwohl muß das Recht als ein strukturdeterminiertes Funktionssystem operationsfähig bleiben und die Kontinuität der Bedienung der eigenen Funktion intern vorsehen. »Intern« aber heißt: mit dem eigenen Operationstypus. Beschreibt man dies als (externer oder interner) Beobachter, treffen nur tautologische Formulierungen zu: Recht ist, was das Recht als

Recht bestimmt. Diese Tautologie läßt sich jedoch »entfalten«, das heißt auf verschiedene Erwartungen verteilen. Achtet man auf den strukturierenden (Erwartungen festlegenden) Effekt der Operationen, kommen reflexive Verhältnisse in den Blick: Daß man normativ zu erwarten hat, wird seinerseits normativ erwartet. Das Recht ist, mit anderen Worten, sich selbst gegenüber nicht indifferent. Es fordert auch nicht nur dazu auf, beachtet zu werden. Es macht die Unterscheidung kognitiven und normativen Erwartens ihrerseits zum Gegenstand normativen Erwartens. Es operiert reflexiv. Der Modus des Erwartens wird also nicht dem Belieben überlassen und auch nicht der schlichten sozialen Konvenienz. Er wird im Rechtssystem selber vorgegeben. Das System steuert sich selbst mithin auf der Ebene der Beobachtung zweiter Ordnung – eine auch für andere Funktionssysteme typische Bedingung der Ausdifferenzierung und operativen Schließung.[31] Recht wird also nicht einfach mit mächtiger politischer Unterstützung nur behauptet und dann, mehr oder weniger, durchgesetzt. Sondern es ist überhaupt nur Recht, wenn erwartet werden kann, daß normatives Erwarten normativ erwartet wird. Und auch insofern ist das Recht nicht hierarchisch von oben, sondern jeweils heterarchisch, also kollateral, also in nachbarschaftlichen Vernetzungen determiniert.

So jedenfalls läßt sich die allgemeinste Form zirkulärer Selbstbestätigung formulieren. Aber trifft der damit behauptete Sachverhalt auch empirisch zu? Und was wäre der Fall, wenn dies nur mit erheblichen Einschränkungen gälte?

Wir müssen auf diese Frage mit einer Unterscheidung antworten.

Als Bedingung einer durchgängigen Beobachtung des Beobachtens,

---

31 Siehe für das Wirtschaftssystem Dirk Baecker, Information und Risiko in der Marktwirtschaft, Frankfurt 1988, am Beispiel der Beobachtung der Beobachtung des Marktes mit Hilfe von Preisen. Für das Wissenschaftssystem Niklas Luhmann, Die Wissenschaft der Gesellschaft, Frankfurt 1990, im Hinblick auf die Beobachtung von Wissensbehauptungen mit Hilfe des Schemas wahr/unwahr an Hand von Publikationen; für das Kunstsystem Niklas Luhmann, Weltkunst, in: Niklas Luhmann / Frederick D. Bunsen / Dirk Baecker, Unbeobachtbare Welt: Über Kunst und Architektur, Bielefeld 1990, S. 7-45; für das politische System Niklas Luhmann, Gesellschaftliche Komplexität und öffentliche Meinung, in ders., Soziologische Aufklärung Bd. 5, Opladen 1990, S. 170-182; ders., Die Beobachtung der Beobachter im politischen System: Zur Theorie der öffentlichen Meinung, in: Jürgen Wilke (Hrsg.), Öffentliche Meinung, Freiburg 1992, S. 77-86.

einer universellen und verläßlich erwartbaren Codierung nach Recht/Unrecht, entsteht im Rechtssystem ein engerer Bereich des rechtlich verbindlichen Entscheidens – sei es zur Feststellung, sei es zur Änderung des Rechts. Hier handelt es sich um ein organisiertes Teilsystem, das heißt um ein System, das sich durch die Unterscheidung von Mitgliedern/Nichtmitgliedern ausdifferenziert und die Mitglieder in ihrer Mitgliedschaftsrolle verpflichtet, Entscheidungen zu produzieren, die sich nach den (innerhalb der Organisation änderbaren) Programmen des Systems, also nach den Rechtsnormen richten.[32] Wir haben für dieses Entscheidungssystem des Rechtssystems nur Bezeichnungen für die dann wieder differenzierten Subsysteme, nämlich Gerichte und Parlamente (bzw. in der Lehre von der Gewaltenteilung: Justiz und Legislative), aber keine Bezeichnung für die Einheit dieses Systems. Wir werden deshalb vom organisierten Entscheidungssystem des Rechtssystems sprechen.

Dieses System organisiert einen eigenen Bereich zirkulär vernetzter Operationen. Es ändert das Recht im Hinblick auf künftige Gerichtsentscheidungen und richtet sich dann nach dem jeweils geltenden Recht, woraus sich dann wieder Beobachtungsmöglichkeiten und Anlässe ergeben können, das Recht zu ändern.[33] Für das Differenzieren der Konditionierungen dieses Entscheidungszusammenhanges (und nur dafür!) beschreibt dieses System sich als Hierarchie – sei es von Organen, sei es von Normen. In jedem Falle ist aber die zirkuläre, rekursive Reproduktion von Rechtsentscheidungen der primäre Vorgang.

Für diesen Bereich, für dieses Entscheidungssystem des Rechtssystems haben sich die wohletablierten Formen der Reflexivität entwickelt. Sie benutzen die Form der doppelten Modalisierung, sie normieren das Normieren, schränken den Gebrauch dieser Mög-

32 Ähnliche Strukturen eines universell zuständigen Funktionssystems mit einem organisierten Kernbereich finden sich auch in anderen Fällen – etwa das politische System und die Staatsorganisation oder das Erziehungssystem und die Schulen.
33 Hierzu mit dem kybernetischen Begriff der Rückkopplung Torstein Eckhoff / Nils Kristian Sundby, Rechtssysteme: Eine systemtheoretische Einführung in die Rechtstheorie, Berlin 1988. Siehe auch dies., The Notion of Basic Norm(s) in Jurisprudence, Scandinavian Studies in Law 19 (1975), S. 123-151. Zum zirkulären Verhältnis von Regel und Entscheidung ferner Josef Esser, Grundsatz und Norm in der richterlichen Fortbildung des Privatrechts, Tübingen 1956; ders., Vorverständnis und Methodenwahl in der Rechtsfindung, Frankfurt 1970.

lichkeit aber auf Anwendungen ein, die in diesem System benötigt werden. Der bekannteste Fall ist die Normierung der Verfahrensregeln, die, wenn beachtet, dazu führen, daß die erzeugte Entscheidung selbst normierende Kraft hat. Der Grenzfall ist eine bloße Kompetenznorm als Inkarnation des Prinzips der Rechtssouveränität: Was immer der dazu eingesetzte Entscheider entscheidet, wird dadurch Recht. Und die andere Seite ist die Unentbehrlichkeit dieser Norm: Wie immer das Entscheiden durch rechtliche Vorgaben beschränkt wird, eine Restunsicherheit (sei es in der Rechtsinterpretation, sei es in den Faktenfeststellungen) kann nur durch eine Kompetenznorm beseitigt werden. *Insofern beruht das gesamte Entscheidungssystem des Rechts auf der Reflexivität des Normierens.* Es handelt sich nicht um einen Sachverhalt, den es neben anderen auch gibt. Es handelt sich um eine (in spezifischen Normen inkarnierte) Darstellung der Einheit des Systems im System, also um ein Korrelat der Universalität der Funktionszuständigkeit.

Die Funktionsfähigkeit dieser Struktur ist offensichtlich, sie ist in Personen, Häusern, Akten und Adressen sichtbar gemacht. Darauf hat sich die nichtsoziologische Rechtstheorie konzentriert und die Positivität dieses Erzeugungszusammenhanges herausgearbeitet. Dem Soziologen mag jedoch auffallen, daß hier nur von einem Teilsystem des Rechtssytems die Rede ist, daß nur das Entscheidungssystem des Rechts thematisiert wird und andere Bereiche der Doppelmodalisierung des Normierens unbeachtet bleiben. Denn es gibt dasselbe Phänomen auch im Vorfeld des Entscheidungssystems. Auch im täglichen Leben der Nichtmitglieder der Rechtsorganisationen können sich normative Erwartungen in bezug auf normative Erwartungen bilden. So erwartet vor allem der in seinen vermeintlichen Rechten Verletzte von anderen normativ, daß sie sein Anliegen unterstützen. Zumindest läßt er sich durch die faktische Indifferenz anderer nicht belehren, denn eigentlich »sollten« sie sich auf seiten des Rechts und gegen das Unrecht engagieren. Es kann auch sein, daß Dritte erwarten, daß man sich für seine Rechte einsetzt und deren Verletzung nicht einfach schweigend hinnimmt.[34] Das Rechtssystem, als Gesamtheit gesehen, operiert auf

---

34 Wenn die moderne Familie ein Sozialsystem ist, in der *alles*, was die Familienangehörigen tun oder erleben, thematisiert werden kann (vgl. Niklas Luhmann, Sozialsystem Familie, in ders., Soziologische Aufklärung Bd. 5, Opladen 1990, S. 196-217), so wäre dies ein Bereich, in dem man die Tragweite und den Verfall dieses

der Sicherheitsbasis der normativen Erwartungen normativer Erwartungen. Es ist auf der Basis der Reflexivität seiner Operationen ausdifferenziert. Nur so ist denn auch die Inanspruchnahme von Kompetenz im Entscheidungssystem des Rechts sozial einfühlbar und akzeptabel. Nur so sind die Entscheidungsinstanzen des Rechts mehr als das, was sie in den meisten Hochkulturen waren: Fremdkörper korporativer Art in einer nach Familien (Häusern) geordneten Gesellschaft mit der Folge, daß eine Verständigung unter Nachbarn oder eine dörfliche oder zunftinterne Selbstjustiz immer den Vorrang hatte vor dem Gang zum Gericht. Nur so kann sich gegen diese in der Evolution eher wahrscheinliche Struktur ein Vertrauen in formales Recht und eine verbreitete, differenzierte Inanspruchnahme von Recht für die Strukturierung von Problemen des täglichen Lebens entwickeln.

Aber: Wie steht es empirisch um diese Grundlage des Rechts? Und von welchen Bedingungen hängt die Antwort auf diese Frage ab?

Wir vermuten einen Doppeleffekt. Einerseits wirkt sich die organisatorische und professionelle Straffung des geltenden Rechts auf den Wildwuchs von normativen Projektionen einschränkend und disziplinierend aus. Man kann feststellen oder feststellen lassen, was in einem offiziellen Sinne Recht bzw. Unrecht ist. Je differenzierter die Gesellschaft – und in der alten Welt bezieht sich das auf den Prozeß der Stadtbildung –, desto stärker das Angewiesensein auf solche Reduktionen. Andererseits kann die Ausdifferenzierung eines Entscheidungssystems im Rechtssystem sich auf die allgemeine Bereitschaft, normatives Erwarten normativ zu erwarten, negativ auswirken, ja zur Erosion der eigenen Grundlagen in der Reflexivität tendieren und sich schließlich nur noch als politisch gestützte Organisation halten. In den älteren Hochkulturen läßt sich eine solche Insulation der gleichwohl unentbehrlichen Entscheidungszentren durchgehend beobachten, und sie stimmt hier mit der Differenzierungsform von Zentrum und Peripherie überein. Aber auch in der modernen Gesellschaft kann, selbst wenn die Durchset-

normativen Erwartens normativer Erwartungen empirisch gut testen könnte. Akzeptiert man Ladendiebstähle der eigenen Kinder, behandelt man sie rein kognitiv (Laßt Euch nicht erwischen!), akzeptiert man auch Nachgiebigkeit gegenüber Rechtsverletzungen etwa von seiten der Nachbarn? Wie wirken sich Versicherungen auf diese Frage aus? usw.

zung einer Rechtsorientierung im Alltag in hohem Maße gelingt, die Einheit des Systems kaum mehr operativ, kaum mehr über eine durchgehende Reflexivität des normativen Erwartens normativen Erwartens erreicht werden. Das Entscheidungssystem kann die Bedingung normativen Miterwartens nicht in die Form verbindlicher Entscheidungsprämissen bringen. Es kann zwar Personen mit individuell zugewiesenen Rechten und Pflichten ausstatten, nicht aber das Miterwarten aller anderen (oder gar: Erwartungssicherheit in bezug auf dieses Miterwarten) garantieren. Es kann diese Voraussetzung wechselseitiger Bestätigung im normativen Erwarten (und es geht hier nicht nur um »Konsens«, sondern um Einfordern!) nicht sehen, sie nicht wie rechtserhebliche Tatbestände behandeln. Es bleibt gegenüber dieser Institutionalisierung des normativen Erwartens indifferent. Juristisch kommt es darauf nicht an. Niemand kann die Stärke (oder das Fehlen) des Insistierens anderer auf Durchhalten normativer Erwartungen als Argument benutzen oder gar einklagen. Die Grenzen des Entscheidungssystems lassen solche Informationen nicht durch, sondern filtern sie ab. Damit fehlt dieses Moment in der offiziellen Präsentation des »geltenden Rechts«. Die Entscheidungsorganisationen des Rechtssystems können ihre eigene Einbettung in eine motivationale Rechtskultur nicht kontrollieren; und sie bemerken deshalb auch nicht, wenn sie damit beginnen, diese gesellschaftlichen Grundlagen ihrer eigenen Tätigkeit einem Prozeß der Erosion auszusetzen.

Entsprechend baut das Entscheidungssystem seine Eigenkomplexität ohne Rücksicht auf diese Doppelmodalisierung auf. Wenn davon keine Entscheidungen abhängen, werden die entsprechenden Tatbestände nicht registriert, nicht erinnert. Selbst der die Rechtspraxis reflektierenden Rechtstheorie sind sie unbekannt geblieben. Sie werden allenfalls mit verschwommenen Bezeichnungen wie »Rechtsbewußtsein« oder mit ebenso vagen Unterscheidungen wie geschriebenes Recht/gelebtes Recht in Ansatz gebracht. Empirischen Erhebungen über die Verbreitung von Rechtskenntnissen und Rechtsbewußtsein in der Bevölkerung fehlt eine für unser Thema ausreichende theoretische Fragestellung.[35] Auch logisch – und da-

35 Siehe z. B. Adam Podgórecki et al., Knowledge and Opinion About Law, London 1973. Über ältere polnische und skandinavische Untersuchungen berichtet Klaus A. Ziegert, Zur Effektivität der Rechtssoziologie: Die Rekonstruktion der Gesellschaft durch Recht, Stuttgart 1975, S. 189 ff. Vgl. auch die unser Problem ebenfalls

mit forschungstechnisch – sind Probleme normativen Erwartens benachteiligt, denn die normale zweiwertige Logik hat mit Beobachtungsverhältnissen zweiter Ordnung kaum lösbare Schwierigkeiten und kann sie allenfalls über (bisher nicht weit entwickelte) modallogische Konstruktionen repräsentieren. Mit all dem entzieht das Problem sich der Kommunikation – es sei denn als Grundlage eines Meinungsstreites über Verhaltensweisen im täglichen Leben.

Schließlich dient die im organisierten Entscheidungssystem aufgebaute Reflexivität ja gerade der Entlastung des täglichen Lebens. Man kann sich nicht, man braucht sich aber auch nicht auf die normativen Erwartungen anderer zu stützen, um sich im Recht oder im Unrecht zu wissen. Es kommt darauf an, wie der Richter entscheidet. Dem Drängen anderer gegenüber kann man sich auf die Prozeßaussichten oder auf Beweisschwierigkeiten berufen – wie der Anwalt im Verhältnis zu seinen Klienten. Es sind pragmatische Einstellungen, die sich hier bewähren und die kontrollieren, ob eine auf Recht Bezug nehmende Kommunikation überhaupt lanciert wird oder nicht. Die Grenzen dessen, was das Entscheidungssystem aufnimmt, wirken als vorverlagerte Grenzen schon auf die Außengrenzen des Rechtssystems selbst, auf die Bereitschaft zur engagierenden Kommunikation über Recht und Unrecht. Das Recht stellt sich so dem individuellen Benutzer zur Verfügung unter Abstraktion vom sozialen Kontext seiner Motive, der Pressionen, die auf ihn einwirken, oder umgekehrt: seines Alleingelassenseins.

Die Gesellschaft muß auf diese Weise dafür zahlen, daß sie das Rechtssystem aus seiner sozialen Einbettung gelöst und den Einzelnen zum Individuum erklärt hat. Ein Ausgleichseffekt ist, daß sich starke normative Erwartungen bilden, die sich auf ein normatives Erwarten normativen Erwartens stützen, aber nicht die Form des Rechts annehmen können. Sie treten als politische Forderungen, in einigen Fällen als soziale Bewegungen auf. Ihre Semantik benutzt den Wertbegriff, zuweilen auch – als ob es um Distanz zum Recht ginge – den Titel »Ethik«. Was an kontrafaktischem Trotz möglich

nicht berührende Diskussion von Theoriefragen bei KOL Forschung (KOL = Knowledge and Opinion about Law) in Bd. 2-4 (1981-83) der Zeitschrift für Rechtssoziologie oder als neuere Untersuchung eines Spezialproblems Jacek Kurczewski, Carnal Sins and the Privatization of the Body: Research Notes, Zeitschrift für Rechtssoziologie 11 (1990), S. 51-70.

ist, findet hier einen Kanal, der direkt zu den politischen Entscheidungszentren führt. Das Rechtssystem kann solche Phänomene nur als rechtmäßiges bzw. unrechtmäßiges Verhalten klassifizieren, es kann auf die eigene Irritation intern reagieren mit dem flexiblen Instrumentarium einer wechselseitigen Anpassung von Interessen und Begriffen, das wir in einem späteren Kapitel behandeln werden. Das kann politisch und professionell mehr oder weniger gekonnt geschehen. Aber an den eigentlichen sozialen Ressourcen der Rechtsbildung, an den auf normatives Erwarten gerichteten normativen Erwartungen judiziert man vorbei.

IV

Zu den wichtigsten Konsequenzen der Normform, in der die Funktion des Rechts erfüllt wird, gehört die in ihr angelegte Differenzierung von Recht und Politik.[36] Die Angewiesenheit beider Systeme aufeinander ist offensichtlich, und das macht es schwer, die funktionale Differenzierung zu erkennen. Das Recht ist zu seiner Durchsetzung auf Politik angewiesen, und ohne Aussicht auf Durchsetzung gibt es keine allseits überzeugende (unterstellbare) Normstabilität. Die Politik benutzt ihrerseits das Recht zur Diversifikation des Zugriffs auf politisch konzentrierte Macht. Aber gerade dieses Zusammenspiel setzt eine Differenzierung der Systeme voraus.

Es genügt ein ganz einfacher Gedankengang, um den Ausgangspunkt einer solchen Differenzierung zu erkennen. Die Politik benutzt das Medium Macht, und politische Macht artikuliert sich in überlegener, mit Zwang drohender Weisungsgewalt. Sobald politische Tendenzen zu einer kollektiv bindenden Entscheidung integriert sind in einer Art Umschaltstation, die Planungskämpfe in durchsetzbare Entscheidungen transformiert, kann deren Befolgung erzwungen werden.[37] Normatives »Sollen« dagegen setzt keine Machtüberlegenheit, ja überhaupt keine Überlegenheit dessen

---

36 Ausführlicher dazu Kapitel 9.

37 Daß dies dann wieder mit einer politisch motivierten Rechtstechnik verhindert oder doch erschwert werden kann, ist eine zweite Frage. *Aber auch dann erscheint die politische Absicht nicht als rechtliches Argument.* Eine illustrative Fallstudie hierzu ist Leon H. Mayhew, Law and Equal Opportunity: A Study of the Massachusetts Commission Against Discrimination, Cambridge Mass. 1968.

voraus, der entsprechende Erwartungen artikuliert.[38] Schon in den alten Hochkulturen, und erst recht im Athen des Perikles und des Euripides, galt es als eine wesentliche Funktion des Rechts, die Armen gegen die Reichen und Mächtigen zu schützen, oder zumindest konnte das gesagt werden. Auch im Mittelalter unterschied man gelegentlich zwischen der Regierungsgewalt (gubernaculum) und der Rechtsfürsorge (iurisdictio) des Fürsten. So wenig Aussichten es haben mag, Recht gegen Macht auszuspielen, und so sehr es sich empfehlen mag, zu schweigen und die Blicke gen Himmel zu richten: Es sind verschiedene Formen der Kommunikation von Erwartungen in bezug auf das Verhalten anderer.

Seit Hobbes wird diese Differenz von Recht und Politik formuliert als Opposition von (souveränem) Staat und (vorstaatlich gegebenen, also »natürlichen«) individuellen Rechten. Das reicht jedoch nicht aus. Dogmengeschichtlich gesehen ist dies Idiom der »natürlichen« Rechte nur eine zeitgeistbedingte Überleitungssemantik, nur ein Symbol für *politisch nicht kontrollierte Rechtsentstehung*, das entbehrlich wird, sobald für diesen Tatbestand ausreichende Formen des positiven Rechts entwickelt sind. Das geschieht auf dem Umweg über die Anerkennung von Vertragsfreiheit, von frei verfügbarem Eigentum und, beginnend im 18. Jahrhundert, über die Anerkennung der Rechtsfähigkeit von Korporationen, die nicht durch ein Dekret des politischen Machthabers gegründet worden sind. Wenn all das gesichert ist, kann man »subjektive Rechte« denaturalisieren und sie als bloße Reflexe des objektiven Rechts (inclusive: der Verfassung) rekonstruieren. Das aber ist nur möglich, weil normative Erwartungen zu ihrer Geltendmachung nicht auf Überlegenheitspositionen angewiesen sind. Und es mag ein professionelles Interesse der Juristen darin liegen, sich diese Möglichkeit, von unten her zu plädieren, zu erhalten.

Die Ordnungsfunktion des Rechts hat ihre Eigenständigkeit darin, daß es wichtig ist zu wissen, was man berechtigterweise von anderen (und von sich selbst!) erwarten kann; oder salopp gesagt: mit welchen Erwartungen man sich nicht blamiert. Erwartungsunsicherheit ist viel unerträglicher als das Erleben von Überraschungen

---

38 Mit diesem Argument wendet sich D. Neil MacCormick, Legal Obligation and the Imperative Fallacy, in: A. W. B. Simpson (Hrsg.), Oxford Essays in Jurisprudence (Second Series), Oxford 1973, S. 100-130, gegen die Rechtstheorie John Austins, die »command« als Normquelle behauptet hatte.

und Enttäuschungen. Anomie im Sinne Durkheims betrifft die Unsicherheit des Erwartens, nicht die Tatsachen des faktischen Verhaltens anderer. Gewiß: Erwarten und Verhalten stabilisieren einander, aber Normen produzieren größere Sicherheit im Erwarten, als es vom Verhalten her gerechtfertigt ist, und das ist ihr spezifischer Beitrag zur Autopoiesis der gesellschaftlichen Kommunikation.

Damit fällt zugleich ein bezeichnendes Licht auf das vieldiskutierte Problem der *Rechtsdurchsetzung*. Politisch gesehen geht es um die Frage, ob ein vorgeschriebenes Handeln oder Unterlassen durch Machteinsatz auch erzwungen werden kann. Auch eine Rechtssoziologie, die vorherrschend auf Sanktionsgewalt abstellt und nach einem aus dem 18. Jahrhundert stammenden Schema Recht als äußeren Zwang von Moral als inneren Zwang unterscheidet, folgt dieser primär politischen Perspektive.[39] Und das gilt auch dann noch, wenn man, etwa mit Jeremy Bentham, die Erwartungssicherheit darin sieht, daß erwartungsgemäß gehandelt wird. Bei einigem Nachdenken fallen jedoch Merkwürdigkeiten auf. Läge die Funktion des Rechts in der macht- und sanktionsgedeckten Sicherstellung des vorgeschriebenen Handelns oder Unterlassens, hätte es der faktische Rechtsbetrieb ständig, ja vorwiegend mit dem eigenen Nichtfunktionieren zu tun. Recht liefe auf eine Abwicklung der eigenen Defekte hinaus; oder vielleicht besser: es hätte mit der Unzulänglichkeit der Realisierung politischer Pläne zu tun. Und wieso dann ein binärer Code Recht/Unrecht? Und wieso dann die Entscheidung, die Rechtsdurchsetzung, vom Strafrecht abgesehen, der Initiative eines privaten Klägers überlassen? Und wieso der bedeutende Bereich von Erlaubnisnormen, die die Rechtsgestaltung dem Privatwillen überlassen und ihm nur die Voraussicht der rechtlichen Relevanz seines etwaigen Verhaltens ermöglichen?

Solche Tatsachen zwingen dazu, das Zentrum des Problems der Rechtsdurchsetzung von Verhalten auf Erwartung zu verlagern und damit zugleich den Unterschied von Recht und von Politik im Sinne effektiver Durchsetzung kollektiv bindender Entscheidungen herauszuarbeiten. Die Funktion des Rechts besteht nur darin, Erwar-

---

39 Das gilt besonders, obwohl mit vielen wichtigen Nuancierungen, für die Rechtssoziologie Theodor Geigers. Vgl. insb.: Vorstudien zu einer Soziologie des Rechts, (1947), Neudruck Neuwied 1964, und dazu kürzlich Heinz Mohnhaupt, Anfänge einer »Soziologie der Rechts-Durchsetzung« und die Justiz in der Rechtssoziologie Theodor Geigers, Ius Commune 16 (1989), S. 149-177.

tungssicherheit zu ermöglichen, und zwar gerade angesichts von absehbaren, nicht zu verhindernden Enttäuschungen. Allerdings löst diese Umorientierung das Problem nur zum Teil. Denn Erwartungssicherheit wird auch dadurch gefährdet, daß ein erwartungskonformes Verhalten, obwohl die Erwartung durch Recht gedeckt ist, nicht erreicht werden kann und nicht einmal eine bescheidene Aussicht auf Erwartungserfüllung besteht. Das Recht kann nicht dauernd sagen: Du hast zwar recht, aber leider können wir Dir nicht helfen. Es muß zumindest Substitute der Anspruchserfüllung (Strafen, Schadensersatz usw.) anbieten und diese durchsetzen können. Aber auch dann kann es nicht garantieren, daß der Verurteilte zahlungsfähig ist[40], und das politische System wird es nicht als eigene Aufgabe ansehen, anstelle des Verurteilten zu zahlen, um dem Recht zum Sieg zu verhelfen.

Eine gewisse Funktionssynthese von Politik und Recht ist mithin unerläßlich – aber gerade auf der Grundlage unterschiedlicher Funktionen.[41] Würde die Politik ihr Ziel, kollektiv bindende Entscheidungen effektiv und ausnahmslos durchzusetzen, tatsächlich erreichen, würde das Rechtssystem sich in einer paradoxen Situation befinden. Es würde einerseits kein Problem mehr sehen, da nicht mehr mit Erwartungsenttäuschungen zu rechnen ist. Es würde aber vermutlich zugleich durch das politische System in seinen eigenen Erwartungen enttäuscht werden. Es gibt, anders gesagt, gute Gründe, Rechtsdurchsetzung zu limitieren auf das, was für die Ermöglichung enttäuschungsfester Erwartungen nötig ist, und es im übrigen bei der Funktionsdifferenz von Rechtssystem und politischem System zu belassen.

40 Hierzu Klaus A. Ziegert, Gerichte auf der Flucht in die Zukunft: Die Bedeutungslosigkeit der gerichtlichen Entscheidung bei der Durchsetzung von Geldforderungen, in: Erhard Blankenburg / Rüdiger Voigt (Hrsg.), Implementation von Gerichtsentscheidungen, Opladen 1987, S. 110-120. Siehe auch Volkmar Gessner et al., Die Praxis der Konkursabwicklung in der Bundesrepublik Deutschland: Eine rechtssoziologische Untersuchung, Köln 1978, und, eher zu Vorfeldstrategien, Kurt Holzscheck et al., Praxis des Konsumentenkredits: Eine empirische Untersuchung zur Rechtssoziologie und Ökonomie des Konsumentenkredits, Köln 1982.

41 Siehe auch Niklas Luhmann, Rechtszwang und politische Gewalt, in ders., Ausdifferenzierung des Rechts: Beiträge zur Rechtssoziologie und Rechtstheorie, Frankfurt 1981, S. 154-172.

Im folgenden diskutieren wir am Beispiel des Rechts ein allgemeines Problem des Funktionsverständnisses im Kontext von funktionaler Differenzierung und damit indirekt im Kontext einer Beschreibung der modernen Gesellschaft. Nicht selten findet man die Rede von einem »Funktionsverlust« – etwa einem Funktionsverlust der Familie oder auch der Religion. Das könnte jedoch schlicht auf einer optischen Täuschung beruhen. Man projiziert einen sehr weiten Funktionsbegriff, der alles einschließt, was man den erörterten Gesellschaftsbereichen zurechnen kann, in die Vergangenheit, um dann im historischen Vergleich Einschränkungen festzustellen. Das Verfahren unterschlägt die Steigerung der funktionsspezifischen Leistungen, die durch Ausdifferenzierung entsprechender Systeme erzielt sind.

Für das Rechtssystem findet man eine solche Vorstellung bei Leon Mayhew, der seinerseits an Parsons' Theorievorstellungen anschließt.[42] Die Funktion des Rechts wird hierarchisch hoch veranschlagt – entsprechend der allgemeinen Bedeutung normativer Regulierung im Parsonsschen Theorieaufbau. Das Recht garantiere soziale Kontrolle und Inklusion der Individuen in die Gesellschaft (vor allem über die Norm der Gleichheit). Dasselbe Problem bricht auf andere Weise wieder auf, wenn man heute die Vorstellung einer wenn auch beschränkten Steuerung der Gesellschaft durch Recht (statt nur: einer Selbststeuerung des Rechtssystems) zu retten versucht[43]; oder wenn man meint, einen Wandel des Rechtssystems

---

42 Siehe vor allem Leon H. Mayhew, Stability and Change in Legal Systems, in: Bernard Barber / Alex Inkeles (Hrsg.), Stability and Social Change, Boston 1971, S. 187-210; Talcott Parsons, The Law and Social Control, in: William M. Evan (Hrsg.), Law and Sociology, New York 1962, S. 56-72.

43 Siehe vor allem Gunther Teubner / Helmut Willke, Kontext und Autonomie: Gesellschaftliche Selbststeuerung durch reflexives Recht, Zeitschrift für Rechtssoziologie 5 (1984), S. 4-35; Helmut Willke, Kontextsteuerung durch Recht? Zur Steuerungsfunktion des Rechts in polyzentrischer Gesellschaft, in: Manfred Glagow / Helmut Willke (Hrsg.), Dezentrale Gesellschaftssteuerung: Probleme der Integration polyzentrischer Gesellschaft, Pfaffenweiler 1987, S. 3-26; Gunther Teubner, Recht als autopoietisches System, Frankfurt 1989, S. 81 ff. Diese Vorstellungen sind sehr interessiert und kritisch aufgenommen worden. Bei einem größeren historischen Abstand fällt auf, daß die Diskussion nicht mehr auf die Frage nach der Funktion des Rechts bezogen wird – so als ob es selbstverständlich wäre, daß diese durch »Gesellschaftssteuerung« erfüllt werden könne.

nicht nur auf der Ebene seiner Programme und seiner Dogmatik, sondern auch und vor allem auf der Ebene seiner Funktion beobachten zu können.[44]
Je nachdem, welchen Funktionsbegriff man offen oder verdeckt zugrunde legt, erscheint die moderne Ausdifferenzierung des Rechtssystems als Problemfall. Gemessen an den traditionellen Erwartungen an eine rechtliche Integration der Gesellschaft erscheint sie als Funktionsverlust, als »lack of sufficient articulation with the other differentiated systems of society«.[45] So gelinge es dem Recht trotz eindeutiger juristischer Beurteilung nicht, die civil rights-Bewegung, vor allem auf dem Gebiet der Rassengleichheit, wirksam gegenüber ökonomischen, aber auch familialen, nachbarlichen usw. Interessen durchzusetzen.[46] So sehr dies zutrifft: die Frage bleibt, ob man dies als Funktionsversagen auffassen muß oder ob es nicht richtiger wäre (nicht zuletzt auch unter empirischen Gesichtspunkten), die sei es traditionale, sei es futuristische Funktionsbestimmung zu überprüfen. Das Festhalten einer weiten und Positives betonenden Funktionsbestimmung führt offensichtlich dazu, daß die gegebenen Verhältnisse dann beklagt werden müssen. Das kann

---

44 So, Prognose und Empfehlung verbindend, Karl-Heinz Ladeur in verschiedenen Publikationen. Siehe vor allem: »Abwägung« – Ein neues Paradigma des Verwaltungsrechts: Von der Einheit der Rechtsordnung zum Rechtspluralismus, Frankfurt 1984; ders., Die Akzeptanz von Ungewißheit – Ein Schritt auf dem Weg zu einem »ökologischen« Rechtskonzept, in: Rüdiger Voigt (Hrsg.), Recht als Instrument der Politik, Opladen 1986, S. 60-85; Computerkultur und Evolution der Methodendiskussion in der Rechtswissenschaft: Zur Theorie rechtlichen Entscheidens in komplexen Handlungsfeldern, Archiv für Rechts- und Sozialphilosophie 74 (1988), S. 218-238; Lernfähigkeit des Rechts und Lernfähigkeit durch Recht (Erwiderung auf J. Nocke), Jahresschrift für Rechtspolitologie 4 (1990), S. 141-147. Die Funktion des Rechts sei nun die »Erhaltung der Lernfähigkeit und Flexibilität der gesellschaftlichen Subsysteme und organisierten Beziehungsnetze« (a.a.O. 1990, S. 142). Wenn man einen Funktionswandel unterstellt, erscheint das, was andere als Verfall diagnostizieren, in einem günstigeren Licht; und Ladeur hat zumindest das Verdienst, darauf aufmerksam gemacht zu haben. Andererseits würde die zitierte Funktionsformel zu viel einschließen – auch Vorsorge für Liquidität in den Unternehmen, Sprachgewandtheit, Grundlagenforschung –, so daß von einem ausdifferenzierten Rechtssystem dann kaum noch die Rede sein könnte. Siehe auch die Bedenken von Joachim Nocke, Alles fließt – Zur Kritik des »strategischen Rechts«, Jahresschrift für Rechtspolitologie 4 (1990), S. 125-140.
45 Mayhew a.a.O., S. 188.
46 Hierzu ausführlich Leon H. Mayhew, Law and Equal Opportunity: A Study of the Massachusetts Commission Against Discrimination, Cambridge Mass. 1968.

man wollen, ja als Aufgabe der Soziologie ansehen (im Unterschied zur Jurisprudenz, der dann Konformismus in einer an sich abzulehnenden Gesellschaft vorgeworfen wird). Aber das Begriffsmanöver ist allzu durchsichtig, als daß die Ergebnisse mehr zeigen als die Voreingenommenheit, mit der man die Untersuchung eingeleitet hatte. Wenn die Diskussion auf diesem Niveau bleibt, sind auch Gegenpositionen nichts anderes als Artikulationen anderer Vorurteile.[47]

Es ist nicht leicht, über diese vordergründige Polemik hinauszugelangen. Sorgfalt in der Bestimmung der Funktionen und begriffliche Genauigkeit in dem Gesamtkontext, der dazu beiträgt, sind eine Möglichkeit. Das würde es erfordern, Begriffe wie soziale Kontrolle oder Inklusion, Sollen, Werte, Gleichheit, Konsens, Zwang, Zeit, kontrafaktische Stabilisierung, die gegebenenfalls zur Bestimmung der Funktion von Recht beitragen könnten, nicht als unanalysierte Abstraktionen hinzunehmen, sondern weiter aufzulösen und in komplexere Begriffsvernetzungen einzubauen. Das hindert natürlich niemanden, gleichwohl auf eine (nur komplexere) ideologische Verschleierungstaktik zu schließen und die Theorie (des anderen) darauf zu reduzieren. Immerhin könnte dann aber eine Voreingenommenheit in dem Maße erträglicher sein, als sie im Nebeneffekt auch noch zur Förderung wissenschaftlicher Theorieentwicklung beiträgt.

VI

Die Diskussion über »Steuerung durch Recht« könnte von der Einführung einer weiteren Unterscheidung profitieren. Von der *Funktion* des Rechts muß man die *Leistungen* unterscheiden, die das Recht für seine innergesellschaftliche Umwelt und vor allem für die anderen Funktionssysteme der Gesellschaft erbringt. Die Funktion ergibt sich aus dem Bezug auf das Gesellschaftssystem als Einheit. Für eine bestimmte Funktion ist das Rechtssystem ausdifferenziert, und hier geht es, wie gesagt, darum, daß man sich auf bestimmte

---

47 Hierfür ließen sich zahlreiche Zeugnisse anführen. Besonders eklatant Günter Frankenberg, Unordnung kann sein: Versuch über Systeme, Recht und Ungehorsam, in: Axel Honneth et al. (Hrsg.), Zwischenbetrachtungen: Im Prozeß der Aufklärung: Jürgen Habermas zum 60. Geburtstag, Frankfurt 1989, S. 690-712.

Erwartungen als Erwartungen (nicht: als Verhaltensprognosen) verlassen kann. An diese Funktion knüpfen dann aber andersartige Leistungserwartungen an, die für die innergesellschaftliche Umwelt des Rechtssystems mehr oder weniger wichtig, mehr oder weniger schwer zu ersetzen sind. Erst unter dem Regime der funktionalen Differenzierung lassen diese beiden Aspekte, Funktion und Leistung, sich unterscheiden; und zwar ungeachtet der Tatsache, daß auch jetzt Leistungen des Funktionssystems auf Grund der Funktion erwartet werden, und nicht etwa auf Grund eines Status oder eines Ethos der Funktionsträger oder auf Grund einer allgemeinen gesellschaftlichen Moral.[48]

Bei der Analyse der Funktion des Rechts mußten zwei Gesichtspunkte zurückgestellt werden, die jetzt als mögliche Leistungen des Rechts diskutiert werden können, nämlich die *Verhaltenssteuerung* und die *Konfliktlösung*. Nicht nur die Durchhaltbarkeit von normativen Erwartungen, sondern auch zahlreiche andere gesellschaftliche Funktionen und nicht zuletzt alltägliche Verhaltenskoordinationen sind darauf angewiesen, daß Menschen sich tatsächlich so verhalten, wie das Recht es vorschreibt, also zum Beispiel beim check-out ihre Hotelrechnung tatsächlich bezahlen, sich tatsächlich an die Vorschriften des Straßenverkehrs halten und vor allem: tatsächlich davon absehen, andere mit physischer Gewalt zu bedrohen. Selbst wenn man sicher sein kann, daß solche Erwartungen berechtigt sind, genügt das allein nicht, um eine etwas anspruchsvollere soziale Normalität der Komplementarität des Verhaltens zu erreichen. Andere Interaktions- oder Organisations- oder Funktionssysteme der Gesellschaft sind in dieser Hinsicht auf Subvention durch das Recht angewiesen.

Daß dies nur eine Leistung ist, zeigt sich daran, daß die außerrechtlichen Systeme über zahlreiche funktionale Äquivalente verfügen, um das gewünschte Verhalten als Prämisse anderen Verhaltens sicherzustellen.[49] Zum Beispiel dient das Kreditkartensystem dazu,

48 Zu Parallelen in anderen Fällen funktionaler Ausdifferenzierung vgl. Niklas Luhmann, Funktion der Religion, Frankfurt 1977, S. 54 ff.; Niklas Luhmann / Karl Eberhard Schorr, Reflexionsprobleme im Erziehungssystem (1979), Neudruck Frankfurt 1988, S. 34 ff.; Niklas Luhmann, Politische Theorie im Wohlfahrtsstaat, München 1981, S. 81 ff.; ders., Die Wirtschaft der Gesellschaft, Frankfurt 1988, S. 63 ff.; ders., Die Wissenschaft der Gesellschaft, Frankfurt 1990, S. 635 ff.
49 Dies ist im übrigen in anderer Form ein altes Thema. Es wurde früher an Hand der

Zahlungen auch außerhalb rechtlicher Prüfungen sicherzustellen. Ohne Kreditkarte werden bestimmte Leistungen (zum Beispiel Autovermietungen) oft gar nicht mehr erbracht. Oder: An Tankstellen der USA werden die Leitungen für eine bestimmte Menge Benzin nur freigegeben, wenn vorher der entsprechende Betrag bezahlt worden ist. Aber das sind, wie leicht zu sehen, Formen, die sich entwickelt haben, weil das Recht ein bestimmtes Verhalten nicht oder nicht ausreichend garantieren kann. Im Zusammenhang mit der Entdeckung von Primärgruppeneinflüssen und informaler Organisation ist der Beitrag des Rechts zur Verhaltensbestimmung oft als sehr gering eingeschätzt worden.[50] Aber das gilt allenfalls für sehr spezifische Situationen. Unter modernen Bedingungen ist es kaum vorstellbar, daß das Recht in erheblichem Umfange durch solche Motivquellen ersetzt werden könnte.

Für das Verständnis von Verhaltenssteuerung als Leistung des Rechts für andere Funktionssysteme ist außerdem wichtig, daß es keineswegs nur, wie Hobbes angenommen hatte, um eine Einschränkung »natürlicher Freiheiten« geht. Vielmehr erzeugt das Recht auch seinerseits Freiheiten, artifizielle Freiheiten, die dann in anderen sozialen Systemen konditioniert, also auf systemeigene Weise eingeschränkt werden können. Zum Beispiel die Freiheit, Hilfe und Abgabezumutungen abzulehnen und statt dessen Kapital zu bilden. Oder die Freiheit, Mitglied einer Organisation zu werden oder dies bei ungünstigen Bedingungen abzulehnen. Oder die Freiheit, einen zugemuteten, der Familie konvenierenden Ehepartner abzulehnen und statt dessen eine Ehe auf »Liebe« zu gründen. Oder die Freiheit, unpassende Meinungen zu äußern und sie einer (dann nur noch nachträglichen) Kritik auszusetzen. In vielen Hinsichten beruhen die »Medien«, die in anderen Systemen zur Bildung systemeigener Formen verwendet werden, auf rechtlich garantierten Ablehnungsmöglichkeiten, also auf der Möglichkeit, sich dem Anpassungsdruck zu entziehen, der unter Titeln wie Moral oder Vernunft ausgeübt wird. Nicht zufällig konnte man daher, als dies im 18. und 19. Jahrhundert offen zutage trat, der Meinung sein, die

---

Fragestellung diskutiert, ob die Geltung des Rechts allein auf Sanktionen beruhe oder ob außerrechtliche Motivationsmittel hinzutreten müßten. Siehe etwa Georg Jellinek, Allgemeine Staatslehre, 3. Aufl. 6. Neudruck Darmstadt 1959, S. 332 ff.

50 Siehe z. B. Richard T. LaPiere, A Theory of Social Control, New York 1954 passim, insb. S. 19 ff., 316 ff.

eigentliche Funktion des Rechts bestünde in der Gewährleistung von Freiheit.

Ähnlich steht es mit der Leistung der Konfliktregulierung. Auch hier hängt die Gesellschaft in vielen ihrer sozialen Systeme davon ab, daß sie im Falle von' Konflikten das Rechtssystem einschalten kann. Das gilt besonders für das Recht, unberechtigte Erwartungen zurückzuweisen und die Insistierenden auf den Rechtsweg zu verweisen. Andererseits ist darauf hinzuweisen, daß das Recht nicht unbedingt die Konflikte löst, um die es ursprünglich gegangen war, sondern nur solche, die es selbst konstruieren kann.[51] Die Tiefenstrukturen und Konfliktmotive der Alltagskonflikte sowie die Frage, wer angefangen hat, bleiben dabei weitgehend unberücksichtigt. Deshalb sind auch die Auswirkungen von Rechtsentscheidungen oder rechtlich forcierten Schlichtungen auf vorgegebene Konfliktlagen durch das Recht schwer zu kontrollieren. Außerdem hat die Inanspruchnahme einer rechtlich geregelten Konfliktlösung ihrerseits enge Grenzen, besonders dort, wo die Beteiligten auf Fortsetzung ihrer Beziehungen Wert legen und deshalb die Juridifizierung ihrer Konflikte scheuen. Deshalb findet man so viel körperliche oder psychische Gewalt in Intimbeziehungen, besonders Familien. Deshalb lassen soziale Abhängigkeiten, etwa am Arbeitsplatz, oft eine Kommunikation über einklagbare Rechte nicht zu; oder es wird doch bevorzugt, auf andere Weise ins Reine zu kommen bzw. den Konflikt als Dauerkonflikt zu stabilisieren, in dem jeder seine Chancen nutzt.

Für die weitgehende Benutzung außerrechtlicher Mechanismen der Konfliktlösung ist vor allem Japan berühmt. Aber auch die sehr begrenzte Inanspruchnahme der Gerichte des Common Law wird mit außergerichtlichen Konfliktlösungen erklärt.[52] In England scheinen selbst so wichtige Angelegenheiten wie Jagd und Wilderei nicht dazu zu führen, daß die Gerichte bemüht werden. Mit der Zunahme von Gesetzesrecht und vor allem mit der Zunahme öffentlich-rechtlicher Regulierungen nimmt allerdings auch die Kritik an dieser Schmalspurigkeit und Schwerzugänglichkeit der Gerichte

---

51 Dazu Johan Galtung, Institutionalized Conflict Resolution: A Theoretical Paradigm, Journal of Peace Research 2 (1965), S. 348-397.

52 Vgl. Richard Lempert / Joseph Sanders, An Invitation to Law and Social Science, New York 1986, S. 133 ff.

des Common Law zu.[53] Vermutlich hängt diese Entlastung des Rechts damit zusammen, daß soziale Schichtung oder Gruppenloyalitäten noch als soziale Ordnung erfahren und akzeptiert werden. Wenn das nicht mehr der Fall ist, verschärft die Unzugänglichkeit der Gerichte die Differenz von Inklusion kleiner und Exklusion großer Bevölkerungsgruppen und wird damit zum Problem nicht nur für die Leistungen, sondern auch für die Funktion des Rechts.[54] Wir kommen darauf im Kapitel über Gesellschaft und Recht zurück.

Der Unterschied von Funktion und Leistungen liegt mithin vor allem in der Reichweite funktionaler Äquivalente. Für die Absicherung von normativen (und insoweit: nicht selbstverständlichen) Erwartungen gibt es kaum Alternativen zum Recht. Aber ein gewünschtes Verhalten kann in weitem Umfange durch positive Anreize erreicht werden, bei denen die Rechtsform nur in den Ausnahmefällen von Abwicklungsstörungen relevant wird. Konflikte werden auf enorm vielfältige Weisen erträglich gestaltet oder auch zur Entscheidung gebracht; und das Recht ist dabei nur eine der Möglichkeiten, wenngleich eine, die sozusagen die Funktion der Reservewährung übernimmt und eine Art letzte Sicherheit für Freiheit bietet. Eine Differenzierung von Funktion und Leistungen kommt erst infolge der Ausdifferenzierung eines Rechtssystems zustande. In den genannten Hinsichten, Verhaltenssteuerung und Konfliktlösung, muß man deshalb Gesellschaft ohne und Gesellschaft mit ausdifferenziertem Rechtssystem unterscheiden. Beide Sachlagen sind sehr verschieden, auch wenn man natürlich unter dem funktionalen Gesichtspunkt des »dispute settlement« sehr heterogene Situationen vergleichen kann.[55]

In tribalen Gesellschaften, aber auch in ländlichen Gebieten von »peasant societies«, die weitgehend ohne Bezug auf formales Recht und Gerichte zurechtkommen müssen, werden Rechtsfragen normalerweise einem Verfahren der Streitschlichtung zugeführt, das die

---

53 Siehe Brian Abel-Smith / Robert Stevens, Lawyers and the Courts: A Sociological Study of the English Legal System 1750-1965, Cambridge Mass. 1967.

54 Siehe Volkmar Gessner, Recht und Konflikt: Eine soziologische Untersuchung privatrechtlicher Konflikte in Mexiko, Tübingen 1976.

55 Bedenklich bleibt es gleichwohl, wenn man ethnologisches Material mit empirischen Analysen moderner Schlichtungsverfahren gemeinsam abhandelt, ohne die völlig verschiedenen strukturellen Kontexte gebührend in Rechnung zu stellen.

Gesichtspunkte, die zur Kommunikation zugelassen werden, diesem Ziel unterordnet. Es geht um lebens- und durchsetzungsfähige Arrangements, nicht (oder nur sekundär) um die Zuordnung der Werte Recht bzw. Unrecht zu Ansprüchen.[56] Dann wird schon im Verfahren der Gesichtspunkt des lokal Konsensfähigen eingebracht, und die streitenden Parteien werden mit der Frage konfrontiert, wie sie ihre weitere Lebensführung im Ort einrichten wollen. Im modernen Kontext werden die Schlichtungsverfahren dagegen unter dem Gesichtspunkt eines anderenfalls drohenden Rechtsstreits durchgeführt. Es wird gleichsam mit dem Feuer gespielt, mit der Ungewißheit des Ausgangs, mit Kosten und mit zeitlichen Verzögerungen; aber die Möglichkeit des gerichtlichen Rechtsschutzes ist bei jeder Überlegung präsent, und die Form der eventuellen Einigung ist eine Form des geltenden Rechts, die ihrerseits bei Bedarf Klagemöglichkeiten eröffnet. Das Schlichtungsverfahren lebt von der eigentlichen Funktion des Rechts, normative Erwartungen zu stabilisieren; aber es kann dieser Form einen sozialen Mehrwert abgewinnen, der als Leistung des Rechts den betroffenen psychischen und sozialen Systemen zugute kommt.

Will man sowohl die Funktion als auch die Leistungen des Rechtssystems im Zusammenhang beurteilen, bietet es sich an, im Recht eine Art Immunsystem der Gesellschaft zu sehen.[57] Mit zunehmender Komplexität des Gesellschaftssystems nehmen Diskrepanzen zwischen Normprojektionen zu, und zugleich ist die Gesellschaft mehr darauf angewiesen, daß für solche Konflikte »friedliche« Lösungen gefunden werden, weil anderenfalls der Ausbau von Kommunikationsmedien und Funktionssystemen und zum Beispiel die Entwicklung von »Städten« überall stagnieren würde. Das kann natürlich durchaus vorkommen, und ist in der Mehrzahl der Fälle auch so verlaufen. Aber es gibt auch die Möglichkeit, das System

56 Vgl. als viel zitierte Monographie Max Gluckman, The Judicial Process Among the Barotse of Northern Rhodesia, Manchester 1955, oder Paul J. Bohannan, Justice and Judgment Among the Tiv, London 1957; ferner Laura Nader, Styles of Court Procedure: To Make the Balance, in: dies. (Hrsg.), Law in Culture and Society, Chicago 1969, S. 69-92. Für die europäische Situation vor der Ausdifferenzierung eines eigenständigen Rechtssystems im 11./12. Jahrhundert vgl. auch Harold J. Berman, Recht und Revolution: Die Bildung der westlichen Rechtstradition, dt. Übers. Frankfurt 1991, S. 85 ff. .
57 Wir kommen darauf im Schlußkapitel ausführlicher zurück.

gegen Pathologien jener Art stärker zu immunisieren. Es bleibt dabei offen und unvorhersehbar, wann und aus welchen Anlässen es jemandem einfällt, auf Konfliktkurs zu gehen und einer Normprojektion eine andere Normprojektion entgegenzusetzen. Und es gibt, wie in der Immunologie generell, für solche Vorfälle auch keine konkret vorbereitete Antwort. Das Rechtssystem sieht nicht voraus, wann es dazu kommt und wie die Situationen aussehen werden, wer beteiligt sein wird und wie stark das Engagement sein wird. Seine Mechanismen sind darauf angelegt, »ohne Ansehen der Person« zu wirken. Und sie brauchen Zeit, um die Immunantwort aufzubauen. Die Sachlage wäre viel zu komplex für Punkt-zu-Punkt-Korrespondenzen zwischen Umweltanlaß in den psychischen und psychisch-situativen Dispositionen und der Problemlösung, die sich im Sozialsystem durchsetzt. Und auch insofern kann man von Immunsystem sprechen, als einmal gefundene Lösungen die Wahrscheinlichkeit neuer »Infektionen« verringern bzw. ihre Bearbeitungszeit verkürzen.

Schon im Kontext der Frage nach der Funktion des Rechts gibt es mithin eine Reihe von Argumenten, die zeigen können, daß die Ausdifferenzierung eines Rechtssystems, wenn einmal auf den Weg gebracht, sich bewährt. Wir hatten gesehen, daß bei Vermehrung unkoordinierter Normprojektionen der Punkt erreicht wird, an dem eine quasi naturwüchsige Reflexivität im normativen Erwarten normativen Erwartens keine Lösungen mehr liefert und ersetzt werden muß durch die Ausdifferenzierung eines organisierten Entscheidungssystems im Recht, das dann die Blicke auf sich zieht und ein Netzwerk von offiziell geltenden Normen entwickelt, an dem es sich selbst orientiert, sofern es genügend politische Unterstützung findet. Ein anderer Gesichtspunkt war, daß Funktion und Leistungen differenziert werden können, sobald sich ein Funktionssystem bildet, und dann im Leistungsbereich viele, im Funktionsbereich dagegen keine (oder praktisch kaum realisierbare) funktionale Äquivalente für normatives Erwarten zur Verfügung stehen. Und schließlich geben auch die Vorzüge eines nachgeschalteten Immunsystems, das mit geringerer Komplexität und statt dessen mit einer eigenen Geschichte arbeitet im Verhältnis zu dem, was unvorhersehbar an Störfällen auftritt, Gründe zu erkennen, die für die Ausdifferenzierung sprechen.

Wenn es um die viel diskutierte Frage geht, weshalb die Entwicklung zur modernen Gesellschaft in Europa und nicht zum Beispiel in China oder in Indien angelaufen ist, müßten all diese Gesichtspunkte stärker beachtet werden. Konzentriert man den Vergleich auf das 12. oder 13. Jahrhundert und auf Europa und China, sprechen die demographischen Fakten, die technologische Entwicklung, Schriftverbreitung, Wohlstand eher gegen Europa. Aber Europa hatte auf Grund der Errungenschaften des römischen Zivilrechts eine entwickelte Rechtskultur. Ein erheblicher Teil der Kleriker waren faktisch Juristen (des kanonischen Rechts). In England war auf diesen Grundlagen die eigenständige Entwicklung eines Common Law angelaufen. Stadtrechte wurden gesammelt, kodifiziert und als Modelle übernommen. Der Souveränitätskampf der italienischen Städte wurde vor allem im Hinblick auf rechtliche Selbstregulierung geführt. Viel tiefer als anderswo war hier justitiables Recht in Beziehungen des täglichen Lebens eingebaut. Man konnte also mehr als im Zivilisationsvergleich normal mit kontrafaktisch stabilisierten Verhaltenserwartungen rechnen, auch wenn dann noch unsicher blieb, ob das faktische Verhalten den Erwartungen entsprechen würde. Die Sozialordnung konnte in größere Unwahrscheinlichkeiten hinein entwickelt werden, wenn wenigstens feststellbar blieb, mit welchen Erwartungen man sich auf das Recht berufen konnte und an welchen Punkten Konflikte als Rechtskonflikte auftreten würden, die dann notfalls durch das »höchste Tribunal«, den Krieg, entschieden werden mußten. Wie immer man die Bedeutung von Religion, von Geldwirtschaft, von regionaler Diversifikation in diesem Zusammenhang einschätzen mag: daß ein wichtiger Entwicklungsvorlauf im Recht und damit im rechtlichen Vorbereitetsein auf höhere Komplexität und Unwahrscheinlichkeit gelegen hatte, sollte nicht übersehen werden.

All das im Blick behaltend, kann man gleichwohl nicht sagen, daß die Vorteile funktionaler Spezifikation wie ein evolutionärer Mechanismus wirken. Für historische Erklärungen braucht man eine komplexer gebaute Evolutionstheorie.[58] Und außerdem ergibt sich aus der Funktion allein noch nicht, daß das Recht auch tatsächlich als ein autopoietisches System sich schließen und sich reproduzieren kann. Dazu sind weiterhin bestimmte Strukturentwicklungen

58 Dazu Kapitel 6.

erforderlich, die wir im folgenden Kapitel unter dem Gesichtspunkt (einer Differenz) von Codierung und Programmierung behandeln werden.

Kapitel 4

Codierung und Programmierung

I

Die Angabe der Funktion allein reicht nicht aus, um das Rechtssystem zu beschreiben. Wir hatten bereits im vorigen Kapitel gesehen, daß daraus nicht klar wird, woran das Rechtssystem sich orientiert, wenn es sich selbst reproduziert und gegen eine Umwelt abgrenzt. In der soziologischen Systemtheorie wird deshalb durchweg von Funktion und Struktur gesprochen, und Strukturfestlegungen werden deshalb für unerläßlich gehalten, weil Funktionsangaben zu viel offenlassen.[1] Aber auch in der Rechtstheorie selbst stößt man auf dieses Problem. Für Jeremy Bentham zum Beispiel liegt die Funktion des Rechts letztlich in der Sicherheit der Erwartungen; aber der Orientierungswert wird durch »commands« sichergestellt: durch einen politisch autorisierten, durchsetzungsfähigen Gesetzgeber. Ein Befehl erzeugt die Differenz von Gehorchen und Nichtgehorchen. Oder mit älteren Quellen: Wenn Cicero sich fragt, was eigentlich das Recht sei, ist das erste, was ihm (mit Berufung auf sachkundige Männer) einfällt: »ratio summa insita in natura, quae iubet ea quae facienda sunt, prohibetque contraria«.[2] Offensichtlich geht es also um eine für das Recht spezifische Unterscheidung. In unserer folgenden Darstellung übernimmt der Begriff des Codes diese Rolle. Er läßt, im Vergleich zu »command«, die Frage der Geltungsquelle offen, denn die Quelle der Rechtsgeltung ist, wie wir gesehen haben, das Rechtssystem selbst. Und er ist enger gefaßt als der Begriff der Struktur (obwohl Codes durchaus Strukturen sind) und lenkt mit Hilfe der Unterscheidung von Codierung und Programmierung die Aufmerksamkeit mehr auf die Entwicklung von Strukturen.

Die vom vorigen Kapitel beschriebene Funktion des Rechts erzeugt einen binären Schematismus, demzufolge normative Erwartungen, welcher Provenienz auch immer, entweder erfüllt oder enttäuscht

---

1 So Talcott Parsons, The Social System, Glencoe Ill. 1951, S. 19 ff., 202 f. bei der Einführung des Markennamens »structural-functional analysis«.
2 De legibus I, VI, 18. Für heutigen Gebrauch müßte man »Natur« durch »Diskurs« ersetzen.

werden. Beides kommt vor, und entsprechend verschieden reagiert das Recht. Damit bleibt jedoch offen, wie Fälle zu behandeln sind, in denen enttäuschendes Verhalten seinerseits Normen projiziert und behauptet, im Recht zu sein; ganz zu schweigen von Fällen, in denen die Rechtsverletzung nur behauptet wird oder die Zurechnung des Handelns auf bestimmte Täter bestritten wird. Auch in solchen Fällen kann die eine oder die andere Normprojektion soziale Unterstützung finden, oder man kann auf Zufallsmechanismen (Gottesurteile usw.) zurückgreifen, um bei sozialer Unterstützung für beide Seiten Konflikte zu regulieren.[3] Immer aber ist dann die Erfüllung der Rechtsfunktion von sozialen Strukturen abhängig, die dem Recht nicht zur Disposition stehen, oder eben von Tricks, mit denen diese Abhängigkeit ausgeschaltet wird auf Kosten der Berechenbarkeit und der möglichen Regelungsdichte des Rechts.

Über diesen Zustand führt die gesellschaftliche Evolution durch einen Abstraktionsschritt hinaus, der die naheliegende, mit jeder Erwartung verbundene Bifurkation von Erfüllung und Enttäuschung durch eine andersartige Unterscheidung überformt. Nach wie vor kommt es dann darauf an, ob normative Erwartungen erfüllt oder enttäuscht werden. Dies unmittelbare Beobachten von Sachverhalten unter genau diesem Gesichtspunkt trägt die Funktion des Rechts und kann nicht eliminiert werden. Aber es wird, und deshalb sprechen wir von »überformt«, durch ein Beobachten zweiter Ordnung ergänzt, das sich an dem dafür ausdifferenzierten Rechtscode orientiert und sich vorbehält zu prüfen, ob die Erwartung oder das enttäuschende Verhalten rechtmäßig oder unrechtmäßig ist (war, sein wird).

Auch wenn *logisch* der binäre Schematismus von Recht und Unrecht primären Rang hat, weil er die Identifizierbarkeit des Rechtssystems begründet, ist er *historisch* eine späte Errungenschaft und setzt einen bereits vorhandenen Normenbestand voraus.[4] Daß diese

3 Vgl. für ein aktuelles Beispiel Salim Alafenish, Der Stellenwert der Feuerprobe im Gewohnheitsrecht der Beduinen des Negev, in: Fred Scholz / Jörg Janzen (Hrsg.), Nomadismus – ein Entwicklungsproblem?, Berlin 1982, S. 143-158.
4 So auch David Hume, A Treatise of Human Nature Book III, Part II, Section II, zit. nach der Ausgabe der Everyman's Library, London 1956, Bd. 2, S. 203 ff. für justice/injustice. Wir kommen ausführlicher auf diese Frage zurück, wenn es um die

Lösung der binären Codierung gewählt wird und in der Evolution sich durchsetzt, ist keineswegs selbstverständlich. Es kann auch sein, daß gerade dies als zu gefährlich vermieden wird, und es gibt Hochkulturen, die empfehlen, bei Normprojektionen Zurückhaltung zu üben, und die folglich das Insistieren auf Recht negativ bewerten.[5] Politisch wird dann Ausgleich präferiert und die Einheit der Gesellschaft als Harmonie und nicht als Differenz beschrieben.

Dann bleibt das Rechtssystem eine technische Notlösung für unbelehrbare Fälle, aber es wird nicht zu einem Funktionssystem eigenständiger Art ausdifferenziert. Seine Schwerpunkte liegen im Strafrecht und im Organisations- und Verwaltungsrecht der Herrschaftsbürokratie. Dem Normalmitglied der Gesellschaft muß es dann ratsam erscheinen, Kontakte mit dem Recht zu vermeiden und sie als ein Unglück zu betrachten.

Aus der bloßen Tatsache, daß normative Konflikte vorkommen und im Hinblick auf die Schädlichkeit ihrer Folgen Bemühungen um Konfliktlösung motivieren, läßt sich mithin die strikt zweiwertige Codierung nicht erklären. Im Gegenteil: Jeder Streitschlichter wird sich darum bemühen, den Gegensatz herunterzuspielen, und Situationsdefinitionen zu vermeiden suchen, nach denen nur der eine *oder* der andere recht haben kann. Seine Überlegenheit über die Streitparteien und sein unparteiischer Standpunkt kommen ja gerade darin zum Ausdruck, daß er nicht gehalten ist, sich letztlich auf die eine Seite zu stellen und gegen die andere zu optieren.[6] Gerade das Vorkommen solcher Konflikte und die Bedeutung von

Bedingungen der Möglichkeit der Evolution operativer Schließung geht. Vgl. unten Kapitel 6, I.
5 Vgl. für die konfuzianische Tradition Pyong-Choom Hahm, The Korean Political Tradition and Law, Seoul 1967, insb. S. 29 f., 41 ff., 53; David J. Steinberg, Law, Development, and Korean Society, Journal of Comparative Administration 3 (1971), S. 215-256. Für die seitherige Diskussion siehe Kun Yang, Law and Society in Korea: Beyond the Hahm Thesis, Law and Society Review 23 (1989), S. 891-901. Für Japan siehe die für heutige Verhältnisse ebenfalls umstrittenen Thesen von Takeyoshi Kawashima, The Status of the Individual in the Notion of Law, Right, and Social Order in Japan, in: Charles A. Moore (Hrsg.), The Status of the Individual in East and West, Honolulu 1968, S. 429-448. Zu weiteren Forschungen, die eine Distanz zur Härte der binären Codierung belegen, vgl. auch Zensuke Ishimura, Legal Systems and Social Systems in Japan, in: Adam Podgorecki et al. (Hrsg.), Legal Systems & Social Systems, London 1985, S. 116-125.
6 Siehe auch Vilhelm Aubert, In Search of Law: Sociological Approaches to Law, Oxford 1983, S. 72 ff.

unabhängigen (zumeist: statusüberlegenen) Dritten, die sich daraus ergibt, machen eine strikt zweiwertige Codierung des Rechts zunächst unwahrscheinlich, und die Evolution läuft hier, wie so oft, gegen die Wahrscheinlichkeit, wenn sie trotzdem eine binäre Codierung durchsetzt.

Genau dies ist nun für die europäische Tradition kennzeichnend: daß man im Recht eine Ebene der Beobachtung zweiter Ordnung installiert und von dort aus die unmittelbaren Normprojektionen nicht schlichtet, sondern einer weiteren Unterscheidung unterwirft. Diese Unterscheidung gibt dem Recht die Form eines codierten Systems, und sie erst gibt das Recht zur Benutzung frei unter allein den Bedingungen, die das Recht selbst festlegt.

Die damit faktisch mögliche Entwicklung kann man, im logisch geleiteten Rückblick, als Entfaltung der Tautologie bzw. als Auflösung der Paradoxie des Rechts beschreiben. Wir werden in Kurzfassung auch von Enttautologisierung oder Entparadoxierung des Rechts sprechen. Es passieren, müßte man fast sagen, die folgenden Schritte:

Das, was immer schon als Recht in die Welt gesetzt, so bezeichnet und damit von anderem unterschieden wurde (1), wird verdoppelt, dadurch nochmals emphatisch bestätigt und damit in die Tautologie Recht ist Recht verwandelt (2). Die Tautologie wird durch Einfügung einer Negation in eine Paradoxie verwandelt: Recht ist Unrecht (3); und das heißt im sozialen System zunächst einmal, daß beides in unvermeidlicher Verknüpfung vorkommt: Das Recht des einen ist das Unrecht des anderen, aber beide sind Mitglieder der sozialen Gemeinschaft. Diese Form wird durch eine weitere Negation in die Form eines Gegensatzes gebracht: Recht ist nicht Unrecht (4), damit derjenige, der im Recht bzw. im Unrecht ist, auch in zeitlicher und in sozialer Hinsicht mit diesem Status fest rechnen kann/muß. Die Feststellung, daß jemand, der im Recht ist, im Unrecht ist, wäre ein logisch verbotener Widerspruch. Dieser Widerspruch wird schließlich (5) durch Konditionalisierungen ausgeschlossen, und erst damit wird die Tautologie entfaltet bzw. die Paradoxie aufgelöst. Recht ist Recht bzw. Recht ist kein Unrecht, wenn die in den Programmen des Rechtssystems angegebenen Bedingungen erfüllt sind. Auf dieser Ebene der Programmierung (Selbststrukturierung) kann das System sich dann zeitlicher Variation aussetzen und sich damit vom Zufall des Vorkommens von

Konflikten unabhängig machen, indem es selbst bestimmt, was als entscheidbarer Konflikt behandelt werden kann und damit als evolutionärer »attractor« von Fällen fungiert. Wir werden in einem späteren Kapitel sagen, daß dies auf eine Steigerung der Varietät des Systems und auf eine Dauerproblematisierung des Verhältnisses von Varietät und Redundanz hinausläuft.

Zur Verdeutlichung fassen wir diese Entfaltungssequenz noch einmal skizzenhaft zusammen:

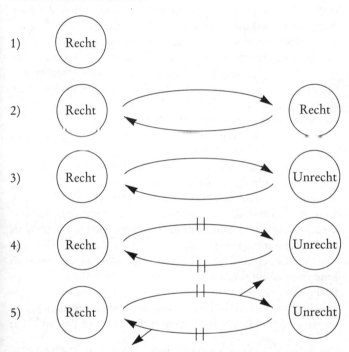

Nur vorsorglich sei noch hinzugefügt, daß dies selbstverständlich keine empirischen Schritte im Aufbau eines Systems sind, geschweige denn historische Zustände des Rechtssystems. Es geht um eine logische Rekonstruktion der Autopoiesis des Systems, und zwar um eine Rekonstruktion, die gerade die logische Unableitbarkeit, aber zugleich auch die empirische Unwahrscheinlichkeit des Systemaufbaus verdeutlichen soll. Ein Rechtssystem ist nicht deshalb möglich, weil es aus logisch zu fordernden Axiomen deduziert werden kann[7], sondern deshalb, weil die Autopoiesis des Systems unter sehr exzeptionellen historischen Bedingungen in Gang kommt. Und damit wird dann ein System aufgebaut, das sich mit Hilfe der angegebenen Unterscheidungen selbst beschreiben kann.

Daß überhaupt Recht und Unrecht so scharf und unversöhnlich unterschieden werden, muß man also zunächst einmal als auffällig, als nicht selbstverständlich notieren. Dann sieht man, in welchem Umfang die Evolution des Rechts aus dem Verhalten zu der darin liegenden Provokation resultiert. So scheint eine der wichtigsten Kategorien des römischen Zivilrechts, die obligatio, daraus entstanden zu sein, daß jemand, sei es ex delicto, sei es ex contractu, im *Unrecht* war, und dieses Unrecht in eine Rechtsform gebracht werden mußte, um es *rechtmäßiger* Behandlung zu unterwerfen – eben als Bindung, als vinculum, als adstrictio mit Spezifikation der Schuld als einer zu erbringenden Leistung.[8] Deliktsrecht und Vertragsrecht mit ihren Typisierungsformen entstehen als Entfaltungsformen einer solchen obligatio, als Obligationenrecht.

Das heißt nicht, daß Recht und Unrecht verschmelzen. Im Gegenteil: An jeder Obligation ist wiederum neu auszumachen, welches Verhalten jeweils Recht bzw. Unrecht ist. Man muß also die beiden Werte des Rechtscodes, den positiven und den negativen, auseinanderhalten, obwohl ständig beide im Spiel sind, und die Trennung als Modus der Verknüpfung funktionieren muß. Man muß mit Differenz arbeiten, obwohl man die Frage nicht stellen und beantworten kann (weil sie auf ein Paradox hinausliefe), ob der Unterschied von Recht und Unrecht selbst zu Recht oder zu Unrecht besteht. Unversehens wird dabei die Paradoxie selbst durch die Bemühung, sie zu vermeiden und zu verdecken, zu einem kreativen Prinzip.[9] Man

---

7 Auch dies wäre im übrigen, wie die Logik heute weiß, ein fundierender Zirkel, da die Axiome ja nur dazu sind, Deduktionen zu ermöglichen.

8 Ob man einen Ursprung der obligatio allein aus Deliktsrecht und vor Entstehung der Vorstellung eines das Verhalten nach (!) Vertragsschluß bindenden Vertrages annehmen kann, ist umstritten. Vgl. dazu Giovanni Pugliese, Actio e diritto subiettivo, Milano 1939, S. 73 ff. mit weiteren Hinweisen. Bemerkenswert ist jedoch vor allem die Abstraktion einer *beide* Entstehungsanlässe, Delikt und Vertrag, übergreifenden Kategorie und damit die Entwicklung eines Vertragsrechts aus der Perspektive der *nach dem Vertragsschluß* zu erfüllenden, ja eventuell neu entstehenden »synallagmatischen« Verpflichtungen.

9 Vgl. George P. Fletcher, Paradoxes in Legal Thought, Columbia Law Review 85

muß die Unterscheidung von Recht und Unrecht durch weitere Unterscheidungen implementieren. So mag es Situationen geben, in denen man für Schäden an fremdem Gut haftbar gemacht wird. Das ist verständlich zu machen, wenn der Schadensstifter rechtswidrig handelt – gleichsam als Ausnahme von den Normalregeln »casum sentit dominus« oder »qui suo iure utitur neminem laedit«. Das Recht kann, mit anderen Worten, nicht den eigenen Gebrauch verbieten oder bestrafen oder mit Haftungsfolgen belegen. Nur für ein »damnum iniuria datum« kann man herangezogen werden.[10] Das ist zunächst ebenso selbstverständlich wie einleuchtend. Bei einer stärkeren rechtspolitischen Verflüssigung des Rechts kommt es dann aber zu der Überlegung, daß bei dieser klaren Schnittlinie zu viel Verhalten verboten werden müßte, wenn man es in den Bereich des gegebenenfalls Ersatzpflichtigen bringen will. Mit anderen Worten: Die Dogmatik, die das Recht/Unrecht-Schema direkt implementiert, ist inkompatibel mit dem Phänomen des Risikos.[11] Als Antwort auf dieses Problem hat sich das Rechtsinstitut der Gefährdungshaftung entwickelt[12], das es erlaubte, Bedingungen, Regeln und Begründungen für die Verteilung von Schaden aus rechtmäßigem Verhalten zu entwickeln, also jemanden für erlaubtes Verhalten haftbar zu machen. Die Begründungsfigur lautet dann: Die Erlaub-

(1985), S. 1263-1292; Roberta Kevelson, Peirce, Paradox, Praxis: The Image, the Conflict, and the Law, Berlin 1990.

10 Siehe das Erkenntnis der Juristenfakultät Jena vom Juni 1879, Seufferts Archiv 37 (1882) No. 224, S. 312-319 aus Anlaß einer Ausnahme: der öffentlichen Entschädigung für private Benachteiligungen. Eine weitere Ausnahme, für die Entschädigungspflicht bei Folgen *rechtmäßigen* Handelns konzediert wurde, lag im Notstandsrecht. Siehe Rudolf Merkel, Die Kollision rechtmäßiger Interessen und die Schadensersatzpflicht bei rechtmäßigen Handlungen, Straßburg 1895 – bemerkenswert auch insofern, als hier ausführliche, im älteren Rechtsdenken eher ungewöhnliche Überlegungen über »Interessenabwägungen« auftauchen, so als ob diese einspringen müssen, wenn ein Rechtsproblem mit dem Code Recht/Unrecht nicht erfaßt werden kann.

11 Diese Einsicht liegt genau parallel zur Diskussion über die futura contingentia, die sich an Aristoteles' De Interpretatione 9 angeschlossen hat; denn auch hier geht es darum, daß die Wahrheit bzw. Unwahrheit von Aussagen über kontingente Ereignisse in der Zukunft gegenwärtig unentscheidbar ist, obwohl man sich schon gegenwärtig nach Zukunftsperspektiven richten muß.

12 Die klassische Monographie hierzu ist: Josef Esser, Grundlagen und Entwicklung der Gefährdungshaftung, Beiträge zur Reform des Haftpflichtrechts und zu seiner Wiedereinordnung in die Gedanken des allgemeinen Privatrechts, München 1941.

nis zu möglicherweise schadenstiftendem Verhalten muß mit Übernahme der Haftung für Schäden entgolten werden.

Ein zweites Beispiel entnehmen wir dem Bereich der Duldung rechtswidrigen Handelns durch den Staat.[13] Es gehört zu den beharrlich wiederholten Lehren der »Staatsräson«, daß ein Fürst Unrecht übersehen müsse, wenn dessen Verfolgung zu nicht mehr kontrollierbaren Unruhen führen, also den Frieden und die Herrschaft gefährden würde.[14] Noch im 19. Jahrhundert liest man, Frieden beruhe auf einem »Nachlassen von der absoluten Rechtsforderung«[15], und überhaupt darf man die romantische Bewegung als die vorläufig letzte gezielte Opposition gegen die Dominanz des binären Codes Recht/Unrecht einschätzen.[16] Aber schon gelten »uneigennützige Verbrechen«[17], also Aktivitäten, die um bestimmter Ideen willen den Rechtscode als Zwei-Werte-Schema attackieren, als Merkwürdigkeit der Zeit, und heute empfiehlt man in der gleichen Problemlage die Bagatelldelikte des »zivilen Ungehorsams«. Verschärft stellt sich dieses Problem der Rejektion des Codes, wenn nicht nur irgendwelche externen Ideen oder Instanzen den Rechtscode ablehnen, sondern dies dem Recht selbst zugemutet wird. Wie das? Kann der, der lange Zeit und mit Wissen der zuständigen Behörde rechtswidrig handelt, schließlich eine Art Verjährung oder doch Vertrauensschutz in Anspruch nehmen? Auch hier wird das Problem im Zug historischer Entwicklungen akut, die vermehrt dazu führen, daß die Behörden das Recht (oder die Sachverhalte) nicht ausreichend kennen oder nicht voll durchsetzen können oder Absehen von der Erzwingung des Rechts in ein Ver-

---

13 Siehe für einen wichtigen Ausschnitt Georg Hermes / Joachim Wieland, Die staatliche Duldung rechtswidrigen Verhaltens: Dogmatische Folgen behördlicher Untätigkeit im Umwelt- und Steuerrecht, Heidelberg 1988. Vgl. auch Josef Isensee, Verwaltungsraison gegen Verwaltungsrecht, Steuer und Wirtschaft 50 (1973), S. 199-206.

14 Für Nachweise siehe Niklas Luhmann, Staat und Staatsräson im Übergang von traditionaler Herrschaft zu moderner Politik, in ders., Gesellschaftsstruktur und Semantik Bd. 3, Frankfurt 1989, S. 65-148 (89).

15 Friedrich Schlegel, Signatur des Zeitalters, in: Dichtungen und Aufsätze (hrsg. von Wolfdietrich Rasch), München 1984, S. 593-728 (700), im Kontext einer allgemeinen Polemik gegen rücksichtsloses Absolutsetzen von Standpunkten.

16 Siehe hierzu Regina Ogorek, Adam Müllers Gegensatzphilosophie und die Rechtsausschweifungen des Michael Kohlhaas, Kleist-Jahrbuch 1988/89, S. 96-125.

17 Schlegel a.a.O., S. 598.

handlungspaket einbringen, mit dem sie etwas erreichen können, was sie auf andere Weise nicht erreichen können.[18] Im Hinblick auf solch einen Zusammenfluß (Konfusion) von Recht und Unrecht muß dann neu bestimmt werden, welches Recht/Unrecht-Gemisch in einem solchen Fall Recht bzw. Unrecht ist. Dann wird das Recht aber zeitpunktabhängig; denn erst im Zeitpunkt der Gerichtsentscheidung läßt sich erkennen, wie ein solches Verhalten rechtlich zu beurteilen ist.

Offenbar muß das Rechtssystem, wenn es selbst die Codegrenze von Recht und Unrecht kreuzen, also die wechselseitige Ausschließung der Werte sabotieren will, hierfür Zeit in Anspruch nehmen, also an Hand eigener Programme frühere und spätere Rechtslagen unterscheiden können. So gesehen korreliert die Verzeitlichung des Geltungssymbols mit der Durchsetzung der stringenten Geltung des binären Codes: Was an sachlicher Härte des Entweder/Oder erzwungen wird, um das Rechtssystem ausdifferenzieren zu können, muß durch Inanspruchnahme von Zeit, das heißt: von Verschiedenheit im Nacheinander, kompensiert werden. Die Ausdifferenzierung erfordert eine Dynamisierung des Systems.

Man sollte aus solchen Tatbeständen, die im übrigen die Rechtsentwicklung immer begleitet haben[19], nicht auf eine geringe Bedeutung der strikten Entgegensetzung von Recht und Unrecht schließen. Das hieße: von der Invisibilisierung der Paradoxie auf ihr Nichtvorhandensein zu schließen. Verständlich wird die evolutionäre Dynamik, die in solchen Tatbeständen sichtbar wird, nur, wenn man davon ausgeht, daß die riskante Form einer binär codierten Unterscheidung wie eine Dauerirritation des Systems durch sich selbst wirkt.

18 Vgl. Keith Hawkins, Environment and Enforcement: Regulation and the Social Definition of Pollution, Oxford 1984; Gerd Winter, Bartering Rationality in Regulation, Law and Society Review 19 (1985), S. 219-250. Für die Breite dieses Phänomens einer paktierten Implementation politischer Ziele, in die rechtliche Erwägungen dann nur noch eingebaut werden, siehe auch Dieter Grimm, Die Zukunft der Verfassung, Staatswissenschaften und Staatspraxis 1 (1990), S. 5-33 (17 ff.); Charles-Albert Morand, La contractualisation du droit dans l'état providence, in: François Chazel / Jacques Commaille (Hrsg.), Normes juridiques et régulation sociale, Paris 1991, S. 139-158. Arthur Benz/Wolfgang Seibel (Hrsg.), zwischen Kooperation und Korruption, Baden-Baden 1992.

19 Hierzu Niklas Luhmann, The Third Question: The Creative Use of Paradoxes in Law and Legal History, Journal of Law and Society 15 (1988), S. 153-165.

II

In praktischer Hinsicht sind binäre Codes leicht zu handhaben. Ohne diesen Vorzug wären sie nicht institutionalisierbar. Man kann, mit dem üblichen Blick für Formen, zwei Werte zugleich im Auge behalten, wenn der eine den anderen ausschließt. Man braucht dann nur noch die Zusatzregel, daß alles, was nicht Recht ist, Unrecht ist oder umgekehrt, um das System zu schließen. Dieser Vorzug des Schematismus verdeckt jedoch komplizierte logische Strukturen. Wir wollen sie mit dem logisch-mathematischen Begriff des re-entry als doppelten Wiedereintritt der Form in die Form bezeichnen.

Im Normalfall sind Formen so gebaut, daß ein re-entry nur auf der einen Seite (nämlich der Innenseite der Form) in Betracht kommt, da die andere Seite als unmarked state nur der Abgrenzung halber mitgeführt wird. Das gilt, prototypisch, für die Unterscheidung von System und Umwelt, die nur im System und nicht in der Umwelt vollzogen werden kann.[20] Logisch ist diese Asymmetrie jedoch nicht zwingend, denn der Begriff des re-entry besagt ja nur, daß ein Raum durch einen Schnitt (die Markierung der Form) in zwei Hälften geteilt, wodurch überhaupt erst ein spezifischer, Welt repräsentierender Raum erzeugt wird, der dann für einen Wiedereintritt der Unterscheidung in das Unterschiedene zur Verfügung steht.[21] Für die Funktion der Codierung reicht das re-entry auf einer Seite nicht aus; denn das würde in operativer Hinsicht besagen, daß die Grenze der Form nicht überschritten, daß man vom Unrecht im Recht gleichsam nur träumen kann. Jedes Überschreiten der Grenze verlöre sich im infiniten Raum der Andersheit und kehrte nie wieder zurück. Nur wenn man die Möglichkeit des re-entry auf beiden Seiten der Form bereitstellt, kann aus Selbstreferenz Symmetrie entstehen, die dann im System wiederum durch Konditionierungen re-asymmetrisiert werden kann.[22]

---

20 Dasselbe gilt für andere wichtige Fälle – so für die Form des Zeichens, die nur ins Bezeichnende und nicht ins Bezeichnete hineincopiert werden kann.

21 Vgl. George Spencer Brown, Laws of Form, Neudruck New York 1979, S. 56 f., 69 ff.; Francisco Varela, A Calculus for Self-reference, International Journal of General Systems 2 (1975), S. 5-24; Louis H. Kauffman, Self-reference and Recursive Forms, Journal of Social and Biological Structures 10 (1987), S. 53-72 (56 f.).

22 Zur Voraussetzung von Selbstreferenz, Unterscheidung, zeitbrauchenden Opera-

Die Asymmetrie der Systemform und die Symmetrie der Codeform müssen im System zusammenwirken. Die Asymmetrie der Systemform sichert die Geschlossenheit des Systems auch bei Orientierung seiner Operationen an der Umwelt. Die Symmetrie des Codes sichert das ständige Kreuzen der Grenze, die den Code markiert. Das System kann, wenn es Unrecht feststellt, das Unrecht nicht einfach sich selbst überlassen, sondern muß Möglichkeiten finden, mit Unrecht rechtmäßig umzugehen. Unrecht ist, anders gesagt, ein unentbehrliches Auslösesignal für rechtmäßige Operationen. Nicht nur der Wert Recht, auch der Wert Unrecht muß als Realisation des Gesamtcodes im codierten Bereich, als Gegenwert zum Gegenwert begriffen werden können. Man hat eine solche Struktur auch als »nested oppositions« bezeichnet.[23] Darauf beruht, wie wir noch sehen werden, die Leichtigkeit und Technizität des Übergangs von einem Wert zum anderen und zugleich die Vermeidung aller Wertkonflikte innerhalb des codierten Bereichs. (Anders gesagt: Konflikte zwischen Code Werten werden zu Konflikten zwischen Systemen, nicht innerhalb von Systemen.)

All diese Überlegungen setzen einen Zusammenhang von Selbstreferenz und Unterscheidung voraus. Das eine ist nur mit dem anderen gegeben und umgekehrt. Nur selbstreferentielle Systeme können unterscheiden (beobachten), weil sie dazu die Unterscheidung bzw. das mit ihrer Hilfe Bezeichnete von sich selbst unterscheiden müssen; und umgekehrt setzt natürlich Selbstreferenz die Unterscheidung von Selbstreferenz und Fremdreferenz voraus. »Therefore, self-reference and the idea of distinction are inseparable (hence conceptually identical)«, liest man bei Kauffman.[24] Keine zusätzliche Komplikation kann diese elementare Bedingung rückgängig machen, auch nicht »dialektisch« aufheben, sondern eben nur: bezeichnen. Folglich landen wir bei jedem Versuch, Welteinheit in der Welt bzw. die Einheit der Unterscheidung, auf der eine

---

tionen und re-entry für die Erzeugung von Symmetrie siehe besonders Kauffman a.a.O. (1987).

23 So (im Kontext einer Kritik der in den USA verbreiteten Auffassung von »Dekonstruktion« als Methode der Ablehnung von Unterscheidungen) J.M. Balkin, Nested Oppositions, Yale Law Review 99 (1990), S. 1669-1705: »nested oppositions – that is oppositions which also involve a relation of dependence, similarity, or containment between the opposed concepts«.

24 A.a.O. (1987), S. 53.

Beobachtung beruht, zu beobachten, in einer Paradoxie. Recht läßt sich also nur durch Entfaltung einer Paradoxie, also durch Einführung identifizierender Unterscheidungen begründen.[25]

Die Einheit eines binär codierten Systems kann deshalb nur in der Form einer Paradoxie beschrieben werden. Operativ wird sie laufend reproduziert, aber sie kann im System nicht beobachtet werden – es sei denn in der Form von simplifizierenden Konstruktionen, die wir im 11. Kapitel behandeln werden. Sie kann nicht beobachtet werden, weil dazu die Anwendung des Codes auf sich selber erforderlich wäre; also die Entscheidung, ob die Unterscheidung von Recht und Unrecht zu Recht oder zu Unrecht gemacht wird. Die Paradoxie des Systems ist, im Recht wie in anderer Weise auch in der Logik, der blinde Fleck des Systems, der die Operation des Beobachtens überhaupt erst ermöglicht.[26] Die Paradoxie vertritt, könnte man sagen, die ebenfalls unbeobachtbare Welt im System. Sie ist der Grund, der invisibilisiert bleiben muß mit der Folge, daß alles Begründen dogmatischen Charakter hat – einschließlich der These, daß die Unterscheidung von Recht und Unrecht selbstverständlich zu Recht eingeführt wird, weil es anders gar keine geordnete Rechtspflege geben könnte.

Der Code selbst ist mithin schon der erste Schritt zur Auflösung der Paradoxie, die gleichwohl nur als codespezifisches Beobachtungsproblem existiert. Er verlangt, als Unterscheidung und nicht als Einheit des Unterschiedenen praktiziert zu werden. Unter Code verstehen wir, daß das Recht einen zweiwertigen Schematismus benutzt, um die eigenen Operationen zu strukturieren und von anderen Sachverhalten zu unterscheiden.[27] Codes sind voraussetzungs-

---

25 So z. B. durch einen Zwischenschritt, der die Norm der Gerechtigkeit einführt, die dann als gleiche Behandlung gleicher *und* als ungleiche Behandlung ungleicher Fälle definiert wird.

26 Oder in einer etwas poetischeren Wendung »une lumière qui, éclairant le reste, demeure à son origine dans l'obscurité« – so Maurice Merleau-Ponty, Le Visible et l'Invisible, Paris 1964, S. 172.

27 Es bedarf kaum der Erwähnung, daß dieser Code-Begriff nicht mit dem der Semiotik übereinstimmt. Die Semiotik bezeichnet mit »Code« (oder »Kode«) eine Funktion oder Zuordnungsregel, die einen Ausdruck mit einem gemeinten Inhalt verbindet. Vgl. z. B. in Anwendung auf das Recht Thomas M. Seibert, Zur Einführung: »Kode«, »Institution« und das Paradigma des Rechts, Zeitschrift für Semiotik 2 (1980), S. 183-195. Aber wenn es denn um eine Zuordnungsregel geht (und nicht um die zugeordneten Inhalte selbst), liegt auch dem semiotischen Sprachgebrauch

reiche Strukturen, die in schärfster Vereinfachung auf die Errungenschaft von *Bistabilität* zurückgeführt werden können. Damit sind Systeme gemeint, die zwei Zustände (positiv/negativ, 1/0, an/aus usw.) annehmen können, von denen ihre weiteren Operationen ausgehen. Es sind Systeme mit eingebauter Unterscheidung, mit eingebauter Form und mit der Möglichkeit von Operationen, die den Anschlußpunkt für weitere eigene Operationen von der einen Seite auf die andere Seite verlagern – in der Terminologie von Spencer Brown: Operationen des »crossing«. Die Errungenschaft besteht darin, daß zwei und nur zwei nicht zugleich benutzbare Anschlußpunkte bereitgestellt sind. Sie setzt nicht voraus, daß das System über die Möglichkeit des Beobachtens, des Selbstbeobachtens, der Unterscheidung von Selbstreferenz und Fremdreferenz verfügt (wie dies im Falle des Rechtssystems selbstverständlich gegeben ist). Schon Bistabilität bewirkt, daß das System mit eigenen Operationen und völlig determiniert auf eine hochkomplexe Umwelt reagieren kann, *ohne sich ihr anpassen zu müssen*. Dies hält sich in allen daran anschließenden Fortentwicklungen durch und wird nicht mehr verändert. Auch binäre Codes wie der von Recht und Unrecht haben mithin die Form von Bistabilität und garantieren dadurch, daß das System seine weiteren Operationen sowohl bei der Feststellung von Recht als auch bei der Feststellung von Unrecht ansetzen kann – ungeachtet der positiv/ negativ-Differenz, die besagt, daß man nur mit Recht und nicht mit Unrecht im System Positionen aufbauen kann.

Logisch gesehen setzt Bistabilität den Ausschluß von dritten Werten (oder Bezeichnungen) voraus, die weder dem einen noch dem anderen Wert zugeordnet werden können. Unter dieser Voraussetzung sind die beiden Werte durch bloße Negation konvertibel, ohne daß dies eine »Interpretation« der Werte erfordern würde. Operativ erfolgt dieser Ausschluß durch die Erzeugung einer Umwelt, für die dies Weder/Noch unterstellt werden kann. Anders als in einer primären Anwendung des Kalküls von Spencer Brown ist also die andere Seite der Unterscheidung nicht eo ipso der »unmarked

letztlich eine binäre Struktur zugrunde, und der hier favorisierte Begriffsvorschlag geht nur insofern darüber hinaus, als der Code selbst als eine artifizielle Verdopplung der Realität gesehen wird und damit den Sinn *beider* Seiten der codierten Beziehung verändert. Und die Frage ist dann, was mit der Verdopplung als solcher (oder: mit der »Form« des Codes) gewonnen werden kann.

space«, der immer unspezifizierbar bleibt, sondern das System setzt seinen Code, seine Leitunterscheidung als Zwei-Seiten-Form in einen solchen »unmarked space«. Das System kann also beide Seiten der Form seines Codes spezifizieren; aber es kann dies nur in der Weise, daß genau dadurch ein Ausschließungseffekt erzeugt wird, der die Welt im übrigen als im System unspezifizierbar zur Umwelt macht.[28]

Dank des binären Codes gibt es einen positiven Wert, wir nennen ihn Recht, und einen negativen Wert, wir nennen ihn Unrecht. Der positive Wert wird angewandt, wenn ein Sachverhalt mit den Normen des Systems übereinstimmt. Der negative Wert wird angewandt, wenn ein Sachverhalt gegen die Normen des Systems verstößt. Das, was wir soeben »Sachverhalt« genannt haben, wird vom System selbst konstruiert. Das System erkennt keine externe Instanz an, die ihm vorschreiben könnte, was ein Sachverhalt ist, wenngleich dieser Begriff sowohl systeminterne als auch systemexterne Gegebenheiten bezeichnen kann. Die »Jurisdiktion«, die mit der Zuerkennung der Werte Recht und Unrecht praktiziert wird, ist eine systeminterne Angelegenheit. Es gibt außerhalb des Rechts keine Disposition über Recht und Unrecht. Das ist im übrigen eine völlig triviale Feststellung (die allerdings im Kontext ihrer theoretischen Auswertung nichttriviale Konsequenzen hat). Man kann sie auch in der Feststellung zusammenfassen, daß, immer wenn eine Operation über Recht und Unrecht disponiert, das System sie als systemeigene Operation erkennt und ins rekursive Netzwerk weiterer Operationen einfügt. Die Frage kann dann allenfalls noch sein, in welchem Umfang Konsistenz (oder: informationelle Redundanz) gesichert ist – im Mittelalter etwa im Verhältnis von kanonischem Recht, Zivilrecht und lokalen Rechtsgewohnheiten bei Fehlen einer einheitlichen Gerichtsbarkeit.

Der Ordnungs- und Separierungseffekt der Codierung beruht auf ihrer Zweiwertigkeit. Das heißt zunächst einmal, daß das System kein zielgerichtetes System sein kann, das teleologisch orientiert, auf ein gutes Ende hinarbeitet und bei Erreichen des Endes seine Operationen einstellt. Anders gesagt: Die *Einheit* des Systems ist

---

28 Vorsorglich sei angemerkt, daß die Begriffe Welt bzw. Umwelt hier technisch genau verstanden werden und von den Dingen und Ereignissen in der Welt bzw. Umwelt unterschieden werden müssen, die für das System selbstverständlich spezifizierbar sind, sofern sein Code und seine Programme dies vorsehen.

im System nicht *als Ziel*, als zu erreichender Endzustand repräsentierbar. Zielorientierungen kann es *im* System geben, aber nur für Episoden, etwa einzelne Verfahren, die zu einem Gesetz oder zu einem Gerichtsurteil führen, oder auch für Vertragsverhandlungen mit dem Ziel eines Vertragsschlusses. Mit dem Erreichen ihres Zieles sind diese interaktionell durchgeführten Verfahren bzw. Verhandlungen beendet. Die Voraussetzung solcher Zielsetzung und Beendung ist jedoch, daß nicht auch das Recht selbst damit am Ende ist und aufhört. Im Gegenteil: Die Episodisierung, Zielmarkierung, temporale Differenzierung im Recht beruht gerade darauf, daß das Rechtssystem selbst weiter operiert und die Resultate der Verfahren oder Verhandlungen in den Bedingungszusammenhang der weiteren Operationen einfügt.[29] Wäre das Recht selbst mit dem Verfahren am Ende, würde man mit dem Verfahren gar nicht erst beginnen. Das Recht ist also eine endlose Geschichte, ein autopoietisches System, das Elemente nur produziert, um weitere Elemente produzieren zu können; und die binäre Codierung ist die Strukturform, die das garantiert.

Dies kommt auch darin zum Ausdruck, daß jede Recht oder Unrecht bestätigende Entscheidung ihrerseits in der weiteren Verwendung wieder entweder rechtmäßige oder unrechtmäßige Tatbestände erzeugen kann. Es ist Unrecht, wenn der, der dank eines rechtskräftigen Urteils im Recht ist, dieses eigenhändig vollstreckt; und im Gefängnis hat man Anspruch auf Ernährung, menschliche Behandlung usw., obwohl man wegen eines Unrechts einsitzt. Jede Operation, die für den einen oder den anderen Wert optiert, öffnet damit erneut den Code mit der Möglichkeit, anschließende Operationen wieder nach dem einen oder dem anderen Wert zu beurteilen. Damit ist nichts anderes gesagt, als daß das System auch in zeitlicher Hinsicht ein auf Grund seiner Geschlossenheit offenes System ist. Die autopoietische Reproduktion ist in dieser Hinsicht die Reproduktion der Wiederverwendbarkeit des Codes. Ein ausdifferenziertes, am eigenen Code orientiertes Rechtssystem ist also dadurch gekennzeichnet, daß es den laufenden Anschluß von rechtmäßigem Verhalten an Unrecht ebenso wie die immer wieder neu

---

29 Siehe dazu die Ausführungen über »Episodenverknüpfung« im Rechtssystem bei Gunther Teubner, Episodenverknüpfung: Zur Steigerung von Selbstreferenz im Recht, in: Dirk Baecker et al. (Hrsg.), Theorie als Passion, Frankfurt 1987, S. 423-446.

gegebene Möglichkeit, bei der Ausnutzung von Recht ins Unrecht zu geraten, *internen Regulativen* unterwirft und damit *zur Selbstbestätigung verwendet.* Es geht dabei nicht mehr, wie in tribalen Rechtsordnungen, darum, dem Verletzten Genugtuung zu verschaffen oder zur Schlichtung von Gruppenkonflikten beizutragen.

Die Zweiwertigkeit ist nicht nur (im Unterschied zu Einwertigkeit) die Minimalbedingung für das Offenhalten des operativ geschlossenen Systems. Sie ist zugleich (im Unterschied zu Mehrwertigkeit) auch eine Bedingung für Entscheidungsfähigkeit und damit eine Bedingung für Gerichtsbarkeit (siehe Kapitel 7). Jeder Versuch, die Liste der Codewerte um weitere Nennungen zu verlängern, würde Entscheidungslagen mit einem Schlage so verkomplizieren, daß das System, was immer eine »mehrwertige Logik« davon halten mag, empirisch nicht mehr sicher genug operieren könnte. Versuche in dieser Richtung hat es namentlich im Mittelalter und in der frühen Neuzeit gegeben. Zum einen hatte man anerkannt, daß der höhere Nutzen der Kirche oder auch weltlicher Herrschaften eine »Derogation« des Rechts erlaube – so als ob es drei Werte gäbe: Recht, Unrecht und Gemeinnutz. Umstritten blieb, ob dies eine Naturrechtsnorm sei, und wenn, ob sie auch Verstöße gegen das Naturrecht rechtfertige.[30] Der andere Fall war das Gebot der »Staatsräson«, Rechtsbrüche nicht zu verfolgen und zu ignorieren (bzw. Kenntnis zu dissimulieren), wenn die Verfolgung politisch zu gefährlich wäre, zu Aufruhr, Bürgerkrieg oder Widerstand mächtiger Adelskreise führen würde – so als ob es drei Werte gäbe: Recht, Unrecht und Erhaltung der politischen Herrschaft.[31] Die Beispiele zeigen aber zugleich, daß die Struktur nicht bis zur Form einer anerkannten Dreiwertigkeit ausgebaut worden ist, denn das hätte offensichtlich zur vollständigen Desorientierung der Rechtspraxis geführt. Das Problem wurde vielmehr rechtsintern abgefangen und domestiziert vor dem Hintergrund einer ohnehin recht lückenhaften Rechtsdurchsetzung – sei es in der Form einer hingenommenen Paradoxie der Rechtmäßigkeit von Rechtswidrigkeit, sei es in der Form von Sonderrechten, Ausnahmerechten, Dispensen vom Typ eines ius eminens. Der Kandidat für die Position eines dritten Wer-

---

30 Hierzu auch Niklas Luhmann, The Third Question a.a.O., S. 156 f.
31 Siehe oben Anm. 14

tes konnte sich nicht schlicht neben Recht und Unrecht auf die Werteliste setzen. Ihm blieb nur die Möglichkeit, sich dem binären Code zu stellen, aber ihm gegenüber die Position eines Rejektionswertes[32] zu reklamieren, das heißt eines Wertes, der es ermöglicht, in bestimmten Fällen die Entscheidung zwischen Recht und Unrecht bzw. die Verbindlichkeit dieses Optionszwanges abzulehnen. Wir finden uns hier in den Ausläufern einer antiken und mittelalterlichen Diskussion der Frage, ob das Recht sich selbst von seiner Anwendung dispensieren könne. Das wird man heute, vor allem nach der Einführung und Durchsetzung des Justizverweigerungsverbots, ablehnen müssen. Auch repräsentiert ein Rejektionswert nicht, wie in der römischen Rhetorik oder der mittelalterlichen Rechtstheorie, einen höherrangigen Wert.[33] Man kann ja nicht durch Rejektion des Codes ihm höhere Maßstäbe oktroyieren. Vielmehr geht es nur um die logische Form, die das Gesellschaftssystem wählen muß, wenn es mit einer Mehrzahl von unterschiedlich codierten Systemen zurechtkommen muß und selbst über keinen übergeordneten Code verfügt.[34]

Eine Erlaubnis zur Selbstrejektion des Codes ist paradox konstruiert, weil sie für die Selbstrejektion wiederum Rechtmäßigkeit (und nicht Rechtswidrigkeit) reklamiert. Eben deshalb entfaltet man die Paradoxie durch eine Unterscheidung von Ebenen der Rechtsgeltung. Davon zu unterscheiden ist ein anderer Fall, der in Direktbe-

---

32 Dieser Begriff im Kontext einer Logik »transjunktiver« Operationen bei Gotthard Günther, Das metaphysische Problem einer Formalisierung der transzendental-dialektischen Logik, und dems., Cybernetic Ontology and Transjunctional Operations, in: ders., Beiträge zur Grundlegung einer operationsfähigen Dialektik Bd. 1, Hamburg 1976, S. 189-247 bzw. 249-328.

33 Vgl., immer noch unübertroffen, das von Alessandro Bonucci, La derogabilità del diritto naturale nella scolastica, Perugia 1906, ausgebreitete Material.

34 Zur logischen Form wäre noch anzumerken, daß die Berücksichtigung von Akzeptions- bzw. Rejektionswerten die klassische Struktur der zweiwertigen Logik sprengt. Damit fällt auch die Bindung an eine ontologische bzw. ethisch-politische Weltsicht, die auf eine einzige Leitunterscheidung, nämlich Sein/Nichtsein bzw. gut/schlecht bezogen war und schon aus logischen Gründen für Beobachter keine strukturreicheren Optionsmöglichkeiten eröffnen konnte. So konnte denn auch, wie unter anderem Heidegger moniert hat, in der ontologischen Metaphysik zwischen Wahrheit (Codewert) und Richtigkeit (Programmkonformität) der Erkenntnis nicht unterschieden werden. Und ähnliche Schwierigkeiten bedingen noch heute die Hartnäckigkeit, mit der man legitimatorische Werte oberhalb des Rechts sucht – oder vermißt.

obachtung die Form einer Tautologie annimmt. Jedem Funktions-system ist erlaubt, die eigene Zweiwertigkeit als Ausschluß dritter Werte nochmals zu formulieren, und das heißt im gesellschaftlichen Kontext: die Codes *anderer* Funktionssysteme zu rejizieren unter der Voraussetzung, daß es den eigenen bedingungslos akzeptiert. Aber damit ist nur die Optionsmöglichkeit limitiert, nicht auch die Relevanz punktuell zu beachtender Werte. Im Rechtssystem ent-spricht dem, wie wir noch ausführlich sehen werden, die Differen-zierung von Codierung und Programmierung, mit der die auf der Code-Ebene ausgeschlossenen »anderen Werte« auf der Programm-ebene zur Geltung gebracht werden können; unter der Vorausset-zung freilich, daß sie nur dazu verwendet werden, eine Entschei-dung zwischen Recht und Unrecht zu konditionieren.

Die Einheit eines Codes kommt darin zum Ausdruck, daß über den einen Wert nicht ohne Berücksichtigung des anderen entschieden werden kann. Damit wird ein unmittelbares Rechtsbewußtsein, wie man sagen könnte, gebrochen. Man muß immer davon ausgehen, daß auch der andere Wert einsetzbar wäre, so sehr man in einer bestimmten Situation von Recht bzw. von Unrecht überzeugt sein mag. Die Zuordnung von Werten zu Sachverhalten setzt daher die Prüfung und Verwerfung der gegenteiligen Möglichkeit voraus – so wie ein Satz im System Wissenschaft nur als wahr bezeichnet wer-den kann, wenn man zugleich behauptet, geprüft zu haben, daß er nicht unwahr ist. Selbstverständlich gibt es in solchen Fragen keine absolute Sicherheit und auch keine Instanz, die – man müßte fast sagen: unabhängig von sich selbst – feststellen könnte, was für jeden möglichen Standpunkt zutrifft. Aber dieses Endgültigkeitsdefizit kann im System kompensiert werden – sei es durch zugestandene Hypothetik aller wissenschaftlichen Aussagen, sei es durch die In-stitution der Rechtskraft, die das Wiederholen der Prüfung unter gleichen Prämissen rechtmäßig blockiert.

Auf diese Weise »entfaltet« der Code das Paradox, das darin liegt, daß die Einheit des Systems in zwei inkompatiblen Werten besteht, also daß *eine* Unterscheidung *zwei* Seiten hat, die, zeitlich gesehen, *zugleich* relevant sind, aber *nicht zugleich* benutzt werden können. Die Einsetzung des zweiten Wertes bewirkt dann, daß man der er-sten Intuition, die weitere Operationen an das anschließen will, was man für Recht hält, nicht ohne weiteres folgen kann (oder wenn: nur auf eigenes Risiko). Der zweite Wert ist daher ein Negativwert, ein Kontrollwert, ein Wert, der bewirkt, daß alles Recht kontingent wird unter Einschluß auch des Unrechts. Jede Zuordnung der Werte ist dann ein kontingentes Resultat kontingenter Operationen und muß sich daher präsentieren als Entscheidung, die im Prinzip auch anders hätte ausfallen können *und dies erwogen hat.*

Diese These läßt sich reformulieren mit der Aussage, daß Codierung die Möglichkeit der Beobachtung zweiter Ordnung im System voraussetzt. Das schließt ein Operieren auf der Ebene erster Ordnung, also unreflektierte Rechts- oder Unrechtsbehauptungen nicht aus. Auch das sind Operationen des Systems im System. Aber die Schließung des Systems, das hatten wir im 2. Kapitel bereits notiert, kommt nur dadurch zustande, daß alles Beobachten im System einem Beobachten zweiter Ordnung ausgesetzt wird.

Die Schließung des Codes wird dadurch erreicht, daß der Übergang von einem Wert zum anderen, das »Kreuzen« (crossing) der Grenze, erleichtert wird. Recht hat dann mehr mit Unrecht zu tun als beispielsweise mit Liebe. Wir können dieses Erfordernis von wirksamer Codierung auch als *Technisierung* des Codes bezeichnen. Das soll besagen, daß das Kreuzen wie eine technische Operation vollzogen werden kann, deren Gelingen von wenigen Bedingungen abhängt und weder vom Sinn der Welt insgesamt noch von den partikulären Merkmalen des »Subjekts«, das den Übergang vollzieht.[35] Die Codewerte selbst bedürfen, wie bereits gesagt, keiner Interpretation. Man kann auch ohne Welt- und Menschenkenntnis wissen und voraussehen, wovon es im Einzelfall abhängt, ob etwas recht oder unrecht ist; man muß nur diejenigen Bedingungen beachten und entsprechende Ausschnitte von Welt- und Menschenkenntnis mobilisieren können, die im Rechtssystem selbst als entscheidend bestimmt sind. Man muß zuerst im Gesetzbuch nachschlagen, und die Frage ist nur noch: wo?

Dennoch, und gerade deshalb, hat die Technisierung des Codes Recht/Unrecht eine sehr humane Seite. Denn den meisten, die recht haben und behalten wollen, genügt es nicht, dies bestätigt zu erhalten. Sie möchten auch ihren Gegner ins Unrecht versetzen; und oft

---

35 Der Begriff bezieht sich also mit positiver Emphase auf genau die Unabhängigkeit von konkret-subjektiven Sinnstiftungen, die Husserl in seiner Kritik der modernen, technisch idealisierten Wissenschaften beklagt. Siehe Edmund Husserl, Die Krisis der europäischen Wissenschaften und die Transzendentale Phänomenologie, Husserliana Bd. VI, Den Haag 1954.

ist schwer zu sagen, was hier das primäre Motiv ist. Der Code erlaubt durch die glatte (eben: technische) Kopplung von Wert und Unwert, daß dies quasi automatisch geschieht und daß man sich nicht besonders exponieren muß als jemand, dem es vor allem daran liegt, daß sein Gegner unrecht bekommt.

Technisierung kann als Bedingung von und als Aufforderung zu rationalem Entscheiden begriffen werden. Damit werden dann aber Rationalitätsansprüche durch die Form des Codes limitiert. Man kann von spezifisch »juridischer Rationalität«[36] sprechen, daraus aber nicht ableiten, daß es sich um gesamtgesellschaftliche Rationalität handele. Damit wird auch die Verwendung des Begriffs »Vernunft« in diesem Zusammenhang problematisch. Was jedoch erreicht werden kann, ist: daß innerhalb von unscharfen Toleranzzonen feststellbar ist, ob bei der Zuordnung der Werte Recht und Unrecht ein Fehler unterlaufen ist oder nicht. Und das wiederum ist Voraussetzung dafür, daß es sinnvoll sein kann, eine Hierarchie der Fehlerkontrolle, also einen darauf spezialisierten Instanzenzug in das System hineinzuorganisieren. Nur so ist schließlich die Vorstellung vertretbar, daß viele Verfahren gleichzeitig nebeneinander ablaufen und trotzdem gleichsinnig entschieden werden, so daß es nicht, oder nur in geringem Maße, sich auf das Ergebnis auswirkt, welches Gericht, welche Kammer, welcher Richter mit einer Entscheidung befaßt ist. Diese Frage hat zwar bei Praktikern und auch in der Rechtssoziologie erhebliche Aufmerksamkeit gefunden, und offensichtlich kann es unter Umständen darauf ankommen. Aber selbst dann bewährt sich die Technisierung des Codes insofern, als dies als eine Anomalie behandelt wird, und daß man auf Grund von Rechts- und Sachverhaltskenntnissen spezifizieren kann, ob und in genau welchen Hinsichten es einen Unterschied machen kann, wer die Entscheidung trifft.[37]

Im Unterschied zu unmittelbaren Normprojektionen erlaubt es der Code, sehr unterschiedliche Qualitäten auf eine Form zu reduzie-

---

36 Ein Ausdruck von Schelsky, Die juridische Rationalität, in: Helmut Schelsky, Die Soziologen und das Recht: Abhandlungen und Vorträge zur Soziologie von Recht, Institution und Planung, Opladen 1980, S. 34-76.

37 Daß diese Möglichkeit besteht, aber typisch überschätzt wird, zeigen Untersuchungen über vermutete Auswirkungen von politischen Voreingenommenheiten der Richter, besonders in der Verfassungsgerichtsbarkeit. Sie haben kaum entsprechende Ergebnisse gehabt.

ren. Das macht die rechtliche Bewertung von vielen gesellschaftlichen Bewertungen unabhängig und eröffnet zugleich einen weiten Spielraum für die Kombination von Eigenschaften. Es kann dann zum Beispiel gute, aber unfähige, oder fähige, aber böse Menschen geben[38] – im Unterschied zu den Möglichkeiten der obengenannten harmonieorientierten Hochkulturen (und auch im Unterschied zum areté/virtus-Begriff unserer Tradition, die auf Bündelung der guten bzw. der schlechten Eigenschaften angewiesen war.[39]) Das heißt natürlich nicht, daß ein »Durchgriff« auf gesellschaftliche Wertungen nicht mehr möglich wäre; aber er muß systemintern legitimierbar, systemintern anknüpfbar, autopoietisch verwendbar sein.

All dies unterstellt, gibt es immer noch zwei mögliche Interpretationen des Codes. Die eine behandelt den Code als Einteilung der Welt in zwei Hälften: Recht und Unrecht. Alles, was der Fall sein kann, ist entweder Recht oder Unrecht. Bei einer solchen Beobachtung und Beschreibung spezifiziert man die eine Seite des Codes und führt die andere als Restkategorie mit: als das, was als »unmarked space« (Spencer Brown) bleibt, wenn die Form des Rechts gesetzt ist. Dafür gibt es dann wieder zwei Ausführungen. Man kann entweder Recht oder Unrecht als »Innenseite« des Codes behandeln und die jeweils andere Seite folglich als »Außenseite«, als Restkategorie. Die Probleme der einen wie der anderen Option können dadurch korrigiert werden, daß man die Normen, die etwas erlauben bzw. verbieten, relativ unbestimmt formuliert. Die »Programme« des Systems (wir kommen darauf gleich zurück) können ihre Spezifikationsleistungen also mehr auf der einen oder mehr auf der anderen Seite des Codes ansetzen, mehr zivilrechtlich das Recht-Haben oder mehr strafrechtlich das Im-Unrecht-Sein konditionieren.[40] Die jeweils unterbestimmte Seite dient dann gleichsam

---

38 Vgl. Siegfried Streufert / Susan C. Streufert, Effects of Conceptual Structure, Failure, and Success on Attribution of Causality and Interpersonal Attitudes, Journal of Personality and Social Psychology 11 (1969), S. 138-147, zu entsprechenden Effekten hoher Systemkomplexität.

39 Formal gesehen handelt es sich hier um unterschiedliche Modelle für den Umgang mit Varietät und Redundanz. Wir kommen bei der Behandlung von Argumentation darauf zurück.

40 Daß dies nur eine sehr oberflächliche Vorstellung der Differenz von Zivilrecht und Strafrecht vermittelt, sollte sich nach einer langen, mindestens auf Bentham zurückgehenden Diskussion von selbst verstehen. In jedem Falle wird die andere Seite des

als »variety pool« für Zwecke der Auslegung und der Argumentation. Es bleibt also trotz dieser Spiegelbildlichkeit der Lagen ein Darstellungsunterschied, ein politischer Unterschied, ein semantischer Unterschied und auch ein Unterschied für die rechtliche Behandlung von Zweifelsfällen, ob man vom Erlauben oder vom Verbieten ausgeht.

Diese Version des Codes als Weltschnitt, als Universalcode, ist jedoch nicht die einzig mögliche. Hierbei handelt es sich um die Version, die im Rechtssystem selbst praktiziert wird und nur durch Vermittlung des Rechtssystems gesellschaftliche Operationen (Kommunikationen) strukturiert. Die andere Version bietet sich an, wenn man von der Gesellschaft als dem alle Kommunikationen umfassenden und einschließenden System ausgeht. Legt man diese Systemreferenz zugrunde, gibt es viele Teilsysteme mit jeweils verschiedenen Codes, die nur aus der Sicht des Teilsystems einen Funktionsprimat und eine universelle Geltung beanspruchen. Man denke, um den Unterscheidungsbereich zu verdeutlichen, an den Eigentumscode des Wirtschaftssystems, an den Selektionscode des Erziehungssystems oder an den Machtcode des politischen Systems. Solche Codes gelten für die Gesellschaft dann nur mit Systemindex. Die Gesellschaft fordert nur, daß man diese Unterscheidungen mit ihren je spezifischen positiven und negativen Werten voneinander unterscheiden kann. Sie selbst benötigt keinen eigenen Code, da ihre operative Geschlossenheit und ihre Grenzen dadurch gesichert und fallweise feststellbar sind, daß man Kommunikation von Nichtkommunikation unterscheiden kann. Statt dessen steht sie heute vor dem Problem, wie sie sich selbst beschreiben soll als ein System, das mehrere jeweils für sich universelle Codierungen vorsieht. Die traditionellen Beschreibungsmittel einer zweiwertigen Logik und einer Ontologie, die das Beobachten nach dem Schema Sein/Nichtsein strukturiert, reichen dafür nicht aus. Auch geht es nicht an, den wahr/unwahr-Code der Wissenschaft als Form der Selbstbeschreibung der Gesellschaft zu akzeptieren (was nicht ausschließt, daß die Wissenschaft ihrerseits die Gesellschaft beschreibt), denn auch dieser Code ist nur der Code eines gesell-

Codes mitreflektiert, im Strafrecht zum Beispiel durch eine ausgearbeitete Lehre vom Rechtsgüterschutz (vgl. Knut Amelung, Rechtsgüterschutz und Schutz der Gesellschaft, Frankfurt 1972).

schaftlichen Funktionssystems. Die damit entstandene Situation wird oft rein negativ als Unmöglichkeit irgendeiner Art von Gesamtbericht dargestellt, so in Lyotards Konzept der Postmoderne. Im Anschluß an Gotthard Günther könnte man aber auch vermuten, daß die Gesellschaft für ihre Selbstbeschreibungen transjunktive Operationen benutzen muß mit der Möglichkeit darzustellen, daß jedes Funktionssystem zugleich einen Rejektionswert für die Ablehnung der Relevanz der Codes anderer Systeme aufnehmen muß.[41] Das wäre dann, im Unterschied zu strikt mehrwertig orientierten Systemen, nicht als Aufnahme eines dritten Werts in den Code zu verstehen, sondern als eine Beobachtung zweiter Ordnung, nämlich als Inanspruchnahme des Rechts, den eigenen Code und keinen anderen zu verwenden, obwohl es in der Gesellschaft durchaus andere gibt. Es wäre also nichts anderes als eine Reflexion der funktionalen Differenzierung des Gesellschaftssystems auf der Ebene seiner Teilsysteme.

III

Der Code des Rechtssystems hat Eigenschaften, die es ausschließen, daß das Rechtssystem sich ausschließlich am Code selbst orientiert. Der Begriff des Codes ist, mit anderen Worten, kein Nachfolgebegriff für den alten Begriff des Prinzips; oder er übernimmt die Nachfolge allenfalls teilweise. Wir wollen diese Insuffizienz der reinen Codierung unter zwei Gesichtspunkten erörtern: zeitlich und sachlich.

Zeitlich gesehen ist und bleibt der Code invariant. Tauscht man ihn gegen andere Werte, etwa den des Nutzens oder den der Erhaltung politischer Macht, befindet man sich in einem anderen System. Auch das Hinzufügen weiterer Werte ist, wenngleich aus mehr praktischen Gründen, ausgeschlossen. Insofern repräsentiert der Code die Art und Weise, wie das System seine eigene Einheit produziert und reproduziert. Er repräsentiert die Autopoiesis des Systems, die ebenfalls nur erfolgen oder nicht erfolgen kann. Er hat eine entsprechende Härte. Anders gesagt: Der Code bietet keine

---

41 Siehe erneut die beiden oben zitierten Studien von Gotthard Günther a.a.O. (1976).

Möglichkeit der Anpassung des Systems an seine Umwelt. Ein codiertes System ist angepaßt – oder es existiert nicht. Eine Gesellschaft kann sich ein ausdifferenziertes Rechtssystem leisten – oder nicht. Es gibt in dieser Hinsicht keine Zwischenlösungen.

Sachlich gesehen ist der Code eine Tautologie und, im Falle der Selbstanwendung, eine Paradoxie. Das heißt: Er allein reicht nicht aus, um Informationen zu produzieren. Die Tautologie ergibt sich daraus, daß die Werte des Codes mit Hilfe einer Negation, die nichts bedeutet, austauschbar sind. Recht ist nicht Unrecht. Unrecht ist nicht Recht. Negationen sind aber Operationen, die die Identität des Negierten voraussetzen und nicht verändern dürfen. Insofern kann man den Code auch als eine bloße Duplikation des Präferenzwertes bezeichnen. Er besagt, daß Recht nicht Unrecht sein darf und Unrecht nicht Recht. Nur wenn das gesichert ist – und als Gegenbeispiel eignen sich immer wieder die griechischen Tragödien, die genau diese Errungenschaft am Gegenfall spiegeln sollten –, kann man im oben behandelten Sinne von Technisierung sprechen. Eine Paradoxie kommt zustande, wenn man den Code auf sich selbst anwendet, also die Frage stellt, ob es recht oder unrecht ist, zwischen Recht und Unrecht zu entscheiden. Die für Juristen (und Logiker) triviale Antwort, es sei recht, läßt offen, was denn in diesem Falle als Gegenbegriff zu Recht, als auch mögliches Unrecht funktioniert. Die andere Antwort, es sei unrecht, erzeugt dasselbe Problem im umgekehrten Sinne. Im einen Falle ist das Recht als rechtlich legitim, im anderen als rechtlich illegitim behauptet. Aber die Frage nach der *Einheit* der beiden Behauptungen, die Frage der Einheit des Codes, ist nicht einmal gestellt. Sie ist, wie wir sagen wollen, invisibilisiert. Das ist nur eine andere Version der sehr viel allgemeineren These, daß die Unterscheidung, *mit der* man beobachtet, *nicht selber bezeichnet werden kann*, sondern der Beobachtung als blinder Fleck dient, nämlich als (nicht-vernünftige) Bedingung ihrer eigenen Möglichkeit. Ein Beobachter dieses Beobachters, der dies nicht wahrhaben will (und das kann im Rechtssystem selbst durch theoretische Reflexion geschehen), bekommt nur Tautologien und Paradoxien zu sehen.[42] Er destruiert also seine ei-

---

42 Siehe dazu auch Niklas Luhmann, Sthenographie und Euryalistik, in: Hans Ulrich Gumbrecht / K. Ludwig Pfeiffer (Hrsg.), Paradoxien, Dissonanzen, Zusammenbrüche: Situationen einer offenen Epistemologie, Frankfurt 1991, S. 58-82.

genen Beobachtungsmöglichkeiten und kann nur genau dies noch beobachten.

Eine lange Tradition, die immer noch Anhänger findet, hat sich aus diesen Problemen durch Rückgriff auf »höhere« Ebenen der Sinnstiftung, also durch Hierarchisierung zu lösen versucht. Die dazu herangezogenen höchsten Instanzen oder höchsten Werte sollten einerseits Invarianz (Ewigkeit, Selbsterhaltungsfähigkeit) präsentieren und andererseits über eine Art Emanation Differenzen auf unteren Ebenen erzeugen. Auch in der Logik und der Linguistik wird diese Technik der Asymmetrisierung vertreten und mit dem Präfix »meta« formuliert. Allerdings wird dieser Ausweg heute nicht mehr unkritisch hingenommen.[43] Wir suchen deshalb nach einer prinzipiell anders angesetzten Form für die Lösung dieses Problems.

Und finden sie in der *systeminternen* Unterscheidung von *Codierung* und *Programmierung*. Schon die Codierung selbst kann als Form der Entfaltung der Tautologie/Paradoxie des Rechts angesehen werden, allerdings als eine Form, die das Problem nur re-artikuliert. Codes sind dank ihrer Zweiwertigkeit Voraussetzungen weiterer Konditionierung, Bedingungen der Möglichkeit von Bedingungen, die regeln, welcher der beiden Werte zutreffend anzuwenden ist.[44] Ohne sie hätten Programme keinen Gegenstand. Aus der Codierung ergibt sich aber nur ein Ergänzungsbedarf, ein Bedarf für »Supplemente« etwa im Sinne von Derrida[45], ein Bedarf für hinreichend deutliche Instruktionen. Da die Werte Recht und Unrecht nicht selber Kriterien für die Feststellung von Recht und

43 Vgl. nur Douglas R. Hofstadter, Gödel, Escher, Bach: An Eternal Golden Braid, Hassocks, Sussex 1979, mit der These der Unvermeidlichkeit von »tangled hierarchies«.

44 Zu beachten ist, daß es andere Formen der Konditionierung gibt, die für Systembildungen schlechthin unerläßlich sind, vor allem Bedingungen, die unabhängige Variationsmöglichkeiten koppeln, synchronisieren, also, *wenn* die Bedingungen gegeben sind, voneinander abhängig machen. Vgl. zur fundierenden Bedeutung dieser Art von conditionalities W. Ross Ashby, Principles of the Self-Organizing System, in: Heinz von Foerster / George W. Zopf (Hrsg.), Principles of Self-Organization, New York 1962, S. 255-278; neu abgedruckt in Walter Buckley (Hrsg.), Modern Systems Research for the Behavioral Scientist: A Sourcebook, Chicago 1968, S. 108-118.

45 Siehe zur Einführung Jacques Derrida, Grammatologie, dt. Übers. Frankfurt 1974, S. 244 ff.

Unrecht sind[46], muß es weitere Gesichtspunkte geben, die angeben, ob und wie die Codewerte Recht und Unrecht *richtig* bzw. *falsch* zugeordnet werden. Diese Zusatzsemantik wollen wir (im Recht wie im Falle anderer codierter Systeme) *Programme* nennen. Codes allein sind mithin nicht existenzfähig. Wenn eine Operation unter einen Code gebracht und damit einem System zugeordnet wird, tritt unvermeidlich die Frage auf, welcher der beiden Werte zuzuordnen ist. Das heißt: Ein codiertes System erzeugt die Suche nach weiteren Gesichtspunkten. Es hat in dieser Hinsicht Erfolg – oder es läuft sich selbst in der Tautologie/Paradoxie seines Codes fest und verschwindet. Deshalb genügen »irgendwelche« Gesichtspunkte, um die Autopoiesis über Enttautologisierung/Entparadoxierung in Gang zu halten; und vorzugsweise solche, die der Tradition entnommen bzw. als Tradition rekonstruiert werden können.[47] Erst eine ausgearbeitete Programmatik ermöglicht eine »kritische« Diskussion mit der Möglichkeit, Kriterien unter weiteren Kriterien anzunehmen bzw. abzulehnen.[48]

In geraffter Formulierung kann man daher auch sagen: Codes generieren Programme.[49] Oder besser: Codes sind Unterscheidungen, die nur mit Hilfe einer weiteren Unterscheidung autopoietisch produktiv werden können, nämlich mit Hilfe der Unterscheidung Codierung/Programmierung. Sie sind die eine Seite einer Form, deren andere die Programme des Systems sind. Und nur über dies komplizierte Unterscheiden von Unterscheidungen *im System* kann

46 Schon im klassischen Sprachgebrauch von kánon, kritérion, regula war der *Bezug* auf einen zweiwertigen Schematismus vorgesehen, zumeist aber mit der Tendenz, die Begründung der Kriterien durch den Präferenzwert des Schematismus selbst abzudecken.

47 Das Rechtssystem hatten wir oben, Kapitel 2, III, als eine historische Maschine beschrieben.

48 Dies allerdings bereits in der Antike und längst bevor die neuzeitliche Gesellschaft »Kritik« als ihre Spezialität entdeckt hat. Siehe mit umfangreichen Belegen Dieter Nörr, Rechtskritik in der römischen Antike, Bayerische Akademie der Wissenschaften, Philosophisch-Historische Klasse, Abhandlungen N.F. 77, München 1974. Viel von der mittelalterlichen und frühmodernen Rechtskritik ist im übrigen auf Einwände gegen *schriftliche* Fixierung in einer fremden (lateinischen, im Common Law auch französischen) Sprache zurückzuführen.

49 Daß es historisch umgekehrt gelaufen ist, daß Codes erst entstehen konnten, nachdem eine hinreichende Menge von programmiertem Rechtsmaterial vorhanden war, werden wir im Kapitel über Evolution des Rechts ausführen. Zum bemerkenswerten Alter der Form des Konditionalprogramms vgl. auch unten IV.

das anlaufen und ablaufen, was ein Beobachter als Entfaltung der Tautologie/Paradoxie des Systems beschreiben würde. Codes garantieren insofern die Autopoiesis des Systems, als sie jede Selbstfestlegung des Systems mit der Möglichkeit des Gegenteils konfrontieren, also keine Endgültigkeit, keine Perfektion zulassen. Für sich allein ermöglichen sie jedoch eine solche Selbstfestlegung noch nicht, weil sie alles zulassen. Die autopoietische Selbstdetermination des Systems kommt erst durch die *Differenz* von Codierung und Programmierung zustande.

Auch in vormodernen Gesellschaften findet man diese Differenzierung von Codierung und Programmierung. Sie hat hier jedoch einen spezifischen Verwendungszusammenhang. In der binären Schematisierung liegt ein Risiko der Abstraktion und der Forcierung eines harten entweder/oder, das sozial schwer erträglich ist und noch heute (vor allem in fernöstlichen Ländern) zu der Empfehlung führt, davon in situ keinen Gebrauch zu machen. Darin liegt aber ein Verzicht auf durchgreifende Juridifizierung der Operationen des Gesellschaftssystems. Europa schlägt seit dem Mittelalter einen anderen Weg ein. Das Risiko der Recht/Unrecht-Codierung wird akzeptiert[50], aber die Ebene der Programmierung wird benutzt, um das Recht in die Gesellschaft zu reintegrieren. Die Ebene der Programmierung wirkt dann als Ausgleichsebene für etwaige Diskrepanzen zwischen Recht und Gesellschaft. Das entsprechende Produkt heißt »Naturrecht«.[51] Über den Begriff der Natur, der selbst eine normative Form annimmt (nämlich Perfektion und Korruption zu unterscheiden erlaubt), werden gesellschaftliche Selbstverständlichkeiten in das Recht überführt, vor allem solche der sozialen Differenzierung oder solche der Vorteilhaftigkeit von Arbeits- und Eigentumsteilung. Sowohl Adel als auch Eigentum werden zwar als Institute des positiven Rechts geführt, weil sie zu deutlich an Sonderregelungen gebunden sind, aber die Argumentation, die dies rechtfertigt, beruft sich auf die Natur des gesellschaftlichen Zusammenlebens der Menschen, und erst die

---

50 Man wird jedoch hinzufügen müssen: soweit nicht Rücksichten auf die politischen Machtverhältnisse entgegenstehen.

51 Andere Ausgleichsformen liegen im Begriff der iurisdictio, die auch die Möglichkeit einschließt, vom strengen Recht abzuweichen und Billigkeit walten zu lassen mit der Möglichkeit, hier eine zweite, elastischere Rechtsordnung anzuschließen, wie sie vor allem in England genutzt wird.

Sozialkontraktlehren des 17. Jahrhunderts signalisieren einen Zugriff, der von bestimmten Gesellschaftsformen abstrahieren kann und statt dessen auf vertraglich nicht disponible Menschenrechte oder auf Schranken der Eigenrationalität und Selbsterhaltung der rechtssetzenden Gewalt abstellt.

Der Übergang zu einem Gesellschaftssystem mit voll ausgebauter funktionaler Differenzierung wird auf Naturrecht in diesem Sinne verzichten können. Die Programmebene dient jetzt den Erfordernissen, die im Code selbst vorgezeichnet sind. Als Supplement der Codierung dient sie der Ausrichtung der konditionierenden Semantik an einem und nur einem Code. Deshalb gibt es jetzt nur noch im Rechtssystem selbst produziertes »positives Recht«. Die Anforderungen an eine gesellschaftliche Integration werden gelockert bzw. in Entscheidungsprozesse überführt. Und im übrigen liegt ein Korrektiv auch darin, daß auch die anderen Funktionssysteme sich unter Anleitung durch eigene Codes und darauf spezialisierte Programme operativ schließen.

Nur unter der Voraussetzung binärer Codierung kann es überhaupt zu rechtsspezifischen Richtigkeitsproblemen kommen, denn nur unter dieser Voraussetzung gibt es eine rechtsspezifische Kontingenz. Das, was richtig ist, wird nur durch die eigenen Programme fixiert. Es gibt zwar immer die Möglichkeit, den Rechtscode selbst zu rejizieren und das Urteil anderen Kontexturen zu überlassen – etwa den Codes der Wissenschaft oder der Moral. Aber es gibt von hier aus dann keinen Durchgriff auf das Recht. Es würde das Recht so gut wie vollständig außer Kraft setzen, bedürfte es einer wissenschaftlichen oder einer moralischen (oder ökonomischen, ästhetischen usw.) Re-evaluation. Deshalb gibt es für das Recht auch kein Problem der Legitimation, das es nicht selbst zu lösen hätte. Es gibt jede Menge von Kompatibilitätsproblemen im Verhältnis der Programme zueinander. Es gibt die Regel, daß neues Recht altes Recht bricht, und es gibt die Ausnahme von dieser Regel im Interesse des Vorrangs von Verfassungsrecht. Aber damit ist erneut nur auf Komponenten der Programmstruktur des Rechts verwiesen. Die Frage nach der Richtigkeit der Programmatik als solcher hat keinen erkennbaren Sinn – es sei denn, um das zu wiederholen, im Kontext einer Rejektion des Rechtscodes.[52]

---

52 Klaus Günther, Der Sinn für Angemessenheit: Anwendungsdiskurse in Moral und

Durch Differenzierung von Codierung und Programmierung kann demnach das Problem der zeitlichen Invarianz und der Anpassungsfähigkeit des Systems gelöst werden. Invariant und immer schon angepaßt ist das System nur in der Strukturform seines Codes. Auf der Ebene seiner Programme kann es dagegen Änderbarkeit konzedieren, ohne Identitätsverlust befürchten zu müssen. Das schließt die Entscheidung für Nichtänderbarkeit (zum Beispiel von Verfassungsnormen) mit ein. Ebenso wie die Dimension richtig/falsch kommt also auch die Dimension änderbar/nichtänderbar nur für die Programme des Systems in Betracht. Auf der Ebene der Codierung verlieren schon diese Unterscheidungen ihren Sinn, da es hier nur um zugehörig/nichtzugehörig zum System geht.

Für Zwecke der Programmierung muß die Eindeutigkeit des Code, die nur in seiner Binarität liegt, aufgebrochen werden. Die Codewerte müssen als *Möglichkeiten* interpretiert werden, oder in anderen Worten: als *Medium*, das verschiedene Formen annehmen kann. Dabei kann es, wie sich von selbst versteht, nicht beliebig zugehen. Da das Medium sich nur über seine Formen reproduziert, ist immer eine historische Ausgangslage gegeben. Jede Formfestlegung ist daher Rechtsänderung und jede Änderung der Programme muß die Beschränkungen beachten, die sich aus der historisch spezifizierten (vorgefundenen) Systemzugehörigkeit ergeben. Die Programme müssen sich eignen – aber Eignung ist hier ein weiter Begriff –, die Zuordnung der Werte Recht bzw. Unrecht zu instruieren. Und

Recht, Frankfurt 1988, S. 332, vermutet hier eine von mir übersehene Chance für Anwendungsdiskurse, die nur das Angemessene durchgehen lassen. »Was soll es«, fragt er, »heißen, daß Programme über die richtige Zuordnung von Sachverhalt und Code-Wert entscheiden, wenn diese Entscheidung nicht mehr eindeutig programmierbar und konditionierbar ist«. Die Antwort kann nur lauten: Sie ist programmierbar und konditionierbar, wenn auch nicht immer eindeutig, also nicht immer rein logisch ermittelbar. Daß Programme für Veränderungen sensibel und selbst änderbar sein müssen, schließt es nicht aus, daß sie in der jeweils favorisierten Auslegung ihre Programmierfunktion erfüllen. Diese Auslegung und gegebenenfalls ihre Änderung zu ermitteln, ist Sache der juristischen Argumentation, nicht Sache einer Anbindung des Rechts an eine höhere regulative Ordnung. »Angemessenheit« ist denn auch kein Kriterium höherer Art, sondern allenfalls eine Resümierformel, mit der Ergebnisse juristischer Argumentation zusammengefaßt werden können, die ihre eigene Funktion (dazu Kap. 8) nur erfüllen, indem sie hinreichend spezifizieren, was für angemessen gehalten wird und warum. Denn nur so können sie ihrerseits die Programmierfunktion tragen und ihre Festlegungen gegebenenfalls variieren.

selbstverständlich geht es im Recht auch auf der Ebene der Programme immer um die Funktion des Rechts, also um das Stabilhalten normativer Erwartungen. Wir haben es bei dieser Darstellung nicht mehr mit der Hierarchie von ewigem Recht, Naturrecht und positivem (änderbarem) Recht zu tun, aber in gewisser Weise erbringt die hier skizzierte Theorie dafür ein Ersatzangebot: Die Invarianz und Unabdingbarkeit wird durch den Code vertreten, die Änderbarkeit und in diesem Sinne: die Positivität durch die Programme des Systems. In jedem Falle handelt es sich um rechtssysteminterne Einrichtungen, die aber auf das umfassende Gesellschaftssystem und dessen Umwelt als Bedingung ihrer Möglichkeiten angewiesen sind. Und, was Anpassung betrifft, kann man formulieren, daß das System in den Bedingungen seiner Anpassungsfähigkeit, die durch Variation der Programme realisiert wird, immer schon angepaßt ist.

Die Unterscheidung von Codierung und Programmierung erlaubt es schließlich, zwei verschiedene Varianten des allgemeinen Problems der *Rechtssicherheit* zu unterscheiden. Rechtssicherheit muß zunächst und vor allem in der Sicherheit bestehen, daß Angelegenheiten, wenn das gewünscht wird, allein nach dem Rechtscode behandelt werden und nicht etwa nach dem Machtcode oder nach irgendwelchen, vom Recht nicht erfaßten Interessen. Dies Problem war in allen älteren Gesellschaften akut und ist es heute noch in manchen Entwicklungsländern, ja selbst in Ländern der Dritten Welt, die die Schwelle zur Industrialisierung schon deutlich überschritten haben.[53] Davon zu unterscheiden ist die Frage, ob auf Grund der Programme des Systems auch die Entscheidungen der Gerichte voraussehbar sind. Hier kann man mit erheblicher Unsicherheit zurechtkommen und gegebenenfalls »alternative« Wege der Konfliktlösung bevorzugen, sofern nur die Möglichkeit gewährleistet ist, einen Rechtsfall nach Maßgabe des Rechtscodes entscheiden zu lassen.

---

53 Siehe für Brasilien Marcelo Neves a.a.O. (1992).

IV

Gegenüber zu erwartenden Protesten und gegenüber allem, was die Juristen seit dem »social engineering approach« am Anfang dieses Jahrhunderts und seit der Planungseuphorie der 60er Jahre zu denken sich angewöhnt haben, ist festzuhalten: Programme des Rechtssystems sind immer *Konditionalprogramme.*[54] Nur Konditionalprogramme instruieren die laufende Verknüpfung von Selbstreferenz und Fremdreferenz[55]; nur sie geben der Umweltorientierung des Systems eine kognitive und zugleich im System deduktiv auswertbare Form. Der römische Formularprozeß wurde mit der Weisung: »si paret ...« eingeleitet. Das Gegenmodell der Zweckprogramme eignet sich zum Beispiel für Investitionsentscheidungen oder für Entscheidungen eines Arztes oder auch für Planungsentscheidungen einer Verwaltungsbehörde. Zweckprogramme lassen es aber nicht zu, die Tatsachen, die im Rechtsverfahren zu berücksichtigen sind, hinreichend zu limitieren.[56] Für das Rechtssystem kommt eine Zweckprogrammierung nicht oder, wie wir gleich sehen werden, allenfalls im Kontext eines Konditionalprogrammes in Betracht.[57]

Konditionalprogramme ergänzen die vorgefundene »natürliche«

54 Ein guter, zu wenig beachteter Ausgangspunkt dieser Diskussion ist Torstein Eckhoff / Knut Dahl Jacobsen, Rationality and Responsibility in Administrative and Judicial Decision-making, Kopenhagen 1960. Vgl. auch meine viel kritisierten Ausführungen in: Niklas Luhmann, Rechtssystem und Rechtsdogmatik, Stuttgart 1974.

55 Siehe dazu bereits oben Kapitel 2, VI.

56 Ein Problem, das in der ökonomischen Entscheidungstheorie mit dem Konzept des »bounded rationality« beantwortet worden ist. Aber das läßt sich in das Rechtssystem nicht übernehmen. Es fehlt eine dafür notwendige Kontrolle der Aufmerksamkeitsschranken, wie sie Wirtschaftsunternehmen in ihren Bilanzen besitzen.

57 Dies wird vielfach bestritten, vor allem in der amerikanischen Rechtstheorie. Siehe repräsentativ Robert S. Summers, Pragmatic Instrumentalism in Twentieth Century American Legal Thought – A Synthesis and Critique of our Dominant General Theory About Law and its Use, Cornell Law Review 66 (1981), S. 861-948. Um so bemerkenswerter ist, daß Summers zwei »substantive reasons« unterscheidet: »goal reasons« und »rightness reasons«, und das Verhältnis beider zueinander für ungeklärt hält (S. 914). Anscheinend gibt es keine Formel für Einheit oder Vermittlung von Zweckprogrammen und Konditionalprogrammen. Im übrigen gibt die recht konfuse Diskussion Anlaß zu der Bemerkung, daß keineswegs bestritten werden soll, daß Zweckprogramme, wie überhaupt alles Handeln, rechtlich beurteilt werden können. Aber sie müssen dann in Konditionalprogramme umgeformt werden,

Kausalität. Sie machen mehr Ursachen für Differenzerzeugung (Abweichungsverstärkung) verfügbar unter der Voraussetzung, daß die Produktion der Effekte durch Ausdifferenzierung entsprechender Systeme gesichert werden kann. Indem das Rechtssystem sich selbst konditional programmiert, konstruiert es sich selbst als Trivialmaschine[59], obwohl, ja weil es davon ausgehen muß, daß die Umwelt dem nicht entspricht und daß die Gesellschaft selbst wie eine historische, den jeweils eigenen Zustand reflektierende, also nicht triviale Maschine operiert.[60]

Die Form des Konditionalprogramms ist eine der großen evolutionären Errungenschaften der gesellschaftlichen Entwicklung. Man findet sie bald nach der Einführung von Schrift in Mesopotamien, und zwar in den divinatorischen Texten der Weisheitslehren, in medizinischen Texten und in juristischen Texten.[61] In einer sich rasch erweiternden Welt bieten sie die Möglichkeit, sich Ordnung in der Form fester Kopplungen vorzustellen, und dies gleichermaßen in Bereichen, in denen es (nach heutigen Begriffen) auf Wissen bzw. auf normative Regulierungen ankommt. Lange bevor es die Möglichkeit einer logisch-erklärenden Rückführung von Aussagen auf Gesetze oder Prinzipien, lange bevor es diese Art von Zwei-Ebenen-Denken gibt, haben sich schon sentenzenartige Ordnungsgarantien in der Form des Wenn-Dann eingespielt, die einen Raum des Möglichen durchkonstruieren und von entsprechenden Experten gehandhabt werden können. So kann es denn auch eine frühe Form von Rechtsprechung geben, die sich in dieser Weise auf eine vorausgesetzte Ordnung bezieht und sich, wenn man so sagen darf,

etwa: Wenn jemand berechtigt ist, bestimmte Zwecke zu verfolgen, darf er unter der Voraussetzung a,b,c... entsprechend handeln.

58 Im Sinne von Heinz von Foerster, Observing Systems, Seaside Cal. 1981, S. 201 ff.; ders., Principles of Self-Organization – in a Socio-Managerial Context, in: Hans Ulrich / Gilbert J.B. Probst (Hrsg.), Self-Organization and Management of Social Systems: Insights, Promises, Doubts, and Questions, Berlin 1984, S. 2-24 (9 f.).

59 Komplementär dazu mag es auch Systeme geben, die versuchen, ihre Umwelt in die Form von Trivialmaschinen zu bringen, obwohl sie sich selbst nicht so verstehen. Das Erziehungssystem mag dafür als ein Beispiel dienen. Es operiert nach Maßgabe von Zweckprogrammen in Reaktion auf das jeweils Erreichte, aber so, daß die zu Erziehenden richtige Antworten geben können und letztlich verläßliche Menschen werden.

60 Siehe hierzu vor allem Jean Bottéro, Le »Code« de Hammu-rabi, Annali della Scuola Normale Superiore di Pisa 12, 1 (1982), S. 409-444.

durch Formähnlichkeit in einem allgemeinen Kosmos des Wissens legitimiert.

Diese Form des Konditionalprogramms überlebt alle weiteren gesellschaftlichen Differenzierungen mit einer Art von Kontextwechsel. Sie ermöglicht die Ausdifferenzierung eines binär codierten Rechtssystems und übernimmt in diesem System dann die Funktion, die Zuordnung der Codewerte zu Fällen zu regulieren. Auch dann bleibt es bei der Form des Wenn-Dann.[62] Das Konditionalprogramm statuiert Bedingungen, von denen abhängt, ob etwas Recht oder Unrecht ist. Es referiert mit diesen Bedingungen auf vergangene, gegenwärtig feststellbare Tatsachen. Dazu können auch Rechtstatsachen gehören, also etwa mittels der Frage, ob ein Gesetz wirksam verkündet ist und zu welchem Zeitpunkt. Entscheidend ist, daß die Zuteilung der Werte Recht und Unrecht von dem abhängt, was im Zeitpunkt der Entscheidung als Vergangenheit behandelt werden kann. Das Rechtssystem operiert insofern immer als ein nachträgliches, als ein nachgeschaltetes System. Das schließt nicht aus, die Zukunft im Blick zu behalten, und es kann dies auch nicht ausschließen, denn Zeit ist, zumindest nach neuzeitlichem Verständnis, immer die Einheit der Differenz von Vergangenheit und Zukunft. Es gibt eine vorausschauende, prophylaktische Rechtsberatung, etwa bei der Formulierung von Gesetzen und Verträgen. Aber dann wird Zeit modo futuri exacti in Anspruch genommen. Das heißt: Man stellt sich vor, wie ein Rechtsstreit, der mit Bezug auf den Text in Gang gebracht sein wird, entschieden werden wird, und versucht dann, die Konditionen für diese Entscheidung im voraus festzulegen.

Konditionalprogramm heißt natürlich nicht, daß im voraus schon feststeht, daß die Bedingungen eintreten werden. Viel Recht besteht in Erlaubnisnormen, die offen lassen, ob man von ihnen Gebrauch machen wird oder nicht. Aber auch das sind Konditionalprogramme, denn sie legen fest, daß ein Verhalten rechtmäßig bzw. unrechtmäßig sein wird je nach dem, wie im Eventualfall von der Erlaubnis (unter Beachtung oder Mißachtung der beigegebenen Einschränkungen) Gebrauch gemacht *worden sein wird*. Konditionalpro-

---

61 Zur Bedeutung dieser Wenn-Dann-Form als Form des Rechts siehe Neil MacCormick, Legal Reasoning and Legal Theory, Oxford 1978, S. 45, 53 f. u. ö. MacCormick hält diese Form für unerläßlich auch und gerade dann, wenn die juristische Argumentation auf Folgen der Entscheidung abstellt.

gramme sind also keineswegs Traditionsfestschreibungen. Sie können, je nach der Wahl der Bedingungen, in hohem Maße zukunftsoffene Programme sein.

Durch die Form des Konditionalprogramms ist nur ausgeschlossen, daß künftige, im Zeitpunkt der Entscheidung noch nicht feststehende Tatsachen bei der Entscheidung zwischen Recht und Unrecht den Ausschlag geben. Genau das ist die Form, in der Zweckprogramme sich festlegen. Die neuzeitliche Subjektivierung des Zweckbegriffs hat allerdings zu einer Simplifikation geführt, die dringend der Korrektur bedarf, denn anders werden die Vorbehalte gegenüber der Einführung von Zweckprogrammen ins Recht nicht verständlich. Die Simplifikation besteht darin, daß Zwecke nur noch als gegenwärtige Vorstellungen (Intentionen) angesehen werden in polemischer Abwendung von der alteuropäischen (aristotelischen) Tradition, die Zwecke (tếle) als Endzustände einer Bewegung und damit als von der Bewegung her gesehene Zukunft gedacht hatte.[63] Daß diese naturale Zweckkonzeption ersetzt werden mußte in dem Maße, als die gesellschaftliche Evolution die Zukunft für mehr Möglichkeiten öffnete, ist leicht einzusehen. Die daraufhin akzeptierte Form des intentionalen Zweckbegriffs wird aber ihrerseits den Komplexitäten der Zeitdimension nicht gerecht; sie erfaßt sie nur aus einer Perspektive, indem sie den Zweck als *gegenwärtigen* Zustand eines zweckorientierten Systems beschreibt. Das hatte unter anderem den Vorteil, daß man Zwecksetzungen im Unterschied zur Tradition als wählbar, also als kontingent darstellen konnte. Mit dieser Intentionalisierung (Mentalisierung) des Zweckbegriffs verdeckt dieses Konzept jedoch die Differenz zwischen gegenwärtiger Zukunft und künftigen Gegenwarten; und diese Differenz wird immer wichtiger in dem Maße, als das Fortschrittsvertrauen und mit ihm das Vertrauen in zweckrationale Problemlösungen schwinden. Zweckprogramme verschleiern mithin das in der Zukunft liegende Problem: daß die künftigen Gegenwarten nicht mit der gegenwärtig projektierbaren Zukunft übereinstimmen werden. Das Mißtrauen, das Max Weber und heute zum Beispiel Jürgen Habermas der Alleingeltung von Zweckratio-

---

62 Siehe dazu Niklas Luhmann, Selbstreferenz und Teleologie in gesellschaftstheoretischer Perspektive, in ders., Gesellschaftsstruktur und Semantik Bd. 2, Frankfurt 1981, S. 9-44.

nalität entgegenbringen, ist also vollauf berechtigt, wenn man auch zweifeln mag, ob in der Hinzufügung anderer Rationalitätstypen die Lösung liegt.

Wir wollen (vorläufig jedenfalls) die Entscheidung für einen Gegenwartsbezug des Zweckbegriffs nicht aufgeben und sprechen deshalb von Zweck*programmen* als operationsleitenden Systemstrukturen. Man muß dann aber deutlicher sehen, daß der Zweckbegriff sich auf eine doppelte Differenz bezieht, die nur mit einem doppelt modalisierten Zeitbegriff formulierbar ist, nämlich auf die Differenz von erreichbaren und andernfalls eintretenden Zuständen *und* (im Bereich des Erreichbaren) auf die Differenz von gegenwärtiger Zukunft und künftigen Gegenwarten. Vielleicht kann man sagen: der Zweckbegriff markiere die Einheit dieser Differenzen. Jedenfalls verschleiert er die entsprechenden Unterscheidungen und ermöglicht dadurch ein (dann aber zweckrelatives) rationales Entscheiden. Zweckprogramme ziehen damit das Risiko des Auseinanderklaffens der gegenwärtigen Zukunft und der künftigen Gegenwarten in die Gegenwart hinein. Sie riskieren, daß die künftigen Gegenwarten nicht mit dem übereinstimmen werden, was als gegenwärtige Zukunft vorausgesetzt wird. Zum Ausgleich dieses Risikos dienen Instrumente wie ein laufendes Nachsteuern, Reservenbildung (Liquiditätsrücklagen) oder Sicherheitspräferenzen bei der Wahl zwischen Alternativen. Man nennt das heute auch »risk management«. Die Programme des Rechtssystems sind vom Ansatz her anders gebaut. Sie haben weder die Funktion des Riskierens, das heißt nicht die Funktion, Chancen zu realisieren, die nur unter Übernahme eines Risikos greifbar sind[64], noch haben sie die Instrumente, die für diesen Fall einen akzeptablen Grad an Systemrationalität gewährleisten.

Die Bindung an die Form des Konditionalprogramms hängt mit der Funktion des Rechts, also mit der Stabilisierung kontrafaktischer Erwartungen zusammen. Die Erwartungen werden genau für den Fall, daß sie nicht erfüllt werden, in die Form von Normen gebracht. Diese Substitution von Sicherheit (des Erwartens) für Unsicherheit (des Erfüllens) erfordert strukturelle Kompensationen.

---

63 Über die fundamentale Differenz von normativen Zeitbindungen und riskanten Zeitbindungen mit sehr unterschiedlichen sozialen Konsequenzen hatten wir bereits oben (Kap. 3) gesprochen.

Man kann dann nicht auch noch von der Zukunft abhängig machen, ob die Erwartungen, auf die man sich jetzt schon festlegen muß, in der Zukunft berechtigt gewesen sein werden. Man will es jetzt wissen bzw. im Entscheidungszeitpunkt feststellen können, und dies kann nur in der Form eines Konditionalprogramms garantiert werden.

Trotz all dem findet man Zweckprogramme im Recht, und empirisch orientierte Rechtssoziologen mögen daraufhin die hier vorgeschlagene Theorie als »widerlegt« ansehen.[65] Zuvor sollte man jedoch den Befund genauer analysieren.

Offensichtlich geht es in keinem Falle um »echte« Zweckprogramme in dem Sinne, daß erst die Zukunft darüber entscheiden wird, was Recht und was Unrecht ist. Gerade bei einer zunehmend von Unwissen getragenen ökologisch orientierten Gesetzgebung liefe es auf ein juristisches Desaster hinaus, wenn alle Maßnahmen als rechtswidrig angesehen werden müßten, falls sich herausstellen sollte, daß ihr Zweck auf die vorgesehene Weise nicht erreicht werden kann oder der Mittelaufwand bei neu hinzukommender Sachkenntnis als ungerechtfertigt erscheint. Die eine Seite des Problems, nämlich die Frage, was künftige Gegenwarten bringen werden, wird vielmehr ausgeblendet. Der Richter darf (und muß) diese Seite der Zukunft ignorieren. Er stützt seine Entscheidung, dem Recht folgend, allein auf das, was er in der Gegenwart seiner Entscheidung als Zukunft kommen sieht, also auf das, was für ihn nach einer mit aller gebotenen Sorgfalt erhobenen Sachlage die gegenwärtige Zukunft ist. Die Hoffnung war, daß er sich dabei auf empirische Gesetzmäßigkeiten oder jedenfalls auf statistisch gesicherte Hochwahrscheinlichkeiten stützen könnte, die ihm etwa sagen, daß ein Kind nach der Scheidung am besten bei dem Elternteil aufgehoben ist, zu dem es bereits starke Bindungen entwickelt hat. Mit der Kritik dieser wissenschaftlichen Theorie bricht dann eine Welt von

---

64 Helmut Willke, Ironie des Staates, Frankfurt 1992, S. 177 f. meint zum Beispiel, die Rechtsentwicklung sei über diese Bedenken hinweggegangen und habe Zweckprogramme als Einrichtungen des Rechts fest etabliert, ja gehe inzwischen auch darüber noch hinaus und lege auch »Relationierungsprogramme« nahe. Aber dann müßte mit mehr Sorgfalt gezeigt werden, genau wie denn die juristische Relevanz von Zwecken oder Relationen zur Geltung kommt. Denn politische Sinngebungen dieser Art, die niemand bestreiten wird, sind als solche noch kein praktikables Recht.

Gewißheitsäquivalenten zusammen.[66] Nach wiederholten Erfahrungen dieser Art wird man wohl zweifeln, ob es der Wissenschaft in hinreichendem Umfang gelingt, genügend feste Zusammenhänge zwischen Vergangenheit und Zukunft vorzugeben, nach denen der Richter sich dann – wie nach Normen! – zu richten hat, wenn er nicht falsch (bzw. anfechtbar) entscheiden will. Wenn aber diese Lösung ausfällt: was heißt es dann, wenn das Recht die Entscheidung zwischen Recht und Unrecht, die on the spot getroffen werden muß, von der Frage abhängig macht, wie ein vorgegebener Zweck – in unserem Beispiel: das Kindeswohl – am besten erreicht werden kann?

Der Richter kann sich in einen Therapeuten verwandeln, der versucht, eine gescheiterte Ehe dazu zu bringen, wenigstens für das Kind noch gemeinsam zu sorgen. Die Reformen der Jugendgerichtsbarkeit dieses Jahrhunderts sind unter diesem moralisch-therapeutischen Gesichtspunkt unternommen worden.[67] Oder er übernimmt die Rolle eines Unternehmensberaters, der zu verhindern sucht, daß die Firmen, deren Zusammenschluß genehmigt ist, doch noch eine marktbeherrschende Position erreichen. Man sieht aber sofort, daß er dann, obzwar Richter, nicht mehr im Rechtssystem operieren würde.[68] Die Ausstattung von Zweckprogrammen

65 Vgl. dazu Jutta Limbach, Die Suche nach dem Kindeswohl – Ein Lehrstück der soziologischen Jurisprudenz, Zeitschrift für Rechtssoziologie 9 (1988), S. 155-160. Zu juristischen Entscheidungsbehelfen französischer Richter in der gleichen Situation – Konsens der Eltern, ausdrücklicher Wunsch der Kinder, gegebener Status quo, also alles bereits feststellbare Sachverhalte – vgl. Irène Théry, The Interest of the Child and the Regulation of the Post-Divorce Family, International Journal of the Sociology of Law 14 (1986), S. 341-358. Siehe auch dies., Divorce et psychologisme juridique: Quelques éléments de réflexion sur la médiation familiale, Droit et Société 20-21 (1992), S. 211-228.

66 Zur heute wohl überwiegenden, auch soziologisch begründbaren skeptischen Beurteilung Richard Lempert / Joseph Sanders, Invitation to Law and Social Science: Desert, Disputes, and Distribution, New York 1986, S. 258 ff. Siehe insb. die Feststellung S. 269 ff., daß entgegen einer therapeutischen Absicht und Berücksichtigung aller Aspekte der Person des Kindes sich die binäre Codierung durchsetzt. Vgl. auch Anthony Platt, The Child Savers: The Invention of Delinquency, Chicago 1969.

67 Charles W. Lidz / Andrew L. Walker, Therapeutic Control of Heroin: Dedifferentiating Legal and Psychiatric Controls, in: Harry M. Johnson (Hrsg.), Social System and Legal Process, San Francisco 1978, S. 294-321, analysieren solche Fälle, in denen die Perspektiven in einer Situation von Moment zu Moment wechseln, unter dem Gesichtspunkt der Entdifferenzierung.

mit einer Kybernetik der Nachsteuerung würde nicht ins Rechtssystem passen; oder sie würde bei jeder anfallenden Entscheidung das Problem nur wiederholen, daß die Zukunft keine ausreichende Auskunft darüber gibt, ob etwas jetzt schon rechtmäßig oder rechtswidrig ist.

Vor allem die *politischen* Tendenzen zum Wohlfahrtsstaat haben dazu geführt, daß der öffentlichen Verwaltung und in sehr viel geringerem Umfang auch den Gerichten durch den Gesetzgeber Zweckformulierungen vorgegeben werden.[69] Zweckorientierung mag sehr wohl eine sinnvolle politische Perspektive sein. In der Anwendung durch das Rechtssystem spricht jedoch viel dagegen: Einerseits kann die Sensibilität von Zweckprogrammen für die Umstände der Zweckerreichung nicht ausgeschöpft werden. Andererseits sind Zweckprogramme rechtstechnisch zu unpräzise, um Mißbrauch oder auch Widerstand gegen ein Erreichen des Zwecks wirksam auszuschließen. Das gilt auch und gerade für Gesetze, die sich auf die Bezeichnung von Zwecken beschränken.[70] Juristisch gesehen kann die Benennung eines Zweckes nur heißen, daß Maßnahmen nur rechtmäßig sind, *wenn* sie zweckorientierten Kriterien genügen wie zum Beispiel Kriterien der kausalen Eignung oder der Vertretbarkeit der Mittelwahl. Eine gesetzliche oder in der justitiellen Praxis erarbeitete Zweckvorgabe kann nicht mehr sein als ein Leitfaden für die Ermittlung der Konditionen, die die Entscheidung zwischen Recht und Unrecht tragen können. Das Konditionalprogramm muß dann (mehr oder weniger) fallweise zusammengestellt werden, und Erfahrungen lassen vermuten, daß der Richter dann stereotypisierte »Maßnahmen« ins Auge faßt, deren Eignung er unterstellt. Der Zweck erlaubt es ihm, von Nebenfolgen abzusehen. Das gilt mit einiger Evidenz für Maßnahmen, die im Jugendstraf-

---

68 Vgl. mit Blick auf die verfassungsmäßigen Konsequenzen Dieter Grimm, Die Zukunft der Verfassung, Frankfurt 1991, insb. S. 197 ff., 411 ff. Nach Meinung von Grimm kann die Verfassung angesichts solcher Veränderungen ihre Funktion weiterhin nur erfüllen, wenn sie sich ihnen anpaßt.

69 Siehe als Fallanalyse zum Scheitern eines solchen Gesetzes und zur anschließenden Novellierung durch Vorgabe von Regeln David Schoenbrod, Goal Statutes or Rules Statutes: The Case of the Clean Air Act, UCLA Law Review 30 (1983), S. 740-828. Schoenbrod betont die beiden im Text genannten Gesichtspunkte: Nichtausschöpfung der Sensibilität des Zweckprogramms für Bedingungen besserer Zweckerreichung und Schwierigkeiten bei der Überwindung von Widerstand der Interessenten.

recht an die Stelle der Strafe treten können. Je mehr solche Zweckmäßigkeitserwägungen eine Entscheidung tragen, um so höher wird die Wahrscheinlichkeit, daß die Entscheidung falsch ist; denn die Zukunft bleibt unbekannt auch für den Richter. Zwecküberlegungen exponieren ihn einer empirischen Kritik, und nur die Amtsautorität und der Zwang, entscheiden zu müssen, machen die Entscheidung dann gültig.

Der Entscheidungsrahmen des Rechts ist also niemals ein Zweckprogramm, das fordern würde, für einen – sei es freigewählten, sei es vorgegebenen – Zweck geeignete Mittel zu suchen und dabei in das Programm eingebaute Beschränkungen, zum Beispiel der erlaubten Kosten oder auch Rechtsschranken, einzuhalten. Immer liegt als geltender Text zunächst eine Wenn-Dann-Struktur zugrunde. Und nur bei Problemen in der Interpretation dieses Textes kann das Rechtssystem, wie wir noch ausführlich sehen werden, von der Erwägung ausgehen, welchem Zweck das Programm dienen sollte. Dabei gewährt dann gerade die konditionale Programmierung Freiheiten in der Imagination von Zwecken, die bei einer Zweckprogrammierung niemandem gestattet werden würden.[71]

Im Extremfall reduziert sich die Konditionierung also auf eine Kompetenznorm. Recht ist das, was der Richter letztverbindlich für ein geeignetes Mittel zum Zweck hält. Aber auch das ist noch ein Konditionalprogramm, denn Recht ist es nur, wenn der Richter die Kompetenz mit Recht wahrnimmt, also wenn er ein Richter ist. Dann läuft die Rechtspraxis in das zurück, was ein Beobachter als Tautologie beschreiben würde: Recht ist das, was das Recht als Recht bezeichnet. Die Programmierfunktion würde gegen Null tendieren. Selbst dann wäre die Autopoiesis des Rechtssystems nicht gefährdet, denn immer noch wäre klar, wen man beobachten muß, wenn man wissen will, was Recht und was Unrecht ist. Die Autopoiesis ist durch den Code, nicht durch die Programme des Systems garantiert. Die Frage kann deshalb nur sein, welche strukturellen Folgewirkungen es im Rechtssystem und in den Interpenetrationsverhältnissen zu Systemen seiner gesellschaftlichen Umwelt hat, wenn die Detailkonditionierung der Rechtsprogramme durch eingebaute Zweckprogramme ersetzt wird.

Die Festlegung des Rechts auf Konditionalprogramme schließt im

---

70 Vgl. dazu Kapitel 8 Anm. 104.

übrigen keineswegs aus, daß Zweckprogramme anderer Funktionssysteme auf Recht zurückgreifen, etwa die Zweckprogramme der
Politik auf das Verfassungsrecht, die Zweckprogramme des Erziehungssystems auf Schulpflicht, Anstaltsordnungen, Elternrechte
und -pflichten, die Zweckprogramme der Wirtschaft auf Eigentum.
Das bedeutet aber nicht, daß die Zwecke selbst juridifiziert werden.
Vielmehr bietet das Recht nur konditionale Sicherheiten an (und es
wären keine Sicherheiten, wären sie nicht konditioniert), um anderen Systemen eine größere Reichweite der Zweckwahl zu ermöglichen. Gesamtgesellschaftlich gesehen liegt also Fruchtbarkeit in
einem Zusammenspiel von Zweckprogrammen und Konditionalprogrammen.[72] Aber dieses Zusammenspiel setzt voraus, daß, und
ist nur deshalb ergiebig, weil die Systeme und ihre Programmtypen
getrennt bleiben.

V

Die Programmierung ergänzt die Codierung. Sie füllt sie mit Inhalt.
Die Unterscheidung von Codierung und Programmierung erlaubt
es, den Code selbst zu tautologisieren, ihn als formale Umtauschrelation von Werten zu behandeln und das System trotzdem mit
Entscheidungsfähigkeit auszustatten. Sie kombiniert Invarianz mit
Veränderbarkeit, also auch Invarianz mit Wachstumsmöglichkeiten.
Wenn einmal der Code als solcher (vor allem: durch eine Gerichtsorganisation) etabliert ist, kommt auch ein Prozeß der Regelbildung in Gang, der eine autopoietische Form annimmt, der sich aus
sich selber speist.
Darin kann man eine Entfaltung der ursprünglichen Paradoxie der
binären Codierung sehen. Der Jurist kann sich an die Regeln halten
und vergessen, daß er in einem binär codierten System arbeitet.
Aber nicht ganz. Das Problem der Einheit der Wertedifferenz des
Codes kehrt in das System zurück. Das kann in der Form von Un-
entscheidbarkeiten geschehen, bei denen Athena auf dem Areopag
aushelfen mußte. Dies Problem ist inzwischen durch das Verbot der
Entscheidungsverweigerung so in die Gerichtsverfassung einge-

---

71 Und, wie wir weiter unten sehen werden, in einem Ausbau und einer Normalisie-
rung dieses Zusammenspiels durch »strukturelle Kopplungen«.

baut, daß es seinerseits als Wachstumsprinzip fungiert und Richterrecht generiert. Wir kommen darauf in Kapitel 7 zurück. Neben diesem eher verfahrensrechtlichen Fall gibt es aber noch ein materiellrechtliches Problem, an dem sich zeigen läßt, daß und wie die ausgeschlossene Paradoxie ins System zurückkehrt, und zwar das Problem des Rechts*mißbrauchs*.

Hier geht es nicht, wie ein Blick in die juristische Literatur vermuten lassen könnte, um ein lästiges Nebenproblem nach Art einer Unbestimmtheit, die in der Fallpraxis auf Regeln gezogen und damit bagatellisiert werden könnte. Allein schon der Umstand, daß es am Problem der Rechtssouveränität auftritt[73], verweist auf tieferliegende Gründe. Und in der Tat: Am Problem des Rechtsmißbrauchs macht sich die Paradoxie der Identität der Differenz im System wieder bemerkbar und läßt ahnen, daß alle Ausschließung, alle Entfaltung, alle Auflösung der Ursprungsparadoxie nur Selbsttäuschung war.

Um erneut Spencer Brown zu bemühen: In der Terminologie der »Laws of Form« handelt es sich um jenen unkalkulierbaren Fall eines »re-entry« der Form in die Form. Die Unterscheidung Recht/Unrecht tritt auf der Seite Recht in sich selbst wieder ein. Sie wird also zweimal aktualisiert, aber nicht zweimal nebeneinander oder nacheinander, sondern *zweimal* in *einer* Operation. Wie der Name des Begriffs andeutet, scheint Spencer Brown an eine zeitliche Sequenzierung der Operationen zu denken. Aber dies Auseinanderziehen der Operationen in eine Zeitfolge ist bereits Teil der Lösung, der Entparadoxierung des Problems. Denn das re-entry zitiert und verwendet ja die Ausgangsunterscheidung, indem sie sie *in sie selbst* hineincopiert.

Dies »Wiederholen« der »Spur«, die die ausgeschlossene Paradoxie hinterlassen hat, wiederholt auch ihr Problem.[74] Aber in juristisch

72 Vgl., um eine ganze Tradition in einem Satz zu zitieren, Ernst Forsthoff, Der Staat der Industriegesellschaft: Dargestellt am Beispiel der Bundesrepublik Deutschland, München 1971, S. 12: »Die Souveränität gibt ihrem Träger nicht nur das Monopol rechtmäßiger Gewaltausübung, sondern auch die alleinige Befugnis der Definition von Recht und Unrecht, und das ohne Sanktionen im Falle eines Mißbrauchs.«

73 Ob wir Derridas Begriffe »itérabilité« und »trace« hier richtig zitieren, muß dahingestellt bleiben. Auch sie haben jedenfalls einen Bezug auf die Paradoxie der Grundform des Unterscheidens. Siehe z. B. Jacques Derrida, Limited Inc., Paris 1990, S. 222 ff., 230 f.

handlicherer Form. Wie bei Spencer Brown das »cross« der ursprünglichen Unterscheidung auch unbeobachtet (rein operativ) vollzogen werden kann, nicht aber das »marker« der in sich selbst eintretenden Unterscheidung, so kann auch der Jurist unbedacht lassen, daß *jede* Setzung von Recht korrespondierendes Unrecht erzeugt, und kann trotzdem sehen, daß es Fälle eines Rechtsgebrauchs gibt, die rechtlich problematisch sind und gegebenenfalls als Unrecht bezeichnet werden müssen. Das Recht muß im Hinblick auf die Unvorhersehbarkeit der Verwendungssituationen mit einem gewissen Überschuß an Möglichkeiten ausgestattet sein, und dabei muß es bleiben. Auch das mißbrauchte Recht bleibt ein vom Recht anerkanntes Recht. Nur bestimmte Verwendungsformen müssen ausgeschlossen werden. Das kann zum Beispiel mit Hilfe eines Regel/Ausnahme-Schemas geschehen oder mit der These, daß Rechtsformen bestimmten Zwecken dienen und zwar auch mit Sinn für Nebenzwecke verwendet werden dürfen, aber nur solange, als der eigentliche Zweck gewahrt bleibt. So ist die Verwendung von Steuern für wirtschaftspolitische oder ökologische Lenkungsfunktionen zugelassen und berechtigt, solange der Hauptzweck der Geldversorgung des Staates gewahrt bleibt. (Man sieht an diesem Beispiel im übrigen, daß die sekundär eingesetzte Zweckkategorie hohe, aber nicht unbegrenzte Interpretationselastizität an die Hand gibt.) So kann auch der Zuschauer eines Theaterstücks oder der Leser eines Romans beobachten und durchschauen, wie in der vorgeführten Geschichte die Personen sich selbst und einander täuschen; und er kann sogar wissen, daß er (im Falle des Kriminalromans) selbst auf eine falsche Spur gelockt wird. Aber er wird dies nur beobachten können, wenn er nicht zugleich in Rechnung stellt, daß die Erzählung selbst eine Täuschung ist und daß ihr keine Wirklichkeit entspricht. Die Form in der Form vertritt die Form, und die Paradoxie dieser Repräsentation besteht eben darin, daß es sich um dieselbe und zugleich um nicht dieselbe Unterscheidung handelt.

Die Paradoxie, die mit dem Problem der Anwendung des Codes auf sich selbst erzeugt wird, läßt sich durch Programmierung allein nicht aus der Welt schaffen. Die durch Codierung initiierte Programmierung ergänzt die Leitunterscheidung des Systems durch eine zweite Unterscheidung: die der richtigen bzw. falschen Anwendung von Kriterien für die Zuteilung von Recht und Unrecht. So kommt es zur Generierung sachlicher Komplexität. Das System kann lernen zu lernen, kann Kriterien ausprobieren und eventuell auswechseln. Es wächst in der Sachdimension von Sinn (auch wenn es an sekundärer Stelle Zeitbegriffe, zum Beispiel Verjährung, benutzt). Damit allein kann man jedoch nicht (und schon gar nicht: logisch-deduktiv) auf Entscheidungen durchgreifen.[75] Das führt auf die Frage, ob man in ganz anderer Weise auch die Notwendigkeit, zu einer Entscheidung zu kommen, zur Entfaltung der Paradoxie nutzen kann.

Und das geschieht in der Tat. Das Rechtssystem verfügt über Möglichkeiten, Entscheidungen aufzuschieben und eine Zeitlang im Ungewissen zu operieren.[76] Es nutzt, da Zukunft immer als ungewiß vor Augen steht, diesen Zeithorizont aus, um selbst Ungewißheit zu erzeugen und zu erhalten mit der Aussicht, später zu einer (jetzt noch nicht entscheidbaren) Entscheidung zu kommen. Es handelt sich, ganz ähnlich übrigens wie im kognitiven Bereich des Wissenschaftssystems, um selbstgeschaffene Ungewißheit, weil nicht die Welt selbst in Zweifel gezogen, sondern nur die Zuteilung der Codewerte als gegenwärtig noch unklar behandelt wird. Das Rechtssystem leistet sich diese Ungewißheit, weil es selbst verspricht, sie zu gegebener Zeit zu beseitigen. Und es kann deshalb auch rechtlich eindeutige Bedingungen fixieren, die das Vorgehen

---

74 Auf das, was hier unter »Entscheidung« verstanden werden soll, kommen wir in anderem Zusammenhang zurück. Vgl. Kap. 7, III.

75 Vgl. auch die Ausführungen über den »Schleier des Nichtwissens« in bezug auf die eigene Position und die eigenen Interessen in der gesellschaftlichen Zukunft bei John Rawls, Eine Theorie der Gerechtigkeit, dt. Übers. Frankfurt 1975, S. 159 ff. Rawls sieht hierin eine unerläßliche Bedingung der Bereitschaft, sich auf Beurteilung unter allgemeinen Gesichtspunkten einzulassen. Der Gedanke geht auf Aristoteles zurück, war hier aber zunächst nur für den Gesetzgeber gedacht gewesen.

unter der Voraussetzung vorläufiger Unentschiedenheit regulieren.

Wir sprechen, wie man sieht, von rechtlich geregelten *Verfahren*. Verfahren sind in der Form einer zeitlich begrenzten Episode organisiert, die mit einer Klage eingeleitet wird und mit einer Entscheidung endet. Anfang und Ende sind mithin konstitutive Momente jedes Verfahrenssystems, das sich durch sie individualisiert. Anfang und Ende sind dabei Markierungen, die durch das Verfahren selbst erzeugt, das heißt im Betrieb des Verfahrens rekursiv identifiziert werden. Selbstverständlich gibt es auch Beobachter (Kläger, Beklagte, Richter, Gerichte, Registraturen, Zeitungen, Neugierige aller Arten), die die Dauer des Verfahrens überdauern und schon vorher und auch nachher beobachten, daß etwas anfängt bzw. zu Ende ist. Aber was externe Beobachter beobachten können, ist nur die Selbstorganisation des Verfahrens, die eigenes Anfangen und Aufhören einschließt. Es sind, anders gesagt, nicht verfahrensexterne Weltereignisse – ein Unfall, privater Ärger, ein Verbrechen – die das Verfahren einleiten. Es gibt dafür externe Initiativen, aber diese kommen zum Zuge nur in einer Form, die im Verfahren als Anfang identifiziert werden kann; nur das *ist* der Anfang des Verfahrens. Das Verfahren würde nicht anfangen, wenn im Verfahren nicht festgestellt werden könnte, daß es angefangen hat.

Wir legen auf diese Artifizialität besonderen Wert, denn sie hebt Anfang und Ende aus dem Konflikt heraus, um den es im Verfahren geht. Ohnehin ist es für Rechtsstreitigkeiten zumeist belanglos, wer den Streit angefangen hat. Es kommt nur darauf an, wer im Recht ist. Eben deshalb muß das Verfahren seine eigene Zeitautonomie selbst erzeugen. Die Klageerhebung selbst darf nicht als Schuld oder als Indikator für die Rechtslage in das Verfahren hineingezogen werden (selbst wenn in der Umwelt des Rechtssystems nicht selten so geurteilt wird).

Nur wenn dies streng genug beachtet wird, kann man klären, wie Codierung des Systems und Verfahren zusammenhängen. Nur der Code, der die Zuordnung von Recht und Unrecht ermöglicht, aber offen läßt, kann die Ungewißheit erzeugen, von der das Verfahren lebt. Aber das Verfahren nutzt sie als Medium der eigenen Autopoiesis aus. Es benutzt sie, um Beiträge zu motivieren, Partizipation zu ermutigen, Chancen (aber nicht: Resultate) in Aussicht zu stellen und damit die Teilnehmer zur Mitwirkung, also auch zur

Anerkennung zu veranlassen, bis sie am Ende Gefangene ihrer eigenen Teilnahme sind und wenig Aussichten haben, nachträglich die Legitimität des Verfahrens zu bestreiten.[77] In welchem konkreten Zuschnitt auch immer: verbleibende Ungewißheit ist das, was für die Dauer des Verfahrens als gemeinsam vorausgesetzt bleibt – neben Anfang und Ende und Aktenzeichen die einzige Invariante.

Der strikt binäre Code des Rechtssystems wird auf diese Weise um einen dritten Wert angereichert, nämlich den Wert der Ungewißheit der Wertzuteilung.[78] Die Paradoxie der Einheit der Differenz von Recht und Unrecht wird also nicht durch das Draufdoppeln des positiven Wertes aufgelöst (das Gericht hat das Recht, Recht und Unrecht festzustellen) noch, wie im Falle von »tragic choices«, durch das Draufdoppeln des negativen Wertes (ob Recht oder Unrecht – es ist auf alle Fälle Unrecht, so zu entscheiden). Vielmehr wird mit dem Wert der Ungewißheit der Entscheidung der Code als Einheit bezeichnet, ein self-indication im strengen Sinne. Eben dies geschieht durch Einbau einer Zeitdifferenz, durch Futurisierung; also nicht als Geltungsfestlegung des Rechtssystems, sondern nur für die als Einzelverfahren ausdifferenzierte Episode, deren Ende absehbar bleibt.

Verfahren mit dieser Funktion der Erzeugung von Ungewißheit durch Verzögerung der Entscheidung gehören zu den bedeutendsten evolutionären Errungenschaften. Sie lassen die binäre Codierung intakt, führen also keine weiteren Werte oder Überwerte (etwa religiöse Gesichtspunkte, Gottesurteile etc.) in das System ein. Im Gegenteil: sie ermöglichen eine Anwendung der Codedistinktion von Recht und Unrecht *auf das Verfahren selbst*. Zur Regelung des Verfahrensverlaufs wird ein besonderes Verfahrensrecht geschaffen, das von materiellem Recht sorgfältig unterschieden wird. Dieses Recht setzt in positiver Hinsicht seine Normen ein, um den Gang des Verfahrens im Blick auf das Ziel eines sachgerechten Urteils zu

---

76 Zu dieser Beurteilung von Verfahren näher Niklas Luhmann, Legitimation durch Verfahren, Neudruck der zweiten Auflage Frankfurt 1983.

77 Mit Bezug auf den Wahrheitscode findet man die genau entsprechende Diskussion im Anschluß an Aristoteles, de interpretatione 9, unter dem Stichwort de futuris contingentibus. Und auch hier liegt die Lösung nicht in einem Abgehen von der zweiwertigen Logik, sondern in der Hinzunahme eines selbstindikativen Wertes der gegenwärtigen Unentscheidbarkeit.

fördern; und Verfahrensunrecht sind daher Verstösse gegen die dazu bestimmten Normen. Aber auch diese Form der Verfahrensnormen hat eine andere Seite, nämlich die Erhaltung der Ungewißheit. Das mag seinerseits positiv normiert sein, zum Beispiel durch Kriterien für die Unparteilichkeit der Richter; aber sehr wesentlich dienen auch alle Normen und Maßnahmen, die das Verfahren fördern, der Darstellung eines »noch nicht«; sie stellen klar, daß das Verfahren noch nicht beendet und das Ergebnis noch ungewiß ist – bis das Verfahren sich schließlich selbst für beendet erklärt.

Also wieder eine Unterscheidung, diesmal die von materiellem Recht und Verfahrensrecht. Die Einheit des Rechts muß sich dann auch als Einheit dieser Unterscheidung bewähren. Das geschieht üblicherweise durch ein teleologisches, zielorientiertes Verfahrenskonzept. Damit gerät man jedoch in all die Schwächen teleologischer Konzepte, die ihrem eigenen Versagen, ihrer eigenen Kehrseite keinen Sinn geben können. Die im Verfahren bestehende Ungewißheit des Ausgangs ist dann nur eine bedauerliche Begleiterscheinung, bedingt durch die Schwierigkeiten rationaler Entscheidungsfindung. Damit verschwindet aber das Medium, in das die Verfahren ihre Formen einzeichnen, aus dem Blick. Eine nur zielorientierte, instrumentalistische Theorie des Rechtsverfahrens greift daher auf alle Fälle zu kurz. Aber auch idealisierende Versionen, wonach das Verfahren sich um Realisierung von Gerechtigkeit bemühe oder die Bedingungen für das Erreichen eines vernünftigen Konsenses festzulegen habe, beleuchten nur die Vorzeigeseite der Verfahrenssysteme. Jede Version dieses Typs gerät an die Frage, ob Verfahren, die solche positiven Erwartungen nicht erfüllen, dann keine Verfahren sind. Aber wenn nicht Verfahren – was sonst? Nur innerhalb einer Selbstbeschreibung des Rechtssystems kann man Theorien dieses Typs akzeptieren, die ihren guten Willen in der Form einer Normierung zum Ausdruck bringen und sich damit begnügen, Abweichungen als Verstoß gegen die Norm oder gegen die Idee des Verfahrens zu markieren. Eine soziologische Analyse kann dabei nicht stehen bleiben. Sie fragt immer auch nach der anderen Seite der Form, nach der Unterscheidung, die ein Beobachter benutzt, wenn er etwas als Verfahren bezeichnet. Und das führt dann zurück auf die Form einer Paradoxie, hier einer Paradoxie, die der Transformation der Codeparadoxie in ein kleineres, episodenhaftes Format dient. Und dann sieht man etwas, was man im

Schema von Norm und Devianz oder Idealität und Realität nicht zu sehen bekommt: die eigentümliche Diversität von Perspektiven; das Prozessieren ohne Anfangs- oder Endkonsens, ja ohne jede Selbigkeit des Sinnerlebens der Beobachter; ferner die in der Ungewißheit liegende Irritabilität; und mit all dem: die Chance kreativer Transformationen der Prämissen, von denen das Rechtssystem im weiteren auszugehen hat.

Es gibt keine andere Normordnung, die eine solche, über Verfahren laufende Reflexivität entwickelt hat. Man findet sie nur im Recht und nicht zum Beispiel in der Moral. Und vielleicht liegt hier das entscheidende Abgrenzungskriterium dieser beiden Codierungen, das das Recht, im Unterschied zur Moral, befähigt, ein autopoietisches System zu sein.[79] Nur das Recht verfügt über die seit Hart viel diskutierten secundary rules, nur das Recht kann sich rechtmäßig selbst bezweifeln, nur das Recht verfügt in seinen Verfahren über Formen, die es ermöglichen, jemandem rechtmäßig sein Unrecht zu bescheinigen, und nur das Recht kennt jeden weder eingeschlossenen noch ausgeschlossenen Grenzwert der temporären Unentschiedenheit der Rechtsfrage. Die Moral kann Probleme der Anwendung des Codes auf sich selbst nur in der Form von Begründungsdiskursen behandeln, also nur in der Form einer Ethik, also nur in der Form semantischer Abstraktionen, deren Orientierungswert unsicher bleibt.

VII

Am Schluß dieses Kapitels soll ein bereits mehrfach berührter Aspekt nochmals besonders hervorgehoben werden. Die Autopoiesis des Rechts beruht auf einer einheitlichen Operationsweise, an der sich Produktion und Strukturerhaltung (-änderung) zwar unterscheiden, aber nicht trennen lassen.[80] Codes und Programme

---

78 Wir setzen hier voraus, daß das im 18. Jahrhundert eingeführte Abgrenzungskriterium des äußeren vs. inneren Zwanges nicht funktioniert. Denn einerseits verfügt auch die Moral mit der Gefahr des Achtungsverlustes über drastisch wirkende äußere Disziplinierungen, und andererseits dienen viele Rechtsvorschriften der Ermöglichung und nicht dem Gebieten oder Verbieten von Handlungen oder Unterlassungen.

79 Vgl. oben Kap. 2, II.

(Normen) findet man daher nicht vor als Sachverhalte eigener Qualität, als ob sie wie Ideen oberhalb der Kommunikation eine eigene Existenz führten. Sie sind nur an der Kommunikation beobachtbar. Codes ermöglichen es, in bezug auf das System zugehörig/nicht zugehörig zu unterscheiden; und Programme, die Recht und Unrecht zuordnen, sind Gegenstand von Urteilen über Geltung/Nichtgeltung. Ein Beobachter kann sie als Strukturen bezeichnen und beschreiben. Aber empirisch gesehen sind sie immer nur mit den Operationen des Systems gegeben. Sie sind Momente der Autopoiesis des Systems, nicht für sich existierende Bestände. Die gegenteilige Auffassung verdankt, wie Platons Ideenlehre schlechthin, ihr Vorkommen der Schrift. Schriftliche Texte begünstigen in der Tat die Vorstellung, als ob das Aufgeschriebene auf der Materialbasis Papier tatsächlich für sich existiere, und die Ideenlehre registriert dann, dazu passend, die Einsicht, daß man das Wesen der Welt nicht gut als Papier bezeichnen, auf Papier reduzieren kann. Tatsächlich ist jedoch auch Schrift für soziale Systeme nichts anderes als eine Produktionsweise von Kommunikation – mit erheblichen Konsequenzen für die Form der Strukturen, die dabei mitproduziert werden. Daß Produktion und Strukturbildung nur in einem vollzogen werden können (weil das System selbst ihre Einheit ist und ermöglicht), wird verständlich, wenn man Zeit mit in Betracht zieht. Um sich Zeit (und damit Zukunft, und damit Ungewißheit) zu schaffen, richtet das Rechtssystem Verfahren ein. Das System operiert in der Form der Verkettung von Einzelereignissen und konstituiert dafür eine Eigenzeit, die mit den Umweltzeiten mehr oder weniger gut synchronisiert werden kann. Deshalb hat die Ausdifferenzierung des Rechtssystems mittels Codierung und Programmierung auch eine strikt temporale Seite. Sie unterwirft das Geschehen, das im Rechtssystem behandelt wird, Regeln, die den Rechtsprozeß davon unabhängig machen, wann oder wie etwas angefangen hat, und wann oder wie etwas aufhören wird. Es kommt zum Beispiel nicht (oder allenfalls kraft besonderer rechtlicher Bestimmung) darauf an, wann ein Streit angefangen hat oder wer ihn angefangen hat. Es kommt nur darauf an, wer im Recht bzw. im Unrecht ist. Andernfalls würde man sich in eine endlose Vorgeschichte verstricken, die jeder, wie Therapeuten sagen, auf eigene Weise »punktiert«. Bedingung der Ausdifferenzierung in zeitlichem Sinne ist mithin, daß die Relevanz vergangener Tatsachen und ihrer Sequenz ausschließlich davon abhängt, was die Programme des Rechtssystems selbst eingrenzen und ausgrenzen. Was und wie etwas angefangen hat, ist eine Konstruktion des Rechtssystems selbst. (Man denke nur an Einrichtungen wie das Grundbuch oder die Verjährung, die Rechtsbeweise erleichtern und den Rückgriff in die Vorgeschichte innerhalb enger Grenzen halten.)[81]

Was für die Vergangenheit gilt, gilt auch für die Zukunft. Zumindest insofern, als es auf systemeigene Grenzbestimmungen ankommt, verhalten Vergangenheit und Zukunft sich zueinander symmetrisch. Was Zukunft betrifft, wird man vor allem an die Institution der Rechtskraft denken. Aber auch die ausgiebig erörterte Unbrauchbarkeit teleologischer Perspektiven gehört in diesen Zusammenhang, denn sie müßten, ernstgenommen, bis zum Eintritt des angestrebten Zustandes jede Bindungswirkung aufschieben. Mit dieser apodiktischen zeitlichen Selbstjustiz verhindert das Rechtssystem unabsehbare und unkontrollierbare Interferenzen externer Bedingungen. Oder anders herum formuliert: Eine Rechtsordnung, die Ausdifferenzierung und operative Schließung erreichen und sich damit als Rechtssystem konstituieren will, kann dies nur, wenn sie das zeitliche Bezugsfeld der sozialen Interdependenzen unter Kontrolle bringt und nach eigenen Regeln abschneidet. Das heißt aber auch, daß ein erhebliches Maß an zeitlicher Desintegration im Verhältnis zur gesellschaftlichen Umwelt in Kauf genommen werden muß. Im Recht gibt es andere Vergangenheiten und andere Zukünfte als in anderen Bereichen der Gesellschaft.

Dafür gibt es dann aber wieder kompensatorische Einrichtungen. Zu ihnen gehört vor allem die *jederzeitige Ansprechbarkeit* des Rechtssystems und, im Zusammenhang damit, die *detaillierte Spezifikation*, unter der Rechtsfragen aufgegriffen und erledigt werden. Das ermöglicht im Wechsel der Situationen dann doch, immer wieder neu anzufangen und die bereits erledigten Angelegenheiten unter anderen Gesichtspunkten wiederaufzugreifen.

80 Daß dies keine Besonderheit des Rechtssystems ist, sondern auf sehr verschiedene Weise ein Erfordernis der Ausdifferenzierung von Funktionssystemen schlechthin, ließe sich durch vergleichende Analysen zeigen. Siehe hierzu Niklas Luhmann, Die Homogenisierung des Anfangs: Zur Ausdifferenzierung der Schulerziehung, in: Niklas Luhmann / Karl Eberhard Schorr (Hrsg.), Zwischen Anfang und Ende: Fragen an die Pädagogik, Frankfurt 1990, S. 73-111.

Kapitel 5

Kontingenzformel Gerechtigkeit

I

Die Einheit des Rechtssystems ist im Rechtssystem zunächst in der Form der operativen Sequenzen gegeben, die das System autopoietisch reproduzieren. Die Operationen können ihre Systemzugehörigkeit beobachten, also System und Umwelt unterscheiden. Dies Unterscheiden aktualisiert Selbstreferenz, also eine Bezeichnung des sich bezeichnenden Systems im Unterschied zu allem anderen.

Das, was in dieser Form sich als Rechtssystem-in-einer-Umwelt bezeichnet, ist jedoch zu komplex für eine voll aktualisierende Erfassung – allein deshalb schon, weil es in zeitstellendifferenten Operationen gegeben ist. Der mit jeder Operation gegebene Zirkel der Selbstreferenz muß von Moment zu Moment wiederholt werden. Er entfaltet sich dadurch in eine lineare Unendlichkeit immer weiteren Operierens desselben Systems. Auch auf diese Weise bezieht sich das System auf sich selbst und erscheint dann als ein selbstreferentielles System mit in sich hineincopierten operativen Selbstreferenzen.[1]

Um diese Form durch Wiederholung zu ermöglichen, muß das System Operationen als wiederholte erkennen, sie also identifizieren können. Und es muß dies in jeweils anderen Situationen tun, also Generalisierungen leisten. Spencer Brown begreift diesen komplexen Vorgang als Einheit von Kondensierung und Konfirmierung der rekursiven Operationen des Systems.[2] Das Kondensieren setzt voraus und hinterläßt Identitäten. Deren Konfirmierung bewirkt Kompatibilität mit immer anderen Situationen. Im Medium Sinn ermöglicht dies eine Erlebniseinheit von Identität und Horizont, von sinnbestimmtem Aktualitätskern mit einer Vielzahl von Verweisungen auf andere Möglichkeiten. Das wiederum führt zu »Er-

---

1 Siehe dazu Louis H. Kauffman, Self-Reference and Recursive Forms, Journal of Social and Biological Structures 10 (1987), S. 53-72, der sowohl die gerichtete endlose Linearität des Systemprozesses als auch das re-entry der Systemform in sich selbst aus der basalen Selbstreferenz des Beobachtens ableitet.

2 Vgl. George Spencer Brown, Laws of Form, Neudruck New York 1979, S. 10.

fahrung« im Umgang mit Sinn, die sich nicht restlos in definierbare Begriffe einbringen läßt. Das System ist, wie besonders in der Theorie des Bewußtseins immer wieder festgestellt worden ist, auf ein Selbstverhältnis angewiesen, das sich in der Reflexion nicht voll erfassen läßt, weil es alle Reflexionen selbst durchführen, also immer schon in Gang sein und in Gang bleiben muß. Die Lösung dieses Problems liegt in jeweils nur »lokalen« Referenzen, also im Bezug auf jeweils bestimmte Texte, die als »geltendes Recht« fungieren. Das formale Symbol der Rechtsgeltung vermittelt dabei, wie oben[3] dargestellt, den Systembezug, ohne das System inhaltlich zu charakterisieren.

Eine weitere Überlegung führt zu einem ähnlichen Ergebnis. Da jede Beobachtung eine Unterscheidung zugrunde legen muß, um ihren Gegenstand bezeichnen zu können, entzieht sich die Einheit der Beobachtung selbst der Bezeichnung – es sei denn durch Einsatz einer anderen Unterscheidung, für die dann dasselbe gilt.[4] Die Beobachtung – und erst recht dann der Beobachter – ist sich selbst nur als Paradox zugänglich, nur als Einheit dessen, was als different fungieren muß.

So läßt sich die Einheit eines binären Codes immer nur paradox vorstellen. Die Paradoxie kann in verschiedener Weise »entfaltet«, das heißt in neue Unterscheidungen übersetzt werden. Das geschieht zum Beispiel in der Form der Beobachtung zweiter Ordnung, also durch die Unterscheidung eines (anderen) Beobachters und seiner Instrumentierung. Man kann dann sagen (wie wir es getan haben), daß das Rechtssystem, und nur das Rechtssystem, den Code Recht/Unrecht verwendet. Diese Lösung hat wichtige Vorteile. Vor allem ermöglicht sie es, Aussagen über den Beobachter (das Rechtssystem) und seinen Code (die Unterscheidung Recht/Unrecht) nach Bedarf zu spezifizieren, so daß man schließlich vergessen kann, daß die Letzteinheit des Unterscheidens immer nur als Paradoxie gegeben ist. Die Paradoxie wird im Prozeß ihres Entfaltens und Bestimmens invisibilisiert.

Eine erste Anreicherung besteht in der Zusatzunterscheidung von Codierung und Programmierung. Man kann konditionale Pro-

3 Kapitel 2, VIII.
4 Siehe auch Niklas Luhmann, Wie lassen sich latente Strukturen beobachten?, in: Paul Watzlawick / Peter Krieg (Hrsg.), Das Auge des Betrachters - Beiträge zum Konstruktivismus: Festschrift für Heinz von Foerster, München 1991, S. 61-74.

gramme als »Supplement« (Derrida) hinzufügen. Das erlaubt es, wie im vorigen Kapitel gezeigt, den Code zu technisieren, ihn auf das formale Austauschverhältnis zweier Werte (positiv/negativ) zu reduzieren, weil zusätzlich im Sinnbereich einer davon unterscheidbaren Unterscheidung sachliche Kriterien für die Frage zur Verfügung stehen, ob der positive oder der negative Wert gegeben ist. Und hier rückt dann die gesammelte Rechtstheorie ins Feld, um zu klären, welche Kriterien jeweils für die Unterscheidung richtiger bzw. unrichtiger Zuordnung der Werte anzuwenden sind. Man gelangt auf diese Weise zu einem theoretisch systematisierten, auf Regeln und Prinzipien gebrachten positiven Recht – und kann damit zufrieden sein. Die traditionelle Frage nach der Gerechtigkeit des Rechts verliert so jede praktische Bedeutung. Sie kann weder als dritter Wert neben Recht und Unrecht hinzugefügt werden, noch bezeichnet sie eines der Programme des Systems – so als ob es neben dem Baurecht und dem Straßenverkehrsrecht, dem Erbrecht und dem Urheberrecht auch noch gerechtes Recht gäbe. Die Konsequenz ist: daß man Fragen der Gerechtigkeit des Rechts nur noch als ethische Fragen ansieht, nur noch als Fragen der Begründung des Rechts im Medium der Moral; und daß man dann mit größter Mühe nach einem Platz für die Ethik im Recht Ausschau hält.[5] Oder daß man Gerechtigkeit für ein gesamtgesellschaftliches Prinzip hält, das für alle Lebensbereiche gilt und im Recht nur eine besondere Form annimmt.[6]

So unbestritten die ethische Qualität der moralischen Forderung der Gerechtigkeit bleiben mag – die Rechtstheorie kann mit dieser Lösung nicht zufrieden sein. Sie gibt sozusagen die Idee der Gerechtigkeit an die Ethik ab, um dann genötigt zu sein, die Ethik ihrerseits zu inkorporieren. Wir hatten durchaus anerkannt, daß im Rechtssystem Moralnormen zitiert und damit juridifiziert werden; aber daß dies so ist, muß spezifisch an Hand von Rechtstexten nachgewiesen werden. Es folgt nicht allein schon daraus, daß

---

5 Die übliche Auskunft: daß über Gerechtigkeit auf einer anderen »Ebene« zu verhandeln sei als über Rechtsfragen, können wir nicht akzeptieren, denn hier führt die Flucht vor dem Paradox allzu schnell und allzu offensichtlich in ein neues Paradox: in die Frage der Einheit der Differenz von »Ebenen«, also wieder zurück zum Problem der Selbstbeobachtung des Systems.

6 So z. B. Heinrich Henkel, Einführung in die Rechtsphilosophie, 2. Aufl. München 1977, S. 394.

Rechtsentscheidungen begründet werden müssen. Das Problem liegt, horribile dictu, auf der gleichen Ebene wie das Zitieren technischer Standards oder bestmöglichen Expertenwissens in Einzelvorschriften des Rechtssystems.

Aber deshalb muß das Rechtssystem nicht auf die Idee der Gerechtigkeit verzichten. Nur die theoretische Placierung dieser Idee muß neu überlegt werden. Es handelt sich, und deshalb diese umständliche Einleitung in das Thema, um eine Repräsentation der Einheit des Systems im System. Während im Falle der »Geltung« ein im System kursierendes, Operationen verknüpfendes Symbol gemeint ist, das Resultate von Operationen für rekursive Wiederverwendung erinnert, geht es bei Gerechtigkeit um eine Selbstbeobachtung und Selbstbeschreibung des Systems. Während Selbstbeobachtung und Selbstbeschreibung auf der Ebene des binären Codes auf eine Paradoxie aufläuft (weil sie die Selbigkeit von Recht und Unrecht behaupten müßte), ist noch offen, ob es nicht auf der Ebene der Programme des Systems eine Einheitsprojektion, ein Programm für alle Programme geben kann. Es liegt nahe, hier den Sinn der Idee der Gerechtigkeit zu vermuten. Und während Selbstbeschreibungen in anderen Hinsichten theorieförmig (was auch heißt: diskutabel) angefertigt werden[7], nimmt die Idee der Gerechtigkeit offenbar normative Qualität in Anspruch. In der alteuropäischen Tradition wird diese Norm als Sozialharmonie begriffen und auf die Gesellschaft im ganzen bezogen, die dann ihrerseits als rechtlich geordnetes Zusammenleben begriffen wird. Das hat zu keinen konkretisierbaren Direktiven geführt, schon weil die Prämisse einer rechtlich konstituierten Gesellschaft unrealistisch ist. Aber auch wenn man die Norm der Gerechtigkeit auf ein ausdifferenziertes Rechtssystem zuschneidet, bleibt ihre Respezifikation unbestimmt. Das Rechtssystem will sich selbst, was immer die Fakten, als gerecht. Mit dem Thema »Gerechtigkeit« ist denn auch derjenige Gesichtspunkt bezeichnet, an dem die Differenz von naturrechtlichen und positivistischen Rechtstheorien traditionellen Typs überwunden werden kann mit der Frage nach der Form einer rechts*eigenen* (aber weder naturalen noch durch Entscheidung eingeführten und folglich durch Entscheidung widerrufbaren) Selbstkontrolle des

7 Dazu näher Kapitel 11.

Rechtssystems.[8] Aber wenn das System sich mit dieser Norm selbst bezeichnet, kann es nicht zugleich spezifizieren, was damit gemeint ist, ohne *eigene* Operationen als *nichtzugehörig* zu qualifizieren.

Wir haben das Problem der Gerechtigkeit zunächst also durch Unterscheidungen limitiert: Selbstreferenz, aber nicht als Operation, sondern als Beobachtung; nicht auf der Ebene des Codes, sondern auf der Ebene der Programme; und nicht in der Form von Theorie, sondern in der Form einer (enttäuschungsanfälligen) Norm. All das heißt, daß es ungerechte (oder: mehr oder weniger gerechte) Rechtssysteme geben kann. Weder die operative Autopoiesis des Systems noch der notwendig invariante Code kann »gerecht« sein. Diese Abgrenzungen sind für die Präzisierung der Fragestellung wichtig. Aber: Was genau ist damit positiv bestimmt? Wie kann diese Selbstkonfrontation mit einer selbstreferentiellen Norm spezifiziert werden? Wie kann das System die eigene *Einheit* in einem normativen Programm zum Ausdruck bringen, das zugleich *im* System anwendbar, und zwar *überall* anwendbar ist?

II

In der Suche nach einer Antwort auf diese Fragen gehen wir davon aus, daß die Idee der Gerechtigkeit als *Kontingenzformel* des Rechtssystems aufgefaßt werden kann. Damit rückt diese Formel, ohne daß wir den Wertbegriff bemühen müßten, auf eine Ebene der Vergleichbarkeit mit andersartigen Kontingenzformeln anderer Funktionssysteme – etwa dem Prinzip der Limitationalität (= Ergiebigkeit von Negationen) im Wissenschaftssystem[9], dem Prinzip der Knappheit im Wirtschaftssystem[10], der Idee eines einzigen Gottes im Religionssystem[11] oder Ideen wie Bildung oder Lernfähigkeit

8 So auch Arthur Kaufmann, Theorie der Gerechtigkeit: Problemgeschichtliche Betrachtungen, Frankfurt 1984, insb. S. 31.
9 Siehe Niklas Luhmann, Die Wissenschaft der Gesellschaft, Frankfurt 1990, S. 392 ff.
10 Siehe Niklas Luhmann, Die Wirtschaft der Gesellschaft, Frankfurt 1988, S. 177 ff.
11 Siehe Niklas Luhmann, Die Funktion der Religion, Frankfurt 1977, S. 200 ff.

im Erziehungssystem.[12] Der Begriff der Kontingenzformel tritt damit an die Stelle zahlreicher anderer Oberbegriffe in der Definition von Gerechtigkeit – etwa Tugend, Prinzip, Idee, Wert.[13] Aber er ersetzt diese Angaben nicht voll; denn von Kontingenzformel kann, wie wir zeigen wollen, nur ein externer Beobachter sprechen, während das System selbst Gerechtigkeit in einer Weise bezeichnen muß, die deutlich macht, daß Gerechtigkeit geboten ist und das System sich mit ihr als Idee, Prinzip oder Wert identifiziert. Systemintern wird die Kontingenzformel unbestreitbar gesetzt; sie wird, könnte man im Anschluß an Aleida und Jan Assmann sagen, »kanonisiert«.[14]

Mit dem Begriff der Kontingenzformel ziehen wir zunächst einmal Folgerungen aus der Einsicht, daß die Voraussetzungen eines naturrechtlichen Gerechtigkeitsbegriffs entfallen sind.[15] Die Natur selbst ist in keinem verständlichen Sinne gerecht. Oder anders gesagt: Es gibt keinen Schluß von »naturgemäß« auf »gerecht«, wie er implizit der naturrechtlichen Tradition zugrunde gelegen hatte. Als Resultat von Evolution mag es eine Art Ausgewogenheit in der Natur geben im Sinne von Kompatibilität. Das würde, auf das Rechtssystem angewandt, vielleicht heißen können, daß der Rechtsbetrieb auf ein normales Maß an Querelen und Delikten eingestellt ist. Daß die darauf bezogenen Normen und Entscheidungen »gerecht« seien, läßt sich daraus jedoch nicht folgern. Ordnung ist ein faktisches Resultat von Evolution. Jede normative Idee muß sich davon in einer gewissen Unabhängigkeit halten, also mehr verlangen, als sich von selbst (= naturgemäß) einstellt.[16] Anderenfalls wäre sie gerade

12 Siehe Niklas Luhmann / Karl Eberhard Schorr, Reflexionsprobleme im Erziehungssystem, 2. Aufl. Frankfurt 1988, S. 58 ff.

13 Für einen Überblick, der zugleich zeigt, daß erst in der Neuzeit die auf Tugend bezogenen Gerechtigkeitsbegriffe abstrahiert werden, siehe Hans Nef, Gleichheit und Gerechtigkeit, Zürich 1941, S. 58 ff.

14 Siehe Aleida und Jan Assmann (Hrsg.), Kanon und Zensur, München 1987; Jan Assmann, Das kulturelle Gedächtnis: Schrift, Erinnerung und politische Identität in frühen Hochkulturen, München 1992, S. 103 ff.

15 Unter diesen naturrechtlichen Gerechtigkeitsbegriff fallen im übrigen auch utilitaristische Konzepte, soweit sie sich auf natürliche Neigungen der Menschen beziehen (Bentham). Sie unterscheiden sich vom klassischen Naturrecht nur dadurch, daß sie von angeborenen zu erworbenen Neigungen übergehen.

16 Wir kommen im Kapitel 11, III auf das Naturrecht als Form der Selbstbeschreibung des Rechtssystems zurück.

als Norm überflüssig.[17] Angesichts dieser Sachlage wäre es fatal, wenn, wie Naturrechtsanhänger uns glauben machen wollen, die Berufung auf Natur die einzige Möglichkeit einer Kritik des geltenden positiven Rechts wäre.[18] Auf diesen Trick, mit dem sich das Naturrecht heute ein gewisses Maß an Anerkennung erschleicht, brauchen wir uns nicht einzulassen. Der Begriff der Kontingenzformel zeigt einen anderen Weg.

An die Stelle von Annahmen über die Natur treten Annahmen über die Selbstspezifikation der Formel. Kontingenzformeln haben also die Form eines Zirkelschlusses – und gerade darin liegt ihre sich selbst einsetzende, nicht weiter auflösbare Ursprünglichkeit.[19] Sie beziehen sich auf die Differenz von Unbestimmbarkeit und Bestimmbarkeit. Ihre Funktion liegt darin, diese Grenze zu überschreiten und dafür historisch gegebene Plausibilitäten in Anspruch zu nehmen. Dasselbe kann man mit dem logischen Begriff der Entfaltung von Paradoxien bzw. Tautologien ausdrücken. Oder auch mit einem Begriff aus der Theorie beobachtender Systeme als Beobachtbarmachen des Unbeobachtbaren durch Substitution einer Unterscheidung für eine Einheit, die nur paradox oder tautologisch beschrieben werden kann.

Mit der Dimension Unbestimmbarkeit/Bestimmbarkeit beziehen wir uns nicht auf die aktuell vorliegenden (erfaßten, bezeichneten) Tatsachen, sondern auf andere Möglichkeiten, mit ihnen umzugehen. Deshalb »Kontingenz«-Formel. Ein System, das seine internen Operationen über Informationen laufen läßt, hat immer auch andere Möglichkeiten im Blick. Im Falle des Rechtssystems verstärkt

---

17 Daß dies Problem mit Hilfe eines eigens für Zwecke des Naturrechts erfundenen Begriffs der Natur umgangen werden kann, liegt auf der Hand, befriedigt aber erst recht nicht. Der Naturrechtsbegriff bringt dann nichts weiter zum Ausdruck als die Entschlossenheit, etwas für richtig zu halten. Dann könnte man aber auch gleich, und deutlicher, von Selbstreferenz ausgehen.

18 Es wird dabei typisch nicht *gesagt*, wohl aber *vorausgesetzt*, daß dies die *einzige* Möglichkeit einer Begründung von Kritik sei. Dazu kritisch Manuel Atienza, Introducción al Derecho, Barcelona 1985, S. 121, 122 f.

19 Mit »nicht weiter auflösbar« soll natürlich nicht bezweifelt werden, daß ein Beobachter zweiter Ordnung einen solchen Sachverhalt differenziert beschreiben kann. Siehe hierzu im Anschluß an Derridas Begriff des »supplément« Jean-Pierre Dupuy / Francisco Varela, Kreative Zirkelschlüsse: Zum Verständnis der Ursprünge, in: Paul Watzlawick / Peter Krieg (Hrsg.), Das Auge des Betrachters – Beiträge zum Konstruktivismus: Festschrift für Heinz von Foerster, München 1991, S. 247-275.

sich diese Kontingenzorientierung in dem Maße, als das System zur Positivierung des Rechts übergeht. Denn damit ist konzediert, daß alle Rechtsnormen und alle Entscheidungen, alle Gründe und Argumente auch eine andere Form annehmen könnten – wobei unbestritten bleibt, daß das, was geschieht, so geschieht, wie es geschieht.

Kontingenzformeln können sich nicht an ihrer Funktion legitimieren. Das Überschreiten der Grenze von unbestimmbar zu bestimmbar muß unbemerkt bzw. unerwähnt vollzogen werden. Die Funktion muß, anders gesagt, latent erfüllt werden. Ihre Offenlegung würde auf das Ausgangsparadox hinweisen und auch auf das Paradox, das darin liegt, daß Unbestimmbarkeit und Bestimmbarkeit in ein und dieselbe Formel gebannt, also als dasselbe behandelt werden. Die Funktion der Invisibilisierung solcher Fundierungsparadoxien muß ihrerseits invisibilisiert werden, und dies geschieht dadurch, daß Kontingenzformeln sich selber einsetzen und an ihrer Systemadäquität ausweisen.

So auch Gerechtigkeit.[20]

Da das Rechtssystem die Funktion wahrnimmt, normative Erwartungen zu stabilisieren, liegt es nahe, auch Gerechtigkeit als Norm auftreten zu lassen. Dabei muß man vermeiden, in dieser Norm ein Selektionskriterium (also in unserer Sprache: ein bestimmtes Programm) zu sehen[21]; denn damit würde die Norm der Gerechtigkeit neben andere Selektionskriterien des Systems treten und ihre Funktion der Repräsentation des Systems im System verlieren. Das heißt auch, daß die Norm der Gerechtigkeit angenommen werden muß, ohne daß vorausgesehen werden kann, welche Entscheidungen daraus folgen und welche Interessen sie begünstigen wird; und daß die Praxis der Einzelfallentscheidungen bis hin zum Vorschlag gesetzgeberischer Problemlösungen sich eher am Eindruck der Ungerech-

---

20 Von Gerechtigkeit als »self-justifying ideal« spricht auch Edwin Norman Garlan, Legal Realism and Justice, New York 1941, S. 124 f. Allerdings folgt daraus nicht zwingend, daß es sich um eine nur nominelle Vereinheitlichung ohne operative Funktion handele. Im Gegenteil: Paradoxieentfaltung ist überhaupt nur als Operation möglich.

21 Zu den heute bekanntesten Vertretern dieser Auffassung der Gerechtigkeit als Selektionskriterium (oder auch: als Supercode gerecht/ungerecht) gehört John Rawls, A Theory of Justice, Cambridge 1971, dt. Übers. Frankfurt 1975. Diese Theorie beeindruckt vor allem wegen der Präzision, die sie erreicht.

tigkeit bestimmter Regelungen als an der Anwendung der Norm der Gerechtigkeit orientiert.[22]

In der Tradition des Nachdenkens über Gerechtigkeit wird diese Trennung von Kontingenzformel und Selektionskriterium vielfach übersehen – vor allem, wenn Gerechtigkeit als Tugend dargestellt und verlangt wird, daß jeder, dem Tugend zugemutet wird, diese auch verwirkliche. Aber auch Knappheit ist ja kein Kriterium für die Beurteilung der Rationalität wirtschaftlicher Entscheidungen. Und auch Gott ist schließlich »Generator of diversity« (G.o.d.)[23], aber nicht ein Moment der diversen Welt unter anderen – es sei denn, daß man die Verehrung Gottes in der Welt meint oder den priesterlichen Rat zu »gottgefälliger« (und dadurch bestimmter) Lebensführung.

Ebensowenig können Kontingenzformeln als Steigerungsformeln oder als Angaben über eine erwünschte Entwicklungsrichtung des Systems begriffen werden – etwa im Sinne von: mehr Gerechtigkeit, mehr Bildung, weniger Knappheit. Solche Ausformungen mögen zu bestimmten Zeiten, vor allem in der zweiten Hälfte des 18. Jahrhunderts, plausibel gewesen sein. Sie sind aber bereits bestimmte historische Interpretationen, die nur solange gelten können, als man bereit ist, Kosten, Negativeffekte, Dysfunktionen, Risiken, Abweichungsverstärkungen im System zu ignorieren, die mit jeder Forcierung bestimmter Selektionsrichtungen verbunden sind.

Mit Norm ist, auch in diesem Falle, nichts anderes gemeint als ein kontrafaktischer, auch im Falle von Enttäuschung aufrechtzuerhaltender Geltungsanspruch. Das Sonderproblem der Norm Gerechtigkeit liegt im Verhältnis von Generalisierung und Respezifikation. Keine einzelne Operation des Systems und erst recht keine Struktur darf von der Erwartung ausgenommen sein, gerecht zu sein; denn sonst ginge der Bezug der Norm auf die Einheit des Systems verloren. Andererseits muß die Norm der Gerechtigkeit im Einzelfalle eine Orientierung vermitteln, und es darf nicht allein aus der Zugehörigkeit der Operation zum Rechtssystem gefolgert werden, daß sie gerecht ist.

---

22 Zum Aufbau der Rechtsordnung durch einen »sense of injustice« siehe Edmund N. Cahn, The Sense of Injustice: An Anthropocentric View of Law, New York 1949.

23 Ich finde diese Formulierung bei Pierpaolo Donati, Teoria relazionale della società, Milano 1991, S. 221.

In ihrer allgemeinsten Form wird die Kontingenzformel Gerechtigkeit in einer langen, noch immer bindenden Tradition als *Gleichheit*
ausgewiesen. In der Gleichheit sieht man ein allgemeines, formales
Moment, das alle Gerechtigkeitsbegriffe enthält, das aber nur so viel
bedeutet wie Regelhaftigkeit oder Konsistenz.[24] Gleichheit wird
dabei, wie für Kontingenzformeln notwendig, als ein sich selbst
legitimierendes »Prinzip« angesehen. Gerechtigkeit braucht sich
also nicht weiter zu begründen. Im übrigen ist mit »Kontingenzformel« gesagt, daß Gerechtigkeit weder eine Aussage über das Wesen
oder die Natur des Rechts enthält, noch ein Prinzip der Begründung der Rechtsgeltung, noch schließlich ein Wert ist, der das Recht
als vorziehenswürdig erscheinen ließe. Im Vergleich zu all diesen
Annahmen leistet der Begriff der Kontingenzformel eine Abstraktion – und genau damit entspricht er dem formalen Prinzip der
Gleichheit, das ebenfalls weder das Wesen einer Sache, noch einen
Grund, noch einen Wert bezeichnet. Die Kontingenzformel ist nur
ein Schema der Suche nach Gründen oder Werten, die nur in der
Form von Programmen Rechtsgeltung gewinnen können. Jede
Antwort auf die damit aufgeworfene Frage muß im Rechtssystem
durch Mobilisierung seiner Rekursivität gefunden werden. Sie kann
nicht von außen eingegeben werden. Mit Gleichheit ist zunächst
einmal nur ein Formbegriff bezeichnet, der Ungleichheit mitmeint
und ausschließt. In einer weiteren, mit Aristoteles beginnenden
Entwicklung kann aber auch die andere Seite dieser Form, nämlich
Ungleichheit, dem Prinzip der Gerechtigkeit unterworfen werden,
nämlich als Forderung, ungleiche Fälle ungleich zu behandeln. Erst
damit wird die Systemformel komplett, nämlich für alle Entscheidungen des Rechtssystems relevant.[25] Freilich scheint nun auch die

---

24 Alte Lehre. Siehe zum Beispiel P.A. Pfizer, Gedanken über Recht, Staat und Kirche, Stuttgart 1842, Bd. 1, S. 57 f.: Gleichheit als »formeller Faktor allen Rechts«.
Oder unter Neueren: Chaim Perelman, Über die Gerechtigkeit, dt. Übers., München 1967, S. 27, 55.

25 Hierzu bereits oben Kap. 2, IX. Daß diese zweite Regel, Ungleiches ungleich zu
behandeln, nicht schon logisch aus dem Gleichheitsprinzip folgt, ist heute wohl
anerkannt. Auch ist der Gleichheitssatz selbst kein Grund für Ungleichbehandlung. Siehe nur Adalbert Podlech, Gehalt und Funktionen des allgemeinen verfassungsrechtlichen Gleichheitssatzes, Berlin 1971, S. 53 ff. Es geht um die andere Seite
der Form der Gleichheit und darum, diese andere Seite nicht unmarkiert zu lassen
(im Sinne von »alles andere«), sondern sie spezifisch zu bezeichnen und damit
zugänglich zu machen. Eben deshalb können wir sagen, daß durch die zweite Regel

Paradoxie durch, die durch die Kontingenzformel verdeckt werden sollte; denn die Einheit des Systems verlangt nunmehr, Gleiches gleich *und* Ungleiches ungleich zu behandeln, so daß die *Einheit* in der *Differenz* von gleich und ungleich zum Ausdruck kommt. Sowohl als Entfaltung der Paradoxie der Einheit des Differenten als auch als Formbegriff, der die Bezeichnung der einen Seite einer Unterscheidung durch die Nichtbezeichnung der anderen Seite ermöglicht, ist das Prinzip der Gerechtigkeit, wenn man so sagen darf, allzuständig für das System. Je nach den historischen Umständen kann diese Formel dann sehr verschiedene Ausprägungen annehmen. Alle Kontingenzformeln haben eine solche Kernbedeutung, die dann aber unter verschiedenen gesellschaftsstrukturellen Bedingungen verschiedene Respezifikationen ko-optiert, und das gilt auch für das Gleichheitsprinzip der Gerechtigkeit. Das aristotelische Konzept der distributiven Gerechtigkeit setzt zum Beispiel eine stratifizierte Gesellschaft voraus, in der unbestritten ist, daß Menschen sich durch ihre Geburt nach Freiheit/Unfreiheit sowie nach ihrem sozialen Rang unterscheiden.[26] Wenn davon ausgegangen werden kann, gibt es deutliche Kriterien dafür, was einem Menschen zusteht. Dann machen auch Formulierungen wie »suum cuique« Sinn[27], weil das einem Menschen Zustehende nicht für alle dasselbe ist. Entfällt diese strukturelle Voraussetzung[28], muß die Kontingenzformel wieder in eine quasi metahistorische Abstraktionslage zurückgeführt werden, und dann liegt es nahe, neue Anlehnungen zu suchen – etwa den Rangbezug durch den Funktionssystembezug zu ersetzen.[29]

das Prinzip der Gerechtigkeit komplettiert wird im Hinblick auf seine Funktion als Kontingenzformel des Rechtssystems.

26 Siehe für Belege z. B. Arlette Jouanna, L'idée de race en France au XVIe siècle et au début du XVIIe, 2. Aufl. 2 Bde., Montpellier [98], insb. Bd. 1, S. 275 ff.

27 Zu den inhaltlichen Voraussetzungen dieser Formel vgl. Wolfgang Waldstein, Ist das »suum cuique« eine Leerformel?, in: Ius Humanitatis: Festschrift für Alfred Verdross, Berlin 1980, S. 285-320.

28 Gegen Ende des 18. Jahrhunderts sah man dies zunächst an der Reduktion von Schichtung auf Eigentumsverhältnisse und an der dadurch bedingten neuen, gleichsam rechtlosen Armut. »Il ne suffit plus«, liest man bei Jacques Necker, De l'importance des opinions religieuses (1788), zit. nach Œuvres complètes Bd. 12, Paris 1821, S. 80 f., »d'être juste, quand les lois de propriété réduisent à un étroit nécessaire le plus grand nombre des hommes«. Aber statt dessen auf religiös motivierte bienfaisance zu setzen, ist erst recht anachronistisch.

29 Neuere politologische und soziologische Forschungen zum Problem der Gerech-

Diese historische und gesellschaftsstrukturelle Relativität der Forderung konsistenten Entscheidens macht es notwendig, sie durch
ein weiteres Merkmal zu ergänzen. Konsistenz wäre ja mit relativ
einfachen Mitteln erreichbar, wenn es nur wenige Arten von Entscheidungen gäbe. Das ist jedoch in entwickelten Gesellschaften
mit ausdifferenziertem Rechtsbetrieb nicht der Fall. Deshalb kann
von Gerechtigkeit nur im Sinne einer *adäquaten Komplexität* des
konsistenten Entscheidens die Rede sein.[30] Die Adäquität ergibt
sich aus dem Verhältnis des Rechtssystems zum Gesellschaftssystem. Man hat in diesem Sinne auch von »Responsivität« des
Rechtssystems gesprochen.[31] Innerhalb der Theorie autopoietischer
Systeme wäre »Irritabilität« (perturbability, Sensitivität, Resonanz)
der geeignete Terminus. Das Rechtssystem kann in seiner eigenen
Komplexität zwar nicht allen gesellschaftlichen Sachverhalten
Rechnung tragen. Es muß, wie jedes System im Verhältnis zur Umwelt, Komplexität reduzieren und den eigenen Komplexitätsaufbau
durch hohe Mauern der Indifferenz schützen. Aber die interne Re-

tigkeit setzen erneut beim Verteilungsproblem an, bleiben also im »aristotelischen«
Kontext. Siehe für eine inhaltliche Aufgliederung nach Gütersphären Michael Wal-
zer, Sphären der Gerechtigkeit: Ein Plädoyer für Pluralität und Gleichheit, dt.
Übers. Frankfurt 1992. Das kann als ein Versuch gelesen werden, Gleichheit und
Ungleichheit (eben: der Gütersphären) zu kombinieren. Für Zugang zur neuesten
Literatur vgl. auch Volker H. Schmidt, Lokale Gerechtigkeit – Perspektiven soziologischer Gerechtigkeitsanalyse, Zeitschrift für Soziologie 21 (1992), S. 3-15; Bernd
Wegener, Gerechtigkeitsforschung und Legitimationsnormen, Zeitschrift für Soziologie 21 (1992), S. 269-283. Ferner seit 1987 die Zeitschrift Social Justice Research (New York). Bemerkenswert ist, daß die bisherigen Überlegungen auf
jeweils situativ verschiedene Problemlösungen ohne erkennbares Prinzip hinauslaufen. (Man will nur feststellen, wie es jeweils lokal gemacht wird.) Das dürfte
kaum befriedigen und läßt auch die Frage aufkommen, ob der Begriff der »Gerechtigkeit« hier richtig gewählt ist. Wir legen daher Wert auf eine begriffliche Trennung
der Kontingenzformeln Knappheit und Gerechtigkeit. Außerdem legt die Situa-
tionsabhängigkeit der Problemlösungen die Frage nahe, ob Gerechtigkeit ohne
(Rechts-)System und ohne historische Vorgaben für Fallentscheidungen (an denen
man gleich und ungleich erkennen kann) überhaupt zu haben ist.

30 Hierzu ausführlicher Niklas Luhmann, Gerechtigkeit in den Rechtssystemen der
modernen Gesellschaft, Rechtstheorie 41 (1973), S. 131-167, neu gedruckt in ders.,
Ausdifferenzierung des Rechts: Beiträge zur Rechtssoziologie und Rechtstheorie,
Frankfurt 1981, S. 374-418.

31 So Philippe Nonet / Philip Selznick, Law and Society in Transition: Toward Responsive Law, New York 1978, und dazu Gunther Teubner, Substantive und
Reflexive Elements in Modern Law, Law and Society Review 17 (1983), S. 239-
283.

konstruktion der Umwelt kann dann gleichwohl mehr oder weniger komplex ausfallen. Dem Erfordernis der Gerechtigkeit entspricht eine solche interne Komplexität allerdings nur, wenn sie mit Entscheidungskonsistenz noch kompatibel ist. Wir werden im Kapitel über Argumentation mit dem Begriffspaar Varietät/Redundanz auf diese Frage zurückkommen.

III

In der historischen Entwicklung scheint das Problem der Gerechtigkeit zunächst im Verhältnis reziproker Leistungen aufzutreten. Man darf nicht mehr verlangen, als man durch eigene Leistungen verdient bzw. einem von seiten des Schädigers geschuldet wird. Das ist aus der Bedeutung der Norm der Reziprozität in segmentären Gesellschaften[32] abzuleiten. Noch Aristoteles führt dieses Prinzip als einen besonderen Typus der synallagmatischen (seit dem Mittelalter: commutativen) Gerechtigkeit fort[33] und auch heutige Autoren bleiben dabei.[34] In Adelsgesellschaften konnte die Maxime der Reziprozität den veränderten Strukturen dadurch angepaßt werden, daß die Leistungen höherrangiger Personen als Gunsterweise höher bewertet wurden mit dem Extremfall, daß Gottes Gnade niemand wirklich verdienen kann.[35] In komplexeren Gesellschaften werden dagegen die Einschätzungen des Leistungswertes, soweit dieser nicht über Marktpreise feststeht, zum Problem, und damit verliert die Norm der Reziprozität ihre praktische Bedeutung. Außerdem müssen zahlreiche Rollen, vor allem Professionsrollen, also auch Rollen des Richters, aus dem Geltungsbereich der

32 Vgl. etwa Richard C. Thurnwald, Gegenseitigkeit im Aufbau und Funktionieren der Gesellungen und deren Institutionen, Festgabe für Ferdinand Tönnies, Leipzig 1936, S. 275-297: oder differenzierter: Marshall D. Sahlins, On the Sociology of Primitive Exchange, in: The Relevance of Models for Social Anthropology, London 1965, S. 139-265.

33 Siehe Nikomachische Ethik Buch 5, Kap. 5-7 mit der bekannten Unterscheidung von distributiver und synallagmatischer Gerechtigkeit.

34 Siehe z. B. Lon L. Fuller, The Morality of Law, New Haven 1964, S. 19 ff. Abgesehen davon gibt es eine reichhaltige sozialpsychologische Forschung zur sozialen Bedeutung und Einschätzung von Reziprozität.

35 Das wiederum hatte dann die Folge, daß im Mittelalter vor allem der ohnehin zum Rebellieren neigende Teufel als Vertreter der Gerechtigkeit auftritt.

Reziprozitätsmaxime ausgegliedert werden.[36] Sie einzubeziehen, würde jetzt »Korruption« heißen. Reziprozität kann jetzt also nicht mehr die Einheit des Systems in einer Maxime repräsentieren. Zugleich ermöglicht der an Texten, Begriffen, Dogmatiken orientierte Rechtsbetrieb eine andere Fassung des Gerechtigkeitsproblems. Gerechtigkeit kann nun auf andere Weise mit der Form der Gleichheit verbunden werden, nämlich in der Form der Regel, gleiche Fälle gleich (und folglich: ungleiche Fälle ungleich) zu entscheiden. In Kurzfassung kann man dann Gerechtigkeit auch als Konsistenz des Entscheidens bezeichnen.

Im Verhältnis zur commutativen Gerechtigkeit und zu der parallelliegenden distributiven Gerechtigkeit ist hier ein Abstraktionsschritt erreicht, der voraussetzt, daß es ein ausdifferenziertes Rechtssystem gibt, das Rechtsfälle konstituiert. Es geht nicht mehr nur darum, ob das, was jemand bekommt – im Tausch oder als Zuteilung – gerecht bemessen ist, sondern das Problem liegt darin, ob ein konkreter Fall, mit dem das Rechtssystem befaßt ist, gerecht entschieden wird. Damit verliert die alte Forderung des gerechten Maßes und der Mitte zwischen Extremforderungen ihren Sinn. Der Vergleichsgesichtspunkt ist vom »mehr oder weniger« der Leistungsbemessung verschoben auf das, was im rekursiven Netzwerk der Reproduktion von Entscheidungen im System als gleich bzw. als ungleich behandelt wird. Er muß entsprechend abstrahiert werden. Ein Rechtsfall hat seine Einheit jeweils im Bezug auf bestimmte, zu interpretierende Textstellen und im Verhältnis der beiden Parteien, deren Konflikt nach einer Entscheidung verlangt. Seine Entscheidung beruht auf der Abgrenzbarkeit eines solchen Falles im Hinblick auf andere Fälle und damit auf Entscheidungsregeln, die ihrerseits als gerecht gelten können, wenn sie gleiche und ungleiche Fälle konsistent sortieren. Das bedeutet, daß Gerechtigkeit nicht mehr, oder nur noch für Zwecke der Moral oder der Ethik, als »Tugend« konzipiert werden kann.

Das Prinzip der Entscheidungskonsistenz ist abgekoppelt von sonstigen in der Gesellschaft kursierenden Werturteilen, zum Beispiel abgekoppelt von der Frage, ob die Beteiligten reich sind oder arm, einen einwandfreien moralischen Lebenswandel führen oder nicht,

---

36 So Claude Buffier, Traité de la société civile, Paris 1726, Bd. IV, S. 26 ff.

auf Hilfe dringend angewiesen sind oder nicht.[37] Solche Gesichtspunkte zählen, wenn sie in der Programmstruktur des positiven Rechts aufgeführt sind, also als »Tatbestandsmerkmale« zu berücksichtigen sind. Anderenfalls nicht.[38] Solange diese Programmstruktur nicht wertesensibel, differenziert und komplex genug entwickelt ist, führt man einen Ausgleichsbegriff der Billigkeit (aequitas) mit. Dieser setzt jedoch Sonderkompetenzen innerhalb der allgemeinen iurisdictio des Fürsten voraus (bzw. in der religiösen Parallelstruktur: die Motivierbarkeit Marias[39]). Die Letzteinheit des »souveränen« Entscheiders bleibt also in der Form einer entfalteten Paradoxie – Gerechtigkeit *und* Billigkeit, oder in Tugendbegriffen: iustitia *und* clementia – programmiert. Sie mag, wie in England, auch zu einem Nebeneinander verschiedener Gerichtsbarkeiten führen, deren eine in besonderem Maße der Rechtsentwicklung dient, die dann »equity« genannt wird. Dies wird jedoch in dem Maße obsolet, als die Fortentwicklung des Rechts auf die Gesetzgebung übergeleitet wird und zugleich die Gerichte größere Interpretationsfreiheiten in Anspruch nehmen.[40]

37 Diese Abkopplung wird von der heutigen Rechtsphilosophie überwiegend abgelehnt. Auch die Rechtsprechung zum verfassungsrechtlichen Gleichheitssatz legitimiert ihre Diskriminierungen verbaldemokratisch, das heißt mit Bezug auf vermeintlich verbreitete Einschätzungen. Das bleibt jedoch ohne Kontrolle. Für die Rechtsphilosophie hat das die Folge, daß man so zu einem ethischen Begriff der Gerechtigkeit gelangt, der seinerseits nicht repräsentativ sein kann für die Gesamtheit der in der Gesellschaft kursierenden Werturteile. Siehe etwa den Bezug auf soziale und wirtschaftliche Ungleichheiten bei Rawls a.a.O. Wir kommen darauf bei der Behandlung des Problems der Gesetzgebung (unter Kap. 7, III) zurück.

38 Genau hier, und nicht im Gleich/Ungleich-Schema, liegt denn auch der Bruch mit der Tradition. Autoren, die auf Kontinuierung Wert legen, sprechen denn auch mit einer ausfüllungsbedürftigen Leerformel von »wesentlich Gleichem« bzw. »wesentlich Ungleichem«. So Ralf Dreier, Recht – Moral – Ideologie: Studien zur Rechtstheorie, Frankfurt 1981, S. 277, oder Henkel a.a.O., S. 395 f. Als Kritik etwa Nef a.a.O., S. 105 f.

39 Hierzu Peter-Michael Spangenberg, Maria ist immer und überall: Die Alltagswelten des spätmittelalterlichen Mirakels, Frankfurt 1987.

40 Zur Übergangssituation in Schottland, wo der Vergleich mit der englischen Rechtsentwicklung über equity besonders naheliegt, vgl. David Lieberman, The Legal Needs of a Commercial Society: The Jurisprudence of Lord Kames, in: Istvan Hont/Michael Ignatieff (Hrsg.), Wealth and Virtue: The Shaping of Political Economy in the Scottish Enlightenment, Cambridge Engl. 1983, S. 203-231; ferner, England einbeziehend, ders., The Province of Legislation Determined: Legal Theory in Eighteenth-Century Britain, Cambridge Engl. 1989.

In die heutige Phase tritt das Nachdenken über Gerechtigkeit ein, wenn die Gesetzgebung zunimmt. Gesetzgebung steht, da sie Recht ändert, in notwendigem Widerspruch zur Forderung konsistenten Entscheidens. Sie ermöglicht es, gleiche Fälle ungleich und ungleiche Fälle gleich zu entscheiden je nach dem, ob die Entscheidung vor oder nach dem Inkrafttreten des Gesetzes getroffen wird. Es gibt einige Kautelen für das Praktizieren dieses Konsistenzbruchs, etwa Vorsorge für Überleitungen; aber im Prinzip ist Gesetzgebung auf eine Gesellschaft angewiesen, deren Strukturen sich so rasch ändern, daß zeitliche Divergenzen nicht (oder kaum) als ungerecht empfunden werden. Die Begründung dafür wird in das politische System verschoben, dem man zutraut, Änderungen (etwa unter Titeln wie »Reform«) mit positiven Absichten durchzuführen.

Es mag sein, daß die heutige Tendenz, Gerechtigkeit als nur noch ethisches oder emotional-appellatives Prinzip oder nur noch als Wert zu sehen, der im Konflikt mit anderen Werten gegebenenfalls zurücktreten muß, auch auf diese zeitliche Ungerechtigkeit im Rechtssystem selbst reagiert. So gilt die Forderung konsistenten und hinreichend komplexen Entscheidens als nicht ausreichende Charakterisierung der Idee der Gerechtigkeit[41] (aber das würde es kaum rechtfertigen, nicht einmal sie zu beachten). So sind denn auch Versuche verständlich, Formulierungen für die Idee der Gerechtigkeit zu finden, die das Rechtssystem und das politische System übergreifen. Aber in der Semantik der »Werte« läßt sich Gerechtigkeit dann nur noch als ein Wert unter anderen vorsehen, und das heißt: der Abwägung im Einzelfall überlassen. Das Problem der Kontingenzformel für das Rechtssystem ist auf diese Weise nicht zu lösen.

Ein Ausweg könnte sein, die Kontingenzformel überhaupt nur für das Zentrum des Rechtssystems, für den Kernbereich der Gerichtsbarkeit vorzusehen, weil nur hier die Paradoxie der Entscheidbarkeit des Unentscheidbaren aktuell wird.[42] Alle marginalen Formen der Produktion von Rechtsgeltung, Vertragsschlüsse ebenso wie Gesetzgebung, würden dann wegen ihres engen Kontaktes mit anderen Systemdynamiken, mit Wirtschaft und mit Politik, ausge-

---

41 Siehe nur Ralf Dreier, Zu Luhmanns systemtheoretischer Neuformulierung des Gerechtigkeitsproblems, Rechtstheorie 5 (1974), S. 189-200, neu gedruckt in ders., a.a.O. (1981), S. 270-285.
42 Hierzu näher Kapitel 7.

klammert werden, obwohl sie Rechtsgeltung innerhalb des Rechtssystems produzieren. Sie lehnen sich an Disziplinierungen anderer Systemprovenienz an, kommen also auch ohne Gerechtigkeitskontrolle keineswegs arbiträr zustande. Die rechtsinterne Nichtausschließbarkeit des Rechtsschutzes und das Verbot der Justizverweigerung mögen dann ausreichen, um dem Prinzip der Gerechtigkeit eine systemweite Realitätsbasis zu verschaffen.

Ein weiterer Grund, Gerechtigkeit neu auszuwuchten, um ihren Rundlauf unter heutigen Bedingungen zu garantieren, ergibt sich aus der wohlfahrtsstaatlichen Tendenz zu Zweckprogrammen. Zweckprogramme legitimieren die Wahl von Mitteln und schaffen damit Ungleichheit. Ihre politische Legitimation liegt im Inklusionsprinzip. Jeder, der durch das Programm begünstigt wird, wird durch das Programm begünstigt; und benachteiligt werden wiederum nach Möglichkeit nur alle – nämlich als Steuerzahler. Man könnte daran denken, diese riesige politische Ausgleichsmaschinerie der Umverteilung als Fall von »distributiver Gerechtigkeit« anzusehen; aber es fehlen ja die naturrechtlichen Grundlagen, und an ihre Stelle ist die Kontingenz der politischen Entscheidung getreten, die nicht allein schon wegen des Prinzips der Umverteilung als gerecht gelten kann. Es entspricht zwar einer verbreiteten Überzeugung, die sich auch in sozialpsychologischen Untersuchungen widerspiegelt, daß Unglück entweder verdient ist oder einen Anspruch auf Hilfe begründet.[43] Aber diese einfache Dichotomisierung komplexer und vor allem: strukturabhängiger Problemlagen überfordert offensichtlich den Interventionsstaat. Immerhin scheint sie das individualistische Korrelat für eine entsprechende Politik zu bilden und so zu erklären, daß der Wohlfahrtsstaat politisch keine Akzeptanzprobleme hat. Nur erinnert diese Gerechtigkeitsvorstellung eher an Leibnizens Vorstellung der ordo seu perfectio circa mentes[44] als an irgend etwas, was das Rechtssystem einzulösen vermöchte.

Die daraus resultierenden Probleme beschäftigen, in Deutschland

43 Siehe Melvin J. Lerner, The Desire for Justice and Reactions to Victims, in: Jacqueline Macaulay / Leonard Berkowitz (Hrsg.), Altruism and Helping Behavior: Social Psychological Studies of Some Antecedents and Consequences, New York 1970, S. 205-229.
44 C. J. Gerhardt (Hrsg.), Die philosophischen Schriften von Gottfried Wilhelm Leibniz Bd. 7, Nachdruck Hildesheim 1965, S. 290.

zumindest, die Verfassungsgerichtsbarkeit.[45] Sie versteht sich als Kontrolle der Werteabwägung, ersetzt damit aber nur ein Gutdünken durch ein (eventuell) anderes. Die Grenze zwischen politischem System und Rechtssystem, an der die Legitimation der Verfassungsgerichtsbarkeit selbst hängt (und zwar sowohl rechtlich als auch politisch[46]), verschwimmt. Vielleicht wäre es daher nützlich, daran zu erinnern, daß die »Supplementierung« des Codes Recht/Unrecht und damit die Respezifikation der Kontingenzformel Gerechtigkeit Konditionalprogramme erfordern.[47] Die Abstraktion der Konditionen rechtlicher Relevanz ist die Bedingung dafür, daß »gleich« und »ungleich« differenziert und mit unterschiedlichen Folgen ausgestattet werden können. Konditionale Programmierung ist nicht nur eine Erkenntnishilfe mit Bezug auf »gleich« und »ungleich«. Sie ist die Bedingung dafür, daß die Idee der Gerechtigkeit überhaupt in die Form der Gleichheit (= Regelhaftigkeit) gebracht werden kann. Deshalb darf die Gleichheit nicht innerhalb der Verhältnisse gesucht werden, auf die die Konditionen verweisen[48] – weder im Sinne der alten Tausch- und Vergeltungsgerechtigkeit noch im Sinne eines Vergleichs von Sachverhalten mit Tatbestandsmerkmalen.[49] Sondern sie liegt in der Form der Relationierung konditionierter Relationen, in den Gleichheiten/Ungleichheiten der »Wenns« der Konditionalprogramme.

45 Siehe vor allem Dieter Grimm, Die Zukunft der Verfassung, Frankfurt 1991. Als Überblick speziell über Rechtsmeinungen und Rechtsprechung zum Gleichheitssatz siehe auch Reinhold Zippelius, Der Gleichheitssatz, Veröffentlichungen der Vereinigung der Deutschen Staatsrechtslehrer 47 (1991), S. 8-33. Ganz offensichtlich treten hier Tendenzen zu materieller Werteabwägung, das heißt zu jeweils eigenen Wichtigkeitsurteilen zutage, in denen die Rechtsprechung fast unvermeidlich politisch wird, auch wenn sie meint, sich an »Normzwecke« zu binden.

46 Dazu mehr im Kapitel über strukturelle Kopplungen.

47 Kelsen hatte in dieser Beziehung von Gerechtigkeit als Gleichheit und konditionaler Programmierung ein rein logisches Problem gesehen. Siehe Hans Kelsen, Das Problem der Gerechtigkeit, in ders., Reine Rechtslehre, 2. Aufl. Wien 1960, S. 357 ff. (393 ff.). Mit Bezug auf Derridas Begriff des »supplément« wollen wir darauf hinweisen, daß dem nicht so ist. Kelsen hatte offenbar nicht registriert, welche Probleme im Verhältnis von Logik und Paradoxien bereits zu seiner Zeit diskutiert wurden.

48 Der Gleichheitssatz sei kein Konditionalprogramm, liest man auch bei Podlech a.a.O., S. 50.

49 So z. B. Karl Engisch, Logische Studien zur Gesetzesanwendung, 3. Aufl. Heidelberg 1963, S. 22 ff.

Wenn dies zutrifft, dann schließt es nicht aus, daß auch Zweckprogramme einer Gerechtigkeitskontrolle unterworfen werden. Aber
das würde dann nicht auf Werteabwägung hinauslaufen, sondern
auf Rekonditionalisierung. Die Gerechtigkeit läge dann nicht schon
in der Zweckmäßigkeit der Zweckprogramme und auch nicht in
ihren immanenten Beschränkungen, etwa der Kostengünstigkeit
oder der Verhältnismäßigkeit der Mittel. Sie läge in einer Zusatz-
konditionierung, die zum Beispiel festlegt, welche Merkmale vorliegen müssen, damit ein Zweckprogramm angewandt werden
kann, also zum Beispiel nicht in der Umweltverträglichkeit rechtlicher Maßnahmen (Erlaubnisse, Verbote usw.), sondern in der
Rechtsverträglichkeit einer Umweltpolitik.

Angesichts dieser Probleme eines politisch induzierten Zunehmens
sowohl der gesetzgeberischen Eingriffe in das Recht als auch der
Zweckprogrammierung kann man die mit Naturrecht nicht mehr
zu behebende Krise des Prinzips der Gerechtigkeit verstehen. Aber
dieser Krise kann weder mit dem Rückzug auf Ethik noch mit
Werteabwägung abgeholfen werden. Das verlagert die Problematik
nur in die Frage der »Legitimation« des positiven Rechts. Da aber
nur das positive Recht selbst »gilt«, das heißt: das Symbol der
Rechtsgeltung benutzen kann, muß man nicht nach rechtsexternen,
sondern nach rechtsinternen Kriterien fragen.[50] Diese Kriterien
werden durch die Frage aufgerufen, wie man trotz zunehmender
Komplexität im Recht immer noch konsistent entscheiden, das
heißt: gleiche Fälle von ungleichen Fällen unterscheiden kann. Es
kann durchaus sein, daß ein in diesem Sinne gerechtes Recht auch
ethisch bevorzugt wird. Aber das versteht sich, wie eine lange Tradition lehrt, keineswegs von selbst. Eine klare Trennung von Gerechtigkeit und moralischem Urteil bzw. ethischer Reflexion ist
nicht nur eine Frage der Autonomie des Rechtssystems. Sie garantiert auch die Rechtsunabhängigkeit der moralischen Beurteilung
des Rechts und nicht zuletzt: die Möglichkeit des moralischen Dis-
senses in der Beurteilung von Rechtsfragen. Und sie ist Voraussetzung dafür, daß man überhaupt wissen kann, um was es in der

---

50 Die alteuropäische Tradition hatte, zumindest in einem ihrer Stränge, eher dazu
   tendiert, den *ethischen* Begriff der Gerechtigkeit *inhaltlich* auf Recht zuzuschnei-
   den – etwa in dem Sinne, daß Gerechtigkeit sich auf äußeres Handeln (operationes,
   actus) im Hinblick auf andere (ad alterum) beziehe und auf das nach dem Recht
   Geschuldete (sub ratione debiti legalis), wie es in Formeln der Scholastik heißt.

Sache geht, wenn die Frage nach der moralisch-ethischen Qualität von Gerechtigkeit aufgeworfen wird.

IV

Die Form der Frage nach Gleichheit/Ungleichheit durchzieht eine lange, mehr als zweitausendjährige Tradition. Sie ist als Form, die man in Texten findet, identisch geblieben. Das macht es schwer, Änderungen zu erkennen, die sich bei der historischen Überleitung dieser Formel aus alten Gesellschaften in die ganz anders gebaute moderne Gesellschaft vollzogen haben müssen. Um unsere Analysen zusammenzufassen, greifen wir deshalb nochmals auf das Problem des Naturrechts zurück.

Im naturrechtlichen Kontext konnte man davon ausgehen, daß sich die Dinge ihrem Wesen nach unterscheiden, also von sich aus entweder gleich oder ungleich sind. Über die Wesen war nicht zu disponieren. Sie galten als erkennbar – und zwar als im Modus der Beobachtung erster Ordnung erkennbar. Wer anders urteilte, mußte sich im Irrtum befinden; und das Problem war dann nur festzustellen (zum Beispiel mit Hilfe der dialektischen Methode oder der mittelalterlichen Quaestionentechnik), wer im Irrtum ist und wer die richtige, durch Sachkenntnis und Autoritäten gedeckte Meinung vertritt.

Bereits das sich noch als Naturrecht verstehende neuzeitliche Vernunftrecht bricht mit dieser Tradition. Es generalisiert und singularisiert die Einzelrechte der Freiheit und Gleichheit zu fundamentalen, angeborenen »Menschenrechten«. Was jetzt als »Natur« unterstellt wird, enthält (ganz im Gegensatz zum Naturbegriff der Naturwissenschaften) keinerlei Information über naturimmanente Einschränkungen. Im Gegenteil: Die Vorstellung einer natürlichen Überlegenheit bestimmter Menschen über andere (die ja erfahrungsmäßig sehr nahe liegt), wird mit den Prinzipien angeborener Freiheit und Gleichheit zurückgewiesen. Diese Prinzipien eignen sich aber nicht zur Interpretation des geltenden Rechts.[51] Sie gera-

---

51 Man denke an die ohne weiteres vorausgesetzte Kompatibilität von Gleichheit und Sklaverei in den USA. Zu dieser »Rechtsferne« des Rechts der natürlichen Gleichheit und zu seiner verfassungspolitischen Bedeutung um 1800 siehe Ulrich Scheuner, Die Verwirklichung der Bürgerlichen Gleichheit, in: Günter Birtsch (Hrsg.),

ten vielmehr in Widerspruch zur gesamten Rechtsordnung, da Rechtsnormen überhaupt nur als Einschränkung von Freiheit[52] und als Anlaß zur Ungleichbehandlung formuliert werden können. Freiheit negiert Notwendigkeit, um dadurch die Möglichkeit zu gewinnen, sich durch Zufälle, das heißt: durch historische Koinzidenzen, bestimmen zu lassen. Aber das setzt geordnete, also beschränkte Systeme voraus, die sich aus Anlaß von Gelegenheiten selbst bestimmen können. Freiheit pur wäre dasselbe wie Notwendigkeit, ist also ein paradoxer Begriff. Und Gleichheit in allen Hinsichten würde die Identität aufheben, die man voraussetzen muß, um Entscheidungen über gleich bzw. ungleich treffen zu können, ist also ebenfalls eine paradoxe, sich selbst für unmöglich erklärende Vorstellung.

Die in der Moderne wichtigste Form der Entfaltung dieser Paradoxien arbeitet mit einer historischen Differenz. Sie kommt in der Unterscheidung von Naturzustand und Zivilzustand zum Ausdruck. Auf der Ebene der allgemeinen Menschenrechte ist Freiheit Ausschluß externer Beschränkungen und Gleichheit Ausschluß von Ungleichheit. Nur so können diese Rechte in abstracto als Unterscheidungen und Bezeichnungen begriffen werden. Aber das führt zurück in die alte naturrechtliche Paradoxie, daß Recht nur als Abweichung vom Recht vorkommen kann. Die Auflösung der Paradoxie liegt dann in einem re-entry der Unterscheidung in das Unterschiedene. Die Freiheit muß rechtlich akzeptierte Einschränkungen, die Gleichheit muß rechtlich akzeptierte Ungleichheiten akzeptieren. Die »andere Seite« von Freiheit und Gleichheit wird in

Grund- und Freiheitsrechte im Wandel von Gesellschaft und Geschichte: Beiträge zur Geschichte der Grund- und Freiheitsrechte vom Ausgang des Mittelalters bis zur Revolution von 1848, Göttingen 1981, S. 376-401.

52 Von den zahlreichen Variationen zu diesem Thema sei hier nur eine einzige als Beispiel genannt: Emile Durkheim hatte in seiner Theorie der Konstitution gesellschaftlicher Normen zwei nicht aufeinander reduzierbare Variablen genannt: Begehren (désir) und Einschränkung (sacré, sanction). Siehe die Abhandlung Détermination du fait moral, in: Emile Durkheim, Sociologie et Philosophie, Paris 1951, S. 49-90, und dazu François-André Isambert, Durkheim et la sociologie des normes, in: François Chazel / Jacques Commaille (Hrsg.), Normes juridiques et régulation sociale, Paris 1991, S. 51-64. Das heißt (vielleicht überinterpretiert, denn Durkheim läßt den Begriff der Norm ungeklärt, ja verwendet ihn kaum): Wertschätzungen können nicht in unbeschränkter Freiheit entstehen, und Normen sind Formulierungen dieses Bedingungs- und Steigerungsverhältnisses.

das Recht einbezogen, die Differenz selbst wird Gegenstand rechtlicher Regulierung, die über beide Seiten der beiden Unterscheidungen verfügen kann. Damit ist erneut die Ausdifferenzierung des Rechtssystems bestätigt, denn die Regulierung muß innerhalb des Rechtssystems geschehen; es muß sich um rechtsgültig eingeführte Beschränkungen (also nicht nur um solche der Vernunft) handeln und um Ungleichheit der Rechtsfälle, nicht um Ungleichheit der Menschen. Mit dieser Paradoxieentfaltung wird jedoch das gesamte Recht als kontingent, also als positiv postuliert, und die Formulierung der Ausgangspunkte als Prinzipien oder Rechte oder Werte dient lediglich dazu, dies zu verschleiern.[53] Die Grundlage des Rechts ist nicht eine als Prinzip fungierende Idee, sondern eine Paradoxie.

Wenn man diesen Schleier vor der Paradoxie lüftet, wird klar, daß und wie das Postulat der Gerechtigkeit als Kontingenzformel dient. Man hat Kontingenz in ihrer jeweiligen Ausformulierung zu akzeptieren, kann sich aber eben deshalb durch Rechtsänderungen helfen. Dem entspricht, daß das Recht sich selbst der Beobachtung zweiter Ordnung aussetzt, um im Kontext von Freiheit/Beschränkung oder Gleichheit/Ungleichheit anders disponieren zu können. Entsprechendes gilt für die moderne Gesellschaft allgemein als durchge-

---

53 Die Verschleierung der Paradoxie durch ein re-entry wird noch deutlicher, wenn im Stile des moralisierenden Vernunftrechts Freiheit nicht nur von ihrem Gegensatz, sondern in sich selbst nochmals nach liberty und licentiousness unterschieden wird. Die Unterscheidung libertas/licencia war Gemeingut des damaligen Naturrechts, ausgebildet aus Anlaß der Polemik gegen Hobbes, konnte dann aber auch benutzt werden, um das Insistieren auf derart zivilisierten Freiheitsrechten zu legitimieren und politische Bedenken zu zerstreuen. Siehe z.B. Christian Wolff, Jus naturae methodo scientifica pertractatum, Pars I, §§ 150 f., zit. nach der Ausgabe Frankfurt - Leipzig 1740, Nachdruck Hildesheim 1972, S. 90 f.; ders., Grundsätze des Natur- und Völkerrechts, § 84 (hier: Freiheit/Frechheit), zit. nach der Ausgabe Halle 1754, Nachdruck Hildesheim 1972, S. 52. Wie man an den zitierten Stellen sieht, kann diese Paradoxie des re-entry, des Wiederholens der Unterscheidung in der Unterscheidung, sowohl zu radikal kritischen als auch zu eher konservativ-analytischen Zwecken benutzt werden. (Siehe hierfür Richard Price, Observations on the Nature of Civil Liberty, The Principles of Government, and the Justice and Policy of the War with America, 2. Aufl. London 1776, S. 12 ff.) Inzwischen ist auch die kritische Theorie konservativ geworden. Jürgen Habermas, Faktizität und Geltung: Beiträge zur Diskurstheorie des Rechts und des demokratischen Rechtsstaats, Frankfurt 1992, S. 51, unterscheidet in der Nachfolge Kants (ohne auf das Naturrecht Bezug zu nehmen) Willkürfreiheit und Autonomie.

hende Form ihrer operativen Selbstbestimmung. In strikter Parallele zur Ausdifferenzierung der Funktionssysteme als vorherrschender Differenzierungsform hat die Gesellschaft sich auf einen Modus der Beobachtung zweiter Ordnung umgestellt. Man muß, um sich in anspruchsvollen, gleichsam artifiziellen Situationen zurechtfinden zu können, Beobachter beobachten. Das gilt wohl für alle Funktionssysteme.[54] Es gilt auch für das, was man als den intellektuellen Diskurs der Moderne bezeichnen könnte. Und es gilt auch für das Rechtssystem.

Jede Entscheidung von Rechtsfragen – darauf werden wir im Kapitel über Argumentation ausführlich eingehen – muß sich selbst im Kontext anderer Entscheidungen verorten. Sie muß also beobachten, wie das Recht durch andere Beobachter beobachtet wird. Dabei kann es sich um Gesetzgeber handeln, und dann kommt es auf deren Veränderungsintention an; oder um Gerichtsentscheidungen, und dann kommt es darauf an, wie diese das Problem des Falles definiert und mit welchen Erwägungen sie ihre Entscheidungen begründet haben. Eine sorgfältige, auch theoretisch diskutierte Kultur der Ermittlung solcher »rationes decidendi« hat vor allem das Common Law entwickelt aus Anlaß der dort geltenden Präzendenzbindungen.

In diesem Kontext gewinnt die Gleich/Ungleich-Unterscheidung, also die Frage der gerechten Fall-Lösung, eine neue, zeitgemäße Funktion. Man würde zunächst ja vermuten, daß ein System, das auf der Ebene der Beobachtung zweiter Ordnung operiert, dazu tendiert, konservativ zu werden; das heißt: so zu entscheiden, wie die beobachteten Beobachter entschieden haben. Denn von der Na-

---

54 Vgl. z. B. für Wirtschaft Dirk Baecker, Information und Risiko in der Marktwirtschaft, Frankfurt 1988; für Familien Niklas Luhmann, Sozialsystem Familie, in ders., Soziologische Aufklärung Bd. 5, Opladen 1990, S. 196-217; für Politik Niklas Luhmann, Gesellschaftliche Komplexität und öffentliche Meinung, in: ders., Soziologische Aufklärung a.a.O., S. 170-182; für Wissenschaft Niklas Luhmann, Die Wissenschaft der Gesellschaft, Frankfurt 1990, insb. S. 318 ff., 362 ff. Zu diskutieren wäre allenfalls, ob das System der Krankenbehandlung eine Ausnahme bildet. Hier richtet sich die Beobachtung des Arztes auf den Körper des Patienten. Der Arzt beobachtet in erster Linie, wie der Körper des Patienten auf Arzneimittel reagiert. Das heißt: wie der Körper des Patienten diskriminiert. Das heißt: wie der Körper des Patienten beobachtet, wie er beobachtet wird. Dabei können psychosomatische Zusammenhänge berücksichtigt werden. Aber der unmittelbare soziale Umgang mit Ärzten bleibt ausgesprochen schwierig und gleichsam unsensitiv.

tur der Sache her ist kein Widerspruch zu erwarten; und wenn alles kontingent ist, also alles anders sein könnte, ist es eben deshalb genausogut möglich, es so zu machen wie bisher. Das gilt verstärkt für das Rechtssystem, das den Änderungsmechanismus in der Form von Gesetzen und Verträgen ausdifferenziert hat und das in der Gerichtsorganisation über eine Hierarchie verfügt, die es nahelegt oder sogar erzwingt, daß die unteren Instanzen sich nach der höchstinstanzlichen Rechtsprechung richten. Es ist diese im Recht besonders ausgeprägte Tendenz, sich nach Vorentscheidungen zu richten, die durch die Kontingenzformel Gerechtigkeit korrigiert werden.

Gerade weil Entscheidungen als kontingent, eben als Entscheidungen getroffen werden müssen, liegt eine Provokation in der Frage, ob im Verhältnis zu Vorentscheidungen ein Verhältnis der Gleichheit oder der Ungleichheit des zu entscheidenden Falles gegeben ist. Das Schema gleich/ungleich führt gewissermaßen in ein System, das aus guten Gründen (zum Beispiel Rechtssicherheit) zur Repetition tendiert, eine Bifurkation ein. Gerade ein nach außen hin operativ geschlossenes System muß intern Schließungen verhindern. Selbstverständlich geschieht dies vor allem durch die Mechanismen, die die Geltungsgrundlagen der Entscheidungen verändern – eben Gesetze und Verträge. Aber das sind Mechanismen, die auf sehr unsichere Annahmen über eine sehr unsichere Zukunft angewiesen sind. Deshalb bedarf es einer zweiten Korrektur, einer Auffangkorrektur, die angesichts von konkreten Fällen, die durch das, was bereits Vergangenheit geworden ist, vorgelegt werden, erneut offene Entscheidungslagen erzeugt. Der Vergleich unter dem Gesichtspunkt gleich/ungleich in bezug auf Unterscheidungen, die immer neu getroffen werden müssen, scheint diese Funktion zu erfüllen. Das Prüfen der Intention des Gesetzgebers oder der Vertragschließenden ist dann nur eine mögliche Sonde, mit der geprüft werden kann, ob eine Auslegung des (wie immer rekonstruierten) »Willens« der Rechtsgestalter auf der Linie ihrer Intention liegt (also ihr »gleicht«) oder nicht. Und zusätzlich können Entscheidungsvergleiche retrospektiver oder prospektiver Art angestellt werden, um Konsistenz in der Veränderung zu wahren und die Entscheidungen weiterem Beobachtetwerden auszusetzen.

Gerechtigkeit in diesem Verständnis ist also ganz spezifisch auf den Modus der Beobachtung zweiter Ordnung eingestellt; und dann macht es auch Sinn zu sagen, sie sei ein für Gerichte gedachtes Beobachtungsschema, für das der Gesetzgeber immer nur erneutes Prüfmaterial liefert.

Kapitel 6

Evolution des Rechts

I

Über die Geschichte des Rechts seit der Antike weiß man ziemlich gut Bescheid. Die verfügbaren Quellen sind jedoch nicht in theoretischer Perspektive bearbeitet worden. Nach heutiger Auffassung kommen für eine solche Aufgabe nur evolutionstheoretische Konzepte in Betracht. Der Begriff Evolution wird aber in der Literatur (auch in der rechtsbezogenen Literatur, soweit sie ihn verwendet[1]) sehr unscharf eingesetzt und vor allem auch in der Kritik evolutionstheoretischer Ansätze verzerrt dargestellt. Schon im 18. Jahrhundert findet man, vor allem bei Hume, Lord Kames und Ferguson, Darstellungen der Evolution von Recht mit Merkmalen, welche modernen Evolutionstheorien nahekommen (wie: Planlosigkeit, nachträgliches Erkennen von Errungenschaften, allmähliche Entwicklung, akzidentielle Anstöße, Akkumulation von Weisheit aus Anlaß von Einzelfallentscheidungen), aber eine klare differenztheoretische Struktur vermissen lassen. Ähnliches gilt in der ersten Hälfte des 19. Jahrhunderts für die Arbeiten der historischen Rechtsschule.[2] An der heutigen Literatur fällt auf, daß Beiträge, die sich relativ konkreten Rechtsfragen widmen oder die »Evolution« einzelner Rechtsinstitute behandeln[3], den Begriff der

1 Für einen historisch weiten, aber sprachlich beschränkten Überblick vgl. E. Donald Elliott, The Evolutionary Tradition in Jurisprudence, Columbia Law Review 85 (1985), S. 38-94. Vgl. auch die Heterogenität im neueren Schrifttum, auf das Gunther Teubner, Recht als autopoietisches System, Frankfurt 1989, S. 61, mit der Forderung einer begrifflichen Klärung verweist. Nicht einmal die Frage, von welcher Systemreferenz man auszugehen hat, wird einheitlich beantwortet, und sogar ein soziobiologischer Ansatz wird zur Diskussion gestellt von John H. Beckstrom, Evolutionary Jurisprudence: Prospects and Limitations of Modern Darwinism Throughout the Legal Process, Urbana Ill. 1989.
2 Siehe zum Vergleich der Evolution von Sprache und der Evolution von Recht in dieser Schule Alfred Dufour, Droit et langage dans l'École historique du Droit, Archives de philosophie du droit 19 (1974), S. 151-180.
3 Vgl. z. B. Robert Charles Clark, The Morphogenesis of Subchapter C: An Essay in Statutory Evolution and Reform, Yale Law Journal 87 (1977), S. 90-162: Robert A. Kagan et al., The Evolution of State System Courts, Michigan Law Review 76

Evolution ohne jede theoretische Präzision verwenden, während andererseits eine Anwendung des Darwin-Schemas Variation/Selektion/Stabilisierung[4] in ihrem Bezug auf das Rechtssystem nicht ausreichend spezifiziert ist. Wir werden den Evolutionsbegriff in Anlehnung an die Evolutionstheorie Darwins benutzen, die bei allem, was daran verbessert werden muß, zu den bedeutendsten Errungenschaften des neuzeitlichen Denkens gehört.[5] Wir verstehen diese Herkunftsbezeichnung aber nicht als Analogieargument, sondern als Hinweis auf eine allgemeine Evolutionstheorie, die sehr verschiedene Anwendungen finden kann.[6] Wir bevorzugen diese Theorie, weil sie differenztheoretisch ansetzt. Ihr Thema ist nicht die Einheit der Geschichte als Entwicklung von einem Anfang bis heute; sondern es geht ihr sehr viel eingeschränkter um die Bedingungen der Möglichkeit unplanmäßiger Strukturänderungen und um die Erklärung von Diversifikation oder Komplexitätssteigerung.

Neuere Entwicklungen der Systemtheorie machen es nicht leichter, sondern im Gegenteil schwieriger, dieses Problem zu stellen und zu lösen. Denn wenn man vor der Geschlossenheit der Systeme und von Strukturdetermination auszugehen hat, wird es um so schwieriger zu verstehen, (1) wie es überhaupt zu Strukturänderungen kommen kann, und (2) wieso zuweilen (nicht notwendigerweise, oder doch?) Richtungen der Änderung erkennbar werden, etwa im Sinne der Diversifikation der Arten des Lebens oder der Komplexitätssteigerung des Gesellschaftssystems. Aber mit der Prägnanz der Problemstellung nehmen auch die Anforderungen an die Theorieapparate zu, die für eine Lösung überhaupt in Betracht kommen, und damit die Kriterien, unter denen etwas als Evolutionstheorie ein Angebot machen kann. Es ist klar, daß Evolution nur zustande kommen kann, wenn zugleich *Differenz* und *Anpassung* im Verhältnis von System und Umwelt bewahrt bleiben, denn anderenfalls würde der Gegenstand der Evolution verschwinden. Aber damit ist noch nicht ausgemacht, wie Evolution überhaupt möglich ist.

(1978), S. 961-1005; Ronald A. Heiner, Imperfect Decisions and the Law: On the Evolution of Precedent and Rules, Journal of Legal Studies 15 (1986), S. 227-261.

4 Vorgeschlagen zum Beispiel von dem Soziologen Albert G. Keller, Law in Evolution, Yale Law Journal 28 (1919), S. 769-783.

5 So sehr emphatisch Ernst Mayr, Evolution und die Vielfalt des Lebens, Berlin 1979.

6 So auch Keller a.a.O., S. 779.

Die Form, in der dieses Problem expliziert wird, ist die Unterscheidung von Variation und Selektion. Diese Unterscheidung produziert, wenn sie als reale Differenz (zum Beispiel von Mutation bzw. genetischer Rekombination auf der einen Seite und Überlebensdauer auf der anderen) eingerichtet ist, zwangsläufig eine Formenvielfalt, die sowohl von der Ausgangslage als auch im Verhältnis der Arten zueinander Abweichungen erzeugt, die als differenzierte Umweltbedingungen wiederum die Evolution selbst beeinflussen. Alles andere, und sogar das für Darwin so wichtige Dogma der »natural selection«, halten wir für sekundär. Denn das Problem der Ausarbeitung dieser und anderer Aspekte von Evolutionstheorie verlagert sich heute mehr und mehr in die Frage des Verhältnisses von Evolutionstheorie und Systemtheorie, oder genauer: des Verhältnisses von Variation/Selektion und System/Umwelt als verschiedener, abstimmungsbedürftiger Formwahlen einer Theorie.[7] Von »natural selection« im Sinne einer systemexternen Selektion kann man ja nur sprechen, wenn man angibt, wie das zu begreifen ist, was als System einer Selektion durch die Umwelt ausgesetzt ist.

Damit stellt sich die Frage, welche Eigenschaften eines Systems Evolution ermöglichen. Wir wollen diese Frage mit dem Hinweis auf den Selektionsdruck beantworten, der sich aus der operativen Geschlossenheit der Systeme und ihrer im Verhältnis zur Welt beschränkten Eigenkomplexität ergibt. Ohne auf die weitere Frage einzugehen, ob man auch für die Bereiche der Physik, also im Hinblick auf die Bildung von Atomen, Sonnen, Galaxien, chemischen Molekülen usw. von Evolution sprechen kann, soll uns der Begriff des autopoietischen Systems als Leitfaden dienen. Denn hier ist dann leicht zu sehen, daß die Erhaltung der Autopoiesis als eine conditio sine qua non aller Evolution auch mit Hilfe einer Änderung von Strukturen erreichbar bzw. mit Änderung von Strukturen kompatibel ist. Evolution würde demnach eintreten, wenn verschiedene Bedingungen erfüllt sind und konditional (nicht: notwendig) miteinander gekoppelt werden; nämlich:

7 Der neuere Flirt der Evolutionstheorie mit der Spieltheorie ist nur ein Beispiel für diese Behauptung, beginnend mit R.C. Lewontin, Evolution and the Theory of Games, Journal of Theoretical Biology 1 (1961), S. 382-403. Vgl. für Spiele innerhalb von Populationen auch John Maynard Smith, Evolution and the Theory of Games, Cambridge Engl. 1982.

(1) *Variation* eines autopoietischen *Elements* im Vergleich zum bisherigen Muster der Reproduktion;

(2) *Selektion* der damit möglichen *Struktur* als Bedingungen weiterer Reproduktionen; und

(3) *Stabilhalten* des *Systems* im Sinne der dynamischen Stabilität, also Weiterführen der autopoietischen, strukturdeterminierten Reproduktion in dieser geänderten Form.

In nochmals abstrahierter Form heißt dies: *Variation* betrifft die *Elemente*, *Selektion* betrifft die *Strukturen*, *Stabilisierung* betrifft die *Einheit des Systems*, das sich autopoietisch reproduziert. Alle drei Komponenten bilden einen notwendigen Zusammenhang (es gibt keine Systeme ohne Elemente, keine Elemente ohne Systeme usw.), und die Unwahrscheinlichkeit aller Evolution liegt letztlich darin, daß ein differenzierter Zugriff auf diese Komponenten *trotzdem möglich ist*. Aber wie?

Wir können hier nicht untersuchen, ob man die Evolution der Gesellschaft mit dieser Theorie darstellen kann. Wir setzen das voraus.[8] Die Frage ist dann aber, ob es innerhalb eines evoluierenden Gesellschaftssystems noch weitere Evolutionen geben kann, etwa eine solche des Rechtssystems.[9] Dieses Problem stellt sich in genauer Parallele zu der Frage, ob es in einem strengen Sinne autopoietische Systeme in autopoietischen Systemen geben kann, oder ob die damit gegebene Abhängigkeit von einer Umwelt, die ihrerseits die innere Umwelt eines autopoietischen Systems ist, dem Begriff der Autopoiesis widerspricht. Konkreter formuliert: Die Gesellschaft kommuniziert und grenzt sich dadurch gegen eine äußere Umwelt ab. Das Rechtssystem kommuniziert auch und vollzieht insofern die Autopoiesis der Gesellschaft. Die Gesellschaft benutzt Sprache, das Rechtssystem – mit nur leichten Variationen der Verständlichkeitsbedingungen – ebenfalls. Die Gesellschaft ist auf strukturelle Kopplung mit Bewußtseinssystemen angewiesen.

8 Hierzu Niklas Luhmann / Raffaele De Giorgi, Teoria della società, Milano 1992, S. 169 ff.

9 Auch die Biologie stößt auf dieses Problem mit der Frage, ob es nur eine Gesamtevolution des Lebens gibt, die zur Erzeugung der Artenvielfalt auf der Grundlage eines im chemischen Sinne prinzipiell gleichartigen Reproduktionsverfahrens geführt hat, oder ob man auch von der Evolution einzelner Arten oder Populationen sprechen kann, wenn die Bedingungen der bisexuellen Reproduktion solche Systeme ausgrenzen.

Das Rechtssystem auch. Schließen diese Abhängigkeiten nun die Annahme einer eigenständigen Evolution des Rechtssystems aus?[10]

Uns führt die These einer eigenständigen Autopoiesis des Rechtssystems zur Bejahung einer eigenständigen Evolution des Rechtssystems.[11] Wir wiederholen an dieser Stelle nur noch einmal, daß der Begriff der operativen Geschlossenheit eine Evolution nicht ausschließt. Evolution ist keine allmähliche, kontinuierliche, bruchlose Steigerung von Komplexität, sondern ein Modus von Strukturänderung, der durchaus mit sprunghaften Umbrüchen (»Katastrophen«) und mit langen Zeiten der Stagnation (»Stasis«) kompatibel ist.[12] Gewiß müssen für eine plötzliche Neuformierung zahlreiche Voraussetzungen erfüllt sein, müssen »preadaptive advances« gegeben sein.[13] Das gilt auch für die Möglichkeit eines Rechtssystems, sich angesichts von schon langen Erfahrungen mit der Schlichtung normativer Konflikte durch die Codierung Recht/Unrecht auf einer Ebene der Selbstbeobachtung zweiter Ordnung zu etablieren.

10 Oft wird an genau diesem Punkt bestritten (aber warum eigentlich nur auf Grund dieser Abhängigkeiten?), daß es eine Autopoiesis von Teilsystemen geben könne. Siehe zum Beispiel für Wirtschaft Josef Wieland, Die Wirtschaft als autopoietisches System – Einige eher kritische Überlegungen –, Delfin X (1988), S. 18-29, für Wissenschaft Wolfgang Krohn / Günther Küppers, Die Selbstorganisation der Wissenschaft, Frankfurt 1989, S. 21 ff.; für das Rechtssystem William M. Evan, Social Structure and Law: Theoretical and Empirical Perspectives, Newbury Park Cal. 1990, S. 44 f. Dabei spielt das (theoretisch unbedachte) Argument mit »empirischer« Beweisführung eine Rolle, nämlich die Unterstellung, daß Handeln nur am Menschen zu beobachten sei. Selbst für Gesellschaften, die noch keine Schrift kennen, muß man das jedoch bezweifeln. Gleichviel, wenn man so argumentiert, schließt das jede Anwendung der Evolutionstheorie im hier vorgetragenen Verständnis auf außerbiologische Sachverhalte aus.

11 Vgl. auch Huntington Cairns, The Theory of Legal Science Chapel Hill N.C. 1941, S. 29 ff.; Richard D. Schwartz / James C. Miller, Legal Evolution and Societal Complexity, American Journal of Sociology 70 (1964), S. 159-169.

12 Vielleicht ist das sogar der typische Fall. Vgl. Niles Eldredge / Stephan Jay Gould, Punctuated Equilibria: An Alternative to Phyletic Gradualism, in: Thomas J. M. Schopf (Hrsg.), Models in Paleobiology, San Francisco 1972, S. 82-115.

13 Analysen Hegels, die auf die durch seine Theorie diktierten Übergangsprobleme bezogen sind, lassen sich in genau diesem Sinne lesen, etwa die Darstellung der Anfänge einer symbolischen Ästhetik in den Vorlesungen über die Ästhetik, zit. nach der Ausgabe Frankfurt 1970 Bd. 1 (Werke Bd. 13), S. 418 f. Für preadaptive advances einer Autopoiesis des Kunstsystems vgl. ferner Hans Belting, »Bild und Kult«: Eine Geschichte des Bildes vor dem Zeitalter der Kunst, München 1990.

Lange bevor ein Rechtscode strikt binarisiert und damit logisch technisiert wird, gibt es schon reichlich Rechtsmaterial, das in der Form von Konditionalprogrammen aufgezeichnet ist.[14] Man kann also wissen, was gemeint (und was nicht gemeint) ist, wenn Beobachter instruiert werden, sich an das Rechtssystem zu halten, und die schon praktizierten Konditionalprogramme damit die Funktion erhalten, die Zuteilung von Recht und Unrecht zu regulieren, und an dieser Funktion dann reifen. Und ein weiterer Evolutionsschub, der all dies voraussetzt, tritt ein, wenn das Rechtssystem seine Autonomie in einem neuen Kontext funktionaler Differenzierung des Gesellschaftssystems behaupten muß.[15] Wenn immer ein autopoietisches System sich erstmals schließt oder seine Schließung in einem radikal veränderten gesellschaftlichen Kontext behaupten und neu formieren muß, geschieht dies nicht als planmäßige Reorganisation, sondern durch evolutionären Umbau vorhandener Einrichtungen.[16]

Aber diese Kompatibilität von Systemtheorie und Evolutionstheorie allein genügt natürlich nicht. Man muß zeigen können, *wie* Evolution auf dieser Systemebene realisiert wird. Und wenn dies gelingt, liegt darin zugleich ein weiteres Argument für die Annahme einer eigenständigen Autopoiesis des Rechtssystems.

---

14 Siehe Näheres im Abschnitt über konditionale Programmierung oben Kap. 4, IV.

15 Auch in dieser schwierigen Übergangszeit der »Verstaatlichung« des politischen Systems setzt sich die Autopoiesis des Rechtssystems evolutionär durch. Vgl. dazu Rudolf Stichweh, Selbstorganisation und die Entstehung nationaler Rechtssysteme (17.-19. Jahrhundert), Rechtshistorisches Journal 9 (1990), S. 254-272.

16 Innerhalb der rechtstheoretischen Diskussion gibt es im übrigen ein genau strukturgleiches Problem in der Frage, ob man davon sprechen kann und wie man erkennen kann, daß Gewohnheitsrecht entsteht bzw. sich ändert, obwohl eine vom Recht abweichende Praxis allgemeiner Meinung nach kein Recht bilden kann, und obwohl Rechtsirrtum als Rechtsquelle ausgeschlossen ist. (D 1.3.39: Quod non ratione introductum, sed errore primum, deinde consuetudine optentum est, in aliis similibus non optinet.) Siehe auch Friedrich Carl von Savigny, System des heutigen Römischen Rechts, Bd. 1, Berlin 1840, S. 14: »... die unzweifelhafte Thatsache, daß überall, wo ein Rechtsverhältnis zur Frage und zum Bewußtsein kommt, eine Regel für dasselbe längst vorhanden, also jetzt erst zu erfinden weder nöthig noch möglich ist.«

Bevor wir zu untersuchen beginnen, wie im Falle des Rechtssystems die evolutionären Funktionen der Variation, Selektion und Stabilisierung differenziert sind, müssen wir klären, wie überhaupt Strukturen des Rechtssystems fixiert sind, so daß sie dem Zugriff der Evolution unterliegen. Es liegt nahe, hier an schriftliche Fixierung zu denken, aber bei einer genaueren Nachfrage stellt sich heraus, daß damit recht komplizierte Fragen angeschnitten sind.[17]

Schrift funktioniert als soziales Gedächtnis mit dem Vorteil, Wissen für unvorhersehbaren, wahlfreien Zugriff bereitzuhalten. Auch vor der Erfindung von Schrift gab es natürlich Gedächtnisleistungen im sozialen System der Gesellschaft. Vielfach wird angenommen, daß diese Gesellschaften ausschließlich auf das psychische Gedächtnis von Individuen angewiesen waren. Das trifft jedoch nicht zu. Vielmehr lag das soziale Gedächtnis im Tradieren von Wissen, also in der *zeitlichen Verzögerung* der Inanspruchnahme psychischer Gedächtnisleistungen, im Nacheinander ihrer Aktivierung, also im Zeitgewinn, der es ermöglicht, Wissen zu erhalten, auch wenn Zeit vergeht.[18] Diese Form eines nur temporalen Gedächtnisses hatte jedoch erhebliche Nachteile, die sich besonders in Bereichen bemerkbar machen, wo Unsicherheit oder Streit mit Bezug auf komplexe Bestände von unstrittigem Wissen zu beheben waren, also im Bereich von Divination und von Recht. Hier ging man denn auch sehr früh zu anderen Formen der Wissensspeicherung über, nämlich zu schriftlichen Aufzeichnungen, die in noch nicht vorhersehbaren Situationen mit spezifischem Zugriff reaktiviert werden können.

Schrift ist, wie in ganz ephemerer Weise auch die Laute der mündlichen Kommunikation, ein Mechanismus der strukturellen Kopplung von Physik, wahrnehmendem Bewußtsein und Kommunikation, von physischer, psychischer und sozialer Realität. In dieser Hinsicht leistet Schrift viel mehr als das, was sie ausdrückt, nämlich

---

17 Siehe für einen ersten Überblick Jack Goody, Die Logik der Schrift und die Organisation von Gesellschaft, dt. Übers. Frankfurt 1990, S. 211 ff.

18 Vgl. zu »transmission delay« als Form eines »temporal memory« Klaus Krippendorff, Some Principles of Information Storage and Retrieval in Society, General Systems 20 (1975), S. 15-35 (19 ff.).

vor allem die Ausdifferenzierung von Texten, die dann als *identische* Grundlage für die Bildung *verschiedener* Meinungen dienen können. Sie setzt dabei eine Unterlage, einen »espace blanc« voraus als ein »infinité marqué et marquable«[19], also einen eigens präparierten »unmarked space«, der in Richtung auf einen »marked space« überschritten werden kann, indem die Markierung erzeugt und zugleich unterschieden wird.[20] Erst im Medium möglicher Markierungen sind Markierungen möglich, deren Kombinationsmöglichkeiten ein Medium für diejenige Formbildung hergibt, die dann ihrerseits als Text erscheint.

Diese physikalische Medium/Form-Form gibt der Schrift die Konstanz mit, die ganz unabhängig von ihrer kommunikativen Verwendung besteht – oder sich auflöst. In ihren physikalischen Merkmalen gehört die Schrift zur Umwelt des Kommunikationssystems. Sie kann mit diesem Merkmal keine Komponente sozialer Kommunikation sein. Das Kommunikationssystem »assimiliert« sie nur, um mit Piaget zu sprechen, indem es Schrift als Information benutzt.[21] Die Assimilation bezieht sich nur auf den Sinn, nicht auf die Physik der Schrift.[22] Eben deshalb kann die Schrift Konstanzen gewährleisten, die einen differentiellen Informationsabruf im geschlossenen Kommunikationszusammenhang des Systems nicht behindern und es dem System ermöglichen, in der Wiederverwendung von Sinn eigene Identitäten zu kondensieren. Schrift erleichtert den Wiederzugriff auf Sinngehalte, sie erschwert das (an sich durchaus wohltätige) Vergessen.[23]

19 Diese Formulierung bei Julia Kristeva, Semeiotikè: Recherche pour une sémanalyse, Paris 1969, S. 315.

20 Dies in der Terminologie von George Spencer Brown, Laws of Form, Neudruck New York 1979.

21 Dies gilt auch dann, wenn die Schriftform, die optische Gestaltung usw., wie neuerdings oft hervorgehoben, in der Kommunikation eine wichtige Rolle spielt.

22 Eine ähnliche Unterscheidung findet auch in den Zellmembranen statt. Auch hier werden unverändert gelassene physikalische Objekte in den geschlossenen Verwertungs- und Reproduktionszusammenhang der Zelle eingegliedert. Vgl. Jean-Claude Tabary, Interface et assimilation, état stationaire et accomodation, Revue internationale de systémique 3 (1989), S. 273-293.

23 Wir sagen »erschwert«; denn daß auch schriftlich fixierte Rechtstexte vergessen werden bzw. obsolet werden können, ist vor allem für die Zeit vor der Erfindung des Buchdrucks anzumerken. Vgl. Mario Bretone, Le norme e il tempo fra tradizione classica e coscienza moderna. Materiali per una storia della cultura giuridica 19 (1989), S. 7-26.

Schrift macht die Kommunikation unabhängig vom Zeitpunkt der Mitteilung und damit weitgehend auch unabhängig von den Intentionen des Mitteilenden. Ob es auf diese Intention ankommt oder nicht, wird jetzt zur Frage der Interpretation. Situative und intentionale Evidenzen entfallen und müssen durch Deutlichkeit der Aussage und durch Direktiven für Interpretation ersetzt werden. Alle Teilnehmer an der Kommunikation, auch der Mitteilende selbst, müssen als »abwesend« behandelt werden.[24]

Lange bevor Schrift zur Kommunikation benutzt wird, dient sie bereits zur Aufzeichnung von erinnerungswerten Informationen, und rechtliche Sachverhalte gehören zu den frühesten Fällen, für die die Entwicklung und Verwendung von Schrift angebracht erschienen.[25] Das gilt nach heutiger Erkenntnis nicht so sehr für Gesetze, denn ein Begriff dafür mußte in einer Schriftkultur überhaupt erst einmal entwickelt werden, sondern zunächst nur für rechtsrelevante Transaktionen aller Art – für das Festhalten der Erfüllung von Leistungsverpflichtungen, für Verträge, für Testamente, kurz für all das, was wir oben unter den Begriff der Geltungsänderung im Recht gebracht hatten. Neuere Forschungen deuten auf einen engen Zusammenhang von frühen Schriften und Divinationspraktiken[26] hin, die für sehr verschiedenartige Lebenssituationen auf Fragen nach Unbekanntem Antworten zu geben versuchten.[27] Teils nimmt man an, daß die Schrift überhaupt auf Grund einer Fixierung von Formen divinatorischer Sinngebung entstanden ist[28]; teils hat ihre

---

24 Diesen Gedanken benutzt Derrida als Absprungbasis für seine Radikalisierung des Begriffs der »écriture«. Siehe insb. Jacques Derrida, De la Grammatologie, Paris 1967; ders., signature événement contexte, in ders., Marges de la philosophie, Paris 1972, S. 365-393, insb. S. 376.

25 Vermutlich sogar, was Registrierung von Transaktionen betrifft, in einem Zeitraum, der bereits Jahrtausende vor der Erfindung der Schrift im eigentlichen Sinne beginnt, also bis in die Anfänge des Neolithicums zurückreicht. Siehe dazu Denise Schmandt-Besserat, An Archaic Recording System and the Origin of Writing, Syro-Mesopotamian Studies 1/2 (1977), S. 1-32.

26 Wir belassen es bei dem international üblichen Wort »Divination«, obwohl das deutsche »Weissagung« zur Verfügung stünde.

27 Siehe vor allem Jean-Pierre Vernant et al., Divination et Rationalité, Paris 1974.

28 So für China Léon Vandermeersch, De la tortue à l'achillée: Chine, in: Vernant et al. a.a.O., S. 29-51. Hier findet man übrigens ein gutes Beispiel für Evolution auch der Schrift selbst. Ursprünglich im Nachzeichnen von Mustern entstanden, die sich an Knochen oder auch an Schildkröten zeigen, wenn man sie entsprechend präpariert, werden die in großer Zahl bedeutungsgeladenen Zeichen dann als Ideogramme

Verwendung in divinatorischen Zusammenhängen ihr die erste gesellschaftsweite Verbreitung gegeben mit Einschluß des Übergangs zur Phonetisierung in Mesopotamien.[29] Rechtsprobleme traten in diesen frühen Hochkulturen als Divinationsprobleme auf, das heißt als Probleme herauszufinden, was geschehen war und wie Schuld und Unschuld verteilt sind in enger Analogie zu günstigen und ungünstigen Umständen.[30] Auf diese Weise nahm das Recht an der Komplexifikation und der Rationalisierung sowie an der fachlichen Expertise teil, die für Divinationszwecke entwickelt worden war; und Schrift diente im einen wie im anderen Zusammenhang der Aufzeichnung des dazu nötigen Wissens. Die gefundenen Schriftzeugnisse, etwa der berühmte Codex Hammurabi, waren denn auch nicht Gesetze in unserem Sinne, nicht Fixierungen des durch sie in Geltung gesetzten Rechts. Sie entsprachen in ihrer Wenn/Dann-Form genau den normalen Regeln der Divination und dienten in diesem Kontext der Lösung von Fallproblemen, auch der Gerichtspraxis.[31] Die generalisierende Kasuistik und die binäre Codierung in günstige und ungünstige Zeichen war primär für Divinationszwecke geschaffen worden, und der entsprechende Komplexitätsschub mitsamt seiner Schriftgelehrsamkeit kam dann auch dem Recht zugute.

Es gab, mit anderen Worten, eine mit Hilfe von Schrift entwickelte Rechtskultur und entsprechende Expertise, längst bevor man schriftliche Fixierung als Geltungsbedingung ansah. Noch die römische stipulatio war eine einseitig-bindende Erklärung, die der Form nach mündlich erfolgte, aber für Beweiszwecke auch notiert

---

gelesen und als Schrift verselbständigt. Anders ist die Plötzlichkeit der Entstehung einer sehr komplexen Schrift kaum zu erklären. Sie setzt, als »preadaptive advance« eine in viele Lebenssituationen ausgreifende, rationalisierte Divinationspraxis voraus.

29 Siehe Jean Bottéro, Symptômes, signes, écritures en Mésopotamie ancienne, in: Vernant et al. a.a.O. (1974), S. 70-197. Vgl. weitere einschlägige Beiträge in ders., Mésopotamie: L'écriture, la raison et les dieux, Paris 1987, S. 133 ff., 157 ff.

30 Bottéro a.a.O. (1974), S. 142 spricht von »identité formelle entre justice et divination«.

31 Hierzu Jean Bottéro, Le »Code« Hammu-rabi, Annali della Scuola Normale Superiore di Pisa 12, 1 (1988), S. 409-444; Wiederabdruck in ders., Mésopotamie a.a.O., S. 191-223. Bottéro deutet den Codex Hammurabi als eine Selbstglorifikation des Königs, als eine Art politisches Testament, das zeigt, wie durch Rechtsentscheidungen Ordnung gewährleistet worden ist.

werden konnte. Auch führte die schriftliche Fixierung nicht sogleich zum Verzicht auf anwesende Zeugen.[32] Schrift hat aber, und das dürfte ihren frühen Gebrauch in rechtlichen Angelegenheiten erklären, den großen Vorzug, *Abweichungen erkennbar zu machen*, die in den Aufgeregtheiten einer streitigen mündlichen Kommunikation allzuleicht untergehen würden. Sie dient im Hinblick darauf auch der vorgreifenden Fixierung und Konfliktvermeidung. (In der antiken Diskussion wird allerdings immer wieder auch erwähnt, daß sie bessere Möglichkeiten der Fälschung und Täuschung biete als mündliche Kommunikation unter Anwesenden). Erst relativ spät übernimmt die Schriftfassung auch die Funktion der »Publikation« und der Offenlegung des Rechts für jedermann. Für das konkrete Sichtbarmachen von Abweichungen genügen einige schriftkundige Experten. Die Publikationsfunktion setzt eine hinreichend weit verbreitete Literalität voraus.

Während orale Kulturen in ihrem Gedächtnis auf strikte (wie immer dann fiktive) Wiederholung angewiesen waren, zum Beispiel in ritueller Form, geben schriftliche Texte größere Freiheiten der Verwendung in nicht vorgesehenen Situationen, bedingt allerdings durch größere Sorgfalt in der Abfassung der Texte selbst. Sie müssen aus sich heraus verständlich sein und dem Interpretationsspielraum Schranken setzen. Und vor allem: Sie müssen Widersprüche vermeiden und für hinreichende Konsistenz sorgen. Jan Assmann nennt das »Übergang von der Dominanz der Wiederholung zur Dominanz der Vergegenwärtigung, von ritueller zu textueller Kohärenz.«[33] Schon in sehr frühen, in die Anfänge der Schriftkultur zurückreichenden Zeiten wird in Rechtsangelegenheiten Schrift gebraucht, vor allem, wie gesagt, zur Klarstellung und zum Erkennbarmachen etwaiger Abweichungen. Dabei bleibt es in allen über

---

32 Anders als in Rom scheint dieser Sachstand im kommerziell hochentwickelten, im Fernhandel engagierten und darauf angewiesenen Athen bereits in der Mitte des 4. Jahrhunderts vor Christus erreicht zu sein, denn Zeugen sind natürlich ein nur lokal brauchbares Rechtsinstitut. Vgl. Fritz Pringsheim, The Transition from Witnesses to Written Transactions in Athens, in: Gesammelte Abhandlungen Bd. 2, Heidelberg 1961, S. 401-409. Vgl. auch William V. Harris, Ancient Literacy, Cambridge Mass. 1989, insb. S. 68 ff. und zur Geschichte der Verschriftlichung des griechischen Rechts allgemein Michael Gagarin, Early Greek Law, Berkeley Cal. 1986, S. 51 ff., 81 ff., 121 ff.

33 Jan Assmann, Das kulturelle Gedächtnis: Schrift, Erinnerung und politische Identität in frühen Hochkulturen, München 1992, S. 17 f., 87 ff. (Zitat S. 18).

Schrift verfügenden Kulturen. Für diese Zwecke genügt eine relativ kurzfristige Aufbewahrung der Dokumente für eine Dauer, in der ihr Kontext noch aktuell ist. Die Schriftform hatte deshalb zunächst auch nicht den Sinn, einen Text für unabsehbare künftige Verwendungen, also für freie, aktive Interpretation bereitzuhalten.[34] Erst spät wird Schrift in einer weitergehenden Funktion, nämlich zum Sichtbarmachen einer Rechtsänderung oder Rechtsbestätigung eingesetzt, und erst damit kann sie wegen ihrer relativ leichten Erkennbarkeit auch zur *Geltungsbedingung* des Rechts werden. Nur in diesem Sinne werden dann lex scripta und leges non scriptae unterschieden, über die sehr wohl schriftliche Aufzeichnungen, Gerichtsreden, Gerichtsprotokolle, Gutachtensammlungen usw. existieren mögen.[35]

34 Zur Langsamkeit dieser Entwicklung selbst unter der Regie des Alphabets und zu Problemen der Archivierung in Athen vgl. Rosalind Thomas, Oral Tradition and Written Record in Classical Athens, Cambridge Engl. 1989, S. 34 ff. Harris a.a.O. (1989).

35 Diese Unterscheidung hatte schon in Athen zur *Kritik* der Schriftlichkeit des Rechts (unter anderem im Hinblick auf Fälschungsmöglichkeiten und auf Interpretationsprobleme) gedient, und nichtgeschriebenes Recht hatte von da her die Aura von »Höherwertigkeit« um sich. Siehe John Walter Jones, The Law and Legal Theory of the Greeks: An Introduction, Oxford 1956, S. 26 ff.; Jacqueline de Romilly, La loi dans la pensée grecque des origines à Aristote, Paris 1971, S. 27 ff. Eine entsprechende Lehre findet man noch heute im jüdischen Recht. Das Recht sei auf dem Berg Sinai sowohl für schriftliche als auch für mündliche Tradierung offenbart worden. Jahwe, der seinem Wesen gemäß Zeit, also auch Zukunft sei, habe von Anbeginn auf Anpassungselastizität, also auf Interpretierbarkeit Wert gelegt unter Inkaufnahme einer unabgeschlossenen, möglicherweise kontroversen Fortbildung. Siehe nur George Horowitz, The Spirit of Jewish Law (1953), Neudruck New York 1973; Eliezer Berkowitz, Not in Heaven: The Nature and Function of Halakha, New York 1983; Geza Vermes, Scripture and Tradition in Judaism: Written and Oral Torah, in: Gerd Baumann (Hrsg.), The Written Word: Literacy in Transition, Oxford 1986, S. 79-95. Dabei wird unterstellt, daß das Gebot mündlicher Lehre und Überlieferung es nicht ausschließt, Meinungen in Notizen, Glossen und Kommentaren festzuhalten. Für eine Neuauflage dieser Unterscheidung im Common Law siehe schließlich Sir Matthew Hale, The History of the Common Law of England, zuerst posthum 1713, zit. nach der Ausgabe von Charles M. Gray, Chicago 1971, S. 16. Lex scripta wird definiert als »Statutes or Acts of Parliament, which in their original Formation are reduced into Writing, and are so preserv'd in their Original Form and in the Same Stile and Words wherein they were first made«. Über die leges non scriptae kann dann sehr wohl auch schriftliches Material existieren, aber es ist nicht in gleicher Weise maßgeblich für Identität und Geltung des Sinnes, sondern nur Form seiner Überlieferung.

Bereits vor jeder elaborierten Rechtskultur werden auch »Gesetze«, man denke etwa an die Zehn Gebote, schriftlich und damit wörtlich fixiert. Das erforderte zusätzliche Maßnahmen zum Ausschluß von Zweifeln, wie sie gerade bei schriftlichen Vorlagen (allein schon, weil sie Zeit lassen zum Überlegen) kaum zu vermeiden sind. Zur Lösung dieses Problems injiziert man eine religiöse Zusatzsemantik in die Texte, vor allem als Hinweis auf eine unerreichbare (oder doch vergangene, das heißt: nicht mehr erreichbare) Geltungsquelle mit entsprechenden Stiftungsmythen. An die Stelle einer Hintergrundsemantik für alle divinatorischen, das Unbekannte im Bekannten aufsuchenden Praktiken tritt eine neue Religion, die das menschliche Handeln am Willen Gottes mißt und akzeptiert oder verwirft. Für diese Religion wird die Schrift, anders als im irdischen Geschäftsverkehr, zum vertrauten Text, der das Unvertraute im Vertrauten, das Geheimnis im Offenbaren, das Transzendente im Immanenten symbolisiert.[36]

Die schriftliche Fixierung von »politischen« Gesetzen, etwa der Solons, ist demgegenüber ein Spätprodukt der Evolution. Sie setzt ein dies legitimierendes Verfahren voraus, und sie wirft all die Probleme auf, die sich daraus ergeben, daß der geschriebene Text in der Wortwahl zu eindeutig ist und deshalb das, was als Recht in Anspruch genommen wird, nicht hinreichend erfaßt. Im Anschluß an die Solonischen Gesetze entwickelt sich deshalb die Lehre von den ágraphoi nómoi, denen höherer Rang zugesprochen wird[37] und im

---

36 Zu dieser Form der Präsentation religiösen Sinnes siehe auch Niklas Luhmann, Die Ausdifferenzierung der Religion, in ders., Gesellschaftsstruktur und Semantik Bd. 3, Frankfurt 1989, S. 259-357. Ganz weltlich wiederum heißt symbólaion (neben dem üblicheren syngraphé) im Griechischen auch so viel wie schriftlicher Vertrag; und gemeint ist damit die Einheit von etwas Getrenntem oder auch die Möglichkeit des Beweises dieser Einheit.

37 Der vielleicht bekannteste Fall dieser Forderung nach höherrangigem ungeschriebenem Recht ist der der Antigone. Aber er richtet sich gerade gegen die »moderne« Tyrannis. Siehe explizit zum Thema des altertümlichen Sprachgebrauchs der geschriebenen Gesetze, der eine Interpretation, also eine Unterscheidung von Text und Sinn erfordert, Lysias, Against Theomnestus I, 6-7, zit. nach der Ausgabe der Loeb Classical Library, London 1957, S. 106 ff. Noch bei Lysias findet man im übrigen in der Unterscheidung geschriebene/ungeschriebene Gesetze einen religiösen Hintergrundsinn angedeutet (und sei es aus rhetorischen Gründen), wenn in Against Androcines 10, a.a.O. S. 121, betont wird, daß eine geschuldete Buße auch den Göttern gezahlt wird wegen der Verletzung ihres Rechtes. Im übrigen versteht

Anschluß daran eine lange Tradition der Suche nach »höherrangi-gen«, »übergesetzlichen« Rechtsgrundlagen. Selbstverständlich kann von einer wie immer zu bewertenden mündlichen Überliefe-rung nur die Rede sein, nachdem es Schrift gibt, nachdem also die Unterscheidung schriftlich/mündlich verfügbar ist[38]; und insofern ist jede emphatische Betonung, jede Kanonisierung einer mündli-chen Überlieferung eine historische Rückblendung der über Schrift verfügenden Gesellschaft (der mündliche Teil der Thorah zum Bei-spiel eine Rückprojektion des Talmud).

Daß Recht als Schrift in Geltung gesetzt wird (und ich meine »Gel-tung« im oben, Kap. 2, VIII, erläuterten Sinne), muß gegenüber allem davorliegenden Rechtsgebrauch oraler Gesellschaften eine »Katastrophe« gewesen sein, das heißt: eine Umstellung auf ein anderes Prinzip der Stabilität mit tiefgreifender Veränderung aller Sinnhorizonte, darunter einer neuartigen Inanspruchnahme von Religion zum Ausschalten und Wiederzulassen von Kontingenz. Es liegt auf der Hand, daß Verwendung von Schrift parallel läuft zu einer Umstellung der Gesellschaft von segmentärer auf stratifikato-rische Differenzierung und durch sie begünstigt wird. Dabei kommt es zu einer bisher unbekannten Konzentration von mate-riellen und symbolischen (rhetorischen) Ressourcen in einer Ober-schicht oder, bei weniger ausgeprägter Schichtung, in einer Herr-schaftsbürokratie.[39] Damit ist jedoch nur eine recht oberflächliche Erklärung gewonnen, die zudem für heutige Verhältnisse wenig be-sagt. Denn es versteht sich fast von selbst, daß alle Kommunika-tionsformen in engem Zusammenhang stehen mit der jeweiligen Differenzierungsform des Gesellschaftssystems. Wie die Einord-nung von Rechtsfragen in Zusammenhänge der Divination zeigt, ist der Übergang zur Stadtbildung und zur Schichtung, zur Reichsbil-dung und zu schichtspezifischer Endogamie bei weitem noch kein ausreichender Grund für die Ausdifferenzierung eines besonderen

es sich von selbst, daß von »ungeschriebenem Recht« nur in einer Schriftkultur die Rede sein kann.

38 Dazu Niklas Luhmann, The Form of Writing, Stanford Literature Review 9 (1992), S. 25-42.

39 Peter Goodrich, Reading the Law, Oxford 1986, leitet daraus einen *durchgehenden* Zusammenhang von Recht, Schrift und symbolisch-repressivem politischem Machtgebrauch ab – mit der Tendenz freilich, dann den Machtbegriff selbst zu mystifizieren.

Rechtssystems, die erst mit dem römischen Zivilrecht und dann erneut mit der mittelalterlichen Systematisierung des Rechts gelang. Aber wenn Schrift in leicht faßlicher (phonetischer, alphabetischer) Form zur Verfügung steht, und nur dann, ist das Medium geschaffen, innerhalb dessen Rechtstexte gegen andere Textarten differenziert werden können. Nur dann kann Recht in dem Sinne autonom werden, daß es Schrift nicht nur benutzt, sondern auf einer gegen anderes abgrenzbaren Sorte von Texten beruht. Im Blick auf diese späte historische Lage müssen wir das, was mit der Verschriftlichung des Rechts erreicht wird, genauer analysieren.

Wenn ein Sinngehalt schriftlich fixiert ist, wird er damit einem Prozeß der wiederholten Lektüre, der Kondensierung und Erweiterung seines Sinnes überantwortet. »The original sign plus its reading constitutes an expanded structure. The expanded structure is composed of the sign and some form of response to it. This is the heart of cultural evolution«.[40] Und eben dank dieser Erweiterung können die Mechanismen der Evolution greifen und auswählen. Über den Bedingungszusammenhang von Textinterpretation (Hermeneutik) und Evolution (im Sinne Darwins) gibt es zwar kaum Forschung[41]; aber es liegt nahe, in der Zirkularität der hermeneutischen Sinnentfaltung ebenso wie in der Autopoiesis von Systemen Möglichkeiten zu sehen, relativ rasch auf (ebenfalls abrupte) Veränderungen der Umwelt zu reagieren.

Jedenfalls wird durch Schrift der Zugriff auf Recht sowohl erweitert als auch eingeschränkt und konzentriert – und es fragt sich seitdem: für wen? Das Recht wird in die Schriftform eingeschlossen und dadurch als Form ausdifferenziert. Man kann es jetzt leicht *unterscheiden*, was nicht schon heißt, daß es damit leicht gemacht wird, festzustellen, was als Recht gilt. Es ist nicht mehr frei verfügbar zur Untermauerung von normativen Erwartungen, für die man in sozialen Situationen Unterstützung finden kann. Es ist nicht mehr einfach an der Zahl der »Eideshelfer« ablesbar, die eine Partei aufbieten kann. »The Code encodes the law, it secludes it in a new

---

40 So Dean MacCannell / Juliet F. MacCannell, The Time of the Sign: A Semiotic Interpretation of Modern Culture, Bloomington Ind. 1982, S. 26-27. Kurz darauf nennen die Autoren das »the self-reading of culture«.

41 Siehe immerhin die Anregungen bei L. L. Salvador, Evolution et herméneutique: vers une écosystémique de la cognition, Revue internationale de systémique 6 (1992), S. 185-203.

form and guards it with a new class of interpreters.«[42] Andererseits beruht die Funktion von Schrift gerade darauf, daß man durchschaut, daß das Schriftzeichen nicht das Recht selbst ist, sondern es nur zum Ausdruck bringt. Wie schon die Evolution von Sprache produziert die Evolution von Schrift eine Differenz. Sie bleibt darauf angewiesen, daß die Unterscheidung funktioniert, daß die Verwechslung von Zeichen und Sinn vermieden wird, und daß man im sozialen Verkehr damit rechnen kann, daß auch die anderen diese Differenz handhaben können. Zu leicht ist Schrift zu copieren oder auch zu zerstören, als daß es auf das Artefakt der Zeichen ankommen könnte. Weshalb dann aber Schrift? Weshalb die Duplikation der bereits gesprochenen Sprache in Zeichen? Oder genauer gefragt: Worin liegt der in schriftlicher *und* mündlicher Kommunikation stabilisierte »Eigenwert« dieser *Differenz?*

Es lohnt sich, zunächst die Frage zu stellen, auf welchen Bedarf man mit Schrift reagiert, und wir sehen dann, daß es neben dem Interesse an Vorgriffen auf Erinnerung *normtypische* Probleme gewesen sind, die diesen Bedarf ausgelöst haben. Er hängt mit der *Voraussicht auf Enttäuschungen* zusammen, die überhaupt erst den Anlaß bietet, Erwartungen im normativen Stil zu kommunizieren. Damit wird eine Zeitdifferenz akut, die überbrückt werden muß. Eine Information, die besagt, daß eine bestimmte Erwartung dem Recht entspricht bzw. nicht entspricht, muß zweimal (oder mehrmals) als Information dienen können: im Zeitpunkt ihrer Projektion und immer dann, wenn enttäuschendes Handeln akut wird. So werden Leistungen, und sei es in der Knotenschrift der Inkas, registriert, damit später keine Zweifel aufkommen können, daß sie erbracht worden sind. Und so dienen auch Gesetze dazu, *immer wieder* als Information benutzbar zu sein, während im Normalfall eine Information an Informationswert verliert, wenn sie nochmals und nochmals und nochmals kommuniziert wird. Es ist, mit anderen Worten, die prekäre, kontrafaktische Stabilität, die normatives Erwarten sich zumutet, die durch die Schriftform ausgeglichen wird. Weil man nicht wissen kann, ob die Erwartungen erfüllt werden, und weil man nicht lernend nachgeben will, falls sie enttäuscht werden, erscheint es als vorteilhaft, die Information über das, was rechtens ist, bei Bedarf erneuern zu können.

42 Goodrich a.a.O. (1986), S. 27.

Es wäre somit eine stark verkürzende Wahrnehmung, wollte man sich mit dem Hinweis auf die Stabilität der Schriftzeichen begnügen. Im dynamisch stabilisierten autopoietischen System gesellschaftlicher Kommunikation gibt es kein Interesse an Sinnstabilität an sich. Das Problem liegt in der Voraussicht auf ein *erneutes* Interesse an *derselben* Information und nicht einfach darin, daß Dauerhaftes besser ist als Vergängliches. Und es sind Normprojektionen, an denen dieser Kopplungsbedarf von Jetzt und Später zuerst akut wird, während der Gebrauch von Schrift für den Bereich kognitiver Erwartungen (im Sinne von alétheia: dem Vergessen entziehen) viel später folgt und eine hohe Anpassung der Schriftzeichen an die Ausdrucksvielfalt der gesprochenen Sprache, zum Beispiel durch phonetische Schriften, voraussetzt.

Mit all dem ist nicht gesagt, daß die Schrift dem Recht die erstrebte Sicherheit gewährt. Unter dieser Bedingung wäre es nicht zur Evolution von Rechtssystemen gekommen. Die Unsicherheit, ob normative Erwartungen auch später, falls sie nicht erfüllt werden oder man dies erwägt, als rechtens anerkannt werden, wird nicht beseitigt; sie wird nur transformiert. Die Schrift substituiert nur eine neue Differenz, nämlich die von Zeichen und Sinn. In den Kontext sinnhafter Kommunikation übernommen, also gelesen, zitiert usw., kann ein geschriebener Text gar nicht anders, als Verweisungen auf möglichen Sinn zu eröffnen und zu organisieren. Und auch dies ist ein Doppelvorgang der Reduktion und Erzeugung von Komplexität, der Erzeugung von Komplexität durch Reduktion. Im Medium Sinn dupliziert sich die Differenz von Medium und Form. Es erscheinen neue Unterscheidungen, in denen der Text jeweils die eine Seite besetzt und eine andere zugänglich macht: die Unterscheidung von Text und Interpretation, die Unterscheidung von Text und Kontext, die Unterscheidung von wörtlichem und gemeintem Sinn. Und es sind diese, sich stark überschneidenden Unterscheidungen, die das schriftlich fixierte Recht – auch und gerade bei intakt tradiertem Schriftcorpus – der Evolution aussetzen.

Der schriftlich fixierte Text gibt Anlaß für die ständige Wiederbeobachtung des Rechts mit Hilfe neuer Unterscheidungen. Mit diesen Unterscheidungen wird die Aufgabe der Interpretation begrenzt. In dieser Form wird der Geltung des Rechts Rechnung getragen. Sie kann zum Beispiel einen eindeutig fixierten Sinn (etwa eine Fristbestimmung) nicht durch Interpretation modifizieren.

Andererseits ist die Frage, ob es sich um eindeutig fixierten Sinn handelt, selbst eine Frage der Interpretation.[43] Die Interpretation bleibt mithin auch in ihrer Selbstlimitierung souverän. Sie ist für das Gesamtrecht zuständig und nicht nur für die unklar fixierten Teile.

Alles schriftlich fixierte Recht ist mithin zu interpretierendes Recht. Sobald man das erkennt, wird den Texten zugemutet, ihre Interpretation zu autorisieren, etwa festzulegen, wer zur Interpretation berufen ist, und wie die Interpretation zu erfolgen hat. Über die Selektion dieses »wer« und dieses »wie« paßt sich das Recht, auch bei fixierten Texten, evolutionären Veränderungen der Gesellschaft an, und dies selbst dann, wenn Gesetzgebung verfügbar ist, um Texte auch in ihrer Schriftform zu ändern.[44] Jeder aktuell geltende Text setzt sich der Interpretation aus, ja ist Text nur im Kontext von Interpretation. Insofern konstituiert der Text ein neues Medium, nämlich die Gesamtheit der auf ihn Bezug nehmenden Interpretationen, und in diesem Medium können neue Formen kondensieren, sei es als faszinierende, Aufmerksamkeit quasi monopolisierende Kontroversen (man denke etwa an die »original intent« Kontroverse der amerikanischen Verfassungsinterpretation) oder auch als von der »herrschenden Meinung« akzeptierte, im Wege der Textinterpretation gewonnene Theorien.

Bis hin zur modernen Gesellschaft, in der Gesetzgebung die Evolution des Rechts mit noch schwer überblickbaren Auswirkungen zu dominieren beginnt, ist alle Rechtsevolution, vor allem die einmalige, zweitausendjährige Evolution des römischen Zivilrechts, durch die Differenz von Text und Interpretation ermöglicht worden, und das hat die Form ihrer Resultate entscheidend geprägt.

---

43 Vgl. dazu Karl Clauss, Die Sens-clair-Doktrine als Grenze und Werkzeug, in: Hubert Hubien (Hrsg.), Le raisonnement juridique: Actes du Congrès Mondiale de Philosophie du Droit et de Philosophie Sociale, Bruxelles, 30.8.-3.9.1971, Bruxelles 1971, S. 251-255.

44 Das Problem kulminiert begreiflicherweise dort, wo die Gesetzgebung nicht, oder nur schwer, hinreicht, nämlich bei der Interpretation von *Kodifikationen* und heute zunehmend: von *Verfassungen*.

III

Wie die autopoietischen Systeme selbst, so sind auch die Bedingungen der Evolution ein Produkt von Evolution. Das gilt für die soeben behandelte Differenz von Text und Interpretation. Aber auch das Auseinanderziehen von Einwirkungen auf Elemente (Variation), Einwirkungen auf Strukturen (Selektion) und Einpassung in die Autopoiesis des Reproduktionszusammenhanges komplexer Systeme (Restabilisierung) entsteht selber als ein Produkt gesellschaftlicher Evolution. Die Schwelle zur Eigenständigkeit einer Rechtsevolution liegt in der operativen Schließung des Rechtssystems. Wir müssen diese Geschichtlichkeit der Geschichte mit im Blick behalten, wenn wir die einzelnen evolutionären Mechanismen darstellen.

Die für die Evolution des Rechts ausschlaggebende Variation betrifft die Kommunikation unerwarteter normativer Erwartungen. Das geschieht sicher zumeist nachträglich, aus Anlaß eines Verhaltens, das sich im Rückblick als Enttäuschung einer Erwartung zeigt. Der Fall macht die Norm sichtbar, die es vor dem Fall als Struktur gesellschaftlicher Kommunikation gar nicht gab.[45] Ex facto ius oritur. So etwas kommt vor, sobald es überhaupt normatives Erwarten gibt, also in allen Gesellschaften, die man sich im historischen Rückblick vorstellen kann. Eine Variation dieser Art ist nicht einmal darauf angewiesen, daß die Gesellschaft zwischen Regeln und Handlungen unterscheiden kann. Es genügt, daß man an der Qualität des Verhaltens einen Grund für Ablehnung erkennt und dies erfolgreich zum Ausdruck bringen kann. Strukturbildung und Strukturänderung lassen sich, wenn überhaupt strukturelle Rückwirkungen feststellbar sind, kaum trennen. Das Problem wird in einfachen Gesellschaften durch Konstruktion einer zu ihm passenden Geschichte gelöst. Variation und Selektion lassen sich nicht unterscheiden, und was sich als Erwartung durchsetzt, hängt von zahlreichen situativen und gesellschaftsstrukturellen Bedingungen ab. Und auch heute findet man, wenn die Orientierung am geltenden Recht, aus welchen Gründen immer, ausgeklammert ist, genau diese Struktur, nämlich die Tendenz, durch Beschuldigungen und

---

45 Wir werden diese Überlegung nutzen, wenn es um die Evolution von »Menschenrechte« in der heutigen Weltgesellschaft geht. Siehe Kap. 12, V.

Gegenbeschuldigungen, Einbeziehen weiterer Tatsachen, Umdisposition in den Kausalzurechnungen, zunächst einmal Ambivalenz zu erzeugen – also der Annahme entgegenzuarbeiten, daß nur der eine recht und folglich der andere unrecht haben müsse.[46] Das liegt daran, daß Anschuldigungen, auf der anderen Seite der Form, immer zugleich Selbstrechtfertigungen sind – und umgekehrt. Dieser elementare Mechanismus unterläuft den scheinbar feststehenden, objektiven Recht/Unrecht-Code und erzeugt Ambivalenz in der Frage, welche Norm nun eigentlich auf den Fall zutrifft. In einer solchen Tendenz zur Ambivalentisierung des Normbezugs dürfte der Ausgangspunkt für eine Evolution liegen, die dem daraus resultierenden Klärungsdruck abzuhelfen versucht.

In sehr einfachen Verhältnissen wird man kaum unterscheiden können, ob derjenige, der die Ordnung stört, dies – aus welchen Motiven auch immer – einfach tut oder ob er es tut, weil er sich selber im Recht glaubt. Er wird, wenn erwischt, versuchen, sich irgendwie zu verteidigen, und dadurch an der Wiederherstellung oder auch Modifikation einer erwartbaren Ordnung mitwirken.[47] Aber mangels einer ausdifferenzierten, in schriftlichen Texten fixierten Rechtsstruktur lassen sich Rechtskonflikte von einfachen Enttäuschungen ohne Anspruch auf ein Recht dessen, der als Störer erscheint, kaum unterscheiden. Die multifunktionale Kontextierung aller sozialen Einrichtungen (vor allem natürlich: familialer und religiöser Art) macht eine feste Regelbildung schwierig, da die Situationen, in denen diese Einrichtungen in Anspruch genommen werden, sich zu stark unterscheiden und daher als unvergleichbar

---

46 Siehe dazu (mit Überblick über einschlägige Forschungen) Heinz Messmer, Unrecht und Rechtfertigung, Diss. Bielefeld 1993. Die Untersuchung betrifft Versuche, mit einem sogenannten Täter/Opfer-Ausgleich Strafverfahren gegen Jugendliche zu vermeiden.

47 In der soziologischen Literatur sind ähnliche Sachverhalte für den Fall von Straftaten unter dem Stichwort »Neutralisierung« behandelt worden. Der Beschuldigte erkennt zwar die Differenz von Recht und Unrecht an und unterstellt sich damit der Rechtsordnung; aber er sucht Argumente (Mitschuld der anderen Seite, andere Darstellung von Kausalitäten usw.), die für seinen Fall diese Differenz »neutralisieren«. Siehe vor allem Gresham M. Sykes / David Matza, Techniques of Neutralization, American Sociological Review 22 (1957), S. 664-670; David Matza, Delinquency and Drift, New York 1964 (zum Beispiel S. 184 über »moral holiday«). Der Grund für diese Form der Darstellung ist: daß ein Beschuldigter in anderen Rollen immer auch normkonform handelt und vor allem darauf angewiesen ist, daß andere dies tun.

erscheinen.[48] Das hat zunächst einmal nichts mit unzulänglichen Verfahrensregeln und der Tendenz der Verfahren zu opportunistischer Streitschlichtung zu tun, sondern dies sind umgekehrt Konsequenzen jener multifunktionalen Einbettung all der Gesichtspunkte, die Halt bieten könnten. Daher rührt auch der Eindruck, den heutige Beobachter gewinnen könnten: daß es in solchen Gesellschaften kein Recht oder nur repressives Recht, nur Strafrecht gibt.[49] Deshalb beginnt auch die Benutzung von Schrift nicht gleichsam »oben«, nicht mit der Fixierung der wichtigsten Regeln oder Gesetze, sondern »unten«, nämlich mit dem beweiskräftigen Festhalten von Ereignissen, etwa Versprechungen oder Leistungserfüllungen. Um so mehr beeindruckt dann die diese Grenze sprengende frühe Entwicklung eines vorderasiatischen Verkehrsrechtes und dann die (davon anscheinend weitgehend unabhängige) Entwicklung des römischen Zivilrechts.

48 Sehr genau erfaßt von Sally Falk Moore, Descent and Legal Position, in: Laura Nader (Hrsg.), Law in Culture and Society, Chicago 1969, S. 374-400 (376): ».. . the more multiplex the social relations, the more contingencies there are that may affect any particular act or transaction. This multiplicity not only makes it difficult to state norms precisely, but sometimes it may even make it impossible, since the assortment of contingencies can vary so much from one case to another.« Auch in solchen Gesellschaften gibt es zwar Regeln von nahezu juridischer Qualität, nämlich solche, die die Zugehörigkeit von Personen zu Teilsystemen der Gesellschaft betreffen (Inklusion). Aber diese Regeln werden dann als angeborene oder erworbene Qualität der Person evident und haben ihrerseits nicht unmittelbare rechtliche Konsequenzen.

49 Die Forschung über Recht in einfachen Gesellschaften hat sich denn auch hauptsächlich durch diese Frage leiten lassen, ob man überhaupt von Recht sprechen kann, wenn es keine feststehenden Regeln gibt, ja oft nicht einmal die Möglichkeit, zwischen Qualitäten des Handelns und Regeln zu unterscheiden. Davon ausgehend haben Ethnologen sich der Frage zugewandt, wie Konflikte behandelt und in streitigen Disputen geschlichtet werden – sei es mit, sei es ohne Berufung auf fallweise einleuchtende Regeln. Vgl. z. B. Max Gluckman, The Judicial Process Among the Barotse of Northern Rhodesia, Manchester 1955; Paul J. Bohannan, Justice and Judgement Among the Tiv, London 1957; Lloyd Fallers, Law Without Precedent: Legal Ideas in Action in the Courts of Colonial Busoga, Chicago 1969; Philip Gulliver, Structural Dichotomy and Jural Processes Among the Aruscha of Northern Tanganyika, Africa 31 (1961), S. 19-35; ders., Dispute Settlements Without Courts: The Ndendeuli of Southern Tanzania, in: Laura Nader (Hrsg.) a.a.O., S. 24-68; Leopold Pospisil, Kapauku Papuans and Their Law (1958), Neudruck o. O. 1964. Siehe auch für noch wildere Verhältnisse, Ronald M. Berndt, Excess and Restraint: Social Control Among a New Guinean Mountain People, Chicago 1962.

Die Evolution des Rechts beruht auf jener, zunächst kaum realisierbaren Unterscheidung von unstreitigen und streitigen Enttäuschungsfällen. Denn nur wenn Konflikte verbalisiert werden, wenn Störer sich verteidigen, Anerkennung für Ausnahmelagen zu erreichen versuchen oder gar eigene Rechte behaupten, kann eine Beobachtung zweiter Ordnung entstehen, weil nur dann man entscheiden muß, wer im Recht und wer im Unrecht ist. Nur derartige Situationen führen nach und nach zu einer Zuspitzung von Problemstellungen oder auch zur Entwicklung des Regel/Ausnahme-Schemas. Schon in tribalen Gesellschaften entstehen dafür Verfahren der Verhandlung und mit ihnen ein Entscheidungsbedarf, auch wenn es noch keine »politische« Autorität für kollektiv bindendes Entscheiden gibt und noch keine an geschriebenen Texten orientierte rekursive Vernetzung der Argumentation.

In einer abstrakteren Version kann man diese Ausgangslage auch so darstellen, daß die evolutionäre Errungenschaft von Sprache und Recht die Gesellschaft nicht nur wie eine Population von Lebewesen *strukturell* ihrer Umwelt anpaßt, sondern darüber hinaus auch *vorübergehende* Anpassungen an *vorübergehende* Lagen ermöglicht. Abrupt ausbrechende Konflikte müssen fallweise gelöst oder doch entschärft werden. Das erfordert nicht unbedingt starr durchgehaltene, von Fall zu Fall tradierte Entscheidungsregeln, geschweige denn umweltangepaßte Normen. Erst eine größere Problemdichte führt zu einem Bedarf an stabilen Orientierungen, und diese mögen auf vielerlei Weise, etwa in der Form einer situationspragmatisch ausgearbeiteten Divinationskunde oder auch in der Form von normativen Grundsätzen ausgebildet werden. In beiden Fällen ergibt sich der oben erörterte Zusammenhang mit der Evolution von Schrift. Evolutionäre Errungenschaften, die sich jetzt bewähren, müssen vorübergehende Probleme mit tradierbaren (redundanten) Lösungsmustern versorgen, also Variabilität und Stabilität kombinieren können.

Voraussetzung jeder weiteren Entwicklung ist mithin, daß sich Interaktionssysteme ausdifferenzieren, in denen über die Lösung von normativen Konflikten verhandelt werden kann.[50] Dann wird

---

50 Wir lassen die zunächst sicher funktional äquivalente Divinationspraxis hier und im folgenden beiseite, geben aber zu bedenken, daß Gesellschaften (wie China), die diese Orientierung pflegen und ihre Schrift darauf aufbauen, entsprechend weniger Anlaß hatten, eine elaborierte Rechtskultur zu entwickeln.

Kommunikation möglich, die zunächst einfach Schlichtungsziele verfolgen mag (nicht viel anders als bei Verhandlungen, die zu einem Vertragsabschluß führen)[51], die unter weiteren Bedingungen aber auch das Ziel verfolgen kann, festzustellen, wer im Recht und wer im Unrecht ist. Es geht dann um mehr als nur darum, den Zorn des Achilles zu besänftigen. Es geht um Verfahren, die eine Entscheidung über Recht und Unrecht herbeizuführen haben. An dieser Aufgabe bildet sich ein Sinn für situationsinvariante, wiederverwendbare Gesichtspunkte, mit denen man aus Anlaß von Variationen das Recht bestätigen kann. Auch in dieser Hinsicht kommt es auf die Durchhaltefähigkeit der Erwartungen an. Nur im Falle der Abweichungen werden Erwartungen überhaupt zur Norm, nur im Falle der Variation entsteht überhaupt ein Interesse an wiederverwendbaren Selektionsgesichtspunkten.

Dafür fehlen »naturale« Gesichtspunkte in den Köpfen der Menschen, wie sie im älteren Naturrecht unterstellt worden waren. Keine Gesellschaft kann ihr Recht auf Konsens stützen, wenn darunter verstanden werden soll, daß jederzeit alle jeder Norm zustimmen. Eine derartige Fixierung von Bewußtseinszuständen ist weder erreichbar noch wäre sie, wenn erreicht, feststellbar. Konsens kann also nicht Bedingung der Rechtsgeltung sein und würde im übrigen auch jede Evolution ausschließen. Evolution hängt davon ab, wie das Problem der sozialen Abstimmung *statt dessen* gelöst wird. Genau darauf zielt die Evolution von Kompetenznormen und, diese einschränkend, von Verfahren. Zuvor hatte man mit der Unterstellung von Konsens und mit erfolgreichem Ignorieren von Dissens operieren müssen. Verfahren ermöglichen es zusätzlich, daß es genügt, wenn *einige* (die Richter, die Gesetzgeber) die Geltung von Normen als verbindlich *für alle* ansehen und entsprechend entscheiden. Im Vergleich zu bloßen Konsensunterstellungen ermöglicht dieses »Einige für alle«-Prinzip eine höhere Spezifikation von Normen und damit auch eine ausgearbeitete Sensibilität für Rechtsprobleme und für die Unzulänglichkeiten einer gegebenen Normlage. Konsensunterstellungen werden dadurch nicht überflüssig, es

---

51 Dies zeigen umfangreiche Forschungen über heute noch auffindbare tribale Gesellschaften (Literatur oben Anm. 49), die jedoch kaum noch ursprüngliche Zustände antreffen, sondern es mit Gesellschaften zu tun haben, die (besonders in Afrika) unter dem Einfluß von Hochkulturen und zuletzt unter dem Einfluß von Kolonialregimes leben und somit eigentlich Teile der Weltgesellschaft sind.

wird nur geklärt (und damit gegebenenfalls auch fragwürdig), wer sie formuliert und worauf sie sich zu beziehen haben.

Offensichtlich entstehen Verfahren und mit ihnen das »Einige für alle«-Prinzip nicht im Voraussetzungslosen. Sie setzen mindestens rank societies mit herausgehobenen Rollen, wenn nicht gar Stratifikation mit herausgehobenen Familien und Möglichkeiten des Wechsels der Besetzung von Rollen in einer führenden Gesellschaftsschicht (Adel, Stadtpatriziat) voraus. Hinzu kommen im weiteren Verlauf der Evolution Schrift und Schriftbeherrschung. Erst auf dem Umweg über die klerikalen Strukturen des Mittelalters werden Juristenrollen zunehmend herkunftsunabhängig, also auch für individuelle Aufsteiger zugänglich. Und erst unter der Ägide durchgesetzter funktionaler Gesellschaftsdifferenzierung kann das »Einige für alle«-Prinzip ersetzt werden durch das personneutrale Prinzip: das Rechtssystem für die Gesellschaft.

Aber wir greifen vor. Zunächst führt die Evolution von Verfahren im Sinne zielorientiert ausdifferenzierter, eine Entscheidung suchender Episoden im Rechtssystem zu einer deutlicheren Sichtbarkeit der Selektionsvorgänge. Damit trennen sich die evolutionären Funktionen der Variation und der Selektion. Die Variation übernimmt das (zumeist erfolglose, zuweilen aber bestätigungsfähige) Mutieren des Rechts. Ohne sie kann es nicht zu evolutionären Veränderungen kommen. Die Selektion übernimmt es, zu bestimmen, welche Auffassung dem Recht entspricht.

Der entscheidende Bruch mit älteren Gesellschaftsformationen tritt ein, wenn in den für Entscheidungsselektion ausdifferenzierten Rechtsverfahren *nicht mehr nur ad hoc und nicht mehr nur ad hominem* argumentiert wird. Solche für Konfliktlösung und für vorübergehende Anpassung an vorübergehende Lagen durchaus geeigneten Argumente werden entmutigt, wenn nicht verboten. Sie werden als nicht dem Recht entsprechend empfunden und zurückgewiesen. Damit entfällt auch die Institution der Bestätigung von Rechtsansprüchen durch Eide und Eideshelfer. Jetzt wird, das muß man sehen und würdigen, auf all die Elastizitätsvorteile verzichtet, die eine nur vorübergehende Anpassung an vorübergehende Lagen bieten könnte. Die Repression von ad hoc und ad hominem Argumenten ist mithin zunächst unwahrscheinlich – und gerade deshalb liegt hier eine entscheidende Schwelle der Evolution. Denn an deren Stelle tritt nun die Formulierung (und sodann: die Erinnerung an die Formulierung) von rechtsspezifischen Begriffen und Entscheidungsregeln. Die Berufung auf alte »Gesetze« – die der solonischen Reform etwa oder die Volksgesetze Roms – mag hilfreich sein, erweist sich aber im Rechtsbetrieb sehr bald als mehr oder weniger illusionäre Referenz. Entscheidend ist nicht der Legitimationsmodus, sondern die irgendwie erreichte Ausbootung von Argumenten ad hoc und ad hominem. Denn damit ist ein allzu direkter Einfluß von außerrechtlichen Sozialstrukturen, vor allem natürlich: von schichtbedingtem Status und Zusammenhängen der Verwandtschaft, der Freundschaft, des Klientelismus, auf den Rechtsbetrieb abgewehrt. Mehr als irgendwo sonst erkennt man an den Formen der zugelassenen Argumentation und an ihrer, wie immer zunächst formalistischen und traditionalistischen Einschränkung, die Ausdifferenzierung des Rechtssystems. Die Ausdifferenzierung von Rechtsverfahren ist nur eine Bedingung der Möglichkeit; die Spezifikation der Art und Weise, wie im Rechtssystem auf Rechtsmaterialien argumentativ Bezug genommen wird, ist der eigentliche Träger der Evolution des Rechtssystems, der Durchbruch zu einer eigenständigen, auch gegen Moral und common sense und auch gegen den Alltagssinn von Worten differenzierbaren Rechtskultur.[52]

Wenn *nicht*, so können wir zusammenfassen, ad hoc und ad hominem argumentiert werden darf, ergibt sich ein auf andere Weise zu befriedigender Begründungsbedarf, vor allem in Richtung auf Bindungen an identifizierbare Normbestände und auf Entwicklung von Begriffen und Entscheidungsregeln, die als auch für andere Fälle geltend unterstellt werden können. Erst wenn diese Praxis eingeübt ist, kann man im Rechtssystem einen Begriff von Gerechtigkeit akzeptieren, der fordert, daß gleiche Fälle gleich und ungleiche Fälle ungleich zu entscheiden seien, und es dem Rechtssystem überläßt zu ermitteln, was und an Hand welcher Regeln etwas als

---

52 Zu diesem Differenzierungsvorgang gibt es relativ wenig historische Forschung; und gerade die Übernahme sozialwissenschaftlicher Betrachtungsweisen hat eher in die Gegenrichtung, nämlich zu einer Betonung der Zusammenhänge und nicht der Differenzen motiviert. Siehe aber für das römische Recht Antonio Carcaterra, Intorno ai bonae fidei iudicia, Napoli 1964; ders., Semantica degli enunciati normativo-giuridici romani: Interpretatio iuris, Bari 1972; und für das Common Law Oliver W. Holmes, The Path of the Law, Harvard Law Review 10 (1897), S. 457-478.

gleich bzw. als ungleich anzusehen ist.[53] Das Resultat ist dann, langfristig gesehen, die Absonderung eines Bestandes an Begriffen und
Maximen, Prinzipien und Entscheidungsregeln, die – teils formali-
stisch, teils kritisch gehandhabt – das Material bilden, das es dem
Richter ermöglicht, Argumente ad hoc und Argumente ad hominem zurückzuweisen.[54]

Nur in einem Falle, im römischen Zivilrecht, ist es auf dieser
Grundlage zu Abstraktionen gekommen, die das Recht in seiner
selbstreferentiellen Begrifflichkeit von anschaulichen Tatbeständen
unabhängig machen und damit eine rechtseigene Evolution ermöglichen.[55] Erst im Anschluß daran kommt es zu einer Entwicklung,
die man in vorderasiatischen Rechtskulturen, aber auch in Athen
vergeblich suchen würde: zu einer Ausdifferenzierung von besonderen Rollen für Rechtskundige, für Juristen. Sie erfolgt zunächst
im römischen Adel, also ohne Voraussetzung spezifischer Ämter
oder rollenbezogener Einkommensgrundlagen.[56] Eine volle, auch

53 Daß die Ethik mit *diesem* Problem *nie* zu Randegekommen ist, bestätigt indirekt
   unser Ausdifferenzierungsargument. Die Entscheidung zwischen gleichartig und
   ungleichartig erfordert eine Führung durch die in der Autopoiesis des Rechtssystems bereits bewährten Unterscheidungen. Eine nur ethische, gewissermaßen
   rohmoralische Argumentation liefe auf Willkür und Willkür auf Ungerechtigkeit
   hinaus. Das ist natürlich umstritten. Siehe nur: David Lyons, Justification und
   Judicial Responsibility, California Law Review 72 (1984), S. 178-199; ders., Deriv-
   ability, Defensibility, and the Justification of Judicial Decisions, The Monist 68
   (1985), S. 325-346, und dazu Neil MacCormick, Why Cases Have Rationes und
   What These Are, in: Laurence Goldstein (Hrsg.), Precedent in Law, Oxford 1987,
   S. 155-182 (166 ff.).
54 Daß Ausnahmen mitgeführt werden, soll damit nicht bestritten werden. Zu den
   ersten Erfahrungen, die der Verfasser dieses Buches als Rechtsreferendar machte,
   gehörte das Verlangen eines Amtsrichters, in den Entwurf eines Strafurteils – es
   handelte sich um einen Verkehrsunfall – aufzunehmen, daß der Schuldige im Krieg
   mit einem eisernen Kreuz erster Klasse ausgezeichnet worden war. Der daraufhin
   verbesserte Entwurf der Begründung des Urteils, daß Träger hoher Kriegsauszeich-
   nungen vermutlich ihre Fahrfähigkeiten überschätzen und unvorsichtig, wenn nicht
   aggressiv fahren, befriedigte den Richter ebenfalls nicht. Die Kriegsauszeichnung
   sollte nur als Merkmal der Person und ohne (kontrollierbare) juristische Konsequenzen erwähnt werden.
55 Vgl. dazu Joseph C. Smith, The Theoretical Constructs of Western Contractual
   Law, in: F.S.C. Northrop / Helen H. Livingston (Hrsg.), Cross-Cultural Understanding: Epistemology in Anthropology, New York 1964, S. 254-283.
56 Vgl. Wolfgang Kunkel, Herkunft und soziale Stellung der römischen Juristen, 2.
   Aufl. Graz 1967; Mario Bretone, Storia del diritto romano, Roma 1987, S. 153 ff.
   Zur davorliegenden rhetorisch-politischen Behandlung von Rechtsfragen in Athen

wirtschaftliche und mit Amtsmonopolen ausgestattete Professionalisierung findet man erst sehr viel später, vor allem im Bereich des mittelalterlichen kanonischen Rechts, des Common Law und im frühmodernen Territorialstaat.

Der Anstoß für eine abweichende Entwicklung, die den Ausgangspunkt bildet für eine rechtseigene Evolution, wird in der Differenziertheit der römischen Fallpraxis gelegen haben, vor allem in den unterschiedlichen Instruktionen, die der zuständige Amtsträger den von ihm zu ernennenden Richtern als Entscheidungsprämisse vorgab. Da dieses Anweisungsmaterial in der Form des Ediktes gesammelt wurde, konnte es aus aktuellen Anlässen neu redigiert und verfeinert werden. Erst diese allmählich zunehmende Komplexität machte eine entsprechende Sachkunde notwendig, die von den Beteiligten (die natürlich nicht in irgendeinem heutigen Sinne Juristen waren) in Anspruch genommen werden konnte. Rechtskunde (Jurisprudenz) war deshalb zunächst nichts anderes als ein Wissen von dem, was da vor sich geht, mit dem Versuch, über Klassifikation, später dann auch mit Hilfe epigrammatischer Formulierungen (regulae) Übersicht zu gewinnen. Es mußte dabei nicht vorausgesetzt werden, daß es im Bereich hilfreicher Abstraktionen eine aus sich selbst heraus einsichtige Ordnung gebe, obwohl man das so produzierte Textmaterial im Mittelalter so zu lesen und als solches (also unabhängig von den Erfordernissen der Fallpraxis) immer neuen Konsistenztests zu unterwerfen begann. Eine Vorstellung wie: Geltung qua System war und blieb dem römischen Zivilrecht fremd. Immerhin war das Begriffsmaterial mitsamt der Tendenz, es zu Sprüchen (brocardia) zu kondensieren, so weit entwickelt, daß man im Mittelalter hier anschließen konnte; und erst seitdem wird Rechtsdogmatik ein stabilisierender Faktor, *der auf die Evolution des Rechts selbst zurückzuwirken beginnt.*[57]

vgl. J. Walter Jones, The Law and Legal Theory of the Greeks: An Introduction, Oxford 1956, S. 128 ff.; Hans Julius Wolff, Rechtsexperten in der griechischen Antike, Festschrift für den 45. Deutschen Juristentag, Karlsruhe 1964, S. 1-22.

57 Mit einem ähnlichen Argument sieht deshalb Harold J. Berman, Recht und Revolution: Die Bildung der westlichen Rechtstradition, dt. Übers., Frankfurt 1991, den entscheidenden Einschnitt auf Grund eines Zusammentreffens gesellschaftlicher und organisatorischer Entwicklungen mit einer Wiederentdeckung der römischen Texte erst im 11./12. Jahrhundert. Das Motiv lag auch hier nicht in dem zu schaffenden Rechtssystem, sondern in dem Widerstand der Kirche gegen eine mögliche Theokratie des Kaisertums, gegen einen politisch-religiösen Despotismus.

Der Durchstoß des römischen Zivilrechts zu komplexeren, Begriffe auf Fälle und Fälle auf Begriffe abstimmenden Rechtsentwicklungen findet – sicher nicht zufällig – vor allem mit denjenigen Rechtsbegriffen statt, die sich dann für eine strukturelle Kopplung von Rechtssystem und Wirtschaftssystem empfehlen, nämlich Eigentum und Vertrag.[58] Ein besonderer Eigentumsbegriff war solange kaum nötig gewesen, als alle lebenswichtigen Bestände unter dem Begriff »familia« zusammengefaßt werden konnten: Frau und Kinder, Sklaven und Vieh, Haus und Land.[59] Und lange noch mag es genügt haben, Eigentum als Besitz, als Herrschaft über das Eigene zu begreifen und gegen Eingriffe zu schützen, also Täter zu ermitteln und zu bestrafen oder zur Herausgabe oder Wiedergutmachung zu zwingen. Erst relativ spät kommt es zur ausschlaggebenden Unterscheidung von Eigentum und Besitz, also zu einer rein juristischen Konstruktion hinter den sichtbaren Besitzverhältnissen, die auf ihre Weise dann ebenfalls Schutz verdienen. Erst jetzt kann mit Hilfe des Schutzes des rein faktischen Besitzes durchgesetzt werden, daß Rechte nicht zur gewaltsamen Herstellung des (vermeintlichen) Rechtszustandes berechtigen, sondern allein und ausschließlich auf dem Rechtsweg durchzusetzen sind. Erst damit werden Rechtstitel unabhängig von der eigenen Stärke und Kampfkraft des Rechtsinhabers.[60] Erst das führt zu einer deutlichen

58 Dazu näher unten Kapitel 10, III.

59 Ursprünglich war der Grundbesitz nicht Einzeleigentum, sondern Geschlechtseigentum. Nur die beweglichen, handgriffsfähigen Dinge waren res mancipi. Das ändert sich jedoch mit den Auswirkungen der Stadtbildung. Auch dann fehlt es jedoch zunächst an einem übergreifenden Eigentumsbegriff und ebenso an einer Unterscheidung von Sachenrecht und Personenrecht. Man unterscheidet zum Beispiel res mancipi (und folglich mancipatio, emancipatio) von res nec mancipi (zum Beispiel Kleinvieh, pecus, pecunia). Die Unterscheidungen haben einen deutlichen Bezug zur Erhaltung einer noch segmentierten Gesellschaftsordnung in dem, was für sie wichtig bzw. unwichtig ist. Das gilt auch für die Unzugänglichkeit der mancipatio für Ausländer ohne ius commercium. Noch die bereits hochentwickelte spätrepublikanische Jurisprudenz sieht das römische Recht primär vom Haushalt, von der »familia« her. Siehe für Quintus Mutius Scaevola: Aldo Schiavone, Nascita della Giurisprudenza: Cultura aristocratica e pensiero giuridico nella Roma tardo-repubblicana, Bari 1976, S. 116 f.

60 Siehe dazu Robert C. Palmer, The Origins of Property in England, Law and History Review 3 (1985), S. 1-50, für den Zeitraum 1153-1215. Eigentum in diesem modernen Sinn wird hier ganz deutlich als Resultat einer evolutionären Entwicklung beschrieben, als »part of the law developed by accident: by acts that had

Trennung von Zivilrecht und Strafrecht und macht es möglich, Eigentum als Bezugspunkt für sehr verschiedenartige vertragliche Gestaltungen und vor allem: für Kredite zur Verfügung zu halten. Und dann kann man in Prozessen auch unabhängig von der Besitzfrage darüber streiten, wer Eigentümer einer Sache ist.

Eigentümer ist man nicht nur in bezug auf Störer, sondern in bezug auf jedermann, in bezug auf beliebige Teilnehmer am Rechtssystem, die verpflichtet sind, das Eigentum zu respektieren und die Möglichkeit haben, es eventuell zu erwerben oder andere vertragliche Rechte, zum Beispiel Nutzungsrechte zu erwerben. Die Universalität, und damit der Rechtssystembezug des Eigentums liegt also nicht in der Beliebigkeit des Umgangs (inclusive des Mißbrauchs) mit eigenen Sachen. Das gerade hatte ja auch die manus als Sachherrschaft garantiert (oder: als factum anerkannt). Vielmehr liegt die Universalität im Systembezug, also darin, daß jedermann den Eigentümer als Eigentümer zu respektieren hat, sofern nicht das Rechtssystem selbst Einschränkungen vorsieht. Sie besteht darin, daß in bezug auf jedes Eigentum alle anderen Nichteigentümer sind.

Ähnliche Abkopplungen evoluieren im Bereich des Vertragsrechts. Hier liegt die Unanschaulichkeit darin, daß schließlich der Vertrag als Entstehungsgrund für Obligationen gesehen wird, und nicht mehr einfach als Transaktion von Hand zu Hand. Der Vertrag wird synallagmatisiert, könnte man sagen; er wird zum Regelungsprinzip der Beziehungen zwischen den Vertragspartnern und vor allem zum Regelungsprinzip für den Fall von Leistungsstörungen. Die Transaktion selbst interessiert nicht mehr, oder allenfalls als juristische Bedingung für das Zustandekommen bestimmter Arten von Verträgen (Realkontrakte). Der Vertrag selbst tritt an die Stelle des Tausches, er regelt seinen eigenen Vollzug.

Daß dies im großen und ganzen auch heute noch funktioniert und dadurch noch erleichtert wird, daß man statt auf in der Rechtspraxis entwickelte und zu verbessernde Entscheidungsregeln auf derzeit geltende Gesetze Bezug nehmen kann, wird kaum bezweifelt werden. Dies Gefühl der Selbstverständlichkeit schläfert aber auch die

unintended consequences« (S. 47). Das Motiv war zunächst die Lösung von im feudalen Kontext auftretenden politischen Konflikten zwischen Vasallen und zwischen Vasallen und Herren.

Aufmerksamkeit ein für Argumentationsformen, die auf bedenkliche Weise wieder in die Nähe von ad hoc und ad hominem Argumenten geraten – zum Beispiel »Interessenabwägung« als trojanisches Pferd jeder juristischen Dogmatik.

Weder bei der Variation noch bei der Selektion geht es um eine extern induzierte Innovation des Rechts. Evolution ist kein Planverfahren. Zum Rechtsstreit kann es aus sehr verschiedenen Anlässen kommen, sehr oft (wenn nicht zumeist) auf Grund einer ungeklärten Sachlage. Das Rechtssystem hat keine Kontrolle über die Anlässe, die zum Streit führen und Entscheidungen nötig machen. Auch dienen Rechtsverfahren nicht der Änderung des Rechts, sondern der Klarstellung des Rechts. They declare the law, wie man im Common Law sagt. Selbst wenn Entscheidungsregeln gesucht und gefunden werden, die nach dem Eindruck des Gerichts neuartig sind, und selbst wenn bewußt wird, daß eine bisherige Rechtspraxis nicht mehr befriedigt, weil die in ihr vorausgesetzten Umstände sich geändert haben, liegen nur punktuelle Strukturänderungen vor, aber nicht eine Planung oder Steuerung des Systems als System. Demgemäß ist die allmähliche Transformation des Rechts nicht eine Folge zweckgerichteter Aktivitäten. Sie ergibt sich aus der ständig reproduzierten Differenz von Variation und Selektion, sie ist eine Ablagerung des Wirksamwerdens der evolutionären Differenz. Man braucht die Änderbarkeit des Rechts daher zunächst auch nicht in die Selbstbeschreibung des Rechts aufzunehmen; man braucht sie nicht zu reflektieren. Sie ergibt sich von selbst.

Entsprechend ist die Streitentscheidung keineswegs durchweg eine Entscheidung zwischen altem und neuem Recht. Der Antigone-Mythos stilisiert eine Ausnahmesituation. Die Vorstellung, neues Recht könne besser sein als altes, ist eine sehr späte Reflexion auf eine bereits seit langem eingeführte Praxis. Zunächst geht es, selbst bei schon vorhandenem Rechtswissen, allenfalls um eine vorsichtige Erweiterung, um ein Argumentieren mit Analogien[61], um eine Extension von Erfahrungen mit Fällen auf neue Fälle. Evolution ist hier, wie sonst auch, kein Ergebnis zielgerichteter Prozesse, son-

---

61 Und sogar Allegorien, könnte man mit Blick auf jüdisches Recht hinzufügen. Siehe Louis Ginzberg, On Jewish Law and Lore (1956), Neudruck New York 1977, S. 127-150.

dern ein unbeabsichtigtes Nebenprodukt, ein epigenetisch eintreffendes Resultat.[62] In ein Gesellschaftssystem, das sich diese Art von Rechtsbetrieb leistet, ist bereits eine Ebene der Beobachtung zweiter Ordnung eingebaut, die es ermöglicht, ein Rechtssystem auszudifferenzieren. Es gibt in der Form gerichtlicher Verfahren bereits eine Ebene, von der aus normative Erwartungen bestätigt bzw. zurückgewiesen werden können je nach dem, ob sie dem Recht entsprechen oder nicht. Der Code Recht/Unrecht wird bereits benutzt, und auch der Effekt einer solchen Codierung tritt, wie vorauszusehen[63], ein: daß sich im Rechtssystem eine programmatische Semantik ablagert, auf die man zurückgreifen kann, wenn man Kriterien für die Zuordnung der Rechtswerte braucht. Die Selektionsfunktion kann aber noch nicht von Problemen der Restabilisierung des Systems unterschieden werden. Sie operiert mit Bezug auf ein als stabil unterstelltes Recht, mit Rechtfertigung an altem Recht oder, wo das nicht ausreicht, mit Bezug auf Natur oder auf eine durch Gott gegebene Ordnung. Selbst wenn es, wie im späteren römischen Kaiserreich, bereits eine umfangreiche Praxis kaiserlicher Erlasse (constitutiones) gibt, die ins Recht eingreifen, gibt das Rechtssystem diesem Phänomen mit allen Zeichen des Zögerns einen Sonderstatus.[64]

Unabhängig von einem begrifflich schlecht artikulierten Zugriff der Gesetzgebung lösen aber auch die in den Gerichten getätigte Praxis und die auf sie vorbereitende Lehre den Rückbezug auf die Stabilität des schon vorhandenen Rechts mehr und mehr auf. Das beginnt in der spätrepublikanischen Epoche eines Quintus Mutius Scaevola,

---

62 Das gilt auch für die Evolution lebender Systeme und gilt besonders dann, wenn man eine Richtungsangabe im Sinne von »Steigerung der Eigenkomplexität von Systemen« für ein Merkmal von Evolution hält. Siehe dazu G. Ledyard Stebbins, Adaptive Shifts and Evolutionary Novelty: A Compositionist Approach, in: Francisco Ayala / Theodosius Dobzhansky (Hrsg.), Studies in the Philosophy of Biology: Reduction and Related Problems, London 1974, S. 285-306 (302 ff.). Vgl. auch ders., The Basis of Progressive Evolution, Chapel Hill N.C. 1969.

63 Vgl. Kapitel 4.

64 Diese als Zugeständnis formulierte Einsicht, der Ulpian die berühmte Formulierung »Quod principi placuit, legis habet vigorem« (D.1.4.1.1.) gegeben hat, wird erst in der Frühmoderne in den Rang einer Souveränitätsmaxime gebracht; und selbst dann muß man zunächst noch davon ausgehen, daß einem tugendhaften Fürsten nicht schlechthin Beliebiges gefallen kann, denn sonst wäre er kein Fürst, sondern ein Tyrann, dem man mit Recht Widerstand leisten kann.

nachdem bereits eine Generation zuvor Juristen dazu übergegangen waren, die Produkte ihrer Beratungstätigkeit schriftlich aufzuzeichnen. Erste Bemühungen um Begriffsbildung vor allem dialektischer Art (das heißt: durch Abstraktion des »genus«) setzen ein, zugleich mit einer nicht mehr nur an Einzelfällen orientierten Lehre.[65] Man bemerkt, eben dank der schriftlichen Fixierung von Rechtsmeinungen (nicht nur: Gesetzen), daß das überlieferte Recht nicht länger paßt[66], und versucht, es durch begriffliche Systematisierung zu bewahren – ein charakteristischer Beleg für den konservativen Trend evolutionärer Innovation.[67] Ausgebaut werden diese Bemühungen dann mit rasch zunehmendem Textmaterial in der klassischen Zeit der römischen Jurisprudenz, mit der Erörterung von Rechtsbegriffen und von Entscheidungsregeln, die bei der Anwendung des Rechts auf konkrete Fälle helfen sollen. In einer Gesellschaft, in der Rechtsnormen und Rechtsmeinungen schon schriftlich fixiert sind, in der aber ihre Tradierung weitgehend noch oral erfolgt, weil nicht genügend Bücher vorhanden sind, in der Gesellschaft vor der Ausbreitung des Buchdrucks also, nimmt solches Rechtswissen oft die sprichwortartige Form einer Merkregel, einer Parömie, an, die in Sammlungen zusammengestellt und für den Gebrauch in der mündlichen Gerichtsrhetorik gelernt werden kann.[68] So werden Redewendungen, die teils aus dem Corpus Iuris, teils bei anderen

---

65 Siehe hierzu Schiavone a.a.O., insb. S. 69 ff.

66 Schiavone spricht von Qualitätssprüngen in der Jurisprudenz, und zwar gerade auf Grund einer intensiv gepflegten Bindung an die Tradition, nämlich einer »nascita della giurisprudenza romana come pratica intellettuale definita, fortemente portata all'autoriproduzione, dotata di un quadro concettuale e di meccanismi logici che le assicurano uno statuto teorico altamente specifico, autonomo rispetto ad ogni altra forma di sapere, e tendente a mantenersi costante« (a.a.O., S. 86 f.).

67 Oft auch Romer's principle genannt nach Alfred S. Romer, The Vertebrate Story, Chicago 1959.

68 Daß auch in den sogenannten »literaten« Gesellschaften, die bereits über ein hohes Maß an Schriftkultur verfügen, noch durchweg oral kommuniziert wird und die dafür notwendigen Formen auch in schriftlichen Texten erhalten bleiben, ist heute weitgehend anerkannt. Siehe speziell für den Fall des Rechtes Peter Goodrich, Literacy and the Language of the Early Common Law, Journal of Law and Society 14 (1987), S. 422-444. Entsprechendes läßt sich auch für den Bereich der Medizin und für deren Studium feststellen. Siehe vor allem die Texte aus der Medizinschule von Salerno, abgedruckt in: The School of Salernum: Regimen Sanitatis Salerni: The English Version by Sir John Harington, Salerno, Ente Provinciale per il Turismo, o.J. Diese englische Version wurde 1607 (!) für den Buchdruck (!) verfaßt.

Autoritäten entlehnt sind, zu lernbaren Rechtsmaximen und können dann in der Rechtspraxis als scheinbar altes Gedankengut auch zur Durchsetzung innovativer Forderungen verwendet werden.[69] Das Rechtswissen, das der Praxis Stabilität verleiht, entwickelt sich an Hand von Fallerfahrungen in einem vorsichtigen Vergleich alter, schon entschiedener mit neuen Fällen. Als Vergleichsgesichtspunkte dienen begriffliche Klassifikationen, Zuordnung zu Rechtsinstituten, bereits begründete und bewährte, wiederholt verwendete Entscheidungsregeln. Die Methode ist im wesentlichen das immer neue Testen der Reichweite von Analogieschlüssen – also weder Deduktion aus Prinzipien noch ein induktives Generalisieren, denn das Ziel ist ja nicht, generalisierbare Regeln zu finden, sondern zu begründbaren Fallentscheidungen zu kommen. Bei diesem Vorgehen ist die neu anstehende Entscheidung nicht unbedingt durch das vorgefundene Rechtswissen schon festgelegt. Es kann durchaus sein, daß gerade am vorhandenen Fallrepertoire die Neuartigkeit des jetzt zu entscheidenden Falles erkennbar wird. Wie typisch in evolutionären Zusammenhängen ist das gefestigte Resul-

69 Man kann dies gut an den juristischen Begründungen ablesen, die bereits vor Bodin die rechtssouveräne Fürstenherrschaft proklamieren. Bei Jacobus Omphalius, De officio et potestate Principis in Reipublica bene ac sancte gerenda libri duo, Basel 1550, finden sich die üblichen Formeln wie »Princeps legibus solutus est«, »Princeps lex animata in terris«, »Principis voluntas pro ratione habeatur« oder auch die in Anmerkung 64 zitierte Formel durchgehend, obwohl weder die faktische Rechtslage jener Zeit noch der Text selbst den Fürsten von Rechtsbindungen freistellen. Als ein Beispiel für solche kontextlose und damit sinnverfälschende Maximenbildung siehe auch Adhémar Esmein, La maxime »Princeps legibus solutus est« dans l'ancien droit public français, in: Paul Vinogradoff (Hrsg.), Essays in Legal History, London 1913, S. 201-214, und zur Geschichte dieser Formel ausführlicher Dieter Wyduckel, Princeps Legibus Solutus: Eine Untersuchung zur frühmodernen Rechts- und Staatslehre, Berlin 1979. Ein anderes Beispiel ist die Verwendung einer Formulierung aus D 45.1.108, mit der an der angegebenen Stelle ein komplizierter Mitgiftfall abgeschlossen wird. Im Text heißt es: »nulla promissio potest consistere, quae ex voluntate promittentis statum capit«. Jean Bodin, Les six livres de la République, Paris 1583, Nachdruck Aalen 1967, S. 132, zitiert falsch, nämlich statt promissio obligatio, und leitet daraus die folgenreiche Doktrin ab, daß ein Souverän sich aus naturrechtlichen Gründen nicht selbst binden könne. Und ein letztes Beispiel: Die Sentenz Quod omnes tangit omnibus tractari et approbari debet, bezieht sich ursprünglich auf einen Fall mit einer Mehrheit von Vormündern, wird aber im Mittelalter als Argument in der Diskussion des Repräsentationsprinzips in Körperschaften verwendet.

tat sowohl Abschluß einer Evolutionsphase als auch Bedingung der Erkennbarkeit und Spezifizierbarkeit weiterer Variation.

Wenn die Rechtspraxis sich zu zeitlicher Kontinuität schließt, wenn sie sich durch selbstgewonnene Regeln führen läßt und wenn die Aufgabe im Einzelfall darin besteht, den Fall an den Regeln und die Regeln an dem Fall zu messen, gewinnt die evolutionäre Selektion eine sehr spezifische Form. Es ist jeweils zu fragen, ob der Fall von den Regeln her gesehen anderen Fällen gleicht oder nicht. Wenn gleich, dann (und nur dann) kann »subsumiert« werden. Wenn ungleich, muß aus dem Fall eine neue Regel entwickelt werden. Es ist diese Praxis, die Anlaß dazu gibt, Gerechtigkeit nicht einfach als *Idee* der Gleichheit zu fassen, sondern als normative Form der Gleichheit, das heißt als Gebot, gleich und ungleich zu unterscheiden und Gleiches gleich und Ungleiches ungleich zu behandeln.

Je nachdem, wie diese (genau diese!) Entscheidung ausfällt, wird die Rechtsevolution kybernetisch in Richtung auf negatives oder positives Feedback gelenkt. Entweder bleibt das Rechtssystem stabil auf Grund der vorhandenen Regeln, die immer wieder angewandt werden, was dann außerrechtliche Spannungen auslösen mag. Oder es weicht vom bestehenden Ausgangspunkt ab und baut mit immer neuem distinguishing und overruling (um es in der Terminologie des Common Law zu sagen) höhere Komplexität auf. Und nur im letztgenannten Fall kommt es zu Problemen einer strukturellen (nicht nur prozessualen) Restabilisierung, nämlich zu der Frage, ob und wie das System bei immer steigender Komplexität autopoietisch noch funktioniert und zum Beispiel für Benutzer hinreichend attraktiv bleibt, so daß es überhaupt noch zur Produktion von Rechtsfällen kommt.

Die zunächst an mündliche Tradier- und Wirkungsweisen gebundene Formelhaftigkeit des durchschlagskräftigen Rechtswissens verschwindet mit dem zunehmenden Einfluß gedruckter Literatur. Mehr und mehr wird das mittelalterliche Recht mit seinen Glossen und Kommentaren, mit seinen Privilegien und paktierten Einzelpflichten, mit seiner prozeduralen Struktur der writs and actiones, auf die das materielle Recht ausgerichtet ist, als unübersichtlich sichtbar. Der Buchdruck gibt andersartigen Texten eine Verbreitungschance. Sie werden gleich für den Druck geschrieben. Außerdem ermöglicht er eine Sammlung, selektive Fixierung und Verbreitung von bisher nur mündlich überliefertem Rechtsmaterial.[70] Erst der Buchdruck löst eine Möglichkeit von, und damit einen Bedarf für, Vereinfachung, Systematisierung und methodisches Vorgehen aus, der seitdem die kontinentale Rechtswissenschaft prägt.[71] Zugleich gibt der Buchdruck aber auch die Möglichkeit, die speziell im Common Law genutzt wird: sich auf die Eigentümlichkeit und Artifizialität der fallorientierten juristischen Praxis und auf den Legitimationszusammenhang von Geschichtlichkeit und Rationalität zu besinnen, also in eine Phase der Selbstbeobachtung und der ideologischen, im 18. Jahrhundert dann auch »nationalen« Selbstbewunderung dieser Praxis überzuleiten.[72]

---

70 Berühmt vor allem die offizielle Redaktion der französischen »coutumes«, die schon im frühen 15. Jahrhundert, also bereits vor dem Buchdruck einsetzte, aber mit Hilfe des Buchdrucks dann verbreitet, verbessert, juristisch durchgearbeitet und modernisiert wurde. Für einen knappen Überblick siehe Philippe Sueur, Histoire du droit public français XVe-XVIIIe siècle Bd. 2, Paris 1989, S. 39 ff.

71 In Italien beginnt eine humanistische (besser vielleicht: rhetorische) Kritik der typischen juristischen Textverarbeitung des Mittelalters bereits im frühen 15. Jahrhundert, also schon vor der Einführung des Buchdrucks. Dabei stehen zunächst aber Stilfragen im Vordergrund, und eine bereits lange Pflege der rhetorischen Tradition liefert die Mittel. Vgl. etwa Domenico Maffei, Gli inizi dell'umanesimo giuridico, Milano 1956, Neudruck 1968. Zu den Folgen des Buchdrucks, die erst im 16. Jahrhundert zum Problem werden, siehe Hans Erich Troje, Wissenschaftlichkeit und System in der Jurisprudenz des 16. Jahrhunderts, in: Jürgen Blühdorn / Joachim Ritter (Hrsg.), Philosophie und Rechtswissenschaft: Zum Problem ihrer Beziehungen im 19. Jahrhundert, Frankfurt 1969, S. 63-88; ders., Die Literatur des gemeinen Rechts unter dem Einfluß des Humanismus, in: Helmut Coing (Hrsg.), Handbuch der Quellen und Literatur der neueren europäischen Privatrechtsgeschichte II, 1, München 1977, S. 615-795 (741 ff.). Im Bereich des Common Law findet man aus gleichem Anlaß erfolglose Anregungen, sich am rhetorisch-humanistischen Trend auf dem Kontinent zu orientieren. Siehe dazu Peter Goodrich, Languages of Law: From Logics of Memory to Nomadic Masks, London 1990, insb. S. 70 ff.; ferner die ebenfalls erfolglose Initiative von Francis Bacon, auf dem Wege der Gesetzgebung durch neue Zusammenfassungen und durch methodische Verwissenschaftlichung der Gesetzgebung zu reagieren. Siehe De augmentis scientiarum 8, 3, aphorism 59 ff., zit. nach der engl. Übersetzung in: The Works of Francis Bacon, London 1857 ff. Bd. V (1861), S. 10 ff.; ders., A Proposition to His Majesty ... Touching the Compilation and Amendment of the Laws of England, Works a.a.O. Bd. XIII (1872), S. 57-71 und dazu Barbara Shapiro, Sir Francis Bacon and the Mid-Seventeenth Century Movement for Law Reform, American Journal of Legal History 24 (1980), S. 331-360. .

72 Vgl. hierzu und zu Gegenbewegungen von Bacon über Hobbes und über Blackstone bis zu Bentham Gerald J. Postema, Bentham and the Common Law Tradi-

273

Zusammenfassend kann man jetzt von einer auf begriffliche Systematik und geschichtliche Kohärenz achtenden Rechtsdogmatik sprechen. Dieses von der Fallpraxis abstrahierte (aber gegen sie keineswegs unempfindliche) semantische Material bietet Möglichkeiten der Erörterung von Konstruktionsfragen. Man kann es benutzen, um nichtkonstruierbare Entscheidungen abzulehnen; aber auch, um Entscheidungen damit zu begründen, daß sie dem seit langem üblichen Begriffsgebrauch entsprechen. In vielen Fällen kommt es auf diese Weise zu einer allmählichen Ausdehnung der Tragweite begrifflich benennbarer Rechtsinstitute[73] in einem typisch evolutionären Prozeß der »Abweichungsverstärkung«: Aus kleinen, sich bewährenden Anfängen entstehen Einrichtungen von erheblicher Tragweite; und deren Bedeutung ist dann, da sie zahllose Fallerfahrungen zusammenfassen, in der Form von Definitionen kaum noch zu beschreiben. Nur Praktiker »verstehen« ihre Relevanz.

Erst gegen Ende des 19. Jahrhunderts wird man dazu übergehen, dies als Begriffsjurisprudenz abzulehnen und Innovationen mehr und mehr ungeschützt als Ausübungen von Kompetenznormen, sei es des Gesetzgebers, sei es, in zunehmendem Umfang, auch des Richters, zu rechtfertigen. Das allgemeine Instrument des Unterscheidens kann nun sehr viel freier gehandhabt werden, mit erheblichen Auswirkungen allerdings auf das, was sich daraufhin an rechtlicher Semantik mit Programmfunktionen ablagert.

Durch die Ausdifferenzierung einer Rechtsdogmatik, die mit unverwechselbaren Zügen ins Rechtssystem gehört (und nicht mit dem in Lateinschulen gelehrten Naturrecht zu verwechseln ist), wird auch die Stabilisierungsfunktion ausdifferenziert. Rechtsverfahren mögen Variationen aufnehmen und ihnen strukturelle Bedeutung für die künftige Rechtsprechung geben. Auch wenn das gelingt, ist aber immer noch die Frage, ob dies einen Einfluß auf die Rechtsdogmatik hat oder nur als jederzeit änderbares Recht bzw. über die Präzedenzwirkung von Gerichtsentscheidungen in das Rechtssystem eingeht. Es kommt, mit anderen Worten, zu einer Differenzierung von Selektionsfunktion und Stabilisierungsfunk-

tion, Oxford 1986; David Lieberman, The Province of Legislation Determined: Legal Theory in Eighteenth-Century Britain, Cambridge Engl. 1989.

73 Für Beispiele, nämlich das Haftungsrecht und die due process Klausel in den USA, siehe Lawrence H. Friedman, Total Justice, New York 1985.

tion, wobei das, was der Stabilisierung dient, eigene Innovationsimpulse aussendet. Noch im 17. Jahrhundert wird das politische System eindringlich vor Neuerungen gewarnt, die immer die Gefahr von Widerstand, Aufruhr und Bürgerkrieg mit sich bringen.[74] Das Rechtssystem hat aber bereits eine dynamische Stabilität erreicht, die Innovationen mit weitreichenden Folgen ermöglichen – etwa im Eigentumsbegriff, im Begriff des subjektiven Rechts, im Umfang der Einklagbarkeit von formlos geschlossenen Verträgen und nicht zuletzt in der gegenüber dem Mittelalter innovativen Vorstellung eines »öffentlichen Rechts«.[75]

Nur über eine ausgearbeitete Rechtsdogmatik kann die Stabilisierung und Restabilisierung des Rechts von der einfachen (und dann zumeist religiös begründeten) Geltung bestimmter Normen auf deren *Konsistenz* verlagert werden. Die Dogmatik garantiert, daß das Rechtssystem sich in seiner eigenen Veränderung *als System* bewährt. Man hat deshalb auch von »systematischer Methode« gesprochen.[76] Dabei darf jedoch nicht verkannt werden, daß dies keine Reflexion der Einheit des Systems, keine Orientierung an dem Gesamtsinn des Systems im System erfordert[77], sondern nur das Bemühen um konsistente Lösung »ähnlicher« Fallprobleme. Überliefertes ebenso wie geändertes Recht gilt, wenn es im Kontext

---

74 Siehe z. B. Iustus Lipsius, Politicorum sive civilis doctrinae libri sex, zit. nach der Ausgabe Antwerpen 1604, S. 96; Jean de Marnix, Résolutions politiques et maximes d'Estat, erw. Auflage Bruxelles 1629, S. 286 ff.; Johann Hieronymus Im Hof, Singularia Politica, 2. Aufl. Nürnberg 1657, S. 241 ff.; Estienne Pasquier, Les Recherches de la France, Neuauflage Paris 1665, S. 678 (»Il n'y a rien qu'il faille tant craindre en une Republique que la nouveauté«).

75 Für einen späteren Zeitraum kann man auch in den Vereinigten Staaten feststellen, daß die Voraussetzungen für eine moderne (kapitalistische) Wirtschaftsordnung im Rechtssystem und nicht im politischen System geschaffen worden sind. Siehe Morton J. Horwitz, The Transformation of American Law, 1780-1860, Cambridge Mass. 1977. Vgl. dazu kritisch (die Eigenleistung des Common Law bestreitend und auf Übernahmen aus der Zivilrechtstradition hinweisend) A.W.B. Simpson, The Horwitz Thesis and the History of Contracts, in ders., Legal Theory and Legal History, London 1987, S. 203-271. Vgl. ferner ders., Innovation in Nineteenth Century Contract Law, a.a.O., S. 171-202.

76 So im Anschluß an Nicolai Hartmann Heino Garrn, Rechtsproblem und Rechtssystem, Bielefeld 1973, S. 28 im Hinblick auf das laufende Justieren von System und Problemlösungen.

77 Dies ist nur eine andere Version der Feststellung, daß die Orientierung an der Funktion des Rechts nicht ausreicht, um die Entscheidungen des Systems festzulegen.

benachbarter Rechtsvorstellungen haltbar ist. Als Indiz der Konsistenz dient dann die dogmatische Konstruierbarkeit von Problemlösungen. Das wiederum macht es möglich, Nichtkonstruierbarkeiten zu erkennen und es als Problem wahrzunehmen, wenn das Resultat einem veränderten Rechtsgefühl bzw. dem geschulten Blick für akzeptable Fallösungen widerspricht. Gerade eine Rechtsdogmatik oder, ihr entsprechend, eine breit ausgearbeitete Kenntnis der ratio decidendi in einer Vielzahl von Gerichtsentscheidungen ermöglichen es, Defekte wahrzunehmen und, nicht immer erfolgreich, nach besseren Konstruktionsmöglichkeiten zu suchen. Das Recht gewinnt die Chance, am eigenen Defekt zu reifen, etwa bei prinzipiell anerkanntem, auch gesetzlich fixiertem Verschuldensprinzip in begrenztem Umfang Haftung auch ohne Verschulden zuzulassen – sei es, weil der subjektiv Unschuldige eine gefährliche Lage geschaffen hat; sei es, weil er allein über Kontrollmöglichkeiten und Alternativen verfügt, die dazu beitragen können, Schäden zu vermeiden.[78] Auf Grund dogmatischer Rekonstruktionen kam man im späten Mittelalter auf die Idee, daß das Prinzip der bona fides alle Lücken im überlieferten System der römischen Vertragstypen und entsprechender Klagerechte (actiones) füllen könne, so daß jeder Vertrag, der nicht gegen Recht verstößt, als Titel anerkannt werden konnte: ex nudo pacto oritur obligatio. So sucht und findet das Interesse an Kapitalakkumulation und Haftungsbeschränkungen im 18. Jahrhundert Rechtsformen für juristische Personen, die nicht im alten Privilegienrecht der Korporation untergebracht werden konnten. Man kann dies als Anpassung des Rechts an sich ändernde Bedarfslagen auffassen, aber das heißt keineswegs, daß die Umwelt das Rechtssystem determiniert. Vielmehr erkennt das Rechtssystem Defekte nur auf dem eigenen Bildschirm und kann für Abhilfen nur eigene, passende Mittel benutzen.[79] Die Um-

78 Vgl. hierzu und zu ähnlichen fallorientierten Rechtsentwicklungen im Common Law Edward H. Levi, An Introduction to Legal Reasoning, University of Chicago Law Review 15 (1948), S. 501-574.
79 Hierzu Alan Watson, The Evolution of Law, Baltimore 1985, mit guten Beispielen aus der Evolution des römischen Vertragsrechtes. Hier gibt die aus der wirtschaftlichen Entwicklung kaum erklärbare Bildung von Vertragstypen für unentgeltliche Verträge (mandatum, depositum) zu denken, und die plausible (rechtsimmanente) Erklärung dafür lautet, daß das Recht Rechtsschutz auch und gerade bei Freundschaftsdiensten gewähren muß, wo das Bestehen auf einer förmlichen Fixierung von Rechten und Pflichten bei Vertragsschluß als unzumutbar empfunden wird. Im

welt mag das Rechtssystem irritieren und Störungen im Rechtsempfinden auslösen: aber schon solche Irritationen sind systeminterne Formen der Problemstellung, und die Lösungen sind natürlich an das gebunden, was man im Rahmen des geltenden Rechts konstruieren zu können glaubt.

In diese Form der Innovation durch Defektausgleich wird, vom Rechtssystem her gesehen, auch die Gesetzgebung einbezogen. Es wird ein Mißstand bemerkt. Die Frage ist dann: Kann man ihm ohne oder nur mit Rechtsänderung abhelfen? Eine solche »mischief rule« gilt, zumindest als Interpretationsmaxime, im Common Law noch heute.[80] Sie erfordert, daß man das Recht als System sieht, nämlich als eine Gesamtheit von als konsistent praktizierten Problemlösungen, und für gegebene Probleme eine von diesen auswählt, bei der Interpretation von Gesetzen unterstellt, der Gesetzgeber habe so vorgehen wollen, oder schließlich als Richter eine auf den Fall passende, generalisierbare Regel einfügt, wenn keine zu finden ist. In diesem Sinne motiviert das geltende Recht selbst zur Innovation, aber auch zur Ablehnung von Innovationen im Interesse der Erhaltung von Stabilität = Konsistenz = Gerechtigkeit.

Jedenfalls kann Rechtsevolution, die in dieser Weise vor sich geht, weder als blind noch als schlicht intentional begriffen werden[81], aber erst recht nicht als Punkt-für-Punkt-Reaktion auf Außenanstöße. Die Evolution operiert zirkulär, indem sie teils mit Variation auf Außenanstöße reagiert und teils die Stabilisierung zur Motivierung von Innovationen wiederverwendet:

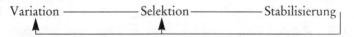

Variation ——————— Selektion ——————— Stabilisierung

Dieses nicht sequentielle, sondern zirkuläre Modell der Evolution

übrigen läßt sich gerade an der Institution des Vertrages zeigen, daß die Rechtsprobleme nicht etwa in der Abstimmung der wechselseitigen Leistungen liegen, die dem Wirtschaftssystem überlassen bleiben kann, sondern in der Fortdauer des »synallagmatischen« Konnexes und in der Bewältigung von Störungen, die unerwarteterweise *nach Vertragsabschluß* auftreten können.

80 Vgl. Peter Goodrich, Reading the Law, Oxford 1986, S. 55 f., 117.
81 Zur Ablehnung dieser Unterscheidung vgl. W. Jethro Brown, Law and Evolution, Yale Law Journal 29 (1920), S. 394-400. Soziologisch gesehen ist die Ablehnung der Auffassung, daß es auf die Unterscheidung Intention/Nichtintention ankommen könne, bedingt durch den Übergang von Handlungstheorie zu Systemtheorie.

erlaubt es, die Frage nach evolutionären Veränderungen der Bedingungen für Rechtsevolution zu stellen. Vor allem ist zu bemerken, daß die Einrichtungen zur Stabilisierung oder Restabilisierung des Rechts selbst dynamisch geworden sind und ihrerseits die Variation des Rechts betreiben. Das Recht wartet nicht mehr darauf, daß die Leute sich streiten, um dann eine gerechte, mit dem Recht übereinstimmende Lösung zu finden. Sondern es produziert selbst durch regulatorischen Eingriff ins tägliche Leben die Situationen, die dann Anlaß zu Konflikten werden. Es betreibt – sich selbst.

Konkret dürften die Anlässe dieser Formveränderung von Evolution vor allem im massiven Wirksamwerden von Gesetzgebung im 19. und 20. Jahrhundert zu suchen sein. Das steht in engem Zusammenhang mit der Demokratisierung des politischen Systems und der verfassungsmäßigen Kanalisierung des politischen Einflusses auf die Gesetzgebung. Die Politik löst im Rechtssystem einen prasselnden Einschlag riesiger Mengen von immer neuen Direktiven aus, die aufgenommen, verstanden und verarbeitet sein wollen. Zwar wird jeweils im Verfahren fachkompetent geprüft, ob die politischen Wünsche sich mit Hilfe des geltenden Rechts erfüllen lassen oder dessen Änderung voraussetzen. Insofern ist das Rechtssystem nach wie vor als System im Spiel, und insofern wirkt nach wie vor als Variation nur das, was das System als Irritation wahrnehmen und wofür es dann eine Form suchen kann. Aber der Variationsmechanismus selbst hat sich geändert. Das »Rauschen« der Politik wird zu einem weiteren, heute wohl schon vorherrschenden Variationsanlaß. Es sind nicht mehr nur aufgetretene Konflikte, die das Recht variieren und gegebenenfalls Anlaß geben, neue Regeln zu bevorzugen: sondern die Politik verfolgt eigene Ziele und schafft dadurch erst die Differenzen, die gegebenenfalls zum Konflikt werden können. Wenn ein Staat verlangt, daß bei der Einreise bestimmte Formulare ausgefüllt und, wie in den USA, Fragen nach der eigenen Rasse beantwortet werden, ist das nicht die Lösung eines Konfliktes, sondern die Schaffung einer ungünstigen Position für den, der es in dieser Frage zu einem Konflikt kommen lassen will. Ohne die Norm gäbe es gar keinen Konflikt. Der Variationsmechanismus des Rechts wird durch selbsterzeugte Konflikte zirkulär aufgeheizt, und die Norm selbst gibt schon an, wie der Konflikt zu lösen ist.

Bei solchen Tatbeständen muß sich die Evolution des Rechts auf

Interpretation stützen. Interpretation vollzieht einen Konsistenztest, indem sie prüft, welches Verständnis einer Norm in den Kontext anderer Normen paßt. Die Gesetze vertreten – anders als die großen Kodifikationen des 18. und 19. Jahrhunderts – zumeist gar kein Konsistenzinteresse mehr. Die Gerichtsbarkeit hat demgegenüber größere Interpretationsfreiheiten durchgesetzt. Sie kann angesichts der vorgegebenen Texte diese Freiheiten aber kaum zur Wiedergewinnung von Konsistenz nutzen. Es gibt, und auch dies zeigt die aufgerissene Kluft an, eine umfangreiche Diskussion über Methoden der Gesetzesinterpretation[82], die aber für die Begründung von Einzelfallentscheidungen kaum Bedeutung gewonnen hat. (Weshalb sollten die Gerichte sich mit ihren Entscheidungen zugleich auf eine bestimmte Methode festlegen?) Der Ausweg liegt in einer höheren Ambiguitätstoleranz, in einer Aufweichung der traditionellen Dogmatik, in unbestimmten Rechtsbegriffen und in Abwägungsformeln, mit denen die Gerichte geeignet erscheinende ad hoc Lösungen, aber eben nicht eine durchgehend konsistente Rechtspraxis erreichen können. Und der Gesetzgeber übernimmt solche Formeln, weil er selber nicht erkennen kann, unter welchen Einschränkungen Konsistenz trotz neuer Normen gewahrt bleiben könnte.

Daß Normen kaum noch Konsistenzinteressen vertreten, besagt zugleich, daß sie leicht, nämlich als Einzelnormen, geändert werden können. Die Rechtsänderung wird normal, die durchschnittliche Geltungsdauer von Normen verringert sich, nicht selten werden Normen nur temporär oder auch in der Erwartung besserer Einsicht zu einem späteren Zeitpunkt in Kraft gesetzt. Was an sachlicher Konsistenz nicht mehr erreichbar ist, wird durch zeitliche Inkonsistenz (die weniger schmerzhaft, weniger ungerecht sein mag) kompensiert.

Karl-Heinz Ladeur[83] hat gemeint, unter solchen Umständen sei die Einheit des Rechts nicht mehr zu halten, sie werde durch ein (wert- und interessen-)pluralistisches Rechtskonzept ersetzt. Dem widerspricht, daß sich das Rechtssystem nach wie vor autopoietisch

---

82 Siehe unter vergleichenden Gesichtspunkten und entsprechender Typifikation D. Neil MacCormick / Robert S. Summers (Hrsg.), Interpreting Statutes: A Comparative Study, Aldershot UK 1991.

83 Vgl. »Abwägung« – Ein neues Paradigma des Verwaltungsrechts: Von der Einheit der Rechtsordnung zum Rechtspluralismus, Frankfurt 1984.

reproduziert, und daß es mit anderen Ordnungen nicht verwechselt wird. In einer Terminologie, die wir erst im achten Kapitel genauer vorstellen werden, kann man aber formulieren, daß das Rechtssystem dadurch an Varietät (Zahl und Verschiedenartigkeit möglicher Operationen) gewinnt und an Redundanz (Informationsökonomie, Erschließbarkeit, Erkennbarkeit von Fehlern usw.) verliert. Das Recht mag dadurch robuster und in diesem Sinne »fehlerfreundlicher« werden.[84] Es verliert im gleichen Zuge aber auch Transparenz und Verläßlichkeit für Systeme der Umwelt, die es in Anspruch nehmen wollen. Eben deshalb wird ebenso aktuell wie hoffnungslos, ebenso wert- und zorngeladen wie ungenau immer wieder nach der Legitimation des Rechts gefragt.

Als Resultat dieser Evolution gibt es für das Rechtssystem – Moralphilosophen mögen darüber anders urteilen – nur noch positives Recht. Das heißt: nur noch Recht, das vom Rechtssystem selbst durch Verfügung über das Symbol der Rechtsgeltung in Geltung gesetzt ist. Das gilt ganz unabhängig von der konkreten Ausgestaltung rechtlicher Traditionen. Es gilt für das kontinentale Zivilrecht ebenso wie für das englische Common Law; und es gilt auch unabhängig von dem Ausmaß, in dem der Gesetzgeber tätig wird, um neues Recht zu schaffen oder altes zu kodifizieren. Es zeigt sich im Common Law zum Beispiel an der Festigung der Präzedentien-Bindung im 19. Jahrhundert, also auch dort, wo der von Bentham und Austin empfohlene Gesetzespositivismus sich nicht durchsetzen kann.[85] Es ist unbestritten, daß das geltende Recht nicht als logisch geschlossenes System begriffen werden kann, denn kein logisches System kann seine eigene Widerspruchsfreiheit begründen. Aber die Antwort auf dieses Unvollständigkeitsproblem liegt nicht in einer externen Geltungsgarantie, sondern in der laufenden Pro-

---

84 Die bereits (in Kap. 4, IV) diskutierte Neigung, Entscheidungsgründe in den *Folgen* von Entscheidungen zu suchen, die im Zeitpunkt der Entscheidung noch gar nicht bekannt sein können, sondern irgendwie eingeschätzt werden müssen, ist ein deutlicher Beleg für diese Tendenz zur »Fehlerfreundlichkeit«. Es macht im Hinblick auf Rechtskraft keinen Unterschied, ob die Folgeneinschätzung fehlerhaft ist oder nicht. Vgl. auch das Urteil über die so scheinpräzise »ökonomische Analyse des Rechts« bei Anthony D'Amato, Can Any Legal Theory Constrain Any Judicial Decision, University of Miami Law Review 43 (1989), S. 513-539.

85 Zu dieser englischen Entwicklung im 18./19. Jahrhundert siehe die Beiträge von Gerald J. Postema und Jim Evans in: Laurence Goldstein (Hrsg.), Precedent in Law, Oxford 1987.

duktion von Rechtstexten, an denen jeweils erkennbar ist, was als Recht gilt und was nicht. Und die »Vernunft« des Systems liegt dann nicht in der durch Prinzipien gesicherten Gutheit, sondern in der in jeder Situation sich stellenden Frage, ob das geltende Recht in den zum Problem gewordenen Hinsichten geändert werden soll oder nicht. Die Rechtsgeltung beruht demnach nicht auf Einheit, sondern auf Differenz. Sie ist nicht zu sehen, nicht zu »finden«, sondern liegt in der laufenden Reproduktion.

IV

Der umfangreiche vorangegangene Abschnitt, der die Evolution des Rechts zu einer systemisch-operativen Geschlossenheit dargestellt hat, bedarf in einer wichtigen Hinsicht einer Korrektur. Es kann bei der These bleiben, daß das Recht aus sich selbst heraus evoluiert und daß die gesellschaftliche Umwelt Zufallsanstöße beisteuert, die Variationen und eventuell innovative Selektionen auslösen. Responsivität in bezug auf Umwelt zeigt sich dann im wesentlichen in einzelnen Rechtsinstituten, etwa in den strafrechtlich registrierten Empfindlichkeiten oder in den zivilrechtlichen Formen, die bevorzugt mit Klagemöglichkeiten ausgestattet werden, oder schließlich, parallel zur Entwicklung des modernen Territorialstaates, in der Entstehung eines (von Zivilrecht und Naturrecht zunächst kaum unterscheidbaren) öffentlichen Rechts, das im modernen Verfassungsrecht seinen Kulminationspunkt findet. Aber gibt es nicht auch gesellschaftliche Bedingungen, die über eine solche Spezies-Vielfalt des Rechts hinaus entscheidend dafür sind, daß ein Rechtssystem sich überhaupt operativ schließen und eigene Strukturen mit ausschließlich eigenen Operationen spezifizieren und bei intern erkennbaren Anlässen ändern kann?
Wir vermuten, daß das Hobbes-Problem der Omnipräsenz physischer Gewalt eine solche Bedingung darstellt. Positiv formuliert heißt das, daß das Recht gesicherten Frieden voraussetzen muß, wenn es mehr leisten soll als die bloße Konditionierung physischer Gewalt. Und das verweist auf die Abhängigkeit der Evolution des Rechts von der parallellaufenden Evolution eines politischen Systems, das mit einer Art primärer Enteignung der Gesellschaft die Disposition über das Machtmittel physischer Gewalt entzieht und

die eigene Macht auf dieser Grundlage konsolidiert.[86]

In einem sehr ursprünglichen Sinne hatte Recht es immer mit der Lösung von möglicherweise gewaltsam zu lösenden Konflikten zu tun gehabt; und dies um so mehr, als das Recht selbst eine Konfliktquelle ersten Ranges ist, da es oft, und je weiter es entwickelt wird um so häufiger, zu Konflikten führt, in denen beide Seiten sich auf das Recht berufen. Eben dies hat zur evolutionären Errungenschaft der Verfahren geführt, in denen das Recht gewissermaßen über sich selbst zu Gericht sitzt. Das allein erlaubte jedoch noch keine Trennung von Strafrecht und Zivilrecht und machte die Verfahren in ihrer Urteilsfindung abhängig von der Frage, welche Entscheidung durchsetzbar sein würde. Die bloße Zahl der »Eideshelfer« auf seiten der Parteien, die bloße Sichtbarkeit der Einsatzbereitschaft für die Durchsetzung des Rechts, konnte dafür ein Indikator sein. Wenn man von gewissen Inseln des Rechtsfriedens in antiken Städten und im römischen Reich absieht, muß dieser rechtssymptomatische Einbau der Gewalt in das Recht bis zum Hochmittelalter als der Normalfall und als eine Schranke in der weiteren Entwicklung juristischer Semantik und juristischer Selbstreferenzialität gelten.[87] In diesem Sinne war und blieb das Recht über die Bereitschaft zur Gewalt an rechtlich nicht kontrollierbare Strukturen seiner gesellschaftlichen Umwelt gebunden, vor allem natürlich an die Familien- und Clanbildungen segmentärer Gesellschaften. Und das verhinderte zwangsläufig die Verfeinerung der juristischen Semantik, das Kondensieren und Konfirmieren von Fallerfahrungen in immer wieder anderen Fällen und die juristische (auf Rechtsentscheidungen sich auswirkende) Sorge für begrifflich-dogmatische Konsistenz.

Eine Überwindung dieser Hemmschwelle weiterer Evolution ist nur möglich, wenn die Politik (aber im Mittelalter war dies zunächst die religiös und mit den Mitteln des kanonischen Rechts organisierte Kirche) die Kontrolle physischer Gewalt übernimmt und Frieden zusagt; was zugleich impliziert, daß Rechtsansprüche, wenn ihre Rechtlichkeit festgestellt ist, auch durchgesetzt werden

---

86 Siehe dazu im Kontext einer Theorie symbolisch generalisierter Kommunikationsmedien Niklas Luhmann, Macht, Stuttgart 1975.
87 So vor allem Berman a.a.O. (1991).

können.[88] Dann kann das Problem der strukturellen Kopplung spezifiziert und eingeschränkt werden auf das Verhältnis von Politik und Recht – sei es, daß man diese Funktionssysteme als in der Spitze konvergierende Einheit begreift, sei es, daß man sie durch die Sonderinstitution der Verfassung koppelt.[89] Die Evolution »sucht«, könnte man sagen, Lösungen für das Problem der strukturellen Kopplung des Rechtssystems, die dessen Evolution nicht behindern; oder was auf dasselbe hinausläuft: die einen Aufbau rechtseigener Komplexität durch eine Sonderevolution des Rechtssystems ermöglichen.

Wenn diese Öffnung ihren kritischen Punkt im Problem der Gewalt hat, müßte man beobachten können, daß das Angewiesensein auf Gewalt nach diesem Evolutionsschub eine andere Form annimmt. Und das ist in der Tat der Fall. Strafbares Handeln wird jetzt nicht primär begriffen als Verletzung eines Opfers, das sich wehren bzw. Genugtuung verlangen kann, sondern als Verstoß gegen das Strafgesetz. Dadurch wird, im 17. und vor allem im 18. Jahrhundert, ein Kriminalisierungsschub unvorhergesehenen Ausmaßes möglich – im öffentlichen Interesse sozusagen –, der dann seinerseits die modernen Kriminalitätstheorien (Beccaria usw.) auf den Plan ruft, Strafkolonien erfordert und die bürgerliche Gesellschaft veranlaßt, sich selbst mit Arbeitsethos und moralischer Entrüstung zu sanieren. Nur vermittelt durch den Gesetzgeber kommt die Schutzwürdigkeit von Rechtsgütern in das Recht hinein. Deshalb jetzt auch: nulla poena sine lege. Das Urrecht der Erwiderung von Gewalt durch Gewalt wird gebrochen – bzw. auf den Staat als einzig dazu berechtigtem Akteur übertragen. Zunächst nimmt der Staat noch »raisons des executions sans proces« für sich in Anspruch mit der quasi medizinischen Begründung: »le mal se guarist par le mal«.[90]

---

88 Ausnahmen gibt es in gleichsam konzentrierter Form noch im 17. Jahrhundert, nämlich für den Hochadel; es gibt sie auch heute wieder, wenn die Polizei aus Gründen der »öffentlichen Sicherheit und Ordnung« das heißt: zur Vermeidung größerer Unruhen, es ablehnt, einzugreifen.

89 Zu diesen beiden Lösungen, die sich ihrerseits wieder unterscheiden durch die Freiheitsgrade, die sie den gekoppelten Systemen lassen, siehe unten Kap. 9 und Kap. 10.

90 Diese Formulierungen bei Pierre Ayrault, Ordre, formalité et instruction judiciaire (1576), 2. Aufl. Paris 1598, S. 90 und 97. Das Werk bezieht sich auf Strafverfahren.

Aber mit einer im Laufe des 17. Jahrhunderts durchgesetzten Normalpazifizierung der Territorien erweist sich auch dieses Reservatrecht, ohne Prozeß zu verurteilen, als überflüssig – jedenfalls solange der Rechtsfriede hält.

Darf man sagen, daß im Zuge der Ausdifferenzierung eines selbst evoluierenden Rechtssystems das Recht seinen Frieden mit der Gewalt bricht? Jedenfalls wird nun das auf sich selbst verwiesene Recht als paradox sichtbar – und auch so formuliert.[91] Eine externe Referenz – die auf die faktisch dominierende Gewalt – muß gekappt und durch Selbstreferenz ersetzt werden, die sich dann auf andere Weise mit der Umwelt, und jetzt heißt das: mit dem Zentralwillen des politischen Machthabers, zu arrangieren hat.

Seit dem 11. Jahrhundert entwickelt sich in Europa auf der Textgrundlage des römischen Rechts ein vom Strafrecht getrenntes Zivilrecht, das zunächst in kanonisches Recht und weltliches Zivilrecht mit entsprechenden Gerichtsbarkeiten aufgeteilt wird.[92] Auch in diesem Bereich muß der unmittelbare Zugriff dessen, der sich in seinen Rechten verletzt fühlt, auf eigene Gewalt blockiert werden. Seine Gewalt muß, anders könnte sich keine Rechtskultur entfalten, durch Zugang zu Gerichtsverfahren abgefunden werden – eine Ablösung, die natürlich nur überzeugt, wenn die Gerichtsurteile auch vollstreckt werden können und die Urteilsfindung nicht durch Vorausblick auf die Machtlage verzerrt wird. Auch hier ist, will man die evolutionäre Unwahrscheinlichkeit einer solchen Entwicklung erkennen, eine Merkwürdigkeit zu notieren: Das *Recht* muß *Verstöße gegen das Recht* selbst feststellen und eliminieren können. Es muß den Machttest, durch den es seine Anpassung an die Umwelt gesichert hatte, ersetzen durch selbstgeregelte Beweisverfahren – eine in das System übernommene Paradoxie der Feststellung von Unrecht nach den Regeln des Rechts. Die Paradoxie der Einheit des binären

---

91 »Qu'il n y a rien si iuste qui ne puisse avoir son opposite aussi iuste«, heißt es bei Ayrault a.a.O. (1598), S. 91 ff. Beispiel: Vater- oder Muttermord am Fall von Orest. Die Auflösung der Paradoxie erfolgt dann rein juristisch über das Regel/Ausnahme-Schema. Man muß hier im übrigen berücksichtigen, daß der Kult paradoxer Formulierungen in der Rhetorik der Spätrenaissance üblich ist und nicht als ein Erkenntnisfehler gesehen wird, sondern als Aufforderung zu weiterem Nachdenken. Vgl. mit viel Material Rosalie L. Colie, Paradoxia Epidemica: The Renaissance Tradition of Paradox, Princeton 1966.

92 Hierzu ausführlich Berman a.a.O. (1991).

Codes Recht/Unrecht muß nicht »gödelisiert«, nicht durch Externalisierung aufgelöst, sie muß rechtsintern entfaltet werden.

Die Lösungen sind uns so vertraut, daß das Problem kaum noch erkennbar ist. Noch in der frühen Neuzeit war jedoch (zum Beispiel aus Anlaß der Bauernkriege von 1525 und Luthers Reaktion darauf) dieser Zusammenhang von funktionierender/nichtfunktionierender Gerichtsbarkeit und gewaltsamer Rechtssuche durchaus gegenwärtig.[93] Heute kann man das Problem an der verbleibenden Anomalie des Notwehr-/Notstandsrechts wiedererkennen. Es bleiben Restfälle, Grenzfälle, in denen das Recht es unter rechtlich geregelten Bedingungen erlaubt, gegen das Recht zu verstoßen. Und nicht zufällig sind dies Fälle, in denen die Anwendung physischer Gewalt erlaubt und der rechtstypische Verweis auf ein Gerichtsverfahren ausgeschaltet wird. *Immer wo Gewalt im Spiel ist, erscheint auch die Paradoxie der rechtlichen Codierung – aber in einer Form, die sogleich rechtsintern entfaltet, durch Konditionierungen geregelt und damit als Paradoxie invisibilisiert wird.*

Rückübersetzt in die Sprache der Evolutionstheorie bestätigt diese Analyse den Zusammenhang von Autopoiesis und struktureller Kopplung als Voraussetzung jeder Evolution. Evolution kann nur die Autopoiesis der Systeme benutzen, die sie voraussetzen muß. Innerhalb der klassischen evolutionstheoretischen Unterscheidungen Variation/Selektion/Restabilisierung sind deshalb zirkuläre Formulierungen unvermeidlich, und Umweltanstöße erscheinen als Zufälle, die ein bereits evoluierendes System betreffen und von ihm in gerichtete Entwicklung umgearbeitet werden. Führt man zusätzlich den Begriff der strukturellen Kopplung ein (auf den wir in einem späteren Kapitel systematisch zurückkommen werden), läßt sich außerdem noch beschreiben, durch welche Formen die »Zufälle« kanalisiert werden, die im System als Irritationen bemerkt und als Probleme mit systemadäquaten (autopoietisch funktionierenden) Problemlösungen versorgt werden können. Für die Evolution des Rechts scheint das Problem der physischen Gewalt diese kritische, Evolution ermöglichende oder blockierende Funktion zu erfüllen.

93 Vgl. Winfried Schulze, Bäuerlicher Widerstand und feudale Herrschaft in der frühen Neuzeit, Stuttgart 1980.

Die vorstehenden Überlegungen haben noch keine Lösung angeboten für ein Problem, das in den evolutionstheoretischen Diskussionen eine beträchtliche Rolle gespielt hat, nämlich für die Frage, ob sich im Aufbau und Abbau von Strukturen durch Evolution bestimmte Muster zeigen oder ob es völlig beliebig zugeht. Diese Frage war mit dem Begriff des Fortschritts beantwortet gewesen. Sie stellt sich neu, wenn man auf die Bewertung von Evolution als Fortschritt verzichtet. Denn dann steht man vor der Notwendigkeit, eine Nachfolgebegrifflichkeit anzubieten oder die Evolutionstheorie völlig abzukoppeln von jeder Beschreibung der durch Evolution entstehenden Ordnung.

Dem Vorbild Darwins folgend, begnügt man sich oft damit, evolutionstheoretisch zu erklären, wie die Gesellschaft es überhaupt zu einer so hochentwickelten, differenzierten Rechtskultur gebracht hat.[94] Dabei werden die evolutionär entstandenen Institutionen (Eigentum, Vertrag, Rechtsfähigkeit von Korporationen, subjektive Rechte, gerichtliche Verfahrensformen usw.) als gegeben vorausgesetzt und nicht weiter analysiert. Die Evolutionstheorie gibt dann eine Erklärung dafür, daß so unwahrscheinliche Errungenschaften, so weitreichende Abweichungen vom Ausgangszustand, überhaupt möglich geworden sind und als normal praktiziert werden können. Zugleich impliziert eine solche Erklärung die Folgerung, daß es ohne Evolution nicht geht und daß alle Intentionen auf Planung und Verbesserung des Rechts zu dessen Evolution zwar beitragen, aber das Resultat nicht entscheidend (und wenn, dann eher in einem destruktiven Sinne) bestimmen können.

Theorien, die mehr zu sagen versuchen, haben oft deutlich fortschrittsähnlichen Charakter. Oft dient das Evolutionsargument auch zur Tarnung einer ohnehin akzeptierten Theoriepräferenz. Man beweist die Theorie dadurch, daß man behauptet, daß die ihr entsprechenden Strukturen von der Evolution begünstigt, durch sie gefördert worden seien. So Ronald Heiner[95] für Lösungen des Problems unvollständiger Information. So Robert Clark für die Auffas-

---

94 So, allerdings mit wenig ausgearbeiteter Evolutionstheorie, Alan Watson a.a.O. 1985, im Hinblick auf die Tradition des römischen Zivilrechtes.
95 A.a.O. (1986).

sung, daß die Evolution Einrichtungen fördere, die Transaktionskosten und andere Kosten ersparen.[96] Dabei treten jedoch viele altbekannte Probleme auf (und vielleicht deshalb sucht die ökonomische Evolutionstheorie des Rechts heute Unterstützung bei der Soziobiologie), vor allem die Tatsache, daß die Beteiligten gar nicht im vorgesehenen Sinne kalkulieren und man nicht recht weiß, wie sich in ihren Köpfen quantitative Schlußfolgerungen bilden[97], und ferner all das, was mit der Unbekanntheit der Zukunft und den unvermeidlichen sozialen Kosten jeder Zeitbindung zusammenhängt.[98]

Mit systemtheoretischen Ausgangspunkten gewinnt man zwar keine Distanz zur eigenen Theorie, wohl aber ein komplexeres Analyseinstrumentarium.[99] Man kann davon ausgehen (und dies ist ganz üblich), daß Evolution die Bildung und Erhaltung hochkomplexer Systeme ermöglicht, neben denen (oder in denen) dann freilich auch einfacher strukturierte Systeme Überlebenschancen haben. Die Evolution führt, ohne daß ein besonderer Sinn oder ein télos darin läge, zur Morphogenese von Systemen, die ihre Autopoiesis auch bei hoher struktureller Komplexität und bei entsprechender Vielheit und Verschiedenartigkeit von Operationen durchführen können. Sie müssen intern entsprechend diskriminieren können. Deutlich erkennbar ist mithin, und gerade die Evolution

---

96 Siehe Robert C. Clark, The Interdisciplinary Study of Legal Evolution, Yale Law Journal 90 (1981), S. 1238-1274. Im einzelnen ist dann auch innerhalb dieser ökonomischen Analyse des Rechts vieles, unter anderem auch die genaue Formulierung des Auswahlprinzips strittig. Vgl. auch die Beiträge von Paul H. Rubin, Why Is the Common Law Efficient, Journal of Legal Studies 6 (1977), S. 65-83 und Jack Hirshleifer, Evolutionary Models in Economics and Law: Cooperative versus Conflict Strategies, Research in Law and Economics 4 (1982), S. 1-60, die zwar in der Frage des Erfolgs-Kriteriums nicht weiterführen, aber zusätzlich zu den Vorteilen ökonomischer Kooperation auch die Vorteile des Betreibens von Rechtsstreitigkeiten in Rechnung stellen im Hinblick darauf, daß das Bekämpfen ineffizienter Regeln sich ökonomisch lohnen muß.

97 Vgl. z. B. Jean Lave, Cognition in Practice: Mind, Mathematics and Culture in Everyday Life, Cambridge Engl. 1988.

98 Diese Argumente sind nicht als Widerlegung gemeint, sie fordern lediglich zu größerer Genauigkeit im empirischen Beweisangebot und zu einer deutlicheren evolutionstheoretischen Argumentation auf.

99 Ein anderer Vergleichsgesichtspunkt wäre: daß die systemtheoretische Analyse des Rechts besser als die ökonomische Analyse Rückschlüsse auf sich selber (Autologien) erzeugen und verkraften kann.

des Rechtssystems kann hier als Beleg dienen, die ungewollt ausgelöste Entstehung höherer Komplexität, und das Resultat ist vor allem, daß man im Recht selbst über Komplexität zu klagen und nach Abhilfen zu suchen beginnt. Die Evolution beginnt, auf ihr eigenes Resultat zu reagieren. Aber hat das irgendeinen »höheren Sinn« – außer daß es eben so geschieht? Realisiert sich auf diese Weise »Zivilisation«, wie das 18. Jahrhundert durchgängig meint, oder sogar »Geist«?

Es wird heute kaum noch behauptet, daß Komplexität als solche die Anpassungschancen eines Systems verbessere. Für eine solche Hypothese müßte man Zusatzargumente finden, die auch der Selbstgefährdung durch Komplexität Rechnung tragen. Wir begnügen uns mit dem unbestreitbaren Faktum der Ermöglichung höherer Komplexität, und unbestreitbar ist ja wohl, daß das Recht der modernen Gesellschaft trotz aller neu entwickelten Abstraktionen, Generalisierungen, Vereinfachungen sehr viel komplexer ist als das Recht älterer Gesellschaftsformationen.

Es ist nur eine andere Version dieses Sachverhaltes, wenn man sagt, daß die Evolution, solange es geht, Unwahrscheinlichkeiten normalisiere – Unwahrscheinlichkeiten begriffen als Grad der Abweichung von einem Ausgangszustand.[100] Mit derartigen Aussagen ist jedoch nicht viel mehr gewonnen als eine Fragestellung für weitere Forschungen, die zu klären hätten, wie ein System seine eigenen Einrichtungen an zunehmende Komplexität anpaßt; oder in anderen Worten: wie sich Komplexität als Selektionsdruck auswirkt und dafür geeignete, komplexitätsadäquate Strukturen erzeugt – oder eben weitere Evolution verhindert.

Operative Schließung des Systems und umweltindifferente Codierung sind die primären Antworten auf diese Frage. Die Umwelt wird ausgeschlossen – es sei denn, daß das System selbst sie nach Maßgabe seiner eigenen Informationsverarbeitungsmöglichkeiten für beachtlich hält. Dazu muß das System die Fähigkeit entwickeln,

---

100 Man kann dies, gegen einen zu erwartenden Protest der Statistiker, auch als Unwahrscheinlichkeit des Wahrscheinlichen bezeichnen. Das besagt nichts weiter, als daß es, sprachlich gesehen, extrem unwahrscheinlich ist, daß ein bestimmter Satz gesprochen wird, und zugleich, daß diese Unwahrscheinlichkeit völlig normal ist, nämlich ein Merkmal eines jeden Satzes, der gesprochen wird. Eben deshalb kann das Zustandekommen von Sprache nur evolutionär erklärt werden.

Selbstreferenz und Fremdreferenz zu unterscheiden. Wir werden noch sehen[101], daß dies heute in der Form der Unterscheidung von Begriffen und Interessen geschieht[102] unter der Voraussetzung, daß eine entsprechend leistungsfähige Rechtsdogmatik entwickelt ist.

Zu den komplexitätsadäquaten Errungenschaften gehört ferner die Abkopplung des Rechtsgeltungssymbols von historischen Ursprüngen (im Sinne von arché, Grund) und von externen Referenzen (im Sinne von Natur bzw. als Natur gegebener Vernunft). Wir hatten die Differenzierung von Besitz und Eigentum und die von Transaktion und Vertrag unter dem Gesichtspunkt des Verzichts auf Anschaulichkeit dargestellt. Auch in der Selbstbeschreibung macht sich das Rechtssystem autonom. In diesem Zusammenhang hat immer schon die Orientierung an der systeminternen Unterscheidung von Gesetzgebung und Rechtsprechung eine Rolle gespielt, die es dem Gesetzgeber erschwert und dem gesetzestreuen Richter unmöglich macht, externen Freundschaften, partikularen Bindungen, Statusrücksichten usw. nachzugeben.[103] Die Auflösung des Einheitskonzeptes der monarchischen »iurisdictio« und der Übergang zu Gewaltenteilungslehren im 18. Jahrhundert führen diese Tendenz weiter, organisieren die rechtssysteminternen Rückkopplungsschleifen zwischen Gesetzgebung und Rechtsprechung neu, erlauben vermehrt unbestimmte Rechtsbegriffe oder politische »Formelkompromisse« in Gesetzen auf der einen Seite und Ablehnung von Rechtsinnovationen durch den Richter unter Verweis auf die dafür zuständige Gesetzgebung auf der anderen Seite. Als Ergebnis dieser Errungenschaften kann das Gesamtrecht als selbstgemacht, als positives Recht dargestellt werden, und die Rechtsquellenlehre wird (was immer dieser Begriff nun besagen mag) im 19. und 20. Jahrhundert so reformuliert, daß nicht nur die Gesetzgebung, sondern auch die Rechtsprechung, auch das Gewohnheits-

---

101 Vgl. Kapitel 8, VI und VII.

102 Jedenfalls nicht in der dazu querliegenden Form der Unterscheidung von Normen und Fakten, da das System auch externe Normen rezipieren kann, indem eine Rechtsnorm auf sie verweist, und interne Fakten (zum Beispiel die formgerechte Veröffentlichung eines Gesetzes) für relevant halten kann.

103 So jedenfalls die auch im Mittelalter viel beachtete Auffassung von Aristoteles, Rhetorik 1354 b. Vgl. auch Aegidius Columnae Romanus, De Regime Principum, zit. nach der Ausgabe Rom 1607, Nachdruck Aalen 1967, S. 506 ff.

recht, soweit Gerichte es aufgreifen, und schließlich sogar die Rechtsdogmatik selbst[104] als Rechtsquelle auftreten können.

Weitere Einsichten erschließt das Stichwort Temporalisierung der Komplexität. In vielen Hinsichten werden Abgrenzungen mit Bezug auf Personen oder mit Bezug auf Raum durch Abgrenzungen mit Bezug auf Zeit ersetzt.[105] Neues Recht annulliert altes Recht[106], und selbst einschneidende zeitliche Inkonsistenzen dürfen deshalb nicht als ungerecht empfunden werden. Diskussionen, die dieser Tatbestand auslöst, werden politisiert.

Ein weiterer Mechanismus, der Komplexität auffängt, kann mit der Unterscheidung von Varietät und Redundanz beschrieben werden. Darauf können wir erst im achten Kapitel ausführlicher eingehen. Im Augenblick muß der Hinweis genügen, daß das Rechtssystem mehr und verschiedenartigere Fälle bearbeiten kann, wenn es auf strenge Anforderungen an Konsistenz der Fallentscheidungen (Redundanz) verzichtet oder dafür neue Formen findet, die mit höherer Varietät kompatibel sind. Immer schon war es ein wichtiges Regulativ dieses Zusammenhangs gewesen, die Entscheidung, ein Gericht anzurufen, den Betroffenen zu überlassen. Das römische Recht hatte außerdem die Zahl und Typik gerichtsfähiger actiones begrenzt. Die Einklagbarkeit aller Rechtsansprüche (ein Begriff des 19. Jahrhunderts!) und die weitreichende Anerkennung der Rechtsrelevanz des Privatwillens passen das Recht Erfordernissen der modernen Gesellschaft an. Soweit der Privatwille als Grund für die Bestimmung von Rechten angesehen wird, hatte man gemeint, auf Konsistenzpflege (sprich: Gerechtigkeit) verzichten zu können. Der dagegen Sturm laufende Protest hat zu politischen Pressionen und zu einer Vielzahl von Freiheit beschränkenden Gesetzen geführt; man denke nur an das Arbeitsrecht oder an die sozialpolitische Gesetzgebung. Die Folge ist jedoch, daß nunmehr die

---

104 Hierzu für England und Schottland Neil MacCormick, Legal Reasoning and Legal Theory, Oxford 1978, S. 61.

105 Das schließt es aus, Zeitgrenzen mit Bezug auf Personen zu fixieren, etwa Gesetzesgeltung oder Vertragsgeltung an die Lebenszeit der Personen zu binden, die sich auf entsprechende Bindungen eingelassen hatten – eine quasi natürliche Sichtweise, von der sich das Mittelalter bekanntlich nur schwer lösen konnte.

106 Bemerkenswert dann die Folge, daß für Verfassungen eine Ausnahme konzediert werden muß, da sonst neue Gesetze die Verfassung allmählich aushöhlen würden, und weiterhin die sich daraus ergebende Folge, daß die Veränderung des Sinns von Verfassungen in hohem Maße durch Interpretation geleistet werden muß.

Konsistenz zahlloser Einzelgesetze zum Problem geworden ist. Noch bevor man annähernd ausexperimentiert hat, in welchen Formen unter diesen Bedingungen Redundanz wiedergewonnen werden kann, stellt sich ein neues Problem, nämlich das Problem der »Popularklage« engagierter Einzelner im Interesse öffentlicher Güter und speziell: im Interesse einer effektiven Behandlung ökologischer Probleme.

Als Resultat dieser Evolution, die Ausdifferenzierung und Aufbau von Komplexität ermöglicht und, soweit erreicht, mit weiterer Evolution auszeichnet, liegen heute im Rechtssystem Strukturen vor, die erheblich von dem abweichen, was man in tribalen Gesellschaften findet. Die entscheidende Differenz kann man als *Personalisierung* der Rechtslagen bezeichnen. Daran schließt die wohl bedeutendste Errungenschaft der neuzeitlichen Rechtsevolution an: die Figur der subjektiven Rechte.[107] Über sie erreicht man eine rechtstechnisch brauchbare Entfaltung des Freiheitsparadoxes (das heißt: der Notwendigkeit von Freiheitsbeschränkungen als Bedingung von Freiheit[108]), nämlich eine Einschließung des Ausgeschlossenen, eine Juridifizierung von Willkür. Im Rahmen seiner subjektiven Rechte kann jedermann nach Belieben handeln; seine Motive werden rechtlich nicht kontrolliert; und wenn man dies einschränken will, muß (und kann) man dem Vorhaben die Rechtsform einer Einschränkung der subjektiven Rechte geben. Weitere Errungenschaften, die am Ende des 18. Jahrhunderts zur Verfügung stehen, setzen dies voraus und nutzen es für anschließende Generalisierungen aus – so die von Stand und Herkunft unabhängige allgemeine Rechtsfähigkeit und die Positivierung des Rechts, mit der die rechtlichen

---

107 Wir merken aber an, daß die moderne Form des »subjektiven Rechts« nur einen Teil dieser Personalisierung abbildet. Denn es geht wesentlich auch darum, daß Ansprüche wegen Verletzung von Rechten oder wegen sonstigen unerlaubten Handelns nur an Personen und nicht an Gruppen oder soziale Bedingungszusammenhänge irgendwelcher Art adressiert werden können. Zu Anfängen, die mit der Auflösung der Clan-Strukturen des Feudalsystems, aber auch mit dem Widerstand der Kirche gegen eine sich abzeichnende politische Theokratie zusammenhängen und in England sich bereits im 12. Jahrhundert abzeichnen, siehe Brian Tierney, Religion and Rights: A Medieval Perspective, Journal of Law and Religion 5 (1987), S. 163-165. Ausführlicher ders., Religion, Law, and the Growth of Constitutional Thought 1150-1650, Cambridge Engl. 1982. Vgl. ferner Palmer a.a.O. (1985).
108 Siehe auch Kap. 5, IV.

Grenzen der Blankettform Freiheit verschoben werden können, wenn dafür ein Bedarf besteht. Auch die Allgemeinzugänglichkeit rechtlicher Verfahren (und über sie: die gleiche Inklusion der Gesamtbevölkerung ins Recht) baut darauf auf. Denn für die Differenzierung und Kopplung von materiellem Recht und Verfahrensrecht ist es unumgänglich, daß man aus dem materiellen Recht entnehmen kann, wer als Kläger auftreten kann und wer zu verklagen ist. Auch das Strafrecht sieht von Kollektivhaftung und von kollektiven Ausgleichspflichten bzw. Ausgleichsansprüchen ab, wie sie in tribalen Gesellschaften gang und gäbe sind. Selbst Organisationen jeder Größenordnung haben sich dem zu fügen; für sie wird die Rechtsform der juristischen »Person« zur Verfügung gestellt für den Fall, daß sie sich als Einheit am Rechtssystem beteiligen wollen.

Da wir an diese Form gewöhnt sind, gehört einige Anstrengung dazu, wenn man sich ihre Ungewöhnlichkeit, ihre evolutionäre Unwahrscheinlichkeit vor Augen führen will. Denn zunächst soll das Recht ja soziale Unterstützung für kontrafaktische Erwartungen beschaffen; und auch ein Konfliktregulativ ist recht ungewöhnlich, das das Individuum jeder sozialen Unterstützung durch mögliche Mitkämpfer, durch Freunde und Verwandte oder durch Verbände (zum Beispiel Gilden), denen er angehört und in denen er Ansehen und Verdienste erwerben kann, beraubt. Zunächst wird es isoliert, allein mit dem Gericht konfrontiert und dann für Hilfe ausschließlich auf das Rechtssystem selbst verwiesen. Korrektureinrichtungen (im materiellen Recht etwa Fideikommisse, die die Verfügungsgewalt des Einzelnen beschränken, um Familieninteressen zu sichern; im Bereich des Verfahrens etwa Rechtsschutzversicherungen oder auch professionsethische Vorstellungen und deren verbandsmäßige Überwachung) müssen diese Personalisierung voraussetzen und daran anschließen. Ohne diese Dekomposition sozialer Bindungen, Pflichten und Hilfserwartungen durch Personalisierung der Rechtslagen ist eine Ausdifferenzierung des Rechtssystems nicht zu erreichen; und erst wenn dieses Muster sich in der Evolution durchgesetzt hat, wird man soziale Direkteinflüsse auf den Richter als Korruption wahrnehmen und ganz allgemein die mit den statistischen Methoden der Soziologie entdeckten, nichtlegalisierbaren sozialen Einflüsse auf das Recht[109] als Problem wahrnehmen. Hier

109 Vgl. dazu nochmals Kapitel 10, I.

ebenso wie in anderen Funktionssystemen erweisen sich der Umweg über die Vereinzelung von »Personen« und die semantischen Korrelate des modernen Individualismus als Voraussetzung dafür, daß die Funktionssysteme Eigenkomplexität aufbauen und die Entscheidung über Inklusion/Exklusion in eigene Regie nehmen können.

Was im Rechtssystem evoluiert ist und im großen und ganzen zufriedenstellt, wenn man Härten des Grundmusters ausgleicht, wird zum Problem in dem Maße, als das politische System das Recht als Regulierungsinstrument zu benutzen sucht. Politische Kompaktziele müssen dann aufgelöst und in Formen dekomponiert werden, die auf rechtsfähige Personen bezogen werden können. Vor allem aber zeigt sich bei der Umsetzung ökologischer Probleme und Regelungsziele in Umweltrecht, wie wenig die unausweichliche Personalisierung den Sachverhalten gerecht wird. Das liegt vor allem an den Schwierigkeiten der Kausalzurechnung bei ökologischen Auswirkungen gesellschaftlich bedingten Handelns, die es ausschließen, wesentliche Effekte zu erreichen, wenn man alles über individuell motivierende Pflichten und Rechte leiten muß. Deshalb wird zum Beispiel, ohne viel Erfolg, über »Popularklage« im Interesse öffentlicher Interessen diskutiert, ohne daß dem im materiellen Recht abgrenzbare Positionen entsprechen würden.[110] Vor allem dies Beispiel macht deutlich, wie sehr die Form der Personalisierung ein Eigenprodukt der Rechtsevolution ist und nicht etwa durch die, sei es innergesellschaftliche, sei es außergesellschaftliche Umwelt diktiert war. Das entspricht unserer theoretischen Annahme, daß die Evolution autopoietischer Systeme eher dem Austesten des Spielraums dient, den die Autopoiesis für den Aufbau von komplexen Ordnungen freigibt, als der Anpassung des Systems an eine gegebene Umwelt.

Die Darstellung muß skizzenhaft bleiben und soll die Ergebnisse detaillierter Forschungen nicht vorwegnehmen. Es mag hier genügen, die Hypothese einzuführen, daß nicht ökonomische Effizienz, sondern Komplexität diejenige Zwischenvariable ist, die die Umsetzung von evolutionären Strukturänderungen in systeminterne Anpassungen vermittelt.

---

110 Siehe aus verfassungsrechtlicher Sicht zum Beispiel Dieter Grimm, Die Zukunft der Verfassung, Frankfurt 1991, insb. S. 190 ff.

Eine der schwierigsten Fragen bei einer historischen Betrachtung des Rechts haben wir für den Schluß dieses Kapitels aufgespart. Kann man sagen, daß infolge der evolutionär entstandenen Eigendynamik des Rechtssystems dessen gesellschaftliche Bedeutung und vor allem dessen Größe zugenommen hat? Wenn man diese Frage auf absolute Zahlen bezieht, ist dies selbstverständlich der Fall. Es gibt mehr Juristen und mehr Gesetze als früher (wenngleich in regional sehr unterschiedlicher Weise, wie man an einem Vergleich von Japan und den USA leicht erkennen kann).[111] Es gibt entsprechend einen immer noch wachsenden Überdruß, Klagen über zu viel rechtliche Regulierungen, die alle freien Initiativen strangulieren, Forderungen nach Deregulierung, außergerichtlichen Konfliktlösungen, Entbürokratisierung. Dem kann jedoch leicht entgegengehalten werden, daß solche Hypertrophierungen, oder so scheint es, in allen Funktionssystemen zu beobachten sind, vom politischen System bis zum Erziehungssystem, von der wissenschaftlichen Forschung bis zum Geldmedium der Wirtschaft. Jürgen Habermas hat, in freilich etwas anderem Kontext, von Kolonisierung der Lebenswelt gesprochen. Mit anderen Worten: Die Alltagsbedeutung der Funktionssysteme nimmt zu, und es gibt in vielen Hinsichten Gegenbewegungen des »Zurück zum natürlichen Leben«, die ihre Ziele jedoch kaum erreichen. Im allgemeinen entsteht daraus das paradoxe Phänomen, daß Gegenbewegungen wiederum die Strukturmittel der Funktionssysteme in Anspruch nehmen müssen, so als ob es gelte, Biopflanzen zu züchten. Verwaltungsvereinfachungen erfordern Prüfvorschriften und Prüfvorgänge, die die Verwaltung zusätzlich belasten.

Der Eindruck des »Zuviel« läßt sich oberflächlich bestätigen, aber das Problem liegt weniger in den absoluten Zahlen als in den Relationen. Da manche Ressourcen, vor allem natürlich Zeit, nur begrenzt zur Verfügung stehen, müßte man feststellen können, ob das Wachstum einzelner Funktionssysteme mehr Zeit, mehr Geld, mehr natürliche Ressourcen, Energie, Motivation usw. in Anspruch nimmt auf Kosten anderer Verwendungen. Das führt die empirische

111 Siehe für regionale Fallstudien etwa Vilhelm Aubert, Continuity and Development in Law and Society, Oslo 1989.

Forschung in nahezu unlösbare Probleme. Denn wie soll man feststellen, welche anderen Verwendungen stattgefunden hätten, wenn die Ressourcen nicht durch die Hypertrophie des Rechts so stark belastet worden wären? Vor allem ist es aber unrealistisch, bei einem solchen Untersuchungsdesign von Summenkonstanzannahmen auszugehen. Denn die Gesellschaft insgesamt hat an Größe und Komplexität zugenommen. Mit einer Zunahme gesellschaftlicher Kommunikationsmöglichkeiten wachsen auch die Möglichkeiten, den Bedarf zu befriedigen.

Für die übliche empirische Soziologie dürfte es naheliegen, von der Bevölkerungszahl auszugehen und zu prüfen, ob die Zahl der Juristen bzw. der Rechtsvorfälle (zum Beispiel Gesetze, Gerichtsprozesse) pro Kopf der Bevölkerung zugenommen hat.[112] Auch das führt in erhebliche Schwierigkeiten, da man die zu korrelierenden Einheiten (wie umfangreich ist die Praxis eines Juristen, wie wichtig ein Gesetz, wie komplex ein Gerichtsverfahren?) nur willkürlich festlegen kann. Vor allem aber ist angesichts der Entwicklung kommunikativer Medien und Techniken die Bevölkerungszahl kein relevanter Indikator. Es käme auf die Zahl kommunikativer Einheiten an, und auch hier wäre es so gut wie sinnlos, diese rein quantitativ und ohne Rücksicht auf Qualität und Folgen abzuschätzen. Selbst wenn der Eindruck vorherrscht, daß das Rechtssystem geradezu explosionsartig gewachsen ist und sich in immer mehr Lebensgebiete hineinfrißt, die früher durch Gewohnheiten, Alternativenmangel, Sozialisation, soziale Kontrolle usw. bestimmt waren, selbst dann gibt es kaum Möglichkeiten, diesen Eindruck als wissenschaftliche Hypothese zu verifizieren.

Das sollte ein Anlaß sein, beim gegebenen Forschungsstand auf Aussagen, die sich auf die Einheit des Rechtssystems beziehen, im Kontext evolutionärer Veränderungen zu verzichten. Man kann gewiß feststellen, daß sich in der Evolution des Rechtssystems Strukturen ändern, daß neue evolutionäre Errungenschaften ausgebildet werden, vielleicht auch, daß die Erwartungen an die Juridifizierung von Sachverhalten sich verändern, daß zum Beispiel mit verbesserten Verfahrens- und Beweistechniken Formalismen abgebaut und

---

112 So z. B. Lawrence M. Friedman, Total Justice, New York 1985, S. 6 ff. Siehe aber auch, im Widerspruch dazu, die wichtige Einsicht, daß schon die Aktivität weniger Personen den Eindruck erheblicher Veränderungen auslösen kann (S. 97 f.), und das ergibt sich aus der Bedeutung von Kommunikation.

»innere« Tatbestände (Motive usw.) rechtlich relevant werden können. In diesem Sinne ist auch die These von Friedman[113] zu verstehen, daß sich die Erwartungen an Gerechtigkeit im Sinne einer Schicksalsausgleichsfunktion verschieben. Noch stärker verallgemeinernd wird man auch sagen können, daß eine volle Ausdifferenzierung des Rechtssystems zur Universalisierung des eigenen Codes führt und keine Sachverhalte mehr kennt, die aus der Natur der Sache (etwa: als familieninterne Angelegenheiten) für rechtliche Regelung nicht in Betracht kommen.[114] Was rechtlich geregelt wird und was nicht und welche Arten von Regelungen in Geltung gesetzt werden, ist jetzt allein Sache des Rechtssystems selbst; und dasselbe gilt mutatis mutandis für andere ausdifferenzierte Funktionssysteme. Beschränkungen sind nur noch als Selbstlimitierungen realisierbar. Aber all diese Aussagen sind und bleiben Aussagen über die Strukturen des Systems und deren Variation. Sie lassen keine Rückschlüsse auf die Zu- oder Abnahme der gesellschaftlichen Bedeutung des Rechts zu. Auch im abschließenden Kapitel, das sich diesen Fragen nochmals zuwenden wird[115], werden wir nicht zu Prognosen kommen. Der Evolutionsbegriff selbst schließt Prognosen aus.

---

113 A.a.O. (1985).

114 Der Kuriosität halber und im Sinne feministischer Interessen sei angemerkt, daß noch vor hundert Jahren eine Gesellschaft, die Recht zur Beschränkung der hausherrlichen Gewalt einzusetzen versuchte, als Sklavengesellschaft charakterisiert werden konnte, jedenfalls in Spanien. »El pueblo en que el jefe de familia no puede arreglar sus asuntos domesticos sin pedir permiso al juez, o sin consultar de continuo la ley, es un pueblo esclavo ... Qué sacaremos de ser reyes en el Parlamento si no podemos reinar en nuestra casa?« liest man bei Félix M. de Falguera, Idea general del derécho catalán: Su espiritu y principios que lo informan, in: Conferencias de derecho catalán, Barcelona 1883, zit. nach Juan B. Vallet de Goytisolo, Estudios sobre Fuentes del Derecho y Método Jurídíco, Madrid 1982, S. 51.

115 Siehe Kapitel 12, insb. Abschnitt V.

Kapitel 7

Die Stellung der Gerichte im Rechtssystem

I

Allgemeine systemtheoretische Überlegungen ebenso wie empirische Forschungen legen die Hypothese nahe, daß die Ausdifferenzierung eines Systems eine gleichzeitig sich entwickelnde interne Differenzierung erfordert.[1] Die Ausdifferenzierung eines auf Kommunikation beruhenden Gesellschaftssystems wird selbst in seinen primitivsten Anfängen (und vor aller segmentären Familienbildung) nur möglich gewesen sein, wenn zwischen Interaktion unter Anwesenden und Gesellschaft unterschieden werden kann; wenn also die gesellschaftliche Relevanz dessen, was unter Abwesenden geschieht, innerhalb der Interaktionen berücksichtigt werden muß, aber nur sehr selektiv berücksichtigt werden kann. Wir müssen deshalb vermuten, daß auch ein Rechtssystem nur als differenziertes System ausdifferenziert werden kann. Aber damit ist über die Form der internen Differenzierung noch nicht entschieden.

Unter »Form der internen Differenzierung« ist die Form zu verstehen, durch die die Beziehungen zwischen den Teilsystemen die Ordnung des Gesamtsystems zum Ausdruck bringen, zum Beispiel als hierarchische Rangordnung. Interne Differenzierung heißt auch, aber nicht nur, daß von jedem Teilsystem aus alles, was nicht zum System gehört, Umwelt ist. Das ist schon mit dem Begriff des Systems gegeben, versteht sich also für die Systemtheorie von selbst. Eine systemeigene Ordnung der internen Differenzierung fordert darüber hinaus, daß auch die Beziehungen der Teilsysteme zueinander geregelt sind, entweder auf der Basis der Gleichheit (Segmentierung) oder in verschiedenen Formen der Ungleichheit (Rangordnung ist eine von ihnen). Die Gesamtordnung des umfassenden Systems (in unserem Falle: des Rechtssystems) kommt also darin zum Ausdruck, daß das allgemeine System/Umwelt-Verhältnis der Teilsysteme eingeschränkt ist durch Ordnungsvorgaben für Sy-

---

1 Vgl. für eine historische Fallanalyse Rudolf Stichweh, Zur Entstehung des modernen Systems wissenschaftlicher Disziplinen: Physik in Deutschland 1740-1890, Frankfurt 1984.

stem-zu-System-Beziehungen. Und diese können unterschiedliche Freiheitsgrade, also unterschiedliche Integrationsdichte vorsehen je nach der Komplexität, die in der Evolution des Gesamtsystems erreicht und zu bewältigen ist. Nur ein sehr geringes Komplexitätsniveau kommt mit Segmentierung aus. Es gibt eine Mehrzahl von Gerichten, die einander gleichen und als gleiche zu respektieren haben. Aber darüber hinaus haben sich seit langem Differenzierungsformen auf der Basis von Ungleichheit – etwa Gerichte und Anwälte, Gerichte und gesetzgebende Parlamente, gebildet, die auf der Basis von Ungleichheit mehr Unterschiede und damit größere Freiheitsgrade in das System einführen. Das Beispiel zeigt, daß verschiedene Differenzierungsformen einander keineswegs ausschließen.[2] Es obliegt dann der jeweils dominanten Form von Ungleichheit zu regulieren, wo und wieviel andere Differenzierungsformen nötig und zugelassen sind – in Adelsgesellschaften zum Beispiel schichtmäßig differenzierte, innerhalb einer Schicht aber gleichrangige Haushalte.

Von diesen Vorgaben ausgehend fragen wir nach den Formen interner Differenzierung des Rechtssystems. Diese Frage ist nicht mit dem Hinweis auf unterschiedliche Rechtsgebiete und auf den historischen Wandel der entsprechenden Unterscheidungen zu beantworten. Es geht also nicht um Unterschiede wie öffentliches Recht und Privatrecht, Verwaltungsrecht und Verfassungsrecht, Sachenrecht und Schuldrecht und erst recht nicht um prinzipielle Einteilungen des Rechtsstoffes, etwa mit dem römisch-rechtlichen Schema persona/res/actio. Semantische Einteilungen dieser Art werden sich nicht unabhängig vom Komplexitätsniveau des Systems entwickeln; aber sie geben noch keinen Aufschluß über die operativen Systembildungen im Rechtssystem.

Auch folgen wir nicht der üblichen Einteilung in Gesetzesrecht und Richterrecht. Diese Unterscheidung ist, ihrer Form nach, durch die Theorie des positiven Rechts bestimmt und stellt zur Diskussion, ob man von einer oder von mehreren Rechtsquellen auszugehen habe. Man kann darüber diskutieren, aber eine Entscheidung ist ohne Rückgriff auf abstraktere theoretische Grundlagen nicht ab-

2 Das betont (aber eine andere Auffassung ist wohl nie vertreten worden) Karl Otto Hondrich, Die andere Seite sozialer Differenzierung, in: Hans Haferkamp / Michael Schmid (Hrsg.), Sinn, Kommunikation und soziale Differenzierung: Beiträge zu Luhmanns Theorie sozialer Systeme, Frankfurt 1987, S. 275-303.

zusehen; und man darf vermuten, daß eine theoretische Abstraktion eher die Fragestellung relativieren wird als in der Rechtsquellenfrage weiterzuhelfen. Differenzierungstheoretisch geht es uns auch, und sogar in erster Linie, um die Stellung der Gerichte als einem ausdifferenzierten Teilsystem des Rechtssystems. Aber die Frage wird dann sein, welche *Form der Differenzierung* sich einem Rechtssystem aufdrängt, wenn es Gerichte ausdifferenziert.

II

Einen ersten Anhaltspunkt gewinnen wir mit der für die Selbstbeschreibung des Systems prominenten Unterscheidung von Gesetzgebung und Rechtsprechung. Dies liegt besonders deshalb nahe, weil sie in der alteuropäischen Tradition explizit mit Ausdifferenzierung gerechtfertigt worden war. Aristoteles hatte in einer im Mittelalter wieder aufgegriffenen Textstelle[3] das Problem in der Unabhängigkeit der Rechtsprechung von verwandtschaftlichen und freundschaftlichen Bindungen des Richters gesehen, in der Unabhängigkeit also von der segmentären Differenzierung in einer schon schichtmäßig und nach Stadt/Land differenzierten Gesellschaft. Die Lösung lag für Aristoteles in der Eigendifferenzierung der Rechtspflege nach Gesetzgebung und Rechtsprechung. Denn der Gesetzgeber müsse allgemeine Normen vorgeben, deren Auswirkungen auf Freunde und Feinde, Nahestehende und Fernerstehende er wegen der Allgemeinheit der Normen und der Unbestimmtheit künftiger Anwendungsfälle schwer überblicken könne. Es genüge dann, den Richter an das Gesetz zu binden, um ihn daran zu hindern, Freunde zu begünstigen und Feinde zu benachteiligen. Nichts anderes sollte auch die Formel »ohne Ansehen der Person« besagen.

In Rom hatte sich dann bekanntlich eine Zusatzdifferenzierung von Volksgesetzgebung und Konditionierung der Ausübung der Gerichtsgewalt des zuständigen Magistrats (des Praetors) ergeben, also eine rechtsförmige Festlegung der Bedingungen, unter denen politische Gewalt dem Recht zur Verfügung gestellt wurde. Die Schicht-

---

3 Rhetorik I 1354 b. Siehe dazu Aegidius Columnae Romanus, De regimine principum (1277/79), zit. nach der Ausgabe Romae 1607, S. 506 ff.

einflüsse verlagerten sich damit wesentlich auf die Kenntnis des Rechts, nämlich auf die respondierende Beratung durch die (zunächst nur dem Adel angehörigen) Rechtsexperten. Bis weit in die Neuzeit hinein hat sich dann die Auffassung erhalten, daß Gesetzgebung und Rechtsprechung zwei Varianten einer einheitlichen Aufgabe seien, nämlich der iurisdictio, für die im Prinzip die politische Gewalt, im Territorialstaat also der Fürst, zuständig sei.[4] Insofern blieb die Differenzierung des Rechts gegen die dominierenden Ordnungen der Schichtung und der Haushalte abhängig von der jeweils prekären Autonomie des politischen Systems.[5] Es blieb eine Frage der situativen Konstellation, ob und gegen wen Recht durchgesetzt werden konnte, und ohnehin lag die lokale Gerichtsbarkeit fest in den Händen des (allerdings häufig abwesenden) Adels bzw. der städtischen Gerichte.[6]

Anzeichen einer sich ändernden Konstellation machen sich seit der zweiten Hälfte des 16. Jahrhunderts und vor allem im 17. Jahrhundert bemerkbar. Sie liegen darin, daß die »potestas legislatoria« als Komponente des frühmodernen Souveränitätsbegriffs aufgewertet und die entsprechende Kompetenz zur Durchsetzung der Ordnungsideen des modernen Territorialstaates verstärkt in Anspruch genommen wird.[7] Fast unmerklich verlagert sich das Gesetzgebungsverständnis aus dem Kontext »iurisdictio« (die Gesetze »sa-

4 Siehe z. B. Pietro Costa, Iurisdictio: Semantica del potere politico nella pubblicistica medievale (1100-1433), Milano 1969; Brian Tierney, Religion, Law, and the Growth of Constitutional Thought 1150-1650, Cambridge Engl. 1982, S. 30 ff.; Edward Powell, Kingship, Law and Society: Criminal Justice in the Reign of Henry V., Oxford 1989.

5 Siehe hierzu den globalen Überblick von Shmuel N. Eisenstadt, The Political System of Empires, New York 1963.

6 Zur Kritik kommt es erst auf Grund der Neukonzipierung der Souveränität des Staates. So mit besonderer Schärfe der Jurist C.L.P. (Charles Loyseau, Parisien), Discours de l'abus des iustices de village, Paris 1603.

7 Vgl. Heinz Mohnhaupt, Potestas legislatoria und Gesetzesbegriff im Ancien Régime, Ius Commune 4 (1972), S. 188-239; Michael Stolleis, Condere leges et interpretari: Gesetzgebungsmacht und Staatsbildung in der frühen Neuzeit, in ders., Staat und Staatsräson in der frühen Neuzeit: Studien zur Geschichte des öffentlichen Rechts, Frankfurt 1990, S. 167-196. Als einen zeitgenössischen Beleg siehe etwa die Zusammenfassung von promulgatio, interpretatio und executio der Gesetze als Komponenten des ius majestatis bei Johannes Althusius, Politica methodice digesta (1614), Cap. X, Nachdruck der Harvard Political Classics Bd. II, Cambridge Mass. 1932, S. 94 ff.

gen«, was rechtens ist) in den Kontext »souveraineté«, und in diesem Vorgang verschmelzen für Jahrhunderte die Vorstellungen von Rechtssouveränität und politischer Souveränität. Die Eminenz des Gesetzesbegriffs fordert, daß man Teilkompetenzen in die Gesetzgebungskompetenz einschließt – so die Kompetenz des Annullierens und Änderns, die Kompetenz der fallweisen Durchbrechung (Derogation), des Gewährens von gesetzesdurchbrechenden »Privilegien« und nicht zuletzt die Kompetenz zur Interpretation der Gesetze in den heute so genannten »hard cases«.[8] Vor allem daraus ergibt sich die Notwendigkeit einer territorialstaatlichen Reform und Vereinheitlichung des Justizwesens.

Zunächst wird also die gleichsam unitarische Vorstellung von Verantwortung für das Recht nur neu bestimmt. Die politischen Verschiebungen auf dem Weg vom Ständestaat zum absolutistisch regierten Staat erzeugen terminologische Variationen und nutzen sie für ein allmähliches Aushöhlen alter Mitwirkungsrechte. Erst im 18. Jahrhundert ändert sich dies durchgreifend, und erst jetzt gewinnt die Differenzierung von Gesetzgebung und Rechtsprechung die heute geläufige Prominenz. Im Zusammenhang mit ausgeprägten Interessen an Rechtsreformen hat vor allem Jeremy Bentham eine deutliche Trennung von Gesetzgebung und Rechtsprechung gefordert, ohne damit allerdings wirklich ins Common Law einbrechen zu können.[9] Der zusammenfassende Kompetenzbegriff der »iurisdictio« wird ersatzlos gestrichen. Man denkt jetzt, was immer die Begründungsfiguren der Natur oder der Vernunft noch besagen mögen, konsequent vom positiven Recht her; und rückblickend gesehen hat man den Eindruck, als ob das Risiko der Entscheidungsabhängigkeit allen Rechts auf zwei Instanzen verteilt und damit erträglich gestaltet werden sollte. Nicht die Ausdifferenzierung, sondern die Kontingenz des bereits ausdifferenzierten Systems ist

8 Zu diesem auch référé législatif genannten »recourir au Prince« für den Fall, daß die Interpretation keine klaren Ergebnisse ergibt, vgl. an prominenter Stelle Jean Domat, Les loix civiles dans leur ordre naturel, 2. Aufl. Paris 1697, Bd. 1, S. 25. Siehe ferner den Überblick über europäische Praxis im 17. und 18. Jahrhundert bei Mohnhaupt a.a.O. (1972), S. 220 ff.

9 Siehe dazu unter Einbeziehung nichtpublizierter Quellen Gerald J. Postema, Bentham and the Common Law Tradition, Oxford 1986, insb. S. 191 ff.; David Lieberman, The Province of Legislation Determined: Legal Theory in Eighteenth-Century Britain, Cambridge Engl. 1989.

das Problem, auf das die Unterscheidung von Gesetzgebung und Rechtsprechung reagiert.

Die Unterscheidung von Gesetzgebung und Rechtsprechung beruht auf der Differenzierung entsprechender Verfahren, setzt also die Evolution von Kompetenznormen und deren restringierende Konditionierung voraus. Sie kann auf dieser Grundlage von beiden Seiten der Unterscheidung gesehen, also als doppelseitig verwendbare Asymmetrie inszeniert werden; und mit diesem Innenhalt kann das Rechtssystem (ohne deswegen die Gesellschaft verlassen zu müssen) auf Außenhalt verzichten und eigene Autonomie praktizieren. Der Richter wendet die Gesetze an, gehorcht den Weisungen des Gesetzgebers. Und der Gesetzgeber würde eine »Fahrt ins Blaue« (Esser) unternehmen, würde er nicht darauf achten, daß und wie sich neue Gesetze in die Gesamtheit der Entscheidungsprämissen der Gerichte einfügen lassen. Das konnte es schließlich erlauben, die Differenz als eine Art kybernetischen Zirkel darzustellen, in dem das Rechtssystem sich selber beobachtet, und zwar auf einer Ebene der Beobachtung zweiter Ordnung. Der Richter muß zu erkennen versuchen, was der Gesetzgeber gemeint, also wie er die Welt beobachtet hatte. Es entwickeln sich entsprechende Methoden der »Auslegung« des Willens des Gesetzgebers. Aber auch der Gesetzgeber muß sich vorstellen können, in welcher Form die Fälle beim Gericht ankommen und dort gesehen und bearbeitet werden. Allerdings wählt das 18. Jahrhundert auf der Basis eines noch nicht gegen Gesellschaft differenzierten, »zivilgesellschaftlichen« Staatsbegriffs eine andere Darstellungsform. Noch wirft die hierarchische Weltarchitektur der alten Kosmologie ihre Schatten, und noch lassen in diesem Rahmen sich lex und imperium nicht getrennt denken. Das Verhältnis von Gesetzgebung und Rechtsprechung wird nach Art einer Hierarchie konstruiert und die Hierarchie als Weisungshierarchie (nicht als Inklusionshierarchie, nicht als Verhältnis von Ganzem und Teilen) aufgefaßt. Das Gericht wird als ausführendes Organ der Gesetzgebung begriffen und die Rechtsmethodik als Deduktion. Der Zusammenhang soll durch Logik und folglich durch Axiomatisierung der Normzusammenhänge garantiert sein. Entsprechende Projekte werden seit Leibniz diskutiert. Daß die Realität dieser Darstellung nicht entsprach, ist heute bekannt[10];

10 Vgl. Regina Ogorek, De l'Esprit des légendes, oder wie gewissermaßen aus dem

aber zugleich ist verständlich, daß man die neue Schärfe der Unterscheidung von Gesetzgebung und Rechtsprechung nur mit Hilfe eines korrespondierenden Einheitskonzepts wahrnehmen und empfehlen konnte. Deshalb betonte man das Recht als System im Sinne einer aus einem Prinzip konstruierbaren Mannigfaltigkeit, deshalb die Methode als keine Abweichung tolerierende Deduktion. Deshalb fordert man das sogenannte référé législatif als Behelf für Fälle, in denen (wie man meinte: ausnahmsweise) Interpretationsprobleme auftreten, und deshalb sah man auch keine Schwierigkeiten, das Rechtssystem genau parallel zu (oder gar: identisch mit) der politischen Ordnung zu konzipieren.

Die Realität hat diese monistische Konzeption von Differenzierung jedoch rasch widerlegt.[11] Allenfalls im Stil der Entscheidungsbegründung höchster Gerichte kann man Nachwirkungen dieser hierarchischen Auffassung von Gewaltenteilung noch erkennen – so vor allem in Frankreich.[12] Die Interpretation von Gesetzen und die damit zu konzedierenden Eigenwilligkeiten können den Gerichten nicht entzogen werden. Die »Bindung an das Gesetz« wird selbst zum Gegenstand richterlicher Interpretation. Die Gerichte haben zu entscheiden, wie weit sie Fälle über Interpretation lösen können und wie weit sie Rechtsänderungen durch den Gesetzgeber fordern müssen, wenn die Problemlösungen nicht befriedigen. *Und erst diese Auffassung der richterlichen Aufgabe macht es möglich, das Verbot der Justizverweigerung zu normieren und zu verlangen, daß die Gerichte alle ihnen vorgelegten Fälle selbst zu entscheiden haben.*

Seit dem 19. Jahrhundert mehren sich Veränderungen, die zu einer Auflösung des Hierarchie-Modells beitragen, ohne daß man es grundsätzlich in Frage gestellt, geschweige denn durch Übergang

Nichts eine Interpretationslehre wurde, Rechtshistorisches Journal 2 (1983), S. 277-296; dies., Zum politischen Selbstverständnis der Rechtsprechung am Vorabend des bürgerlichen Zeitalters – eine Fallstudie, Ius Commune 10 (1983), S. 69-95; dies., Richterkönig oder Subsumtionsautomat: Zur Justiztheorie im 19. Jahrhundert, Frankfurt 1986, S. 13 ff.

11 Vgl. dazu Hermann Conrad, Richter und Gesetze im Übergang vom Absolutismus zum Verfassungsstaat, Graz 1971.

12 Siehe Michel Troper et al., Statutory Interpretation in France, in: D. Neil MacCormick / Robert S. Summers (Hrsg.), Interpreting Statutes: A Comparative Study, Aldershot Hants, England 1992, S. 171-212. Siehe auch die vergleichende Würdigung a.a.O., S. 487 f., 496 ff.

zu einer anderen Differenzierungsform ersetzt hätte. Die Interpretationsvollmachten des Richters im Verhältnis zum Gesetzgeber werden ausgeweitet – nicht zuletzt als Folge des Altwerdens der großen Kodifikationen. Zunehmend beschäftigen auch Probleme der Vertragsauslegung (Interpretation des Willens der Vertragschließenden) die Gerichte. Eine Mehrheit von Methoden der Gesetzesauslegung wird diskutiert, und von strenger Deduktion ist immer weniger die Rede. Der Richter findet sich unter der Doppelanforderung: jeden Einzelfall zu entscheiden und gerecht zu entscheiden, was als mindestes heißt: in den Einzelfällen Gleichheit walten zu lassen, also dieselben Regeln anzuwenden. Dabei muß auch die Gesetzesauslegung mit ihren in der Judikatur selbst entwickelten Regeln gerecht sein. Der Entscheidungs*zwang* und die mit ihm einhergehende, durch ihn produzierte *Freiheit*, nach Gründen für eine (wie immer fragwürdige) Entscheidung zu suchen, wird durch Gerechtigkeitsgesichtspunkte *eingeschränkt*. Und diese Trias von Zwang, Freiheit und Einschränkung produziert Recht. Es entsteht zugleich mit immer mehr Gesetzesrecht immer mehr Richterrecht.

Für diese Entwicklung gibt es im 19. Jahrhundert zunächst die Schutzhypothese, der Gesetzgeber habe rational gehandelt und seine Texte seien entsprechend zu interpretieren.[13] Das ermöglicht es, die Form der Hierarchie im Verhältnis von Gesetzgebung und Rechtsprechung noch zu bewahren, zugleich aber den Richter schon an der Textproduktion zu beteiligen. Der Akzent liegt auf der Methode als Garantie der Übereinstimmung von oben und unten. Darauf folgen dogmatische Eselsbrücken anderer Art – vor allem die Lehre von der Vollständigkeit (»Lückenlosigkeit«) der Rechtsordnung in der Form einer nützlichen Fiktion und die Unterscheidung von Buchstaben und Geist des Gesetzes mit der Funktion einer noch verdeckten Freigabe richterlicher Rechtsbildung. Schließlich kommt es, nachdem man sogar Topik und Rhetorik als Methoden hatte gelten lassen, zu einer Kritik von zu stark auf Methoden setzenden Rechtstheorien.[14] Es festigt sich die Auffassung

13 Vgl. François Ost / Michel van de Kerchove, Jalons pour une théorie critique du droit, Bruxelles 1987, S. 355 ff. (siehe auch S. 97 ff.).

14 Siehe (mit nur noch sehr vagen Abgrenzungsvorstellungen) Martin Kriele, Theorie der Rechtsgewinnung, entwickelt am Problem der Verfassungsinterpretation, Berlin 1967, 2. Aufl. 1976. Lesenswert insbesondere die Auseinandersetzung mit

(besonders in der »realistischen« Rechtslehre in den USA), daß letztlich nur das als Recht gilt, was die Gerichte als solches ansehen. »Richterrecht« wird als Rechtsquelle eigener Art anerkannt.[15] Daraufhin kommt es mehr und mehr zur Einsicht, daß die Beziehung zwischen Gesetzgebung und Rechtsprechung nicht asymmetrisch-linear, sondern zirkulär als wechselseitige Einschränkung der Entscheidungsspielräume aufgefaßt werden muß.[16] Und trotzdem scheint nach wie vor die Vorstellung einer hierarchischen Überordnung des Gesetzgebers über den Richter vorzuherrschen, denn der Richter ist – aber sollte man nicht hinzufügen: wie jedermann und auch der Gesetzgeber selbst – an das Gesetz gebunden. Und wie würde man von »Demokratie« sprechen können, wenn das nicht der Fall wäre?

Wie ist dieser Rückstand der Beschreibung gegenüber den Verhältnissen zu erklären? Wir vermuten: daß die besondere Stellung der Gerichte im Rechtssystem nicht ausreichend begriffen worden ist und wenden uns daher zunächst dieser Frage zu.

III

Zur Prominenz der Unterscheidung von Gesetzgebung und Rechtsprechung gehört, daß die Eigenart der Gerichtstätigkeit primär, wenn nicht ausschließlich, innerhalb dieser Unterscheidung bestimmt wird. Es handelt sich, im Unterschied zur Gesetzgebung,

Larenz und der Versuch, Methodenbewußtsein durch Entscheidungsverantwortung zu ersetzen. In Frankreich entspricht dem die Kritik an der »école de l'exégèse«. Vgl. Julien Bonnecase, L'Ecole de l'exégèse en droit civil, 2. Aufl. Paris 1924.

15 Siehe dazu den Streit um die Frage, ob Richterrecht eine eigene Rechtsquelle sei, etwa Josef Esser, Richterrecht, Gerichtsgebrauch und Gewohnheitsrecht, Festschrift für Fritz von Hippel, Tübingen 1967, S. 95-130 (ablehnend), oder Heinrich Wilhelm Kruse, Das Richterrecht als Rechtsquelle des innerstaatlichen Rechts, Tübingen 1971 (bejahend). Zum Problem der *faktischen* Verbreitung der Vorstellung, es gebe ein besonderes »Richterrecht« siehe auch Eduard Picker, Richterrecht oder Rechtsdogmatik – Alternativen der Rechtsgewinnung?, Juristenzeitung 43 (1988), S. 1-12, 62-75.

16 Vgl. Torstein Eckhoff, Feedback in Legal Reasoning and Rule Systems, Scandinavian Studies in Law 1978, S. 39-51; Michel van de Kerchove / François Ost, a.a.O. (1987), S. 205 ff.; dies., Le système juridique entre ordre et desordre, Paris 1988, S. 102 ff.

um die »Anwendung« des Rechts durch Entscheidung von Einzelfällen.[17] Wenn aus Anlaß solcher Entscheidungen allgemeine Entscheidungsregeln, Leitsätze, Prinzipien, Rechtstheorien entwickelt oder bestätigt werden, geschieht das gleichsam mit linker Hand und nur in Befolgung des Gesetzes, das gebietet, Entscheidungen zu begründen (§ 313 ZPO). Kein Gericht darf selbst einen Prozeß beginnen, auch wenn die Kalamitäten ringsum anwachsen. Damit ist gesichert, daß die Entscheidungstätigkeit des Gerichtes »konkret« bleibt und die Entwicklung von Regeln nebenherläuft. Obwohl man durchaus sieht, daß das »Richterrecht« in manchen Bereichen viel bedeutsamer sein kann als das Gesetzesrecht!

Mit Hilfe der Asymmetrie des Verhältnisses von Gesetzgebung und Rechtsprechung und mit Hilfe zugeordneter Begriffsmittel, etwa der Lehre von den Rechtsquellen, versucht man die Offenlegung eines Zirkels zu vermeiden, der sich ergeben würde, wenn man zugeben müßte, daß das Gericht das Recht selbst »schafft«, das es »anwendet«.[18] Vor allem dient die Stilisierung der Gerichtsentscheidung als »Erkenntnis« des Rechts – und selbst die Rechtsquellenlehre stellt die Rechtsquellen noch als Erkenntnisquellen dar[19] –,

---

17 Siehe zu diesem »Self-concept« der Gerichte im Kontrast zu der viel komplexeren, soziologisch erkennbaren Realität Klaus A. Ziegert, Courts and the Self-concept of Law: The Mapping of the Environment by Courts of First Instance, Sydney Law Review 14 (1992), S. 196-229.

18 Als einen Versuch, dem Zirkel zu entgehen, siehe Josef Raz, The Concept of a Legal System: An Introduction to the Theory of Legal System, 2. Aufl. London 1980, S. 187 ff. Vgl. auch Torstein Eckhoff / Nils Kristian Sundby, Rechtssysteme: Eine systemtheoretische Einführung in die Rechtstheorie, Berlin 1988, insb. S. 134 ff.

19 Siehe nur, theoriegeschichtlich einflußreich, Alf Ross, Theorie der Rechtsquellen: Ein Beitrag zur Theorie des positiven Rechts auf Grundlage dogmenhistorischer Untersuchungen, Kopenhagen und Leipzig-Wien 1929, S. 290 ff. Daß dies der Zirkelvermeidung dient, wird deutlich, wenn man liest, daß die herrschende Auffassung, »die das Gesetz als Rechtsquelle betrachtet, weil es als Ausdruck für einen besonders qualifizierten Willen angesehen wird«, als »widerspruchsvoll« abgelehnt wird (294). Für die anschließende Schulbildung siehe etwa Ronald Dubischar, Grundbegriffe des Rechts: Eine Einführung in die Rechtstheorie, Stuttgart 1968, S. 58 ff. Im Anschluß an Ralf Dreier, Probleme der Rechtsquellenlehre: Zugleich Bemerkungen zur Rechtsphilosophie Leonhard Nelsons, Festschrift für Hans J. Wolff, München 1973, S. 3-36, läßt sich das Asymmetrisierungsgebot auch so formulieren: Wenn auch der Richter Rechts(erkenntnis)quelle *für andere* sei, dürfe er es doch nicht *für sich selber* sein: der Begriff der Rechtsquelle müsse situationsrelativ bzw. rollenspezifisch gehandhabt werden (S. 8). Aber dann fragt man:

der Asymmetrisierung eines Verhältnisses, das anderenfalls als zirkulär dargestellt werden müßte. Aber der Zirkel würde gar nicht auftreten, wenn die Gerichte dort, wo sie kein Recht »finden« können, gar nicht entscheiden müßten, sondern sich mit einem non liquet begnügen könnten. Das wird ihnen jedoch nicht erlaubt – und zwar *rechtlich* nicht erlaubt. Der operativen Schließung des Systems, dem Abkoppeln von aller direkten Teilnahme an Umwelt, entspricht systemintern die Notwendigkeit des Entscheidens. Der Systemzustand kann nicht so hingenommen werden, wie er sich als Weltzustand ergibt. Die Differenz System/Umwelt wird im System als offenes Problem erfahren; und am Ende einer langen Erfahrung mit dieser Zäsur und nach der Entwicklung derjenigen Rechtseinrichtungen, die es ermöglichen, damit umzugehen, setzt sich das System selbst unter Entscheidungszwang.

Doch was ist das, was die Gerichte tun müssen: entscheiden?

Da Entscheiden als Verhalten jedermann vertraut ist und im übrigen die Gerichte ausdrücklich, öffentlich und, wenn man so sagen darf, mit Würde entscheiden, unterbleibt zumeist die Frage nach der Eigenart dieses Vorgangs. Die entscheidungstheoretische Literatur führt auch nicht sehr weit, da sie sich ganz überwiegend mit Fragen der Rationalität oder mit empirischen Fragen des Entscheidungsprozesses (im Sinne einer Sequenz von Kleinstentscheidungen) befaßt. Erst recht setzt die Literatur über juristische Argumentation voraus, daß es um Begründung oder Beeinflußung von Entscheidungen geht. Aber die Entscheidung selbst ist kein weiteres (finales?) Argument. Sondern was?

Es würde den Rahmen einer Untersuchung des Rechtssystems sprengen, wollte man hier eine ausgearbeitete Entscheidungstheorie einfügen. Aber da die Gerichtsentscheidung eine Zentralstellung im gesamten System hat, ist es doch wichtig, zumindest ein gewisses Verständnis dafür zu gewinnen, daß das System sich selbst an diesem Punkte zum Rätsel wird.

Sicher hat die Entscheidung es immer mit einer Alternative zu tun, die aus mindestens zwei und oft mehr wählbaren Pfaden besteht, die ihrerseits dann wieder Zustände, Ereignisse, aber auch weitere Entscheidungen enthalten mögen, die durch die Entscheidung er-

Warum ist der Richter eine Ausnahmefigur, während dasselbe Argument für den Gesetzgeber nicht gelten würde?

möglicht werden, ohne sie also nicht realisiert werden würden, aber nur begrenzt voraussehbar und, wenn es um weitere Entscheidungen geht, prinzipiell unvoraussehbar sind. Die Entscheidung selbst ist aber keine Komponente der ihr vorliegenden Alternative, kein weiterer Pfad. Sie ist, muß man deshalb vermuten, das durch die Alternativität der Alternative ausgeschlossene Dritte. Sie ist die Differenz, die diese Alternativität konstituiert; oder genauer: sie ist die Einheit dieser Differenz. Also ein Paradox. Entscheidungen gibt es nur, wenn etwas prinzipiell Unentscheidbares (nicht nur: Unentschiedenes!) vorliegt.[20] Denn anderenfalls wäre die Entscheidung schon entschieden und müßte nur noch »erkannt« werden.[21]

Diese Paradoxie liegt im Sachverhältnis des ausgeschlossenen Dritten zur Alternative, die es konstruiert, um ausgeschlossen zu sein (= entscheiden zu können) – so wie ein Beobachter nicht die Unterscheidung sein kann, mit deren Hilfe er etwas bezeichnet, sondern sich selbst als blinden Fleck seines Beobachtens ausschließen muß. Hinzukommt ein Zeitproblem.[22] Schon allgemein gilt, daß ein System nur in dem Zeitpunkt existiert, in dem es operiert, und daß es dabei von einer mit diesem Zeitpunkt *gleichzeitigen* (was immer auch heißt: unkontrollierbaren) Welt ausgehen kann.[23] Zeitliche Extension ist nur dadurch möglich, daß man die Gegenwart als Unterscheidung, als Einheit der Differenz von Vergangenheit und Zukunft einsetzt. Und sie eben damit zum blinden Fleck einer sich ins Inaktuelle ausdehnenden Zeit macht. Weil dies möglich ist, kann

20 So Heinz von Foerster, Ethics and Second-order Cybernetics, Cybernetics and Human Knowing 1 (1992), S. 9-19 (14).

21 Daß die Gerichte diese Darstellungsform als »Erkenntnis« wählen, muß deshalb als Ausweichen vor dem Problem, vielleicht auch als Invisibilisierung und Auflösung der Paradoxie beurteilt werden. Es sollte jedenfalls nicht zu dem Irrtum führen, daß Rechtsstreitigkeiten keiner Entscheidung bedürften. Wenn es keine Alternative gibt, ist die Gerichtsentscheidung durch den Gesetzgeber oder durch Vertragsschluß vorweggenommen worden; aber selbst wenn diese die Absicht war, werden häufig noch Alternativen entdeckt. Es gibt keine Entscheidung, die ausschließen könnte, daß als Folge der Entscheidung weitere Entscheidungen notwendig oder möglich werden.

22 Vgl. hierzu und zum Folgenden G.L.S. Shackle, Imagination, Formalism, and Choice, in: Mario J. Rizzo (Hrsg.), Time, Uncertainty, and Disequilibrium: Explorations in Austrian Themes, Lexington Mass. 1979, S. 19-31.

23 Siehe auch Shackle a.a.O., S. 20 über »the notion of *the present*, the moment of which, alone, we have direct knowledge, the moment-in-being, the moment of actuality embracing all that *is*. All that *is*, is the present«. .

man die Gegenwart als Zeitpunkt der Entscheidung benutzen, das Nicht-mehr-Änderbare zur Vergangenheit und das Noch-Änderbare zur Zukunft gerinnen lassen und die gleichzeitige Welt in die Form einer gegebenen Alternative bringen. In bezug auf die Zeithorizonte Vergangenheit/Zukunft kann man sich, *weil sie notwendig inaktuell sind,* selektiv verhalten und mit dieser Selektivität eine Alternative konstruieren, die es ihrerseits dann wieder ermöglicht, die Situation als Entscheidungssituation zu begreifen. Eine Entscheidung kann nur vorkommen, wenn in dieser Weise temporalisiert wird. Ansonsten steht es frei, die Welt je gegenwärtig so zu erleben, wie sie sich zeigt.

Diese Analyse des Entscheidens hat gravierende Konsequenzen, die besonders für Juristen unakzeptabel sein mögen. Sie besagt: die Entscheidung ist durch die *Vergangenheit* (inclusive natürlich: erlassene Gesetze, begangene Taten) *nicht determiniert.* Sie operiert innerhalb ihrer eigenen, für sie nur gegenwärtig möglichen Konstruktion. Andererseits hat sie *Folgen für die Gegenwarten in der Zukunft.* Sie öffnet oder verschließt Möglichkeiten, die ohne sie nicht bestehen würden. Die Entscheidung setzt Vergangenheit als unänderbar und Zukunft als änderbar voraus, *und eben deshalb kehrt sie das Determinationsverhältnis um.* Sie läßt sich durch die Vergangenheit nicht festlegen, versucht aber, für die Zukunft einen Unterschied zu machen, der allerdings nicht determinierend wirken kann, weil in der Zukunft weitere Entscheidungen anstehen. Bei allen Problemen, die man damit haben mag: man kann deshalb gut verstehen, daß Gerichte auf die Folgen ihrer Entscheidungen achten, sie durch Folgenbewertung zu legitimieren versuchen. Nur können sie die Folgen ihrer Entscheidungen (da weitere Entscheidungen interferieren und Informationen unvollständig bleiben) stricto sensu nicht kennen; und vielleicht zwingt dies mehr als anderes zu der Illusion, eine Entscheidung sollte und könnte wenigstens im Rechtssystem durch die im Verfahren erfaßte Vergangenheit determiniert sein.

Eine Entscheidung ist nach all dem ein Paradox, das sich selbst nicht thematisieren, sondern allenfalls mystifizieren kann. Autorität, Dekoration, Begrenzung des Zugangs zum Geheimnis, Texte, auf die man sich beziehen kann, Auftritt und Abtritt des Gerichts – all das tritt an den Platz, an dem verhindert werden muß, daß das Paradox der Entscheidung als Paradox erscheint und damit verrät, daß die

Voraussetzung, es könne *mit Recht* über Recht *und* Unrecht *entschieden* werden, ebenfalls eine Paradoxie ist und daß die *Einheit des Systems* überhaupt nur als Paradox beobachtet werden kann.

Hier mag der Grund liegen, weshalb das System seine eigene Einheit nur mit Hilfe von Unterscheidungen in Operationen umsetzen kann und daß man Unterscheidungen wie Recht und Unrecht, Normen und Fakten oder eben: Geltung (qua Entscheidung) und Gründe (qua Argumentation) im System nicht auf ein Prinzip, einen Ursprung, eine Vernunft reduzieren kann. Das heißt dann in den Konsequenzen auch, daß das System über sein Geltungssymbol nur in dieser mysteriösen Form des Entscheidens disponieren kann; und es heißt ferner, daß es zwar viele Entscheidungen freistellen kann, aber auch die Möglichkeit bereitstellen muß, sich selbst zur Entscheidung zu zwingen, wenn anders die Paradoxie von Recht=Unrecht nicht gelöst werden kann.

IV

Das bringt uns auf eine Spur, die tiefer führt und den bisherigen Diskussionsstand unterminiert. Verträge müssen nicht abgeschlossen, Gesetze müssen nicht erlassen werden (sofern die Verfassung dies nicht im Einzelfall vorschreibt), aber Gerichte müssen jeden ihnen vorgelegten Fall entscheiden. Man nennt die entsprechende Norm – und die doppelte Negation in der Formulierung ist logisch aufschlußreich – Verbot der Justizverweigerung.[24]

Während das römische Recht und noch das mittelalterliche Recht nur für bestimmt definierte Klagen (actio, writ) Rechtsschutz gewährte[25], ist es im Übergang zur Neuzeit selbstverständlich gewor-

---

24 Gemessen an der strukturellen Bedeutung dieses Zwangs zur Entscheidung gibt es erstaunlich wenig rechtstheoretische Literatur – so als ob das Thema durch Vernachlässigung entschärft werden könnte. Siehe aber Ottmar Ballweg, Rechtswissenschaft und Jurisprudenz, Basel 1970, insb. S. 84 f., 108 ff.

25 Entsprechend beschränkte sich im römischen Recht das Thema auf die Weigerung eines Richters, eine an sich zulässige Klage anzunehmen – vel propter amicitias vel inimicitias vel turpissimi lucri gratia vel per aliud quicquam vitium, wie es in einer (differenzierungstheoretisch bemerkenswerten) Formulierung in der Constitutionensammlung des Codex Juris Civilis (C. 3.1 de iudiciis 13.8) heißt.

den, daß jede Klage durch eine Entscheidung zu beantworten ist, auch wenn dies gesetzlich nicht ausdrücklich vorgeschrieben ist (wie zum Beispiel im berühmten Art. 4 des Code civil[26]). Erst mit dieser Maßgabe, Rechtsprechung eigenverantwortlich *gewähren zu müssen*, konnte der Richter aus der alten Reichsaufsicht in die politische Unabhängigkeit entlassen werden.[27] Erst so konnte es dann auch sinnvoll erscheinen, die Gerichtskompetenz allmählich auch auf öffentlich-rechtliche Angelegenheiten auszudehnen.[28] Daß, rein faktisch gesehen, Gerichte nur in sehr geringem Umfang für das Erzielen streitiger Entscheidungen in Anspruch genommen werden, gemessen an der Häufigkeit, mit der Rechtsprobleme im täglichen Leben auftauchen, ist oft genug festgestellt worden[29]; aber

26 Der Text lautet: »Le juge qui refusera de juger, sous prétexte du silence, de l'obs-curité ou de l'insuffisance de la loi, pourra être poursuivi comme coupable de déni de justice.« Die Rechtsfigur des deni de justice ist viel älter, bezog sich aber vordem auf ein außergewöhnliches Rechtsmittel gegen Prozeßverzögerungen, denen auch nach mehrmaliger Abmahnung nicht abgeholfen wurde. (Vgl. z. B. Pierre Ayrault, Ordre, formalité et instruction judiciaire (1576), 2. Aufl. Paris 1598, S. 280.) Das setzt die Vorstellung einer absoluten Rechtsoberhoheit (iurisdictio) des Monarchen voraus und mußte deshalb nach dem Übergang zur konstitutionellen Gewaltentei-lung reformuliert werden. Daß dies explizit formuliert werden mußte, war im übrigen der Anlaß, eine eng damit zusammenhängende Frage zu entscheiden, näm-lich die Frage des référé législatif in Fällen, in denen der Richter davon ausgehen wollte, daß ihm ein Problem vorlag, über das im Gesetz noch nicht entschieden war. In der Konsequenz des Verbots des deni de justice lag dann die Ablehnung des référé législatif. In Frankreich gilt dieser Text des Art. 4 Code civil denn auch als positivrechtlicher Ausgangspunkt für eine Diskussion von Rechtsquellen- und In-terpretationsproblemen. Siehe etwa A. Bayart, L'article 4 du Code civil et la mission de la Cour de cassation, Journal des Tribunaux 71 (1956), S. 353-355.
27 Die Historiographie hat sich dann fast ausschließlich mit dieser politischen Neutra-lisierung und mit den ihr folgenden Kompetenzausdehnungen befaßt und die strukturelle Voraussetzung im Justizverweigerungsverbot kaum behandelt.
28 Vgl. für einen neueren Überblick über die Entwicklung im 19. Jahrhundert in Deutschland Regina Ogorek, Individueller Rechtsschutz gegenüber der Staatsge-walt: Zur Entwicklung der Verwaltungsgerichtsbarkeit im 19. Jahrhundert, in: Jürgen Kocka (Hrsg.), Bürgertum im 19. Jahrhundert: Deutschland im europäi-schen Vergleich, München 1988, Bd. 1, S. 372-405; dies., Richterliche Normenkon-trolle im 19. Jahrhundert: Zur Rekonstruktion einer Streitfrage, Zeitschrift für Neuere Rechtsgeschichte 11 (1989), S. 12-38.
29 Vgl. etwa William L.S. Felstiner, Influence of Social Organization on Dispute Pro-cessing, Law and Society Review 9 (1974), S. 63-94, für die Bedeutung *einseitiger* Entscheidungen in diesem Zusammenhang; Erhard Blankenburg, Mobilisierung von Recht: Über die Wahrscheinlichkeit des Gangs zum Gericht, über die Erfolgs-

das ist kein Einwand gegen die *strukturelle* Bedeutung der *Möglichkeit*, es zu tun. Denn die Möglichkeit, Gerichte anzurufen, läßt jeden Verzicht darauf und jede außergerichtliche Einigung als vorgezogene Problemlösung erscheinen – wie immer man deren »Freiwilligkeit« beurteilen mag.[30]

Daß der Entscheidungszwang für Gerichte in genau jener Zeit formuliert wird, in der Kants Philosophie ohnehin den Primat der Praxis vor der Erkenntnis verkündet, mag reiner Zufall sein, oder jedenfalls dürfte es nicht leicht fallen, direkte Einflüsse nachzuweisen. Kein Zufall aber ist es, daß mit dem Sichtbarwerden der modernen Gesellschaftsstrukturen ein Komplexitätsbewußtsein entsteht, das den Anspruch ausschließt, die Probleme der Welt logisch oder auch nur theoretisch abzuarbeiten. Die Daseinslage zwingt zu Verkürzungen. Die an sich endlose Interpretation der Welt oder der Texte muß abgebrochen werden. Man muß gegen die Möglichkeit besseren Wissens so tun, als ob es etwas gäbe, auf das man sich verlassen könne; oder das jedenfalls den Einsatz des Handelns rechtfertige. Vor diesem in Richtung Pragmatismus tendierenden Hintergrund der Weltbeschreibung bedarf dann auch die Sonderform des Verbots der Justizverweigerung keiner tieferen Begründung mehr. Und mehr noch: Sie harmoniert auch mit dem aufkommenden Rechtspositivismus. Denn wenn der Handlungsdruck zur Abkürzung der Wissenssuche zwingt, kann für die Geltung der Entscheidung keine Zeitbeständigkeit mehr verlangt werden, und man muß für neue Zweifel, bessere Einsichten und Änderung der Regeln offen bleiben.[31]

Daß ein »non liquet« rein logisch nicht ausgeschlossen werden

aussichten der Kläger und über die daraus ableitbaren Funktionen der Justiz, Zeitschrift für Rechtssoziologie 1 (1980), S. 33-64; Marc Galanter, Justice in Many Rooms: Courts, Private Ordering, and Indigenous Law, Journal of Legal Pluralism 19 (1981), S. 1-47. Für einen breiteren, auch vorbeugende Interessen einbeziehenden Überblick vgl. Barbara A. Curran, The Legal Needs of the Public: A Final Report of a National Survey, Chicago 1977.

30 »There is good reason to believe that most settlements would not have been reached but for the possibility of a court-ordered resolution«, meinen Richard Lempert / Joseph Sanders, An Invitation to Law and Social Science, New York 1986, S. 138.

31 Für eine Darstellung dieser Zeitlogik des Akzeptierens von Zeichen siehe aus heutiger Sicht Josef Simon, Philosophie des Zeichens, Berlin 1989.

kann, dürfte heute unbestritten sein.[32] Die Welt bietet keine Garantie für logische Ordnung und Ableitbarkeit. Das Verbot der Justizverweigerung ergibt sich auch nicht daraus, daß die Bindung an die Gesetze keine andere Wahl läßt. Denn sobald unlösbare Probleme der Gesetzesfindung und der Interpretation auftreten, wäre dem Richter freigestellt, »Lücken im Recht« festzustellen und die Entscheidung abzulehnen. Es bedarf also einer institutionellen Vorsorge, wenn das Rechtssystem als *universell* kompetent und *zugleich* als *entscheidungsfähig* eingerichtet werden soll. Dies kombinatorische Problem von Universalität und Entscheidungsfähigkeit wird im Verbot der Justizverweigerung zum Ausdruck gebracht, und zwar in der für das Rechtssystem angemessenen Form einer Norm, das heißt: mit notfalls kontrafaktischem Geltungsanspruch.

Es gibt einige Literatur, die sich mit den praktischen Schwierigkeiten befaßt, die aus dem Verbot der Justizverweigerung resultieren. Es versteht sich von selbst, daß eine solche Regel nur praktiziert werden kann, wenn mehr oder weniger formale Entscheidungen, die auf die Streitsache selbst nicht eingehen, erlaubt sind, vor allem über Beweislastregeln, Fristversäumnisse, Unzuständigkeiten, Verfahrensvorschriften, oder auch substantiellere Regeln der Konvenienz (de minimis non curat praetor) oder die berühmte »political questions«-Doktrin des amerikanischen Verfassungsrechts[33] benutzt werden können. Das mag den Juristen zu der Frage führen, wann die Handhabung solcher Ausweichmöglichkeiten auf eine Verletzung des Verbots der Justizverweigerung (dreifache Negation!) hinausläuft.[34] Wichtiger sind Analysen, die die Aufgabe der richterlichen Rechtsfortbildung mit diesem Verbot in Zusammenhang bringen.[35] Man kann sogar so weit gehen, den modernen

---

32 Siehe dazu Ilmar Tammelo, On the Logical Openness of Legal Orders, American Journal of Comparative Law 8 (1959), S. 187-203.

33 Speziell hierzu Fritz W. Scharpf, Grenzen der richterlichen Verantwortung: Die Political Questions Doktrine in der Rechtsprechung des amerikanischen Supreme Court, Karlsruhe 1965; ders., Judicial Review and the Political Question: A Functional Analysis, Yale Law Journal 75 (1966), S. 517-597. Zu bemerken ist, daß es sich auch bei dieser Konfliktregel um eine vom Supreme Court entwickelte, von den Gerichten anerkannte Selbstbeschränkung des Rechtssystems handelt und nicht etwa um eine politisch oktroyierte Limitation.

34 Vgl. z. B. Louis Favoreu, Du déni de justice en droit public français, Paris 1965.

35 Vgl. Ekkehart Schumann, Das Rechtsverweigerungsverbot: Historische und me-

Diskurs über »Rechtsgrundsätze« (die Römer hatten so etwas nicht nötig) als ein Nebenprodukt des Verbots der Justizverweigerung anzusehen.[36]

Ein ähnliches Problem wird im Common Law unter dem Stichwort der »hard cases« diskutiert.[37] Als Soziologe muß man zunächst sehen: Es handelt sich um einen quantitativ sehr geringen Anteil an der Gesamtheit der Fälle, die von Gerichten zu entscheiden sind. Für die Rechtsentwicklung und für die sie begleitende und rechtfertigende Rechtstheorie sind aber gerade diese »hard cases« von ausschlaggebender Bedeutung. Denn es geht um Fälle, in denen die vorhandenen, zweifelsfrei geltenden Rechtsnormen unter Anwendung logisch korrekter deduktiver Methoden nicht zu eindeutigen Entscheidungen führen; um Fälle also, in denen die Kenntnis des unbestritten geltenden Rechts nicht ausreicht, um die Tatsachen anzugeben, von denen abhängt, wer im Recht und wer im Unrecht ist. *Und trotzdem müssen die Gerichte auch solche Fälle entscheiden.* Das heißt: Sie müssen zur Festlegung und zur Begründung ihrer Entscheidung Entscheidungsregeln entwickeln, deren Geltung umstritten sein und bleiben kann. Sie können sich nicht auf unbestritten geltendes Recht berufen, sondern müssen solches Recht schaffen, postulieren, voraussetzen, ohne auf diese Weise sicherstellen zu können, daß über die Rechtskraft der Fallentscheidung hinaus auch deren Entscheidungsprogramm gilt. Genau deshalb hat man das Institut der Bindung an die »ratio decidendi« von Präzedenzentscheidungen entwickelt; aber das hat die Schwierigkeiten nur zum Teil gelöst und sie in die Frage verlagert, was die »ratio decidendi« sei und wie man sie feststellen könne.[38] In diesem Kontext wird der Einfluß von moralischen Begründungen auf die Entscheidung von »hard cases« diskutiert.[39] Das kann zwar zur

thodologische Bemerkungen zur richterlichen Pflicht, das Recht auszulegen, zu ergänzen und fortzubilden, Zeitschrift für Zivilprozeß 81 (1968), S. 79-102.

36 Siehe Schumann a.a.O. über die Idee materialer Gerechtigkeit.

37 Als Ausgangspunkt siehe Ronald Dworkin, Taking Rights Seriously, Cambridge Mass. 1977, S. 81 ff., 90 ff. Im übrigen hatte man schon in der Schule des Rechtsrealismus von »trouble cases« gesprochen.

38 Beiträge zu diesem Problem bei Laurence Goldstein (Hrsg.), Precedent in Law, Oxford 1987.

39 Siehe zum Beispiel David Lyons, Justification and Judicial Responsibility, California Law Review 72 (1984), S. 178-199.

»Vertretbarkeit« von Entscheidungsregeln führen, aber unter heutigen Bedingungen kaum zur Unbestreitbarkeit ihrer Geltungsgrundlage.[40] Außerdem hat die Berufung auf Moral den (schwer erträglichen) Nachteil, den Rechtsauffassungen, die unter dem Druck des Entscheidungszwangs zurückgewiesen werden, die moralische Berechtigung absprechen zu müssen.[41]

Auch vor der Ausdifferenzierung des Rechtssystems gab es dieses Problem der »hard cases«.[42] Damals wurden sie durch Gottesurteil entschieden. Heute scheint die moralische Überzeugung der Richter von den moralischen Überzeugungen des Volkes ein funktionales Äquivalent zu bieten – ebenfalls unvorhersehbar, aber mit weitaus besseren Möglichkeiten, zur Rechtsbildung beizutragen und damit Unvorhersehbarkeit in Vorhersehbarkeit zu transformieren. Was immer die Rechtstheorie nun von einer solchen moralischen Überheblichkeit halten mag: Wenn man Gerichte dem Entscheidungszwang aussetzt, kann man nicht zugleich die Logik ihrer Argumentation dem infiniten Regreß oder logischen Zirkeln aussetzen. Man wird ihnen nachsehen müssen, wenn sie sich an Prinzipien halten.

In ihrer Praxis pflegen Gerichte sich auf das zur Entscheidungsbegründung Notwendige zu beschränken. Wenn schon entschieden und begründet werden muß, dann mit dem Mindestmaß an Selbstfestlegung, das für die Entscheidung des konkreten Falles unerläßlich ist. Unnützes Gerede ist zu vermeiden. Sogenannte »obiter dicta«, also Gelegenheitsäußerungen, kommen vor und können sinnvoll sein, um die rechtspolitischen Intentionen des Gerichts anzudeuten. Das gilt vor allem für höchstinstanzliche Gerichte,

---

40 So aber Dworkin a.a.O. mit Hilfe der Unterscheidung von rules und principles. Vgl. zur »hard cases«-Diskussion und zur Kritik an Dworkins Unterstellung einer einzig-richtigen Entscheidbarkeit aller Fälle auch Aharon Barak, Judicial Discretion, New Haven 1989, mit weiteren Hinweisen.

41 Dieser Einwand (vor dem Hintergrund einer jüdischen Tradition der religiösen Legitimierung von Dissens) bei Robert M. Cover, The Supreme Court, 1982 Term. Foreword: Nomos and Narrative, Harvard Law Review 97 (1983), S. 4-68.

42 »Lorsque les éléments du dossier ne permettaient pas au juge de trancher, il remettait les parties au jugement des dieux« – so Jean Bottéro, Mésopotamie: L'écriture, la raison et les dieux, Paris 1987, S. 151, für die wohl früheste Gesellschaft mit hochentwickeltem Interesse an Recht und Justiz. Ausführlicher ders., L'ordalie en Mésopotamie ancienne, Annali della Scuola Normale Superiore di Pisa, Classe di Lettere e Filosofia, ser. III, Bd. XI. (1982), S. 1005-1067.

gleichsam als Warnpraxis für künftige Fälle. In Rechtsordnungen mit Präzedenzbindung wird aber deutlich, und sei es in nachträglicher Analyse, zwischen »rationes decidendi« und »obiter dicta« unterschieden, um die Bindungswirkung zu beschränken auf das, was wirklich Rechtsgeltung erzeugt hatte. Auch diese Selbstdisziplinierung auf das »Wesentliche« erklärt sich aus dem Kontext des Entscheidungszwangs und der dadurch bedingten Notwendigkeit, Richterrecht abzusondern.

Die Diskrepanz zwischen Entscheidungszwang und Möglichkeiten, zu überzeugenden Entscheidungen zu kommen, findet unter anderem in der Institution der *Rechtskraft* Ausdruck. Diese wiederum tritt zu einem *bestimmten Zeitpunkt* ein. So fragwürdig die Entscheidung sein und bleiben mag, sie wird durch Rechtskraft von einem dauernden Infragestellen entlastet. Das macht die Einbeziehung von Entscheidungsfolgen in die Entscheidungsfindung und -begründung zugleich harmlos und riskant – harmlos deshalb, weil die Folgen im Zeitpunkt der rechtskräftigen Entscheidung noch in der unbekannten Zukunft liegen; und riskant eben deshalb. Gegen die Erwartung eintretende oder nichteintretende Folgen können an der Entscheidung nichts mehr ändern. Sie mag sich nachträglich als Fehlspekulation erweisen, gilt aber trotzdem und kann auch, anders als Gesetze, nicht im Hinblick auf einen neuen Folgenmix geändert werden.

Die bloße Anerkennung von »Richterrecht« bleibt demnach an der Oberfläche des Problems. Ebenso die Auflösung der klassischen Hierarchie in ein zirkuläres Verhältnis wechselseitiger Beeinflussung. Offenbar geht es um die Frage, wie das Rechtssystem die eigene Selbstüberforderung auffangen kann, und zwar: wie und wo. Das führt nur erneut zurück zur logischen und strukturellen Bedeutung des Verbots der Justizverweigerung. Wie steht es um dieses Verbot, das so viel in Bewegung setzt? Handelt es sich einfach um eine Norm unter vielen anderen, eine Vorschrift des Verfahrensrechts?

Daß dies nicht ausreichen würde, wird schon daran deutlich, daß es sich um eine *autologische* Vorschrift handelt, die sich selbst in ihren Anwendungsbereich einbezieht. Autologisch ist eine Aussage, die auf sich selbst zutrifft. Wenn Entscheidungszwang besteht, sind Nichtentscheidungen ausgeschlossen, da sie gegen diese Vorschrift verstoßen. Oder man müßte jedenfalls unter Berufung auf diese

Vorschrift ihre eigene Anwendung erzwingen können.[43] Aber durch wen? Durch die Gerichte selbst?

Der autologische Sachverhalt verweist auf eine tiefliegende Paradoxie. Die Gerichte müssen auch dort entscheiden, wo sie nicht entscheiden können; oder jedenfalls nicht innerhalb vertretbarer Standards der Rationalität. Und wenn sie nicht können, dann müssen sie sich zwingen, es zu können. Wenn das Recht nicht gefunden werden kann, muß es eben erfunden werden. Und wir werden noch sehen, daß das Argumentieren mit Folgen, die man nicht kennen kann, weil sie sich erst in der Zukunft einstellen werden oder auch nicht, als Ausweg dient. Die Paradoxie der unentscheidbaren Entscheidung muß auf die eine oder andere Weise entfaltet, das heißt: in Unterscheidungen übersetzt werden, die man handhaben kann, etwa die von Entscheidung und Folge oder die von Rechtsgrundsatz und Anwendung.

Daß Gerichte entscheiden müssen, ist der Ausgangspunkt für die Konstruktion des juristischen Universums, für das Rechtsdenken, für die juristische Argumentation.[44] *Deshalb* kann »Legitimation« im Sinne einer das Recht transzendierenden Wertbeziehung im Recht letztlich keine Rolle spielen. *Deshalb* hängt alles davon ab, daß frühere Entscheidungen, nach denen man sich richten kann, Bestand haben, wenn sie nicht geändert werden. *Deshalb* ist die res iudicata unangreifbar, sofern nicht im Recht vorgesehene Ausnahmeregelungen greifen. Und *deshalb* muß das Recht als ein von sich selbst ausgehendes geschlossenes Universum begriffen werden, in dem auch unter extremen sozialen Spannungen das »rein juristische

---

43 Vgl. dazu auch Ludwig Häsemeyer, Die Erzwingung richterlicher Entscheidungen: Mögliche Reaktionen auf Justizverweigerungen, Festschrift für Karl Michaelis, Göttingen 1972, S. 134-150. Vgl. auch Art. 29 der Wiener Schlußakte vom 15. Mai 1820 (zit. nach Gustav von Struve, Das öffentliche Recht des deutschen Bundes, Mannheim 1846, S. 108-128, 117), der, quasi aufsichtsrechtlich und in der Tradition des alten Reiches denkend, eine Zuständigkeit der Bundesversammlung für solche Fälle vorsah. Vgl. (mit einem auch geschichtlich interessanten Anmerkungsapparat) Johann Ludwig Klüber, Öffentliches Recht des Teutschen Bundes und der Bundesstaaten, 3. Aufl. Frankfurt 1831, S. 188 ff.

44 Diesen Zusammenhängen ist vor allem Vilhelm Aubert nachgegangen. Siehe: The Structure of Legal Thinking, in: Legal Essays: Festskrift til Frede Castberg, Kopenhagen 1963, S. 41-63; Legal Reasoning, in: Vilhelm Aubert, In Search of Law, Oxford 1983, S. 77-97; auch in ders., Continuity and Development in Law and Society, Oslo 1989, S. 111-135.

Argumentieren« praktiziert werden kann, das selber entscheidet, welche Interpretationsspielräume es sich leisten kann und wo eine verlangte Deformation zurückgewiesen werden muß.

Mit aller Deutlichkeit sieht man die Konsequenzen dieses Entscheidungszwanges an den Formen, in denen Gerichtsverfahren durchgeführt werden, im Extremfall an der angelsächsischen Institution des Kreuzverhörs. Zwei Aspekte beherrschen die Szene: die hohe Selektivität der Auswahlgesichtspunkte und die sorgfältig aufrechterhaltene Ungewißheit des Ausgangs.[45] Die Orientierung an den Entscheidungsregeln (Programmen) des Systems leitet die Spezifikation der Auswahlgesichtspunkte. Die Ungewißheit des Ausgangs besagt, daß es allein auf die Code-Werte Recht und Unrecht ankommt, über die erst noch zu befinden ist, und nicht außerdem zum Beispiel auf moralische oder politische oder nutzenorientierte Gesichtspunkte. Ein Verbrecher ist unschuldig, solange er nicht verurteilt ist; und Richter wie Anwälte haben darauf zu achten, daß es nicht zu einer moralischen Vorwegverurteilung kommt.[46] Vom Anwalt wird erwartet, daß er die Interessen seines Klienten vor Gericht vertritt – was immer er von ihm hält. Darin liegen zugleich Bedingungen der Ausdifferenzierung des Rechtssystems und der Vorstrukturierung der zu treffenden Entscheidung, bei der es allein auf das Verhältnis von Code und Programmen des Systems ankommen soll. Entsprechend hat die Absicherung des Rechtssystems in der Verfassung letztlich ihren Sinn in der Verfahrensgarantie; denn sie kann natürlich nicht jedem in Aussicht stellen, daß er recht bekommt, so wie er es sich denkt.

Methodenschwäche, »Gewißheitsverluste«[47], Zerfall dogmatischer Leitlinien und ihre Ersetzung durch Abwägungsformeln und nicht

---

45 Siehe dazu ausführlicher Niklas Luhmann, Legitimation durch Verfahren, Neudruck Frankfurt 1983, insb. S. 55 ff.

46 Oder mit den Worten von F. James Davis et al., Society and the Law: New Meanings for an Old Profession, New York 1962, S. 98 f.: »There are no guilty clients until verdict has been rendered; guilty is a matter of moral judgment, not merely a question of whether conduct fits a statutory classification.« Man kann deshalb auch sagen, daß das Recht eigene Zeitzäsuren und damit eigene Zeithorizonte einrichtet und sich schon dadurch gegen Moral differenziert. Und man sieht damit auch, wie begrenzt die Tragweite einer Diskussion ist, die das Problem Recht/Moral allein in der Frage sieht, ob Rechtsregeln einer moralischen Rechtfertigung bedürfen.

47 So Görg Haverkate, Gewißheitsverluste im juristischen Denken: Zur politischen Funktion der juristischen Methode, Berlin 1977.

zuletzt die zunehmende Unschärfe in der Abgrenzung von Gesetzgebung und Rechtsprechung und das Hin- und Herschieben von Re-
gelungsproblemen je nach dem, ob sie und in welchen Konstellationen sie politisierbar sind – das alles sind Spätfolgen eines Entscheidungszwanges, der sich in einer komplexer werdenden Gesellschaft
und angesichts der Beschleunigung von Strukturänderungen in fast
allen Gesellschaftsbereichen immer stärker auswirkt. Viele Klagen
über Gerichte und ebenso die jüngsten Schwerpunkte der soziologischen Justizforschung gewinnen bei dieser Sichtweise verschärfte
Bedeutung. Das gilt für alte Klagen über Überlastung der Gerichte
und die lange Dauer von Prozessen ebenso wie für neueste Forschungen über access to law (denn das heißt: Zugang zu Gerichten,
und nicht Zugang zu Verträgen oder Zugang zum Gesetzgeber). Es
gilt für die Frage, ob Gerichtsverfahren überhaupt ein geeigneter
Mechanismus sind für die Lösung von Konflikten, wenn als direkte
Konsequenz des Entscheidungszwangs nur sehr enge Themenaus-
schnitte justitiabel sind – Ausschnitte aus einem normalerweise sehr
breiten Spektrum von konfliktauslösenden, -steigernden oder
-abschwächenden Faktoren. Es gilt schließlich für den Zuschnitt der
Rollen des Klägers und des Beklagten auf individuelle (seien es lebende, seien es korporative) »Personen« ungeachtet der Tatsache, daß die
Beteiligten oft als Repräsentanten einer Klasse von gleichgelagerten
Fällen auftreten und doch individuell disponieren können. Eine reiche Diskussion über Alternativen und über Reformmöglichkeiten
setzt hier an[48]; aber sie wird wohl kaum wagen, den Kern der Sache
anzutasten: den Entscheidungszwang, der die Gerichte vor allen anderen Einrichtungen des Rechtssystems auszeichnet.

Die Paradoxie des unentscheidbaren Entscheidens sucht und findet,
wenn man so sagen darf, akzeptable Auflösungsformen. Die Formulierungen, mit denen wir diese Entwicklung charakterisieren,
klingen negativ, sind aber nicht so gemeint – als ob es bessere Möglichkeiten gäbe, die zu ergreifen man versäumt habe. Die wichtigere
Frage ist, wie ein Rechtssystem zu beschreiben ist, in dem die Paradoxie seiner Selbstbegründung immer deutlicher hervortritt und
auch der Ort erkennbar wird, an dem das Problem der Entparadoxierung anfällt: die Rechtsprechung.

48 Siehe etwa der diesem Thema gewidmete Bd. 6 (1980) des Jahrbuchs für Rechtssoziologie und Rechtstheorie, insb. S. 142 ff.

Wir wiederholen zunächst noch einmal: Weder Gesetze noch Verträge stehen unter rechtlichem Entscheidungszwang. Man kann die Geltungslage im Rechtssystem mit Wahl dieser Formen ändern – oder es lassen. Nur die Gerichte haben in dieser Hinsicht eine Ausnahmestellung. Gesetze oder Verträge mögen aus politischen bzw. wirtschaftlichen Gründen zu Entscheidungen genötigt sein, aber das sind Zwänge anderer Art, denen gegenüber das Rechtssystem frei ist zu entscheiden, ob und in welchen Zusammenhängen sie rechtlich relevant sind – oder nicht. Gerichte dagegen müssen aus Rechtsgründen über jede Klage, die bei ihnen eingeht, entscheiden. Nur ihnen obliegt das Paradoxiemanagement des Systems, wie immer man es konkret bezeichnen will. Nur sie müssen, wo nötig, Unbestimmbarkeit in Bestimmbarkeit transformieren, nur sie müssen, wo nötig, Unverfügbarkeit von Prinzipien fingieren. Nur sie sind zur Entscheidung gezwungen und genießen folglich das Privileg, Zwang in Freiheit umwandeln zu können. Kein anderes Organ der Rechtspflege hat eine derartige Stellung.

Aber die Paradoxie ist das Heiligtum des Systems, seine Gottheit in vielerlei Gestalt: als unitas multiplex und als re-entry der Form in die Form, als Selbigkeit des Unterschiedenen, als Bestimmbarkeit der Unbestimmbarkeit, als Selbstlegitimation. Die Einheit des Systems kann im System durch Unterscheidungen zum Ausdruck gebracht werden, die in dieser Funktion zu Leitunterscheidungen werden, indem sie verdecken, was sie offenbaren. Strukturell geschieht dies durch Differenzierung, durch Multiplikation der Unterscheidung des Systems und seiner Umwelt im System. Deshalb ist die Frage der Paradoxieentfaltung der Schlüssel zum Differenzierungsproblem; und von der Differenzierungsform her regelt sich, welche Semantik Plausibilität gewinnt bzw. verliert.[49]

Wenn es zutrifft, daß den Gerichten die Aufgabe zufällt, das Rechtssystem zu entparadoxieren, wie es mit dem Verbot der Justizverweigerung verlangt und zugleich getarnt wird, sprengt dies die Möglichkeit, die Differenzierung des Rechtssystems als Weisungshierarchie zu beschreiben. Denn die Gerichte geben dem

---

49 Verschiedene Fallstudien hierzu in: Niklas Luhmann, Gesellschaftsstruktur und Semantik, 3 Bde., Frankfurt 1980, 1981, 1989.

Gesetzgeber keine Weisungen. Sie geben allenfalls Bedingungen dessen vor, was Gerichte verstehen, akzeptieren, praktizieren können; und sie machen damit nichts anderes geltend als ihre eigene Existenz. Es drängt sich deshalb auf, das Hierarchiemodell durch die Differenzierung von Zentrum und Peripherie zu ersetzen.[50] Die Organisation der Gerichtsbarkeit wäre demnach dasjenige Teilsystem, in dem das Rechtssystem sein Zentrum hat. Nur hier kann man die Besonderheit von Organisationssystemen, über Inklusion und Exklusion von Mitgliedern zu entscheiden, benutzen, um besondere Bindungen für Richter zu erzeugen. Denn in der Übernahme eines Richteramtes liegt es, daß man sich Verhaltenseinschränkungen unterwirft, die nicht für jedermann gelten, also vor allem: in der Erzeugung neuer Rechtsregeln sich an die dafür üblichen methodischen und inhaltlichen Standards hält.[51] Nur durch Organisation wird die Universalität der Kompetenz, alle Rechtsfragen entscheiden zu müssen/können, garantiert. Alle anderen, nichtgerichtlichen Arbeitsbereiche des Rechtssystems gehören zur Peripherie. Das gilt für diejenigen Tätigkeiten, die man gewöhnlich als »privat« bezeichnet, nämlich für Vertragsschlüsse. Es gilt aber auch für Gesetzgebung. Für die Peripherie gibt es keinen Operationszwang. Hier können Interessen jeder Art dargestellt und nach Kräften durchgesetzt werden, ohne daß es auf die Unterscheidung rechtmäßige/nichtrechtmäßige Interessen ankäme. Eben deshalb

50 Die Verwendung dieses Schemas liegt, selbst dort, wo Soziologen sich beteiligen, fest in den Händen der Geographen. Siehe etwa den Sammelband von Jean Gottmann (Hrsg.), Centre and Periphery, London 1980. Die Übertragung auf institutionelle Kontexte ist vor allem von Edward Shils, Centre and Periphery, in: The Logic of Personal Knowledge: Essays Presented to Michael Polanyi, London 1961, S. 117-131, angeregt worden. Im Text sehen wir, der Leser wird das leicht erkennen, von jeder räumlichen Materialisierung ab. Denn Raum ist nur ein Fall von Paradoxieentfaltung durch Unterscheidungen, die auf die Inkonsistenzen neurophysiologischer Informationsverarbeitung abgestimmt sind und insofern für Tiere und Menschen »naheliegen«.

51 Es fällt auf, daß diese rein über Organisation laufende Legitimation von »Richterrecht« in der Literatur selten benutzt wird. Offenbar zögert die Rechtstheorie, Fragen von gesellschaftlicher Tragweite einem Mechanismus zu überlassen, der nur auf der Ebene formal organisierter Sozialsysteme funktionieren kann. Siehe aber bei Melvin Aron Eisenberg, The Nature of Common Law, Cambridge Mass. 1988, die ganz beiläufige Bemerkung: »Like a conventional trustee, the judge is morally bound by his acceptance of office to obey the rules that govern the conduct of his office« (S. 3). Man wird fragen dürfen: nur morally bound? .

eignet sich die Peripherie als Kontaktzone zu anderen Funktionssystemen der Gesellschaft – sei es zur Wirtschaft, zum häuslichen Familienleben oder zur Politik. In oft sehr indirektem Anschluß an das Vertragsrecht prosperieren zahlreiche Neubildungen von privaterzeugtem Recht, vor allem das interne Recht von Organisationen, ferner Recht als Resultat provisorischer kollektiver Verständigungen von Interessenverbänden und anderen Großorganisationen, marktspezifische Interpretationen allgemeiner Regulierungen, das Recht der allgemeinen Geschäftsbedingungen und anderes dieser Art.[52] Und ebenso ufert die Gesetzgebung, politischem Druck nachgebend, aus und sickert in immer weiter reichendem Umfang in vordem »rechtsfreie Räume« ein – so ins Innere des Familienlebens oder der Schulen und Universitäten oder der Arzt/Patient-Beziehungen. In der Peripherie werden Irritationen in Rechtsform gebracht – oder auch nicht. Hier garantiert das System seine Autonomie durch Nicht-entscheiden-Müssen. Hier wird sichergestellt, daß das Recht nicht einfach als willenlose Fortsetzung rechtsexterner Operationen fungiert. Das Zentrum bedarf dieses Schutzes – gerade weil es unter der entgegengesetzten Prämisse operiert. Deshalb arbeiten Gerichte, verglichen mit Gesetzgebern und Vertragschließenden, unter viel stärkerer kognitiver Selbstisolation. Man denke nur an die Formalitäten der Beweisverfahren. Außerdem muß auch der Zugang zu Gerichten freigestellt und hoch selektiv organisiert sein. Nur ein winziger Prozentsatz von Rechtsfragen wird den Gerichten zur Entscheidung vorgelegt. Aber wenn dies geschieht und wenn die Beteiligten dabei bleiben, dann muß entschieden werden, wie leicht oder wie schwer es fällt und wie konservativ oder kreativ auch immer das Ergebnis ausfällt.

Weiter liegt ein Sinn dieser Form der Differenzierung nach Zentrum und Peripherie in der Beschaffung eines gesellschaftlich notwendigen und ausreichenden Konsenses (bzw. in der Aufrechterhaltung einer entsprechenden Fiktion).[53] Wenn Gerichte unter Entschei-

52 Siehe zu diesen oft als »pluralistisch« bezeichneten Anwüchsen und Auswüchsen Gunther Teubner, Steuerung durch plurales Recht. Oder: wie die Politik den normativen Mehrwert der Geldzirkulation abschöpft, in: Wolfgang Zapf (Hrsg.), Die Modernisierung moderner Gesellschaften: Verhandlungen des 25. Soziologentages in Frankfurt am Main 1990, Frankfurt 1991, S. 528-551.

53 Hierzu Gunther Teubner, Ist das Recht auf Konsens angewiesen? Zur sozialen Akzeptanz des modernen Richterrechts, in: Hans-Joachim Giegel (Hrsg.), Kom-

dungszwang gesetzt sind, können sie nicht zugleich auch von Konsens abhängig sein; denn sie müssen ja alle Fälle entscheiden, also auch die, in denen die Rechtsgeltung nicht auf gesichertem Konsens beruht. Die von Gerichten benutzten Konsensformeln (moral aspirations of the people, Anstandsgefühl aller billig und gerecht Denkenden) wirken schal und abgestanden, und werden im Verfahren auch nicht überprüft, sondern nach Art einer Legalfiktion behandelt. Konsensanforderungen werden an die Peripherie abgeschoben und entweder in der Form des Vertrages oder des über politische Konsensbildung zustande gekommenen Gesetzes eingeführt. Aber das setzt eine gewisse Zurückhaltung in der Umdeutung von Verträgen und Gesetzen, also eine Zurückhaltung bei der Neubildung von Richterrecht voraus, ohne daß hierfür allgemeine Kriterien angegeben werden könnten.

Da ein Zentrum nicht ohne Peripherie und eine Peripherie nicht ohne Zentrum operieren kann, formuliert diese Unterscheidung keine Differenz des Ranges oder der gesellschaftlichen Relevanz. Mit einer treffenden Formulierung bezeichnet Habermas das Gerichtsverfahren als »den Fluchtpunkt für die Analyse des Rechtssystems«.[54] Keinesfalls geht es um eine Umkehrung innerhalb des hierarchischen Strukturmusters mit der Folge, daß die Gerichte nun für wichtiger gehalten werden als der Gesetzgeber. Genau das muß vermieden werden. Denn wie bei jeder Differenzierungsform geht es nur darum sicherzustellen, daß Entgegengesetztes (Entscheidungszwang und kein Entscheidungszwang) gleichzeitig und komplementär ermöglicht wird. Die Form der Differenzierung garantiert die Entfaltung der Paradoxie – nichts weiter. Aber davon hängt ab, daß das Rechtssystem sich unter Inanspruchnahme einer Universalkompetenz für eine spezifische Funktion des Gesellschaftssystems operativ schließen kann.

Schließlich ist für die Überordnung der Differenzierungsform Zentrum/Peripherie bezeichnend, daß nur innerhalb des Zentrums andere Differenzierungsformen zugelassen sind – und zwar sowohl Segmentierung als auch Über- und Unterordnung. Nur die Ge-

munikation und Konsens in modernen Gesellschaften, Frankfurt 1992, S. 197-211 – ebenfalls mit erheblichen Zweifeln an Konsenssicherungsmöglichkeiten der Gerichte.
54 So in Jürgen Habermas, Faktizität und Geltung: Beiträge zur Diskurstheorie des Rechts und des demokratischen Rechtsstaats, Frankfurt 1992, S. 241.

richte bilden eine Hierarchie, nur sie differenzieren sich horizontal nach unterschiedlichen räumlichen oder fachlichen Zuständigkeiten. Auch das trägt zur Asymmetrie der Differenzierungsform bei. Denn die Peripherie läßt sich nicht weiter differenzieren, wie immer massenhaft der Geschäftsanfall. Zwar gibt es deutliche Ansätze zu delegierter Gesetzgebung und damit zu einer Rangordnung innerhalb dieses Subsystems. Aber damit werden nur Aufträge vergeben und nicht selbständige autopoietische Subsysteme erzeugt. Ein Amtsgericht könnte dagegen auch dann funktionieren, wenn es kein Landgericht gäbe; und die Obergerichte judizieren aus eigenem Recht, sei es auf Grund von Sonderkompetenzen, sei es als Instanzengerichte auf Grund eines von unten kommenden Geschäftsanfalls. Wie immer die interne Differenzierung des Zentrums ausgelegt ist, sie widerspricht nicht der Einheit der Zentralkompetenz, sondern setzt sie voraus und verstärkt sie.

Der Hauptertrag dieses Umbaus der Differenzierungstheorie vom Schema einer Hierarchie (mit zirkulären Rückkopplungen) zum Schema Zentrum/Peripherie dürfte in der Parallelisierung und Vernetzung von gesetzlicher und vertraglicher Geltungsproduktion liegen.[55] Das steht in krassem Widerspruch zur üblichen, auch von den Gerichten (mit oder ohne »Richterrecht«) akzeptierten Rechtsquellenlehre. Danach ist der Vertrag (und immer inbegriffen: ähnliche Mittel privater Rechtserzeugung, etwa Testament, Organisationsgründungen usw.) nur ein Rechtsinstitut unter zahlreichen anderen. Er gehört gewissermaßen zur Semantik, nicht zur Syntax des Rechtssystems. Das entspricht jedoch schon lange nicht mehr der Realität. Bereits in den 20er Jahren war man auf das Recht der »Generalklauseln« aufmerksam geworden und hatte vom »selbstgeschaffenen Recht der Wirtschaft«[56] gesprochen. Inzwischen wird die Masse der Beziehungen innerhalb und zwischen Organisationen, aber auch zwischen den großen Verbänden, zwischen ihnen und dem Staat und den Kommunen auf diese Weise in eine Form

55 Vgl. hierzu Charles-Albert Morand, La contractualisation du droit dans l'état providence, in: François Chazel / Jacques Commaille (Hrsg.), Normes juridiques et régulation sociale, Paris 1991, S. 139-158; Arthur Benz / Fritz W. Scharpf / Reinhard Zintl, Horizontale Politikverflechtung: Zur Theorie von Verhandlungssystemen, Frankfurt 1992.

56 Diese Formulierung im »völkischen« Kontext bei Hans Grossmann-Doerth, Selbstgeschaffenes Recht der Wirtschaft und staatliches Recht, Freiburg 1933.

gebracht, die gegebenenfalls vom Rechtssystem als verbindliches Recht gelesen werden kann. Außerdem bezieht sich ein erheblicher Teil der Gesetzgebung (zum Beispiel: das Kartellrecht) inzwischen auf diesen Rechtserzeugungsbereich. Die juristische Durchdringung des Alltags ist ohne ihn nicht mehr zu verstehen; und es wäre völlig antiquiert, wollte man ihn sich als einen Bereich vorstellen, in dem zwei einander begegnende Privatpersonen einen Individualvertrag nach dem Typenprogramm des bürgerlichen Rechts schließen.

Selbstverständlich unterscheiden sich nach wie vor Gesetze und Verträge nach Rechtsform und -wirkung; sonst hätte es keinen Sinn, sie zu unterscheiden. Aber ebenso wichtig oder wichtiger ist die Frage, an welche Funktionssysteme sich das Recht über diese periphere Sensitivität anpaßt. Und ausschlaggebend dafür sind die höhere Toleranz für Unausgewogenheiten und der Verzicht auf Entscheidungszwang, der diese Peripherie des Rechts auszeichnet.

VI

Die jetzt deutlichen Zusammenhänge von Entscheidungszwang, Gerichtsorganisation und Zentralposition der Gerichte im Rechtssystem führen zu neuen Einblicken in die operative Geschlossenheit des Rechtssystems, und zwar unter zeitlichen und sachlichen Gesichtspunkten.

Entscheidungen können, ganz abstrakt, begriffen werden als eine Form, mit der der Zusammenhang von Vergangenheit und Zukunft unterbrochen und wiederhergestellt wird. Überall, wo entschieden wird, verlängert sich das Vergangene nicht automatisch in die Zukunft (qua Wesen oder Natur, qua Unmöglichkeit oder Notwendigkeit), sondern die Verbindung wird gekappt und einer Entscheidung überlassen, die nur in der Gegenwart und immer auch anders möglich ist. Wie kann die Gesellschaft, so ist zu fragen, sich auf ein solches Unterbrechungsrisiko einlassen; und weiter: wie ist es möglich, dieses Risiko einem Teilsystem der Gesellschaft, hier dem Rechtssystem, zu überantworten?

Die Entschuldigung ist gewissermaßen: es wird ohnehin gestritten. Gewinnen oder Verlieren ist ohnehin eine offene Frage. Der Anlaß zwingt zur Tätigkeit. Aber damit ist noch nicht gesagt, wie ein operativ geschlossenes System die Wiederverknüpfung von Vergangenheit und Zukunft zustande bringt.

Gerichte rekonstruieren die Vergangenheit im Format des vorliegenden Falles. Was zur Fallentscheidung nötig ist, wird in Betracht gezogen – mehr nicht. Bei der Einschränkung des Informationsbedarfs hilft ihnen das geltende Recht. Es wird als Datum, also ebenfalls als Produkt der Vergangenheit unterstellt. Die Idealvorstellung, man könne aus dem Recht die Fallentscheidung deduzieren, würde für die Praxis bedeuten, mit der Vergangenheit allein auszukommen und die Zukunft der logischen Notwendigkeit/Unmöglichkeit zu überlassen. Man könnte die Zukunft errechnen, brauchte also gar nicht zu entscheiden. Daß dies so nicht geht, ist bekannt. Faktisch sind Gerichte genötigt, eine Zukunft zu entwerfen. Das geschieht im Entwurf von Entscheidungsregeln, an die das Gericht sich auch in künftigen Fällen gleicher Art halten wird. Dies können Regeln der Interpretation von Gesetzen sein, aber auch, wie vor allem im Common Law, Regeln, die aus der Fallabstraktion direkt gewonnen werden.[57] Immer geht es dabei um das Erfinden von Beschränkungen, die auch für die Zukunft verbindlich sein sollen. Das heißt: Das System wird zeitlich geschlossen, indem die Gegenwart (die ohnehin mit der Entscheidung vergeht) als Vergangenheit einer künftigen Gegenwart konstruiert wird. Die Entscheidung wird modo futuri exacti unter Regeln gestellt und dadurch diszipliniert.

Diese Form der Vermittlung von Vergangenheit und Zukunft erfordert eine zweite Zeit, eine in der Gegenwart zentrierte, in ihr konstruierte, mit ihr sich ändernde Zeit. Das ändert nichts daran, daß in der Realität die in sie hineinfingierten Spielräume gar nicht bestehen, denn in Wirklichkeit geschieht immer nur das, was geschieht, und alles, was aktuell geschieht, geschieht gleichzeitig. Eben das zeigt aber auch, daß Zeit, gesehen als Differenz, immer die

---

57 Hierzu gibt es ausführliche theoretische Diskussionen, etwa die »juristische Methodenlehre«, bezogen auf das Vorgehen bei der Interpretation von Gesetzen oder die komplizierte Diskussion über das Herausfinden der Entscheidungsregeln früherer Entscheidungen mit Bezug auf das, was für den jetzt anstehenden Fall bindend sein könnte. Es fällt aber auf, daß in den gerichtlichen Entscheidungsbegründungen theoretisch-methodologische Festlegungen dieser Art kaum vorkommen – so als ob es vermieden werden müßte, die Selbstbindung des Gerichts auch auf solche Fragen zu erstrecken.

Konstruktion eines Beobachters ist. Das heißt, daß die Gesellschaft verschiedene Zeitbeobachtungen synchronisieren muß; und das geschieht unter der Auflage der Einschränkung von Anschlußmöglichkeiten durch Rekursionen. Dies vor allem dürfte, ganz abgesehen von Problemen mit logischer Deduktion, der Grund dafür sein, daß von Gerichten eine laufende Produktion von Regeln für künftiges Entscheiden verlangt wird. »The function of resolving disputes faces toward the parties and the past. The function of enriching the supply of legal rules faces toward the general society and the future.«[58]

Unter sachlichen Gesichtspunkten fällt auf, daß nur die Gerichte die Aufgabe haben, die Konsistenz der Rechtsentscheidungen zu überwachen.[59] Dies geschieht im Modus der Beobachtung zweiter Ordnung, im Modus der Beobachtung von Rechtsentscheidungen (sei es von Gesetzen, sei es von Verträgen, sei es von Gerichtsentscheidungen), die ihrerseits das Recht beobachtet hatten. Der Fachterminus dafür heißt: Interpretation. Auch bei Überlegungen zur Gesetzesgestaltung oder zur Vertragsgestaltung spielt zwar die Interpretation des geltenden Rechts eine Rolle; aber nur, um die Grenzen des Gestaltungsspielraumes ausfindig zu machen. Gerichte interpretieren in einem anderen Sinne, nämlich argumentativ: um die ratio ihrer eigenen Entscheidung darzustellen. Die Ebene der Beobachtung zweiter Ordnung wird hier benutzt, um zu testen, wie weit sich Konsistenz der bisherigen Beobachtung des Rechts mit Einarbeitung neuer Informationen oder mit Präferenzänderungen kombinieren läßt. Und wenn die akademische Lehre und Forschung in »Rechtswissenschaften« sich ähnlich bemüht, dann im Sinne einer Rekonstruktion richtiger Rechtsentscheidungen durch die Gerichte. Trotz wiederholter Bemühungen[60] hat sich

---

58 Eisenberg a.a.O., S. 7.

59 Kontinentaleuropäische Juristen werden auf Kodifikationen ganzer Rechtsgebiete durch den Gesetzgeber hinweisen. Ob man das als Ausnahme gelten lassen will oder nicht: Es kommt heute nicht mehr vor, und auch die Idee, die Gerichte durch Kodifikationen auf eine bloße »Anwendung« des Gesetzes, auf bloße Routineentscheidungen zu reduzieren, ist durch die Geschichte widerlegt.

60 Siehe als Summe einer lebenslangen Beschäftigung mit diesem Thema Peter Noll, Gesetzgebungslehre, Reinbek 1973 (S. 9 ff. zu Gründen für dieses Defizit). Vgl. ferner Hermann Hill, Einführung in die Gesetzgebungslehre, Heidelberg 1982, sowie die für die 80er Jahre bezeichnende Verschiebung der Problematik in eine »Rechtspolitologie« (Jahresschrift für Rechtspolitologie seit 1987).

keine überzeugende juristische Gesetzgebungswissenschaft entwikkeln lassen, so sehr Juristen und Nichtjuristen (wie Jürgen Habermas) noch heute daran festhalten, daß das Gesetz die Basis für die Rationalität aller Rechtsentscheidungen sei.

VII

Die Göttin Evolution hat offenbar Mut gehabt – mehr Mut als ein Planer mit Voraussicht je hätte haben können. Sie kappt gesamtgesellschaftliche Vorgaben der Rechtsentscheidung – ohne sie zu ersetzen. Und trotzdem müssen die Gerichte entscheiden. Sie können es nicht davon abhängig machen, daß ihnen etwas Einleuchtendes einfällt, ja nicht einmal davon, daß sie sicher sind, wie zu entscheiden ist. Wie soll das gehen?

Formal verhalten die Gerichte sich so, daß ihre Entscheidung, die ja im Rechtssystem (das ist nicht zu bezweifeln) getroffen wird, allein durch das geltende Recht bestimmt wird. Die Entscheidung wird als Erkenntnis des Rechts oder als Anwendung des Rechts ausgegeben. Und das Recht enthält genug Regeln (etwa Beweislastregeln), um zu garantieren, daß dies in allen Fällen möglich ist. *Daß* dies möglich ist, kann also nicht bezweifelt werden. Man sieht das an den angefertigten Texten. Aber damit ist die weiter ausgreifende Frage noch nicht beantwortet, *wie* es möglich ist.

Ein Soziologe müßte konkreter fragen: *Wodurch* werden die gesamtgesellschaftlichen Vorgaben der Rechtsentscheidung, etwa Rücksichten auf den sozialen Status der Parteien oder auf das soziale Netzwerk ihrer Beziehungen, ersetzt? Die übliche Antwort (und vor allem ist hier an die Tonlage der critical legal studies Bewegung und ihre neomarxistischen Parallelen zu denken) lautet bekanntlich: sie werden nicht ersetzt, sie sind nach wie vor wirksam. Aber das ist voreilig, ist jedenfalls ohne historischen Vergleich gesagt. Was immer man mit einer »latent structure analysis« oder mit einer schlichten Neuzurechnung von Erscheinungen auf Ursachen noch herausfinden oder herausstellen mag[61]: Es bleibt die

---

61 Neuzurechnung zum Beispiel: die humanitäre Bewegung gegen Kinderarbeit im 19. Jahrhundert habe in Wahrheit der Stärkung der Großindustrie und der Ausschaltung der Konkurrenz kleinerer Unternehmen gedient. Dasselbe ließe sich für die Auflagen der ökologischen Politik dieses Jahrhunderts behaupten.

Frage, welche sozialen Einrichtungen erforderlich sind oder sich bewähren, wenn es darum geht, Unabhängigkeit und Entscheidungsverweigerungsverbot der Gerichte sozial abzusichern. Wir antworten: Organisation und Professionalisierung der juristischen Kompetenz.

Die vorherrschende Rechtssoziologie sieht an dieser Stelle bereits die Grenzen des Rechtssystems. Danach ist das System durch Organisation und durch Professionalität ausdifferenziert. Zugang zum System sei Zugang zu organisierten Verfahren und zu professionellem, im System wirksamem Rat. Wenn man aber dieses Konzept aufgibt und es durch ein rein operatives Verständnis der Systembildung und Grenzziehung ersetzt[62], werden die Phänomene Organisation und Profession gewissermaßen frei für andere theoretische Verwendung. Die übliche Auffassung steuert den Blick in Richtung auf latente, vor allem schichtungsbedingte Einwirkungen der Gesellschaft auf ihr Rechtssystem. Wie sollte man andere Quellen der Beschränkung denken? Legt man dagegen einen erweiterten Systembegriff im Sinne des Autopoiesis-Konstrukts zugrunde, kommen ganz andere Quellen der Beschränkung des Entscheidungsspielraums in den Blick – eben Organisation und Profession.

Die Tatsache Organisation wirkt sich zunächst darin aus, daß die Richter durch Organisationsmitgliedschaft gehalten sind zu arbeiten. Von ihnen wird, teils durch Dienstaufsicht, teils kollegial, erwartet, daß sie ihr »Pensum« erledigen.[63] Damit ist eine Zeitstruktur verbunden: eins nach dem anderen. Es ergeben sich Termine mit verabredeter (oder »anberaumter«) Interaktion. Organisationsmitgliedschaft heißt auch, daß es Schranken des Verhaltens in der Interaktion gibt, bei deren Überschreiten eine Dienstaufsichtsbeschwerde möglich ist. Organisation heißt, daß Fehler sich im Rahmen des »juristisch Vertretbaren« halten müssen. Man kann gegen eine herrschende Meinung rebellieren, kann die Obergerichte provozieren, aber nur mit akzeptablen Argumenten. (Vorgreifend se-

---

62 Siehe oben Kapitel 2, V.

63 Darin liegt aber auch ein hohes Maß an Selbstregulierung ihrer eigenen Arbeitslast durch die Gerichte – bis hin zu der Möglichkeit, rechtlich denkbare Problemlösungen im Hinblick auf ihre Folgen für die Belastung der Gerichte und aller anderen Verfahrensbeteiligten abzulehnen. Dazu mit viel Material Lawrence M. Friedman, Legal Rules and the Process of Social Change, Stanford Law Review 19 (1967), S. 786-840 (797 ff.).

hen wir an dieser Stelle ein notwendiges Zusammenwirken von Organisation und Profession.) Außerdem kann man nicht immer dieselbe abweichende Meinung vertreten, wenn die Obergerichte einem nicht folgen – nur um die Parteien zu zwingen, Fall auf Fall die Obergerichte anzurufen. Man kann einen Versuchsballon hochschicken, muß sich aber damit abfinden, wenn er platzt. Organisation heißt schließlich, daß es unterschiedliche Posten, unterschiedliche Gehälter, also Karrieren gibt. Je nachdem, wo und wie über die Karriere entschieden wird – sie ist in jeder Bewegung immer auf ein Zusammenwirken von Selbstselektion und Fremdselektion angewiesen –, ergeben sich Rücksichtnahmen auf Meinungen und eventuell auch Arbeitsmotive, die über das hinausgehen, was von einem Organisationsmitglied verlangt werden kann.

Organisation ist andererseits deshalb wichtig, weil sie die Auswirkungen von Entscheidungen auf Einkommen und Stellung des Richters filtert. Er kann Pressekampagnen ohne Positionsverlust und ohne finanziellen Schaden überleben. Und vor allem ist angesichts der großen Bedeutung von Folgeneinschätzungen in der neueren Praxis wichtig, daß er *für Folgen seiner Entscheidung nicht verantwortlich gemacht werden kann*. Die Organisation deckt das hier liegende Risiko.[64] Auf komplizierte Weise kann das Entscheiden mithin auch durch organisationsgarantierte Unverantwortlichkeit erleichtert werden.

Gesehen unter dem Gesichtspunkt der Frage: wie kommt es zu Einschränkungen des Möglichkeitsraums, die eine Kombination von (1) Unabhängigkeit, (2) Rechtstextabhängigkeit (Bindung nur an geltendes Recht) und (3) Verbot der Justizverweigerung ermöglichen, sind Organisation und Profession funktional äquivalent. Das macht zugleich verständlich, daß man im regionalen Vergleich sehr verschiedene Formen von Organisation und sehr verschiedene Ausprägungen von Professionalität findet[65]; und es läßt es plausibel

---

64 Wir kommen im Schlußkapitel darauf nochmals zurück.
65 Ein wichtiger Gegenstand vergleichender soziologischer Forschungen, vor allem im Bereich der juristischen Profession. Siehe z. B. Dietrich Rueschemeyer, Juristen in Deutschland und den USA, dt. Übers., Stuttgart 1976; D. N. MacCormick (Hrsg.), Lawyers in Their Social Setting, Edinburgh 1976; oder für regionale Besonderheiten Brian Abel-Smith / Robert Stevens, Lawyers and the Courts: A Sociological Study of the English Legal System 1750-1965, London 1967; John P. Heinz / Edward O. Laumann, Chicago Lawyers: The Social Structure of the Bar, New York

erscheinen, daß sich das relative Gewicht von organisatorischer Loyalität und professioneller Solidarität im Laufe der Zeit verschieben kann – heute wohl eher in Richtung auf Organisationsabhängigkeit der verschiedenen Ausprägungen juristischer Berufe.[66] Die besondere Bedeutung von Professionen als Ordnungsform des sozialen Lebens und auch die Professionalität der juristischen Arbeitsweise sind oft und differenziert beschrieben worden.[67] Wir können uns daher Wiederholungen ersparen. Betrachtet man Realität und Forschungen unter dem besonderen Gesichtspunkt der Ermöglichung von sowohl unabhängiger als auch mit Entscheidungszwang belasteter Gerichtstätigkeit, dann fallen vor allem zwei Merkmale auf: das Expertenprestige, das es dem Juristen ermöglicht, im hochselektiven, engen Rahmen des juristisch Relevanten zu operieren und alle darüber hinausgehenden Wünsche der Klienten bzw. Streitparteien abzuweisen[68]; und die Fähigkeit zu formal friedlichen Kontakten unter Juristen, auch wenn der Streit der Klienten bzw. Parteien außer Kontrolle geraten ist.[69] Die gerichtsbezogene Funktion hat im übrigen zwei Seiten, von denen die zweite zunehmend wichtiger wird. Einerseits bereiten Juristen (Anwälte, aber auch die Richter selbst) die förmliche Entscheidung des Rechtsstreites vor. Andererseits sind sie aber im Rahmen der Kau-

1982. Zu indischen Juristen Material in: Law and Society Review 3 (1968) Heft 2.

66 Ausreichende empirische Forschungen, ja selbst Hypothesen fehlen. Aber man könnte überlegen, ob Opposition zu politischen Regimes den Rückhalt in der Profession stärkt und ob andererseits vermehrt kautelarische Aufgaben stärker an die Organisation binden, deren Interessen man damit vorsorglich und nicht nur in offenen Kontroversen vertritt. Auch das spektakuläre Wachstum des Personbestandes der Profession mag Konkurrenzdruck und damit Organisationsabhängigkeit verstärken.

67 Insbesondere seit dem bahnbrechenden Vortrag von Talcott Parsons, The Professions and Social Structure, Social Forces 17 (1939), S. 457–467, neugedruckt in ders., Essays in Sociological Theory, New York 1949.

68 Wie weit solches Expertenwissen als Rechtswissen die Praxis (besonders der Anwälte) tatsächlich bestimmt und wie weit nicht eher Organisationswissen, Milieukenntnisse, Kontaktfähigkeit, Routinen ausschlaggebend sind, bedürfte einer besonderen Untersuchung. Vermutungen in dieser Richtung bei Robert L. Kidder, Connecting Law and Society: An Introduction to Research and Theory, Englewood Cliffs N.J. 1983, S. 240 ff.

69 Daß dies auch eine soziale Seite hat, die über die Profession hinausreicht, zeigen die jährlichen »Juristenbälle« in Provinzstädten.

telarpraxis auch in erheblichem Umfang damit beschäftigt, die Rechtsinstrumente so abzufassen, daß es gar nicht erst zum Streit kommt, und in vielen Anwaltspraxen, vor allem aber bei den Juristen in Privatorganisationen oder im öffentlichen Dienst, überwiegt diese prophylaktische Tätigkeit bei weitem.[70] Im übrigen kommt es für Soziologen nicht überraschend, daß auch in der Anwaltschaft sich die gesellschaftliche Schichtung (wenn auch in verkleinertem Umfange) widerspiegelt, zum Beispiel in der Form von Einkommensunterschieden oder auf Grund des sozialen Ranges der typischen Klienten.[71] Auch sonst mag der Anwalt, bei allem subjektiven Gefühl der Unabhängigkeit, politische Konnexionen mit parteipolitischen Schwerpunkten pflegen.[72]

Achtet man nicht so sehr auf die institutionelle und mehr auf die operative Seite der Autopoiesis des Rechtssytems, dann erscheinen organisatorische und professionelle Einflüsse auf das, was kommuniziert bzw. nicht kommuniziert wird, wie Pufferzonen um die eigentliche Gerichtstätigkeit. In deren Schutz kann dann das Gericht seine eigene Entscheidung, die die Rechtsgeltungslage verändert, als Auslegung und Anwendung des geltenden Rechts darstellen.

Schließlich wirken auch die Gerichtsverfahren in diese Richtung.[73]

---

70 Das scheint im übrigen auch für die Nachfrage nach professionellem Können zu gelten. Siehe dazu Curran a.a.O., S. 161, Tabelle 427.

71 Das muß im übrigen nicht immer als Rangunterschied zum Ausdruck kommen. Es gibt auch, wenn man so sagen darf, qualitative Unterschiede zwischen Anwaltspraxen. Ich erinnere den Geruch gut gefetteter Stiefel in einer Praxis, die auf Grund der adeligen Herkunft des Anwaltes hauptsächlich Grundbesitzer der ländlichen Umgebung bediente.

72 Untersuchungen in Washington zeigen jedoch, daß es auch hier eher Tendenzen zur Spezialisierung der Kontakte und zur professionellen Unabhängigkeit des Juristen gibt, und zwar auch in neueren Daten. Siehe Robert L. Nelson / John P. Heinz, Lawyers and the Structure of Influence in Washington, Law and Society Review 22 (1988), S. 237-300, und dort Hinweise auf weitere Publikationen aus dieser Untersuchung.

73 Hierzu ausführlicher Niklas Luhmann, Legitimation durch Verfahren (1969), Neudruck Frankfurt 1983. Es bleibt noch anzumerken, daß die Kritik die Tragweite der Thesen dieses Buches überschätzt hat. Es geht hier nicht um die verbreitete These der »Prozeduralisierung« des Rechts, also auch nicht darum, ob und wie mit Hilfe von Verfahrensbedingungen die »Wahrheitsfindung« (wie Prozessualisten früher sagten) oder die Anerkennung vernünftiger Geltungsansprüche erreicht werden sollte. Es geht überhaupt nicht um den Entscheidungsprozeß selbst, sondern nur um eine Rahmenbedingung dafür, daß sozialer Streit (selbst Streit mit hohen

Sie beginnen mit der Akzeptanz, ja mit nachdrücklicher Pflege der Ungewißheit der Entscheidung, verführen dadurch zur Mitwirkung, spezifizieren Rollen, Beiträge, Konfliktpunkte, bis schließlich die Entscheidung geradezu »logisch« aus den Ergebnissen des Verfahrens folgt. Mit der Engführung der Kommunikation unter Mitwirkung der Beteiligten werden zugleich auch Proteste absorbiert mit der Folge, daß nach der Entscheidung nur noch diese angegriffen werden kann, soweit Rechtsmittel zugelassen sind, und im übrigen nur versucht werden kann, auf politischem Wege dem Rechtssystem eine Änderung des geltenden Rechts nahezulegen.

VIII

Orientiert man sich allein am Gesamtsystem der Gesellschaft, so scheint es sich bei der Differenzierung von Zentrum und Peripherie um eine sehr alte, sicherlich vormoderne Form der Differenzierung zu handeln. Man denkt an die Differenzierung von Stadt und Land – und läßt sich durch Geographie ablenken.[74] Damit ist sicher zu Recht festgestellt, daß die Differenzierung des Gesellschaftssystems heute nicht mehr dem Schema von Zentrum und Peripherie folgt – es sei denn, man definiere Gesellschaft aus dem Blickwinkel der wirtschaftlichen und der technologischen Entwicklung[75]; und selbst dann wird auf die geringe geographische Stabilität solcher Zentren hingewiesen.[76] Alles spricht dafür, daß Einteilungen der Weltgesellschaft nach Zentren und Peripherien durch die primordiale Form der funktionalen Differenzierung regiert werden und ihr folgen.

Aber das schließt keineswegs aus, ja ermöglicht es vielleicht sogar,

ökonomischen, moralischen oder politischen Implikationen) überhaupt zu einem Ende gebracht werden kann. Und ohne solche Hilfestellungen wäre es dem Rechtssystem auch nicht möglich, ein Verbot der Justizverweigerung durchzusetzen.

74 Zur Ausdehnung auf Großreiche und ihre Selbstbeschreibung als Mitte, Zentrum, Nabel der Welt vgl. etwa Mircea Eliade, Traité d'histoire de religion, Paris 1963; Hans Peter Duerr (Hrsg.), Die Mitte der Welt, Frankfurt 1984.

75 Dies gilt namentlich für die viel beachteten historischen Analysen des kapitalistischen Weltsystems von Immanuel Wallerstein.

76 Siehe etwa Edward A. Tiryakian, The Changing Centers of Modernity, in: Erik Cohen et al. (Hrsg.), Comparative Social Dynamics: Essays in Honor of S. N. Eisenstadt, Boulder Col. 1985, S. 131-147.

daß die Differenzierungsform von Zentrum und Peripherie innerhalb von Funktionssystemen zu neuer Blüte kommt; und zwar in dem Maße, als auch hier die Form der Hierarchie sich als zu restriktiv erweist. Wenn das zutrifft, dann wäre unser das Rechtssystem betreffende Befund kein Einzelfall; und man könnte die Analyse auch durch Vergleich mit entsprechenden Entwicklungen in anderen Funktionssystemen abstützen.

Im Wirtschaftssystem, um damit zu beginnen, stößt man auf durchaus vergleichbare Strukturen. Hier obliegt das Paradoxiemanagement den Banken.[77] Nur sie haben die Möglichkeit, ihre eigenen Schulden gewinnbringend zu verkaufen. Nur sie stehen vor dem Problem, die Wirtschaft zugleich zum Sparen und zum Geldausgeben anreizen zu müssen. Ihre Funktion beruht auf dem elementaren Sachverhalt, daß wirtschaftliche Transaktionen mit Zahlungen operieren und jede Zahlung, ihrem Geldwert entsprechend, zugleich Zahlungsfähigkeit und Zahlungsunfähigkeit erzeugt. Die damit verbundenen Zeitprobleme werden durch Handel mit Zahlungsversprechen ausgeglichen; also dadurch, daß die Banken die Rückzahlung von Einlagen versprechen und sich die Rückzahlung von Krediten versprechen lassen und aus der Differenz Gewinn ziehen, also sich selbst unterhalten. Damit verbindet sich die Funktion der Vermehrung der Geldmenge, also die weitere Paradoxie, daß die Geldmenge im Wirtschaftssystem zugleich als konstante und als variable Summe behandelt wird. Und es funktioniert – im Rahmen von Randbedingungen, die vor allem von der Zentralbank beobachtet werden.

Ähnlich wie in der Rechtstheorie ist auch in der Wirtschaftstheorie dieser Sachverhalt nicht zureichend gewürdigt worden. Man hat die Schwerpunkte des Systems seit alters im Handel, seit dem 19. Jahrhundert auch in der marktorientierten Produktion vermutet und die Geldtheorie darob vernachlässigt. In der Tat sind Despositenbanken (und darin unterscheiden sie sich von Gerichten) eine relative neue Art von Organisation. Noch im 18. Jahrhundert lief Geldschöpfung primär über Staatsverschuldung. Und während die Einrichtung von Gerichten gleichsam den Beginn der Ausdifferenzierung des Rechtssystems markiert, sind Banken für das Wirtschafts-

---

77 Vgl. Niklas Luhmann, Die Wirtschaft der Gesellschaft, Frankfurt 1988, insb. S. 144 ff.; Dirk Baecker, Womit handeln Banken?, Frankfurt 1991.

system eher als Abschluß zu verstehen, als Herstellung einer von außen nicht mehr steuerbaren (nur noch irritierbaren und natürlich destruierbaren) Autopoiesis der Wirtschaft auch im Bereich der Finanzmärkte.

In dem Maße, als rationale Kalkulation von Investition (und, wie man wohl hinzufügen muß, Spekulation) nicht mehr allein auf Eigenmitteln beruht, sondern eine bestmögliche Mischung von Eigenmitteln und Krediten zugrunde legt, entwickelt das Bankensystem sich zum Zentrum des Wirtschaftssystems. Nur so wird die Wirtschaft ihrer inzwischen erreichten Systemkomplexität gerecht. Produktion und Handel und Konsum gehören zur Peripherie des Systems, was, wie im Falle des Rechts, eine zirkuläre Vernetzung nicht ausschließt, sondern gerade voraussetzt. Und auch insofern läßt sich die Parallele zum Rechtssystem ziehen, als nur das Bankensystem hierarchisch durchstrukturiert ist mittels der Unterscheidung von Zentralbank, Geschäftsbanken und Kunden, während Produktion und Handel nur innerhalb einzelner Organisationen, aber nicht als Funktionssysteme Hierarchien bilden.

Auch im politischen System finden sich entsprechende Verhältnisse. Das Zentrum des Systems wird hier durch die Staatsorganisation besetzt. Ihr obliegt die Produktion kollektiv bindender Entscheidungen. Dabei ist das Souveränitätsparadox aufzulösen, nämlich durch die (im Wort »kollektiv« versteckte) Erwartung, daß die Entscheidung auch den Entscheider selbst bindet. Er muß sich binden können, muß zugleich aber auch zur Lösung der Bindung, zur Änderung seiner Selbstfestlegung in der Lage sein. Das geschieht heute durch Einbau einer Zeitdistanz, durch sachliche (vor allem: verfahrensmäßige) Konditionierungen und durch Mindestanforderungen an für Änderung notwendigen politischen Konsens.[78] Eben deshalb

78 Zur Unvorstellbarkeit einer solchen Bindung vor der Schaffung entsprechender Einrichtungen des Verfassungsstaates und der Bildung politischer Parteien vgl. Stephen Holmes, Jean Bodin: The Paradox of Sovereignty and the Privatization of Religion, in: J. Roland Pennock / John W. Chapman (Hrsg.), Religion, Morality and the Law (Nomos XXX), New York 1988, S. 5-45 (17 ff.). Selbstbindung hatte man mit Hilfe eines Fehlzitats (vgl. oben Kap. VI, Anm. 69) naturrechtlich ausgeschlossen, und als einziger Ausweg blieben deshalb Vertragstheorien, deren Paradox dann darin lag, die bindende Wirkung solcher Verträge auf die Verträge selbst gründen zu müssen. Der ursprüngliche Sozialvertrag bindet auf eine noch der Religion verpflichtete Weise: weil er ein Opfer bringt, weil er einen Verzicht auf

ist der Staat nicht mehr, wie im 18. Jahrhundert, die Zivilgesellschaft selbst; und auch nicht mehr, wie im 19. Jahrhundert, das politische System. Er ist nur noch das Zentrum des politischen Systems, das periphere Prozesse der politischen Gruppierung und Disziplinierung in der Form von Parteien, ferner Prozesse der Konsensbeschaffung und der täglichen Vermittlung politikrelevanter Interessen voraussetzt. Die politische Peripherie muß, um ihre Zulieferungsfunktion erfüllen zu können, freier gestellt sein als der Staat selbst. Es darf nicht dahin kommen, daß jede geäußerte Meinung, jeder Pressionsversuch, jeder politische Schachzug sogleich zu einer kollektiv bindenden Entscheidung gerinnt. Auch hier muß also Entgegengesetztes im System zugleich und komplementär ermöglicht werden, und auch hier ist die dafür gefundene Form die Differenzierung von Zentrum und Peripherie.

Ausschlaggebend für die Erhaltung dieser Ordnung ist die Erhaltung der Differenz von Zentrum und Peripherie. Deren systeminterne Grenze wird durch Amtsträgerschaft markiert und im grenzüberschreitenden Kreislauf politischer Macht reproduziert. Anders könnte es keine Differenz von Staat und politischen Parteien, keine Lobby, keine Differenz von Regierung und Opposition, keine Konkurrenz um die Besetzung politischer Ämter, also in einem Wort: keine Demokratie geben. Aber man kann es auch umgekehrt sehen: Die Demokratisierung des politischen Systems erhöht die Systemkomplexität in einem Ausmaß, daß das System sich eine hierarchische Organisation nur noch in seinem »staatlichen« Kernbereich leisten kann und als Gesamtsystem zur Differenzierungsform von Zentrum und Peripherie übergehen muß.

Beispiele dieser Art könnten vermehrt werden[79], aber es muß uns genügen, die Form zu erkennen. Komplexitätsprobleme können durch Rückgang auf eine, wie es scheint, »primitivere« Differenzierungsform gelöst werden: durch Anerkennung der Differenz von

Freiheit verlangt. Siehe dazu Peter Goodrich, Languages of Law: From Logics of Memory to Nomadic Masks, London 1990, S. 56 ff.

79 Um nur noch eines anmerkungsweise zu nennen: Im System der Massenmedien gibt es einige Prestigezeitungen, die nicht nur bevorzugt von den »Eliten« gelesen werden, sondern deren Themen und Nachrichten, weil Redakteure und Journalisten sie zur Kenntnis nehmen, auch in Boulevard-Zeitungen oder im Fernsehen verstärkte Beachtung gewinnen. Allerdings ist die Abgrenzung ziemlich unscharf und fluktuierend. New York Times: ja, der Spiegel: ja, Le Canard Enchaîné (?).

Zentrum und Peripherie. Es wäre sicher nicht angemessen zu sagen, daß das Zentrum die Einheit des Systems »repräsentiere« (wie im griechischen Falle die Stadt die Möglichkeiten der guten Lebensführung und der humanen Perfektion). Es geht nicht um Repräsentation der Einheit, sondern um Entfaltung der Paradoxie des Systems. Dazu verhilft die Inanspruchnahme von Formen, die nicht als Formen des Gesamtsystems realisiert werden können, nämlich Organisation und Hierarchie; und verbunden damit das Abschieben von Funktionen und Prozessen, die damit unvereinbar wären, also Offenhalten für Varietät und Anpassungen an Umweltpressionen, in die Peripherie des Systems. Nicht alle Funktionssysteme der modernen Gesellschaft folgen diesem Muster; aber seine Eignung wird nicht nur im Rechtssystem erprobt. Sie läßt sich also auch nicht aus Besonderheiten erklären, die sich nur im Recht finden.

Kapitel 8

Juristische Argumentation

I

Auch Argumentation ist eine Form mit zwei Seiten. Dabei geht es natürlich nicht um den Unterschied von guten und schlechten, überzeugenden und weniger überzeugenden Argumenten; denn das sind ja in beiden Fällen immer schon Argumente. Vielmehr ist für ein Verständnis von Argumentation zunächst entscheidend zu sehen, was man damit *nicht* erreichen, *nicht* bewirken kann. Und das ist: das Geltungssymbol des Rechts zu bewegen. Kein Argument vermag, wie zum Beispiel ein Gesetz oder ein Vertrag oder ein Testament oder eine rechtskräftige Gerichtsentscheidung, das geltende Recht zu ändern, neuen Rechten bzw. Pflichten Geltung zu verschaffen und damit Voraussetzungen festzulegen, die ihrerseits wieder geändert werden können. Dies *nicht* zu können, ist eine Entlastung der Argumentation, eine Freistellung für eine andere Art von Disziplin. Zugleich ist diese Geltungsabhängigkeit auch eine Voraussetzung dafür, daß die juristische Argumentation auf das durchs Recht gefilterte Recht beschränkt wird und nicht durch moralische oder sonstige Vorurteile ins Schleudern kommt.[1]

Geltungsbewegung und Argumentation operieren natürlich nicht unabhängig voneinander, denn sonst würde man nicht erkennen können, daß es sich um Operationen ein und desselben Systems handelt. Sie werden durch strukturelle Kopplungen verknüpft, und zwar durch *Texte*. In der Form von Texten gewinnt das System die Möglichkeit, sich durch eigene Strukturen zu koordinieren, ohne damit im voraus schon festzulegen, wie viele und welche Operationen die Wiederverwendung bestimmter Strukturen, das Zitieren bestimmter Texte, auslösen oder sie ändern werden. Und nur dann kann man auch die Idealforderung aufstellen und ertragen, daß gleiche Fälle gleich entschieden werden sollen (Gerechtigkeit).

---

1 Auch Jürgen Habermas, Faktizität und Geltung: Beiträge zur Diskurstheorie des Rechts und des demokratischen Rechtsstaats, Frankfurt 1992, insb. S. 250 ff., 286 ff. vertritt eine vergleichbare Auffassung mit dem wichtigen Argument, es müsse sichergestellt werden, daß die rechtliche Argumentation auch auf andere als moralische Prämissen reagieren könne.

Schon weil sie den Bezug der Argumentation zur Geltung des Rechts vermitteln, haben Texte, und besonders Gesetzestexte, in ihrem normalen (oder fachspezifischen) Sinn eine überragende Bedeutung für die juristische Argumentation.[2] Texte ermöglichen eine vereinfachte Selbstbeobachtung. Im normalen Entscheidungsgang beobachtet sich das System nicht als System (-in-einer-Umwelt), sondern als Ansammlung aufeinander verweisender Rechtstexte. Die Juristen nennen bekanntlich auch das ein »System«. Neuerdings spricht man, etwas lockerer, von »Intertextualität«. Was als Text in Betracht kommt, wird durch diese Funktion der Repräsentation des Systems im System geregelt. Es kann sich um Gesetze und Gesetzeskommentare, aber natürlich auch um Gerichtsentscheidungen oder andere Dokumente einer feststehenden Rechtspraxis handeln.[3] Entscheidend ist, daß das System sich interne Zusammenhänge »vergegenwärtigen« kann, also die Möglichkeiten des jeweils gegenwärtigen Operierens dadurch einschränken kann. Das Finden der für die Entscheidung relevanten Texte erfordert fachliche Kompetenz und ist so ein zentrales (oft übersehenes) Moment juristischen Könnens.[4] Denn Interpretieren und Argumentieren kann man nur, wenn man die einschlägigen Texte bereits gefunden hat.

Als Beobachtungen erster Ordnung – in der »Nische« des Rechtssystems, könnte man sagen – gewinnen die Operationen des

---

2 Robert S. Summers / Michele Taruffo, Interpretation and Comparative Analysis, in: D. Neil MacCormick / Robert S. Summers (Hrsg.), Interpreting Statutes: A Comparative Study, Aldershot Hants. England 1992, S. 461-510 (481 f.) geben noch weitere, mehr praktische Gründe für dieses Vorwiegen an, nämlich die leichte Verfügbarkeit der Texte im Vergleich zu den Referenzen anderer Argumentationsmittel und die Schwierigkeit ihrer Widerlegung.

3 Für die Präzedenzentscheidungen des Common Law ist von Michael S. Moore, Precedent, Induction, and Ethical Generalization, in: Laurence Goldstein (Hrsg.), Precedent in Law, Oxford 1987, S. 183-216, bestritten worden, daß es sich überhaupt um Texte handelt. Dann aber bleibt als Interpretationsverfahren nur die freie induktive Generalisierung. Der Autor beabsichtigt das – siehe auch seine Argumente gegen eine moraltheoretische Skepsis in Michael Moore, Moral Reality, Wisconsin Law Review 1982, S. 1061-1156 –, aber die Ergebnisse vermögen für die Rechtspraxis nicht zu überzeugen, sondern zeigen eher die Vorteile der Textgebundenheit aller Argumentation.

4 Man darf daran erinnern, daß die alte, noch in vorherrschend mündlichen Kulturen aufgewachsene *Topik* genau diese »inventio« betont hatte – ganz im Unterschied zu dem, was heute als »Topik« empfohlen wird.

Rechtssystems durch Texte die (relative) Sicherheit, Fälle richtig zu entscheiden oder auch nur: richtige Rechtsauskunft zu geben bzw. juristisch klug (jurisprudent) zu disponieren. Man läßt sich durch die Vorstellung leiten, das Recht in der textbestimmten Form gegebener Normen richtig anzuwenden. Dabei gilt das geltende Recht als ausreichender Grund, in seinem Sinne zu entscheiden. Der Wortsinn des Textes genügt. Was als Interpretation läuft, wird dann verstanden als eine Nachrationalisierung des Textes; oder auch als Einlösung der Prämisse, der Gesetzgeber selbst habe rational entschieden.[5] Ältere Interpretationslehren waren davon ausgegangen, daß der Text beim Interpretieren identisch bleibt. Und noch heute liest man: »Interpretation versteht sich als Verdeutlichung ›desselben‹ in anderen Zeichen.«[6] Allerdings ist die Identität der Textgrundlage selbst bereits eine Sache der Interpretation (sofern man sich nicht mit der reinen Materialisation begnügt). Deshalb wird heute Interpretation eher verstanden als Produktion neuer Texte an Hand alter Texte, als Erweiterung der Textgrundlage, wobei der Ausgangstext dann nur noch als Referenz dient. In jedem Falle ist Interpretation das Herstellen von mehr Text.

Beide Versionen, das Invariantsetzen und das Erweitern und Neugestalten des Textes in anderen Texten, können auf der Ebene der Beobachtung erster Ordnung durchgeführt werden. Zur Argumentation kommt es erst auf der Ebene der Beobachtung zweiter Ordnung, dann nämlich, wenn die Frage auftaucht, *wie* der Text in der Kommunikation zu handhaben sei.[7] Erst auf der Ebene der

---

5 Mit einer stärkeren Formulierung könnte man auch sagen: als ein Wahrmachen der falschen Prämisse, der Gesetzgeber habe rational entschieden.

6 So Josef Simon, Philosophie des Zeichens, Berlin 1989, S. 232.

7 Sehr ähnlich setzt, um darauf zum Vergleich hinzuweisen, auch Jürgen Habermas an. Auch in seiner Sicht, die an Max Weber anschließt, ersetzen positivrechtlich geltende Texte zunächst die Begründung. »Die eigentümliche Leistung der Positivierung der Rechtsordnung besteht darin, *Begründungsprobleme zu verlagern*, also die technische Handhabung des Rechts *über weite Strecken* von Begründungsproblemen zu entlasten, aber nicht darin, die Begründungsproblematik zu *beseitigen*.« (Theorie des kommunikativen Handelns, Frankfurt 1981, Bd. 1, S. 354) Aber dann trennen sich die Wege. Der Jurist wird das Begründungsdefizit als Notwendigkeit einer *Interpretation der Texte* auffassen, für die dann weitere Gründe angegeben werden müssen. Für Habermas liegt dagegen das Problem darin, daß die *»Gesatztheit« selbst noch einer Begründung bedarf*, und dies nicht formal oder funktional (es geht nicht ohne Texte), sondern inhaltlich im Hinblick auf noch zu verhandelnde postkonventionelle Kriterien. Aber damit greift Habermas deutlich über das hinaus, was als Recht unter

Beobachtung zweiter Ordnung kommt es zur Aufstellung von Regeln wie: Texte seien nicht rein wörtlich, sondern sinngemäß zu verstehen.[8] Dann beobachtet man sich (oder andere) beim Lesen des Textes und stößt auf Zweifel. Anlaß dazu ist zumeist, daß die am Text gefundene Entscheidung zu unbefriedigenden Ergebnissen führt – sei es die eigenen Interessen nicht hinreichend durchsetzt; sei es Folgen hat, die gewollt zu haben man dem Textverfasser nicht ernsthaft unterstellen kann. Dann muß man angesichts mehrerer Möglichkeiten nach einer überzeugenden Begründung suchen. Man muß die ratio finden, die Entscheidungsregel, die dem Text zugrunde liegt, und diese begründen.[9]

Schon bei der Textinterpretation ist der Übergang zu einer Beobachtung zweiter Ordnung möglich, nämlich wenn man die Frage stellt (und sich damit begnügt), wie der Text gemeint war.[10] Dabei muß der Text als Kommunikation und die zu vermutende Rationalität des Textes als Rationalität der textschaffenden Intention (vor allem: des Gesetzgebers) angenommen werden.[11] Die Argumentationstheorie geht darüber hinaus. Sie evaluiert Argumente im Hinblick auf ihre Überzeugungskraft für den Kommunikationsprozeß, im Hinblick also auf ihre Durchschlagskraft in der Kommunikation.[12] Dies mag in vielen Fällen leicht einzuschätzen sein: In der

der gerichtlichen Verantwortung, (rasch) zu Entscheidungen zu kommen, praktiziert wird und praktiziert werden kann.

8 Siehe für viele Jean Domat, Les loix civiles dans leur ordre naturel, 2. Aufl. Paris 1697, Bd. 1, S. XCII und für die heutige Diskussion etwa François Ost / Michel van de Kerchove, Entre la lettre et l'esprit: Les directives d'interprétation en droit, Bruxelles 1989. Stanley Fish ist durch harte Attacken gegen diese Regel bekannt geworden; aber das kann letztlich nur besagen, daß jeder Umgang mit Texten in konkreten Situationen mit spezifischen Beschränkungen stattfindet, woraus nicht folgt, daß sich wörtliche und sinngemäße Auslegung nicht unterscheiden ließen. Dies zu: Stanley Fish, Doing What Comes Naturally: Change, Rhetoric, and the Practice of Theory in Literary and Legal Studies, Oxford 1989.

9 Neil MacCormick, Why Cases Have Rationes and What These Are, in: Laurence Goldstein (Hrsg.), Precedent in Law, Oxford 1987, S. 155-182 (161) nennt dies treffend »second-order justification«.

10 In der deutschen Rechtstheorie spricht man hier von »subjektiven« Interpretationslehren.

11 Vgl. dazu François Ost / Michel van de Kerchove, Jalons pour une théorie critique du droit, Bruxelles 1987, S. 97 ff., 355 ff., insb. 405 ff.

12 Üblicher wäre es zu sagen: Überzeugungskraft für andere Teilnehmer an der Kommunikation. Aber wie soll das getestet werden, es sei denn durch die Kommunikation selbst.

Verordnung steht zwar nur, daß der Hund an die Leine muß; aber niemand wird ernsthaft zweifeln, daß dann auch der Herr an die Leine muß. Oft können jedoch Zweifel erst in der Kommunikation (und sei es: antezipierter Kommunikation) behoben werden. Das setzt Kommunikation als einen sich selbst beobachtenden Prozeß voraus und installiert Beobachtung zweiter Ordnung in bezug darauf. Man hat sich dann auf die Prämisse einer Vorverständigung über das Vorhandensein eines Textes und über die Aufgabe rationaler Sinngebung einzulassen, ist im übrigen aber nicht an das gebunden, was man dem Autor des Textes (ohne ihn wirklich beobachten zu können) als Intention unterstellen kann. Das Argumentieren mit der Intention des Gesetzgebers bleibt möglich, wird aber eine Argumentationsform unter anderen.

Die primären Unterscheidungen, mit denen das Recht seine eigenen Verfügungen argumentierend beobachtet und evaluiert, lassen sich, eben wegen dieser Textabhängigkeit, nicht auf eine einzige Formel bringen. Es geht einerseits um *Fehler* bei der Lektüre von Texten, die geltendes Recht darstellen, und andererseits um *Gründe* für diese oder jene Interpretation. Daß es sich bei einer Argumentation nur um den zweiten Fall, nur um Begründungen handeln kann, ist für Juristen schon mit dem *Begriff* der Argumentation entschieden und bedarf keiner weiteren Überlegung.[13] Für einen Augenblick müssen wir bei dieser Beobachtungsweise verweilen, denn das, was üblicherweise als »Argumentationstheorie« firmiert, geht nicht über diese Beobachtungsebene hinaus. Es bemüht sich nur um Qualitätsgewinne auf dieser Ebene.

Auf den ersten Blick fällt auf, daß es sich um ein qualitatives Dual handelt, ähnlich wie Lust (Gründe) und Unlust (Fehler). Dabei geht es nicht um eine symmetrische Umtauschrelation, in der man die eine Seite durch die bloße Negation der jeweils anderen erzeugen könnte. (Die Vermeidung von Fehlern ist noch keine gute Begründung, und gute Begründungen können, auch wenn man das weniger gern zugestehen wird, sehr wohl logische Fehler enthalten.)[14] Jede Komponente dieses Duals ist ihrerseits wieder eine Form des Beobachtens, das heißt eine Unterscheidung. Das wird man für den Fall

---

13 Siehe etwa Gerhard Struck, Zur Theorie juristischer Argumentation, Berlin 1977; Robert Alexy, Theorie der juristischen Argumentation, Frankfurt 1978.
14 Das ergibt im übrigen auch die logische Nachprüfung theoretisch erfolgreicher wissenschaftlicher Argumente.

von Fehlern rasch einsehen. Hier kann man fehlerhaftes/fehlerfreies Argumentieren unterscheiden und Fehler dann entweder in Verstößen gegen die Logik oder in Tatsachenvoraussetzungen sehen, die sich als unhaltbar erweisen. Da hier (und nur hier) Logik als Fehlerüberwachungsinstrument eine Rolle spielt, enthält die Beschreibung der Unterscheidung von Gründen und Fehlern als qualitatives (unreduzierbares) Dual implizit zugleich eine Aussage über die Rolle der Logik im juristischen Argumentieren. Sie kann weder zur Begründung von Entscheidungen verwendet werden, noch ist sie aus diesem Grunde ohne Bedeutung; sie hat eine andere Funktion, bezieht sich auf eine andere Form.

Schwieriger ist es, zu Aussagen über Gründe zu kommen, wenn man auch hier nach einer Form mit zwei Seiten fragt. Was ist die andere Seite eines Grundes? Ein Ungrund? Der Ungrund? Kann man die Grenze der Form überhaupt überschreiten und ins Grundlose gelangen, um sich dann dort aufzuhalten? Oder ist diese andere Seite nichts weiter als ein »Reflexionswert«, der es dem, der ihn bezeichnet, ermöglicht, die Kontingenz aller Begründungen oder sogar die Unbegründbarkeit des Begründens, also die Paradoxie des Begründens zu reflektieren? Und wenn es so wäre: Hätte diese Form des Beobachtens erster Ordnung als Angabe von Gründen nicht den Nachteil, das Argumentieren zu schnell mit dem eigenen Paradox zu konfrontieren? Zu schnell?

Jedenfalls sehen wir, daß sich das Argumentieren (und ihm zu Hilfe kommend, die übliche Argumentationstheorie) mit einer *Ersatzunterscheidung* begnügt, die nicht nur die Paradoxie invisibilisiert, sondern auch einige andere Konfusionen erzeugt, nämlich mit der Unterscheidung von guten und schlechten (oder, um höflich zu sein, weniger guten) Gründen. Diese Unterscheidung löst die Frage nach den Kriterien der Unterscheidung von guten und weniger guten Gründen aus, und mit Hilfe dieser Fragen nach den Kriterien bringt sich die Argumentationstheorie selbst in das Argumentationsgeschehen ein – auf der guten Seite, versteht sich. Auch die Kriterien müssen freilich begründet werden. Dazu dient das Konstrukt der »Vernunft«, der die Eigenschaft zugeschrieben wird, sich selbst begründen zu können.

Diese Strukturen mitsamt ihren eigentümlichen Autologien (die Vernunft ist selber vernünftig, sie ist ihr eigenes Prädikat) sind inzwischen so durchsichtig, daß innerhalb dieses Kontextes nicht mehr viel zu sagen ist. Man kann in ihm baden – und es genießen. Dann muß man allerdings von vielem absehen, was inzwischen zu den gesicherten Errungenschaften des modernen Denkens gehört. Im Bereich der logischen Fehlerkontrolle müßte man nach wie vor daran glauben, daß Axiome der Logik als a priori einsichtig geführt werden können und nicht nur als Komponenten bestimmter Kalküle, die man durch andere Kalküle ersetzen könnte. Im Bereich der empirischen Fehlerkontrolle müßte man weiterhin von den klassischen Naturwissenschaften ausgehen, die objektiv feststellbare Naturgesetze vorausgesetzt hatten und keine zirkulären Vernetzungen des (wissenschaftlichen) Beobachtens mit der durch es konstruierten Wirklichkeit kannten.[15] Im Bereich der Begründungstätigkeit selbst müßte man darauf verzichten, die Erosion aller Prinzipien und deren Ersetzung durch Paradoxien und/oder Ausgangsunterscheidungen zur Kenntnis zu nehmen. Um diesen Problemen auszuweichen, scheint sich die Theorie der begründenden Argumentation mehr und mehr auf Verfahrensprinzipien zu verlegen.[16] Was als »Argumentationstheorie« auftritt, besteht dann im wesentlichen in der Empfehlung eigener Argumente für geeignete Verfahren ohne viel Rücksicht darauf, wie Juristen in praktischen Situationen tatsächlich argumentieren.[17] Inzwischen gibt es bereits eine umfangreiche Diskussion über »Prozeduralisierung«,

---

15 Zur Bedeutung dieses Paradigmawechsels für die Normanwendungsvorstellungen des Rechtssystems und zur Notwendigkeit der Berücksichtigung »epistemischer Risiken« in der juristischen Argumentation siehe Karl-Heinz Ladeur, Alternativen zum Konzept der »Grenzwerte« im Umweltrecht – Zur Evolution des Verhältnisses von Norm und Wissen im Polizeirecht und im Umweltrecht, in: Gerd Winter (Hrsg.), Grenzwerte: Interdisziplinäre Untersuchungen zu einer Rechtsfigur des Umwelt-, Arbeits- und Lebensmittelrechts, Düsseldorf 1986, S. 263-280. Vgl. auch ders., Postmoderne Rechtstheorie: Selbstreferenz – Selbstorganisation – Prozeduralisierung, Berlin 1992.

16 Vgl. Rudolf Wiethölter, Materialization and Proceduralization in Modern Law, in: Gunther Teubner (Hrsg.), Dilemmas of Law in the Welfare State, Berlin 1986, S. 221-249; Klaus Eder, Prozedurale Rationalität: Moderne Rechtsentwicklung jenseits von formaler Rationalität, Zeitschrift für Rechtssoziologie 7 (1986), S. 1-30; und jetzt Jürgen Habermas, Faktizität und Geltung a.a.O. (1992).

17 »Ohne sich lange mit juristischer Feldarbeit und Bestandsaufnahme zu belasten«, wie Josef Esser, Juristisches Argumentieren im Wandel des Rechtsfindungskonzepts unseres Jahrhunderts, Heidelberg 1979, S. 12 zu Alexy a.a.O. (1978) bemerkt.

die sich offen zu diesem Programm bekennt.[18] Damit ist keine Umstellung von Theorie auf Methode gemeint, jedenfalls keine Methode in dem Sinne, daß die Sicherheit (Problemlosigkeit) der Schritte gewährleistet sein und die Reihenfolge der Argumente vorweg festgelegt werden könnte, mit denen man ein vorgestelltes Ziel erreicht. Wie in der alten Rhetorik bleibt vieles der Kunstfertigkeit und der Entscheidung im Moment überlassen, oder auch einfach dem Zufall.

Entscheidend ist vielmehr die Einbeziehung von Zeit und Sequenz, von Strategie und von Lernmöglichkeiten in die Definition der Situation. Auch die in alter Weise auftretenden Prinzipien scheinen sich zunehmend als verkappte Verhaltensvorschriften zu erweisen. Wenn zum Beispiel Klaus Günther »Angemessenheit« als Prinzip der Normprüfung in Anwendungssituationen empfiehlt, so faßt er damit die Regel der Unparteilichkeit und der Berücksichtigung aller (!) Umstände der Situation zusammen.[19] Beides sind jedoch keine Sachkriterien mehr, sondern lediglich Verfahrens- oder Verhaltensvorschriften für die Erzeugung von inhaltlich dadurch noch nicht bestimmten oder auch nur abgrenzbaren Entscheidungen. Und zudem fällt auf, daß die Plausibilität solcher Regeln ziemlich direkt mit ihrer Unanwendbarkeit korreliert. Denn wie soll man *alle* Umstände der Situation (und nur der Situation?) berücksichtigen können?[20]

An der juristischen Argumentation selbst, so wie man sie faktisch vorfindet, gleiten solche Theorien ab, ohne Eindruck zu machen. Die juristische Argumentation nährt sich von der Verschiedenheit der Fälle und erreicht damit eine hohe Spezifität, die sich nicht in allgemeine Prinzipien (etwa: Gerechtigkeit) auflösen läßt. Sie erreicht hohe Problem- und Unterscheidungssensibilität, versteht sich aber in der Praxis keineswegs als »angewandte Methodenlehre«

---

18 Siehe etwa die Beiträge von Klaus Eder und von Karl-Heinz Ladeur in: Dieter Grimm (Hrsg.), Wachsende Staatsaufgaben – sinkende Steuerungsfähigkeit des Rechts, Baden-Baden 1990.

19 Siehe Klaus Günther, Der Sinn für Angemessenheit: Anwendungsdiskurse in Moral und Recht, Frankfurt 1988.

20 Dieser Einwand der Impraktikabilität gilt natürlich nur, wenn man zirkuläres Argumentieren ausschließt, das erst im Hinblick auf eine erwogene Entscheidung feststellt, was in diesem Falle parteilich bzw. unparteilich und was ein zu berücksichtigendes Situationsmerkmal wäre.

(denn dies würde unnötige Meinungsverschiedenheiten erzeugen), sondern als am vorliegenden Fall operierendes Sichtbarmachen von Unterschieden.[21] Ebensowenig können ethische Theorien, welcher Art immer, oder die neuerdings in Mode gekommenen ökonomischen Analysen die Begründungsgesichtspunkte der Praxis erfassen.[22] Die Begründung läuft zwar oft über sehr allgemeine Begriffe wie zum Beispiel Schuld oder Haftung oder Vertrag oder ungerechtfertigte Bereicherung; aber diese Begriffe leben von der Wiederverwendbarkeit in zahllosen verschiedenen Kontexten, sie ermöglichen die Einfügung konkreter Entscheidungsgründe in einen vertrauten Metakontext, aber sie sind nicht »ohne weiteres«, nicht ohne konkrete Erläuterung verwendbar. Dabei bildet der Analogieschluß die Brücke zwischen der Verschiedenartigkeit der Fälle.[23] Damit werden Fallerfahrungen und bereits festgelegte Erwartungen bewahrt, erneut bestätigt und zugleich vorsichtig auf neuartige Sachverhalte ausgedehnt bzw., wenn dies nicht überzeugt, als Grund genommen, Neuartigkeit zu erkennen und als Freiheit für die Bildung von Regeln für noch nicht geregelte Situationen in Anspruch zu nehmen.[24] Die juristische Argumentation mag das Ge-

---

21 Ich beziehe mich hier auf eine Diskussion des Buches von D. Neil MacCormick / Robert S. Summers (Hrsg.), Interpreting Statutes: A Comparative Study, Aldershot Hants. UK 1992, mit Richtern. Die vergleichende Analyse operiert auf einer Ebene der Beobachtung zweiter Ordnung und unterscheidet deshalb *Typen* methodischer Interpretation. Die Fallsensibilität der Praxis läßt sich diesen Typen schwer zuordnen, obwohl sie sich durchaus von generalisierenden Erwägungen und rekursiver Einbeziehung anderer, ähnlicher Fälle leiten läßt.

22 Siehe dazu vor allem Charles Fried, The Artificial Reason of the Law or: What Lawyers Know, Texas Law Review 60 (1981), S. 35-58.

23 Ein wichtiger Hinweis hierzu bei Melvin Aron Eisenberg, The Nature of the Common Law, Cambridge Mass. 1988, S. 83 ff. (94): Ob mit Auslegung einer Entscheidungsregel oder mit Fallanalogie argumentiert werde, sei äquivalent und hänge nur davon ab, wie weit eine Entscheidungsregel schon vorformuliert sei. Zur kontinentalen Lehre siehe jetzt A.W. Heinrich Langhein, Das Prinzip der Analogie als juristische Methode: Ein Beitrag zur Geschichte der methodologischen Grundlagenforschung vom ausgehenden 18. bis zum 20. Jahrhundert, Berlin 1992.

24 Daß ein Argumentieren mit Analogien ein logisch nicht zu rechtfertigendes, eher konservatives Prinzip ist, dürfte allgemein anerkannt sein. »The very process of reasoning by analogy facilitates relative stability in the law«, liest man bei F. James Davis et al., Society and the Law: New Meanings for an Old Profession, New York 1962, S. 122. In einer anderen, sogleich zu erläuternden Terminologie kann man auch sagen, daß der Analogieschluß zwischen Redundanz und Varietät vermittelt und, gerade weil er logisch nicht determiniert ist, je nach Kühnheit (oder: je nach

samtprodukt ihrer Tätigkeit für »vernünftig« halten, aber das heißt nicht, daß sie aus Vernunftprinzipien deduziert; und es heißt auch nicht, daß sie sich auf ein allen Menschen gleichermaßen verfügbares Denkpotential beruft. Das hatte Coke gemeint, als er in einem berühmt gewordenen Einwand die Berufung seines Königs (James I.) auf seine eigene Vernunft zurückwies: es müsse sich um »artificial reason« handeln, das heißt um professionelle Erfahrung und Kompetenz.[25]

Wer Begründen als Berufung auf Gründe versteht, wird sich genötigt sehen, auch Gründe zu begründen. Wer Gründe zu begründen hat, braucht haltbare Prinzipien.[26] Wer Prinzipien benennt, verweist letztlich auf die Umwelt des Systems, in der die benannten Prinzipien ebenfalls anerkannt werden. Das gilt besonders, wenn diese Prinzipien mit dem Zusatz »moralisch« oder »ethisch« oder »vernünftig« ausgestattet werden. Wenn eine Argumentationstheorie so angelegt ist, kann sie die These operativer Geschlossenheit des Rechtssystems nicht akzeptieren und wird dazu tendieren, aus der Argumentationspraxis selbst Gründe zu gewinnen, die dagegen sprechen. Dieser Gedankenzug stärkt sich empirisch und moralisch zugleich, und das könnte die Härte der Diskussion über das Theorem der operativen Geschlossenheit erklären.[27] Aber können Prinzipien auf die Notwendigkeit, sich zu unterscheiden, verzichten? Und wenn nicht: Wer trifft die Unterscheidung, wenn nicht das Rechtssystem selbst? Auch kann man vermuten, daß mit einem Prinzip (Verhältnismäßigkeit, Angemessenheit, Werteabwägung usw.) oft, wenn nicht immer, entgegengesetzte Entscheidungen begründet werden können. Die Angabe eines Prinzips heißt dann nur: das Unterscheiden ins System zurückdelegieren. Schließlich verdeckt das Prinzip in der Statik seiner Formulierung die Zeitlichkeit der Operationen des Systems, das laufende Wiederholen und Abändern, Kondensieren und Konfirmieren, distinguishing und over-

beabsichtigtem Ergebnis) mehr in die eine oder mehr in die andere Richtung tendieren kann.

25 Siehe auch den dies aufgreifenden Vortragstitel von Charles Fried a.a.O.

26 Auch Prozeduralisten, die einer solchen Festlegung auszuweichen versuchen, kommen nicht umhin, Verfahrensprinzipien zu benennen oder die Vernunft selbst für ein Prinzip zu halten, auf das man unangreifbar zurückgreifen kann.

27 Siehe dazu die verschiedenen Beiträge im Band 13 (1992), Heft 5 des Cardozo Law Review.

ruling in der täglichen Praxis des Systems. Das mag dann dazu dienen, Einheit vorzutäuschen, wo im Zeitlauf Regeln gewechselt werden, also Inkonsistenz für Konsistenz auszugeben.[28] Auch wenn man vom Theorem der operativen Geschlossenheit des Rechtssystems ausgeht, kann man also dem Prinzipiengebrauch in der Begründungspraxis Rechnung tragen; und wie im weiteren Verlauf unserer Analysen deutlich werden wird, könnte man Prinzipien als Redundanzformeln ansehen, die mit jedem Ausmaß an Varietät des Systems kompatibel zu sein scheinen.

In dem Maße, in dem die Anachronismen eines Prinzipienglaubens und die Impraktikabilität einer Flucht in Verfahrensdirektiven in ihrer Unzulänglichkeit erkennbar werden, bleibt nur resolute Resignation im Stile der Frankfurter Schule – oder die Suche nach anderen strukturreicheren Beobachtungsmöglichkeiten. Es könnte daran gedacht werden, die Frage nach den »Bedingungen der Möglichkeit« des Argumentierens zu stellen und im gleichen Zuge die Autologik der Vernunft durch ein stärker distanzierendes Instrumentarium zu ersetzen. Wenn dies gelingen soll, muß man freilich präzise genug angeben können, wie (das heißt: mit welcher Unterscheidung) es geschehen soll.

II

Blickt man mit ausgeprägten Theorieinteressen auf das zurück, was in den vergangenen Jahrzehnten unter der Bezeichnung »Argumentationstheorie« Karriere gemacht hat, findet man wenig Hilfreiches.[29] Die in der juristischen Methodenlehre hauptsächlich beachteten Anregungen arbeiten mit dekontextiertem, antikem und frühmodernem Gedankengut, mit Begriffen wie Topik, Rhetorik, Dialektik und schließlich Hermeneutik. Dabei wird der Zusammenhang dieser Formenlehren mit einer primär oralen, wenngleich schon über schriftliche Texte verfügenden Kultur und zugleich mit Erstreaktionen auf eine durch Schrift suggerierte Bezweifelbarkeit

28 Diese Überlegung verdanke ich S.C. Smith.

29 Für einen Überblick siehe Werner Krawietz, Juristische Argumentation in rechtstheoretischer, rechtsphilosophischer und rechtssoziologischer Perspektive, in: Norbert Achterberg et al. (Hrsg.), Recht und Staat im sozialen Wandel: Festschrift für Hans Ulrich Scupin zum 80. Geburtstag, Berlin 1983, S. 347-390.

übersehen. Das ist nicht mehr unsere Situation. Eine zweite, eher durch den »linguistic turn« der Philosophie ausgelöste Welle normativer Theorien über normatives Argumentieren hat die Jurisprudenz selbst kaum erreicht, sondern hält sich in »kritischer« Praxisferne. Mit einer Pauschalablehnung dieser Bemühungen ist zwar ebenfalls wenig gewonnen, aber jedenfalls hat es Sinn, nach anderen Möglichkeiten Ausschau zu halten.

Zunächst benötigen wir einen Begriff der Argumentation, der nicht definitorisch bereits das Moment der Begründung enthält, sondern uns die Möglichkeit bietet, nach den Bedingungen der Möglichkeit und nach der Funktion von Begründungen zu fragen.[30] Wir bleiben für eine Weile noch bei der Selbstdarstellung von Argumentation als Anbieten von vermeintlich überzeugungskräftigen Entscheidungsgründen. Dann ist es hilfreich, sich klar zu machen, daß diese Gründe für wiederholten Gebrauch angeboten werden müssen. Schon im Einzelfall, schon bei ihrer Erfindung müssen sie auf ein rekursives Netzwerk von Stützerwägungen bezogen werden. Der Einzelfall muß sich selbst im Kontext früherer und späterer Entscheidungen verorten. Das kann durch Analogiebildung, aber auch durch Unterscheidung geschehen. Das anstehende Problem ist anders geschnitten als die, an die man bisher gedacht hatte. In beiden Fällen, bei Analogiebildung wie bei Unterscheidung, steht in der juristischen Argumentation (das unterscheidet sie von Reflexionstheorien) nicht das System vor Augen. Die Argumentation läuft, um eine alte aristotelische Terminologie zu benutzen, nicht de toto ad seipsum, sondern de parte ad partem.[31] Das heißt, ebenfalls altsprachlich: Man bedient sich der wirkungstechnisch günstigen, auch in der Rhetorik und der Pädagogik bewährten Orientierung an exempla.[32] Solche Beispiele werden von dem zur Entscheidung an-

---

30 Ein weiterer Grund für dieses Begriffsrevirement liegt in typischen Schwächen teleologischer Begriffsbildung: daß sie keinen Platz haben für das Mißlingen, die Korruption, das Nichterreichen des Zieles. Und auch der normale Ausweg, auf die »subjektive« Intention des Begründers abzustellen, führt in bekannte Schwierigkeiten, etwa die der Unterscheidung von Zweck und Motiv.

31 So der Philosoph gegen den Theologen bei Marius Salamonius de Alberteschis, De Principatu (1513), zit. nach dem Neudruck Milano 1955, S. 26. Vgl. zur Vorgeschichte dieser Darstellung des Schlusses vom Teil auf einen anderen Teil (hos méros pròs méros) ohne Bezugnahme auf das Ganze Aristoteles' Analytica priora 69a 13-15.

32 So auch eine der eindrucksvollsten Darstellungen der Argumentationsweisen des

stehenden Fall aus gesucht, gegebenenfalls durch eine eigenwillige Lesart gebildet, jedenfalls nicht systematisch deduziert. Die Regelbildung ist das Resultat, nicht die Voraussetzung dieser Argumentationsweise.

Gerade weil der Einzelfall sich im rekursiven Netzwerk seiner eigenen Argumentation versteht, kann er aber nicht ins Leere zurück- und vorgreifen. Er muß voraussetzen, daß schon vorher Fälle entschieden wurden und weiterhin nachher Fälle zu entscheiden sein werden. In diesem Sinne (im Unterschied zu: Bezugnahme auf die *Einheit* des Systems) argumentiert auch die exempla-Technik durchaus systematisch; oder wenn man will: Sie etabliert sich auf ihrer Ebene als Beitrag zur Autopoiesis des Systems. Die Situationen selbst verändern sich, mitsamt ihrer Rekursivität, die Vergangenes und Künftiges selektiv in Anspruch nimmt, mit dem Lauf der Zeit. Nur unter dieser Voraussetzung kann man überhaupt davon sprechen, daß Regeln wiederholt angewandt, ähnliche Fälle wiederholt entschieden werden müssen. Bei näherem Zusehen zeigt sich deshalb, daß Wiederholung ein recht schwieriger, sich vom bloßen Copieren deutlich unterscheidender Vorgang ist.[33]

Denn Wiederholungen finden in immer wieder anderen Situationen statt. Die Fälle mögen als vergleichbar konstruiert werden nach Maßgabe der Gerechtigkeitsforderung, Gleiches gleich und nur Ungleiches ungleich zu behandeln. Aber diese Gleich/Ungleich-Sonde muß in eine Realität eingeführt werden, in der jede konkrete Situation eine andere ist; und dies allein schon deshalb, weil sie mit anderen vorausgegangenen Entscheidungen, mit einer anderen Geschichte zu rechnen hat. Wiederholungen stehen daher unter der Doppelforderung (in der sich genau spiegelt, was die Gerechtigkeit verlangt): Regeln zu identifizieren und die Identifikation trotz Nichtidentität der Fall-Lage zu bestätigen. Wiederholung erfordert Kondensieren und Konfirmieren, Reduktion auf bestimmbare Identitäten und Generalisierung. Genau so verfährt die Fallpraxis der Gerichte, und zwar sowohl in der Behandlung von Präzedenz-

Common Law: Edward H. Levi, An Introduction to Legal Reasoning, University of Chicago Law Review 15 (1948), S. 501-574.

33 Siehe z. B. die Unterscheidung von itérability und répétabilité bei Jacques Derrida, Limited Inc., Paris 1990, z. B. S. 230 f., 234 f. u. ö. Im Unterschied zum bloßen Repetieren wird beim Wiederholen dem Unterschied der Situationen, die sich allein schon aus dem Lauf der Zeit ergeben, Rechnung getragen.

bindungen als auch bei der Interpretation von Gesetzestexten.[34] Als Ergebnis kann man deshalb nicht das erwarten, was eine Theorie voraussetzen müßte, die die Gerichtspraxis als Anwendung von feststehenden Regeln (und sei es: des selbstgemachten Richterrechts) begreift. Vielmehr befindet sich die argumentative Orientierung in ständiger Bewegung, weil sich ihre rekursive Absicherung selbst von Situation zu Situation bewegt.[35] Genau dies ist auch der Grund, weshalb sich die Argumentationspraxis der Gerichte in Richtung auf Ausdifferenzierung einer spezifisch juristischen Semantik bewegt, also im Sinne der Kybernetik des positiven Feedback Abweichungsverstärkung betreibt oder im Sinne der Linguistik ein Hyperkorrigieren des gemeinüblichen Sprachgebrauchs. Wir finden den Vorgang der operativen Schließung also nicht nur auf der Ebene der Verfügung über Rechtsgeltung, sondern auch auf der Ebene der Argumentation. Auch hier geht es um Evolution.

Von hier aus ist der Schritt nicht weit zu einer Darstellung der juristischen Argumentation mit Hilfe von Begriffen, die nicht als Argumente taugen und in die argumentierende Kommunikation auch gar nicht eingehen können. Wir formulieren den Begriff der Argumentation dann ganz unabhängig von der Frage, wie gut ihre Gründe sind, mit Hilfe von drei Unterscheidungen, nämlich (1) Operation/Beobachtung; (2) Fremdbeobachtung/Selbstbeobachtung; und (3) strittig/unstrittig. Juristische Argumentation ist demnach eine Kombination von jeweils einer Seite dieser Unterscheidungen, und zwar die Selbstbeobachtung des Rechtssystems, die in ihrem rekursiv-autopoietischen Kontext auf vergangene bzw. antezipierte Meinungsverschiedenheiten über die Zuordnung der Codewerte Recht bzw. Unrecht reagiert.[36] Um Beobachtung handelt es sich, weil es darum geht, Fälle oder Fallgruppen an Hand von Unterscheidungen zu diskriminieren. Um Selbstbeobachtung, weil die Beobachtungsoperation im Rechtssystem selbst abläuft. Und um streitveranlaßte Kommunikation insofern, als die bloße Disposition

---

34 Vgl. auch hierzu Levi a.a.O. (1948) an Hand spezifischer Regelentwicklungen in der Praxis amerikanischer Gerichte.

35 Bei Levi a.a.O. liest man: »rules are never clear« (S. 501); »rules are remade with each case« (S. 502); »the rules change as the rules are applied« (S. 503).

36 Dieser Begriff läßt sich leicht ausweiten auf moralische bzw. wissenschaftliche Argumentation, wenn man die Codes entsprechend auswechselt.

über das Geltungssymbol oder auch die bloße Lektüre des Gesetzes aus dem Begriff der Argumentation ausgeschlossen sein soll.

Trotz all dieser Einschränkungen umfaßt dieser Begriff noch Argumente, die der Funktion von Argumentation nicht gerecht werden – etwa Argumente wie: der Grundherr hat immer recht, die Partei hat immer recht, das Militär hat immer recht. Wir müssen daher zusätzlich nach den Bedingungen fragen, die die Erfüllung der Systemfunktion von Argumentation ermöglichen.[37]

Wie immer, wenn es um »Bedingungen der Möglichkeit« oder um »Funktionen« geht, ist ein Beobachter zweiter Ordnung im Spiel.[38] Auf dieser Ebene zweiter Ordnung können wir die Frage stellen, wie ein System seine eigene Autopoiesis mit Einschluß seiner Selbstbeobachtung (also sich selbst) ermöglicht, und auf diese Frage antwortet ein anderes, auf der Ebene der Beobachtung erster Ordnung nicht sinnvoll einsetzbares Instrumentarium.

In Anlehnung an Überlegungen, die ursprünglich aus der technisch interessierten Informationstheorie stammen, unterscheiden wir *Information* und *Redundanz*. Information ist der Überraschungswert von Nachrichten, gegeben eine begrenzte oder unbegrenzte Zahl anderer Möglichkeiten. Redundanz ergibt sich (zirkulär) daraus, daß sie beim Operieren autopoietischer Systeme in Anspruch genommen wird. Eine Operation verringert den Selektionswert anderer, etwa ein Satz den Auswahlbereich dazu passender Beiträge. Das hat den Effekt, daß die Auswahl von Anschlußoperationen zugleich leicht und schwierig wird – leicht, wenn der Auswahlbereich klein ist, und schwierig, weil nun anspruchsvolle Selektionskriterien eingeführt werden können, die nicht einfach zu erfüllen sind, ja sogar unter Umständen nur durch eine vorsichtige Wiederausweitung des

---

37 An dieser Stelle trennen wir uns definitiv von Theorien, die den Begriff der Argumentation ausschließlich an Qualitätsmerkmalen der Gründe, etwa an der Vernünftigkeit der Gründe ausrichten. Wir fragen *statt dessen* nach der Systemfunktion, weil wir die eigene Analyse nicht den Gründen gefügig machen wollen, die im System selbst mobilisiert werden. Das schließt es selbstverständlich nicht aus, daß man bemerkt und zu schätzen weiß, daß die Juristen vernünftig oder sonstwie gut (elegant, überzeugend usw.) zu argumentieren versuchen.

38 Wie leicht zu erkennen sein wird, nehmen wir hier Anregungen der Philosophie Kants auf, ohne allerdings der weiteren Ausarbeitung die Unterscheidung empirisch/transzendental zugrunde zu legen. Man kann auf diese Unterscheidung um so leichter verzichten, als mit der Unterscheidung von Beobachtung erster und zweiter Ordnung eine Nachfolgebegrifflichkeit zur Verfügung steht.

Selektionsbereichs, durch Zulassung von mehr Information. Als Ausschaltung des Bedarfs für (Interesses an) weitere Informationen ist Redundanz selbst *keine Information*. Sie ermöglicht *Indifferenz*, und zwar sowohl im Verhältnis der Systemoperationen zueinander als auch, und vor allem, im Verhältnis zur Umwelt.

Daß der Sprachstil des Rechts ein hohes Maß an Redundanz (Formelhaftigkeit, Wiederholbarkeit) entwickelt, ist oft kommentiert worden.[39] Das sind jedoch zunächst nur rhetorisch-expressive Mittel. Jedenfalls darf Stilistisches nicht mit begrifflicher Präzisierbarkeit oder sachangemessener Definierbarkeit verwechselt werden, die den Rechtsbegriffen oft fehlt. Eher ist Sprachform der Effekt eines systemeigenen Sprachgebrauchs. Sie ergibt sich wie von selbst daraus, daß Formeln wiederholt werden und dabei auf einen Identitätskern kondensiert, zugleich aber mit den Bedeutungshorizonten immer wieder anderer Situationen aufgeladen werden. In einer klassischen Formulierung liest man: »The science of jurisprudence (is) ... the collected reason of ages, combining the principles of original justice with the infinite variety of human concerns.«[40]

Martin Shapiro hat die Bedeutung von Redundanz für die Koordination von unabhängig getroffenen (nicht durch eine Weisungshierarchie organisatorisch koordinierten) Entscheidungen im Rechtssystem aufgezeigt[41], dabei aber nicht zwischen Beobachtung erster und Beobachtung zweiter Ordnung unterschieden. Damit rückt der für die Operationen erster Ordnung wichtige Aspekt des Erkennens und Vermeidens von Fehlern in den Vordergrund. Ohne Redundanz bliebe ein Verlust an Information (verursacht durch ein Schlechtfunktionieren des Transmissionssystems) unerkennbar und daher nicht korrigierbar. Je mehr Informationen ein System zu prozessieren hat, desto mehr ist es auf ausreichende Redundanzen angewiesen, um Fehler in der Form der Nichtberücksichtigung wichtiger Informationen zu vermeiden – aber könnte man nicht ebensogut sagen: zu legitimieren? Schon damit wird erkennbar, daß

---

39 Siehe etwa Pierre Mimin, Le Style des jugements, 2. Aufl. Paris 1970, insb. S. 99 ff.

40 Edmund Burke, Reflections on the Revolution in France, Works III, S. 357, zitiert nach David Lieberman, The Province of Legislation Determined: Legal theory in eigtheenth-century Britain, Cambridge Engl. 1989, S. 2.

41 Toward a Theory of *Stare Decisis*, Journal of Legal Studies 1 (1972), S. 125-134. Vgl. auch Giorgio Lazzaro, Entropia della Legge, Torino 1985.

ein System über etablierte Redundanzen eine Überlastung mit Informationen abwehrt, aber gerade auf diese Weise neue Feinheitsgrade im Unterscheiden und Bezeichnen gewinnen kann. Redundanzen schließen also nicht nur Informationen aus, sie produzieren auch Informationen, indem sie die Sensibilität des Systems spezifizieren. Auf diese Weise gibt es im System dann Informationen, die es in der nicht entsprechend vorbereiteten Umwelt nicht geben kann. Die Reduktion von Komplexität dient der Steigerung von Komplexität.

Sicher erfordert eine solche Entwicklung eine hohe Indifferenz gegenüber der Umwelt des Systems. Nur sehr wenige Kommunikationen, die in der Umwelt kursieren, haben im Rechtssystem Informationswert. Doch wäre es zu einfach, den Bedarf für Redundanzen ausschließlich als Abwehr von Umweltgeräuschen (noise) zu interpretieren. Ebensosehr müssen die Einzeloperationen des Systems gegeneinander isoliert und dann aber selektiv verknüpft werden. Denn schon Systeme mit sehr geringer Größe, vom Rechtssystem ganz zu schweigen, können nicht mehr alle Operationen mit allen anderen Operationen verknüpfen. Strukturierte Komplexität ist immer auf selektive Verknüpfung der Elemente angewiesen, also auch, das ist nur die andere Seite der Medaille, auf Abwehr von intern produziertem Rauschen. Information ist ein Unterschied, der für das System einen Unterschied macht, der den Systemzustand verändert (Bateson). Und die Auswahl derjenigen Informationen, die diese Kapazität haben sollen, ist die Funktion von Redundanz. Die Operationen des Systems widmen sich zwar, ihrer Intention nach, der Informationsverarbeitung, das heißt: der ständigen Umformung von Informationen in andere Informationen für andere Operationen. Aber wie ein Schatten begleitet diesen Vorgang die Reproduktion der Redundanzen des Systems. Shapiro spricht von einem »stream of reassurances«, der neue Differenzen nur in sehr geringer Zahl aufnehmen kann.[42] In einer anderen Begriffssprache mit evolutionstheoretischem, aber auch neurophysiologischem bzw. wahrnehmungstheoretischem (konstruktivistischem) Hintergrund könnte man Redundanzen auch als »Attraktoren« bezeichnen, die die Informationsverarbeitung organisieren.[43]

---

42 A.a.O., S.131.
43 Vgl. z.B. Michael Stadler / Peter Kruse, Visuelles Gedächtnis für Formen und das

Der Begriff wird zwar nicht sehr klar definiert, aber der Theoriekontext macht zweierlei deutlich: Operationsfähigkeit unter Bedingungen, die als »Chaos« vorausgesetzt werden können, und einen lokalen Bezug, der Schwerpunktbildungen ermöglicht, ohne dafür auf einen Bezug zur Einheit oder Ganzheit des Systems angewiesen zu sein. Im evolutionstheoretischen Kontext heißt dies, daß Attraktorbildungen nicht auf einen sinngebenden Anfang oder Grund zurückgeführt werden können, sondern wie zufällig entstehen, dann aber in ihren Folgen festgeschrieben werden. Das System ist insofern ein historisches System ohne letzten Grund dafür, daß es so ist, wie es ist. Und im bewußtseins- bzw. kommunikationstheoretischen Kontext heißt dies, daß Attraktoren als »Werte« fungieren, daß man es also vorzieht, ihnen zu folgen, weil anderenfalls der Ordnungsverlust, eben das »Chaos«, unerträglich wäre.

Gesehen unter dem Gesichtspunkt der Koordination ist Redundanz demnach die »invisible hand« des Systems.[44] Aber die sichtbare Hand einer organisatorischen Weisungshierarchie wäre nicht ein Gegenfall, wie diese Metapher vermuten läßt, sondern ein Anwendungsfall; denn auch Weisungen einer obersten Instanz lassen sich durch Redundanz tragen und geben den im System kursierenden Informationen nur eine spezifische Form (unter anderem: die der Unverantwortlichkeit für die Selektion, in der man durch die Weisung gedeckt ist). Auch die sichtbare Hand (etwa des Gesetzgebers) steht demnach im Dienste der unsichtbaren Hand. An allen Operationen sind die intendierte Selektion und die nichtintendierte Reproduktion der Redundanzen des Systems zu unterscheiden. Eine Operation, die nicht diesen Doppelaspekt aufweist, wäre nicht als eine Operation erkennbar, die zum System gehört und das rekursive Netzwerk der Verknüpfung von Operationen reproduziert. Andere Rechtstheoretiker benutzen den Begriff der *Institution*, um die rechtsimmanente Einschränkung des Prozessierens von Rechtsfragen zu bezeichnen.[45] Dabei wird jedoch zwischen Einschrän-

Problem der Bedeutungszuweisung in kognitiven Systemen, in: Siegfried J. Schmidt (Hrsg.), Gedächtnis: Probleme und Perspektiven der interdisziplinären Gedächtnisforschung, Frankfurt 1991, S. 250-266.

44 Shapiro a.a.O., S. 131.

45 Siehe programmatisch Neil MacCormick, Law as Institutional Fact, Law Quarterly Review 90 (1974), S. 102-129, neu gedruckt in: Neil MacCormick / Ota Weinber-

kung und Begründung nicht klar unterschieden. Dem Begriff der Institution werden »custom« und »practical reason« zugeordnet, er bezeichnet die Gewohnheit vernunftorientierter praktischer Argumentation. Insofern bleibt der Begriff der Selbstdeutung der Rechtspraxis der Beobachtung erster Ordnung verpflichtet. Wenn wir von Redundanz sprechen, hat das den Vorteil, das Faktum institutionellen Räsonierens durch eine Variable zu ersetzen, die auf andere Variablen (wir werden gleich sehen: die Varietät der dem Entscheiden zugemuteten Fälle) reagiert. Und außerdem können wir die Verschmelzung von »custom« und »practical reason« in einem Begriff vermeiden und die Begründungsleistungen der juristischen Argumentation mit mehr Distanz betrachten. Dann kann man immer noch festhalten, daß die Einschränkung des Bereichs möglicher Kombinationen (Institution) Bedingung der Möglichkeit von Begründungen (Institution) ist, also Redundanz Bedingung der Möglichkeit juristischer Argumentation.

Nach diesen Klarstellungen können wir darauf verzichten, das Problem nur im Erkennen und Vermeiden von Fehlern zu sehen, so sehr dies die primäre Sorge des Juristen sein mag. Aus der Sicht eines Beobachters zweiter Ordnung, der das Rechtssystem in seiner Operationsweise (und nicht nur: die Operationen in ihren Gründen, Zielen und Richtigkeitsbedingungen) thematisieren will, geht es um die Herstellung von ausreichender Konsistenz im Verhältnis einer Vielzahl von Entscheidungen zueinander, wobei keine Entscheidung in der Lage ist, die Gesamtmenge der anderen Entscheidungen zu definieren, abzugrenzen, geschweige denn: inhaltlich zu erkennen. Etwas muß »statt dessen« geschehen, um eine Desintegration des Systems in eine bloße Menge von Einzelentscheidungen zu verhindern, die einander nichts zu sagen haben und die nur für einen Beobachter unter von ihm gewählten Merkmalen als eine abgrenzbare Menge (zum Beispiel: eine Art oder Gattung) erkennbar sind. Die Einrichtung ausreichender Redundanzen ist die Antwort auf dieses Problem. Wenn Gerechtigkeit in der Konsistenz von Entscheidungen besteht[46], dürfen wir daher auch sagen: Gerechtigkeit ist Redundanz.[47] Und sie unterscheidet sich damit von anderen Ent-

ger, An Institutional Theory of Law: New Approaches to Legal Positivism, Dordrecht 1986, S. 49-76. (dt. Übersetzung Berlin 1985).

46 Siehe oben Kapitel 5.

47 Oder mit einer aus der Praxis kommenden Stimme (also in der wertenden Sicht

scheidungsidealen, die etwa die Optimierung von Einzelentscheidungen unter Auswertung von möglichst vielen Informationen im Sinn haben.

Ein Systembegriff von Gerechtigkeit ist natürlich nicht punktuell in Einzelentscheidungen zu realisieren. Er entzieht sich damit auch, gegen die Meinung fast aller Autoren, die sich mit diesem Thema befaßt haben, der moralischen Zurechnung oder deren ethischer Bewertung. Statt dessen – wiederum: »statt dessen« – kommt es auf die Vermeidung von Fehlern an, und das heißt nun: die Vermeidung erkennbarer Inkonsistenzen.[48] Fehler sind, so gesehen, operative Indikatoren für die etwaige Ungerechtigkeit des Systems. Zugleich dienen sie aber auch als Form von Erkenntnis, die es ermöglicht, sich von Entscheidungen anderer, die man als fehlerhaft ansieht, zu distanzieren, also auf die Unmöglichkeit absoluter Konsistenz aller Entscheidungen zu reagieren.[49] Wie immer, Fehler bleiben ein Erkenntnisschema der Beobachtung erster Ordnung, bei der man versucht, sie zu vermeiden oder sie anderen anzulasten, aber nicht nach den Bedingungen ihrer Möglichkeit, nicht nach der Konstitution von Redundanz fragt. Für einen Beobachter zweiter Ordnung tritt jedoch diese Frage der Erzeugung und Erhaltung ausreichender Redundanzen ins Zentrum des Interesses, und für ihn ist erkennbar, daß es auch andere Systemimperative gibt als nur diesen einen der Erhaltung von Redundanz. Denn wie könnte man sonst das Wachstum des Systems erklären oder auch die (immer durch Kritik modifizierte) Toleranz der Gesellschaft für ihr Recht?

Liegt das Problem aber nur in den Beschränkungen der Fähigkeit zur Informationsverarbeitung, mit denen jedes System zurechtkommen muß? Geht es um bounded rationality im Sinne von

---

eines Beobachters erster Ordnung): »to keepe as neare as may be to the Certainty of the Law and to the Consonance of it to it Selfe«. So im 17. Jahrhundert Sir Matthew Hale in einer Schrift gegen Hobbes. Siehe: Reflections by the Lrd Cheife Justice Hale in Mr. Hobbes His Dialogue of the Lawe, in: William Holdsworth, A History of the English Law, 3. Aufl. London 1945, Nachdruck 1966, Bd. V, Appendix III, S. 500-513 (506).

48 Hier liegt denn auch der Grund, der viele Autoren zu der Meinung geführt hat, Gerechtigkeit sei nur ex negativo zu explizieren, gewissermaßen eine negative Theologie des Rechtssystems.

49 Siehe hierzu die Ausführungen zu »mistakes« in: Ronald Dworkin, Taking Rights Seriously, Cambridge Mass. 1977, S. 118 ff.

Herbert Simon[50] oder um die Notwendigkeit dezentralisierten Umgangs mit Komplexität im Sinne von Hayek[51] oder Lindblom?[52] Kann Konsistenz nur deshalb nicht erreicht werden, weil keine Stelle über die dafür notwendigen Informationen (die ja Informationen über alle davon abhängigen Entscheidungen und alle Alternativen einschließen müßten) verfügt? Wenn es nur das wäre, läge die Lösung in einer radikalen Vereinfachung der Themen, mit denen das System sich befaßt.

Daß dieser Ausweg nicht gangbar ist, wird klar, wenn man einsieht, daß Redundanz nicht die einzige Bedingung ist, von der die Autopoiesis des Systems abhängt. Eine zweite Bedingung nennen wir Varietät und meinen damit die Anzahl und Verschiedenartigkeit der Operationen, die ein System als eigene erkennen und durchführen kann.[53] Redundanz und Varietät sind auf den ersten Blick konträre Erfordernisse: Redundanz ist die Information, die man bereits hat, um Informationen bearbeiten zu können, und Varietät ist die Information, die einem dazu noch fehlt.[54] Je größer die Varietät eines Systems, desto schwieriger wird es, von einer Operation mit nur

50 Vgl. als Ausgangspunkt für weit auszweigende Entwicklungen Herbert A. Simon, Models of Man: Social and Rational: Mathematical Essays on Rational Human Behavior in a Social Setting, New York 1957. Siehe auch die Aufsatzsammlung Models of Bounded Rationality, Cambridge Mass. 1982, insbes. Bd. 2, S. 401 ff.

51 Vgl. F. A. von Hayek, Die Theorie komplexer Phänomene, Tübingen 1972.

52 Vgl. Charles E. Lindblom, The Intelligence of Democracy: Decision Making Through Mutual Adjustment, New York 1965; ders. und David K. Cohen, Usable Knowlegde: Social Science and Social Problem Solving, New Haven 1979.

53 Die Unterscheidung Redundanz/Varietät ist von Henri Atlan ausgearbeitet worden und dient im Zusammenhang seiner Arbeiten der Erklärung der Bedingungen der Möglichkeit von »Selbstorganisation« in lebenden Systemen. Für eine übersichtliche Darstellung siehe: Noise, Complexity and Meaning in Cognitive Systems, Revue internationale de systémique 3 (1989), S. 237-249, und vorher vor allem: L'organisation biologique et la théorie de l'information, Paris 1972; On a Formal Definition of Organization, Journal of Theoretical Biology 45 (1974), S. 295-304; Entre le cristal et la fumée, Paris 1979. Atlan definiert jedoch Varietät nicht mit Bezug auf die Elementaroperationen des Systems, die erst infolge der Systemkomplexität Überraschungen (Informationsverarbeitung) unvermeidlich machen, sondern direkt als Gegenbegriff zu Redundanz, nämlich als Überraschungswert von Informationen.

54 Es ist wichtig, Haben bzw. Fehlen auf Erfordernisse der Informationsverarbeitung in einem System zu beziehen. Ohne Systemreferenz kann der Gegensatz allenfalls eine mathematische Bedeutung haben; so bei Atlan als Umkehrverhältnis von H (Varietät) und R (Redundanz).

geringem Informationszusatz auf andere zu schließen; desto schwieriger wird es, das System auf Grund der Kenntnis einiger seiner Operationen zu identifizieren oder gar adäquat zu beschreiben; desto mehr Überraschungen müssen erzeugt und verarbeitet werden; desto länger werden die Ketten, desto mehr Zeit braucht das System. Dennoch greift diese Kontrastierung zu kurz. Die Betriebswirtschaftslehre hatte bereits ein Substitutionsverhältnis von Regelbindung und Variabilität angenommen[55]; aber auch darüber können wir noch hinausgehen. Denn es gibt verschiedene Möglichkeiten, Redundanzen herzustellen, und es kann sein, daß eine Form von Redundanz mit mehr Varietät kompatibel ist als andere. Das gilt zum Beispiel für sequenzierte Konditionalprogramme des Typs: Wenn x, y, z gegeben sind, ist eine Gesellschaft mit eigener Rechtspersönlichkeit wirksam gegründet; auf Grund der damit gegebenen Rechtsfähigkeit kann sie (wie jeder Rechtsfähige) Rechte erwerben, wenn die dafür notwendigen Bedingungen erfüllt sind; wer Rechte zu haben behauptet, kann klagen und Prozesse gewinnen oder verlieren. Programmsequenzierung führt, wie dieses Beispiel zeigt, zur partiellen, »heterarchischen« Vernetzung von Bedingungen, die jeweils auch für andere Kombinationen zur Verfügung stehen. (In unserem Beispiel: Man gründet eine rechtsfähige Gesellschaft nicht nur, um in ihrem Namen klagen zu können, sondern zum Beispiel auch zur Kapitalakkumulation und zur Beschränkung von Haftung.)

Mag das Rechtssystem sein Gedächtnis nun über Falltypen oder über Rechtsinstitute oder über Prinzipien organisieren, und all dies kann nebeneinander herlaufen: in jedem Falle ist für die Herstellung von Zusammenhängen die Beschränkung auf ein »loose coupling« erforderlich.[56] Entscheidungen in einem Subkomplex dürfen

---

55 Vgl. Erich Gutenberg, Grundlagen der Betriebswirtschaftslehre Bd. 1, 15. Aufl. Berlin 1969, S. 236 ff.

56 Vgl. Robert B. Glassman, Persistence and Loose Coupling in Living Systems, Behavioral Science 18 (1973), S. 83-98; Herbert A. Simon, The Organization of Complex Systems, in: Howard H. Pattee (Hrsg.), Hierarchy Theory: The Challenge of Complex Systems, New York 1973, S. 3-27 (15 ff.); Karl E. Weick, Der Prozeß des Organisierens, dt. Übers. Frankfurt 1985, S. 163 ff.; J. Douglas Orton/ Karl E. Weick, Loosely Coupled Systems: A Reconceptualization, Academy of Management Review 15 (1990), S. 203-223. Früher hatte man in der Kybernetik auch von Teilfunktionen und Ultrastabilität gesprochen, um stabilitätsnotwendige Un-

nur in wenigen Hinsichten auf andere durchschlagen, so wie umgekehrt die notwendige Information über das Recht bei allen Entscheidungen in engen Schranken gehalten werden muß, weil man anders nicht für unterschiedliche Sachverhalte unterschiedliche Entscheidungsmöglichkeiten bereithalten könnte. Aber dies Erfordernis ist kein festes Systemmaß – etwa im Sinne einer negativen Gerechtigkeit. Es variiert vielmehr mit der Komplexität des Systems, die mit Autopoiesis noch kompatibel ist und nur über loose coupling kompatibel bleiben kann.

Varietät und Redundanz sind, mit anderen Worten, aneinander steigerungsfähige Sachverhalte. Die Steigerungsmöglichkeiten werden, wie bereits gesagt, durch Analogiebildungen abgetastet, wobei es entweder zur Generalisierung vorhandener Regeln kommt oder zur Neubildung von Regeln für Situationen, die als neuartig und damit als noch nicht erfaßt angesehen werden. Im Laufe der Evolution gelingt es zuweilen, Rechtsformen zu finden, die ein höheres Kombinationspotential realisieren.[57] Dabei mag sich irgendwann herausstellen, daß die Redundanzen des Systems, die so erfolgreich auf hohe Varietät eingespielt sind, mit Operationstypen (zum Beispiel Formen individueller Rechtswahrnehmung) rechnen, die an Bedeutung verlieren, und umgekehrt mit Problemen (etwa solchen der »öffentlichen Güter« oder des kollektiven Interesses an erträglichen Umweltbedingungen) nicht fertig werden, die inzwischen vorherrschende Bedeutung gewonnen haben.[58] Oder es mag sich als zweckmäßig erweisen, Abgrenzungsgesichtspunkte, die unter dem Druck von Varietät zu viel Zweifelsfälle erzeugen, zu ersetzen durch andere, die treffender zu generalisieren sind – zum Beispiel: Haftung für in sich gefährliche Objekte durch Gefährdungshaftung als Ab-

terbrechungen zu bezeichnen. Siehe W. Ross Ashby, Design for a Brain: The Origin of Adaptive Behavior, 2. Aufl. London 1954, insb. S. 136 ff., 153 ff.

57 Es liegt auf derselben Linie, ist aber eine fragwürdige Vereinfachung, wenn man sagt, Evolution laufe auf eine Reduktion von Transaktionskosten hinaus, die anderenfalls bei einer Anpasssung an Umweltveränderungen anfielen. So Robert C. Clark, The Interdisciplinary Study of Legal Evolution, Yale Law Review 90 (1981), S. 1238-1274.

58 Hierzu illustrativ die Diskussion über Probleme der Entwicklung des Verfassungsrechts bei Dieter Grimm, Die Zukunft der Verfassung, Staatswissenschaften und Staatspraxis (1990), S. 5-33; neu gedruckt in ders., Die Zukunft der Verfassung, Frankfurt 1991, S. 397-437.

findung für ein Verbot, das man anderenfalls erlassen müßte.[59] Das Verhältnis von Varietät und Redundanz ist mithin eine prekäre und zugleich historisch geformte Ordnung, und es ist dieses Verhältnis (und weniger: das einzelne Rechtsinstitut), über dessen Veränderung das System seine (irgendwie immer gegebene) Anpassung an die Umwelt reproduziert.

Die Begriffe Redundanz und Varietät überschreiten den Rahmen, der für juristisches Argumentieren zur Verfügung steht. Sie formulieren gegensätzliche Anforderungen, die nicht in die Form von Widersprüchen zwischen Entscheidungsgründen gebracht werden können. Sie beleuchten das, was mit juristischen Argumenten kommuniziert wird, aus einer inkongruenten Perspektive. Sie erweitern damit das für die Critical Legal Studies-Bewegung typische Argument: daß das Rechtssystem die Prinzipien für eigene Gründe widersprüchlich vorgebe, damit es sich desto besser den kapitalistischen Verhältnissen anpassen könne. Viel allgemeiner gilt: daß ein ausdifferenziertes Rechtssystem operative Geschlossenheit und hohe Irritabilität und, auf der Ebene seiner Selbstbeobachtung, Redundanz und Varietät zugleich gewährleisten muß. Aber die Eklatanz dieses Gegensatzes im Anforderungsprofil wird gerade nicht in die Form eines ständig wiederkehrenden Begründungswiderspruchs gebracht. Im Zuge der Überführung in mögliche Argumente wird dieser Ausgangspunkt vielmehr verdeckt und über ein Netzwerk von Prinzipien und Regeln reformuliert, so daß die Entscheidungskonflikte nur noch lokal auftreten und in Einzelfällen oder Fallgruppen zu bewältigen sind. Rechtstheorien, die sich auf die Innenbeobachtung und Selbstbeschreibung des Systems beschränken, können deshalb auf Begriffe wie Redundanz und Varietät verzichten. Allerdings verzichten sie damit auch auf ein Verständnis des operativen Konstruktivismus, mit dem das Rechtssystem sich seine Welt zurechtkonstruiert, und darin liegt die Gefahr, Begründungsterminologien zu verwechseln mit Bezeichnungen, die auch außerhalb des Rechtssystems geläufig sind. Wir werden am Beispiel »Interesse« darauf zurückkommen.

59 Dies Beispiel nach Levi a.a.O. (1948).

III

Redundanz ist zwar keine logisch ermittelbare Bestimmtheit. Sie würde, in Hegels Terminologie, nicht in den Bereich der Notwendigkeit, sondern in den Bereich des Zufalls gehören, da mit der Bestimmtheit der einen Information noch nicht die Bestimmtheit einer anderen gesetzt ist. Aber es handelt sich um einen sehr stark präparierten Zufall und insofern doch um eine nur noch von wenigen Informationen abhängige Festlegung des Systems. In gleicher Weise ist auch Schrift keine entscheidungsreife Determination des Rechts. Wir hatten dieses Vorurteil (wenn es eines ist) mit der Diskussion des Textbegriffs bereits korrigiert.[60] Schrift ist nur eine Form, die eine Differenz von Textkörper und Interpretation, von Buchstaben und Geist des Gesetzes erzeugt. Es gibt keine schriftliche Fixierung des geltenden Rechts, ohne daß dadurch ein Interpretationsbedarf entsteht. Beides wird in einem Zuge, als eine Zwei-Seiten-Form erzeugt. Sobald Texte geschrieben sind, entsteht daher ein Problem der Interpretation.

Trotz einer immensen und historisch sehr weit zurückreichenden Literatur über Gesichtspunkte und Verfahren der Interpretation können wir davon absehen, das Thema unter diesem Titel zu behandeln. Wenn von Interpretation gesprochen wird, denkt man an das Sozialverhalten eines Lesers, der sich auf den Text konzentriert und dabei ersichtlich nicht gestört werden will. Man kann ihn nicht in Kommunikation verwickeln, ohne ihn zu zwingen, die Lektüre zu unterbrechen. Er kann nur entweder lesen oder an Kommunikation teilnehmen. Heute liest man normalerweise schweigend. Und wer anderen vorliest, betätigt sich nur als Organ des Textes – und gerade nicht als dessen Interpret.

Was ein Leser im finsteren Inneren seiner Gedanken denkt, sofern er sich überhaupt die Zeit nimmt, vom Text abzuschweifen, braucht uns nicht zu interessieren. Wenn er anfängt zu interpretieren, bereitet er Argumentation vor.[61] Er kann dies tun, indem er zunächst

---

60 Vgl. unter I. Siehe auch Kapitel 6, II.

61 Damit soll nicht behauptet sein, daß alle Autoren, die sich mit Interpretationstheorie befassen, dieser Meinung sind oder auch nur: sein müßten. Im Bereich von Wahrheitstheorien setzt zum Beispiel Donald Davidson, Inquiries into Truth and Interpretation, Oxford 1984, dt. Übers. Frankfurt 1986, sehr viel grundsätzlicher an, und zwar innerhalb der Sprachtheorie nach dem linguistic turn der analytischen

Kommunikation in der Form eines Selbstgesprächs (nicht: in der Form eines Gesprächs mit dem Text!) oder in der Form artikulierten, verbalisierten Denkens simuliert, gleichsam probeweise kommunizierend. Aber dann beherrschen ihn bereits die Kriterien dessen, was man überzeugend sagen kann. Es geht dann nicht mehr nur um »dunkle Stellen«, sondern um die Frage, in welchen Zusammenhängen man sich in der Kommunikation auf welche Texte beziehen kann.[62] Wir verlieren daher nichts, wenn wir jedes Räsonnement als Sozialverhalten ansehen, einschließlich einer strikt logischen Beweisführung.[63] Selbst Theorien der Interpretation, die ganz auf das Verhältnis von Leser und Text eingestellt sind, suchen eine zweite Absicherung der »Objektivität« der Interpretation in sozialen Beziehungen.[64]

Die klassische Trennung von Hermeneutik, Dialektik (Dialogik)

Philosophie. Daß alle sprachlichen Äußerungen interpretiert werden müssen, gilt hier als unabdingbare Voraussetzung einer nichtzirkulären Theorie der Bedeutung, die nicht zulassen will (weil das auf einen Zirkel hinausliefe), daß die Aufgabe klärender Interpretation von der Kommunikation selbst bzw. im Vorgriff auf sie erfüllt wird. Eine solche Theorie muß dann aber ein Subjekt voraussetzen als einen nicht sozial konditionierten Ausgangspunkt, und zwar ein Subjekt, das sich nur hin und wieder auf Kommunikation einläßt, wenn es sich ein anderes Subjekt vorstellen kann. Man sieht hier deutlich, daß und wie diese Variante von sprachanalytischer Philosophie in der Nachfolge transzendentaltheoretischer Positionen argumentiert.

62 Einen ähnlichen »Stilbruch« in der traditionellen Argumentationstheorie notiert auch Esser, Juristisches Argumentieren a.a.O. (1979), S. 5: »Wie anders muß die Aufgabe argumentierenden Diskurses und argumentierender Rechtfertigung einer Justizentscheidung begriffen werden, wenn die richterliche Meinungsbildung, ja die Meinung von Recht überhaupt, als kognitive Aufgabe und Verantwortung des Rechtsgesprächs und der richterlichen Fallwürdigung erscheint und nicht als argumentierendes Streiten über den wahren Inhalt eines Rechtssatzes, Textes oder Prinzips.

63 Diese Auffassung wird auch von (soziologischen) Wissenschaftstheoretikern vertreten. Siehe nur David Bloor, The Sociology of Reasons: Or why »Epistemic Factors« are really »Social Factors«, in: James Robert Brown (Hrsg.), Scientific Rationality: The Sociological Turn, Dordrecht 1984, S. 295-324. Hier ist sie sehr umstritten. Das liegt aber vornehmlich daran, daß das Soziale von Bloor und anderen Mitgliedern der Science Studies Unit in Edinburgh zu eng (und dann wieder tendenziell tautologisch) aufgefaßt wird, nämlich mit Bezug auf Interessen.

64 Siehe etwa Owen M. Fiss, Objectivity and Interpretation, Stanford Law Review 34 (1982), S. 739-763: »Interpretation ... is a dynamic interaction between reader and text«. Ihre Schranken ergäben sich aus der Realität einer »interpretative community«.

und Rhetorik führt mithin irre. Sie betont Unterschiede, die wir vernachlässigen können.[65] Man wird unterstellen dürfen, daß die Interpretation nur das in den Text hineinliest bzw. aus ihm herausholt, was sich in der Kommunikation argumentativ verwenden läßt. Würde der Text selbst schon garantieren, daß alle Leser ihn in allen Situationen gleichsinnig verstehen, bedürfte er keiner Interpretation. Interpretiert wird nicht zur Selbsterleuchtung, sondern zur Verwendung in kommunikativen Zusammenhängen, wie immer selektiv dann Ergebnisse, Gründe, Argumente vorgetragen werden und wie immer die Sicherheit, weitere Argumente nachschieben zu können, zur Inanspruchnahme und Anerkennung von Autorität beiträgt. Man unterstellt dabei, daß die an der Kommunikation Beteiligten *denselben Text* vor Augen haben. Die Schriftform des Textes garantiert nicht unbedingt Grenzen der Kühnheit des Interpretierens, wohl aber die *Einheit des sozialen Zusammenhangs einer kommunikativen Episode*. Sie konstituiert ein soziales Medium für das Gewinnen neuer Formen, nämlich guter Gründe für eine bestimmte Auslegung des Textes.[66] Man kann sich vom Wortsinn des Textes entfernen, solange man sich vom Wortsinn entfernt. Man konstituiert damit erst die Differenz zwischen einem wörtlichen und einem sinngemäßen Verständnis, und das ist möglich, solange und soweit die Interpretation die einheitstiftende Funktion des Textes nicht sprengt.

Für die juristische Interpretation/Argumentation gilt eine Besonderheit, die diesen Zusammenhang verstärkt. Sie muß eine Entscheidung über Recht und Unrecht vorschlagen bzw. begründen können. Denn im Rechtssystem können Entscheidungen erzwungen werden, Gerichte (und das begründet ihre Zentralstellung im System) dürfen sie nicht verweigern. Alle juristische Argumentation, die Textinterpretationen vorträgt, hat daher einen *Entscheidungs*bezug, und zwar einen Bezug auf Entscheidungen in Angele-

---

65 Selbst die Streitfrage, ob man selbst von der eigenen Argumentation überzeugt sein müsse oder nicht, wenn man andere überzeugen will, ist bekanntlich *innerhalb* der Rhetorik diskutiert worden.

66 Beiläufig, aber treffend, formuliert Alexander Hamilton, The Federalist Papers No. 78, zit. nach der Ausgabe von Jacob E. Cooke, Middletown Conn. 1961, S. 525: »In such a case (bei Widersprüchen zwischen Gesetzen) it is the province of the courts *to liquidate and fix* their meaning and operation« (Hervorhebung durch mich, N.L.).

genheiten *anderer*. Sie *muß* daher an Kommunikation orientiert sein.[67]

Dies erklärt im übrigen, daß die Argumentationstheorie im Common Law einen besonders fruchtbaren Boden hat. Der kontinentaleuropäische Jurist, der Gesetze auszulegen hat und in Kommentaren nachlesen kann, was die »herrschende Meinung« ist, kann sich immer noch primär als Leser und als Interpret fühlen. Im angelsächsischen Recht geht es dagegen vor allem um eine Beurteilung von Präzedenzentscheidungen. Man muß erst herausfinden, was die ratio decidendi[68] des zuvor entschiedenen Falles ist, denn an die Rechtskraft der Entscheidung selbst ist man als Interpret natürlich nicht gebunden. Und dann ist zu entscheiden und argumentativ zu begründen, ob der vorliegende Fall, und das ergibt sich nicht aus der Entscheidungsregel, sondern aus einem Vergleich der Sachlagen, sich vom vorhergehenden unterscheidet oder nicht. Man hat also nicht einfach eine eventuell auslegungsbedürftige Regel anzuwenden, sondern *hat zu entscheiden*, ob man *unterscheiden* will oder nicht; und man hat diese Entscheidung zwischen Unterscheidung und Nichtunterscheidung zu begründen.

Dieser Unterschied zwischen kontinentaleuropäischer und angelsächsischer Rechtskultur sollte jedoch nicht überbewertet werden. Auch im angelsächsischen Recht hat man es selbstverständlich mit Problemen der Gesetzesinterpretation zu tun,[69] und auch im kontinentaleuropäischen Recht ist Argumentation ein Erfordernis der Begründung immer neuer, immer anderer Fallentscheidungen. Allein schon die Gerichtsorganisation erzwingt hier über das Institut der Revisionszulassung die ständige Auseinandersetzung mit vor-

---

67 Das unterscheidet im übrigen den Umgang mit Rechtstexten vom Umgang mit literarischen Texten; aber auch vom Umgang mit sakralen Texten, die nur für die gleichsinnig Glaubenden diese Qualität haben. Der Jurist kann sich den, für den bzw. gegen den er argumentiert, nicht aussuchen.

68 Dieses Rechtsinstitut ist selbst in hohem Maße interpretationsbedürftig, und durch seine detaillierte Bestimmung wird dann zwischen Kontinuität und Diskontinuität, zwischen Redundanz und Varietät vermittelt. Eine bemerkenswert maßvolle Darstellung gibt Neil MacCormick a.a.O. (1968).

69 Siehe zu einer Theorie der Argumentation, die Präzedenzbindungen, Gesetzesinterpretation und die (besonderen Freiheiten der) verfassungsmäßigen Überprüfung von Gesetzen in den Vereinigten Staaten übergreift, Levi a.a.O. (1948). In *allen* Fällen stellt sich *unausweichlich* das Problem der Wiederholung von Entscheidungsregeln in immer neuen, immer anderen Fallsituationen.

liegenden Entscheidungen anderer Gerichte.[70] Immer geht es um zugleich *universell* und *spezifisch* handhabbare Entscheidungsgründe. Universell heißt dabei nur, daß die Entscheidungsregel auf alle Fälle eines bestimmten Typs anzuwenden ist, daß sie rekursiv in das geltende Recht eingearbeitet werden muß und daß die Anzahl der künftigen Fälle, die nach dieser Regel zu entscheiden sind, unbestimmt bleibt.[71] Im übrigen kann es sich um hochspezifische Regeln handeln, die nur nach und nach generalisiert werden oder auch nicht.[72] Dabei ändern weder Interpretation noch Argumentation, für sich selbst genommen, etwas am geltenden Rechtszustand. Es handelt sich nicht um Formen der Disposition über das Symbol Rechtsgeltung, sondern um Kommunikationen, die klären, unter welchen Bedingungen diese Disposition vorgenommen werden kann (unter Ausklammerung, versteht sich, der wirtschaftlichen Gründe, die für Verträge, und der politischen Gründe, die für Gesetzgebung sprechen mögen). Wegen dieser nur vorbereitenden Funktion sind der Argumentation größere Freiheitsgrade erlaubt. Sie testet gleichsam nur Verantwortung, sie übernimmt sie noch nicht. Dennoch handelt es sich um Operationen des Systems, wenn sie dazu dienen, den Auswahlbereich von Entscheidungen, die schließlich einmal getroffen werden müssen, einzuschränken. Die Doppelstruktur von geltenden Texten und argumentativer Begründung erlaubt es, die normative Ambivalenz des Argumentierens in eine Unterscheidung zu überführen (also gerade nicht in Hegels Sinne »aufzuheben«): Die Argumentation selbst ist kein normativer Prozeß, sie darf enttäuschen und aus Enttäuschungen lernen. Aber ihr Ertrag kann zu normativen Regeln oder Prinzipien gerinnen, so daß im Rückblick die Rechtsdogmatik selbst als »Rechtsquelle« behandelt werden kann.

Dem entspricht, daß Argumentation, ihrem Selbstverständnis zufolge, *Gründe* vorträgt, einer bestimmten Interpretation den Vor-

---

70 Vergleiche zwischen angelsächsischem und kontinentaleuropäischem Rechtsgebrauch sehen hier oft Differenzen, die in der Praxis gar nicht bestehen. Die Präzedenzorientierung taucht nur in anderen Kontexten auf.

71 Das ist nichts anderes als eine in diesem Zusammenhang zum Ausdruck kommende Version von »Autopoiesis«. Das System kann nicht sein eigenes Ende ins Auge fassen, sondern operiert »bis auf weiteres«.

72 Mit MacCormick a.a.O. (1987), S. 162 ff. muß man in diesem Sinne Universalisierbarkeit und Generalisierbarkeit unterscheiden.

zug vor anderen zu geben. Gründe werden dabei, mit oder ohne ausschlaggebendem Erfolg, als gute Gründe, als vernünftige Gründe dargestellt. Sie heißen in der Tradition auch »rationes« (rationes decidendi, reasons usw.). Über die Begründbarkeit dieser Gründe vermag, wie oben gezeigt, schließlich nur noch die »Vernunft« Auskunft zu geben, indem sie sich selbst ins Spiel bringt. Im Ergebnis führt diese Praxis des vernünftigen Argumentierens dazu, dem Recht selbst den Charakter einer durchdachten Vernünftigkeit, eines Kondensats geprüfter guter Gründe zu geben. Neil MacCormick bezeichnet diesen Zusammenhang als »Institution«.[73] Dabei ist auch impliziert, daß es für die Gründlichkeit einer Begründung noch weitere Kriterien geben müsse als die in den Gründen selbst genannten – etwa solche der Professionalität, der Eleganz, der Knappheit und nicht zuletzt: das Vermeiden von Lächerlichkeit.[74] Im Ergebnis entsteht aus all diesen Kontrollvorgängen, bei denen man gerade auch aus Verstößen lernt, eine Tradition von Prinzipien, Entscheidungsregeln, Doktrinen, aber auch abgelehnten Alternativkonstruktionen, die das Reservoir bildet, aus dem dann die Gesetzgebung und vor allem die richterliche Rechtsbildung schöpfen. Das Resultat ist wieder Schrift – also wieder interpretierbar. Die Realität dieses strukturellen Bezugsgerüsts liegt nicht in einer für sich bestehenden Ideen-Sphäre, sondern allein in den tatsächlichen kommunikativen Operationen des Systems, die es benutzen – oder vergessen.

Ein solches Gewebe von Entscheidungsgesichtspunkten – wir nennen es Rechtsdogmatik – kann auch innovativ eingesetzt werden.[75] Man kann später erkennen, daß bei der früheren Festlegung von Regeln bestimmte Konstellationen übersehen oder schlichtweg Argumentationsfehler begangen worden sind. Das mag ein Anlaß sein, den damals gemeinten Sinn zu rekonstruieren oder auch neue Regeln einzuführen. Die Haftung aus Verschulden wird durch Gefähr-

---

73 Siehe insb. seine Beiträge in: Neil MacCormick / Ota Weinberger, An Institutional Theory of Law: New Approaches to Legal Positivism, Dordrecht 1986.

74 Nicht alle, aber einige der Begriffsexerzitien, die Rudolf von Jhering, Scherz und Ernst in der Jurisprudenz, 2. Aufl. Leipzig 1885, gesammelt hat, könnten hier als Belege dienen. Sie sind Beispiele nicht für die Irrtümer einer »Begriffsjurisprudenz« (denn sie könnten ebensogut im Bereich der »Interessenjurisprudenz« gesammelt werden), sondern Beispiele für Verstöße gegen den juristischen Geschmack.

75 Vgl. im Kontext von Evolution oben Kapitel 6, III.

dungshaftung ergänzt[76] und weiter, wenn man sieht, daß das nicht ausreicht, um Schaden sinnvoll zu verteilen, durch die Haftung dessen, der die besten Kontrollmöglichkeiten zur Abwendung von Schäden hat. Das Zitieren bewährter Prinzipien und Regeln dient zunächst selbst als Begründung, und die Konsistenz, die im Beibehalten der Tradition liegt, gibt dem ein zusätzliches Gewicht. Aber der Charakter als guter Grund, der geltendem Recht anhaftet, ist kein character indelebilis. Er kann durch Argumentation und besonders durch neue Unterscheidungen in Zweifel gezogen werden, und zwar, wie wir wissen, weil das Recht geschriebenes Recht ist. Regeln und Gründe treten normalerweise als Einheit auf, können aber dissoziiert werden, wenn neu auftauchende Probleme oder auch ein gesellschaftlicher »Wertwandel« das Rechtssystem hinreichend reizen. Immer erscheint aber eine neu auftauchende Problemlösung, wenn sie vorgeschlagen wird, als die bessere; sonst dürfte sie die alte nicht ersetzen. Und immer liegt dem eine systeminterne Bewertung zugrunde, denn nur so kann das Recht seine Überlegenheit über sich selber zum Ausdruck bringen.[77] Es reicht nicht aus, sich auf Außenimpulse zu berufen. Selbst Gesetze tun dies nicht in der Form eines Arguments, sondern sie legen nur fest, was in Zukunft gelten soll. Auch juristische Argumentation ist ein voll systeminternes Kommunizieren. Das wilde Denken außerhalb des Rechts kann keine Relevanz beanspruchen – allein schon deshalb nicht, weil es nicht unter dem Zwang steht, Entscheidungen über Recht und Unrecht zu produzieren und verantworten zu müssen.

Während diese Überlegungen sich auf eine breite rechtstheoretische, rechtshistorische und methodologische Diskussion stützen können, ist bisher kaum beachtet worden, daß Gründe Differenzen erzeugen[78] und über das, was sie ausschließen, auf sich selbst ver-

---

76 Für den Fall einer abrupten, durch Rechtsprechung ausgelösten Wende im japanischen Umweltrecht siehe Helmut Weidner, Bausteine einer präventiven Umweltpolitik: Anregungen aus Japan, in: Udo Ernst Simonis (Hrsg.), Präventive Umweltpolitik, Frankfurt 1988, S. 143-165.

77 Vgl. auch Peter Goodrich, Reading the Law, Oxford 1986, S. 123: »The view that a facet of a statutory text is absurd does not connote a critical evaluation of the text from outside the legal culture and professional competence, but rather invokes the categories of legal doctrine, or the rationality and justice of the law, to secure an acceptable meaning for the text within the wider legal genre to which it belongs.

78 Vgl. zum Grundsätzlichen Jean-François Lyotard, Le différend, Paris 1983.

weisen. Bernard Rudden[79] nennt dies »inbuilt consequence«, verfolgt diesen Gedanken aber nicht sehr weit. Vielleicht hat die allzu punktuelle Auffassung von Gründen den Einblick in solche Tatbestände erschwert. Denn Gründe sind nicht etwa einfach zu bezeichnende Gesichts*punkte*, sondern komplexe Gedankengänge, die ihre Ausschließungseffekte mitrechtfertigen.[80] Nur im Hinblick auf ihre Wiederverwendung oder als Folge davon werden sie zu Regeln kondensiert, damit ihre Identität erkennbar und zitierbar bleibt. Zugleich konfirmiert die Wiederverwendung den Grund als auch für andere Entscheidungen geeignet und gibt ihm damit einen generalisierten und angereicherten Sinn.[81] Der Ertrag solcher Konfirmierungen kann seinerseits kondensiert werden zu *Prinzipien*, die offenlassen, wovon sie ihrerseits sich unterscheiden, vielmehr als letzte Entscheidungsgesichtspunkte behandelt/gehandelt werden.[82] Es braucht Zeit und vor allem die Erfahrung vieler Fälle, um solche Prinzipien reifen zu lassen. Ihre Überzeugungskraft wächst durch Bewährung in verschiedenartigen Sachlagen. Wenn all dies erarbeitet ist, ist es nicht mehr so leicht, traditionsreich etablierte Gründe abzulehnen und durch neue Gründe zu ersetzen. Die Tradition macht zu deutlich sichtbar, was dann alles anders entschieden wer-

---

79 Consequences, Juridical Review 24 (1979), S. 193-291, insb. 194, 199 f. Inbuilt consequence ist »the effect of a rule upon itself«.

80 Unter anderem ist zu bedenken, daß sehr oft die *Reihenfolge* der Argumente eine Rolle spielt, zum Beispiel für die Frage, welche Beweise erhoben werden müssen, also in welchen Hinsichten das System Umweltkontakt suchen muß. Siehe hierzu Laurens Walter / John Thibaut / Virginia Andreoli, Order of Presentation at Trial, Yale Law Journal 82 (1972), S. 216-226; Michael E. Levine / Charles R. Plott, Agenda Influence and Its Implications, Virginia Law Review 63 (1977), S. 561-604; Charles R. Plott / Michael E. Levine, A Model of Agenda Influence on Committee Decisions, American Economic Review 68 (1978), S. 146-160. Zu einem weiteren Aspekt Wolfgang Schild, Der Straftatbegriff als Argumentationsschema, in: Winfried Hassemer et al. (Hrsg.), Argumentation und Recht, Beiheft N.F.14 des Archivs für Rechts- und Sozialphilosophie, Wiesbaden 1980, S. 213-229. Man kann den glücklichen Begriff des Argumentationsschemas akzeptieren, auch wenn man der Meinung nicht folgt, daß es sich dabei um ein »Abbild des ontologischen Stufenbaus der Wirklichkeit« (a.a.O., S. 214) handeln müsse.

81 Mit der Unterscheidung von Kondensierung und Konfirmierung als zwei Lesarten einer Unterscheidung im Zuge ihrer Wiederverwendung folge ich einer Anregung von George Spencer Brown, Laws of Form, Neudruck New York 1979, S. 10.

82 Die Notwendigkeit einer (begrifflich schwer zu klärenden) Unterscheidung von Regeln und Prinzipien wird vor allem in der Literatur zum Common Law betont – wohl wegen der dort wichtigeren Funktion von Entscheidungsregeln.

den müßte. Zumeist werden daher neue Gesichtspunkte nur hinzugefügt – sei es als Ausnahmen von fortgeltenden Regeln, sei es als neue Prinzipien für bisher nicht erfaßte oder nur fehlerhaft erfaßte Fälle. Das vorliegende Recht wird nicht eigentlich in seinen Prinzipien, sondern in dem, was sie auszuschließen schienen, fortentwickelt. Das, was bereits gilt, wird in seiner Kehrseite modifiziert. Argumentation macht ein System komplexer mit erheblichen Folgen für die dann einsetzenden begrifflichen (rechtsdogmatischen) Systematisierungen.

Vor allem die Rechtstechnik des Common Law mit dem hohen Maß an Aufmerksamkeit für die Regeln (und nicht nur: für die Gesetze), die die Entscheidung determinieren, macht diesen Ausschließungseffekt deutlich, und die darauf bedachten kontroversen Plädoyers der Parteivertreter (barrister) tragen das ihre dazu bei, daß Urteilsbegründungen die Vor- und Nachteile entgegengesetzter Regeln gegeneinander abwägen. Die Meinungsverschiedenheiten im Richterkollegium werden nicht verdeckt, sondern publiziert[83], so daß die Kontroversstruktur der Gründe für künftige Bezugnahmen zur Verfügung steht. Im Vergleich dazu trägt die juristische Argumentation in den kontinentaleuropäischen Rechtsordnungen eher die Züge einer als richtig vertretenen Exegese. Allerdings darf der Unterschied, vor allem für die neuere Zeit, nicht überschätzt werden[84]; und außerdem ist zu bedenken, daß auch die festgehaltene Einzelfallkontroverse keineswegs den gesamten Ausschließungseffekt einer gut begründeten Regel sichtbar macht.

Mit all dem sollte klar geworden sein, daß Gründe etwas verschweigen müssen, und zwar ihre Redundanz. Sie verwenden Unterscheidungen mit ihrer bezeichneten, nicht mit ihrer unbezeichneten Seite. Was nicht bezeichnet wird, kann auch nicht benutzt werden.

83 Historisch bleibt anzumerken, daß ursprünglich gerade die Plädoyers publiziert wurden, während die Entscheidung selbst wenig Beachtung fand. Eine förmliche Bindung an Präzedentien, die eine andere Art der schriftlichen Fixierung notwendig machte, entwickelt sich erst im Zuge der durchgreifenden Positivierung des Rechts, also erst seit der Mitte des 18. Jahrhunderts, besonders seit den Commentaries von Blackstone, und definitiv erst hundert Jahre später.

84 Siehe vor allem die stark Common Law-analoge Deutung der richterlichen Rechtsfortbildung bei Josef Esser, Grundsatz und Norm in der richterlichen Fortbildung des Privatrechts, 2. Aufl. Tübingen 1964; ders., Vorverständnis und Methodenwahl in der Rechtsfindung: Rationalitätsgarantien der richterlichen Entscheidungspraxis, Frankfurt 1970.

Als Verschwiegenes kann es nicht die Funktion eines Kriteriums übernehmen. Oder doch?[85] Das führt auf die Frage, ob und wie das Verschwiegene zur Kritik, wenn nicht gar zur »Dekonstruktion« der juristischen Argumentation verwendet werden kann.[86] Jedenfalls wohl nicht so, daß man sagt: ich weiß selbst nicht wie. Die Dekonstruktion führt nicht zur Rekonstruktion, sondern allenfalls nach der Regel »hit the bottom« zu einem Therapiebedarf. Man kann die Belehrung verweigern, bis man selbst hinreichend ratlos ist. Aber wer soll das Rechtssystem therapieren? Und wer übernimmt zwischenzeitlich die Funktion?

Achtet man genauer darauf, daß alles Bezeichnen von Unterscheidungen abhängt einschließlich der Bezeichnung »Dekonstruktion«, kommt man bereits auf ein besser vertrautes Gelände.[87] Die Unterscheidungen lassen ein »crossing« zu. Man kann fragen, welche Entscheidungen durch welche Entscheidungen, welche Gründe durch welche Gründe ausgeschlossen sind. Man kann auf der anderen Seite der Unterscheidung eine Bezeichnung ansetzen und damit die Unterscheidung selbst unterscheiden als ein auf beiden Seiten spezifiziertes Beobachtungsinstrument. Das führt zwar nur zur Bezeichnung der Unterscheidung und verschweigt dann die andere Seite der Unterscheidung, die für diese Bezeichnung benötigt wird. Wovon, könnte man dann weiter und immer weiter fragen, unterscheidet sich die Unterscheidung von Gesetzgebung und Rechtsprechung? Dekonstruktivisten werden nie arbeitslos. Aber unter ihren Blicken kann das Rechtssystem Schritt für Schritt eine Unterscheidungsarchitektur entwickeln, mit der es die jeweils sich stellende Aufgabe der Vermittlung von Varietät und Redundanz zu

85 Vgl. das Kapitel The Inscrutability of Silence and the Problem of Knowledge in the Human Sciences, in: Steve Fuller, Social Epistemology, Bloomington Ind. 1988, S. 139 ff.

86 Anzumerken wäre hier, daß Amerikaner mit ihrem aufs Praktische gerichteten Sinn »Dekonstruktion« für eine Methode halten und sie, vor allem in den Literaturwissenschaften, aber auch in einigen Rechtsschulen, anzuwenden versuchen. Das widerspricht jedoch dem ursprünglichen Sinn des Begriffs, den Derrida bewußt im Vagen belassen hatte und mit späteren Selbstkommentierungen immer weiter dekonstruiert.

87 Für einen möglichen Zusammenhang von »Dekonstruktion« und »Beobachtung zweiter Ordnung« lesenswert: J. M. Balkin, Nested Oppositions, Yale Law Review 99 (1990), S. 1669-1705. Siehe auch ders., Deconstructive Practice and Legal Theory, Yale Law Journal 96 (1987), S. 743-786.

erfüllen sucht. Weitere Fragen sind erlaubt, wenn Unterscheidungen beidseitig spezifiziert werden können und der dies Anregende damit zu erkennen gibt, daß er seinerseits etwas verschweigt. Das ist nur eine andere Version der These, daß ein System nur im System und nicht in der Umwelt operieren kann.

IV

Gründe sind Unterscheidungen eines Beobachters. Im Kontext juristischer Argumentation beobachtet der Beobachter einen Text und verschafft sich durch dessen Interpretation den Freiraum für einen eigenen Begründungsentwurf, der weitere re-limitierende Gesichtspunkte in Betracht zieht. Der Beobachter kann sich also nicht damit begnügen, das vorzustellen, was er für besser hält. Auch eine abstrakte Werteabwägung muß sich vom Text her rechtfertigen lassen; sonst verliert sie juristisch Hand und Fuß. Und sie darf sich Interpretationsfreiheiten nur schaffen in der Absicht, sie mit Hilfe des Rechts selbst wiedereinzuschränken. Gute Gründe allein genügen nicht, man muß auch zeigen, daß sie mit geltendem Recht konsistent sind – zum Beispiel dadurch, daß man eine Norm in zwei verschiedene Auslegungen spaltet und dann eine von diesen in Anspruch nimmt, um den Grund als begründet darstellen zu können. Nur wenn die Konsistenz mit geltendem Recht bewiesen ist, interessiert überhaupt, wie gut die guten Gründe sind.

Damit ist aber noch keineswegs geklärt, welche Funktion das Argumentieren mit Gründen überhaupt erfüllt. Der Beobachter des Textes stellt es so dar, als ob es darum gehe, den besseren Gründen zum Sieg zu verhelfen. Er ist als Teilnehmer am Rechtssystem gehalten, Anliegen als entscheidbar darzustellen. Er kann sich nicht damit begnügen, auf seine Präferenzen oder seine Interessen aufmerksam zu machen. Er steht unter einem systemspezifischen Formzwang, der sich daraus ergibt, daß das System binär codiert ist und als Code nur die Werte Recht und Unrecht anerkennt. Das mag für ihn als Insider des Systems zutreffen, gibt aber noch keinen Aufschluß über die Frage nach der Funktion des Argumentierens. Um für diese Frage eine Antwort zu finden, beobachten wir die Beobachter der Texte mit Hilfe der bereits eingeführten Unterscheidung von Varietät und Redundanz. Wir erreichen damit die Ebene des Beobachtens dritter Ordnung. Wir beobachten, *wie* diejenigen beobachten, die beobachten, *wie* man am besten einen Text versteht, dessen Wortsinn dem Beobachter erster Ordnung keine befriedigende Entscheidung liefert. Wir können uns dann nicht mehr mit mehr oder weniger guten Gründen zufriedengeben, sondern stellen die Frage: wozu überhaupt Begründungen? Die für ein Weiterverfolgen dieser Frage notwendige Unterscheidung, die auf der Ebene der systeminternen Beobachtung zweiter Ordnung, weil zu auflösungsstark, nicht anwendbar ist, liegt in der systembezogenen Unterscheidung von Varietät und Redundanz.

Gründe sind Symbole für Redundanz.[88] So wie Geltung die (Einheit der) Autopoiesis symbolisiert und damit die Einheit des Systems operationsfähig macht, so operationalisieren gute Gründe die Konsistenz (oder in Wertterminologie ausgedrückt: die Gerechtigkeit) des Systems. Diese Feststellung wird kaum Widerspruch finden. Sie bedarf jedoch weiterer Ausarbeitung.

Mit der Frage nach Gründen wird die tautologische Selbstreferenz des Geltungssymbols aufgelöst, entfaltet, enttautologisiert. Das, was gilt, gilt, weil es gilt, heißt es zunächst. Dafür muß es einen ausreichenden Grund geben, vermutet man sodann. Dieser Vermutung kann man dann aber nachgehen mit der Frage, ob das, was gilt, begründet gilt. Aus einer semantischen Duplikation der Geltung als Grund für die Anwendung der entsprechenden Normen entwickelt sich die Frage nach Geltungsgründen, die zum Beispiel in der Lehre von den »Rechtsquellen« beantwortet wird. Immer noch bleibt es aber dabei, daß das, was ohne Grund Geltung in Anspruch nimmt, eben nicht gilt.

Über diese Selbstbeschreibung des begründenden Argumentierens gelangt man hinaus, wenn man das Superkriterium der Gerechtigkeit anpeilt. Dieses Kriterium ist jedoch ungeeignet, in Fragen der

---

88 Abgelehnt ist damit vor allem die Auffassung, daß Gründe dazu dienten, die Rechtsunterworfenheit als Gebot der Vernunft darzustellen, um die dahinterstehende politische Macht zu legitimieren. So tendenziell die Critical Legal Studies-Bewegung in den USA. Vgl. auch Goodrich a.a.O. (1986), z. B. S. 122. Wer sich für »kritisch« hält, sollte ein besseres Unterscheidungsvermögen entwickeln, als dies auf Grund eines undifferenzierten Verständnisses von symbolischer, politischer usw. Gewalt möglich ist. Zuzugestehen ist aber, daß gute Gründe auch eine soziale Dimension haben und es erleichtern zu unterstellen, daß auch andere der begründeten Regel aus Einsicht folgen werden. Und das ist seinerseits einsichtig, wenn man bedenkt, daß Einsicht oft mit mangelndem Interesse einhergeht.

Rechtsgeltung zu einer Entscheidung zu verhelfen, und es wird deshalb als ein Kriterium (nur) der Ethik angesehen. Das Geltungsproblem wird in die Unterscheidung von Recht und Ethik aufgelöst mit der Folge, daß Gerechtigkeitsforderungen in der juristischen Praxis als juristisch unschädlich und als argumentativ unbrauchbar behandelt werden können. Interpretiert man dagegen das Postulat der Gerechtigkeit als Postulat der Konsistenz des Entscheidens (gleiche Fälle seien gleich und ungleiche ungleich zu behandeln)[89], kann man Konsistenz als Redundanz auffassen und damit als die eine Seite einer Unterscheidung, deren andere, nämlich Varietät, offenbar verhindert, daß es in der Welt des Rechts gerecht zugeht. Was mit der Unterscheidung von Varietät und Redundanz zusätzlich gewonnen wird, ist die Einsicht, daß die Angelegenheit noch eine andere Seite hat. Und das sind nicht etwa die weniger guten Gründe oder das unbegründete (»dezisionistische«) Entscheiden, wie der Textinterpret meinen würde, sondern die Erfordernisse einer ausreichenden (und unter modernen Bedingungen: hohen) Varietät des Systems.

Rechtsfälle mit Entscheidungsbegehren treten jeweils konkret und damit verschieden auf. Sie provozieren das System, ihrer Unterschiedlichkeit Rechnung zu tragen. Argumentation nimmt diese Provokation auf und transformiert sie in Redundanz – sei es mit einfachem Bezug auf die anzuwendenden Entscheidungsprogramme, sei es als deren Ergänzung durch Regeln, die im Hinblick auf eine Vielzahl von Anwendungsmöglichkeiten getestet, kondensiert und konfirmiert werden. Argumentation optiert also für Redundanz, für Sparsamkeit mit Informationen und Überraschungen; aber sie tut dies in Auseinandersetzung mit der besonderen Eigenart von Problemen, die sich in der Fallpraxis stellen. Im Ergebnis kann dies eine Evolution in Richtung auf Formen auslösen, die höhere Varietät mit ausreichender Redundanz versorgen und so der Leibniz-Formel für die beste der möglichen Welten nahekommen.

Ein System, das sich der eigenen Redundanz überließe, würde die Möglichkeit aufgeben, auf Irritationen und Überraschungen durch die Umwelt zu reagieren. Varietät ergänzt das System in dieser Hinsicht und verhindert ein Festfahren im Netz der gewohnten Gleise. Aber die Vielzahl und Verschiedenartigkeit der Kommunikationen,

---

89 Siehe Kapitel 5.

zu denen Rechtsfälle und ihre besonderen Probleme Anlaß geben, repräsentieren als solche nicht etwa die Umwelt des Systems. Rechtsfälle und darauf bezogene Kommunikationen gibt es nur im System für das System. Ebenso wie Redundanz ist auch Varietät eine Systemvariable. Die Differenz von Varietät und Redundanz ist eine Form, mit der das System als System-in-einer-Umwelt operiert. Auf die Frage, wie das System seine Umwelt semantisch konstruiert, müssen wir mit Hilfe anderer Begriffe zurückkommen.[90]

Für die Operationen des Rechtssystems ist es notwendig, die Überzeugungskraft der besseren Gründe zu kommunizieren, was immer die Beteiligten psychisch dabei erleben und wie immer »unaufrichtig« dies geschieht. Von den psychischen Motiven auch der Richter wird abgesehen[91] – es sei denn, daß das Recht selbst sie für relevant hält, zum Beispiel bei Verdacht der Befangenheit (und selbst dann muß bekanntlich nicht die Befangenheit bewiesen werden, sondern nur die Möglichkeit eines Verdachtes). Auch die Anwaltsethik wird dadurch stabilisiert, daß es in der Kommunikation immer so aussehen muß, als ob der Anwalt von den Gründen überzeugt sei, die für seinen Mandanten sprechen; und dies kann nicht mit beliebigen Gründen geschehen, sondern nur in den Schranken juristischer Argumentation. Ein Beobachter dieser Kommunikationsweise (wir also) kann sie aber doppelt sehen: zugleich als notwendig und als kontingent – als notwendig für das System und als kontingent insofern, als die Varietät der Fälle ein ständiges Neuüberlegen erzwingt und das System mit Redundanz allein nicht auskommt. Man gewinnt damit ein Verständnis für die Notwendigkeit der Nichtnotwendigkeit aller Gründe und damit ein Verständnis für den paradoxen und fruchtbaren Effekt von Schrift.

Wer Argumentation allein als Suche nach guten Gründen unter Vermeidung von Fehlern auffaßt, beschreibt ein sich durch Argumentation festlegendes System. Erst wenn man die durch Rechtsfälle

90 Vgl. unten VIII.
91 MacCormick a.a.O. (1978), S. 17, meint dazu: »The reasons they publicly state for their decisions must therefore be reasons which ... make them appear to be what they are supposed to be.« Hier wäre auf eine soziologische Fassung des Motivbegriffs zurückzugreifen, die letztlich auf Max Weber zurückgeht. Siehe auch Austin Sarat / William L. F. Felstiner, Law and Social Relations: Vocabulary of Motive in Lawyer/Client Interaction, Law and Society Review 22 (1988), S. 737-769.

eingeführte Varietät mitberücksichtigt, kann man das System als sich selbst organisierend, als lernend verstehen.[92] Dabei sind frühe Rechtssysteme als hochredundant aufzufassen – sei es auf Grund einer extrem formalen Begrifflichkeit mit entsprechender Zulassung/Abweisung von rechtsförmigen Konfliktlösungen; sei es auf Grund einer extrem ambivalenten Begrifflichkeit, die es ebenfalls ermöglicht, alles überraschungsfrei mit allem zu verknüpfen.[93] Sobald gleichwohl Selbstorganisation und Lernen in Gang kommt, beginnt das System, mit der Differenz von Redundanz und Varietät zu arbeiten und damit eigene Komplexität aufzubauen. Wir werden noch sehen, daß dieser Prozeß dann durch strukturelle Kopplungen mit anderen Funktionssystemen beschleunigt wird und schließlich zur Internalisierung der Differenz von Selbstreferenz (Begriffe) und Fremdreferenz (Interessen) geführt hat.

Der Übergang von der Begründungssuche zum Schema Varietät/Redundanz, der Übergang also von der Beobachtung zweiter zur Beobachtung dritter Ordnung schließt das Beibehalten handlungstheoretischer Prämissen, in denen die Argumentationstheorie normalerweise formuliert wird, aus und erzwingt den Übergang zur Systemtheorie. Argumentieren erscheint jetzt nicht mehr als mehr oder weniger erfolgreiches Handeln (obwohl zu konzedieren ist, daß es auf der Ebene der Beobachtung zweiter Ordnung so beschrieben werden kann), sondern als massenhaftes und gleichzeitiges Geschehen in einem komplexen System – ohne klare Linienführung, mit Clusterbildungen an Hand bestimmter Texte, aber ohne Hierarchiebildung und ohne Teleologie, bezogen auf das Gesamtsystem. Wie von einem Flugzeug aus sieht man auf das leicht gerunzelte Meer der Argumente. Ein Gesamtsinn ist nicht vom Ziel der einzelnen Operationen her erkennbar, auch nicht als Aggregation solcher Einzelziele, sondern nur als Funktion der Tatsache, daß überhaupt argumentiert wird. Und eben das muß dann in der Begrifflichkeit von Varietät und Redundanz ausgedrückt werden.

---

92 Im Problem der Selbstorganisation und des Lernens lag denn auch diejenige Schwierigkeit, die Henri Atlan dazu geführt hat, Systeme als Ordnung des gegenläufigen Verhältnisses von Redundanz und Varietät zu begreifen.

93 Diese Differenz scheint, aber das bedürfte der historischen Überprüfung, in der Unterscheidung von iustitia und aequitas Ausdruck zu finden, die erst in der Neuzeit endgültig aufgegeben worden ist.

V

Daß Gründe begründet werden müssen, steht fest, denn es gibt bessere und schlechtere Gründe. Außerdem schließen sie etwas aus, und auch das bedarf der Begründung.[94] Damit steht aber noch nicht fest, *wie* Gründe begründet werden können. Sofern der eindeutige Wortsinn des Textes ausreicht (Geschwindigkeitsbegrenzung 100 km/h), ist das kein Problem. Bei jeder interpretativen Argumentation, die darüber hinausgeht, stellt sich jedoch die Frage des »wie«.[95]

Im alteuropäischen Recht war dieses Problem durch Rückgriff auf die Weisheit und den Willen Gottes (also durch eine Beobachtung Gottes mit Primärzuständigkeit der Theologen) gelöst worden. Oder, wenn man das nicht wollte, und diese Abneigung nimmt in der Frühmoderne zu, durch einen normativen (also korruptiblen) Begriff der Natur, die, was Menschen betrifft, diese an ihre eigene Vernunft verweist. Dabei war für Grotius, Pufendorf, Locke und ihre Zeitgenossen selbstverständlich, und daran muß man im Kontrast zu heutigen Auffassungen erinnern, daß die Natur des Menschen für empirische (natürliche) Erkenntnis zugänglich war, aber zugleich als Quelle für die Erkenntnis ewigen und überregional (inter nationes) geltenden Rechts dienen konnte. Die Rechtsgeltung und Rechtserkenntnis war noch nicht, wie dann bei Lord Kames und David Hume, voll historisiert. Die Natur des Menschen war noch, wie alle Natur, Quelle der Erkenntnis des Willen Gottes. Und dies, während gleichzeitig mit Berufung auf die Vernunft als Natur des Menschen bereits eine deutlich nationale Rechtsentwicklung eingeleitet wurde.[96]

Natur und Vernunft sind auch heute noch Ehrentitel der nachträg-

---

94 Wir erinnern nochmals daran, daß Gründe Argumentations*sequenzen* sind, die erst im Zuge ihrer Wiederverwendung oder im Vorausblick darauf zu Entscheidungsgesichts*punkten* kondensiert werden.

95 Die Konzentration auf die Frage »wie« erspart es uns, auf zwei Themenkreise einzugehen, die die rechtstheoretische Literatur und die entsprechenden Kongresse unter Dampf halten, nämlich die Frage, welche Argumentationsweisen zu vernünftigen Ergebnissen führen, und die Frage, ob die juristische Argumentation in vollem Umfang logisch rekonstruiert werden kann.

96 Siehe hierzu Rudolf Stichweh, Selbstorganisation und die Entstehung nationaler Rechtssysteme (17.-19. Jahrhundert), Rechtshistorisches Journal 9 (1990), S. 254-272.

lichen Dekoration von Begründungen, aber die wirkliche Argumentation begründet sich, daran kann, empirisch gesehen, gar kein Zweifel bestehen, durch Beurteilung der *Folgen* von Rechtsentscheidungen; oder genauer: durch Beurteilung der unterschiedlichen Folgen, die bei der Annahme unterschiedlicher Regeln eintreten würden. Schon das Naturrecht hatte auf den gesellschaftlichen Nutzen der Rechtsnormen abgestellt[97], allerdings gestützt auf die Legalvermutung, daß dieser Nutzen im Zweifel zu unterstellen sei.[98] Nutzen war nur die Dachformel für die seit eh und je übliche Alternativenüberlegung in der Form: was wäre der Fall, wenn nicht diese, sondern eine andere Regel gelten würde.[99] Auch die Billigkeit (aequitas) diente im Rahmen der fürstlichen iurisdictio als Korrektiv für unannehmbare Folgen strenger Rechtsanwendung.[100] Das bot jedoch noch kaum Spielraum für dogmatische Gestaltung im Hinblick auf spezifische Folgen bestimmter Rechtskonstruktionen oder Entscheidungsregeln, sondern diente eher als Korrelat der Unterscheidung von unveränderlichem und veränderlichem Recht. Inzwischen hat sich die Kontrolle des Rechts an Hand erwünschter bzw. unerwünschter Folgen als einzig überzeugendes Prinzip durchgesetzt und ist in der Rechtstheorie wohl einhellig akzeptiert[101] und auch durch sorgfältige Entscheidungs-

97 Siehe z. B. Thomas von Aquino, Summa Theologiae IIa IIae q. 57 a.3 mit der Unterscheidung secundum sui rationem und secundum aliquid quod ex ipso consequitur, illustriert am Beispiel des Nutzens des Ackerbaus.

98 So Jean Domat, Les loix civiles dans leur ordre naturel, 2. Aufl. Paris 1697, Bd. 1, S. LXV: Gerechtigkeit des positiven Rechts sei dessen »justice particuliere«, und dann S. XCI für eine »presomption pour l'utilité de la loy, nonobstant les inconveniens«.

99 Zum Beispiel Alexandre Belleguise, Traité de noblesse et de son origine, Paris 1700, S. 145 ff. Was wäre der Fall, wenn man den Adel nach Verlust durch eine derogierende Tätigkeit (Handel) mit deren Einstellung ohne besondere lettres de réhabilitation des Königs wiedererwerben würde: Man könnte dann wochenweise zwischen adeligem und nichtadeligem Status hin und her pendeln, Steuerpflicht wäre unklar usw.

100 Und dies bereits im Wege der Interpretation. Siehe Domat a.a.O., Bd. 1, S. 19: »Les loix naturelles sont mal appliquées, lorsqu'on en tire des consequences contre l'équité.« Oder mit umgekehrter Blickrichtung gegen leichtfertige Innovationen (»qui ad pauca respicit facile pronunciat«) Hale a.a.O., S. 504: »The Expounder must look further than the present Instance, and whether such an Exposition may not introduce a greater inconvenience than it remedies.

101 Vgl. etwa Adalbert Podlech, Wertungen und Werte im Recht, Archiv des öffentlichen Rechts 95 (1970), S. 185-223, insb. 198 ff.; Wolfgang Kilian, Juristische

analysen belegt.[102] Die Frage bleibt trotzdem: Was beobachten wir, wenn wir dies beobachten? Oft wird die argumentative Voraussicht auf Entscheidungsfolgen mit einer Zweckprogrammierung des juristischen Entscheidens verwechselt. Das ist jedoch eine leicht zu vermeidende begriffliche Konfusion, denn dem Richter stehen weder die Mittel zur Verfügung noch steht ihm die Risikobereitschaft zu, die eine Verfolgung von Zwecken erfordern würde.[103] Für den Gesetzgeber gilt, was die Rechtstechnik angeht, nichts anderes, obwohl es ihm, soweit er am politischen System teilnimmt, natürlich freisteht, politische Ziele mit entsprechenden politischen Risiken zu verfolgen.[104] Eine sy-

Entscheidung und elektronische Datenverarbeitung: Methodenorientierte Vorstudie, Frankfurt 1974, S. 211 ff. Gunther Teubner, Folgenkontrolle und responsive Dogmatik, Rechtstheorie 6 (1975), S. 179-204; Thomas Sambuc, Folgenerwägungen im Richterrecht: Die Berücksichtigung von Entscheidungsfolgen bei der Rechtsprechung, erörtert am Beispiel des Paragraphen 1 UWG, Berlin 1977; Thomas W. Wälde, Juristische Folgenorientierung: »Policy Analysis« und Sozialkybernetik: Methodische und organisatorische Überlegungen zur Bewältigung der Folgenorientierung im Rechtssystem, Königstein/Ts. 1979; Hubert Rottleuthner, Zur Methode einer folgenorientierten Rechtsanwendung, in: Wissenschaften und Philosophie als Basis der Jurisprudenz. Beiheft 13 des Archivs für Rechts- und Sozialphilosophie, Wiesbaden 1981, S. 97-118; Hans-Joachim Koch / Helmut Rüßmann, Juristische Begründungslehre: Eine Einführung in Grundprobleme der Rechtswissenschaft, München 1982, S. 227 ff.; siehe aber auch zu den besonderen Problemen des Strafrechts Winfried Hassemer, Über die Berücksichtigung von Folgen bei der Auslegung der Strafgesetze, Festschrift Helmut Coing, München 1982, S. 493-524, und zur Diskussion über Reformalisierung des Strafrechts in den USA Joachim J. Savelsberg, Law That Does Not Fit Society: Sentencing Guidelines as a Neoclassical Reaction to the Dilemmas of Substantivized Law, American Journal of Sociology 97 (1992), S. 1346-1381.

102 Vgl. insbesondere MacCormick a.a.O. (1978).

103 Daß eine sorgfältige Analyse von Zweck/Mittel-Strukturen gerade in der pragmatisch-instrumentalistischen Rechtstheorie vernachlässigt wurde (und, wie man sich denken kann, aus gutem Grund!), wird neuerdings gesehen. Siehe Robert Samuel Summers, Instrumentalism and American Legal Theory, Ithaca 1982, S. 60 ff., 240 ff., 255 ff. Entsprechend nimmt die Kritik zu bis hin zu erneuerten Interessen an analytischer Jurisprudenz.

104 Siehe dazu Robert Nagel, Legislative Purpose, Rationality and Equal Protection, Yale Law Journal 82 (1972), S. 123-154, der mit guten Gründen die Neigung von Gerichten kritisiert, den Gesetzgeber an Standards der Zweckrationalität zu messen und ihm Defekte in dieser Hinsicht (hinter denen sich politische Kompromisse verbergen mögen) anzulasten. Im deutschen Recht, wo viel mehr mit dem »Willen des Gesetzgebers« argumentiert und viel weniger auf präzise Fixierung von Entscheidungsregeln geachtet wird, ist diese Warnung um so mehr angebracht. Der

stemtheoretische Beschreibung legt es demgegenüber nahe, zunächst einmal systeminterne und systemexterne Folgen zu unterscheiden.[105]
Systeminterne Folgen sind Rechtsfolgen, und ihre Beachtung ist selbstverständlich geboten. Das ist ein normales Moment der Rekursivität aller zu begründenden Rechtsentscheidungen, die nicht nur vergangene, sondern auch künftige Entscheidungen in Betracht zu ziehen haben. Wenn über Entscheidungsgründe und die sie generalisierenden Regeln diskutiert wird, gehört es zum Test zu prüfen, welches Verhalten im Falle der Annahme einer solchen Regel rechtmäßig bzw. rechtswidrig sein würde.[106] Geht es zum Beispiel um die Frage, ob das Aufstellen von Waren in den Regalen eines Selbstbedienungsladens bereits ein Vertragsangebot ist und die Entnahme von Waren aus den Regalen demgemäß zum Vertragsabschluß führt, so ist zu bedenken, daß in diesem Fall ein Zurückstellen von Waren in die Regale juristisch nicht mehr möglich ist, und andererseits das Mitnehmen unbezahlter Waren kein Diebstahl, sondern lediglich die Nichterfüllung einer Vertragspflicht wäre.[107] Ein Jurist wird die Folgen dieser Konstruktion für unakzeptabel halten, ganz ohne Rücksicht auf die empirische Frage, wie die Leute in Selbstbedienungsläden sich empirisch verhalten würden, wenn die eine bzw. andere Rechtskonstruktion gälte. Ein solches Urteil bedarf keiner empirischen Prognose. Es ist nicht mit den entsprechenden Unsicherheiten belastet. Es kann im Zeitpunkt der Entscheidung auf Grund verfügbarer Rechtskenntnisse bereits mit der üblichen Sicherheit von Rechtsauffassungen getroffen werden. Es

Richter fingiert hier oft ein Zweckprogramm, das er selbst nicht aufstellen dürfte, aber für seine Entscheidung benötigt, als Resultat von Politik.

105 Das ist selbstverständlich auch ohne explizite systemtheoretische Begrifflichkeit möglich. Siehe zum Beispiel die Unterscheidung von behavioural consequences und juridical consequences bei Rudden a.a.O. und im Anschluß daran Neil MacCormick, Legal Decisions and Their Consequences: From Dewey to Dworkin, New York University Law Review 58 (1983), S. 239-258. Zur Unterscheidung von Rechtsfolgen und Realfolgen außerhalb des Rechtssystems vgl. auch Niklas Luhmann, Rechtssystem und Rechtsdogmatik, Stuttgart 1974, S. 41, und ausführlich Gertrude Lübbe-Wolff, Rechtsfolgen und Realfolgen: Welche Rolle können Folgenerwägungen in der juristischen Regel- und Begriffsbildung spielen?, Freiburg 1981.

106 Darauf stellt auch Mac Cormick a.a.O. (1983) ab, seine in dieser Hinsicht noch unausgearbeiteten Ausführungen von (a.a.O.) 1978 interpretierend.

107 Das Beispiel stammt von Rudden a.a.O.

handelt sich um nichts anderes als um die übliche Konsistenzpflege, um die Vorsorge für ausreichende Redundanz.

Die Frage ist jedoch, ob es dabei bleiben kann; oder empirisch gesehen: ob das Rechtssystem sich damit begnügt. In den meisten Fällen von argumentativer Begründung wird die Frage nicht in dieser Präzision gestellt. Daß diese Unterscheidung interne/externe Folgen eine erhebliche Schwelle markiert, wird schlicht übersehen. Aber selbst wenn man diese Unterscheidung jeweils treffen würde, bliebe noch die Frage, ob eine Wahl zwischen verschiedenen Rechtskonstruktionen immer an Hand nur der Rechtsfolgen getroffen werden kann. Denn wie beurteilt man diese, wenn die Konsequenzen nicht so eindeutig für die eine oder die andere Lösung sprechen? Die Frage schließt dann an: Was wäre der faktische Effekt, wenn die Handelnden sich nach der einen bzw. anderen Regel richten würden, und dabei kann man die Wahrscheinlichkeit, ob sie es tun werden, schwerlich ganz außer acht lassen. In Fragen der riskanten Hilfe zur Rettung des Lebens oder der Güter anderer mag die Frage auftauchen, ob der Retter, der selbst zu Schaden kommt, entschädigt werden soll oder nicht. Es mag, so scheint es, im Interesse der Betroffenen liegen, daß eine solche Regel eingeführt wird, denn wenn der Retter auf eigenes Risiko retten müßte, würde er es sich zweimal überlegen oder, wie der Schlepper im bekannten Fall eines havarierten Tankers, vorher solange die Bedingungen auszuhandeln versuchen, bis es zu spät ist. Aber: Wer garantiert, daß die Laientheorie des Richters über das Verhalten von Rettern zutrifft? Man muß nur bedenken, wie schwierig es selbst bei vergangenen Ereignissen ist, Folgen auf Ursachen zurückzurechnen (etwa die Ergebnisse einer Unfallstatistik auf eine Änderung der zulässigen Fahrgeschwindigkeit), um zu sehen, auf welches Glatteis der Richter hier geführt wird. Empirisch gesicherte Prognosen sind, wenn man die Standards der dafür zuständigen Wissenschaften zugrunde legen würde, fast immer unmöglich[108] bzw. führen zu Ergebnissen mit geringer Signifikanz.[109] Kaum vor-

---

108 Das zeigen im übrigen auch rechtssoziologische Untersuchungen, die jedoch bei einem so wichtigen Thema noch auffallend selten sind. Siehe aber James W. Marquart / Sheldon Eckland-Olsen / Jonathan R. Sorensen, Gazing Into the Crystall Ball: Can Jurors Predict Dangerousness in Capital Cases?, Law and Society Review 23 (1989), S. 459-468.

109 Aus eigener Erfahrung: Die Frage, ob eine Änderung des öffentlichen Dienst-

stellbar deshalb, daß ein Richter ein Gesetz sinnvoll unter dem Gesichtspunkt eines Mittels zum Zweck prüfen oder auch nur auslegen könnte. Gleichwohl haben Gerichte die Neigung, genau dies zu tun, und unbestritten bleibt: Sie haben die Kompetenz, ihren Vermutungen Rechtsgeltung zu verleihen. Folgenorientierung ist, von den Standards empirischer Forschung her gesehen, nichts anderes als Imagination mit Rechtskraft.

In rechtstheoretischer Perspektive liegt es nahe, ein Einschwenken des Rechts auf Funktionen der Gesellschaftspolitik als Verfall spezifisch juristischer Rationalität zu beschreiben, wenn nicht zu beklagen.[110] Auch innerhalb des juristischen Schrifttums wird gelegentlich auf die mangelnde Berücksichtigung der Folgen der Folgenberücksichtigung hingewiesen.[111] Der Soziologe ist hier – anders als der dem Rechtssystem verpflichtete Rechtstheoretiker – in der glücklichen Lage, von Empfehlungen absehen zu können.[112]

rechts mit Aufgabe des Prinzips der Lebenszeitanstellung Folgen für die Nachwuchsrekrutierung haben würde, und wenn ja: welche?, läßt sich empirisch nur sehr schwer und nur mit sehr zeitabhängigen (z. B. arbeitsmarktabhängigen) Indikatoren testen. Vgl. die Untersuchung im Auftrag der Kommission für die Reform des öffentlichen Dienstrechts (1970-73) von Niklas Luhmann / Renate Mayntz, Personal im öffentlichen Dienst: Eintritt und Karrieren, Baden-Baden 1973. Erst recht würde das gelten, wenn man weitere, öffentlich diskutierte und in der politischen Argumentation wichtige Fragen einbezogen hätte, etwa Rückwirkungen auf das Berufsethos und die politische Unabhängigkeit der Beamten. Die Bedeutung der Sozialwissenschaften für die Rechtspflege dürfte nach allem weniger in der Sicherung von Prognosen liegen, als in der Ausweitung der Problemstellungen, also in einem Beitrag zur Erhöhung von Varietät, der das Wiedergewinnen von Redundanz nicht einfacher, sondern schwieriger macht. Vgl. zu diesem Thema mit viel Material Paul L. Rosen, The Supreme Court and Social Science, Urbana Ill. 1972.

110 So in breiter historischer Perspektive N. E. Simmonds, The Decline of Juridical Reason: Doctrine and Theory in the Legal Order, Manchester 1984. Vgl. auch Helmut Schelsky, Nutzen und Gefahren der sozialwissenschaftlichen Ausbildung von Juristen, Juristenzeitung 29 (1974), S. 410-416; neu gedruckt in ders., Die Soziologen und das Recht, Opladen 1980, S. 196-214.

111 Siehe als gemeinsame Äußerung eines Juristen und eines Soziologen Hans Joachim Böhlk / Lutz Unterseher, Die Folgen der Folgenberücksichtigung, Juristische Schulung 20 (1980), S. 323-327.

112 MacCormick a.a.O. (1983), S. 254, kommt dagegen zu dem Schluß: »So, in the main, what I shall call consequentialist reasoning law is focused not so much on estimating the probability of behavioural changes, as on possible conduct and its certain normative status in the light of the ruling under scrutiny«, muß dann aber als Ersatz für diese riskante »conjectural answer« ihrerseits nicht unproblemati-

Er kann in der Perspektive eines Beobachters zweiter Ordnung Begründungstrends beobachten und wird vermuten dürfen, daß ein Trend zu empirischer Folgenprognose eher der Varietät als der Redundanz des Systems zugute kommt und Responsivität im Verhältnis zu gesellschaftlich verbreiteten und wechselnden Präferenzen an die Stelle dessen setzt, was traditionell Gerechtigkeit heißt.

Auf eine lange Geschichte der Begründungsreflexion reagiert das Rechtssystem gewissermaßen pervers: Je mehr man nach Notwendigkeiten sucht, desto mehr Kontingenzen entdeckt man.[113] Je mehr man es vermeiden muß, sich dem Begründungsparadox zu stellen und die Unbegründbarkeit der Gründe zuzugestehen, desto mehr verlagert sich das Argumentieren vom Sicheren ins Unsichere, von der Vergangenheit in die Zukunft, vom Feststellbaren ins nur Wahrscheinliche. Wenn es schließlich nur noch um die Bewertung von Folgen geht, kann jeder sicher sein, daß andere auch nicht sicherer urteilen können. Dann nimmt das Begründungsparadox die leichter akzeptable Form des Zeitparadoxes an, das heißt hier: die Form des Gegenwärtigmachens von Zukunft. Was aber faktisch damit geschieht, ohne daß dies einen weiteren oder besseren Grund andienen könnte, ist eine Erhöhung der Varietät des Systems und eine Herausforderung an eine Neuformierung der verbleibenden Redundanzen.

In der Zukunft verbirgt sich, könnte man vermuten, der dritte Wert, der mit binären Codierungen ausgeschlossen sein sollte. Wie man aus einer mehr als zweitausendjährigen Diskussion de futuris contingentibus weiß, gilt dies für das Schema wahr/unwahr, und erste Versuche, den Wert »unbestimmbar« als dritten Wert in die Logik einzuführen, haben hier ihre Wurzeln. Im Recht scheint die »was wäre wenn«-Kalkulation auf ein ähnliches Problem aufzulaufen (das dann natürlich auch nicht mit Berufung auf Wissenschaft verdrängt werden kann). Die Wissenschaft hilft sich mit (korrigierbaren) Prognosen, das Recht dagegen mit (unkorrigierbaren) Entscheidungen. Das kann weder vermieden noch durch Problemver-

---

sche moralische Kategorien der »rightness« bzw. »wrongness« einführen, die »the branch of law in question makes relevant« (S. 256).

113 Vgl. Raffaele De Giorgi, Scienza del diritto e legittimazione: Critica dell'epistemologia giuridica tedesca da Kelsen a Luhmann, Bari 1979, dt. Ausgabe Wahrheit und Legitimation im Recht: Ein Beitrag zur Neubegründung der Rechtstheorie, Berlin 1980.

schiebungen umgangen werden. Ebenso fragwürdig dürfte es sein, diese Zeitstruktur als Legitimationsproblem des Rechts zu formulieren und es damit wie den Geist in der Flasche abzukorken. Angebracht ist es dagegen, sich die Künstlichkeit einer jeden binären Codierung vor Augen zu führen. Die Welt ist darauf nicht eingerichtet – weder durch den Akt, noch durch den Logos, noch durch den Text ihrer Schöpfung. Sie zieht sich bei jeder Beobachtung, die Unterscheidungen verwendet, ins Unbeobachtbare zurück. Diese Sichtweise hat zumindest einen Vorteil: sie erlaubt es, Variationszusammenhänge zu sehen, wo anderenfalls nur ein drohendes Mißgeschick walten würde. Die Künstlichkeit der binären Codierung des Rechts muß im Modus des »was wäre wenn« bezahlt, muß mit dieser Form der Kalkulation ins System wiedereingeführt werden. Eine Form des Paradoxiemanagements also: Die zweiwertige Codierung benötigt mehr als zwei Werte.

VI

Wir hatten gesagt, daß gute Gründe immer als mögliche Interpretationen eines Textes vorgetragen werden müssen, für den unzweifelhafte Rechtsgeltung in Anspruch genommen werden kann. Alle juristische Argumentation muß Konsistenz mit geltendem Recht nachweisen, und erst auf der Basis eines dafür geeigneten (oder geeignet gemachten, zurechtinterpretierten) Textes kann sie die Qualität ihrer Gründe ins Spiel bringen und ihr Resultat subsumtionslogisch präsentieren. »Deduction comes only in after the interesting part of the argument, settling a ruling in law, has been carried through.«[114] Es wäre eine sehr verkürzte Beschreibung dieses komplizierten Prozesses, wollte man sagen, der Jurist deduziere aus Begriffen.

Vielmehr entstehen Begriffe erst im Laufe solcher Argumentationsprozesse und vor allem: im Zuge vielfältiger Wiederholungen in jeweils etwas anderen Entscheidungslagen. Texte sind keine Begriffe, sondern Objekte (obwohl es natürlich einen Begriff des Textes geben kann). Begriffe entstehen im Umgang mit Texten erst dadurch, daß die sie bestimmenden Unterscheidungen ihrerseits

114 MacCormick a.a.O (1978), S. 157.

präzisiert, also ihrerseits unterschieden werden. Genau das geschieht im Argumentieren. Worauf es in bestimmten Hinsichten ankommt, wird unterschieden von dem, worauf es nicht ankommt; und das, worauf es nicht ankommt, ist nicht »alles andere«, sondern ein anderes Problemverständnis, eine andere Interpretation, eine andere Entscheidungsregel, die zu anderen Rechtsfolgen führen würde. Das Argumentieren erzeugt eine Sequenz von Gründen und Folgerungen, und wie jede Sequenz dient auch diese dem Bewahren und Wiederverwenden von Unterscheidungen.[115] Begriffe ermöglichen einen wahlfreien Zugriff auf bereits bewährte Unterscheidungen, ohne daß man die Sequenz ihrer Erarbeitung zurückverfolgen müßte, und sie organisieren auf ihrer Ebene neue, emergente Unterscheidungen. So kann man zu dem Ergebnis kommen, daß die Anfechtung eines Vertrages unter anderen Bedingungen möglich ist und andere Folgen hat als ein Rücktritt vom Vertrag, daß Besitz und Eigentum, Vorsatz und Fahrlässigkeit, Rechtswidrigkeit und Schuld unterschieden werden müssen, weil es nur so möglich ist, Bedingungen und Folgen (Wenns und Danns) verschieden zu koppeln.

Mit Hilfe von Begriffen können Unterscheidungen gespeichert und für eine Vielzahl von Entscheidungen verfügbar gemacht werden. Begriffe raffen, mit anderen Worten, Informationen und erzeugen dadurch die im System erforderlichen Redundanzen.[116] Wenn einem Richter eine Klage auf Schadenersatz für eine zerbrochene Vase vorgetragen wird, hätte er wenig Erfolg, wenn er in den Gesetzbüchern unter »Vase« nachschlagen würde.[117] Das Rechtssystem arbeitet mit einer höherstufigen Organisation von Redundanzen und benötigt dafür eine rechtseigene Begrifflichkeit. Bei entwickelter Rechtsbegriffskultur geraten auch neu zu formulierende Texte unter den Zwang, begriffsgenau verfaßt sein zu müssen, weil es

115 Siehe für eine entsprechende Interpretation von Kausalität Francis Heylighen, Causality as Distinction Conservation: A Theory of Predictability, Reversibility, and Time Order, Cybernetics and Systems 20 (1989), S. 361-384. .
116 Gotthard Günther meint sogar, aus diesem Bedürfnis nach Informationsraffung die Evolution von Bewußtsein erklären zu können. Siehe: Bewußtsein als Informationsraffer, Grundlagenstudien aus Kybernetik und Geisteswissenschaften 10,1 (1969), S. 1-6.
117 Das Beispiel lehrt zugleich etwas über Zusammenhänge zwischen dem Verbot der Justizverweigerung und begrifflicher Abstraktion.

anderenfalls unvermeidlich zu Fehlverständnissen kommt. Die Sprache des Rechts weicht so mehr und mehr von der Normalsprache ab.

Begriffe sind demnach genuin historische Artefakte, Hilfestellungen bei der Wiederaufnahme geschichtlicher Erfahrungen im Umgang mit Rechtsfällen. Entsprechend ist Argumentation mit Begriffen historische Argumentation (auch wenn keine alten Texte zitiert werden), und Begriffsjurisprudenz ist historische Jurisprudenz. Eben darauf beruht ihre redundanzstärkende Funktion. Begriffsanalyse ist demgegenüber innovativ motiviert. Sie ergibt sich aus Zweifeln, ob Fälle durch die Subsumtion unter üblichen Begriffssinn angemessen entschieden werden können.[118] Im Common Law ist dieser Sachverhalt deutlicher zu erkennen als im kontinentalen Zivilrecht[119], aber er gilt in beiden Rechtsordnungen.

Ebenso wie für Regeln gilt auch für Begriffe, daß ihre Erzeugung im Verlauf von Wiederverwendungen dem Doppelzug von Kondensierung und Konfirmierung folgt. Begriffe müssen zwecks Wiedererkennbarkeit identifizierbar sein. Sie erhalten Namen: ratio decidendi und obiter dictum, Delegation, felony, Verwaltungsakt, Durchgriffshaftung, Drittwirkung von Grundrechten – und so tausendfach. Zugleich wird im Prozeß ihrer Wiederverwendung ihr Sinn angereichert – unter anderem durch eine Mehrzahl von Regeln, die mit ihrer Hilfe formuliert werden, oder von Rechtsproblemen, die sich bei der Anwendung des Begriffs ergeben und auf die eine oder andere Weise, die dann den Begriff mitcharakterisiert, gelöst werden. Was Delegation betrifft, wäre zum Beispiel zu klären, ob eine Komplettdelegation des Gesamtumfangs einer Befugnis ohne Übertragung dieser Befugnis möglich ist; ob und wie weit eine Spezifikation der delegierten Kompetenz zur Rechtswirksamkeit erforderlich ist und wie man ein solches Erfordernis der

---

118 Damit soll natürlich nicht in Abrede gestellt werden, daß Begriffserklärungen auch didaktische Funktionen erfüllen und mehr in den Rechtsunterricht gehören (wo die Rechtsfälle nur illustrierend herangezogen werden) als in die Rechtspraxis. Aber oben im Text geht es um eine Theorie des Rechtssystems, nicht um eine Theorie des Erziehungssystems.

119 »The rational study of law is still to a large extent the study of history«, liest man in einem ganz auf Prognose von Rechtsentscheidungen ausgerichteten Vortrag – bei Oliver W. Holmes, The Path of the Law, Harvard Law Review 10 (1987), S. 457-478 (469).

hinreichenden Bestimmtheit generell (!) vorschreiben kann; ob delegierte Befugnisse ihrerseits delegiert werden können usw. Solche Regelungsentscheidungen werden dann zu Komponenten des Begriffs, und wenn man sie nicht mitmeinen will, wählt man zweckmäßigerweise ein anderes Wort und, wenn möglich, einen anderen Begriff. In diesem Sinne werden in Begriffen also Erfahrungen gespeichert und abrufbar bereitgehalten, wenngleich der Begriff selbst diese Erfahrungen nicht formuliert (sonst würde ein Text daraus werden), sondern nur bei gegebenem Anlaß reaktualisiert.

Der Diskussion über juristische Begriffe hat es viel geschadet, daß Begriffe ganz punktuell begriffen wurden als bestimmt durch angebbare Merkmale. Dementsprechend wurde der Geltungsgrund der Begriffe im »System« ihres Zusammenhangs gesehen oder im Prinzip, das die Einheit des Systems bezeichnet. Das konnte zu dem Eindruck führen, als ob die Begriffe aus sich selbst heraus gelten, bestärkt durch die im 19. Jahrhundert aufkommende Vorstellung, die Rechtsdogmatik selbst sei eine Rechtsquelle. Nach dem rechtstheoretischen Verzicht auf den Begriff der Rechtsquelle bedarf deshalb das Verhältnis von Rechtsbegriffen und Rechtsdogmatik einer Klärung.

Sicher ist die Dogmatik kein »System« – und zwar weder im soziologischen Sinn noch im juristischen Sinn der Konstruktion aus einem Prinzip. Eher kann man sie als Gesamtausdruck für die Notwendigkeit begrifflichen Argumentierens im Recht bezeichnen; oder auch als Absicherung der Begriffe gegen ein ständiges und schließlich grenzenloses rechtspolitisches »Hinterfragen«, also als eine Stoppregel für Begründungen suchendes Räsonieren.[120] Daß diese Bemühung um Konsistenz auf »ein Traumbild unpolitischer Praxis« hinauslaufen und »leicht in Gefahr juristischer Verfremdung von Sachverhalt und Interessenlage geraten« kann[121], liegt auf der Hand, spricht aber nicht gegen Begriffe, sondern nur für einen Ausgleichsbedarf exklusiv begrifflicher, das heißt: exklusiv selbstreferentieller Orientierung.

Begriffe für sich allein genommen sind noch keine Entscheidungs-

120 Glänzend hierzu Josef Esser, Juristisches Argumentieren a.a.O. (1979), insb. S. 20 ff. – glänzend im Hinblick auf sprachliche Virtuosität, sensible Unschärfe in der begrifflichen Darstellung der Begriffe und Genauigkeit der Problemorientierung.
121 Formulierungen von Esser a.a.O., S. 21 und 22.

anweisungen. Sie sind Bausteine für Rechtskonstruktionen, die ihrerseits in Konditionalprogramme eingehen, deren praktische Relevanz dann wiederum auf Begriffskonturen zurückwirkt. Die Formulierung von Begriffen (»unerlaubte Handlung«, »ungerechtfertigte Bereicherung«) mag Mißvergnügen zum Ausdruck bringen und Handlungsaufforderungen nahelegen; aber immer noch hängt dann das Weitere davon ab, welche Konditionen den Einsatz der Begriffe regeln. Insofern hält sich die Rechtsdogmatik nicht nur an ihre Dogmatizität. Sie beruft sich nicht nur auf sich selbst, ihre historische Bewährung, ihre Kritikempfindlichkeit. Sie ist auch durch einen Verwendungszusammenhang gehalten, der sich ohne jede begriffliche Festlegung schwerlich als wiederholbar formulieren ließe. Eine Begriffskritik erfordert deshalb den Rückgang auf das Problem, das zu regeln ist, und führt vor die Frage nach funktional äquivalenten Konstruktionen.

Damit wird zugleich klar, daß Rechtsbegriffe nicht direkt und vor allem nicht nur die Funktion haben, ein logisches Schließen zu ermöglichen. Sie sind vielmehr, und das kann man spätestens seit der Linguistik Saussures so formulieren, nichts anderes als Unterscheidungen. Sie machen auf Differenzen aufmerksam und führen dadurch die rechtliche Argumentation, indem sie das, was als ähnlich und damit als analogiefähig gelten kann, einschränken. Die klassische Monographie, die mehr als irgend ein anderer Text zur Etablierung der später so genannten »Begriffsjurisprudenz« beigetragen hat, Savignys »Recht des Besitzes« (1803)[122], hat das Verdienst, Sinn und Funktion der Unterscheidung von Eigentum und Besitz herausgearbeitet zu haben. Begriffe präzisieren auf diese Weise das, was als quaestio iuris zum Problem werden kann, ohne damit eine Automatik einzurichten, die ohne weitere Überlegung zur Entscheidung führt. Mit Logik hat das nicht das geringste zu tun. Ein begrifflich elaboriertes Netzwerk macht Fehler erkennbar, aber dabei handelt es sich nicht um logische Fehler, sondern um Abweichungen vom festgelegten Sinn eines der Begriffe. Begriffe ermöglichen also Fehlerkontrollen, sie leisten aber vor allem eine über den Wortsinn hinausgehende Beschränkung der Erfolgsbedingung von Operationen. Sie müssen gleichförmig, also mit sich selbst und mit

122 Zit. nach: Friedrich Carl von Savigny, Das Recht des Besitzes: Eine civilistische Abhandlung, 5. Aufl. Stuttgart 1837.

den durch sie markierten Unterscheidungen konsistent verwendet werden (wie die Worte der Sprache). Sie bilden ein zweites, meta-textlich verfügbares Sicherheitsnetz für die Redundanz des Systems. Und wenn sie einmal erarbeitet sind, und wenn die Rechtstexte sich ihrer Sprache bedienen, ist ein begriffsfreies Argumentieren im Recht kaum noch möglich. Man kann neue Unterscheidungen einführen, Begriffe verfeinern, dekomponieren oder auch, etwa im Hinblick auf eheähnliche Lebensgemeinschaften, nach neuen Oberbegriffen suchen. Aber gegen Begriffe zu rebellieren, ist ebenso sinnlos wie jeder Versuch, allein mit der Beurteilung von Werten und Interessen auszukommen.

VII

Vielleicht war das Interesse an begrifflicher Konsolidierung des Rechts im Zuge der Positivierung des Rechts der modernen Gesellschaft wie in einer Art Immunreaktion gegen externe Einflüsse übertrieben worden. Vielleicht machten die Entscheidungsprobleme des Systems auch einen Bedarf für mehr Varietät spürbar. Jedenfalls betrat mit Pathos und getragen durch eine schwungvolle intellektuelle Bewegung, die mehr auf Pragmatismus als auf begriffliche Klarheit, mehr auf Zweckdienlichkeit als auf Regeln setzte, um 1900 eine neue Rechtstheorie die Bühne. In Deutschland erschien sie unter Berufung auf Jhering als »Interessenjurisprudenz«.[123] In den Vereinigten Staaten wurde das bald copiert[124], und mit Konzepten des social engineering, der social policy, des Instru-

---

123 Siehe eine Auswahl wichtiger Texte in: Günter Ellscheid / Winfried Hassemer (Hrsg.), Interessenjurisprudenz, Darmstadt 1974; ferner etwa Paul Oertmann, Interesse und Begriff in der Rechtswissenschaft, Leipzig 1931. Ein früher Versuch, juristische Begrifflichkeit und bewertete Interessenperspektiven unter dem Gesichtspunkt der Zweckorientierung zu verbinden (wobei der Akzent noch auf der Funktion juristischer Begriffe liegt), ist Gustav Rümelin, Juristische Begriffsbildung, Leipzig 1878. Zum breiteren Kontext der Methodendiskussion seit dem späten 18. Jahrhundert auch Johann Edelmann, Die Entwicklung der Interessenjurisprudenz: Eine historisch-kritische Studie über die deutsche Rechtsmethodologie vom 18. Jahrhundert bis zur Gegenwart, Bad Homburg 1967.
124 Vgl. Roscoe Pound, Mechanical Jurisprudence, Columbia Law Review 8 (1908), S. 605-623.}.

mentalismus und später des »legal realism« kombiniert.[125] Die Funktion des Rechts (der »Zweck« des Rechts) wurde auf die Formel des Interessenschutzes gebracht – des Schutzes berechtigter Interessen, versteht sich, also auf eine tautologische Formel.[126] Mit Bezug auf das Richterrecht der Vereinigten Staaten wurde die Rechtsgeltung in einer Art Selbstprognose des Rechts gesehen, die es den erfahrenen Teilnehmern ermöglicht, vorauszusehen, welche Interessen in die Dynamik des Rechts eingeschleust werden können, und wo, und wie. Das ist, wie leicht zu sehen, nichts anderes als ein Interesse an ausreichender Redundanz. In Deutschland ging es angesichts der gerade verabschiedeten Kodifikation des Zivilrechts mehr um eine neue Version von Zivilrechtsdogmatik, die alsbald Anlaß fand, gegenüber recht freizügigen Interpretationslehren ihre Gesetzesbindung zu betonen.

Mit dieser Bewegung kam es zu neuen Unterscheidungen und zu einer zu ihr passenden Sicht auf die bis dahin herrschende Rechtstheorie. In Deutschland wurde ihr das Etikett »Begriffsjurisprudenz« aufgeklebt; wie man heute weiß[127]: mit einer eher massiven Vereinfachung der polemischen Darstellung.[128] In den Vereinigten

---

125 Inzwischen gibt es dazu viel biographische und theoriegeschichtliche Forschung. Für einen Überblick mit Schwerpunkt in einer kritischen Darstellung des rechtstheoretischen Konzepts vgl. die bereits zitierte Monographie von Robert Samuel Summers, Instrumentalism and American Legal Theory, Ithaca 1982.

126 Eine begriffliche Ausarbeitung, die viele frühere Statements wiederholt und zusammenfaßt, findet man bei Roscoe Pound, Jurisprudence, St. Paul, Minn. 1959, Bd. III, S. 3-373.

127 Vgl. nur: Horst Jakobs, Wissenschaft und Gesetzgebung nach der Rechtsquellenlehre des 19. Jahrhunderts, Paderborn 1983; Regina Ogorek, Richterkönig oder Subsumtionsautomat? Zur Justiztheorie des 19. Jahrhunderts, Frankfurt 1988; Joachim Rückert, Autonomie des Rechts in rechtshistorischer Perspektive, Hannover 1988; Ulrich Falk, Ein Gelehrter wie Windscheid: Erkundungen auf den Feldern der sogenannten Begriffsjurisprudenz, Frankfurt 1989; ders., »Ein Gegensatz principieller Art«, Rechtshistorisches Journal 9 (1990), S. 221-240.

128 Allerdings sollte auch die Polemik gegen Polemik nicht überspitzt werden. Jherings Begriff der Begriffsjurisprudenz richtete sich ganz deutlich *nicht* gegen den schlechthin unentbehrlichen Gebrauch von Begriffen im Recht, sondern »gegen jene Verirrung unserer heutigen Jurisprudenz, welche, den praktischen Endzweck und die Bedingungen der Anwendbarkeit des Rechts außer acht lassend, in demselben nur einen Gegenstand erblickt, an dem das sich selbst überlassene, seinen Reiz und Zweck in sich selber tragende logische Denken sich erproben kann«. Im übrigen gelte: »Jede Jurisprudenz operiert mit Begriffen, juristisches und begriffliches Denken ist gleichbedeutend, in diesem Sinne ist also jede Jurisprudenz

Staaten richtete sich die Bewegung ebenfalls gegen den analytischen Konstruktivismus, zusätzlich aber auch mit stark »sozialen« Konnotationen gegen den Sozialdarwinismus und gegen die These, die Funktion des Rechts läge in der Garantie größtmöglicher individueller Freiheiten.[129] Es ist wichtig, gegenüber der vereinfachenden Entgegensetzung von Begriffsjurisprudenz und Interessenjurisprudenz diese Freiheitspolemik mit im Auge zu behalten: denn dann sieht man, daß der Theoriewechsel nur eine Formel der externen Bestimmtheit des Rechts durch eine andere ersetzt, nämlich Freiheit durch Interesse.

Daß der Begriff des Interesses in der Form einer Theoriekontroverse eingeführt worden war, und daß noch heute die Theoriegeschichte, wenngleich in besser ausgewogener Form, so geschrieben wird, verdeckt aber einen wichtigen Sachverhalt. Auf Interesse allein kann es natürlich nicht ankommen, besonders, wenn man immer wieder betont, daß das Recht die Interessen nicht schafft, sondern nur anerkennt.[130] Die Frage ist dann, welche Interessen das Recht für schutzwürdig hält und wie das Recht etwaige Interessenkonflikte entscheidet. Wenn man aber das wissen will, muß man das Recht selbst beobachten (die Realisten würden sagen: Richterverhalten voraussehen) *und nicht die Interessen.* Man muß die dazu nötigen Redundanzen ermitteln. Man gesteht das nicht gerne zu, aber die Fluchtformeln fallen entsprechend vage aus. »If you ask how he (der Richter) is to know when one interest outweighs another, I can only answer that he must get his knowledge just as the legislator gets it, from experience and study and reflection, in brief,

---

Begriffsjurisprudenz, die römische in erster Linie; eben darum braucht der Zusatz nicht erst hinzugefügt zu werden« (Rudolf von Jhering, Scherz und Ernst in der Jurisprudenz: Eine Weihnachtsgabe für das juristische Publikum (1884), zit. nach der 13. Aufl. Leipzig 1924, Nachdruck Darmstadt 1964, S. 347). Die Übersteigerungen in Richtung Begriffsjurisprudenz erklärt Jhering (a.a.O., S. 363) mit der durchaus modernen Trennung von (universitärer) Rechts*lehre* und praktischer Rechts*anwendung.*

129 Diese Idee des »maximum of free individual self-assertation« sei durch die soziale Entwicklung überholt, meint Roscoe Pound, An Introduction to the Philosophy of Law (1922), 2. Aufl. 1954, Neudruck New Haven 1959, S. 40 ff. Und in der Tat: Dafür stand jetzt selbst in Nordamerika kein Land mehr zur Verfügung.

130 Pound, Jurisprudence a.a.O., Bd. III, S. 17, 21.

from life itself«, sinniert ein Richter.[131] Wir haben bereits gesehen, daß auch die Vorausschau auf Folgen dieses Problem zwar komplexer macht, aber im Prinzip ebenfalls nicht löst. Die Interessenformel disbalanciert die Rechtspraxis in Richtung auf Vorgaben durch die Umwelt, das beste Recht müßte danach in der größtmöglichen Interessenverwirklichung liegen. Es hätte keinen Eigenwert.[132] Aber eben damit wird unklar, was das Recht den Interessen als Gegenbegriff, als die andere Seite der Form entgegenzusetzen hat, wenn man solche Vagheiten wie Berufung auf die Lebenserfahrung des Richters (wer möchte dem schon ausgesetzt sein!) nicht gelten läßt.

Man kann natürlich sagen: auch das öffentliche Interesse, das Gemeinwohl, die Gesamtheit der »öffentlichen Güter« sei ein Interesse. Aber was wäre dann kein Interesse? Schließlich wird das Recht selbst zum Interesse. Um wieder Cardozo zu zitieren: »One of the most fundamental social interests is that the law shall be uniform and impartial.«[133] Dann spiegelt das Recht sich selbst in seiner Umwelt als deren Interesse; es beobachtet, wie es von Interessenten beobachtet wird. Es muß sich selbst dann für eine Interessenabwägung zur Disposition stellen. Aber wie würden der Common sense und die Lebenserfahrung des Richters hier helfen? Und so helfen, daß dem Interesse der Umwelt am Recht Rechnung getragen wird und zugleich andere Interessen zu ihrem Recht kommen? Im Ergebnis geht dabei viel an rechtsdogmatischer Strenge und begrifflicher Kontrolliertheit über Bord, weil die Anforderungen an die Flexibilität und Responsivität der Rechtspraxis zunehmen. »Es mehren sich«, meint Esser im Blick auf die höchstrichterliche Entscheidungspraxis, »Entscheidungen, die ohne großen dogmatischen Aufwand rein situative und notative Erörterungen über die angemessene Verantwortungs- und Pflichtanforderung zur Begründung

---

131 Benjamin N. Cardozo, The Nature of the Judical Process, New Haven 1921, S. 113.

132 Als Kritik, die an diesem Punkt ansetzt, vgl. Julius Stone, A Critique of Pound's Theory of Justice, Iowa Law Review 20 (1935), S. 531-550. Pound selbst, der sie oft zitierte, hielt sie offenbar für bedenkenswert.

133 A.a.O., S. 112. Siehe auch Philipp Heck, Gesetzesauslegung und Interessenjurisprudenz, Tübingen 1914, S. 180, über das »Interesse an der Erhaltung einer einmal in Geltung gelangten Ordnung«.

benutzen.«[134] Oder in anderem Zusammenhang: »Über das Stadium der Verbalisierung von Wertungen kommt man offenbar nicht hinaus.«[135]

VIII

Mit systemtheoretischen Mitteln fällt es nicht schwer, das damit aufgedeckte Problem zu rekonstruieren. In einem sehr allgemeinen Sinn kann man formale und substantielle Argumente unterscheiden.[136] Formale Argumente enden im Bezug auf das System, auf Texte, oder auch auf Formvorschriften (zum Beispiel notarielle Beurkundung), die dazu bestimmt sind, ein Abdriften in Sachargumente zu verhindern. Substantielle Argumente beziehen dagegen Erwägungen ein, die auch außerhalb des Systems Anerkennung finden (wie im System angenommen wird).[137] Mit einer *formalen* Argumentation praktiziert das System mithin *Selbstreferenz*, mit einer *substantiellen* Argumentation *Fremdreferenz*. Die formale Argumentation ist letztlich auf allen ihren Ebenen diktiert durch die Notwendigkeit, zu einer Entscheidung zu kommen und ein Eintauchen in die volle Komplexität der Weltsachverhalte zu ver-

---

134 Juristisches Argumentieren a.a.O. (1979), S. 22.

135 So in: Argumentations- und Stilwandel in höchstrichterlichen Zivilentscheidungen, Etudes de logique juridique Bd. VI, Bruxelles 1976, S. 53-77 (61).

136 Diese Unterscheidung wird im allgemeinen unter Berufung auf Max Weber eingeführt. Siehe z.B. Richard Lempert / Josef Sanders, An Invitation to Law and Social Science, White Plains N.Y. 1986, S. 9 ff., 444 ff. Sie sollte jedenfalls nicht mit der Unterscheidung von Verfahrensrecht und materiellem Recht verwechselt werden, auch wenn das Verfahrensrecht wegen seiner Funktion, das Entscheiden zu organisieren, mehr formale Elemente aufweist als das materielle Recht. Patrick S. Atiyah / Robert S. Summers, Form and Substance in Anglo-American Law: A Comparative Study of Legal Reasoning, Legal Theory, and Legal Institutions, Oxford 1987, benutzen die Unterscheidung formal/substantive für einen Vergleich des englischen, mehr formalen, und des amerikanischen, mehr substantiell ausgerichteten Common Law. Auch bei einem Vergleich unterschiedlicher Interpretationsweisen letztinstanzlicher Gerichte verschiedener Länder spielt diese Unterscheidung eine Rolle. Siehe MacCormick / Summers a.a.O. (1992) mit Frankreich (mehr formal) und den USA (mehr substantiell) als Extremfällen.

137 Atiyah / Summers a.a.O., S. 65 f. formulieren: »A substantive reason may be defined as a moral, economic, political, institutional, or other social consideration«.

hindern. Die substantielle Argumentation verhindert, daß das System sich auf diese Weise selbst isoliert. Beobachtet man diese Unterscheidung in der Perspektive eines Beobachters zweiter Ordnung, dann sieht man, daß es durchaus substantielle Gründe für formales Argumentieren gibt, die aber nicht in die Begründung aufgenommen werden; und daß auch substantielles Argumentieren über Stoppregeln verfügt und auf unmittelbare Verständlichkeit und Überzeugungskraft rekurriert, also auf Bedingungen, die im nächsten Moment schon wieder in Zweifel gezogen werden könnten.

Mit Hilfe dieser Unterscheidung können wir Bezug auf Begriffe als formales, Bezug auf Interessen dagegen als substantielles Argumentieren beschreiben. Begriffe sind gespeicherte Erfahrungen mit der Behandlung von Rechtsfällen, die aber als Erfahrungen nicht mehr aufgenommen und kritisch diskutiert werden. Interessen verweisen dagegen auf Katalysatoren der Selbstorganisation von Umweltrelevanzen. Selbstverständlich bleibt, ungeachtet dieser doppelten Referenz, Argumentieren immer eine systeminterne Operation – sei es eine formale oder begriffliche, sei es eine substantielle oder interessenbezogene Beobachtung. Immer müssen daher Interessen im Rechtssystem für dessen Operationen so aufbereitet und dargestellt werden, daß sie begründbare Entscheidungen ermöglichen – auch und gerade in Konfliktfällen. Wer seine Interessen in anderer Form kommuniziert, etwa als bloße Wünsche oder Präferenzen, macht sich nicht als Teilnehmer am Rechtssystem erkennbar. In der Sichtweise des Rechtssystems sind Interessen in ihrem Naturzustand gleichwertig, das System homogenisiert sozusagen das, was es als Information über Interessen wahrnimmt, und ist selbst, auf Entscheidung zusteuernd, nur daran interessiert, ob es sich um schützenswerte Interessen handelt oder nicht und welche Interessen im Konfliktfall geopfert werden müssen. Und das, nur das, muß argumentativ gezeigt werden.

Mit dem Begriff des Interesses konstruiert das System für interne Zwecke eine Fremdreferenz. Der Begriff verweist auf etwas, was als Umwelt vorausgesetzt werden muß, aber vorausgesetzt in einer Kompaktheit des Zugriffs, die den systeminternen Informationsverarbeitungsmöglichkeiten entspricht. Die Einheit eines Interesses ließe sich immer weiter dekomponieren (zum Beispiel zu therapeutischen Zwecken), sie bleibt ein systeminternes Konstrukt.[138] Dies gilt auch für die reflexive Version, also für den Fall, daß das Rechtssystem ein Interesse der Umwelt am Rechtssystem konstruiert, eben jenes Interesse an Zuverlässigkeit, Gleichförmigkeit, Voraussagbarkeit, Unparteilichkeit der Rechtspflege.

Ebensogut kann man aber auch von der Selbstreferenz der Systemoperationen ausgehen. Sie wird in der Form von Rechtsbegriffen zum Ausdruck gebracht, die die Konstruktionen beschränken, die im System anschlußfähig sind und mit dem Kursieren der Geltungssymbole assoziiert werden können. Das heißt nicht, daß mit der Bezugnahme auf Begriffe immer zirkulär argumentiert wird.[139] Letztlich liegt ihnen zwar eine Tautologie und die allgemeine Rekursivität der Operationen des Systems zugrunde; aber Begriffe leisten gerade die Entfaltung dieser Tautologie, ihre Dekomposition in unterscheidbare Identitäten, auf die man Bezug nehmen kann, um Rechtsprobleme zu unterscheiden.

Wenn jeder Begriff, der im System benutzt wird, ein Rechtsbegriff ist und diese Funktion der Enttautologisierung der Selbstreferenz erfüllt, stellt dies klar, daß für das Rechtssystem auch der Begriff des Interesses ein Rechtsbegriff ist, der das System (und nur dieses System) zur Unterscheidung von berechtigten und nicht berechtigten Interessen zwingt. Das System kann, wenn es über dafür ausreichende Beobachtungsformen (Unterscheidungen) verfügt, sich selbst von der Umwelt her und die Umwelt von sich selbst aus beobachten. Es kann die eine oder die andere Referenz zugrunde legen. Und es kann diese Möglichkeiten zwar nicht auf eine einzige (sozusagen »objektive«) reduzieren, aber es kann zwischen beiden oszillieren[140], um aus der jeweils anderen beschränkende Gesichtspunkte zu gewinnen, die auf eine begründbare Entscheidung hinführen.

---

138 Wir merken zur Verdeutlichung an und wiederholen: die *Einheit* des Interesses. Mit anderen Worten: die kommunikative Fixierung des Interesses für Referenz in weiterer Kommunikation. Daß dem eine Realität zugrunde liegt, die im System nicht beliebig umkonstruiert werden kann, wird nicht bestritten.

139 Zirkuläre Argumentation ist denn auch ein Sonderfall, den Julius Stone, Legal System and Lawyers' Reasonings, Stanford Cal. 1964, S. 235 ff. (258 ff.) unter dem allgemeinen Titel der »illusory reference« abhandelt und mit Beispielen belegt.

140 Vgl. dazu Stein Bråten, The Third Position: Beyond Artificial and Autopoietic Reduction, in: Felix Geyer / Johannes van der Zouwen (Hrsg.), Sociocybernetic Paradoxes, London 1986, S. 193-205.

Die Kontroverse Begriffsjurisprudenz/Interessenjurisprudenz hat manche Ähnlichkeit mit der sehr viel älteren wissenschaftstheoretischen Kontroverse zwischen Rationalismus (Typ Descartes) und Empirismus (Typ Bacon). Auch hier ist man mit einiger Mühe, man verzichtet ungern auf »Kontroversen«, zu dem Ergebnis gekommen, daß das faktische Operieren des Wissenschaftssystems beide Seiten dieser Unterscheidung in Anspruch nimmt. Entsprechendes gilt für das Rechtssystem.

Schon bei Jhering ist deutlich: Die Betonung des Interessenschutzes darf keineswegs als Empfehlung begriffslosen Judizierens verstanden werden. Die Kritik der »Begriffsjurisprudenz« richtet sich mehr gegen ihren Systemgedanken als gegen das Handwerkszeug der Begriffe selbst. Man stellt sich in dieser Hinsicht von Systemdeduktion auf juristische Technik um – zugleich abwertend und anerkennend.[141] Es ist – oder war zumindest – bekannt, daß aus der Interessenlage allein keine Entscheidung abzuleiten sei.[142] Was in der Kontroverse unterbelichtet blieb, ist jedoch der Sinn der Unterscheidung. Letztlich geht es um eine Unterscheidung von Unterscheidungen. Begriffe werden in anderer Weise unterschieden als Interessen; aber in beiden Fällen werden die Unterscheidungen systemintern vorgenommen und sind nur für die Operationen des Rechtssystems selbst sinnvoll. Begriffe zielen auf die Verfeinerung der »quaestio juris« und auf die Beschränkung des Analogisierens. Bei Interessen dagegen geht es in erster Linie um die Unterscheidung von rechtlich bevorzugten und rechtlich zurückgesetzten Interessen. Diese Unterscheidung hat das Verdienst, auch die zurückgesetzten Interessen im Systemgedächtnis zu speichern, so daß man gegebenenfalls prüfen kann, ob neue Sachlagen die Zurücksetzung weiterhin rechtfertigen.[143] Mit einem Begriff Yves Barels

141 Vgl. vor allem François Gény, Science et technique en droit positif: Nouvelle contribution à la critique de la méthode juridique, 4 Bde. Paris 1913-1930.
142 Vgl. Edelmann a.a.O., S. 89 f. unter Berufung auf Heinrich Stoll.
143 Günter Ellscheid, Einleitung, in: Ellscheid / Hassemer a.a.O. (1974), S. 5 f. spricht von der »hermeneutischen Bedeutung des zurückgesetzten Interesses« und bemerkt dazu: »Indem die Interessenjurisprudenz methodische Anweisungen gibt, das Verschwinden des zurückgesetzten Interesses aus dem Auslegungshorizont zu verhindern, setzt sie offenkundig eine mehr als formale Idee von Gerechtigkeit in juristische Methode um.« Hier wäre auch an die weise Vorkehrung des jüdischen Rechts zu erinnern: Dissense in der Tradition des Rechts zu bewahren und damit für Neuabwägung verfügbar zu halten. Hinweise oben Kap. 2, X. Anm. 153.

könnte man von »Potentialisierung« von Interessen sprechen.[144]
Das gibt der Gesamtentscheidung einen letztlich paradoxen Sinn.
Der Interessenkonflikt wird auf einer Ebene entschieden und auf
einer anderen Ebene als unentscheidbar behandelt, indem die zurückgesetzten Interessen als möglicherweise vorziehenswert erinnert werden und diese Erinnerung gerade durch ihre Zurücksetz-
zung erzeugt wird. Auch und gerade wenn die Interessenjurisprudenz Entscheidungen des Gesetzgebers als Entscheidungen für
bzw. gegen Interessen begreift, behält sie sich mit der Interessenformel eine Neubewertung in neuen, vom Gesetzgeber nicht bedachten Konstellationen vor. Insofern unterscheidet sich die Interessenjurisprudenz von einer strikt teleologischen Rechtsauslegung, die
nur nach den Zwecken des Gesetzgebers fragt, um sie dann in Konfliktfällen zu realisieren. Genau dieser Neubewertungsvorbehalt
setzt aber voraus, daß das Rechtssystem Interessen zunächst als aus
sich selbst heraus motivierte Präferenzen vorstellt, die erst in der
rechtlichen Bewertung als bevorzugt bzw. zurückgesetzt unterschieden werden.
Dogmatisch und methodisch folgt aus diesen Überlegungen vor allem, daß die Formel von der »Interessenabwägung« als Rechtsprinzip aufgegeben werden muß.[145] In hac verbi copula stupet omnis
regula, könnte man mit der lateinischen Spruchweisheit sagen. Methodisch ist die Formel ohnehin mißlungen, denn die Hoffnung auf
operationsfähige Anweisungen hat sich nicht einlösen lassen. Sie
dient in der Praxis nur als Vorspruch für das, was Max Weber Kadi-
Justiz genannt hätte.[146] Verfassungsrechtlich ist sie bedenklich,
wenn nicht schlicht verfassungswidrig. Denn aus den Wertungen
der Artikel 1-3 GG folgt, daß der Richter Interessen als gleichrangig ansehen muß, sofern nicht das Recht selbst (und eben nicht: er
selbst!) unterschiedliche Bewertungen für Konfliktfälle vorsieht.

---

144 Siehe Yves Barel, Le paradoxe et le système: Essai sur le fantastique social, 2.Aufl.
Grenoble 1989, S. 71 f., 1985 f., 392 f.

145 Siehe nur die Kritik von Gerhard Struck, Interessenabwägung als Methode, in:
Dogmatik und Methode: Festgabe für Josef Esser, Kronberg/Ts. 1975, S. 171-191.
Auch Heinrich Hubmann, Die Methode der Abwägung, in ders., Wertung und
Abwägung im Recht, Köln 1977, S. 145-169 zeigt, daß die Rechtsprechung in
Fällen, wo Abwägung praktiziert wird, weit entfernt ist von hinreichender metho-
discher Klarheit.

146 Und so auch Hans-Martin Pawlowski, Methodenlehre für Juristen: Theorie der
Norm und des Gesetzes, 2. Aufl. Heidelberg 1991, S. 24 ff.

Die Formel »Interessenabwägung« ist, anders gesagt, kein geltendes Recht. Sie bezieht sich auf Probleme der Sachverhaltserfassung[147], nicht jedoch auf die rechtliche Begründung der Entscheidung. Sie liegt, anders gesagt, voll im Bereich der Fremdreferenz des Systems und leistet das nicht, was von jeder Entscheidung verlangt werden muß: die Vermittlung von Fremdreferenz und Selbstreferenz. Der Übergang von der Interessenjurisprudenz zur Wertungsjurisprudenz[148] und von der Interessenabwägung zur Güterabwägung trägt dieser Kritik zumindest insofern Rechnung, als die Wertung nicht den Interessen entnommen werden darf, sondern vom Richter auf Grund von Rechtsvorschriften selbst ermittelt werden muß.[149] Oder vielleicht sollte man sagen: ermittelt werden müßte; denn die Rechtspraxis ist bei der Ermittlung von Wertungen des Rechts für den Fall von Wertkonflikten, jeder Entscheidungstheoretiker sieht das auf Anhieb, vollständig überfordert und dann doch wieder darauf angewiesen, sich an Interessen zu orientieren. Andererseits findet man nun eine formelhafte Verbalisierung solcher Wertungen, die nicht nachprüfbar ist, ein nicht weiter begründetes Hantieren mit Abschreckbegriffen (»Sozialschädlichkeit« zum Beispiel) und ein sehr rasches Abbrechen von Systemargumenten, insbesondere von bemühten Versuchen, Figuren, die die Rechtsdogmatik zur Verfügung stellt, den angestrebten Ergebnissen neuartiger Fallentscheidungen anzupassen. Auch wird »substantiell« Rationalität üblicherweise mit Bezug auf gesellschaftlich akzeptable Wertungen definiert.[150] Die rhetorische Komponente in den Entscheidungsbegründungen nimmt zu. Es paßt zum »demokratischen« Stil von Politik, daß man versucht zu gefallen.

147 So Struck a.a.O., S. 183, 185.
148 Vgl. z. B. Pawlowski a.a.O., S. 381 ff.; zu Güterabwägung auch S. 351 ff. Karl Larenz, Methodenlehre der Rechtswissenschaft, 5. Aufl. Berlin 1983, S. 117 ff.
149 Eine andere Abschwächung läge darin, Interessenabwägung von vornherein nur als Ergänzung des klassischen Repertoires von Auslegungsmethoden in Betracht zu ziehen. So z. B. Reinhold Zippelius, Einführung in die juristische Methodenlehre, zit. nach der 2. Aufl. München 1974, S. 58 f. Das setzt aber voraus, daß spezifiziert wird, welche geltende Rechtsvorschrift im konkreten Fall auf diese Weise ausgelegt wird. Oder auch darin, daß eine Abwägung nur dann vorgenommen wird, wenn die Rechtslage zu einer Normen- oder Pflichtenkollision führt. So für »Güterabwägung« Larenz a.a.O., S. 388 ff. Aber das setzt voraus, daß spezifiziert werden kann, welche Rechtsvorschriften im konkreten Fall kollidieren.
150 Vgl. oben Anm. 137.

Ob es markante historische Disbalancierungen in Richtung auf Primate fremdreferentieller (instrumenteller, substantieller, interessenbezogener) oder selbstreferentieller (formaler, analytischer, begrifflicher) Rechtspraxis gibt, muß näheren Untersuchungen überlassen bleiben.[151] Jedenfalls kann kein System in dieser Form Fremd/Selbst die jeweils andere Seite ganz aus den Augen verlieren; denn das würde die Form selbst aufheben. Wenn man den möglichen Spielraum von Argumentation auf diese Form, also auf die Unterscheidung von Selbstreferenz (= formal) und Fremdreferenz (= substantiell) zurückführt, wird klar, daß es keine »natürliche« (naturrechtliche?) Präferenz für Selbstreferenz gibt. Die alte Lehre von der conservatio sui, die zu ihrer Zeit gegen die Naturlehren aristotelischer Provenienz gerichtet war, ist systemtheoretisch im Begriff der Autopoiesis untergebracht (der keine Präferenz des Systems, sondern die Existenz des Systems bezeichnet). Das gibt die Freiheit, in der Frage Selbstreferenz/Fremdreferenz ein Dauerproblem des Systems zu sehen, das verschiedene Gewichtungen zuläßt. Was zählt, ist die Unterscheidung. Dann kann man in bezug auf bestimmte historische Lagen des Rechtssystems (oder anderer Systeme) untersuchen, ob Tendenzverschiebungen zu erwarten sind – so die von Weber vorausgesagte Verschiebung von formaler zu substantieller Rationalität oder, gegenläufig, die heute oft geforderte Rückkehr zu stärker formalen, an Recht und Gerechtigkeit (Gleichheit/Ungleichheit) orientierten Entscheidungskriterien.[152]

---

151 William E. Nelson, The Impact of the Antislavery Movement upon Styles of Judicial Reasoning in Nineteenth Century America, Harvard Law Review 87 (1974), S. 513-566, hatte eine Umstellung von instrumentellen auf formale Argumente als Folge der Antisklaverei-Bewegung behauptet. Siehe aber auch die Kritik mit Gegenbeispielen von Harry N. Schreiber, Instrumentalism and Property Rights: A Reconsideration of American »Styles of Judicial Reasoning« in the Nineteenth Century, Wisconsin Law Review 1975, S. 1-18. Vgl. dazu auch die von der Rezension sehr kritisch aufgenommene Untersuchung von Marc Tushnett, The American Law of Slavery 1810-1860: Considerations of Humanity and Interest, Princeton 1981.

152 Daß dies, institutionell gesehen, in den USA wenig Aussichten hat (und dasselbe wird man für die Bundesrepublik Deutschland behaupten können), zeigt Joachim J. Savelsberg, Law That Does Not Fit Society: Sentencing Guidelines as a Neoclassical Reaction to the Dilemmas of Substantivized Law, American Journal of Sociology 97 (1992), S. 1346-1381.

Das Verhältnis von Fremdreferenz und Selbstreferenz ist – man kann das am berühmten Modellfall des individuellen Bewußtseins ablesen – ein Grundproblem hochentwickelter Systeme, die im Medium Sinn operieren. Es ist nicht identisch mit dem Problem des Verhältnisses von Varietät und Redundanz. Trotzdem kann man vermuten, daß über den Fremdreferenzbegriff des Interesses, mit dem das System sogar sich selbst noch »verfremden«, nämlich auf ein Interesse reduzieren kann, mehr Varietät in das System eingeführt werden kann als über eine letztlich leerlaufende begriffliche Distinktionstechnik. Und wenn dies zutrifft und nicht etwa gesellschaftlich oder religiös oder politisch vorgegebene Engführungen der Kommunizierbarkeit von Interessen eine andere Wendung geben, kann man gut verstehen, daß das Aufkommen der Interessensemantik einen Bedarf für Ordnung höherer Varietät signalisiert – in der ökonomischen Theorie seit langem, in der politischen Theorie seit dem 17. Jahrhundert, in der Ästhetik des 18. Jahrhunderts, in der Rechtstheorie aber erst sehr viel später, nämlich erst, nachdem sich die durchgreifende Positivierung des Rechts auszuwirken beginnt.

IX

Sieht man das Interpretieren, Argumentieren und Begründen als eine Operation im Rechtssystem, dann fällt auch das logische Schließen unter diesen Begriff. Es ist durch eine besondere Art von Sicherheit ausgezeichnet, oder genauer: durch die Form logisch zwingend/logisch fehlerhaft. Dabei manipuliert die Logik das Operieren so, daß jeweils eine eindeutige Zuordnung zur einen bzw. anderen Seite der Form möglich ist. Die dafür notwendige Verfügung über Prämissen verhindert aber, daß die Logik begründen kann. Sie selbst weiß das seit Gödel. Gleichwohl wäre es verfehlt, daraus auf eine Kritik des logischen Schließens oder gar auf eine juristische Irrelevanz der Deduktion zu schließen – zu schließen! Aber man muß den Auftrag der Logik anders formulieren.

Im systemtheoretischen Kontext und spezieller: im Kontext der Organisierung von Redundanzen hat die Logik eine besondere Funktion. Negativ formuliert fällt ins Gewicht, daß sie (auf der anderen Seite ihrer Form) den *Nachweis* von Fehlern ermöglicht.

Sie ist und macht fehlerempfindlich. Die logische Rekonstruktion eines juristischen Arguments ist deshalb eine Technik des Widerlegens, des Umdirigierens von Begründungen, vornehmlich zu Gunsten einer anderen Entscheidung. Darüber hinaus hat die Logik aber auch eine positive Funktion. Sie dient, ähnlich wie die Voraussage von Entscheidungsfolgen, der *Kanalisierung von Irritationen*. Wenn, aus welchen Gründen immer, normative Erwartungen gestört und in Zweifel gezogen werden, zeigt die Logik, was im Falle ihrer Änderung sonst noch geändert werden müßte. Die Umsetzung kognitiver in normative Erwartungen läßt sich zwar, wie man weiß, logisch nicht erzwingen. Aus Fakten kann man nicht auf Normen schließen. Aber wenn Normen durch Fakten genügend gereizt werden, kann man mit Hilfe der Logik erkennen, welche Konsequenzen eine Normänderung, ein »overruling« usw. im System haben würde. Die Logik stellt das Leitungsnetz zur Verfügung, das sehr oft über das intuitiv Einsichtige hinausführt und eben damit auch Argumente gegen eine Rechtsänderung aus Anlaß eines konkreten Falles liefert.

Auch das hat eine andere Seite. Denn man kann mit Hilfe der Logik auch sehen, was nicht betroffen ist. Es mag sein, daß die Ausdehnung der Schlüsselgewalt auf den Mann einer wohlhabenden Frau Konsequenzen hat fürs Eherecht. Aber auch fürs Kaufrecht? Die Logik protegiert, mit anderen Worten, das System gegen allzu unübersichtliche Fernwirkungen von Änderungen. Damit erleichtert sie das Einführen von Änderungen. Sie macht das System im Sinne von Ashby »ultrastabil«.[153]

Mit der klassischen Vorstellung »logozentrischer« Beweisführung fällt auch die Annahme, daß die rationale Argumentation auf die Einheit des Systems projiziert, also »richtiges Recht« garantieren könne. In ihrer Abhängigkeit von Fällen und Texten kann Argumentation allenfalls »lokale« Rationalität erreichen. So ist auch politische Rationalität immer nur strategische Rationalität. Und so ist wirtschaftliche Rationalität gebunden an Bilanzen oder Budgets, die das Erreichbare und den sinnvollen Informationsaufwand extrem einschränken. Auch kann Argumentation, selbst bei größtem Scharfsinn, nicht garantieren, daß immer eine bestimmte Problem-

---

153 Nach W. Ross Ashby, Design for a Brain: The Origin of Adaptive Behaviour, 2. Aufl. London 1960, S. 98 f.

lösung als die eindeutig beste den Test besteht und damit zu einer einzig richtigen Entscheidung führt. Gerade in der Praxis der Gerichtsberatung zeigt sich häufig, daß unterschiedliche Entscheidungen annähernd gleich gut begründbar sind. Dann hat man eine Situation, die durch Argumentation nicht eindeutig determiniert ist, sondern, in der Terminologie von Herbert Simon, mehrere Varianten eines »satisficing behavior« zuläßt.[154] Die Entscheidung kann, ja muß dann über zweitrangige Kriterien (oder ohne einheitliche Kriterien als Mehrheitsbeschluß) gefunden werden. Anders gesagt: Über noch so gut gewählte Kriterien kann das System weder im Ganzen noch im Detail einen rationalen Eigenzustand garantieren – und dies gerade auch bei hohen Ansprüchen an gute, einsichtige, professionell gekonnte Argumentation. Eine Diskurstheorie (wie die von Jürgen Habermas), die dies ignoriert, wird weder der hochentwickelten Eigenart juristischer Überzeugungsmittel gerecht noch erreicht sie ihr Ziel. Sie kann den durch Argumente ausgelösten Informationsbedarf nicht ins System wiedereinführen, sondern sieht sich genötigt, mit der Legalfiktion zu arbeiten, daß bei der Einhaltung bestimmter Verfahrensbedingungen letztlich die Vernunft siegen wird.

Unsere Zurückhaltung in bezug auf die Annahme operativ erreichbarer, gleichsam aggregierbarer Rationalität ist abgestimmt mit der evolutionstheoretischen These, daß Komplexität nicht ein Natur- oder Vernunftziel der Evolution ist, sondern ein mit ihr eintretendes Nebenprodukt.[155] Argumentation hat es deshalb auch nicht mit einer instrumentellen Ausnutzung der Ressource Komplexität zu tun, sondern mit der Frage, wie das System trotz evolutionär anwachsender Komplexität immer noch zurechtkommt, und das heißt: sich immer noch in einem fortsetzungsfähigen Verhältnis zur Umwelt operativ geschlossen reproduzieren kann.

154 Vgl. Herbert A. Simon, Models of Man – Social and Rational: Mathematical Essays on Rational Human Behavior in a Social Setting, New York 1957, S. 204 f., 252 ff.
155 Vgl. Kapitel 6, V.

Abschließend kehren wir noch einmal zu einem bereits mehrfach erwähnten Gesichtspunkt zurück. Wir hatten gesagt: Argumentieren versteht sich immer in einem Kontext der Beobachtung zweiter Ordnung. Es geht immer um Ausarbeitung eines Arguments – für andere Beobachter. Indem das Rechtssystem auf ein (wie immer in der Praxis abgekürztes) Argumentieren eingerichtet wird, zeigt es Merkmale, die für Funktionssysteme generell typisch sind.[156] Die Wirtschaft orientiert ihre Operationen an Preisen, weil dies die Möglichkeit gibt zu beobachten, wie Beobachter den Markt beobachten. Die Politik orientiert ihre Operationen an der öffentlichen Meinung, um im Spiegel der öffentlichen Meinung die Resonanz ihrer Aktionen in den Augen anderer Beobachter zu beobachten. Der Künstler richtet das Kunstwerk durch die Wahl der es bestimmenden Formen so ein, daß Beobachter beobachten können, wie er es beobachtet hatte. Dem Erzieher wird eine Absicht, zu erziehen, unterstellt, denn anders könnte man nicht systemspezifisch beobachten, wie er seine Zöglinge beobachtet; und umgekehrt werden diese als Kinder vorgestellt, damit ein Medium vorstellbar wird, in dem beobachtet werden kann, wie der Erzieher die Formen wählt, auf die hin er erziehen will. Die Beispiele ließen sich vermehren. Und dann mag es auch kein Zufall sein, daß parallel zur wachsenden Prominenz einer Mehrzahl von Funktionssystemen im 18. Jahrhundert auch die Interaktionstheorie – etwa in der Form von Konversationsvorschriften – auf ein Beobachten der Beobachter umgestellt wird.

156 Zu den Beispielen, die im folgenden aufgeführt werden, siehe Dirk Baecker, Information und Risiko in der Marktwirtschaft, Frankfurt 1988; Niklas Luhmann, Die Wirtschaft der Gesellschaft, Frankfurt 1988, insb. S. 93 ff. Niklas Luhmann, Gesellschaftliche Komplexität und öffentliche Meinung, in ders., Soziologische Aufklärung Bd. 5, Opladen 1990, S. 170-182; ders., Weltkunst, in: Niklas Luhmann / Frederick D. Bunsen / Dirk Baecker, Unbeobachtbare Welt: Über Kunst und Architektur, Bielefeld 1990, S. 7-45 (23 ff.); Niklas Luhmann, Das Kind als Medium der Erziehung, Zeitschrift für Pädagogik 37 (1991), S. 19-40; ders., System und Absicht der Erziehung, in ders. und Karl Eberhard Schorr (Hrsg.), Zwischen Absicht und Person: Fragen an die Pädagogik, Frankfurt 1992, S. 102-124; ders., Sozialsystem Familie, in ders., Soziologische Aufklärung Bd. 5, Opladen 1990, S. 196-217; Niklas Luhmann, Die Wissenschaft der Gesellschaft, Frankfurt 1990, passim, insb. S. 362 ff. .

Wenn diese Verlagerung der Kernoperationen auf eine Ebene zweiter Ordnung auf diese Weise mit Ausdifferenzierung von Funktionssystemen korreliert, kann man vermuten, daß dies von einem gesellschaftstheoretischen Standpunkt aus zu den Strukturmerkmalen der Moderne gehört.[157] Dann treten die Besonderheiten der einzelnen Funktionssysteme zurück. Die Frage, *wie* dies erreicht wird, findet von System zu System unterschiedliche (aber vergleichbare) Antworten. *Daß* es im einen wie im anderen Fall erreicht (oder doch angestrebt) wird, scheint dagegen zu den Bedingungen der Ausdifferenzierung des Systems zu gehören. *Deshalb* muß im Rechtssystem argumentiert werden; denn unter der Bedingung der Ausdifferenzierung muß das System Halt an sich selbst (und nicht Halt an der Welt) suchen, und das erfordert jene rekursive Schließung auf der Ebene des Beobachtens zweiter Ordnung.

Diese Einsichten führen zu Fragen an die Art und Weise, wie die Reflexionstheorien der entsprechenden Systeme diese Sachverhalte beschreiben. Oder genauer: wie sie sich vergewissern, daß sie sinnvoll beobachten, auch wenn sie nur ihr Beobachten beobachten. Eine solche Koordination von Selbstbeschreibung mit Selbstsinngebung erfordert Emphasen, die nicht mehr in Frage gestellt werden; das heißt: Festlegung von »inviolate levels« (Hofstadter). So assoziiert die Wirtschaft (oder die Wirtschaftstheorie, wenn sie Hayek zitiert) marktbedingte Preise mit Rationalität der Informationsverarbeitung; oder die Politik öffentliche Meinung mit Demokratie; oder das Erziehungssystem erzieherische Absichten mit guten Absichten. Auch die Argumentationskultur des Rechtssystems beruht in ihrer Selbstbeschreibung auf solchen Abschlußregeln. Sie haben die Form von Asymmetrien, die nicht weiter hinterfragt werden. Es geht um »Anwendung einer Norm« und dabei, soweit Argumentation nötig ist, um »Auslegung eines Textes«. Es geht also um sehr spezifische Unterscheidungen. Man hat, bei sorgfältiger Beobachtung der praktischen Arbeitsweise, Zirkel entdeckt. Die Norm wird durch ihre Anwendung überhaupt erst erzeugt, jedenfalls erst mit erkennbarem Sinn aufgeladen. Und die Auslegung vollzieht einen hermeneutischen Zirkel, indem sie erst das bestimmt, was auszulegen ist; und es dabei zugleich so zurechtrückt, daß begründbar wird, weshalb eine Auslegung erforderlich ist.

157 Hierzu Niklas Luhmann, Beobachtungen der Moderne, Opladen 1992.

Insoweit finden wir uns noch auf geläufigem Terrain moderner Methodendiskussion. Aber wie, wenn all dies – Zirkel hin, Zirkel her – nur veranstaltet wird, um eine Beobachtung zweiter Ordnung zu ermöglichen? Sollte diese Vermutung sich bestätigen, dann ginge es letztlich um die Erstellung von Normtexten zur Organisierung von Beobachtungsverhältnissen. Man hätte es dann mit »zeitabstrakten« Texten zu tun, die zwar keine gleichsinnige Beobachtungsweise aller Beobachter garantieren, aber doch in der Lage sind, durch Verwendung spezifischer Formen (Unterscheidungen) ausreichende Vorgaben zu leisten und dadurch Beliebigkeit (also Zerfall, also Entropie) auszuschließen. Solche Normtexte würden, ähnlich wie komplexe Computerprogramme, zwar keinen Einblick in die konkret ablaufenden Operationen mehr erlauben, und sie würden auch keine Gleichsinnigkeit der Beobachtungsresultate mehr garantieren; aber sie könnten so weit spezifiziert sein, daß erkennbar wird, wenn ein Grund vorliegt, die Änderung der Texte selbst in Erwägung zu ziehen. Sie würden es dem System ermöglichen, ohne Vollkontrolle seiner Operationen auf einschlägige Irritationen zu reagieren.

Wenn uns diese Überlegungen richtig einstimmen, können wir erkennen, daß die Methodendiskussion der letzten Jahre bereits ähnliche Wege sucht. Das gilt für ältere Überlegungen zur richterlichen Prüfung von Gesetzen im Hinblick auf Verfassungsmäßigkeit, die den beschwerlichen Weg der Aufhebung und Neufassung im Wege der Gesetzgebung durch Interpretation umgehen[158]; es gilt für Arbeiten, die an die strukturierende Rechtslehre Friedrich Müllers anschließen[159]; es gilt besonders für die polykontexturalen, relativistischen, diskurs- und organisationsspezifischen Vorstellungen des Umgangs mit Recht, die Karl-Heinz Ladeur entwickelt hat.[160] Man könnte, wenn man in die Soziologie ausgreifen will, an Giddens Begriff des »structuration« denken oder, wenn in die Philosophie, an Wittgensteins Begriff des Sprachspiels (sofern ein

---

158 Siehe etwa F. James Davis et al., Society and the Law: New Meanings for an Old Profession, New York 1962, S. 163: »The result has been that judicial construction has become as much a part of statutes as the text itself.

159 Siehe Friedrich Müller, Strukturierende Rechtslehre, Berlin 1984.

160 Siehe etwa Karl-Heinz Ladeur, Gesetzesinterpretation, »Richterrecht« und Konventionsbildung in kognitivistischer Perspektive: Handeln unter Ungewißheitsbedingungen und richterliches Entscheiden, Archiv für Rechts- und Sozialphilosophie 77 (1991), S. 176-194.

Sprachspiel sich als Veranstaltung von Beobachtern für Beobachter auffassen läßt). An Tendenzhinweisen fehlt es nicht. Worauf es jedoch ankommt, ist: mehr zu sehen als bloße Auflösungserscheinungen am klassischen Norm-, Text- und Methodenkanon. Vielleicht sehen wir eine neue Ordnungsform im Entstehen, die ganz auf die Ebene der Beobachtung zweiter Ordnung verlagert ist und von dort her bestimmt, was für sie Anschlußwert hat und deshalb als Realität zählt.

Dem bleibt noch anzufügen, daß die Profession der Juristen, gerade weil sie das System auf der Ebene der Beobachtung zweiter Ordnung ansiedelt, die Bedeutung von Interpretation/Argumentation überschätzt. Man muß erneut bedenken, daß es sich um ein binär codiertes System handelt und daß die Entscheidungen über Geltung/Nichtgeltung die letztlich ausschlaggebenden Operationen sind. Einerseits besteht also die Meisterleistung des juristischen Könnens in der Produktion von Texten aus Texten, im Interpretieren und Argumentieren; und dies auch insoweit, als es auf festzustellende Tatsachen, Beweisfragen usw. ankommt. Andererseits verlieren die Juristen die Hälfte ihrer Prozesse, nachdem auf beiden Seiten argumentiert worden ist. So wie im System der Krankenbehandlung immer einige Patienten sterben und andere die Behandlung überleben und darin das Risiko der Profession liegt, so muß auch der Jurist mit der Tatsache leben, daß seine Argumentation, und sei sie noch so durchdacht, nicht immer die letztlich entscheidende Entscheidung bestimmt. Im Habitus der Profession kann man daher zuweilen eine gewisse ironische Distanz zu den Ideen und Argumentationsmitteln beobachten, zugleich mit einer Aufmerksamkeit für das, was letztlich die Entscheidung trägt (zum Beispiel Gerichtsgebrauch und Tradition). Die letzten Gründe sind immer nur vorletzte Gründe.

Kapitel 9

Politik und Recht

I

Systemtheoretiker gehen im allgemeinen davon aus, daß man zwischen Rechtssystem und politischem System unterscheiden müsse.[1] Es handele sich um verschiedene Subsysteme des Gesellschaftssystems. Dies gilt erst recht, wenn man das Konzept der Autopoiesis akzeptiert und auf der Autonomie und historischen Individualität aller Sozialsysteme besteht. Von anderer, wohl überwiegender Seite wird dies jedoch wegen der engen und offensichtlichen Zusammenhänge zwischen Politik und Recht bestritten.

Eine Theorie des autopoietischen, operativ geschlossenen Rechtssystems setzt voraus, daß dieses System sich selbst von allen anderen Funktionssystemen der Gesellschaft unterscheiden kann; und daß folglich auch ein externer Beobachter dieses Systems, wenn er sachgemäß beobachten und beschreiben will, auf diesen im System produzierten Unterschied stoßen muß. Wenn das im großen und ganzen einleuchten mag, so bereitet dieses Konzept doch in einer Hinsicht Schwierigkeiten, und zwar im Verhältnis von Politik und Recht. Eine lange, seit der frühen Neuzeit gefestigte Tradition motiviert uns, hier nur ein einheitliches politisch-rechtliches System zu sehen. Das liegt sehr wesentlich am zugleich politischen und juristischen Begriff des Staates.[2] Seit Francisco Suárez, Thomas Hobbes

---

1 So Jay A. Sigler, An Introduction to the Legal System, Homewood Ill. 1968, S. 42 f. (aber im Widerspruch dazu dann S. 150: »The legal system, which is a subsystem of the political system, is typically used as an output channel for the political system.«). Ferner in der Nachfolge von Parsons, William M. Evan, Social Structure and Law: Theoretical and Empirical Perspectives, Newbury Park 1990, S. 219 f. Anders in mehreren Publikationen Glendon Schubert. Siehe nur: Judicial Policy Making, 2. Aufl. Glenview Ill. 1974.

2 An neueren Publikationen zur Geschichte der Idee und Wirklichkeit des »Staates« siehe etwa Perry Anderson, Die Entstehung des absolutistischen Staates, dt. Übers. Frankfurt 1979; Gianfranco Poggi, The State: Its Nature, Development and Prospects, Cambridge Engl. 1990; Michael Stolleis, Staat und Staatsräson in der frühen Neuzeit: Studien zur Geschichte des öffentlichen Rechts, Frankfurt 1990. Die sich über diesen Begriff durchsetzende Einheit von politischem System und Rechtssystem ist in dieser Literatur jedoch kaum als Problem aufgefaßt worden.

und Samuel Pufendorf war dies aber auch etablierte Naturrechtstheorie. Andererseits waren wir bereits im Kapitel über die Funktion des Rechts auf die Notwendigkeit gestoßen, Funktionen und Durchsetzungsmodalitäten der Politik und des Rechts zu unterscheiden.

Eine der Besonderheiten, die die europäische Entwicklung weltweit auszeichnet, lag sicher in der besonderen Betonung der rechtlichen Voraussetzungen gesellschaftlichen Zusammenlebens auf der Grundlage des in Rom entwickelten Zivilrechts und der naturrechtlichen Formulierung seiner Grundlagen. Das schloß im Mittelalter eine Vorstellung der Einheit von Recht und Politik aus, und ohne diese Grundlagen hätte die Revolution der auf den Papst hin organisierten Kirche gegen das zur Theokratie tendierende Kaisertum nicht stattfinden und hätte wohl auch die verfassungsrechtliche Bindung des »konstitutionellen Staates« nicht erfunden werden können.[3] Das Recht war gleichsam schon da, als der moderne Staat sich politisch zu konsolidieren begann, und zwar teils als lokal ermittelbare Gewohnheit und teils als ein formal ausgearbeitetes, in viele Rechtsinstitute differenziertes, schriftlich fixiertes, lehr- und lernbares Recht. Es gab Feudalrecht und Stadtrechte, Königsrecht und seit dem Hochmittelalter vor allem die Trennung von kanonischem Recht und weltlichem Zivilrecht, die auch in einer entsprechend differenzierten Gerichtsbarkeit Ausdruck fand. Juristisch gesehen gab es noch im 16. Jahrhundert kein »öffentliches Recht« und keinen einheitlichen Rechtsbegriff (dominium, imperium, iurisdictio), der die angestrebte Einheit der Territorialgewalt abbilden konnte. Immerhin konnte man sich iurisdictio und imperium auch nicht getrennt vorstellen, denn das hätte für das konkrete Denken jener Zeit ja imperium in einem rechtsfreien Raum und iurisdictio ohne Durchsetzungsvermögen bedeutet. Das ungewöhnliche Ausmaß rechtlicher Durchdringung von gesellschaftlich relevanten Fragen schwächte zugleich die Bedeutung dieser Unterscheidung ab. Auch der Begriff der »potestas« überbrückte in gewissem Sinne diese Klüftungen, ohne die rechtlichen Instrumente im Detail durchdringen zu können; und dasselbe gilt für das neue Verständnis von »Souveränität«.

3 Siehe dazu Brian M. Downing, Medieval Origins of Constitutional Government in the West, Theory and Society 18 (1989), S. 212-247.

Schon hier, und erst recht später, unterscheiden sich regional unterschiedliche europäische Rechtsordnungen danach, ob die Rechtsentwicklung primär an die Gerichtspraxis oder eher an die Universitätsgelehrsamkeit oder an die juristische Beratung des Gesetzgebers anknüpft, ob es sich also eher um Richterrecht oder um Professorenrecht oder um gesetzesförmig codifiziertes Recht handelt. Für diese Optionen mag es mehr oder weniger direkte Gründe in der gleichzeitigen politischen Evolution gegeben haben; aber die Eigendynamik des Rechts und die Spezifik seiner Problemlagen schließen ein direktes Hineincopieren politischer Ordnungsvorstellungen in das Recht aus.[4] Die Politik beeinflußt selbstverständlich Einzelentscheidungen, aber strukturell scheint sie sich vor allem auf die Präferenz für Rollentypen auszuwirken, mit denen das Rechtssystem sich selbst stimuliert.

Angesichts der rasch wachsenden Komplexität und der damit verbundenen Rechtsunsicherheit hatte der frühneuzeitliche Territorialstaat seine Aufgabe zunächst darin gesehen, das in seinen Territorien geltende Recht mitsamt der Organisation der Rechtspflege zu vereinheitlichen, es unter zentrale Kontrolle zu bringen und damit die eigene Staatseinheit zu konsolidieren.[5] Darin lag sein Verständnis von Souveränität (im Unterschied zu dem des Mittelalters) und seine politische Konsolidierung. Der Begriff der Souveränität bzw. der hoheitlichen »Gewalt« (potestas) verdeckte, daß zwei sehr verschiedene Begriffe von (politischer) Macht im Spiel waren, nämlich die Vorstellung einer *generalisierten* Fähigkeit, Gehorsam für Weisungen zu erreichen, und die Vorstellung von Rechtsmacht,

4 Siehe hierzu ausführlicher R. C. van Caenegem, Judges, Legislators and Professors: Chapters in European Legal History, Cambridge Engl. 1987.
5 Für die Territorialstaaten des Reiches siehe Dietmar Willoweit, Rechtsgrundlagen der Territorialgewalt: Landesobrigkeit, Herrschaftsrechte und Territorium in der Rechtswissenschaft der Neuzeit, Wien 1975. Es gab funktionale Äquivalente der territorialen Konsolidierung, aber auch sie waren sehr stark rechtsabhängig. Das gilt vor allem für politische Nobilitierungen und überhaupt für die Juridifizierung der Adelsanerkennung im Zusammenhang mit Steuerbefreiungen. Vgl. (am Beispiel Savoyen) Claudio Donati, L'idea di nobiltà in Italia: Secoli XIV-XVIII, Roma-Bari 1988, S. 177 ff. Dieses Verfahren ist besonders deshalb interessant, weil es einen vorübergehenden Kompromiß mit der noch fortbestehenden stratifikatorischen Differenzierung erlaubte und zugleich eine Abschließung des Adels nach unten, gleichsam eine neue Aristokratisierung der Aristokratie ermöglichte. Aber wie wäre das möglich gewesen ohne das realistisch-praktische Motiv an einer Statusklärung des Adels: der Privilegierung in Steuerangelegenheiten.

die daran zu erkennen war, daß Macht in der Form von Recht auftrat und durchgesetzt wurde, also in immer schon *spezifizierter* Form. Der Zusammenschluß beider Aspekte von Herrschaft war vor allem deshalb unerläßlich, weil es als Lokalverwaltung nur Gerichtsbarkeit gab. Souveränität bedeutete seit der zweiten Hälfte des 16. Jahrhunderts daher praktisch vor allem: politisch zentralisierte Kontrolle der Gerichtsbarkeit mit Aufhebung grundherrlicher, kirchlicher oder korporativer, auf jeweils eigene Rechte begründeter Gerichtsbarkeiten; sie bedeutete Aufzeichnung und Vereinheitlichung regionaler Sonderrechte unter Inanspruchnahme der Druckpresse; sie bedeutete Übernahme der Sprache und der begrifflichen Errungenschaften des römischen Zivilrechts – wenn nicht als geltendes Recht, so doch als Grundlage der Rechtsgelehrsamkeit; und sie bedeutete zunehmende Gesetzgebungstätigkeit.[6] Mit einer glücklichen Formulierung von Fritz Neumann kann man deshalb auch von einem »politischen Gesetzesbegriff« sprechen[7] und darin eine Art Transmissionskonzept zwischen politischer Raison und rechtlicher Geltung sehen. Theoretisch ging man deshalb, spätestens seit der zweiten Hälfte des 16. Jahrhunderts, mit Bodin, Suárez, Pufendorf usw. von der Vorstellung einer naturrechtlichen Einheit von Politik und Recht aus.[8] Sie beruhte auf der Annahme, daß erst dadurch das Individuum als Rechtssubjekt konstituiert werde und als solches Voraussetzung sei für das Entstehen einer auf Arbeitsteilung und Vertrag beruhenden Wirtschaft. Die wohl schärfste Formulierung dafür hat Hobbes geliefert. Die Individuen,

---

6 Siehe zu dieser besonders in Frankreich eindrucksvollen Implementation politischer Souveränität als Rechtssouveränität Philippe Sueur, Histoire du droit public français XVe-XVIIIe siècle Bd. 2, Paris 1989, insb. S. 29 ff. zur Redaktion der coutumes, S. 164 ff. zur Kontrolle der grundherrlichen Gerichtsbarkeit und S. 56 ff. zur Gesetzgebung.

7 So in: Die Herrschaft des Gesetzes (1936), dt. Übers. Frankfurt 1980, mit Bezug auf Bodin und auf Pufendorf.

8 Auch viele, heute nicht mehr bekannte Autoren vertreten diese Auffassung der Einheit von Recht und Politik auf religiöser (von Gott gewollter) und natürlichrechtlicher (gleichsam sachlogischer) Grundlage. Aus zahlreichen möglichen Belegen siehe etwa François Grimaudet, Les opusculus politiques, Paris 1580, insb. opuscule I: De la Loy. Das Gesetz ist »souveraine raison, empreinte par Dieu, qui command les choses qui sont à faire, & deffend les contraire faicte, & publiee par celuy qui a puissance de commander«. »Car la Loy est l'œuvre du Prince.« Und: »La fin de la loy est le bien public & salut des hommes en general«, was deutlich unterschieden wird vom Nutzen Einzelner, und sei es des Herrschers selbst. Alle Zitate fol. 1. .

vorher nur Körper, die töten und getötet werden können und dies, da mit ratio ausgestattet, schon vorgreifend tun, werden zu Individuen im Sinne einer zweiten, künstlichen Natur, indem sie den Souverän »autorisieren«, willkürlich Recht zu setzen. Dadurch erst kann eine Korrespondenz von Rechten und Pflichten eingerichtet werden. Das Individuum verdankt mithin seine zivile Individualität der Einheit von Recht und Politik, und diese Einheit ist damit unauflöslich an das Individuumsein der Individuen gebunden. Am Abschluß dieser Politik und Recht integrierenden organisatorischen und semantischen Bewegung stehen die großen Kodifikationen des 18. und 19. Jahrhunderts und schließlich die Vorstellung, die Funktion des Staates bestehe in der Garantie von Freiheit nach Maßgabe, also in den Schranken, des Rechts.

Das Zentralmotiv für diesen Zusammenschluß von Politik und Recht dürfte das Problem des *Widerstandsrechts* gewesen sein, das Europa in hundert Jahre Bürgerkrieg gestürzt hatte. Nirgendwo ist dieser Zusammenhang deutlicher zu fassen als bei Hobbes.[9] Die Einsicht war: das Recht könne aus sich selbst heraus mit seinen eigenen Ressourcen der ungeschriebenen Tradition, des »artificial reason« der Juristen, der Begründbarkeit dessen, was dem Einzelnen als sein Recht erscheint, nicht den Frieden sichern. Gerade wenn sich jeder Teilnehmer auf seine natürliche Vernunft berufen könne oder in den Rechtsmaterialien, die der Buchdruck allen vor Augen geführt hat, nach Begründungen suchen könne, würde das Recht die eigene Voraussetzung, nämlich den Frieden, zerstören. Das galt besonders im Hinblick auf eine schon schwindende sozialstrukturelle Voraussetzung: daß der Adel auf der Basis seiner eigenen (bewaffneten) Haushalte sich auf sein eigenes Urteil über Recht und Unrecht stützen könne. Es galt um so mehr, als man in den Ausläufern des mittelalterlichen Denkens Religion, Recht und Moral nicht scharf trennte, sondern in einem Sinngebungszusammenhang integrierte, so daß Religions- und Moralfragen unversehens in Rechtsfragen umschlagen und auf diesem Terrain ausgefochten werden konnten.[10] Und erst recht lag das Widerstandsrecht

9 Siehe neben dem Leviathan auch: A Dialogue between a Philosopher and a Student of the Common Laws, zit. nach der Ausgabe Chicago 1971; ferner Behemoth, or The Long Parliament, zit. nach der Ausgabe von Ferdinand Tönnies, London 1889, neu herausgegeben und eingeleitet von Stephen Holmes, Chicago 1990.
10 Siehe hierzu Quentin Skinner, The Foundations of Modern Political Thought

auf der Hand, wenn man die verfügbaren Theorieangebote nutzte – sei es, daß man sagen konnte, der Fürst sei auch nur civis und als solcher ans Recht gebunden; sei es, daß man zwischen rex und tyrannus unterschied und der Parteibildung im Adel die Entscheidung überließ, welcher der beiden Fälle gegeben war. Gab es für die damit offensichtlichen Probleme eine andere Lösung als die der Einheit von Politik und Recht, als die der Gründung der Rechtsgeltung auf politisch durchgesetzte Gewalt, die dann für Rechtszwecke den Namen »auctoritas« annahm?[11] Und wie anders hätte das Recht die Willkür der widerstreitenden Prätentionen abarbeiten können als mit Eigentätigkeit auf der Grundlage politisch gesicherter Geltung des Rechts?

Noch die spätere Kritik des zirkulären Arguments der Vertragskonstruktion kommt nicht umhin, das Widerstandsrecht wiederzubeleben. David Hume zum Beispiel gründet die Bindung der Regierung auf Versprechungen, die zwar qua Konvention gelten, die aber ihrerseits in der menschlichen Natur verankert sei.[12] Das Argument wird auf das Terrain der wirtschaftlichen Eigentumsinteressen verschoben; aber eine Regierung, heißt es, die diese Interessen, die das Fundament der Gesellschaft selbst sind, nicht vertritt und schützt, muß mit berechtigtem Widerstand rechnen. Nach wie vor stützt sich die Argumentation auf das alte Schema von Tugend und Korruption[13], zieht daraus aber nicht mehr positivrechtliche, sondern politische Konsequenzen. Zugleich kommt die Tendenz auf, solche

Bd. 2: The Age of Reformation, Cambridge Engl. 1978; Richard Saage, Herrschaft, Toleranz, Widerstand: Studien zur politischen Theorie der niederländischen und der englischen Revolution, Frankfurt 1981; Diethelm Böttcher, Ungehorsam oder Widerstand? Zum Fortleben des Mittelalterlichen Widerstandsrechts in der Reformationszeit (1529-1530), Berlin 1991.

11 Aber Autorität, und das ist das Neue in Hobbes' Argumentation, ist keine natürlich-überlegene Fähigkeit und erst recht keine Adelstüchtigkeit. Sie beruht auf *Autorisierung.* »I Authorise ...« heißt es im Text des Covenant in Leviathan II, 17, zit. nach der Ausgabe der Everyman's Library, London 1953, S. 89. Aber das über Autorisierung vermittelte Argument ersetzt die Berufung auf Natur durch einen Zirkel; denn die Autorisierung setzt die durch sie erst zu begründende Rechtsgeltung für sich selbst bereits voraus.

12 Siehe A Treatise of Human Nature Book III, Part II, Sect. IX, zit. nach der Ausgabe der Everyman's Library, London 1956, Bd. 2, S. 250 ff.

13 Vgl. dazu (im Anschluß an Pocock) David Lieberman, The Province of Legislation Determined: Legal theory in eighteenth-century Britain, Cambridge Engl. 1989, S. 7 ff.

»korrupten« Praktiken als »unconstitutional« zu beschreiben – wenngleich zunächst ohne Textgrundlage.[14]

Solange es keine Verfassung im modernen Sinn des Wortes gibt, bleibt mithin das Widerstandsproblem das Kernproblem des modernen Staates, nämlich der Fall, in dem Recht gegen Politik steht; und darin liegt das heimliche Motiv aller Theorien, die sich auf die Einheit von Recht und Politik festgelegt haben. Oder anders gesagt: eine Differenz von Rechtssystem und politischem System kann unter den damals vorherrschenden Prämissen nur als berechtigter Widerstand gegen politische Machtausübung aufgefaßt werden.

Neben dem praktisch-politischen Ziel, das Widerstandsrecht auszuschalten, kommt die Einheit von Recht und Politik auch dem Bedürfnis entgegen, einen Standort für die Selbstkorrektur des Rechts zu finden, sei es mit Hilfe der alten Unterscheidung von strengem Recht und Billigkeit[15], sei es mit Hilfe der allgemeinen Kompetenz, auch Abweichungen vom Recht in der Form von Dispensen, Privilegien bis hin zu sich selbst genehmigenden Rechtsbrüchen zu legitimieren.[16] Allgemeiner formuliert wurde das

---

14 Hierzu Niklas Luhmann, Verfassung als evolutionäre Errungenschaft, Rechtshistorisches Journal 9 (1990), S. 176-220 (188 f.).

15 Berühmt und folgenreich die englische equity-Rechtsprechung des Court of Chancery. Für ursprünglich parallellaufende französische Überlegungen siehe Grimaudet a.a.O. (1580), opuscule II, fol. 11v ff. oder François de Lalouette (L'Alouete), Des affaires d'Etat, des Finances, du Prince et de sa Noblesse, Mets 1597, S. 88. Das läuft in Frankreich dann mehr in Richtung auf die Interpretationszuständigkeit des Gesetzgebers selbst (référé législatif), wenn immer in der Rechtsprechung Fälle auftauchen, die vom Gesetzgeber noch nicht entschieden waren.

16 Vgl. mit umfangreichem Material Francicso Suárez, Tractatus de legibus ac Deo legislatore, Lugduni 1619, Buch II, cap. XIV und XV S. 91 ff., für Dispense vom Naturrecht und Buch VI, S. 368 ff., für Dispense vom positiven Recht oder im Kontext einer sehr umsichtigen Behandlung des Themas Staatsräson Scipio Ammirato, Discorsi Sopra Cornelio Tacito, Fiorenza 1598, S. 223 ff. Oft wird die Möglichkeit, Naturrecht zu derogieren, bestritten; aber selbst wenn dies geschieht, findet man typisch im selben Text auch die gegenteilige Meinung. So bei Jeremy Taylor, Ductor Dubitantium, or, the Rule of Conscience in all her General Measures (1660), zit. nach: The Whole Works Bd. IX und X, London 1851/52, Nachdruck Hildesheim 1970, Bd. II, I, a.a.O., Bd. IX, S. 333 ff. insb. 347 ff. Dispense vom Naturrecht nur durch Gott und nicht »by any human power«. Aber dann: »The exactness of natural law is capable of interpretation, and may be allayed by equity, and piety, and necessity.« Das Problem wird vermieden, wenn man die Herrschaftserhaltung selbst, also die ratio status, als das einzig bindende Naturrecht ansieht, das alles andere Recht überhaupt erst ermöglicht; denn dann kann man

Paradox der sich selbst einsetzenden Differenz von Recht und Unrecht nicht mehr einfach externalisiert im Hinblick auf die in der Situation gegebene Machtlage, sondern auf eine übergeordnete Einheit von Recht und Politik übernommen, die in der »Person« des Souveräns verkörpert war. Aber das blieb eine offensichtlich brüchige, prekäre Lösung, deren Überzeugungskraft davon abhing, daß der Souverän das war, was er sein sollte: gottesfürchtig, vernünftig, offen für das, was das Recht selbst ihm eingibt.

Auf diese Weise konnten jedoch die operativen Unterschiede zwischen politischer und rechtlicher Kommunikation nicht wirklich integriert werden. Vom Widerstandsrecht her gesehen konnte das moderne politische System des Territorialstaates nicht akzeptieren, daß Untertanen mit Berufung auf Recht in die Politik eingriffen, das heißt: den Frieden störten. Das politische System mußte Geschlossenheit beanspruchen, nämlich Geschlossenheit in bezug auf alles, was in bezug auf Code und Funktion der Politik als politisch zu qualifizieren ist. Genau dasselbe gilt aber auch für das Rechtssystem. Auch das Rechtssystem kann keinen Ausnahmestatus akzeptieren. Um diese Frage ging es in dem Streit des Londoner Parlaments, geführt durch Coke, mit den Stuarts. Denn wenn es auch nur eine Instanz geben könnte, die unabhängig vom Recht über Leben, Leib und Eigentum verfügen könne, gibt es kein Recht; denn alle Rechtssicherheit könnte dann von da her aus den Angeln gehoben werden. In diesem Argument findet man die Entstehungsgründe der civil rights im Common Law, und auch hier geht es um nichts anderes als um die operative Geschlossenheit des Funktionssystems.

Zunächst steht also Geschlossenheitsanspruch (oder: Schließungsversuch) gegen Geschlossenheitsanspruch. Aber zugleich zeigen sich in diesem Gegensatz auch die Gesichtspunkte, auf die es ankommt. Das damit erreichte Verständnis des Zusammenhangs von Politik und Recht wurde schließlich im Schema »Rechtsstaat« zusammengefaßt und überwunden. Im Schema »Rechtsstaat« wird der Bedingungszusammenhang von Recht und Freiheit und damit auch die gegenseitige Steigerungsfähigkeit von Recht und Freiheit

argumentieren: davon abzuweichen, wäre selbstdestruktiv. So z. B. Ciro Spontone, Dodici libri del Governo di Stato, Verona 1599, S. 122 ff.

fixiert und so für Kommunikation verfügbar gemacht.[17] Damit reagiert man auf eine historische Lage des Gesellschaftssystems (konkret: nach der Französischen Revolution), in der überdeutlich geworden ist, daß sich über Kriterien des Vernunftgebrauchs und der Moral kein Konsens mehr erzielen läßt. An deren Stelle tritt nun die Differenz von Notwendigkeit und Freiheit und deren Kombinatorik – teils im Schema Erziehung (als Staatsauftrag)[18], teils im Schema Rechtsstaat. Als Rechtsstaat war der Staat zugleich eine Einrichtung des Rechts und eine Instanz der politischen Verantwortung für das Recht, das heißt: für die Durchsetzung und die Fortentwicklung des Rechts in Anpassung an sich ändernde gesellschaftliche Verhältnisse und an politisch durchsetzbare Ziele.

Dieses Modell der Beschreibung eines rechtspolitischen Systems ließ sich in kaum spürbaren, nur durch »die Verfassungsfrage« markierten Übergängen demokratisieren. Die Formen der Inklusion des »Bürgers« in rechtliche und politische Zusammenhänge beginnen zu divergieren – und zwar gerade deshalb, weil ihnen jetzt systemspezifische Allgemeinbegriffe wie Rechtsfähigkeit, Staatsangehörigkeit, Wahlrecht zugrunde liegen.[19] Die damit zusammenhängenden politischen und juristischen Kontroversen durchziehen

---

17 Der Begriff des »Schemas« kann hier sehr explizit eingesetzt werden als Form der Fixierung eines höherstufigen Kontingenzarrangements. Oder auch mit Novalis als selbstbezügliche Wechselwirkung. Novalis spricht von der »Alleinheit des Schemas. Frey kann nur bestimmt, also nothwendig, Nothwendig nur bestimmt, also frey seyn«. Oder: »Das Schema steht mit sich selbst in Wechselwirkung. Jedes ist nur das auf seinem Platze, was es durch die anderen ist.« Beide Zitate aus: Philosophische Studien 1795/96, zitiert nach: Werke, Tagebücher und Briefe Friedrich von Hardenbergs, hrsg. von Hans-Joachim Mähl und Richard Samuel, Darmstadt 1978, Bd. 2, S. 14.

18 Für diese, im folgenden nicht weiter behandelte Parallelproblematik siehe etwa Heinrich Stephani, Grundriß der Staatserziehungswissenschaft, Weißenfels - Leipzig 1797; ders., System der öffentlichen Erziehung, Berlin 1805; Christian Daniel Voß, Versuch über die Erziehung für den Staat, als Bedürfniß unsrer Zeit, zur Beförderung des Bürgerwohls und der Regenten-Sicherheit, Halle 1799; Karl Salomo Zachariae, Über die Erziehung des Menschengeschlechts durch den Staat, Leipzig 1802. Daß es sich um Reformüberlegungen handelt, die durch die Französische Revolution ausgelöst sind, liegt auf der Hand.

19 Siehe vor diesem Hintergrund speziell zum Problem des Rechtsschutzes gegen Hoheitsakte Regina Ogorek, Individueller Rechtsschutz gegenüber der Staatsgewalt: Zur Entwicklung der Verwaltungsgerichtsbarkeit im 19. Jahrhundert, in: Jürgen Kocka (Hrsg.), Bürgertum im 19. Jahrhundert: Deutschland im europäischen Vergleich, München 1988, S. 372-405.

das 19. Jahrhundert. Sie beziehen sich auf Rechtsformen für den politischen Einfluß auf das Recht, zugleich aber auch auf den Rechtsschutz des Bürgers gegen eine wie immer politisch praktizierte Hoheitsgewalt. Sie berühren zunächst nicht die, ja sie leben geradezu von der Prämisse der Staatlichkeit von Recht und Politik. Der Begriff des Politischen wird seit dem 19. Jahrhundert so gut wie ausschließlich staatsbezogen verstanden. Das ermöglicht die Entstehung organisierter, durch Mitgliedschaft abgrenzbarer politischer Parteien mit Blick auf den Zugang zu Staatsämtern zur Durchsetzung politischer Ziele. Zugleich bietet das Recht einen Bereich politischer Gestaltungsmöglichkeiten an. Neben dem über Steuern und Abgaben finanzierten Budget wird es zum wesentlichen Instrument der Durchsetzung politischer Ziele. Dem entspricht die Vorstellung eines hierarchischen Verhältnisses der Überordnung/Unterordnung von Gesetzgebung und Rechtsprechung.[20] Ein gewaltiges Anschwellen des Normmaterials ist die Folge. Rechtsnormen werden zum Sediment vergangener Politik mit zunehmenden Schwierigkeiten bei ihrer Reliquidierung für neue politische Ambitionen. Was an Recht vorliegt, ergibt sich nun nicht mehr aus dem Vorkommen von Konflikten, für deren Entscheidung generalisierbare Regeln entwickelt werden müssen; sondern das Recht schafft durch den Versuch, politische Ziele zu realisieren, erst die Konflikte, die zu lösen es dann berufen ist. Und da die Möglichkeit, Politik zu aktivieren, um das Recht zu ändern, in der gesellschaftlichen Kommunikation ständig reproduziert wird und da das Recht selbst sie durch die Legalisierung parlamentarischer Gesetzgebung legitimiert, ergibt sich in der Rechtspraxis laufend die Notwendigkeit zu unterscheiden zwischen einer Herbeiführung von Rechtsänderungen durch »aktive« Interpretation des Rechts und dem Warten auf neue politische Meinungsbildung. Alles in allem stützen also die Positivierung des Rechts und die Demokratisierung von Politik einander wechselseitig und haben das, was als politisches System und als Rechtssystem heute vorliegt, so stark geprägt, daß es schwer fällt, zwei verschiedene und noch gar: operativ geschlossene, überschneidungsfreie Systeme zu sehen. Aber gerade die Demokratisierung der Politik erfordert schließlich um so mehr individuellen Rechtsschutz des Einzelnen, auch und gerade im Hinblick auf seine verfassungsmäßigen Rechte.

20 Wir hatten dieses Modell bereits diskutiert und abgelehnt. Siehe Kapitel 7.

Tatsächlich ist die Einheitsthese nie bis an den Punkt geführt worden, wo man hätte sagen müssen: was in der Politik rechtlich erlaubt sei, bestimme sie selbst aus ausschließlich politischen Gesichtspunkten; und nicht einmal bis zu der Auffassung: Recht sei nichts anderes als ein politikeigenes Trägheitsmoment, das die Politik daran hindere, allzu flüchtigen Launen nachzugeben. Angesichts der Tradition des Common Law und des römischen Zivilrechts und angesichts des Bewußtseins, daß es sich hier um historische, aus der Geschichte des Testens von Rechtsideen begründete Strukturen handelt, wäre die Auffassung, daß es sich lediglich um Politik von gestern handele, als abwegig erschienen. Aber wie sollte, wenn nicht so, die rechtliche Beschränkung der Politik im Einheitssystem gedacht werden? Die Formel »Rechtsstaat« hat offenbar dieses Problem verdeckt. Auch mag diese Unklarheit mehr als anderes dazu beigetragen haben, den Gedanken des Naturrechts am Leben zu halten oder denen, die daran nicht mehr glauben können, die Forderung der Legitimität des politischen Regimes anzudienen. Solche Konstruktionen finden heute aber kaum noch überzeugende Argumente, und man könnte sie aufgeben bzw. umformulieren, wenn man Politik und Recht als zwei getrennte Funktionssysteme ansähe.

Gegen starke traditionsgefestigte Plausibilität soll deshalb in diesem und im folgenden Kapitel davon ausgegangen werden, daß es sich nicht um ein einziges, mit dem Staatsbegriff zu bezeichnendes System handele, sondern um zwei verschiedene, je für sich operativ geschlossene Systeme mit je verschiedenen Funktionen, je verschiedenen Codierungen und je verschiedenen codeabhängigen Programmen. Die im Begriff des Staates und speziell im Schema »Rechtsstaat« konzipierte Einheitssicht ist historisch verständlich. Sie kann als mehr oder weniger adäquat gelten für eine Phase, in der im Rechtssystem die Positivierung des Rechts mit Hilfe einer auf den (politischen) Staat verweisenden Rechtsquellenlehre durchgesetzt werden mußte und in der das politische System ein Tätigkeitsfeld gewinnen und gegen etablierte (vor allem ständische) Strukturen durchsetzen mußte, damit Politik als kontinuierliches Prozessieren kollektiv bindender Entscheidungen praktiziert werden konnte. In dem Maße, in dem dies erreicht wird, verliert jedoch die Einheitssicht an Überzeugungskraft. Das Rechtssystem kommt, auch in der Form des »Rechtsstaates«, ohne Souverän aus; ja es könnte ihn gar nicht unterbringen, und es benötigt ihn auch nicht, weil es seine Paradoxien anders auflöst.[21] Aber es muß auf Anfragen entscheiden. Das politische System läßt die Paradoxie seines Codes in der Formel der Souveränität kulminieren, zuletzt in der Formel Volkssouveränität. Aber ein Souverän, das ist ein Implikat des Begriffs, muß nicht entscheiden; er ist auch in der Frage Entscheidung/Nichtentscheidung souverän. Und der Begriff des Volkes verlagert die Paradoxie auf einen Souverän, der gar nicht entscheiden kann. Ob und wie hier entschieden wird, sind politische Fragen. Der Staatsbegriff wird zu einer künstlichen Klammer für das, was sich inzwischen an Eigendynamik im politischen System und im Rechtssystem zeigt. Es ist ganz ausgeschlossen, sich Politik als laufende Interpretation der rechtlich fixierten Verfassung vorzustellen, so sehr politische Ziele unter anderem auch darin bestehen können, »talk« zu produzieren[22] und in der Form von Verfassungsartikeln (etwa: Umweltschutz als Staatsaufgabe) für weiteren »talk« verfügbar zu machen. Und ebenso gewinnt man keine zutreffende Theorie des Rechtssystems, wenn man das, was dort faktisch geschieht, als Implementation politischer Programme begreift, so sehr Rechtsentscheidungen sich an politisch gewollten Folgen orientieren mögen. Selbst wenn es zur politischen Wahl oder Ernennung von Richtern kommt, kommen nur geeignete Kandidaten in Betracht, und die Hoffnungen, damit das Gericht auf eine politisch gewünschte Linie zu bringen, müssen sich gerichtsintern durchsetzen lassen und scheitern dann zumeist an der internen Argumentationskultur des Rechtssystems.[23] Auch wenn sich hier dann eben-

21 Zum Beispiel in der Form von Verfahren. Oder in der Form von subjektiven Rechten. Vgl. Kap. 4, VI und Kap. 6, V.

22 Dies im Sinne von Nils Brunsson, The Organization of Hypocrisy: Talk, Decisions and Actions in Organizations, Chichester 1989.

23 Vgl. Jessie Bernard, Dimensions and Axes of Supreme Court Decisions: A Study in the Sociology of Conflict, Social Forces 34 (1955), S. 19-27; Eloise C. Snyder, The Supreme Court as a Small Group, Social Forces 36 (1958), S. 232-238. Das berühmte Gegenbeispiel ist faktisch ein einziger Fall: daß Roosevelts Richterernennung einen sehr häufigen Gebrauch des judicial review durch den Supreme Court gegen sozial orientierte Gesetzgebung gestoppt und das Gericht zu der im 19. Jahrhundert üblichen Zurückhaltung zurückgeführt hat. Hierzu aus der Sicht der Politikwissenschaft C. Hermann Pritchett, The Roosevelt Court: A Study in Judicial Politics and Values 1937-1947, New York 1948. Zu den methodologischen Problemen und Unsicherheiten bei empirischen Feststellungen im Bereich des Bermuda-Dreiecks von ideologischen Differenzen (politischer und ökonomischer

falls eine eher konservative, an Redundanzen orientierte und eine eher progressive, für Varietät aufgeschlossene Tendenz herausbilden, hat dies mit der laufenden Politik und ihrem Parteienspektrum nur wenig zu tun.

Überhaupt ist es ganz und gar ausgeschlossen, politische Fragen – etwa Zeitpunkt und Bedingungen der Wiedervereinigung Deutschlands, der Homogenisierung der Lebensbedingungen usw. – dem Rechtssystem zur Entscheidung vorzulegen – so wenig wie dies bei Ehestreitigkeiten, akademischen oder religiösen Kontroversen, wirtschaftlichen Investitionen usw. möglich ist. Das Rechtssystem nimmt, um die Formulierung der amerikanischen Verfassung (Art. III) zu zitieren, nur »cases and controversies« zur Entscheidung an. Probleme müssen, um Zugang zu gewinnen, eine justitiable Form erhalten, und das heißt konkret: rekursiv in bezug auf den historischen Zustand des Rechtssystems, die Geltungslage des Rechts, definiert sein. Das Rechtssystem dient weder als Maschine der Ermittlung von Wahrheiten, noch zur Entdeckung intelligenter Problemlösungen. Soll der »Duden« verbindlich sein, muß eine entsprechende Klausel im Verlagsvertrag dies vorsehen. Sehr typisch gehört zu diesen Beschränkungen auch: daß ein Interesse an einer Gerichtsentscheidung in der Form einer Verletzung subjektiver Rechte behauptet werden muß.[24] Daß die staatliche Verwaltung in einer weit darüber hinausgreifenden Weise in Rechtsform programmiert wird – vor allem durch das Haushaltsgesetz –, soll damit nicht bestritten sein. Aber aktiv wird das Rechtssystem auch dann nur tätig, wenn daraus »cases and controversies« entstehen.

Auch die Vorstellung, der rechtssouveräne Staat konstituiere die individuelle Rechtssubjektivität und lege auf diese Weise die Grundlagen einer arbeitsteilig und marktorientiert operierenden Wirtschaft, ist seit langem aufgegeben. Man mag mit Hayek oder Simon das Problem der Wirtschaft in der Informationsverarbeitung

---

»Liberalismus«), psychologischen Variablen (»Einstellungen«) und juristischen Kategorisierungen der jeweiligen Fallentscheidungen vgl. Glendon Schubert, The Judicial Mind, The Attitudes and Ideologies of Supreme Court Judges 1946-1963, Evanston 1965.

24 Ausweitungsmöglichkeiten, die mit dem Verfassungsgesetz noch kompatibel sind, werden immerhin diskutiert. Siehe nur Dieter Grimm, Die Zukunft der Verfassung, Frankfurt 1991, insb. S. 408 ff. Gerade dabei beeindruckt dann aber die um Anschlußfähigkeit bemühte Vorsicht des Juristen.

sehen oder mit den Kontingenz- und den Transaktionskostenanalysen in der Organisation: jedenfalls ist es ein wirtschaftsspezifisches Problem, das sich nicht mehr aus der Begründung von rechtsfähiger Individualität herleiten läßt, obwohl diese natürlich als Eigenleistung eines anderen Funktionssystems vorausgesetzt bleibt.

Gerade die Durchsetzung des »Gesetzespositivismus« im 19. Jahrhundert und die rasante Zunahme des Erlasses neuer Gesetze, auf den ersten Blick also Indikatoren für eine zunehmende Beherrschung des Rechtssystems durch das politische System, haben zu Entwicklungen geführt, die die Trennung bewußt gemacht haben. Es entsteht parallel dazu, sowohl im Common Law im Hinblick auf statutes als auch auf dem Kontinent, ein Bewußtsein der Unvermeidlichkeit von richterlichen Interpretationsfreiheiten, wenn nicht richterlicher Rechtserzeugung. Auch für die bloße Interpretation von Gesetzen wird klar, daß es nicht darum gehen kann, die in der Politik ausgetragenen Kontroversen, die in der Entscheidung für einen bestimmten Gesetzestext ihren Abschluß fanden, vor Gericht erneut auszutragen; und auch nicht darum, die politischen Motive für die Entscheidung in Zweifelsfällen durch eine richterliche Beweiserhebung zu klären.[25] Allein schon die Kompromißhaftigkeit, die »Kontraktualisierung«[26] der politischen Meinungsbildung sowie die Politikbedingungen des Neokorporatismus schließen es aus, in der Politik nach einer juristisch brauchbaren »Intention des Gesetzgebers« zu suchen.[27] Statt dessen entwickelt das Rechtssystem rechtseigene Interpretationstheorien, in denen die legislative Absicht nur eine begrenzte und in jedem Fall: eine am Text zu konstruierende Rolle spielt.

Die Trennung der beiden Funktionssysteme zeigt sich insbesondere an der unterschiedlichen Codierung. Wenn man noch denken konnte, daß es auch für die Durchsetzung des Rechts auf eine politisch-hierarchische Codierung der Macht durch die Organisation

---

25 Immerhin gibt es in dieser Hinsicht unscharfe Grenzen und wiederum Kontroversen. Siehe dazu F. James Davis et al., Society and the Law: New Meanings for an Old Profession, New York 1962, S. 162 ff.

26 Im Sinne von Charles-Albert Morand, La contractualisation du droit dans l'état providence, in: François Chazel / Jacques Commaille (Hrsg.), Normes juridiques et régulation sociale, Paris 1991, S. 139-158.

27 Wenn es eine solche Intention überhaupt gibt, wird sie zumeist darin bestehen, nach langem Hin und Her zu retten, was zu retten ist.

staatlicher Ämter ankomme, und also Recht und Politik in der Form des Staates ihre Freiheit hätten, ist offensichtlich, daß es für die demokratische Codierung der Macht im Schema von Regierung und Opposition[28] im Rechtssystem keine Entsprechung gibt. Im politischen System entstehen, sobald das System sich selber im Hinblick auf kollektiv bindendes Entscheiden beobachtet, Vorstellungen über Entscheidungsalternativen, die sich zur Opposition verdichten, sobald solche Gegenpositionen sich von Entscheidung zu Entscheidung fortsetzen lassen. Das beobachtet man schon an stark personal-interaktionellen »factions« der Hofpolitik des absolutistisch regierten Staates und erst recht dann an der Sitzordnung einer parlamentarischen Demokratie. Mit einer organisatorischen Verfestigung des Systems politischer Parteien gibt es schließlich die organisatorische Garantie dafür, daß es, was immer das Entscheidungsthema, immer Opposition geben wird. Statt von den jeweiligen Entscheidungsalternativen her wird dann die Opposition diszipliniert durch ihre Bereitschaft, selbst die Regierung zu übernehmen und dafür ein (durchführbares oder zumindest mehrheitsfähiges, politisch annehmbares) Programm vorstellen zu müssen. Das Schema Regierung/Opposition wird zur »Form« des Systems, zum »Code« des politischen Systems in dem Sinne, daß die Form eine Innenseite, der Code eine positive, anschlußfähige Seite hat, »where the action is«, aber diese Innenseite das, was sie ist, nur dadurch ist, daß es eine andere Seite gibt, auf der Alternativen bereitgehalten werden. Im Rechtssystem werden jedoch Alternativen völlig anders behandelt, sie bleiben zerstreut, einzelfallabhängig, regelabhängig, und es gibt nicht die geringsten Ansätze zu einer »konsolidierten« Opposition. Und gäbe es sie, würde man sie nicht als Form des Rechts, sondern als Form der Politik erkennen.

Daß mit der Separierung der Systeme intensive kausale Beziehungen zwischen ihnen nicht ausgeschlossen sind, versteht sich von selbst; ja man kann solche Kausalbeziehungen nur feststellen, wenn man das eine vom anderen System unterscheiden kann (und wir fügen hinzu, daß dies auf eine realitätsbezogene Weise nur möglich ist, wenn die Systeme sich selbst unterscheiden können). Und auch für die Einsicht, daß die Systeme in ihrem jeweils eigenen »structu-

---

28 Hierzu Niklas Luhmann, Theorie der politischen Opposition, Zeitschrift für Politik 36 (1989), S. 13-26.

ral drift«, in ihrer Strukturentwicklung also, voneinander abhängig sind, läßt sich auf Grund der Trennhypothese besser erklären. Wir werden dafür im nächsten Kapitel den Begriff der strukturellen Kopplung einsetzen.

II

Wir müssen uns nunmehr den Klammerbegriff des »Rechtsstaates« etwas genauer ansehen.[29] Dieser Begriff dient als Schema, das es ermöglicht, zwei *gegenläufige* Perspektiven als *Einheit* zu bezeichnen und als zivilisatorische Errungenschaft zu feiern: die juristische Fesselung der politischen Gewalt und die politische Instrumentierung des Rechts.

Vom Rechtssystem und seiner Funktion aus gesehen, darf es keine rechtsfreien Räume geben, keine Verhaltensweisen, die durch das Recht nicht erreichbar sind, keine Enklaven der unregulierbaren Willkür und Gewalttätigkeit. Dies wird im angelsächsischen Bereich auch als »rule of law« bezeichnet[30], so daß man mit Herman Finer formulieren kann: »the law and the rule (of law, N.L.) cover the same ground.«[31] Wenn rechtliche Unbestimmbarkeit zugelassen werden muß, muß sie doch rechtlich qualifizierbar sein. Sie wird dann als vom Recht vorgesehene Freiheit deklariert – sei es als Freiheit des wirtschaftlichen Verhaltens (Eigentumsverwendung, Vertragsschluß) von Privaten; sei es als Freiheit der politischen Entscheidung, zum Beispiel in der Form der sog. »political questions«-Doktrin[32]; sei es schließlich in der Form der Freiheit des

---

29 Vgl. auch Niklas Luhmann, Zwei Seiten des Rechtsstaates, in: Conflict and Integration – Comparative Law in the World Today: The 40th Anniversary of The Institute of Comparative Law in Japan Chuo University 1988, Tokyo 1989, S. 493-506.

30 Vgl. richtungweisend A.V. Dicey, Introduction to the Study of the Law of the Constitution, 10. Aufl. London 1968, S. 183 ff., mit einer eher nationalen Interpretation »peculiar to England, or to those countries which, like the United States of America, have inherited English traditions«.

31 So in: The Theory and Practice of Modern Government, rev. Auflage, New York 1949, S. 922.

32 Zuerst in der Supreme Court-Entscheidung Marbury vs. Madison 1 Cranch (1803), S. 137-180. Siehe auch Fritz W. Scharpf, Grenzen der richterlichen Verantwortung: Die Political Questions-Doktrin in der Rechtsprechung des amerikanischen Sup-

Rechts im Umgang mit sich selber, nämlich der Entscheidung, Rechte einzuklagen oder nicht. Vom Recht aus gesehen ist der Rechtsstaat also die Konsequenz der universellen gesellschaftlichen Relevanz des Rechts (oder in anderen Formulierungen: der Autonomie des Rechts, der Ausdifferenzierung des Rechtssystems). Entsprechend kommt es zu einem juristischen »framing« staatlicher Entscheidungen und schließlich zu einem juristischen Staatsbegriff als Zurechnungspunkt aller Entscheidungen, die vom politischen System aus gesehen kollektiv bindende Wirkung haben sollen. Sie haben diese Wirkung, vom Rechtssystem aus gesehen, nur, wenn sie rechtmäßig sind, aber nicht, wenn sie gegen das Recht verstoßen.

Besonders die deutsche Lehre vom Rechtsstaat hat sich mit der Politik im eigentlichen Sinne und Problemen ihrer konstitutionellen Demokratisierung kaum befaßt und vor allem den Schutz der Individualrechte und die Gesetzesbindung der Verwaltung in den Vordergrund gerückt. »Einen Staat«, heißt es folglich in einem der großen Lehrbücher (und dies an der einzigen Stelle, wo nach dem Index das Thema Rechtsstaat behandelt wird), »in dem die Befugnisse der Verwaltung gesetzlich fest begrenzt sind und nur in Übereinstimmung mit den Gesetzen ausgeübt werden können, bezeichnet man als Rechtsstaat.«[33] Man sagt dem deutschen Rechtsstaatsverständnis folglich eine gewisse Machtferne nach, ein »Schrankendenken« bis hin zu Vorbehalten gegenüber der Demokratisierung des politischen Systems.[34] Das mag zusammenhängen mit der Notwendigkeit, den Rechtsstaatsgedanken im 19. Jahrhun-

reme Court, Karlsruhe 1965; Judicial Review and the Political Question: A Functional Analysis, Yale Law Review 75 (1966), S. 517-597.

33 So Georg Meyer, Lehrbuch des deutschen Staatsrechts, 6. Aufl. (bearbeitet von Gerhard Anschütz), Leipzig 1905, S. 27. Und in der Anmerkung heißt es dazu mit Belegen: »In diesem Sinne wird das Wort in neuerer Zeit ausschließlich gebraucht.« Die große Rechtsstaatskontroverse des 19. Jahrhunderts ging folglich nur um die Frage, ob die rechtliche Kontrolle der Verwaltungstätigkeiten den Zivilgerichten oder besonderen Verwaltungsgerichten überlassen bleiben solle.

34 Siehe Ulrich Scheuner, Begriff und Entwicklung des Rechtsstaates, in: Hans Dombois / Erwin Wilkens (Hrsg.), Macht und Recht: Beiträge zur lutherischen Staatslehre der Gegenwart, Berlin 1956, S. 76-88, insb. S. 80 ff. zum Gegensatz zur englischen, französischen und schweizerischen Rechtsstaattradition.

dert auch für konservative Kreise akzeptabel zu machen.[35] Im Rückblick gesehen kann diese bei der Verwendung des Staatsbegriffs auffallende politische Abstinenz auch so gedeutet werden, daß hier eben nur der Standpunkt des Rechtssystems ausgearbeitet wird.

Das politische System bewegt sich auf einem ganz anderen Terrain. Es versucht, Meinungsbildungen so zu kondensieren, daß kollektiv bindende Entscheidungen getroffen werden können. Diese suchen im Medium des politisch Möglichen nach politischen Kriterien eine Form, in der die Politik ihr Problem lösen, das heißt loswerden kann. Das Recht stellt dank seiner Positivität = Änderbarkeit diese Möglichkeit der Formfestlegung und der Entpolitisierung von Problemen bereit. Es stellt sicher, daß Angelegenheiten unter spezifisch rechtlichen Kriterien weiterbehandelt werden, auch wenn die Politik sich inzwischen anderen Problemen zugewandt hat. Diese Umsetzung erfolgt nach geläufiger Vorstellung im Parlament. Sie erfolgt aber ebenso auch in der Verfügungspraxis der Verwaltung und nicht zuletzt und zunehmend wichtig: in der Praxis der Staatsverträge, die das staatsinterne Recht binden. In all diesen Fällen ergibt sich aus der politischen Funktion des kollektiv bindenden Entscheidens noch nicht, daß die Entscheidung rechtmäßig und nicht rechtswidrig ist. Das kann vorher geprüft werden und wird zumeist vorher geprüft. Aber diese Vorprüfung durch Juristen ist dann schon eine rechtssysteminterne Operation, in welchem institutionellen und organisatorischen Kontext auch immer sie vollzogen wird. Und es ist durchaus denkbar, daß das politische System ungewollt rechtswidrig entscheidet oder daß es – ein häufiger Fall – rechtlich etwas riskiert. Risiko aber ist ein guter Indikator dafür, daß Systemgrenzen überschritten werden.

Während vom Rechtssystem aus gesehen die Rechtsstaatsformel eine grandiose Tautologie ist (um nochmals zu zitieren: »the law and the rule cover the same ground«), wenngleich eine »trotzige«, gegen politische Übergriffe gerichtete Tautologie, ist vom politischen System aus gesehen das Recht ein Instrument der Ermöglichung und Verwirklichung politischer Ziele.[36] Der Ermöglichung

35 So Dieter Grimm, Recht und Staat in der bürgerlichen Gesellschaft, Frankfurt 1987, S. 298 f.

36 Hiermit befaßt sich einerseits die sog. Implementationsforschung und andererseits, mit etwas weiter ausgreifenden Perspektiven, eine Forschungsrichtung, die sich

und Verwirklichung – damit soll gesagt sein, daß das politische System in der uns bekannten Form gar nicht existieren würde, wenn nicht das Rechtssystem eine Differenz von Medium und Form bereithielte, in der auf Grund von politischen Anstößen Formen als geltendes Recht festgelegt und geändert werden können. Obwohl das Recht in dieser Hinsicht autonom funktioniert, also nur tut, was es selbst tut, ist es neben dem Geld der Wirtschaft die wichtigste Bedingung der Möglichkeit, Politik zu machen, das heißt: politisch zu entscheiden, welches Recht gelten soll (oder, parallel dazu, wie man politisch verfügbares Geld ausgeben will). Man denke sich diese Bedingung weg, und die Politik als System bräche zusammen. Es würde sich gar nicht lohnen, einen Riesenapparat mit politischen Parteien und Lobby einzurichten, wenn nur darüber zu entscheiden wäre, wofür und wie man physische Gewalt einsetzen will. Die gewaltige Extension des Feldes ihrer Möglichkeiten verdankt die Politik dem Recht und dem Geld. Und auch die Selbstdarstellung der Politik, die politische Rhetorik, die Darstellung guter Absichten und gegnerischer Missetaten zieht ihren Wein aus diesen Reben.

Mit der Rechtsstaatsformel bezeichnet das Rechtssystem nur sich selber, und dann würde man in der Tat besser von »rule of law« sprechen. Die Bezugnahme auf den Staat weist darauf hin, daß das Recht (und vor allem: das Privatrecht) sich nur entwickeln kann, wenn politisch Frieden gesichert, also freie Gewaltausübung verhindert werden kann. Angesichts der Zustände in vielen Regionen und vor allem in Großstädten auf dem amerikanischen Kontinent hat man einen sehr aktuellen Anlaß, darauf hinzuweisen. Es kann auch einen Gegenzusammenhang von Rechtsbruch und politischer Korruption geben, der dann unter verminderten Ansprüchen die Aufrechterhaltung der sozialen Ordnung übernimmt.

Für das politische System, das sich als Staat bezeichnet, bringt die Rechtsstaatsformel ebenfalls eine Bedingung der Steigerung von Komplexität zum Ausdruck. Das Recht steht als politisches Betätigungsfeld nur zur Verfügung, wenn und soweit das politische System Recht Recht sein läßt und sich daran hält, also Gewalt nicht

selbst »Rechtspolitologie« nennt. Vgl. etwa Rüdiger Voigt (Hrsg.), Recht als Instrument der Politik, Opladen 1986, und die seit 1987 erscheinende Jahresschrift für Rechtspolitologie. Die Diskussion scheint sich gegenwärtig in begrifflichen Unklarheiten festzulaufen, die mit dem Begriff der »Steuerung« zusammenhängen.

rechtswidrig einsetzt. Je nach Systemreferenz meint die Rechtsstaatsformel also Verschiedenes. Aber sie bringt das Verschiedene in
einer Formel – oder wie man dann auch sagen kann: mit einem
Schema – zum Ausdruck und macht es dadurch möglich, auch dies
noch zu bezeichnen, daß das politische System ebenso wie das
Rechtssystem ohne das jeweils andere nicht das wäre, was es
ist.

Die Rechtsstaatsformel, könnte man zusammenfassend auch sagen,
bringt ein wechselseitig-parasitäres Verhältnis von Politik und
Recht zum Ausdruck. Das politische System profitiert davon, daß
anderswo, nämlich im Recht, die Differenz von Recht und Unrecht
codiert ist und verwaltet wird. Und umgekehrt gesehen profitiert
das Rechtssystem davon, daß der Friede, die eindeutig fixierte
Machtdifferenz und mit ihr die Erzwingbarkeit von Entscheidungen anderswo, nämlich im politischen System, gesichert ist. Mit
»parasitär« ist dabei nichts anderes gemeint als die Möglichkeit, an
einer externen Differenz zu wachsen.[37]

III

Durch funktionale Differenzierung sind die Funktionssysteme frei-
gesetzt zu eigener Determination ihrer Zustände und Strukturen.
Das heißt auch, daß systemeigene Zeiten entstehen. Die Frage, was
und in welchen Zeiträumen erinnert bzw. antezipiert wird, variiert
von System zu System. Dasselbe gilt für das erwartete Tempo des
Anschlusses von Kommunikation an Kommunikation und für die
darauf reagierende Unterscheidung von eilig und weniger eilig.
Diese Unterschiede machen sich dort bemerkbar, wo Kommunikationen organisiert sind. Sie ergeben sich aber auch, und oft sehr
drastisch, bei organisationsübergreifenden Zeitreihen. Die Schnel-
ligkeit, mit der die Wirtschaft auf Preisänderungen durch Preisänderungen reagiert, kontrastiert auf eigentümliche Weise mit der
Langsamkeit, mit der die Wissenschaft erwünschte neue Forschungsresultate vorlegen kann – ein Bereich, in dem dann eher das
Verhältnis von Langfristigkeit und Überraschung (also Nachträg-
lichkeit) die Orientierung beherrscht.

37 Siehe Michael Serres, Der Parasit, dt. Übers. Frankfurt 1981.

Dieses allgemeine Problem der zeitlichen Disharmonien in der mo-
Dieses allgemeine Problem der zeitlichen Disharmonien in der
modernen Gesellschaft gewinnt für das Verhältnis von Recht und
Politik besondere Bedeutung. Im modernen politischen System
steht die Politik unter erheblichem Zeitdruck – und dies in einer
sachlich fast unbegrenzten (aber: durch sie selbst bestimmten)
Bandbreite von Themen. Sie reagiert mit Beschleunigung und
Verzögerung und mit einem Insiderwissen und Machtabhängigkeit
der Handhabung dieser Differenz. Im Vergleich dazu ist das
Rechtssystem, was die Gerichtstätigkeit betrifft, sehr langsam,
gebremst durch Anforderungen der Sorgfalt und Begründbarkeit.
Das gilt nicht nur für die Produktion der Fallentscheidungen,
sondern auch und erst recht für deren strukturelle Auswirkungen,
für die Änderung des Rechts durch Gerichtstätigkeit. Das Herausbilden und Tradieren von Erfahrungen mit Begriffen und
Regeln nimmt Jahrhunderte in Anspruch. Die Themenbreite ist
auch hier groß, und die Wiederholung ähnlicher Fälle wird mit
zunehmender Komplexität seltener. Hätte man nur die laufende,
durch Massenmedien beschleunigte Selbstinspiration der Politik
mit der Entwicklung von Richterrecht zu vergleichen, lägen
unüberwindbare Zeitdiskrepanzen auf der Hand. Schon aus Zeit-
gründen würde der Kontakt zwischen den Systemen praktisch
abreißen.

Dies wird natürlich nicht zugelassen, wenn das Recht zugleich eines
der wichtigsten Gestaltungselemente der Politik ist und das politische System von seiten anderer Funktionssysteme mit ständig
neuen Lagen konfrontiert wird, die eilige Entscheidungen erfordern. In dieser Lage wird Gesetzgebung zu einem wichtigen Mechanismus des gesamtgesellschaftlichen Zeitausgleichs. Gesetzgebung kann bei hinreichender politischer Pression relativ rasch in
Gang und zum Abschluß gebracht werden. Für die Politik ist schon
der Erlaß eines Gesetzes (also: die Reaktion des Rechtssystems in
politisch erwünschter Richtung) ein Symbol des Erfolgs der jeweils
herrschenden Gruppierung. Das Rechtssystem hat neuen Gesetzen
relativ wenig Widerstand entgegenzusetzen, weil es nicht um Verar-
beitung eigener Erfahrungen, nicht um Transformation des bewährten Rechts geht, sondern um neues Recht. Der Beschleunigungsme-
chanismus der Gesetzgebung (immer: seine Inanspruchnahme oder
Nichtinanspruchnahme) hängt natürlich davon ab, daß man nicht

weiß und nicht wissen kann, was mit dem Gesetz in der Rechtspraxis geschieht.[38] Der Gesetzgeber wird seine Vorstellungen haben über die »Auswirkungen« des Gesetzes; aber das sind Vorstellungen, nicht Informationen. Auch hier gilt die wesentliche Voraussetzung aller Beschleunigungen: daß man die Zukunft nicht kennen kann.[39]

Der Faktor Zeit dirigiert und verfälscht in erheblichem Umfang die Beobachtung und Beschreibung der Systeme. Es gibt, insbesondere im Zeitalter der Massenmedien, eine Präferenz für die Wahrnehmung des Neuen. Über den Alltag wird nicht berichtet. Wir wissen daher auch nach dem Erlaß von Gesetzen nicht (es sei denn: auf Grund besonderer Untersuchungen oder auf Grund von sehr spezifischen Milieukenntnissen), wie die Gesetze sich auswirken (was einschließen würde zu wissen, wer die entsprechenden Gestaltungsmöglichkeiten nicht benutzt). Wir hören ständig von neuen Gesetzen. Das legt es nahe, das Rechtssystem bevorzugt unter dem Gesichtspunkt der Gesetzgebung wahrzunehmen, ja sogar von einem hierarchischen Verhältnis von Gesetzgebung und Rechtsprechung auszugehen.[40] Das wiederum hat dazu geführt, daß es nach wie vor gleichsam optische Schwierigkeiten gibt, politisches System und Rechtssystem als getrennte Systeme zu sehen. Es könnte aber eine Aufgabe der Rechtssoziologie sein, diese Wahrnehmungstäuschung zu korrigieren. Das würde keinesfalls heißen, die Interdependenzen im Verhältnis der Systeme zu leugnen oder als gering zu veranschlagen. Im Gegenteil: Man müßte nur spezifischere Formen

---

38 Dasselbe gilt, mutatis mutandis, für richtungweisende höchstrichterliche Entscheidungen. Auch sie lassen sich durch mangelnde Folgenvorausschau motivieren – und werden dann Gegenstand von »impact studies«. Siehe Stephen Wasby, The Impact of the United States Supreme Court: Some Perspectives, Homewood Ill. 1970, oder auch die Beispiele, die Robert L. Kidder, Connecting Law and Society: An Introduction to Research and Theory, Englewood Cliffs N.J. 1983, S. 112 ff. erörtert. Als Fallstudien siehe etwa Gordon Patric, The Impact of a Court Decision: Aftermath of the McCollum Case, Journal of Public Law 6 (1957), S. 455-464 (betr. Religionsunterricht in öffentlichen Schulen) oder James Croyle, The Impact of Judge-made Policies: An Analysis of Research Strategies and An Application to Products Liability Doctrine, Law and Society Review 13 (1979), S. 949-967.

39 Diese Überlegung führt, wie hier nur angemerkt werden soll, zu der Vermutung, daß das Zukunftsverhältnis der modernen Gesellschaft (Stichwort »offene Zukunft«) sehr viel zu tun haben könnte mit der für die Gesellschaft selbst sichtbaren Häufung und Beschleunigung von Strukturänderungen.

40 Die Kritik dieser Unterstellung hatten wir in Kapitel 7 vorweggenommen.

der Beschreibung finden, die deutlicher zum Ausdruck bringen, wie und weshalb in der modernen Gesellschaft Politik und Recht aufeinander eingespielt sind und deshalb in beiden Systemen (aber: jeweils sehr verschiedene) structural drifts auslösen. Und dazu könnte die These beitragen, daß die Gesetzgebung als Ort der Transformation von Politik in Recht und als Ort der rechtlichen Beschränkung von Politik die wichtige Funktion eines gesamtgesellschaftlichen Zeitausgleichs übernommen hat.

Diese Sicht von oben kann durch eine Sicht von unten ergänzt werden.[41] Auch das, was in juristischer Sicht als Gesetzesanwendung erscheint, wird von der politischen Verwaltung eher als zielorientiertes, problemlösendes Verhalten praktiziert.[42] Besonders seit der immensen Ausdehnung der Verwaltung auf wohlfahrtsstaatliche und neuestens ökologische Aufgaben geht es immer weniger um fallweise auftretende Rechtsprobleme und immer mehr um Zustände, die man zu beeinflußen und zu ändern versucht: um den Reinheitsgrad des Wassers und der Luft, um Industrieansiedlung, um Schuleschwänzen und um Trunksucht, um Verkehrserleichterung oder -beruhigung; und wenn dies unter rechtlichen Gesichtspunkten beobachtet wird, dann geht es nicht um Einzelverstöße gegen das Recht, sondern gewissermaßen um Dauerdevianz oder um Zustände, in denen Verstöße gegen das Recht sich Tag für Tag wiederholen. Auch hier wird mithin Zeit relevant, und auch hier in einer Weise, die in den Kategorien des Rechtssystems keine Entsprechung findet.

Folglich entwickeln die Kontakte der Verwaltung mit dem Betroffenenkreis, dessen Verhalten beeinflußt werden soll, eigene Kriterien für Erfolg bzw. Mißerfolg. Kontakte stellen sich auf Wiederholung ein. Dabei entstehen unter anderem moralische Kriterien des Zumutbaren und der wechselseitigen Respektierung, der Bedingungen und Grenzen von Zusammenarbeit, der Tragweite von Verständigungen. Erst Spannungen und Brüche im Netzwerk dieser ratsamen Kooperation führen zur Einschaltung des Rechts, zu expliziten Hinweisen auf das, was rechtlich erzwungen oder nicht

---

41 Dies wird vor allem in am Entscheidungsprozeß orientierten organisationssoziologischen Studien gefordert. Siehe nur Colin S. Diver, A Theory of Regulatory Enforcement, Public Policy 28 (1980), S. 257-299.
42 Hierzu mit guten rechtssoziologischen Analysen Keith Hawkins, Environment and Enforcement: Regulation and the Social Definition of Pollution, Oxford 1984.

erzwungen werden könnte. Hier wie auch sonst dient das Recht als Auffangnetz für das Scheitern der Primärbeziehung. Die Überleitung mag aus juristisch ganz unsachlichen, oft auch uneingestehbaren Motiven erfolgen – etwa deshalb, weil es an Zeichen wechselseitigen Respektes fehlt (und vor allem Unterschiede im sozialen Status der Bürokraten und ihrer Klienten können hier die Empfindlichkeiten hochtreiben). Aber Motive sind keine Argumente. Sie bleiben in der Kommunikation vor und nach der Juridifizierung latent und lassen sich allenfalls in der soziologischen Analyse erschließen.

Ferner ist den Verwaltungsbehörden klar, daß Rechtserzwingung weitreichende politische Folgen haben kann, wenn sie Interessen trifft, die sich politisch vertreten lassen. Die ortsansässige Industrie oder die Bauern, die Winzer oder die Fischer können, auch nachdem eine in ihren Folgen unübersehbare Entscheidung des Gesetzgebers gefallen ist, Rücksichtnahmen auf ebenfalls vorzeigbare Interessen verlangen; und die Verwaltung ist gut beraten, wenn sie hierfür politische Sensibilität entwickelt – vor allem in Fällen, in denen der Zusammenhang von Rechtsbruch und Schaden nicht sofort oder nur an Hand artifizieller Messungen einsichtig ist. Für die unteren Instanzen, die »street level bureaucracy«, gibt es deshalb eine Art »zweiten Dienstweg« zum Vorgesetzten über die Presse oder einflußreiche Interessenten, und es empfehlen sich deshalb protektive Strategien, vor allem in der Form von schriftlichen Berichten oder Formularwerk, die sicherstellen, daß nichts passiert, wenn etwas passiert.[43] Während juristisch ein enger, nur durch Interpretations- und Beweisprobleme vermittelter Zusammenhang zwischen Gesetzgebung und Gesetzesanwendung besteht, klaffen politisch die Horizonte beider Entscheidungsebenen weit auseinander.

Angesichts solcher Sachverhalte wäre es offensichtlich verfehlt, das

---

43 Das ist vor allem aus zahlreichen Polizeiuntersuchungen bekannt. Siehe z. B. Jonathan Rubinstein, City Police, New York 1974; Michael S. Brown, Working the Street: Police Discretion and the Dilemmas of Reform, New York 1981; David E. Aaronson / C. Thomas Dienes / Michael C. Musheno, Public Policy and Police Discretion: Processes of Decriminalization, New York 1984. Für andere Bereiche auch Richard McCleary, Dangerous Men: The Sociology of Parole, Beverly Hills 1978, insb. S. 145 ff. oder Jeffrey M. Prottas, People-Processing: The Street-Level Bureaucrats in Public Service Bureaucracies, Lexington Mass. 1978.

Wesentliche politischer Verwaltung in der Anwendung von Gesetzen zu sehen. Wir befinden uns nicht mehr in der Situation der Frühmoderne, in der es als Lokalverwaltung kaum etwas anderes gab als Gerichte. Die Gesetzesbindung der Verwaltung, die das 19. Jahrhundert erarbeitet hat, bleibt unbestritten; aber sie stellt nur die Möglichkeit bereit, bei auftretenden Schwierigkeiten auf das Recht zurückzugreifen. Und selbst heutige Analysen, die der »Implementation« von rechtsförmig verabschiedeten Programmen nachgehen und entsprechende Defekte beklagen oder auf ein typisch bürokratisches Fehlverhalten zurückführen, folgen oft dem Vorurteil, daß Gesetze »durchgeführt« werden müßten. Die staatliche Regierung und Verwaltung ist jedoch von oben bis unten eine Organisation des politischen Systems. Sie realisiert Politik und nicht Recht – wenngleich unter dem Vorbehalt, daß jederzeit die Frage aufgeworfen werden kann, ob dies rechtmäßig oder unrechtmäßig geschieht. Aber mit dieser Frage wechselt die Kommunikation ihrer Systemreferenz.

IV

Empirisch können Thesen über Trennung und Kontaktverdichtung im Verhältnis von politischem System und Rechtssystem überprüft werden, indem man den politischen Einfluß von Juristen untersucht. Allerdings müßten solche Untersuchungen theoretisch sorgfältig vorbereitet und müßten vor allem auf operativer, nicht nur auf personaler Ebene angesiedelt sein. Es ist eine Frage, ob Juristen durch ihr Studium und durch ihre Berufstätigkeit für politische Tätigkeit besonders vorbereitet sind. Es ist eine andere Frage, ob sie in politischen Kontexten dann auch als Juristen wirken, das heißt primär auf die Zuordnung der Entscheidungen zu den Werten Recht bzw. Unrecht achten.

Daß die Politik praktisch in den Händen der Juristen sei, wird oft vermutet, aber selten eindeutig belegt. Man weist auf das sogenannte »Juristenmonopol« in Verwaltungskarrieren hin oder auch auf die Tatsache, daß einflußreiche Lobbyisten in Washington durch (einflußreiche?) Anwaltfirmen vertreten werden.[44] Damit ist jedoch

44 Siehe z. B. aus der Feder eines solchen Anwaltes Charles Horsky, The Washington

noch nicht geklärt, auf welcher Art von Geschicklichkeit der Einfluß beruht und in welchem Funktionssystem er eigentlich wirksam wird. Man kann erkennen, daß Juristen, die an kontroverses Verhandeln mit (professioneller) Anerkennung der Gegenseite gewöhnt sind, ein offeneres Verhältnis zur Politik haben als andere akademische Berufe.[45] Aber das bedeutet noch nicht, daß ihr etwaiger Einfluß auf Politik darauf beruht, daß Rechtsfragen politisch den Ausschlag geben. Wie auch in höheren Industriepositionen oder bei der Präferenz der Firmen für bestimmte Anwälte oder Anwaltsfirmen mag Geschick im Auftreten, Fähigkeit, sich in der Interaktion oder auch am Telefon durchzusetzen, Milieukenntnisse, Organisationskenntnisse inclusive das Bekanntsein an den entsprechenden Stellen wichtiger sein als das Rechtswissen selbst. Es mag sein und ist sicher oft der Fall, daß Rechtsfragen den Rahmen des politisch Möglichen abstecken und daß man, wenn man diese Grenzen berührt, juristische Argumentations- und Entscheidungshilfe braucht. Aber selbst dann ist es immer noch eine politische Frage, welches Rechtsrisiko man bereit ist einzugehen.[46] Daß Juristen in Beratungen im Kontaktfeld von Politik und Recht die Möglichkeit einer abgekürzten Sprech- und Verständigungsweise über Rechtsfragen einbringen und verhindern können, daß die Politik unnötigerweise an solchen Fragen hängen bleibt, ist ebenso zu notieren wie die Tatsache, daß es eigentlich um etwas anderes geht.

Untersuchungen bei Rechtsfirmen in Washington zeigen denn auch, daß deren Einfluß auf Politik überschätzt wird.[47] Zweifellos

Lawyer, Boston 1952. Vgl. auch Heinz Eulau / John D. Sprague, Lawyers in Politics: A Study in Professional Convergence, Indianapolis 1964.

45 Siehe Elmar Lange / Niklas Luhmann, Juristen – Berufswahl und Karrieren, Verwaltungsarchiv 65 (1974), S. 113-162 (156 ff.).

46 Eine gute Gelegenheit zu einer Fallstudie böte der Bericht der Studienkommission für die Reform des öffentlichen Dienstrechts, Baden-Baden 1973, mit 11 Anlagebänden. Dem Namen der Kommission zufolge ging es um Rechtsfragen, und es wurden in erheblichem Umfang auch Rechtsgutachten eingeholt, um den verfassungsrechtlichen Spielraum für Reformüberlegungen (institutionelle Garantie des Berufsbeamtentums usw.) auszuloten. Aber schon die Bestimmung der Gutachter war politisch vorsortiert, und für die Empfehlungen der Kommission selbst waren fast ausschließlich Struktur- und Organisationsfragen ausschlaggebend.

47 Siehe Robert L. Nelson / John P. Heinz, Lawyers and the Structure of Influence in Washington, Law and Society Review 22 (1988), S. 237-300. In der Zusammenfassung heißt es: »... the findings indicate that lawyers occupy a relatively specialized

können wohlhabende Klienten sich »bessere« Anwaltfirmen aussuchen, aber dann bleibt noch offen, ob deren Einfluß auf das juristische Argument (wenn es überhaupt dazu kommt) oder auf die politische Bedeutung der Klienten zurückzuführen ist.[48] Dies besagt auch, daß diese Verwendung von Anwälten für politische Kontakte eher im politischen System als im Rechtssystem zu verorten ist und jedenfalls nicht in besonderem Maße juristische Sachkunde in Anspruch nimmt. Empirische Untersuchungen belegen erhebliche Diskrepanzen zwischen professioneller Selbstdarstellung und faktischen Kontaktnetzen[49], was jedoch nicht zu dem Schluß führen darf, die Anwälte könnten politische Fragen und Rechtsfragen nicht unterscheiden. Auch sieht man mit Hilfe von Analysen der Kontaktnetzwerke deutliche politische Einseitigkeiten, die als solche nicht durch Rechtsfragen bestimmt sein können, sondern nichtjuristische Selbstselektionen dokumentieren, die dem Bild des unvoreingenommenen Anwalts widersprechen.[50] Der bloße Status als Jurist ist nach all dem kein verläßlicher Indikator in der Frage, ob eine Kommunikation mehr im politischen System oder mehr im Rechtssystem abläuft. Auf jeden Fall würde aber kein Jurist auf diesem Terrain erfolgreich agieren können, wenn er nicht in der Lage wäre, Rechtsfragen und politische Fragen zu unterscheiden, oder sich dem Irrtum hingäbe, politische Probleme seien als Rechtsprobleme zu lösen.

Eine andere Möglichkeit, die Hypothese der Systemtrennung empirisch zu überprüfen, könnte darin bestehen, sich wichtige rechtsdogmatische Erfindungen vorzunehmen und zu fragen, ob und unter welchen Bedingungen sie im System der Parteipolitik überhaupt ein politisches Thema hätten werden können. Zum Beispiel die Anscheinsvollmacht, die darauf beruht, daß jemand den An-

niche in the system of interest representation, one that allows them to command substantial economic rewards and to maintain a measure of independence and autonomy in their work, but that limits their influence in policy formation«.

48 Siehe Robert L. Nelson et al., Private Representation in Washington: Surveying the Structure of Influence, American Bar Foundation Research Journal 1987, 1, S. 141-200.

49 Vgl. Edward O. Laumann / John P. Heinz et al., Washington Lawyers and Others: The Structure of Washington Representation, Stanford Law Review 37 (1985), S. 465-502.

50 Siehe Nelson / Heinz a.a.O., S. 290 ff.

schein erweckt oder toleriert oder dessen faktisches Entstehen nicht zur Kenntnis nimmt (drei Varianten!), daß jemand anderes durch ihn bevollmächtigt sei. Oder die culpa in contrahendo, die eine Klage ermöglicht, auch wenn der vereinbarte Vertragsinhalt dem entgegensteht. Es ist ziemlich unwahrscheinlich, daß solche Probleme im Zeitpunkt ihrer Entdeckung effektiv als politische Probleme aufgezogen werden können; und es ist ebenso unwahrscheinlich, daß die Gerichte in solchen Fällen von eigener Rechtsentwicklung absehen und auf den politisch zu inspirierenden Gesetzgeber verweisen.

Entgegen allem, was die Optik eines gemeinsamen »Staates« vermuten lassen könnte, gibt es demnach auf operativer Ebene so erhebliche Unterschiede, daß man mit der Annahme operativer Schließung zweier Systeme besser fährt. Wenn dann in Einzelfällen Zusammenhänge sichtbar werden, sind die als Koinzidenzen der internen Selektionsmodi zweier Systeme und in diesem Sinne als (wie immer häufige) Zufälle zu erklären. Diese Erklärung muß dann freilich durch jeweils systeminterne Analysen auch faktisch geleistet werden, denn sonst liefe dieses Theoriekonzept darauf hinaus, den Gegenfall, also die eigene Widerlegung, ungeprüft einzuschließen.

V

Die unbestreitbare Dichte des Zusammenhangs von Politik und Recht rechtfertigt es nach all dem nicht, von nur einem System zu sprechen. Im Gegenteil: ihre angemessene Darstellung erfordert es, von zwei unterschiedlichen Systemreferenzen auszugehen.

Dabei muß (und kann) man nicht ausschließen, daß einzelne Operationen für einen Beobachter einen zugleich politischen und juristischen Sinn haben. Die Verabschiedung eines Gesetzes im Parlament kann als ein politischer Erfolg gebucht werden, mit dem lange Bemühungen um einen tragfähigen Konsens zum Abschluß kommen, und sie ändert zugleich den Geltungszustand des Rechts, dient als Instruktion für Gerichte und darüber hinaus für jeden, der im entsprechenden Sinnbereich wissen will, was Recht und was Unrecht ist. Daß ein Beobachter hier ein Ereignis als Einheit identifizieren kann, besagt jedoch nichts für Einheit der Systeme. Sobald man die rekursive Vernetzung der betreffenden Operation mit anderen in Betracht zieht, löst sich die Einheit des Einzelaktes wieder auf. Sie ist nur eine fiktive Einheit ohne Rücksicht auf Zeit. Denn die politische Vorgeschichte des Gesetzes ist etwas ganz anderes als die vorher bestehende Rechtslage, in die das Gesetz eingreift und die zugleich die Bedingungen der Möglichkeit einer solchen Rechtsänderung fixiert hatte. Politisch ist es eine Geschichte von »talk«[51], von Positionsmanövern, von Operationen im Schema von Regierung und Opposition, von Verhandlungen, von öffentlichen Absichtsbekundungen mit der Zweitabsicht eines Testens der öffentlichen Meinung usw. Politisch kommt die Angelegenheit im symbolischen Akt der Gesetzgebung zum Abschluß mit der Möglichkeit, in Erfolgsberichten einer Partei oder einer Regierung erwähnt zu werden. Das ist jedoch ganz unabhängig von den rechtlichen oder faktisch durch Recht vermittelten Auswirkungen des Gesetzes.[52] Außerdem ist die politische Relevanz des Nichtzustandekommens einer geplanten und vorgeschlagenen Rechtsänderung zu bedenken, für die es im Rechtssystem selbst kein Äquivalent gibt.

An dieser Nichtidentität der Systeme kann auch eine noch so detaillierte rechtliche Regelung des Gesetzgebungsverfahrens, sei es durch den Gesetzgeber selbst, sei es durch Verfassungsgerichte[53],

---

51 Erneut im Sinne von Brunsson a.a.O. (1989).

52 Siehe dazu die Fallstudie von Vilhelm Aubert, Einige soziale Funktionen der Gesetzgebung, in: Ernst E. Hirsch / Manfred Rehbinder (Hrsg.), Studien und Materialien zur Rechtssoziologie, Sonderheft 11 der Kölner Zeitschrift für Soziologie und Sozialpsychologie Köln 1967, S. 284-309. Die Untersuchung betrifft ein norwegisches Gesetz über Hausangestellte, mit dessen Verabschiedung politische Kontroversen symbolisch zum Abschluß gebracht wurden, ohne daß geprüft worden wäre, ob es Hausangestellte überhaupt noch gibt und wie sie, wenn es sie gibt, von ihren Rechten erfahren könnten. Für einen anderen Fall mit politisch eingebauter Selbstblockierung neuen Rechts siehe Leon H. Mayhew, Law and Equal Opportunity: A Study of the Massachusetts Commission Against Discrimination, Cambridge Mass. 1968. Vgl. auch Niklas Luhmann, Reform des öffentlichen Dienstes: Ein Beispiel für Schwierigkeiten der Verwaltungsreform (1974), zit. nach dem Abdruck in: Andreas Remer (Hrsg.), Verwaltungsführung, Berlin 1982, S. 319-339.

53 Siehe dazu Charles-Albert Morand, Les exigences de la méthode législative et du droit constitutionel portant sur la formation de la législation, Droit et Société 10 (1988), S. 391-406, mit weiteren Literaturhinweisen.

nichts ändern. Sie bleibt als rechtliche Regulierung Struktur des Rechtssystems. Sie mag die politische Kommunikation stimulieren und irritieren und auf juristische Beratung verweisen. Aber eine etwaige Ausnutzung von Unschärfen des Rechts bleibt für die Politik ein politisches Risiko, und eine sich abzeichnende Rechtswidrigkeit ist nicht als solche von Belang, sondern nur, wenn und soweit es sich zugleich auch um einen politischen Mißerfolg und um einen Pluspunkt für politische Gegner handelt. Der Grund für diese Differenz liegt in der Autopoiesis der Systeme, das heißt darin, daß jedes System durch das Netzwerk der eigenen Operationen definiert, was im Netzwerk dieser Operationen als Element mitwirken kann. Wenn die klassische Lehre vom Staat und seiner Souveränität in bezug auf das Recht und die entsprechende Theorie des politisch fundierten Gesetzespositivismus es anders sehen, muß man sie als Beobachter der Systeme beobachten und ihre Sichtweise problematisieren – zum Beispiel historisch im Hinblick auf die damalige Lage des Gesellschaftssystems, die solchen Kompaktbeschreibungen Plausibilität verliehen hatte. Wenn man dagegen eine systemtheoretische Beschreibungsweise akzeptiert und ihr die Theorie operativ geschlossener Systeme zugrunde legt, kommt man nicht umhin, von einer Systemtrennung auszugehen.

Die Operationen der Systeme werden separat identifiziert, weil die Systeme sich selbst reproduzieren und damit über ihre eigenen Grenzen entscheiden. Dies geschieht mit Hilfe eines jeweils eigenen Codes. Im politischen System dient dazu die Unterscheidung von jeweils überlegener Macht (Amtsmacht) und ihren Untergebenen (Regierende/Regierte) sowie die Codierung der Amtsmacht im Schema von Regierung/Opposition. Im Rechtssystem beruht die Codierung auf der ganz andersartigen Unterscheidung von Recht und Unrecht. Entsprechend divergieren die Programme, die die Zuteilung der positiven bzw. negativen Werte regulieren und entsprechend divergieren die Bedingungen des Erkennens von Systemzugehörigkeit, von Anschlußfähigkeit im selben System und die Festlegung dessen, was vom System aus gesehen System bzw. Umwelt ist. Würde diese Fähigkeit, so zu unterscheiden und auf Systeme zuzurechnen, nicht funktionieren, wären Chaos und extreme Simplifikation die Folge. Jede Rechtsentscheidung, jeder Vertragsschluß wäre eine politische Aktion, so wie umgekehrt ein Politiker mit seinen Kommunikationen nur Rechtslagen interpretieren oder ändern könnte und sich entsprechend umsichtig verhalten müßte.

Auch die systemintern benutzten Symbolisierungen der Einheit des Systems unterscheiden sich. Will man Zugehörigkeit zum Rechtssystem symbolisieren – und zwar auch und gerade dann, wenn es um Änderungsvorhaben geht –, beruft man sich auf »geltendes« Recht. Das hatten wir oben (Kap. 2, VIII) behandelt. Geht es dagegen um das politische System, heißt die Identifikationsformel »Staat«[54]; und auch dies wird speziell dann relevant, wenn man Änderungsanliegen auf Systeme hin kanalisieren will. Daß der Staatsbegriff auch ein Begriff des geltenden Rechts ist, wird damit nicht ausgeschlossen. Aber wenn man Richter und Polizisten, Lehrer und Amtsärzte als Staatsbeamte bezeichnet, ist damit nicht nur das ihre Verhältnisse regelnde Gesetz gemeint, sondern auch: daß ihr Verhalten politisch zum Thema gemacht werden kann – im Unterschied zum Verhalten frei praktizierender Ärzte oder privater »body guards«, wo Skandale allenfalls zur politischen Forderung nach gesetzlicher Regelung führen können, die natürlich ebenfalls an den Staat zu adressieren ist.

Blickt man von hier aus zurück auf die traditionelle Semantik des Staates, so erkennt man entsprechende Bruchstellen zwischen Politik und Recht, vor allem dort, wo es um Vermeidung von Unruhen und Turbulenzen, also um (inneren) Frieden ging. Schon in der älteren Lehre von der Staatsräson war dem Fürsten konzediert, daß er im Interesse der Erhaltung seiner Macht (und damit: des Friedens) Rechtsbrüche sowohl selbst begehen als auch übersehen, das heißt ungeahndet lassen dürfe.[55] Die Lehre war eingebettet in einen ethisch-naturrechtlichen Zusammenhang, in dem (angesichts gegebener Verhältnisse) die Bewahrung des Friedens hoch, ja höher bewertet wurde als gelegentliche Rechtsverletzungen. Auch nach dem Zusammenbruch einer solchen umfassenden Legitimationssemantik am Ende des 18. Jahrhunderts regeneriert das Problem. Bereits David Hume bemerkt: »A single act of justice is frequently

---

54 Hierzu näher Niklas Luhmann, Staat und Politik: Zur Semantik der Selbstbeschreibung politischer Systeme, in ders., Soziologische Aufklärung Bd. 4, Opladen 1987, S. 74-103.

55 Siehe hierzu Niklas Luhmann, Staat und Staatsräson im Übergang von traditionaler Herrschaft zu moderner Politik, in ders., Gesellschaftsstruktur und Semantik Bd. 3, Frankfurt 1990, S. 65-148.

contrary to public interest; and were it to stand alone, without being followed by other acts, may, in itself, be very prejudicial to society.«[56] Das absolute Bestehen auf eigenem Recht wird, wenn nicht als Unrecht, so doch als Friedensstörung mit fürchterlichen Folgen gesehen – etwa in Kleists Michael Kohlhaas.[57] Und in Friedrich Schlegels »Signatur des Zeitalters« heißt es: »... keine auf der fortdauernden Selbständigkeit beruhende Friedensform ... ist ohne ein gegenseitiges Nachlassen von der absoluten Rechtsforderung denkbar.«[58] Was im alten, Mäßigung verlangenden Begriff der Gerechtigkeit zusammengefaßt war, fällt schon in der mittelalterlich-frühmodernen Formel von pax et iustitia auseinander und verliert mit dem Zusammenbruch der ethisch-naturrechtlichen Argumentation und der Fürstenherrschaft, an die sie adressiert war, jeden Bezug auf eine letzte Einheit. Die »Gegensätze« etablieren sich, so sehr die Romantik dies nochmal abzuwenden sucht, als solche. Die Entführung von Erich Honecker durch eine sowjetische Militärmaschine, um ihn deutscher Justiz zu entziehen, und der – man kann wohl sagen: verständnisvolle Protest auf deutscher Seite (März 1991) zeigen, daß das Problem an Aktualität nicht verloren hat.

Das muß nicht heißen, daß Gegensatz das letzte Wort bleibt. Wenn man von Zielformeln wie Frieden und Gerechtigkeit auf Systemanalyse umstellt, ergeben sich reichere kombinatorische Möglichkeiten. Trennung der Systeme kann dann als Bedingung der Steigerung wechselseitiger Abhängigkeit gesehen werden und Gesellschaft als Bedingung der Möglichkeit dieses Zusammenhangs.

56 A Treatise a.a.O., Bd. 2, S. 201. Man kann das ohne Mühe verstehen als Widerspruch auf der Ebene der Einzelereignisse bei Kompatibilität rekursiv operierender Systeme. Für Hume selbst heißt das jedoch nur, daß die private Eigentumsnutzung generell gesichert sein muß, auch wenn sie im Einzelfall dem öffentlichen Interesse widerspricht.

57 »Einer der rechtschaffensten und zugleich entsetzlichsten Menschen seiner Zeit« – so charakterisiert Kleist im ersten Satz seiner Novelle ihren Helden. Zum romantischen Kontext und zum Zusammenhang mit einem neueuropäisch forcierten Recht/Unrecht-Schema siehe auch Regina Ogorek, Adam Müllers Gegensatzphilosophie und die Rechtsausschweifungen des Michael Kohlhaas, Kleist-Jahrbuch 1988/89, S. 96-125.

58 Zitiert nach der Ausgabe in: Friedrich Schlegel, Dichtungen und Aufsätze, München 1984, S. 593-728 (700). Und ebenda: »... nach dem absoluten Rechtsbegriff (würde) jeder Krieg notwendig ein Krieg auf Tod und Leben sein«.

Demokratisierung des politischen Systems und Positivierung des Rechts haben sich nur in gegenseitiger Ermöglichung und Stimulation entwickeln können. Wir werden im folgenden Kapitel sehen, daß dies eine Separierung der Systeme und einen Mechanismus struktureller Kopplung voraussetzt.

Kapitel 10

Strukturelle Kopplungen

I

Je stärker die Systemtheorie die operative Geschlossenheit autopoietischer Systeme betont, desto dringender stellt sich die Frage, wie denn unter dieser Bedingung die Umweltbeziehungen des Systems gestaltet sind. Denn weder die Realität noch die kausale Relevanz der Umwelt wird geleugnet (sonst könnte man nicht einmal von Differenz, Ausdifferenzierung usw. sprechen). Operative Geschlossenheit heißt nur, daß die Autopoiesis des Systems nur mit eigenen Operationen durchgeführt, daß die Einheit des Systems nur mit eigenen Operationen reproduziert werden kann; sowie umgekehrt: daß das System nicht in seiner Umwelt operieren, sich also auch nicht durch eigene Operationen mit seiner Umwelt in Verbindung setzen kann.

Der theoretische Vorteil dieser Ausgangsposition ist, daß sie den Aussagen über »Beziehungen zwischen System und Umwelt« eine bisher unübliche Präzision abverlangt.[1] Die Antwort darauf liefert der Begriff der »strukturellen Kopplung«.[2] Er heißt so als Gegenbegriff zu operativen Kopplungen (Kopplungen von Operationen durch Operationen) und auch zur Unterscheidung von den laufenden Kausalitäten, die die Grenzen des Systems, wenn man so sagen darf, ignorieren oder mißachten.

Für operative Kopplungen gibt es zwei Varianten. Die eine heißt Autopoiesis. Sie besteht in der Produktion von Operationen des Systems durch Operationen des Systems. Die andere beruht auf der immer vorauszusetzenden Gleichzeitigkeit von System und Um-

[1] Wir meinen das in einem begrifflichen Sinne. Was mathematisch erreicht werden kann, ist eine ganz andere Frage und setzt jedenfalls die hier erstrebten begrifflichen Klärungen voraus.

[2] Zu diesem Begriff auf der Ebene lebender Systeme (Zellen und Organismen) vgl. Humberto R. Maturana, Erkennen: Die Organisation und Verkörperung von Wirklichkeit: Ausgewählte Arbeiten zur biologischen Epistemologie, Braunschweig 1982, S. 150 ff., 251 ff.; ders. und Francisco J. Varela, Der Baum der Erkenntnis: Die biologischen Wurzeln des menschlichen Erkennens, München 1987, insb. S. 85 ff., 251 ff.

welt. Sie erlaubt eine momenthafte Kopplung von Operationen des Systems mit solchen, die das System der Umwelt zurechnet, also zum Beispiel die Möglichkeit, durch eine Zahlung eine Rechtsverbindlichkeit zu erfüllen oder mit dem Erlaß eines Gesetzes politischen Konsens/Dissens zu symbolisieren. Operative Kopplungen zwischen System und Umwelt durch solche Identifikationen sind aber immer nur auf Ereignislänge möglich. Sie halten nicht stand und beruhen auch auf einer gewissen Ambiguität der Identifikation, denn im Grunde wird die Identität der Einzelereignisse stets durch das rekursive Netzwerk des Einzelsystems erzeugt, und wirtschaftlich ist deshalb Zahlung im Hinblick auf die Wiederverwendbarkeit des Geldes etwas ganz anderes als rechtlich im Hinblick auf die Umgestaltung der Rechtslage, die dadurch bewirkt wird.

Von strukturellen Kopplungen soll dagegen die Rede sein, wenn ein System bestimmte Eigenarten seiner Umwelt dauerhaft voraussetzt und sich strukturell darauf verläßt – zum Beispiel: daß Geld überhaupt angenommen wird; oder daß man erwarten kann, daß Menschen die Uhrzeit feststellen können. Auch strukturelle Kopplung ist mithin eine Form; das heißt: eine Zwei-Seiten-Form; das heißt: eine Unterscheidung. Was sie einschließt (was gekoppelt wird), ist ebenso wichtig wie das, was sie ausschließt. Formen struktureller Kopplung *beschränken* mithin und *erleichtern dadurch* Einflüsse der Umwelt auf das System. Zellen nehmen durch ihre Membranen nur bestimmte Ionen auf (wie Natrium und Calcium) und andere (wie Cäsium oder Lithium) nicht.[3] Gehirne sind mit ihren Augen und Ohren nur in einer sehr schmalen physikalischen Bandbreite an ihre Umwelt gekoppelt (und jedenfalls nicht durch ihre eigenen neurophysiologischen Operationen); aber gerade deshalb machen sie den Organismus in unwahrscheinlich hohem Maße umweltsensibel. Einschränkung ist Bedingung der Resonanzfähigkeit, Reduktion von Komplexität ist Bedingung des Aufbaus von Komplexität.

Daß strukturelle Kopplungen Systeme zugleich trennen und verbinden, kann man auch mit der auf Zeitlichkeit abzielenden Unterscheidung von *analogem* und *digitalem* Prozessieren zum Aus-

---

3 Dieses Beispiel bei Maturana / Varela a.a.O., S. 86.

druck bringen.[4] Die Systeme altern gleichmäßig in einer gemeinsamen Zeit, ohne dafür auf Zeitmessungen angewiesen zu sein, und in diesem Sinne analog. Zugleich prozessieren sie aber ihre eigenen Zeitverhältnisse digital und entsprechend unterschiedlich schnell oder langsam, mit weiteren oder kürzeren Ausgriffen auf Zeitpunkte je ihrer Vergangenheit oder Zukunft sowie mit möglicherweise unterschiedlichen Zeitlängen dessen, was jeweils in einem System als ein Einzelereignis konstituiert wird. Die Zeit selbst läuft demnach für alle gleichmäßig, und das garantiert den operationsunabhängigen Erhalt der strukturellen Kopplungen; aber zugleich können in diese Zeit unterschiedliche Unterscheidungen eingebracht werden mit der Folge, daß zum Beispiel die Rechtsverfahren für Zwecke in der Wirtschaft (oder auch: in der Politik) oft viel zu langsam und deshalb als Mechanismen der Herbeiführung von Entscheidungen nahezu unbrauchbar sein können.

Da das System durch seine eigenen Strukturen determiniert ist und sich nur durch eigene Operationen digitalisieren = spezifizieren kann, können Umweltereignisse, was immer ihre eigene Systemzugehörigkeit sei, nicht als »Inputs« in das System eingreifen, auch nicht im Bereich struktureller Kopplungen. Oder anders gesagt: Das System ist keine Transformationsfunktion, die Inputs auf immer gleiche Weise in Outputs transformiert; und dies auch dann nicht, wenn es sich selbst durch Konditionalprogramme strukturiert.[5] Im System selbst können strukturelle Kopplungen also nur Irritationen, Überraschungen, Störungen auslösen. Die Begriffe »strukturelle Kopplung« und »Irritation« bedingen einander wechselseitig.[6]

4 Siehe für diese Unterscheidung etwa Anthony Wilden, System and Structure: Essays in Communication and Exchange, 2. Aufl. London 1980, S. 155 ff. und passim.

5 Ich korrigiere hier eigene frühere Aussagen. Vgl. Niklas Luhmann, Zweckbegriff und Systemrationalität, Neudruck Frankfurt 1973, S. 88 ff.; ders., Rechtssystem und Rechtsdogmatik, Stuttgart 1974, S. 25 ff. Nach wie vor soll aber nicht bestritten werden, daß ein *Beobachter* das Input/Output-Modell als ein stark simplifizierendes Kausalmodell verwenden kann, um sich Sachverhalte zurechtzulegen. Im hier vorgelegten Text wird jedoch eine komplexere Theorie bevorzugt.

6 Konkurrierende Begriffspaare, die sich ebenfalls um eine Erklärung des Phänomens Selbstorganisation und Lernen bei operativ geschlossenen Systemen bemühen, sind Assimilation/Akkommodation (Jean Piaget) und die oben bereits benutzten Begriffe Varietät/Redundanz (Henri Atlan). Auf einen detaillierten Theorievergleich können wir uns an dieser Stelle nicht einlassen.

Auch Irritation ist eine Wahrnehmungsform des Systems, und zwar eine Wahrnehmungsform *ohne Umweltkorrelat*. Die Umwelt selbst ist nicht irritiert, wenn sie das System irritiert, und nur ein Beobachter kann formulieren, daß »die Umwelt das System irritiert«. Das System selbst registriert die Irritation – zum Beispiel in der Form des Problems, wer im Streitfall recht hat – nur am Bildschirm der eigenen Strukturen. Anomalien, Überraschungen, Enttäuschungen setzen Erwartungen voraus, an denen sie erscheinen, und diese Strukturen sind Resultat der Geschichte des Systems. Der Begriff der Irritation widerspricht nicht der These der autopoietischen Geschlossenheit und Strukturdeterminiertheit des Systems, er setzt sie vielmehr voraus.

Die Frage ist dann nur, wie ein System Irritierbarkeit entwickeln, wie es merken kann, daß etwas nicht stimmt. Dazu ist ein internes Vorbereitetsein unerläßlich, denn selbst Irritationen würde man nicht als solche identifizieren können, könnte man sie nicht erwarten. Erwartbarkeit setzt aber ihrerseits voraus, daß man für den Störfall hinreichend rasch Lösungen finden kann, die ein weiteres Operieren nicht blockieren, sondern nahelegen.

Der Begriff der Irritation macht vor allem darauf aufmerksam, daß trotz und gerade wegen struktureller Kopplung die gekoppelten Systeme auf Irritationen *unterschiedlich schnell* reagieren. Das Resonanztempo hängt von den Systemstrukturen, damit also auch von der jeweiligen Systemgeschichte ab. Strukturelle Kopplungen garantieren also nur Gleichzeitigkeit von System und Umwelt im jeweiligen Geschehen, *nicht aber Synchronisation*.[7] Auch die Resonanzwellen können in den gekoppelten Systemen unterschiedlich lang und unterschiedlich komplex sein. Selbst wenn also, wie wir im folgenden zeigen wollen, das Rechtssystem mit dem politischen System und dem Wirtschaftssystem durch hochspezifische Einrichtungen (Verfassung, Eigentum, Vertrag) strukturell gekoppelt ist, liegt darin keine Garantie für zeitinvariante Koordination, sondern nur eine Garantie für ausreichende Spezifik wechselseitiger Überraschungen.

Strukturelle Kopplungen mit ihrem Doppeleffekt von Einschließung und Ausschließung erleichtern es, Irritabilität zu konzentrie-

---

7 Hierzu ausführlicher: Niklas Luhmann, Gleichzeitigkeit und Synchronisation, in ders., Soziologische Aufklärung Bd. 5, Opladen 1990, S. 95-130.

ren und sich im Bereich ihrer Möglichkeit auf Eventualitäten vorzubereiten. Nur auf einer solchen Grundlage kann das System Sensibilitäten entwickeln, die im Bereich kontrollierbarer Operationen bleiben. Im Falle des Gehirns und aller davon abhängigen Systembildungen (psychische Systeme, soziale Systeme) kommt es sogar zu endogen unruhigen Systemen, die ständig irritiert sind und am meisten dann, wenn Irritationen ausbleiben. Auch und gerade das setzt aber eine indifferente Codierung des Systems voraus und eine Abschottung gegen alle Umweltreize, die nicht über strukturelle Kopplungen angeliefert werden.

Das Kommunikationssystem Gesellschaft ist in diesem Sinne auf strukturelle Kopplung mit Bewußtseinssystemen angewiesen.[8] Nur über Bewußtsein (und nicht zum Beispiel chemisch, biochemisch, neurophysiologisch) läßt sich die Gesellschaft von ihrer Umwelt beeinflussen. Nur auf diese Weise ist es möglich, im auf der Basis von Kommunikation operativ geschlossenen System der Gesellschaft hohe Komplexität aufzubauen, und die Operation Kommunikation enthält sogar eine Komponente, die nur in der Form von Überraschung aktualisiert werden kann, nämlich Information. Die physikalische Vernichtung von Leben und Bewußtsein würde die Kommunikation nicht irritieren, sie würde sie beenden.

Die normative Form des Erwartens ist explizit auf Überraschungen eingestellt. Sie setzt die Kopplung (aber gerade nicht: die Kongruenz) von Bewußtseinssystemen und Kommunikation voraus und rechnet damit, daß sich daraus laufend Erwartungsenttäuschungen ergeben. Sie hält in der Form des Rechts Auffangstrukturen bereit, die verhindern, daß dies ständige Enttäuschen zur Annullierung der Strukturen führt. Wir wiederholen und konfirmieren damit das, was oben über die Funktion des Rechts gesagt worden ist. Rechtsbildung ist eine Funktion des Gesellschaftssystems, bezogen auf ein Problem, das sich aus der strukturellen Kopplung dieses Systems mit seiner Umwelt ergibt.

Die Situation ändert sich, wenn für die Erfüllung dieser Funktion ein besonderes Rechtssystem ausdifferenziert wird. Nach wie vor bleibt die gesellschaftliche Kommunikation an Bewußtseinssysteme

8 Vgl. Niklas Luhmann, Wie ist Bewußtsein an Kommunikation beteiligt?, in: Hans Ulrich Gumbrecht / K. Ludwig Pfeiffer (Hrsg.), Materialität der Kommunikation, Frankfurt 1988, S. 884-905, ders., Die Wissenschaft der Gesellschaft, Frankfurt 1990, S. 11 ff.

gekoppelt, und nach wie vor irritiert das, was in diesen Systemen vor sich gehen mag, die gesellschaftliche Kommunikation. Durch Ausdifferenzierung des Rechtssystems entsteht aber zusätzlich innerhalb des Gesellschaftssystems ein neues System-/Umweltverhältnis, nämlich das des Rechtssystems zu seiner innergesellschaftlichen Umwelt. Auch im Rechtssystem wird kommuniziert, auch das Rechtssystem wird durch Bewußtseinssysteme irritiert, aber zusätzlich entstehen Möglichkeiten, für das Rechtssystem im Verhältnis zu sozialen Systemen seiner innergesellschaftlichen Umwelt neue Formen struktureller Kopplung zu entwickeln.

Wie immer aber Komplexitätsfortschritte erreicht werden: nie führen strukturelle Kopplungen Umweltnormen in das Rechtssystem ein. Sie irritieren nur. Erst recht ist die Form »strukturelle Kopplung« kein Normthema, so als ob sie vorgeschrieben werden könnte. Zwar können diejenigen Einrichtungen, die vom Rechtssystem aus gesehen dies leisten (und wir werden von Eigentum, Vertrag und Verfassung sprechen), Rechtsform annehmen – *aber nicht in ihrer Funktion struktureller Kopplung.* Diese muß als gegeben unterstellt werden. Sie steht orthogonal zu den Operationen, die systemeigene Strukturen (Normen) aufbauen und sich an ihnen orientieren.

Und die allgemeine Regel gilt auch hier: Solange das Rechtssystem ohne Einschränkung den Pressionen seiner gesellschaftlichen Umwelt ausgesetzt ist, kann es sich nicht auf bestimmte Störungen konzentrieren. Alle denkbaren Pressionen deformieren das Recht, sei es, daß sie es ignorieren und das zuständige Recht umgehen, sei es, daß sie fallweise das System veranlassen, Recht für Unrecht oder Unrecht für Recht zu erklären. Ohne strukturelle Kopplungen im Verhältnis von gesellschaftlichen Teilsystemen zueinander bleibt das Recht im Sinne des modernen Sprachgebrauchs korrupt.

Dieser Begriff hat einen deutlich pejorativen Sinn. Man muß aber darüber hinaus sehen, daß das Problem nicht allein in der Bekämpfung von Korruption, in Normen gegen Korruption und in deren Durchsetzung liegt. Die tiefergreifende Frage ist vielmehr, welche strukturellen Kopplungen im Verhältnis zu anderen Teilsystemen es ermöglichen können, Korruption zu ersetzen und zugleich weniger und, gefördert durch die Kopplung, mehr Einfluß der Umwelt auf das Rechtssystem zuzulassen.

II

Welche strukturellen Kopplungen eine Gesellschaft einrichtet, um ihre Teilsysteme zu verknüpfen und die Verknüpfung zugleich zu beschränken, um die Differenzierung zu erhalten, hängt offensichtlich von der Form der Differenzierung ab. Strukturelle Kopplungen, die das Rechtssystem mit anderen Funktionssystemen der Gesellschaft verbinden, entstehen deshalb erst, wenn die funktionale Differenzierung des Gesellschaftssystems so weit fortgeschritten ist, daß Trennung und Zusammenhang der Funktionssysteme ein Problem bilden und die Paradoxie der Einheit des Ganzen, das aus Teilen besteht, auf strukturelle Kopplungen abgeladen werden und dadurch Form erhalten kann. Empirisch testen läßt sich diese Theorie, wenn man feststellen kann, daß sich im Zuge der Realisation funktionaler Differenzierung tatsächlich neue Mechanismen struktureller Kopplung herausbilden.[9]

Solange die Gesellschaft segmentär (tribal) differenziert ist, scheint es nur den allgemeinen Mechanismus der strukturellen Kopplung von Recht und Gewalt zu geben, den wir im Kapitel über die Evolution des Rechts behandelt haben.[10] Normative Erwartungen können nicht ohne Seitenblick auf die Durchsetzbarkeit praktiziert werden, und diese variiert je nach den Gruppierungen der Beteiligten von Fall zu Fall. »Eideshelfer« können das (und nur das) beschwören. Besitz muß verteidigt werden, und das Recht ist eines der Mittel dazu. Daher findet man keine spezifischen Probleme einer strukturellen Kopplung zwischen Wirtschaft und Recht. Eigentum läßt sich nicht von verwandtschaftlichen Bindungen unterscheiden[11] und Verträge sind, wenn man davon überhaupt sprechen kann, eingebettet in allgemeine Ausgleichspflichten im Rahmen von Reziprozitätsverhältnissen.[12] Noch das frühe griechische und römi-

---

9 Ob und wie die Neuartigkeit von Zeitgenossen gesehen oder verdeckt wird, ist eine zweite Frage. Speziell im 18. Jahrhundert dient die Figur des »Naturrechts« auch der Verschleierung der Innovation – sowohl im Verfassungsrecht als auch im Vertragsrecht. Wir werden das im folgenden genauer analysieren.

10 Vgl. oben Kapitel 6, IV.

11 Vgl. Max Gluckman, African Land Tenure, Scientific American 22 (1947), S. 157-168; ders., The Ideas in Barotse Jurisprudence 2. Aufl. Manchester 1972.

12 Ein Beispiel dafür: T. Selwyn, The Order of Men and the Order of Things: An Examination of Food Transactions in an Indian Village, International Journal of the Sociology of Law 8 (1980), S. 297-317.

sche Recht zeigt Spuren dieses Zustandes. Ein besonderer Begriff des Eigentums ist weithin entbehrlich, weil oíkos/familia genügt. Und Verträge bestehen, von hochformalisierten Ausnahmen abgesehen, in der Transaktion selbst, nach deren Vollzug keine Rechtsprobleme mehr zu erwarten sind, weil offenbar gesellschaftliche Konvenienz das Ihre beiträgt.[13]

Wenn die Gesellschaft zu einer primär stratifikatorischen Differenzierung übergeht, sind strukturelle Kopplungen dieser Art im Differenzierungsmuster selbst gegeben, aber nur begrenzt wirksam. Sie geben der Oberschicht Vorrang – wie in allen Dingen, so auch im Zugang zum Recht. Die Frage kann nur sein, wie weit Landbesitz und entsprechend »alter Reichtum« als Grundlage politischer Macht einerseits und kommerziell, das heißt schnell erworbener Reichtum andererseits miteinander auskommen. Diese Frage kann nicht im Recht entschieden werden, und entsprechend ist die Rechtsentwicklung in dem einen exzeptionellen Fall des römischen Zivilrechts in erstaunlichem Maße von ihr unabhängig.[14] Die Regelung des interaktionellen Kontaktes zwischen den Schichten ist im wesentlichen eine Frage der Hauswirtschaft (inclusive Gutswirtschaft), und insofern obliegt der Institution des »Ganzen Hauses« die Hauptlast der strukturellen Kopplung dieses Typs von Gesellschaft.[15] Erst der Übergang zu funktionaler Differenzierung schafft die Bedingungen für eine strukturelle Kopplung zwischen verschiedenen Funktionssystemen.

13 Zur Vorstellung des Verpflichtetseins ohne formelle, gerichtlich durchsetzbare Haftung im frühgriechischen Recht siehe Fritz Pringsheim, The Greek Law of Sale, Weimar 1950, S. 17. Pringsheim betont aber ausdrücklich, daß daraus nicht auf die Anerkennung von informalen Konsensualverträgen als Rechtsinstitut geschlossen werden könne.

14 Man kann dies an der Entwicklung von Vertragstypen ablesen, die nicht nur kommerziell relevante Verträge, sondern gerade auch unentgeltliche Freundschaftsdienste (zum Beispiel depositum, mandatum) mit Klagemöglichkeiten versorgen und Außenhandel mit einem ius gentium nur sehr zögernd einbeziehen.

15 Hierzu die einflußreichen Arbeiten von Otto Brunner, Adeliges Landleben und europäischer Geist: Leben und Werk Wolf Helmhards von Hohberg 1612-1688, Salzburg 1949; ders., Das ganze Haus und die alteuropäische Ökonomik, in ders., Neue Wege der Verfassungs- und Sozialgeschichte, 2. Aufl. Göttingen 1968, S. 103-127. Für die vorausgehende Geschichte siehe auch Sabine Krüger, Zum Verständnis der Oeconomica Konrads von Megenberg: Griechische Ursprünge der spätmittelalterlichen Lehre vom Hause, Deutsches Archiv für Erforschung des Mittelalters 20 (1964), S. 475-561.

Die Voraussetzungen dafür scheinen in einer mit Stratifikation unvereinbaren Differenzierung von Wirtschaftssystemen und politischem System zu liegen. Bis zum Mittelalter waren Politik und Wirtschaft gemeinsam auf die Ressource Landbesitz angewiesen. Im Land verkörpern sich eine Vielzahl von strukturell wichtigen Merkmalen, als da sind: (1) künstliche und veränderbare Einteilbarkeit; (2) Dauerhaftigkeit des Bestandes; (3) Selbsterneuerung von Einkünften und Einkommensüberschüssen; (4) Grundlage für eine generationenübergreifende Familienkontinuität und (5) Angreifbarkeit durch Gewalt, aber nicht durch Diebstahl oder Betrug. Die Fusion dieser strukturellen Vorteile in einer Institution erklärt die bemerkenswerte Stabilität der davon abhängigen »politischen Ökonomie«. Im Mittelalter beginnt jedoch ein rascher Prozeß der Erosion dieser Einheit durch die rapide Entwicklung der Geldwirtschaft. Land wird jetzt zum Beispiel als Sicherheit für Kredite benötigt, und das verändert die Rechtsformen des Eigentums und erzwingt die Veräußerbarkeit.[16] Die *begriffliche* Entwicklung des Rechtsinstituts Eigentum wird jedoch dadurch behindert, daß in der Schenkungs- und Stiftungsökonomie des Mittelalters sowohl die Kirche als auch die weltlichen Herrschaften ein vitales Interesse an Landbesitz haben und entsprechend konkurrierende Gerichtsbarkeiten und Rechtssysteme aufbauen. Aber die wirtschaftliche Entwicklung unterläuft, dazu querstehend, diesen Konflikt, indem sie die wirtschaftlichen Interessen von Land auf Geld umstellt und Landbesitz als Einkommensquelle und Kreditgrundlage rein ökonomisch bewertet.

Seit dem Spätmittelalter ließen sich in Europa die Probleme der (geld-)wirtschaftlichen Entwicklung bereits nicht mehr auf territorialstaatlicher Ebene lösen.[17] Die Phänomene wurden bis zum 18. Jahrhundert durch Annahmen über die Natur des Menschen beschrieben und mit einer »merkantilistischen« Politik der einzel-

---

16 Hierzu Robert C. Palmer, The Economic and Cultural Impact of the Origins of Property 1180-1220, Law and History Review 3 (1985), S. 375-396 (386 ff.); siehe auch ders., The Origins of Property in England, Law and History Review 3 (1985), S. 1-50. Vgl. auch Emily Zack Tabuteau, Transfers of Property in Eleventh-Century Norman Law, Chapel Hill NC 1988, S. 80 ff. für eine Übergangslage mit vorherrschendem Motiv, dem rückzahlungsunfähigen Schuldner sein Land abzunehmen.
17 Siehe Immanuel Wallerstein, The Modern World System Bd. 1, New York 1974, zur Entwicklung einer internationalen Arbeitsteilung.

staatlichen Wohlstandsmehrung beantwortet. Die Autonomie des Wirtschaftssystems war zunächst am (internationalen) Handel sichtbar geworden. Geldfluß, Arbeitsbeschaffung, Produktqualität, Wohlstand galten folglich als abhängige Variablen. Sofern sie sich auf die Finanzen des Königs auswirkten, die ihrerseits wiederum politische Handlungsfreiheit bedeuteten, konnte Handel dann auch als »politique exchange« beschrieben werden.[18] An der Aufmerksamkeit erregenden »Korruption« des Londoner Parlaments durch Walpole wurde dann aber deutlich, daß diese Art Einfluß von Geld auf die Politik und damit auf das Recht unterbunden werden muß[19], während statt dessen gleichzeitig der Einfluß wirtschaftlicher Interessen auf das Recht über Eigentum, Korporationsbildung und Vertragsfreiheit geöffnet wird. Alles kommt darauf an, daß die richtigen Kanäle gebaut und benutzt werden. Erst wenn dies einigermaßen erreicht ist, erst in der zweiten Hälfte des 18. Jahrhunderts erkennt und akzeptiert man eine prinzipielle Nichtidentität von Wirtschaftssystem und politischem System, und erst in diesem Kontext finden Einrichtungen diejenige Form, die eine strukturelle Kopplung von Teilsystemen ermöglicht.

Bis in die zweite Hälfte des 18. Jahrhunderts, in der sich eine spezifisch wirtschaftliche Betrachtungsweise durchsetzt, werden Eigentum und Vertrag noch unter Berufung auf Natur begründet.[20] Sieht man genauer zu, gilt in beiden Fällen das Schema gleich/ungleich – gewissermaßen als die Unterscheidung, die das operationalisiert, was die Natur verlangt. Für das Eigentum wird gesagt, daß die Menschen zwar gleich, nämlich ohne »Habe«, geschaffen worden sind, aber daß die Entwicklung der Gesellschaft um der größe-

---

18 Diese Formulierung bei Edward Misselden, The Circle of Commerce. Or, The Balance of Trade, in Defence of Free Trade, London 1623, Nachdruck Amsterdam 1969, S. 98.
19 Bolingbrokes »Dissertation upon Parties« (zit. nach Works Bd. II, Philadelphia 1841, Nachdruck Farnborough Hants. England 1969, S. 5-172) läßt erkennen, daß bis dahin die britische Verfassung zwar mit den Problemen des Mediums Macht (in der Form königlicher Prärogative und Ausschaltung aller Widerstandsrechte) fertig geworden war, nicht aber mit dem politischen Gebrauch des Mediums Geld, das nach Bolingbroke subtiler und eben deshalb langfristig verhängnisvoller wirkt, weil man ihm nicht durch offene Revolution entgegentreten kann.
20 Zur zivilrechtlichen Evolution dieser Begriffe im römischen Recht vgl. auch oben Kap. 6, III.

ren Vorteile willen zur *Ungleichheit* führt.[21] Die Ungleichheit wird teils wirtschaftlich (Arbeitsteilung, Belohnung von Motivstärke), teils politisch (Notwendigkeit der Differenzierung von Regierenden und Regierten) begründet. Beim Vertragsgedanken wird dagegen an der *Gleichheit* der Vertragschließenden festgehalten[22], und damit ist die Gleichheit der Freiheit zur Willensentscheidung (aber natürlich nicht: die Gleichheit der Besitzverhältnisse) gemeint. Erst das 19. Jahrhundert wird man sich im sozialistischen Lager fragen, wie solche Freiheit angesichts der Fabrikorganisation und der Angewiesenheit der besitzlosen Klasse auf Arbeit überhaupt möglich sei. In der Naturrechtstradition und auch in der durch sie bestimmten Wirtschaftstheorie war man dagegen voll Bewunderung für die Struktur der Gesellschaft, die Ungleichheit des Eigentums und Gleichheit der Vertragschließenden kombinieren konnte. Eben das mußte in der alteuropäischen Semantik als Zeichen für die Gerechtigkeit der Ordnung gelten.

Entsprechende Beschränkungen sind jedoch in Rechnung zu stellen. Noch im 18. Jahrhundert ist im Eigentumsbegriff die freie Ausnutzung von Marktchancen nicht mitgedacht[23]; die politischen Konnotationen des Begriffs im Kontext von »civil society« sind noch zu stark. Eigentum gilt zwar nicht mehr als unentbehrliche Bedingung von Herrschaft, wohl aber als einzig legitimes Interesse des Bürgers an politischer Mitwirkung durch Repräsentation. Wie wir in den folgenden Abschnitten zeigen wollen, werden erst um 1800 die Rechtsinstitute Eigentum und Vertrag so adaptiert, daß sie das Wirtschaftssystem zu koppeln vermögen. Etwa gleichzeitig entsteht für das Verhältnis von politschem System und Rechtssystem ein neuartiger Begriff der Verfassung. Solange ständische Verhält-

---

21 Hinweise dazu in: Niklas Luhmann, Am Anfang war kein Unrecht, in ders., Gesellschaftsstruktur und Semantik Bd. 3, Frankfurt 1989, S. 11-64.

22 So zum Beispiel Hugo Grotius, De jure belli ac pacis libri tres, l.II, C.XII, § VIII, zit. nach der Ausgabe Amsterdam 1720, S. 373: »In contractibus natura aequalitatem imperat«. Siehe, mit Einschränkung auf belastende Verträge, auch Samuel Pufendorf, De officio hominis & civis juxta Legem Naturalem libri duo l.I c.XV, § III., zit. nach der Ausgabe Cambridge 1735, S. 226 f. Erst recht mußte die natürliche Gleichheit der Vertragschließenden bei allen Staats- und Gesellschaftsvertragstheorien vorausgesetzt werden, die ja zu erklären versuchten, wie es überhaupt zur Instituierung von Ungleichheit kommt.

23 Vgl. für Amerika z. B. Forrest McDonald, Novus Ordo Seclorum: The Intellectual Origins of the Constitution, Lawrence Kansas 1985, S. 14.

nisse vorherrschten, waren auch im Verhältnis von Rechtssystem und politischem System keine strukturellen Kopplungen möglich. Es gab nur die rechtliche Anerkennung der Standesunterschiede sowie die Regel, daß in Prozessen zwischen Adeligen und Bürgerlichen bei unklaren Sach- oder Rechtslagen der Adelige den Prozeß zu gewinnen habe.[24] Konflikte zwischen der Rechtsordnung und der bereits ausdifferenzierten politischen Herrschaft wurden in der Rechtsform des Vertrags geregelt (oder gegebenenfalls so interpretiert, als ob dies vor langer Zeit geschehen sei). Die Verfassung löst die semantische Figur des Gesellschafts- bzw. Staatsvertrags mitsamt der Tradition der vertraglichen Arrangements vom Typ »Magna Charta« ab.[25] Und erst dann ist man frei zu entdecken, daß die alten Gesellschaftsvertragslehren eine grandiose Tautologie vollzogen hatten: die Schaffung rechtlicher Verbindlichkeit unter Voraussetzung rechtlicher Verbindlichkeit von Verträgen.[26]

Auffällig ist, daß beide Kopplungen, die über Eigentum/Vertrag und die über Verfassung, sich auf das Rechtssystem beziehen, das auf diese Weise zur Differenzierung von Wirtschaftssystem und politischem System beiträgt. Erst im 20. Jahrhundert wird deutlich, daß es auch strukturelle Kopplungen zwischen Wirtschaftssystem und politischem System gibt. Man mag sie in der Institution der Zentralbank sehen (die um 1800 noch durch die Geldschöpfung mittels staatlicher Kreditaufnahme verdeckt war) sowie in den Steuern, die es ermöglichen, Teile des Geldkreislaufs mit wirtschaftlichen Folgen politisch (also unprofitabel) zu konditionieren. Aber dieses Thema führt aus dem vorliegenden Untersuchungszusammenhang hinaus. Wir beschränken uns auf eine Darstellung der strukturellen Kopplung von Wirtschaft und Recht (III) und von Politik und Recht (IV).

24 Vgl. Estienne Pasquier, Les Recherches de la France, Neuauflage Paris 1665, S. 577 f. mit dem Bericht eines Falles, in dem der Kaiser das Problem dadurch löste, daß er den Bürgerlichen adelte und ihm dadurch zum Sieg verhalf.

25 Insofern trifft denn auch die historische Darstellung »From Status to Contract« (Maine) allenfalls für das Privatrecht, nicht aber für das öffentliche Recht zu; wobei allerdings mitzubedenken ist, daß diese Unterscheidung selbst erst im Zuge der hier skizzierten Entwicklung ihre modernen Konturen gewinnt. Vgl. hierzu Gerhard Dilcher, Vom ständischen Herrschaftsvertrag zum Verfassungsgesetz, Der Staat 27 (1988), S.161-193.

26 Siehe nur John Stuart Mill, A System of Logic, Ratiocinative and Inductive, zit. nach der 9. Aufl., London 1875, Bd. II, S. 408 f. (Book V. Chapter VII, § 2).

Wenn das Recht auf Bedürfnisse und Interessen wirtschaftlicher Art reagiert, befaßt es sich mit Wirtschaft bereits auf einer sekundären Ebene. Es kann, wie wir bei der Behandlung der sogenannten Interessenjurisprudenz gesehen haben[27], für »Interessen« einen eigenen Begriff zur Verfügung stellen, aber das geschieht bereits im Netzwerk der eigenen Operationen. Wirtschaftliche Interessen werden dadurch »homogenisiert«, sie werden ihrer spezifisch wirtschaftlichen Relevanz (zum Beispiel ihres Geldwertes) entkleidet, werden gleichsam zu nackten Interessen abstrahiert, die dann, dem Rechtscode entsprechend, in rechtlich geschützte / rechtlich nicht geschützte Interessen sortiert werden. Das setzt voraus, daß Wirtschaftssystem und Rechtssystem im oben erläuterten Sinne strukturell gekoppelt sind, erklärt aber nicht wie. Der Begriff Interesse deutet, mehr noch als der Begriff des subjektiven Rechts[28], darauf hin, daß das Rechtssystem eine hochsensible Empfangs- und Transformationsstation für Nachrichten aus der Wirtschaft konstruiert hat, sagt aber noch nichts darüber aus, wodurch garantiert ist, daß eine hohe wechselseitige Irritation in beiden Systemen absorbiert werden kann. Eine Rechtssoziologie, die nur auf dieser Ebene forscht, um den Einfluß wirtschaftlicher Interessen auf das Recht oder umgekehrt die Knebelung wirtschaftlicher Interessen durch das Recht zu studieren, verfehlt daher das konstitutive Verhältnis von Wirtschaft und Recht und verfehlt vor allem die gesellschaftlichen Bedingungen der Möglichkeit dieser Differenzierung.[29]

27 Vgl. oben Kapitel 8, VII und VIII.
28 Zu diesem Vergleich siehe D. Neil MacCormick, Rights in Legislation, in: P. M. S. Hacker / J. Raz (Hrsg.), Law, Morality and Society: Essays in Honour of H. L. A. Hart, Oxford 1977, S. 189-209.
29 Für solche Forschungen, deren Möglichkeiten und Erfolge nicht in Abrede gestellt werden sollen, genügt dann auch der unklare Begriff einer »relativen Autonomie«, der alle weiteren theoretischen Rückfragen abschneidet. Siehe Richard Lempert, The Autonomy of Law: Two Visions Compared, in: Gunther Teubner (Hrsg.), Autopoietic Law: A New Approach to Law and Society, Berlin 1988, S. 152-190, und dazu oben Kap. 2, IV. Wenn dies wirklich eine unabdingbare Voraussetzung für empirische Forschung sein sollte, steht damit auch deren theoretische Unergiebigkeit fest. Denn als »relativ« kann man jedes Ausmaß der Abhängigkeit bzw. Unabhängigkeit bezeichnen; der Begriff schließt nichts aus.

Das Problem liegt in der Differenzierung und Kopplung der Autopoiesis verschiedener Funktionssysteme. Für die Ausdifferenzierung eines eigenständig autopoietischen Wirtschaftssystems ist das symbolisch generalisierte Kommunikationsmedium Geld die ausschlaggebende Bedingung.[30] Sobald Transaktionen in Geld ausgeglichen werden können und soweit dies geschieht, ermöglicht die volle und gleichmäßige Wiederverwendbarkeit des Geldes (im Unterschied zur geringen und ungleichmäßigen Wiederverwendbarkeit der Waren bzw. Leistungen) ein autopoietisches Netzwerk, in dem es möglich ist, durch Zahlungen Zahlungsfähigkeit sowohl aufzugeben als auch, in anderen Händen, zu reproduzieren. Wozu immer ursprünglich erfunden: Geld hat nur in diesem Zahlungsnexus einen kommunikativen Sinn. Dabei muß eine hinreichend breite Skala von Wiederverwendungsmöglichkeiten, also eine Vielzahl von Waren, Leistungen, schließlich auch von Märkten gegeben sein, damit es sich lohnt, Geld anzunehmen. Geldzahlungen sind dann auch ein eindeutig identifizierbares Signal dafür, daß es sich um eine Operation des Wirtschaftssystems handelt, gleichgültig, was im Kontext bestimmter Transaktionen mit Geld bezahlt wird. Was ohne Bezug auf Geld abläuft, gehört dann nicht zum Wirtschaftssystem – vom schweißtreibenden Umgraben des eigenen Gartens bis zum Tellerwaschen in der eigenen Küche, es sei denn, daß man dies tut, um Personalkosten oder Gerätekosten zu sparen.

Eine ausdifferenzierte Geldwirtschaft stellt hohe, aber (und das ist entscheidend!) *unbezahlbare* Anforderungen an das Recht. Um Wirtschaft in der Form eigener Autopoiesis zu ermöglichen, muß das Recht die *eigene* Funktion effektiv erfüllen, nicht die der Wirtschaft. Das Recht darf also nicht zu den käuflichen Waren oder Dienstleistungen des Wirtschaftssystems gehören, denn sonst käme es in der Geldverwendung zu einem circulus vitiosus derart, daß die Bedingungen der Möglichkeit geldvermittelter Transaktion ihrerseits gehandelt und bezahlt werden müssen. Genau diese negative (und insofern unwahrscheinliche) Bedingung wird durch Mechanismen der strukturellen Kopplung erfüllt, die mit einer Trennung der Systeme und jeweils eigener operativer Geschlossenheit kompatibel sein müssen. Die dafür gefundenen Formen sind Eigentum und Vertrag.

---

30 Ausführlicher Niklas Luhmann, Die Wirtschaft der Gesellschaft, Frankfurt 1988.

Im Wirtschaftssystem gibt es ebenso wie im Rechtssystem Minimalbedingungen der Autopoiesis, die allen Wechsel von Strukturen (zum Beispiel Preisen) überdauern müssen, wenn die autopoietische Reproduktion weiterhin stattfinden soll. Es handelt sich hierbei um faktische, nicht um normative Bedingungen. Im Rechtssystem müssen Recht und Unrecht, einander ausschließend, unterscheidbar sein. Im Wirtschaftssystem muß jeweils feststellbar sein, wer in bezug auf bestimmte Güter (im weitesten, Geld und Dienstleistungen einschließenden Sinne) dispositionsfähig ist und wer nicht. So wie der Rechtscode als Bedingung der Konditionierbarkeit des Systems alle Programme transzendiert, so ist auch die Codierung der Wirtschaft ein Erfordernis, das mit jeder Art der Güterverteilung kompatibel sein muß, weil anderenfalls die Güter ihre Qualität als Güter verlieren würden.

Es ist üblich, diese Voraussetzung wirtschaftlicher Konditionierbarkeit als »Eigentum« – besser, weil breiter gefaßt, im Englischen »property« – zu bezeichnen. Eigentum ist eine Form der Beobachtung von Gegenständen aufgrund einer spezifischen Unterscheidung – eben der Unterscheidung unterschiedlicher Eigentümer, mag dies nun Sachherrschaft, Verfügungsmöglichkeit oder was sonst bedeuten. Der Sinn des Eigentums liegt mithin in der *Unterbrechung von Konsenserfordernissen*. Für bestimmte Kommunikationserfolge kommt es auf die Zustimmung des Eigentümers an *und auf niemanden sonst*. Was der so spezifizierte Kommunikationsbereich ist, wird durch den Inhalt des Eigentumsrechts festgelegt, und wieder: entweder über Bezug auf bestimmte Objekte oder auch andere Weise. Entscheidend ist, systemtheoretisch formuliert, der Symmetriebruch.

Es ist ein Erfordernis der *Unterscheidung* von Eigentümern, daß gewaltsame Wegnahme unterbunden und gegebenenfalls durch das Recht sanktioniert wird.[31] Darin liegt nicht ohne weiteres schon die

31 Das gilt seit der Frühmoderne auch für den an sich anders konstruierten Fall der rechtlich zugelassenen, zum Beispiel über dominium eminens begründeten Enteignung im öffentlichen Interesse. Die Konstruktion stellt hier andere (paradoxienähere!) Anforderungen, weil hier ein *rechtmäßiger* Eingriff vorliegt, für den trotzdem eine Entschädigung zu zahlen ist. Die Juristen klären diesen Fall (inclusive der Recht*spflicht* zur Entschädigung) im Laufe des 17. Jahrhunderts. Vgl. dazu Christoph Link, Naturrechtliche Grundlagen des Grundrechtsdenkens in der deutschen Staatsrechtslehre des 17. und 18. Jahrhunderts, in: Günter Birtsch (Hrsg.),

Festlegung auf einen bestimmten Rechtsbegriff. Das Beobachtungs-schema Eigentum läßt vielmehr im Rechtssystem und im Wirt-schaftssystem unterschiedliche Ausformungen zu, und eben des-halb taugt es zur strukturellen Kopplung von Wirtschaft und Recht. Die Codierung des Wirtschaftssystems konstituiert die Eigenwerte dieses Systems und hält dieses System am Laufen ungeachtet der Frage, welche Einschränkungen das Rechtssystem mit dem Eigen-tumsbegriff verbindet, ob und wie es im klassischen Schema per-sona/res/actio (Digesten 1.5.1) unterscheidet oder heute Sachen-recht und Schuldrecht. Die Wirtschaft festigt ihren Eigentumscode einfach dadurch, daß sie ihn verwendet und daß die Unmöglichkeit der entsprechenden Unterscheidung nur dazu führen kann, daß es dann eben kein Wirtschaftssystem mehr gibt.

Deshalb kann Eigentum mit dieser doppelten, sowohl wirtschafts-systeminternen als auch rechtssysteminternen Bedeutung nur als Mechanismus struktureller Kopplung angemessen begriffen wer-den; und angemessen heißt hier: aus gesamtgesellschaftlicher Sicht. Die Kopplung läßt wirtschaftseigene Operationen als Irritationen des Rechtssystems wirksam werden und rechtseigene Operationen als Irritationen des Wirtschaftssystems. Aber das ändert nichts an der Geschlossenheit der beiden Systeme. Es ändert nichts daran, daß die Wirtschaft unter durch das Recht erschwerten Bedingungen Profite bzw. rentablen Kapitaleinsatz sucht und das Rechtssystem unter durch Wirtschaft erschwerten Bedingungen Gerechtigkeit oder doch hinreichend konsistente Fallentscheidungen. Und schon in der klassischen Naturrechtstheorie, bei Locke etwa, war deutlich gesagt, daß das Eigentum jede Rechtsordnung ungerecht macht, aber daß man eben damit wirtschaftliche Vorteile gewinnt.

Die bloße Garantie des Eigentums für sich allein ist daher noch kein Mechanismus, der den Übergang zu einer marktwirtschaftlichen (»kapitalistischen«) Wirtschaftsordnung einleiten würde.[32] Die Wirtschaft muß sich selber transformieren, um dann das Problem- und Fallmaterial zu liefern, mit dem das Rechtssystem konfrontiert und irritiert wird.

Grund- und Freiheitsrechte von der ständischen zur spätbürgerlichen Gesellschaft, Göttingen 1987, S. 215-233 (221 ff.) mit weiteren Hinweisen.

32 Siehe dazu den Beitrag »Capitalism and the Constitution«, in: Forrest McDonald / Ellen Shapiro McDonald, Requiem: Variations on Eighteenth-Century Themes, Lawrence, Kansas 1988, S. 183-194.

Aber auch abgesehen davon ist Eigentum nur die Ausgangsunterscheidung. Bei allen wirtschaftlichen Transaktionen muß außerdem die Eigentumslage vor und nach der Transaktion unterscheidbar sein. Transaktion erfordert eine Unterscheidung von Unterscheidungen (und nicht einfach nur eine Bewegung von Objekten). Diese Unterscheidung von Unterscheidungen muß ihrerseits zeitfest stabilisierbar sein, obwohl (und gerade weil) sie selbst eine temporale Unterscheidung ist. Einfacher gesagt: Es muß feststellbar sein und im weiteren Zeitlauf feststellbar bleiben, wer nach der Transaktion im Unterschied zu vorher Eigentümer ist und wer nicht. Auch dieses Erfordernis hat einen Rechtsnamen, nämlich »Vertrag«. In der Wirtschaft spricht man von Tausch. Es gibt keine systemneutrale Bezeichnung. Aber auch hier liegt ein Mechanismus struktureller Kopplung vor, denn auch hier würden Wirtschaftssystem und Rechtssystem in weiten Bereichen kollabieren (das heißt auf indisponibles Resteigentum reduziert sein), wenn diese Unterscheidbarkeit der Unterscheidungen nicht funktionierte.

Autopoiesis ist operationsbasierte Systemdynamik, ist in diesem Sinne dynamische Stabilität. Die Ausdifferenzierung von Wirtschaft ist daher nicht durch schlichte Sicherung der Besitzstände, dem vorherrschenden Interesse stratifizierter Gesellschaften, möglich, sondern nur über rekursive Vernetzung von Transaktionen, das heißt: mit Hilfe von Geld. Das hat zur Konsequenz, daß das bei allen Transaktionen vorauszusetzende Eigentum seinerseits in Geld bewertet wird. Wenn es zur Ausdifferenzierung von Wirtschaft kommt, dominiert deshalb der Zweitcode Geld den Primärcode Eigentum, und mehr und mehr Eigentum wird unter dem Gesichtspunkt möglicher transaktioneller Verwertung bzw. einer nur momentan illiquiden Fixierung als investiertes Kapital bewertet. Diese Entwicklung entzieht dem Grundeigentum seine politische Relevanz als Form von hausähnlicher (oiketischer) politischer Herrschaft, und sie erzwingt die Umstellung des gleichzeitig entstehenden Staats auf Steuern.[33]

Diese Überlegungen leiten über zu einer historisch-dynamischen Analyse der strukturellen Kopplungen von Wirtschaftssystem und

33 Vgl. Joseph A. Schumpeter, Die Krise des Steuerstaates (1918), neu gedruckt in: Aufsätze zur Soziologie, Tübingen 1953, S. 1-71. Wir können an dieser Stelle nur nochmals andeuten, daß Steuern die strukturelle Kopplung von Wirtschaftssystem und politischem System leisten.

Rechtssystem und damit zu rechtshistorischen Untersuchungen. Das Recht reagiert mit seinen eigenen Begriffen und Programmen zögernd auf die Ausdifferenzierung eines geldbasierten Wirtschaftssystems; zögernd nicht zuletzt deshalb, weil es bis zum Vollausbau des modernen Staates auch die politischen Funktionen des Eigentums mitabdecken muß.[34] Vor allem: Grundeigentum dient der ständisch differenzierten Versorgung mit Gütern, die in den Grenzen des Herkommens für die Lebensführung erforderlich sind; und dem entsprechen differenzierte Rechtslagen mit Bezug auf ein und dasselbe Grundstück.[35] In England beginnt schon im späten 11. Jahrhundert eine Sonderentwicklung, die – noch im Rahmen einer feudalrechtlichen Ordnung und legitimiert durch das Obereigentum des Königs – Grundeigentum individuell zuordnet, schriftlich registriert und als Rechtsbündel verkäuflich macht.[36] Offenbar war gerade eine starke, an Steueraufkommen und an Kontrolle der Gerichtsbarkeit interessierte Königsgewalt Voraussetzung dieser Entwicklung gewesen. Aber auch auf dem Kontinent kann

34 Auch dies selbstverständlich mit eigenen Mitteln, nicht in Ausführung politischer Anordnungen. So werden imperium und dominium unterschieden, und beiden Begriffen, die hierarchisch konnotiert sind (also nur von oben nach unten wirken und keine Ansprüche gegen den Herrn begründen), wird ein Begriff des ius gegenübergestellt, der von hierarchischen Asymmetrien freigehalten wird und ein Reziprozitätsverhältnis von Rechten und Pflichten zum Ausdruck bringt. Wenn dominium als ius bezeichnet wird, ist dies also einerseits eine Subsumtion unter einen allgemeineren Begriff, zugleich aber auch ein Hinweis auf rechtsimmanente Beschränkungen, über die politische Disposition sich nur mit Hilfe von Ausnahmerechten, Derogationsbefugnissen, also auf Grund einer ratio status hinwegsetzen kann (aber eben: sich hinwegsetzen muß).

35 Und dies bis weit in die Frühmoderne hinein. Siehe nur Renate Blickle, Hausnotdurft: Ein Fundamentalrecht in der altständischen Ordnung Bayerns, in: Günter Birtsch (Hrsg.), Grund- und Freiheitsrechte von der ständischen zur spätbürgerlichen Gesellschaft, Göttingen 1987, S. 42-64; dies., Nahrung und Eigentum als Kategorien der ständischen Gesellschaft, in: Winfried Schulze (Hrsg.), Ständische Gesellschaft und soziale Mobilität, München 1988, S. 73-93. Zugleich zeigt sich aber auch das Vordringen eines Rechtsschutzbedarfs für Verfügungsinteressen.

36 Für eine knappe, neue Zusammenfassung des Forschungsstandes siehe Carlo Rosetti, Diritto e mercato: Le origini del capitalismo moderno, Rassegna italiana di sociologia 33 (1992), S. 33-60. Ausführlicher Alan MacFarlane, The Origins of English Individualism, Oxford 1978; Palmer a.a.O. (1985). Zum erst im 17. Jahrhundert (infolge des Buchdrucks?, infolge von differenzierten Verfügungsinteressen?) einsetzenden Interesse an *begrifflicher* Präzisierung siehe G.E. Aylmer, The Meaning and Definition of »property« in Seventeenth Century England, Past and Present 86 (1980), S. 87-97.

man ähnliche, wenngleich sich länger hinausziehende Entwicklungen verfolgen – und zwar ohne direkten Einfluß des römischen Rechts![37] Zu begrifflichen Adaptierungen kommt es erst später – und anderswo. Erst im Spätmittelalter, deutlich bei Bartolus, dringt das Merkmal »dispositio«, gleichsam als trojanisches Pferd der Geldwirtschaft, in den Eigentumsbegriff ein und verändert ihn dann von innen heraus. So absurd dies zunächst erschienen sein mag: Genuß und Gebrauch (im Sinne von fruitio, usus) des Eigentums können gerade darin bestehen, daß man es aufgibt. Das wiederum wird erst in dem Maße einleuchten, als man frei ist, die Bedingungen dafür auszuhandeln. Dispositio verweist auf die sehr viel schwieriger juristisch anzupassenden Strukturen des Vertragsrechts.

Während die Entwicklung des zivilrechtlichen Eigentumsbegriffs in Richtung auf Bezeichenbarkeit und Verfügungsgewalt individueller Eigentümer und die Ausdehnung dieses Eigentumsrechts auch auf Landbesitz etwa zweitausend Jahre in Anspruch genommen haben, macht sich die Dramatik dieses Vorgangs in der gut hundertjährigen Kolonialepoche des 19./20. Jahrhunderts sehr viel drastischer bemerkbar. Die oft weitläufig verteilten, durch Gewohnheit legitimierten, buchstäblich eingesessenen Formen der Landnutzung werden schon dadurch delegitimiert, daß ein Eigentümer benannt und schriftlich bezeichnet werden muß, wenn Verfügungsrechte, aber auch Steuerpflichten und Kreditmöglichkeiten zu regeln sind.[38] Das geschieht jetzt oft ohne konkrete Verwendungsinteressen des Eigentümers mit der Folge, daß Landnutzer alter und neu hinzukommender Art jetzt squatter ohne Rechtsschutz sind – ohne Rechtsschutz und damit auch ohne Anschluß an die Geldwirtschaft. Strukturelle Kopplungen, wie sie jetzt erforderlich sind, grenzen ein – und grenzen aus.[39]

37 Siehe Hans Hattenhauer, Die Entdeckung der Verfügungsmacht: Studien zur Geschichte der Grundstücksverfügung im deutschen Recht des Mittelalters, Hamburg 1969.
38 Zur Zurückführung auf Schrift (aber das ist hier doch nur ein vordergründiges Phänomen) vgl. Jack Goody, Die Logik der Schrift und die Organisation von Gesellschaft, dt. Übers. Frankfurt 1990, insb. S. 252 ff.
39 Ob sich aus dieser Abkopplung dann eigene, mit dem staatlichen Recht nicht verbundene Rechtsordnungen entwickeln, ist ein in bezug auf die favelas brasilianischer Großstädte viel diskutiertes Thema. Die bejahende Auffassung macht, zumindest angesichts der heutigen Verhältnisse, einen noch zu positiven Eindruck.

Ähnliche Beobachtungen kann man im Hinblick auf eine Entwicklung anstellen, die man als Juridifizierung des Vertrags bezeichnen könnte. Im Unterschied zu sonstigen Formen der Reziprozität – in archaischen Gesellschaften ebenso wie im modernen »Klientelismus«[40] – wird die Ungleichheit der Beteiligten beim Vertrag nicht in die Leistungsbewertung einbezogen. Die Rechtsgeltung des Vertrages ist davon unabhängig, und eben deshalb eignet der Vertrag sich als Mechanismus der strukturellen Kopplung.

Der Vertrag ist eine der bedeutendsten evolutionären Errungenschaften der Gesellschaftsgeschichte. Ohne Verträge könnte zum Beispiel die Wirtschaft nicht in Unternehmen differenziert werden, könnte also auch nicht wirtschaftlich rational gehandelt werden.[41] Aber worum geht es, was ist dies für eine Errungenschaft?

Verträge stabilisieren auf Zeit eine *spezifische Differenz* unter *Indifferenz* gegen alles andere, inclusive die Betroffenheit von am Vertrag nicht beteiligten Personen und Geschäften. Indifferenz um der Differenz willen – das ist der Formgewinn des Vertrages, sein spezifisches Beobachtungsverhältnis, ist der Unterschied, der einen Unterschied macht, ist die Information.[42] Gerichte überwachen diesen Indifferenzerzeugungseffekt – und das vor allem ist der Grund, weshalb es dem Rechtssystem so schwer fiel, den Vertrag freizugeben, solange nicht andere Disziplinierungsinstrumente (sprich: der Markt) hinzukamen.

Was immer man über altorientalisches Verkehrsrecht wissen kann und davon halten mag: synallagmatische Verträge, wie wir sie kennen, sind das Resultat einer zweitausendjährigen Evolution des römischen Zivilrechts und, wie man schon daran sieht, einer der

Vgl. Boaventura de Sousa Santos, The Law of the Oppressed: The Construction and Reproduction of Legality in Pasargada, Law and Society Review 12 (1977), S. 5-126; ferner etwa Joaquim A. Falcâo, Justiça Social e Justiça Legal, Florianopolis 1982, mit weiteren Beiträgen zum selben Thema auch in: ders., (Hrsg.) Conflito de Direito de Propriedade: Invasões Urbanas, Rio de Janeiro 1984. Zu den Realitäten siehe auch den Bericht Brasil des Amnesty International, London 1990.

40 Siehe etwa Luigi Graziano, Clientelismo e sistema politico: Il caso d'Italia, Milano 1984; Shmuel N. Eisenstadt / Luis Roniger, Patrons, Clients and Friends: Interpersonal Relations and the Structure of Trust in Society, Cambridge Engl. 1984.

41 Vgl. Dirk Baecker, Die Form des Unternehmens, Habilitationsschrift Bielefeld 1992, Ms. S. 193 ff.

42 Und ein erfahrener Jurist wird hinzufügen: in der Hoffnung, daß die Gerichte es ähnlich sehen werden.

schwierigsten Gedanken, den Juristen je zu denken vermocht haben. Bemerkenswert ist vor allem, daß das Problem des Kaufvertrages aus einem sachenrechtlichen Kontext (Übertragung von Eigentum mit Schutz gegen Zugriff Dritter) in einen obligationenrechtlichen Kontext verschoben wird. Dabei ist es das Problem, Störungen und ihre Folgen aufzufangen und zu verteilen mit Hilfe einer Rechtskonstruktion, die rückblickend eventuell als Vertrag begriffen werden kann. Der Begriff des Vertrages wird somit unter dem Gesichtspunkt einer Entstehungsursache (causa) von Obligationen relevant und wird an dieser Systemstelle auch noch in voll entwickelten Vertragstheorien behandelt.[43] Im wesentlichen ging es also darum, Leistungsstörungen in Reziprozitätsverhältnissen gerecht und in Übereinstimmung mit Standarderwartungen an das Verhalten der Beteiligten in solchen Situationen abzuwickeln.[44] Zunächst gibt es deshalb gar keinen allgemeinen Vertragsbegriff, sondern nur die Frage, für welche Störungen des Leistungsverhältnisses eine Klage aus einem Vertrag gewährt, also eine materiellrechtliche Haftung als Entscheidungsgrundlage konstruiert werden soll. Es gibt denn auch weder im altgriechischen[45] noch im römischen Recht eine allgemeine rechtliche Anerkennung von formlos getroffenen Vereinbarungen (nudum pactum)[46], ja vor der römischen Erfindung des zivilrechtlich gültigen Kaufvertrages gab es nicht einmal eine Klage aus nicht erfülltem Kaufvertrag.[47] Bis weit über das Mittelal-

43 Siehe z. B. die für die Formulierungen des Code civil ausschlaggebende, auch das Common Law beeinflussende Darstellung bei Robert-Joseph Pothier, Traité des Obligations (1761), zit. nach Œuvres Bd. 2, 3. Aufl. Paris 1890, Kap. 1, sect. 1,1.

44 So für das Common Law noch des 18. Jahrhunderts Peter Gabel / Jay M. Feinman, Contract Law, in: David Kairys, The Politics of Law: A Progressive Critique, New York 1982, S. 172-184 (173 f.). Die Autoren betonen, wie wenig dies den Erfordernissen der ökonomischen Entwicklung entsprach.

45 Hierzu gegen eine verbreitete ältere Meinung ausführlich Pringsheim a.a.O. (1950), S. 13 ff. Unbestritten bleibt eine Evolution in Richtung auf leichter handhabbare Formen und eine sehr langsam sich durchsetzende Tendenz, Zeugen als Geltungsbedingung durch Schriftform zu ersetzen.

46 Oder genauer: formlose Vereinbarungen können bestehende Verträge modifizieren, nicht aber Vertragspflichten begründen.

47 Siehe dazu Fritz Pringsheim, Gegen die Annahme von »Vorstufen« des konsensualen Kaufes im hellenistischen Recht, in ders., Gesammelte Abhandlungen Bd. 2, Heidelberg 1961, S. 373-381; ders., L'origine des contrats consensuels, a.a.O., S. 179-193. Grund für die verzögerte Entwicklung mag gewesen sein, daß Umge-

ter hinaus bleibt das Vertragsrecht ein Sammelbegriff für Klagformeln und Vertragstypen, die jeweils einen eigenen Namen haben und nach ihren besonderen Konditionen behandelt werden. »Causa« ist dafür nur eine andere Bezeichnung. Vertrag ist eine »conventio nomen habens a iure civili vel causa«.[48] Die neuzeitliche Adaptierung des Vertragsrechts an die sich ändernden wirtschaftlichen Verhältnisse verläuft deshalb in der Form einer Veränderung des causa-Verständnisses in Richtung auf einen Vertragszweck und einen entsprechenden Bindungswillen der Vertragschließenden, bis es schließlich im deutschen gemeinen Recht unter Wegfall einer eigenständigen causa-Doktrin nur noch auf Willenserklärung und Motive der Vertragschließenden ankommt. Ein Vertrag ist jetzt, extrem formal definiert, nichts anderes als die Übereinstimmung der Willenserklärungen der Vertragschließenden.[49]

Diese Entwicklung kommt erst im 19. Jahrhundert zum Abschluß. Man sieht: die Gerichte geben die begriffstechnischen Instrumente, mit denen sie ihr Urteil über eine gerechte Abwicklung von Leistungsstörungen nach Vertragsabschluß durchsetzen können, nur sehr zögernd aus der Hand, ersetzen sie schließlich aber durch eine Auslegung des Willens der Vertragschließenden an Hand ihrer vermuteten Interessen. Rechtsgrund für diese Gesamtentwicklung, die im kanonischen Recht angelaufen war und schließlich den reinen Konsensualvertrag (aber nie das bloße nudum pactum als formal übereinstimmende Erklärung) klagbar gemacht hatte, war letztlich die allgemeine »naturrechtliche« Regel, daß man zu seinem eigenen Wort zu stehen habe (fides).

Im Common Law verläuft die entsprechende Entwicklung weniger konsequent, und es gehört zu den bemerkenswerten Belegen für die Eigenständigkeit der Rechtsevolution, daß ein wirtschaftlich weni-

hungsgeschäfte zur Verfügung standen. Man konnte einen nicht sofort gezahlten Kaufpreis in ein (evtl. verzinsliches) Darlehen verwandeln. .

48 So, dieses Verständnis von causa ablehnend, Pothier a.a.O.

49 Man beachte, daß auch das römische Recht (und vermutlich schon sehr früh, nämlich zu spätrepublikanischer Zeit), den Vertrag extrem formal bestimmte, aber mit Hilfe einer ganz anderen Unterscheidung, nämlich der von contrahere und solvere. Die Digesten zitieren Pomponius aus libro quarto ad Quintum Mucium: »Prout quidque contractum est, ita et solvi debet.« (D 46.3.80.) Man beachte das »quidque«. Dennoch war diese Abstraktion kompatibel mit einer Begrenzung der Zulassung von Vertragstypen und mit Unsicherheiten über den erklärten Willen der Vertragschließenden.

ger entwickeltes Territorium wie das Deutsche Reich radikalere Konsequenzen zieht als das marktwirtschaftlich und kommerziell fortschrittlichere England. Das erklärt sich vor allem dadurch, daß die eigentlichen Beschränkungen der Vertragsfreiheit nicht im Fehlen privatrechtlicher Instrumente liegen, sondern in obrigkeitlichen Reglementierungen des Grundstücksverkehrs, der Warenproduktion, des Handels und des Dienstrechts. In Deutschland hilft man sich deshalb zunächst mit einer vorsichtigen Generalisierung von Privilegien.[50] In England werden solche Beschränkungen früher abgebaut als auf dem Kontinent.[51] Die Unterschiede des privatrechtlichen Vertragsrechts werden sich daher zunächst kaum ausgewirkt haben. Sie mögen, was das Common Law betrifft, an der stärkeren Stellung der Gerichte liegen, die ihre traditionellen Kontrollinstrumente zu erhalten versuchen, aber sicher auch an der geringeren Bedeutung des Universitätsstudiums und der Lehrbuchtradition. Auch hier beginnt die Entwicklung des Rechtsinstituts Vertrag, parallel zur kommerziellen Entwicklung im Mittelalter, und zwar in der Weise, daß Probleme der Rechtsverletzung aus dem Deliktrecht in ein mit Klagerechten ausgestattetes Vertragsrecht[52] überführt werden. Am Ende des 16. Jahrhunderts wird mit der Doktrin der »consideration« ein Motivfaktor in das Vertragsrecht eingeführt, nämlich das bindende Versprechen in Anbetracht einer bereits er-

---

50 Siehe hierzu Diethelm Klippel, »Libertas commerciorum« und »Vermögens-Gesellschaft«: Zur Geschichte ökonomischer Freiheitsrechte in Deutschland im 18. Jahrhundert, in: Günter Birtsch (Hrsg.), Grund- und Freiheitsrechte im Wandel von Gesellschaft und Geschichte: Beiträge zur Geschichte der Grund- und Freiheitsrechte vom Ausgang des Mittelalters bis zur Revolution von 1848, Göttingen 1981, S. 313-335.

51 Gerald Stourzh, Wege zur Grundrechtsdemokratie: Studien zur Begriffs- und Institutionengeschichte des liberalen Verfassungsstaates, Wien 1989, S. 31 f., umschreibt dies mit dem glücklichen Begriff der »Fundamentalisierung« (im Unterschied zu rechtstechnischer »Konstitutionalisierung«) von Individualrechten im Common Law, die zur Folge hatte, daß Eingriffe nicht nur rechtswidrig waren, sondern auch politischen Aufmerksamkeitswert hatten. Vgl. dazu ferner Dieter Grimm, Soziale, wirtschaftliche und politische Voraussetzungen der Vertragsfreiheit: Eine vergleichende Skizze, in ders., Recht und Staat der bürgerlichen Gesellschaft, Frankfurt 1987, S. 165-191.

52 Man kann dies an der Geschichte des action of assumpsit ablesen. Siehe zur Diskussion über den Zeitpunkt bzw. die Dauer der Entwicklung William M. McGovern, The Enforcement of Informal Contracts in the Later Middle Ages, California Law Review 59 (1971), S. 1145-1193.

brachten oder zu erwartenden Gegenleistung.[53] Noch Hume, der in deutlicher Distanz zur Begrifflichkeit der Jurisprudenz eine fortschrittliche Vertragskonzeption im Kontext einer Theorie historischer Gesellschaftsentwicklung vertritt, hält es aus erkenntnispsychologischen Gründen für erforderlich, »that *delivery*, or a sensible transference of the object is commonly required by civil laws, and also by the laws of nature«.[54] Erst am Anfang des 19. Jahrhunderts werden ganz auf die Zukunft gerichtete, durch keinerlei geschaffene Fakten präjudizierte, allein auf dem Willen der Vertragschließenden beruhende Verträge auch in England anerkannt.[55] Erst jetzt übernimmt auch England das rechtskonstruktive Substitut der alten aktionenrechtlichen Vertragslehren: daß ein Vertrag durch zwei übereinstimmende Willenserklärungen, durch Angebot und Annahme, zustande komme.[56] Erst jetzt gibt es im eigentlichen Sinne *zukunftsbindende* Verträge, *die auch dann rechtswirksam sind, wenn noch keiner der Vertragschließenden im Vertrauen auf den Vertrag irgendwie disponiert hat.* Und erst jetzt wird law of contract ein umfangreiches, lehrbuchmäßig abgehandeltes Thema.[57]

Mit der Institutionalisierung der Vertragsfreiheit erhält die struktu-

---

53 Dazu ausführlich A.W.B. Simpson, A History of the Common Law of Contract: The Rise of the Action of Assumpsit, Oxford 1975, Neuausgabe 1987, insb. S. 316 ff. Im heutigen Recht versteht man unter »consideration« die Gesamtheit der Bedingungen, die ein Versprechen erzwingbar machen. Der Begriff ist also auf Erweiterung durch neue, fallbezogene Einsichten angelegt. Siehe dazu Melvin Aron Eisenberg, The Principles of Consideration, Cornell Law Review 67 (1982), S. 640-665. Zum Vergleich mit der kontinentaleuropäischen Entwicklung und insbesondere der causa-Doktrin siehe vor allem Max Reibstein, Die Struktur des vertraglichen Schuldverhältnisses im anglo-amerikanischen Recht, Berlin 1932: ferner Eike von Hippel, Die Kontrolle der Vertragsfreiheit nach anglo-amerikanischem Recht: Ein Beitrag zur Considerationenlehre, Frankfurt 1963. Der Grund für diese Lehre dürfte vor allem im traditionellen Mißtrauen des Juristen gegen Schenkungen zu suchen sein.

54 So in: David Hume, A Treatise of Human Nature Book III, Part II, Sect. IV, zit. nach der Ausgabe der Everyman's Library, London 1956, Bd. II, S. 218.

55 Siehe Philip A. Hamburger, The Development of the Nineteenth-Century Consensus Theory of Contract, Law and History Review 7 (1989), S. 241-329 – im übrigen auch eine gute Darstellung einer durch interne Probleme und nicht durch externe Anpassungszumutungen bedingten Evolution.

56 Siehe hierzu Patrick S. Atiyah, The Rise and Fall of Freedom of Contract, Oxford 1979, insb. S. 419 ff.

57 Siehe dazu für Amerika Lawrence M. Friedman, Contract Law in America: A Social and Economic Case Study, Madison Wisc. 1965, S. 17 f.

relle Kopplung von Wirtschaft und Recht ihre moderne (um nicht zu sagen: perfekte) Form. Die Wirtschaft kann Transaktionen arrangieren, ohne dabei ein enges Netz möglicher Vertragstypen in Betracht zu ziehen.[58] Sie kann sich, wenn Rechtsfragen im Blick stehen, auf Beachtung oder Umgehung von Verboten konzentrieren. Umgekehrt gewinnt das Rechtssystem entsprechende Freiheiten für die Fortsetzung der eigenen Autopoiesis. Es gewinnt die Freiheit, den Willen der Vertragschließenden im Rückblick zu interpretieren, etwas nicht ausdrücklich Bedachtes in den Sinn des Vertrages hineinzuimplizieren[59], Vertragselemente über »ergänzende Auslegung« einzubauen oder als Verstoß gegen »die guten Sitten« auszubauen (§§ 157, 138 BGB) und Resultate solcher Gerichtspraxis in fallnahen Regelungen, etwa im Anmerkungsapparat zu § 242 BGB, zu kodifizieren. Auf diese Weise kann man die mit der Konzession von »Vertragsfreiheit« aufgegebene Kontrolle in erheblichem Umfang wiedergewinnen. Die Bewährungsprobe hat diese Lösung in den Wirtschaftskrisen nach dem Ersten Weltkrieg bestanden. Verträge wurden in erheblichem Umfang durch die Gerichte den Verhältnissen angepaßt – zum Beispiel in der Weise, daß der Begriff der »wirtschaftlichen Unmöglichkeit« mit dem der »Unmöglichkeit der Leistung« gleichgesetzt wurde.[60] Aus der Perspektive des Rechtssystems ist und bleibt dann der Vertrag eine Form für die Entstehung von Obligationen, die im streitigen Fall nachträglich zu prüfen sind, während das Wirtschaftssystem im Modus von Transaktionen den eigenen Zustand verändert mit Folgen, die durch das Recht faktisch kaum zu kontrollieren, geschweige denn zu »steuern« sind.

Zu den bemerkenswertesten strukturellen Kopplungen von Rechts-

---

58 Rechtssoziologen arbeiten gerne diese Seite des Außerachtlassens von Recht heraus. Siehe Stewart Macauley, Non-contractual Relations in Business: A Preliminary Study, American Sociological Review 28 (1963), S. 55-67.

59 Jay A. Sigler, An Introduction to the Legal System, Homewood Ill. 1968, S. 35, bringt dafür das Beispiel, daß Risikokontrolle in bezug auf Schäden, die Arbeiter während der Arbeit einander wechselseitig zufügen können, nach dem Sinn des Arbeitsvertrags dem Arbeitgeber obliegt, auch wenn dies nicht ausdrücklich abgemacht ist (Rechtsentwicklung in den USA und in England im 19. Jahrhundert).

60 Siehe dazu im Zusammenhang mit allgemeinen Trends zur Entwicklung unberechenbarer richterlicher Begründungsformeln Josef Esser, Argumentations- und Stilwandel in höchstrichterlichen Zivilentscheidungen, Etudes de Logique Juridique 6 (1976), S. 53-77 (68 ff.).

system und Wirtschaftssystem, die sich im Anschluß an die Institutionalisierung von Eigentum und Vertragsfreiheit fast unbemerkt ergeben haben, gehört eine wichtige Ausnahme im Recht der Haftung für absichtlich herbeigeführte Schäden – ein folgenreiches Rechtsprivileg, das vorsätzliche Schädigungen anderer erlaubt, wenn sie im Rahmen wirtschaftlicher Konkurrenz erfolgen. Man kann eigene Produktion beginnen, ein eigenes Geschäft eröffnen, obwohl man weiß oder in Kauf nimmt, daß andere dadurch Einkommenseinbußen erleiden oder vielleicht sogar ihren Betrieb schließen müssen; und dies, obwohl (im Rahmen des § 823 BGB) ein Recht am eingerichteten und ausgeübten Gewerbebetrieb grundsätzlich anerkannt wird. Dies Privileg zur Schädigung anderer wird gewährt, weil das Wirtschaftssystem auf Konkurrenz aufbaut und ohne Konkurrenz, so vermutet man wenigstens, nicht gleich gute Resultate erzielen würde. Auch dieses Beispiel zeigt im übrigen die Verschiedenheit der Formen, in der dieser Sachverhalt im Rechtssystem und im Wirtschaftssystem auftritt. Daß es sich um ein Prinzip fast gleichen Ranges mit Institutionen wie Eigentum und Vertrag handelt, ist für Juristen schwer zu erkennen, während umgekehrt im Wirtschaftssystem Konkurrenz als fundamentale Struktur angesehen wird.

Daß strukturelle Kopplung sowohl trennt als auch verbindet, wird außerdem erkennbar, wenn man auf die unterschiedliche Behandlung des Zusammenhangs von Eigentum und Vertrag im Wirtschaftssystem und im Rechtssystem achtet. Im Wirtschaftssystem besteht der Wert des Eigentums unter der Bedingung von Geldwirtschaft weitgehend (für ökonomische Theorie: nahezu ausschließlich) in der Verwendung in Transaktionen. Wert ist Tauschwert. Die Juristen sind dagegen gewohnt, Rechtsansprüche aus Eigentum und Rechtsansprüche aus Vertrag getrennt zu sehen. Es würde das Zivilrecht revolutionieren, wollte man diese Trennung aufgeben. Man kann sich allerdings fragen, ob sich das Verfassungsrecht in der Interpretation des Eigentumsschutzes ebenfalls dieser Trennung bedienen muß, oder ob hier nicht eine stärkere Öffnung gegenüber den wirtschaftlichen Realitäten (mit welchen juristischen Konsequenzen auch immer) angebracht wäre.[61] Jedenfalls aber verhindert

---

61 So hat das Bundesverfassungsgericht mit Beschluß vom 18.12.1985 (Arbeit und Recht 24 (1986), S. 157) es abgelehnt, das Recht des Unternehmers, die Arbeitszeit

die Trennung der Systeme eine automatische Übertragung der wirtschaftlichen Betrachtungsweise ins Recht (trotz aller Theorien über »ökonomische Analyse des Rechts«), und man kann sich allenfalls fragen, ob die scharfe Trennung von Eigentumsansprüchen und Vertragsansprüchen im Rechtssystem nur Tradition ist und nur durch die Unübersichtlichkeit der Folgen einer Änderung gehalten wird, oder ob gute Rechtsgründe nach wie vor dafür sprechen.

Ein Grund für diese Trennung könnte darin liegen, daß der Vertrag als Quelle von rechtsgültigen Ansprüchen dem Privatwillen Macht über den Einsatz politischer Gewalt gibt. Sie muß bei der Durchsetzung von Vertragsansprüchen zur Verfügung stehen, obwohl sie am Vertrag gar nicht beteiligt war. Die Kühnheit dieser Form wird erst erkennbar, wenn man begreift, daß damit das Rechtssystem und, was Einsatz von physischer Gewalt angeht, auch das politische System sich durch Privatwillen, das heißt durch Wirtschaft, konditionieren lassen. Das Symbol »Rechtsgeltung«, dessen Benutzung den Zustand des Rechtssystems selbst verändert und das politische System zur Deckung verpflichtet, wird damit partiell für Konditionierungen geöffnet, die in ihrer Motivation nicht durch das Recht kontrolliert werden. Eine immense Erhöhung der Varietät des Systems und entsprechend eine rein statistisch faßbare Zunahme zivilrechtlicher Prozesse ist die Folge.[62] Immer noch behalten die Gerichte das letzte Wort, wenn es darum geht, ob ein Vertrag rechtswirksam zustande gekommen ist oder nicht. Die Öffnung des Systems beruht auf seiner operativen Schließung. Sie wird durch Ausweitung der strukturellen Kopplung zwischen Wirtschaftssystem und Rechtssystem bewirkt, und zwar, wie die kurz angedeu-

zu bestimmen, auf Grund Art. 14 GG zu schützen, da es sich aus Vertrag, nicht aus Eigentum herleite. Vgl. dazu kritisch Rupert Scholz, Verdeckt Verfassungsneues zur Mitbestimmung?, Neue Juristische Wochenschrift 39 (1986), S. 1587-1591; Dieter Suhr, Organisierte Ausübung mediatisierter Grundrechte im Unternehmen, Arbeit und Recht 26 (1988), S. 65-77.

62 Siehe Christian Wollschläger, Zivilprozeß-Statistik und Wirtschaftswachstum im Rheinland von 1822-1915, in: Klaus Luig / Detlef Liebs (Hrsg.), Das Profil des Juristen in der europäischen Tradition: Symposion aus Anlaß des 70. Geburtstags von Franz Wieacker, Ebelsbach 1980, S. 371-397. Inzwischen ist die Forschungslage besonders im Hinblick auf Langfristperspektiven sehr viel unsicherer, und sicher modifizieren andere Variablen wie z. B. außergerichtliche Konfliktbeilegung das Bild. Siehe dazu die Länderberichte im Law and Society Review 24 (1990), S. 257-352.

tete Geschichte lehrt, durch eine extrem vorsichtige Gangart, die auf Problemdruck nicht sofort nachgibt, sondern erst Erfahrungen mit Kleinvariationen im eigenen System sammelt. Trotzdem sind die Auswirkungen dieses Umbaus von Eigentumsbegriff und Vertragsrecht immens, und eine der wichtigsten Konsequenzen ist vielleicht, daß der auf Demokratie reagierende regulative Staat seinen Interventionen die problematische (weil indirekte) Form der Einschränkung von Eigentumsgebrauch und Vertragsfreiheit geben muß.

Zieht man als weiteres Funktionssystem das politische System in Betracht, dann zeigt sich nämlich, daß dieses System in erheblichem Maße durch die Form der strukturellen Kopplung von Wirtschaftssystem und Rechtssystem betroffen ist, und zwar deshalb, weil die politische Konditionierung eines erheblichen Geldumsatzes (Stichwort Steuern) und der Gesetzgebung die wichtigsten, ja die einzigen politischen Instrumente sind, die effektiv sich auf unübersehbare Details auswirken.[63] Im Mittelalter war dieses Problem nicht akut gewesen, da dominium so viel wie politische Herrschaft bedeutete und insoweit von iurisdictio nicht unterschieden wurde. Das 18. Jahrhundert hatte in Reaktion auf die politische Freigabe des Eigentums zwei unterschiedliche Konzepte hervorgebracht, die den neuen Verhältnissen Rechnung tragen sollten, nämlich (1) die inhaltliche Bestimmung der »despotischen« politischen Gewalt als rationale und dadurch begrenzte Eigentumsverwaltung durch die Physiokraten und (2) die an Eigentum gebundene Theorie der politischen Repräsentation des Volkes in Großbritannien und, noch deutlicher, in Nordamerika.[64] Für einen kurzen historischen Augenblick, und in diesem Augenblick entsteht der moderne Begriff der Verfassung, mochte es so scheinen, als ob die Politik sich auf eine Beobachtung und eventuelle Korrektur der Beziehungen zwischen Recht und Wirtschaft beschränken könne. Aber dann übt

---

63 Man kann dies an Fällen empirisch kontrollieren, wo diese Voraussetzungen nicht, oder nicht in gleichem Maße, gegeben sind – an China zum Beispiel. Vgl. Li, Hanlin, Die Grundstrukturen der chinesischen Gesellschaft, Opladen 1991.
64 Bei aller Emphase, mit der die Volkssouveränität vertreten wird, ist doch klar, daß mit »people« nur erwachsene männliche Eigentümer mit einem nennenswerten Einkommen gemeint sind. »Representation of the property of the people« heißt es, die Wahrheit wie aus Versehen zugestehend, bei James Burgh, Political Disquisitions, 3 Bde., London 1774-75, Bd. 3, S. 272.

die offene wechselseitige Irritation von Rechtssystem und Wirtschaftssystem auf das politische System eine unwiderstehliche Attraktion aus. Erst um die Mitte des 19. Jahrhunderts kommt das Schlagwort von »freedom (oder liberty) of the contract« in Umlauf[65], während man vorher nur über die Bindungswirkung vertraglicher Willenserklärungen diskutiert hatte; und der neue Begriff scheint wie zur Abwehr staatlicher Interventionen, besonders im Arbeitsrecht und im Kartellrecht, erfunden zu sein.[66] Die strukturelle Kopplung von Rechtssystem und Wirtschaftssystem wird zum Medium für das Medium politischer Macht, das heißt zu einer losen Kopplung von Möglichkeiten, die durch kollektiv bindende Entscheidungen in politisch annehmbare Formen gebracht werden können. Um erhoffter wirtschaftlicher Effekte willen werden Eigentumsgebrauch und Vertragsfreiheit rechtlich immer stärker eingeschränkt. Seit einiger Zeit experimentiert das politische System an den Grenzen dieser Möglichkeit, das heißt: mit der Frage, wie weit es mit Interventionen gehen kann, ohne die Autopoiesis jener beiden Systeme, nämlich die selbstregenerative Kraft des Geldes und des Rechts, zu gefährden. Im übrigen lautet die inzwischen hinreichend deutliche Lektion, daß die auf diese Weise erzielbaren Effekte nie den politischen Intentionen entsprechen, weil sie immer durch die selbstreferentielle Operationsweise und Strukturdeterminiertheit der betroffenen Systeme bestimmt sind. Für die Autopoiesis des politischen Systems scheint dies jedoch wenig zu besagen, denn für sie kommt es auf die kollektiv bindende Kommunikation von Interventionsabsichten an und nicht auf die viel später eintretenden oder nicht eintretenden tatsächlichen Effekte.

IV

Der Ausbau von Eigentumsrechten und Vertragsfreiheit konnte nur einen Teil der Probleme der sich modernisierenden Gesellschaft auffangen, konnte nur den Bereich mit Irritationen versorgen, der dann Privatrecht heißt. Im Verhältnis von politischem System und

65 In England etwas früher mit Höhepunkt um 1870 (vgl. Atiyah a.a.O. 1979, insb. S. 383 ff.), in den USA erst gegen Ende des Jahrhunderts.
66 Siehe dazu den auch als Zeitdokument bemerkenswerten Aufsatz von Roscoe Pound, Liberty of Contract, Yale Law Review 18 (1909), S. 454-487.

Rechtssystem ergeben sich völlig andere Probleme, und entsprechend beginnt man nach der Durchsetzung des modernen Territorialstaates schärfer als zuvor, zwischen Privatrecht und öffentlichem Recht zu unterscheiden.[67] Die andersartige Situation des politischen Systems im Verhältnis zum Recht mag zunächst daran gelegen haben, daß die ständisch-stratifikatorische Differenzierung trotz aller politischen Entmachtung der Stände die politischen Entwicklungen stärker beschränkte als die Wirtschaft. Solange in der Wirtschaft agrarische Verhältnisse überwogen, blieb der Adel für die Organisation der Arbeit auf dem Lande und die Wertabschöpfung politisch unentbehrlich. Die Gutswirtschaft und, mit ihr verbunden, die lokale Gerichtsbarkeit breiten sich seit dem 11. Jahrhundert (Ausnahme Skandinavien) in ganz Europa aus. Für die Geldwirtschaft mochte es weniger wichtig sein, wer diese Funktion erfüllte; aber politisch konnte diese Stellung des Adels nicht übergangen werden, ob er diese Funktion nun persönlich oder durch Vertreter wahrnahm. Die Verhältnisse in den einzelnen europäischen Ländern unterschieden sich jedoch erheblich – nicht zuletzt wegen unterschiedlicher Grade der Kommerzialisierung, der Kapitalbildung und der öffentlichen Verschuldung. Unter weiter fortgeschrittenen Verhältnissen konnte man an Repräsentativverfassungen denken, die den Eigentümern als solchen Einfluß boten. In Deutschland waren Rücksichtnahmen zwischen Herrscherhaus und Ständen mehr oder weniger unvermeidbar.[68]

Seit dem 16. Jahrhundert waren Entwicklungen wirksam geworden, die den Adel nicht nur finanziell in Schwierigkeiten brachten (und ihn dadurch von Politik abhängig machten), sondern auch die gesamte stratifikatorische Ordnung mit Hilfe eines danebengebauten

---

67 Daß diese Unterscheidung viel mit der Differenz von Rechtssystem und politischem System zu tun hat, aber als Einteilung von Rechtsgebieten jener Differenz nicht gerecht werden kann, zeigt Morton J. Horwitz, The History of the public/privat distinction, University of Pennsylvania Law Review 130 (1982), S. 1423-1428. Zur älteren deutschen Entwicklung vgl. Rudolf Hoke, Die Emanzipation der deutschen Staatsrechtswissenschaft von der Zivilistik im 17. Jahrhundert, Der Staat 15 (1976), S. 211-230; Dieter Wyduckel, Ius publicum: Grundlagen und Entwicklung des öffentlichen Rechts und der deutschen Staatsrechtswissenschaft, Berlin 1984, insb. S. 131 ff.; Michael Stolleis, Geschichte des öffentlichen Rechts Bd. 1, München 1988.

68 Vgl. dazu Gerhard Dilcher, Vom ständischen Herrschaftsvertrag zum Verfassungsgesetz, Der Staat 27 (1988), S. 161-193.

»Staates« unterliefen. Diese Entwicklungen hatten sich auf die (im vorigen Kapitel behandelte) semantische Einheit von Politik, Recht und Gesellschaft gestützt, hatten aber das Anlaufen neuer Formen der Differenzierung in Funktionsbereiche nicht verhindert. Im Ergebnis erwies sich schließlich der »Staat« als Träger der strukturellen Kopplung von politischem System und Rechtssystem – freilich nur unter der besonderen Bedingung, daß der Staat eine Verfassung erhielt, die das positive Recht zum politischen Gestaltungsmittel und zugleich das Verfassungsrecht zum rechtlichen Instrument der Disziplinierung von Politik werden ließ. Diese Form der Kopplung durch den konstitutionellen Staat ermöglichte auf *beiden* Seiten, für das politische System und für das Rechtssystem, die *Realisierung höherer Freiheitsgrade* und eine bemerkenswerte *Beschleunigung der jeweils systemeigenen Dynamik.*

Erst gegen Ende des 18. Jahrhunderts erfindet man – an der Peripherie Europas, in den nordamerikanischen Staaten – diejenige Form, die auf neuartige Weise eine strukturelle Kopplung von Rechtssystem und politischem System garantiert, nämlich das, was seitdem »Verfassung« heißt.[69] Als reale Errungenschaften (im Unterschied zu bloßen Texten) existieren Verfassungen, wenn es gelingt, die wechselseitige Beeinflussung von Recht und Politik auf die in der Verfassung des Staates vorgesehenen Kanäle zu beschränken und im Rahmen dieser Kopplungen die Möglichkeiten zu steigern. An dieser Form der strukturellen Kopplung wird dann sichtbar, daß andere Möglichkeiten wirksam ausgeschlossen sind. Andere Möglichkeiten – das heißt konkret zum Beispiel: Ausnutzung von Rechtspositionen in der Wirtschaft (Reichtum, rechtliche Kontrolle über politisch wichtige Chancen) zur Erlangung politischer Macht[70]; politischer Terror; politische Korruption. Soweit das politische System auf der einen Seite, das Rechtssystem auf der anderen

---

69 Hierzu ausführlicher: Niklas Luhmann, Verfassung als evolutionäre Errungenschaft, Rechtshistorisches Journal 9 (1990), S. 176-220.
70 Bei einem so heiklen Thema muß man den Leser bitten, genau zu lesen. Selbstverständlich kann und soll nicht ausgeschlossen sein, daß Rechtspositionen ein Faktor im politischen Kalkül sind; man denke nur an die rechtlich gesicherte Möglichkeit, Produktionswerkstätten und damit Arbeitsplätze ins Ausland zu verlagern. Was durch die Verfassung als Form struktureller Kopplung ausgeschlossen sein sollte, ist nur: daß diese Möglichkeit als Grundlage für den Aufbau von Pressionsmacht benutzt werden kann, mit der dann auch ganz andere Ziele verfolgt werden können, also generell Politik gemacht werden kann.

über »private« Pressionsmacht, Terror und Korruption verknüpft sind, kann weder das eine noch das andere System, sofern man sie überhaupt unterscheiden kann, hohe Komplexität erreichen. Über Verfassungen erreicht man also durch *Beschränkung* der Berührungszonen auf beiden Seiten eine *immense Zunahme* von wechselseitiger Irritabilität – mehr Möglichkeiten des Rechtssystems, politische Entscheidungen in Rechtsform zu registrieren, aber auch mehr Möglichkeiten der Politik, das Recht zur Politikumsetzung zu benutzen. Und das Problem ist dann auf beiden Seiten, mit welchen Strukturformen so hohe Zunahme von Varietät bewältigt werden kann. Fast kann man deshalb sagen: Demokratie ist eine Folge der Positivierung des Rechts und der damit gegebenen Möglichkeiten, das Recht jederzeit zu ändern.

Aber das war natürlich nicht das Motiv für die Erfindung desjenigen Mechanismus, der seit dem letzten Drittel des 18. Jahrhunderts Verfassung heißt. Das hätte man nicht planen, nicht wollen können. Die evolutionäre Erfindung, die diesen Namen trägt und die Funktion der Kopplung übernimmt, verdankt sich einer bestimmten historischen Situation und, wohl nicht zufällig, der politischen peripheren Lage Nordamerikas.[71] In der nachrevolutionären Situation Nordamerikas war es nicht nur, ja nicht einmal in erster Linie um grundlegend neues Recht oder um juristische Innovationen gegangen. Das Normmaterial war vorhanden, der Naturrechtsbezug wurde als gegeben unterstellt. Vielmehr ging es darum, das Vakuum zu beseitigen, das durch die Unabhängigkeit von der englischen Krone entstanden war. Souveräne Staaten mußten auf einzelstaatlicher und schließlich auf nationaler Ebene überhaupt erst geschaffen werden, und die schriftlich fixierte Verfassung war dazu das geeignete, hinreichend eindeutige und sofort wirksame Instrument. Verglichen mit der zweitausendjährigen Entwicklung des Zivilrechts geschieht diese Mutation plötzlich und in der Form einer konzeptuellen Innovation. Der Begriff »constitutio« hatte zwar seinerseits geschichtliche Wurzeln. Teils bezeichnete er die (gesunde oder kranke) Verfaßtheit eines individuellen oder politischen Körpers, teils kaiserliche Edikte, fürstliche Dekrete, statutes, ordinances

---

71 Auch die dafür wichtigen semantischen und strukturellen Vorleistungen der »colonial charters« lassen sich auf Grund einer Zentrum/Peripherie-Differenz erklären. Siehe etwa Donald S. Lutz, The Origins of American Constitutionalism, Baton Rouge, Louisiana 1988.

usw., denen Gesetzeskraft zugesprochen wurde. Politischer und juristischer Sprachgebrauch liefen jedoch nebeneinander her, und nur in England war es üblich geworden, von der »constitution« als den tragenden Prinzipien der rechtlichen und politischen Ordnung des Landes zu sprechen.[72] Erst die politischen Veränderungen, die Revolutionen in Nordamerika und in Paris sowie der Wegfall der juristischen Oberaufsicht durch das Reich in Deutschland führen dazu, daß diese beiden Begriffstraditionen zusammengeschlossen werden. Seitdem versteht man unter Verfassung ein positives Gesetz, das das positive Recht selbst begründet und von daher bestimmt, wie politische Macht organisiert und in Rechtsform mit rechtlich gegebenen Beschränkungen ausgeübt werden kann.[73]

Juristisch gesehen kann eine Verfassung mit diesem Stellenwert nur ein autologischer Text sein, das heißt ein Text, der sich selbst als Teil des Rechts vorsieht.[74] Das geschieht zum Beispiel in der Form einer Kollisionsregel, vor allem dadurch, daß die Verfassung sich selbst

---

72 Zur Entwicklung des Sprachgebrauchs vgl. Gerald Stourzh, Constitution: Changing Meanings of the Term from the Early Seventeenth to the Late Eighteenth Century, in: Terence Ball / John G. A. Pocock (Hrsg.), Conceptual Change and the Constitution, Lawrence, Kansas 1988, S. 35-54; ders., Vom aristotelischen zum liberalen Verfassungsbegriff, in ders., Wege zur Grundrechtsdemokratie: Studien zur Begriffs- und Institutionengeschichte des liberalen Verfassungsstaates, Wien 1989, S. 1-35. Heinz Mohnhaupt, Verfassung I, in: Geschichtliche Grundbegriffe: Historisches Lexikon zur politisch-sozialen Sprache in Deutschland Bd. 6, Stuttgart 1990, S. 831-862. *Daß* der Begriff während der amerikanischen und dann während der Französischen Revolution einen neuen, durch aktuelle Politik bedingten Sinn erhält, ist ebenso unbestritten wie unklar bleibt, *worin* genau die Innovation besteht. Das Problem liegt nicht zuletzt darin, daß politische Begriffe, Postulate, Organisationsvorschläge in Frankreich einen ganz anderen Sinn annehmen als in den Vereinigten Staaten, wo es kein Ständeproblem gibt, andererseits aber eine Tradition von colonial charters, die adaptierbar ist; und wo kein Einheitsstaat gegeben ist, sondern die Nation erst durch die Verfassung gebildet werden muß, usw.

73 Vgl. zu dieser Umstellung aus juristischer Sicht Dieter Grimm, Entstehungs- und Wirkungsbedingungen des modernen Konstitutionalismus, Akten des 26. Deutschen Rechtshistorikertages, Frankfurt 1987, S. 46-76; ders., Verfassung, Staatslexikon, herausgegeben von der Görres-Gesellschaft, 7. Aufl. Freiburg 1989, Bd. 5, S. 634-643; ders., Verfassung II, in: Geschichtliche Grundbegriffe a.a.O., Bd. 6, S. 863-899; beides neu gedruckt in ders., Die Zukunft der Verfassung, Frankfurt 1991.

74 Man mag hier an alte theologische Vorbilder denken, etwa daran, daß religiöse Erklärungen der Weltordnung eine sich selbst erklärende Komponente enthalten, nämlich Gott, um einen infiniten Regreß abschneiden zu können.

von der Regel ausnimmt, daß neues Recht altes Recht breche; ferner dadurch, daß die Verfassung ihre eigene Änderbarkeit/Unänderbarkeit regelt; ferner dadurch, daß die Verfassung regelt, ob und durch wen kontrolliert werden kann, ob das Recht ihr entspricht oder gegen sie verstößt; und schließlich dadurch, daß die Verfassung selbst die Proklamation der Verfassung enthält und dies mit Berufung auf den Willen Gottes oder den Willen des Volkes symbolisch externalisiert. Die historischen Umstände und Absichten der Verfassunggebung kehren, wenn überhaupt, erst über Auslegungsregeln in die Verfassung zurück.[75]

Mit all diesen Ungewöhnlichkeiten waren die Amerikaner, die sie zuerst und sogleich in der Rechtsprechung praktiziert haben[76], selbst nicht vertraut gewesen. Für genau diese Implikationen von Autologie gab es keine Traditionsvorbilder. Im übrigen beendete die Verfassung die alte Vergangenheitsoffenheit des Rechts und ersetzte sie durch Zukunftsoffenheit. Das heißt: Auch Argumente mit geschichtlichem Geltungsanspruch mußten sich jetzt an der Verfassung messen lassen[77], und andererseits normalisierte die Verfassung das Verfahren der laufenden Änderung des Rechts. Sie sieht dafür eine im Parlament auszuhandelnde und juristisch zu formierende Gesetzgebung vor.[78]

Mit gutem Recht behandelt das Rechtssystem die Verfassung als ein

---

75 Siehe die so umstrittene »original intent«-Doktrin des amerikanischen Verfassungsrechts.

76 Vgl. für judicial review: Commonwealth v Caton, 8 Virginia (4 Call) S. 5 ff.; Cases of the Judges of the Court of Appeals, 8 Virginia (4 Call), S. 135 ff.; Barnard v Singleton, 1 North Carolina (1 Martin) S. 5 ff. und auf nationaler Ebene die berühmte Entscheidung Marbury v Madison, 1 Cranch (1803), S. 137 ff. insb. 176 ff.

77 Zur Unhaltbarkeit einer rein historischen Ableitung von Legitimitätsansprüchen vgl. bereits Henry, Viscount Bolingbroke, A Dissertation upon Parties, Letter IX, zit. nach Works Bd. II, Philadelphia 1841, Nachdruck Farnborough Hants. England 1969, S. 79 ff.

78 Dabei muß es allerdings nicht bleiben, wenn man von der Getrenntheit der Systeme für Politik und für Recht ausgehen kann, also davon ausgehen kann, daß das Rechtssystem durch politische Änderungszumutungen nicht korrumpiert wird. Vor allem in den USA haben sich in den letzten Jahrzehnten sehr erfolgreiche soziale Bewegungen gebildet, die, ohne sich an den Kongreß zu wenden, eine Änderung der Rechtsprechung fordern. Siehe für zahlreiche Fälle Joel F. Handler, Social Movements and the Legal System: A Theory of Law Reform and Social Change, New York 1978.

geltendes Gesetz, das auszulegen und anzuwenden ist. Juristisch gesehen liegt dann die Innovation in der Positivität dieses Gesetzes, im Einbau der Differenz von Verfassungsrecht und anderem Recht in das positive Recht. Das gilt auch und besonders für die Kollisionsregeln und für etwaige Abänderungsverbote. Positives Recht kann also auch eine Selbstverewigung vollziehen – ein für das Mittelalter unvorstellbarer und ein in jedem Falle fragwürdiger Gedanke. Die traditionelle Legeshierarchie von göttlichem Recht, ewigem oder auch variablem Naturrecht und positivem Recht wird damit aufgegeben. Ihre kosmologischen und religiösen Grundlagen waren ohnehin zerfallen. Statt dessen bringt die Verfassung zum Ausdruck, daß alles Recht im Rechtssystem selbst zu verantworten sei. Dabei konnte man zunächst glauben, sich, besonders im Bereich der privaten Rechte, auf stabile Formen der Tradition des Common Law bzw. des Zivilrechts stützen zu können, vor allem natürlich auf das Rechtsinstitut des property bzw. des zivilrechtlichen Eigentums. Das Zivilrecht unterhält damit, besonders im 18. Jahrhundert, ganz enge Beziehungen zum Verfassungsrecht. Nach und nach gewinnt das Verfassungsrecht aber, auch begrifflich, diesen Vorgaben gegenüber Eigenständigkeit. Es hat sich dann nur noch auf sich selbst zu gründen, und es baut Gegenprinzipien in das Verfassungsrecht selbst ein – zum Beispiel Unabänderbarkeit in ein ansonsten änderbares Recht; oder auch Direktdurchgriffe auf »Werte« oder »moralische« Prinzipien, die dem Recht sonst nur im Kontext von geltenden Rechtsnormen und mit Autorisation durch sie erlaubt sind.[79] Schon im 18. Jahrhundert taucht der Begriff »un-

79 Man könnte natürlich sagen, dies gelte auch für die Verfassung selbst, da sie ja Menschenwürde und dergleichen erwähnt. Aber dann macht bereits die »Ist«-Form dieser Erwähnung (»ist unantastbar«) stutzig; und ein Blick in die hochkontroverse Literatur zur Verfassungsinterpretation belehrt, daß hier Werte, Moral usw. in verschiedenen Versionen (constitutional morality, aspirational morality, civil religion) nicht nur als Inhalte bestimmter Normen, sondern als generelle Interpretationsgesichtspunkte, oder noch deutlicher: als Regeln der Schließung eines anderenfalls offenen Horizontes rechtlicher Argumentation empfohlen werden. Siehe besonders deutlich: Ronald Dworkin, Taking Rights Seriously, Oxford 1977 (dt. Übers. Frankfurt 1984); ferner etwa Michael Perry, Morality, Politics and Law, London 1988, insb. S. 121 ff. Allerdings fehlt dieser Literatur zumeist (und besonders bei Neil MacCormick, Institutional Morality and the Constitution, in: Neil MacCormick / Ota Weinberger, An Institutional Theory of Law: New Approaches to Legal Positivism Dordrecht 1986, S. 171-188) die oben im Text vertretene Schärfe der Unterscheidung von Verfassungsinterpretation und sonstiger Gesetzesinterpreta-

constitutional« auf.[80] Sobald man aber constitutional/unconstitutional von legal/illegal zu unterscheiden beginnt, hebt die Verfassung ab. Jede Rechtsnorm kann dann verfassungswidrig sein – altes Recht und neues Recht, Verordnungen und Gesetze; nur nicht die Verfassung selbst. Das Recht besitzt jetzt also einen durch Selbstexemtion gesicherten Mechanismus, sich selbst für rechtswidrig zu erklären. Kein Wunder also, daß Thomas Jefferson zunächst meinte: so weit sei der Auftrag des Volkes zum Erlaß einer Verfassung eigentlich nicht gegangen[81]; man müsse bei normaler Rechtsänderung durch normale Gesetze bleiben.

Es ist nicht unwichtig zu bemerken, daß die Durchsetzung dieser Errungenschaft durch Verkennen ihres rechtsspezifischen Gehalts erleichtert wird. Sie wird statt dessen als Problem der Souveränität, als Problem der höchsten politischen Gewalt diskutiert. Und dann kann man erfolgreich geltend machen, daß Gerichte, die einzelne Gesetze für verfassungswidrig erklären, nicht selbst die Staatsführung und nicht einmal die Gesetzgebung für sich selbst reklamieren[82]; sie bleiben damit im Rahmen ihrer spezifisch richterlichen Funktion. Das Hinüberspielen des Problems in das politische System, das unter dem Titel Souveränität mit eigenen Problemen der Selbstreferenz und der paradoxen Fundierung eigene Sorgen hat, läßt die logische Revolutionierung des Rechtssystems, die Umstel-

---

tion. Und in jedem Falle ist *diese* Unterscheidung eine Unterscheidung *des Rechtssystems.*

80 The Oxford English Dictionary (2. Aufl. Oxford 1989, Bd. XVIII, S. 925 s.v. unconstitutional) bringt einen ersten Beleg von 1734. Siehe auch Bolingbroke a.a.O., S. 11 (»unconstitutional expedients«) – hier aber, wie sich aus dem Gesamtzusammenhang ergibt, im Kontext einer Unterscheidung constitution/government und nicht im Sinne einer Unterscheidung von Verfassungsrecht und normalem Recht. Größere Verbreitung gewinnt der Ausdruck erst im Kontext der amerikanischen Polemik gegen die Praxis des Londoner Parlaments, das sich für souverän hält und deshalb glaubt, niemals »unconstitutional« handeln zu können. Erst nach dem Erlaß geschriebener Verfassungen dringt der Ausdruck auch in die Rechtsprechung ein im Zuge der Rechtfertigung eines judicial review. Erster Fall wohl Commonwealth v Caton, 8 Virginia (4 Call), S. 5 ff vom November 1782.

81 In seiner Polemik gegen die seinen Vorstellungen nicht entsprechende Verfassung von Virginia (1776). Siehe Thomas Jefferson, Notes on the State of Virginia (1787), zit. nach der Ausgabe von William Peden, Neudruck New York 1982, S. 110 ff.

82 Siehe die Argumente von Alexander Hamilton in: The Federalist Papers No. 78, zit. nach der Ausgabe Middletown Con. 1961, S. 521-534; oder die Argumente von John Marshall in Marbury v Madison, 1 Cranch (1803), S. 137-180.

475

lung auf selbstreferentielle Geschlossenheit, unbemerkt anlaufen; oder es entlastet jedenfalls die Reflexion der Einheit des Systems von der Notwendigkeit, dieser »Katastrophe« sofort Rechnung zu tragen, bevor noch die spezifisch juristischen Instrumente für die neue Lage entwickelt sind.

Etwa zweihundert Jahre früher, zumeist wird Bodin als Quelle genannt, war das entsprechende Problem bereits im politischen System akut geworden. Souveränität wurde jetzt nicht mehr, wie im Mittelalter, als bloße Unabhängigkeit von Kaiser und Papst in politischen Angelegenheiten begriffen, sondern als Einheit der territorial begrenzten Staatsgewalt, also als Souveränität auch nach innen. Die politische Situation der religiösen Bürgerkriege ließ es als notwendig erscheinen, Fragen der Religion, der Moral und des Rechts nicht mehr dem eigenen Urteil des Adels zu überlassen. Dieses Urteil wurde vielmehr als Willkür beschrieben, mit der Folge, daß nun Willkür gegen Willkür stand mit der weiteren Folge, daß Willkür nur als souveräne Willkür, also nur an einer Stelle im Staat akzeptierbar erschien. Damit geriet man aber in das die Staatstheorie seitdem beschäftigende Problem, wie man ungebundene Willkür an der Spitze gleichwohl ihres Beliebens entkleiden (»quod principi placuit ...« wurde nun nicht mehr im Blick auf die Tugend des Fürsten gelesen, sondern als Freibrief für Belieben verstanden) und wie man den Souverän an rationale Regeln und vor allem: an eigene Versprechen binden könne. Die Staatstheorie blieb damit auf dem Paradox der Bindung der notwendigerweise ungebundenen Gewalt sitzen.[83] Die vielleicht glücklichste Formulierung, die diese Errungenschaft der dynamischen Stabilität der Systeme bei steigender Irritierbarkeit als Paradox erfaßt, verdanken wir Friedrich Schlegel: die repräsentative Verfassung sei »nichts ... als die fixierte Unruhe, die angehaltne Revolution, der gebundne absolute Staat«.[84]

Auf die historischen Details dieser Zuspitzung können wir hier nicht näher eingehen.[85] Wir halten nur fest, daß jede Höchstposi-

---

83 Hierzu Stephen Holmes, Jean Bodin: The Paradox of Sovereignty and the Privatization of Religion, in: J. Roland Pennock / John W. Chapman (Hrsg.), Religion, Morality and the Law, New York 1988, S. 5-45.

84 So in: Signatur des Zeitalters, zit. nach Friedrich Schlegel, Dichtungen und Aufsätze, hrsg. von Wolfdietrich Rasch, München 1984, S. 593-728 (713).

85 Vgl. zum gesellschaftstheoretischen Kontext auch Niklas Luhmann, Staat und

tion – die Gottes ebenso wie die des souveränen Staates – auf eine *unformulierbare Regel* angewiesen ist. Soviel bleibt. Aber das bedeutet keineswegs, wie man zur Zeit des absoluten Staates meinte, daß in irgendeiner Situation willkürlich entschieden werden könne. Es ist diese Interpretation der Souveränität als Willkür, die mit dem modernen Verfassungsstaat aufgegeben und in eine Aufteilung von Positionen mit unterschiedlichen Identitäten überführt wird. Das geschieht zunächst durch das Prinzip der Gewaltenteilung, faktisch aber durch die Differenzierung von Rechtssystem und politischem System mit je verschiedenem Paradoxie-handling. Die feste Form einer hierarchischen Ebenendifferenzierung muß (hier, wie auch in der Logik) aufgegeben werden. Sie kann nur durch Ambiguisierung der Innen/Außen-Differenz ersetzt werden. Die Verfassung kulminiert in Punkten, an denen unformulierbar wird, ob sie ihre Geltung dem System oder seiner Umwelt verdankt. Aber auch dies ist und bleibt eine systeminterne Ambiguität, die im Rechtssystem bzw. im politischen System einen je verschiedenen Sinn erhält je nach dem, wie die Systeme diese Einlaß-Stelle für Irritationen normalisieren. Aus soziologischer Distanz gesehen wird damit ein Mechanismus der strukturellen Kopplung etabliert, der den beteiligten Systemen nur in jeweils systeminterner Interpretation zugänglich ist. Im weiteren Rahmen der neuzeitlichen Semantik läuft dies auf eine Umstellung von Oben/Unten-Unterscheidungen auf Innen/Außen-Unterscheidungen hinaus. Damit werden alle »Prinzipien« systemabhängig, also kontingent. Ihre Letztformulierung muß dann ersetzt werden durch die Regel der Unformulierbarkeit der Regel, die die Einheit des Systems konstituiert.

Für unseren Zusammenhang kommt es also auf die Einsicht an, daß Selbstreferenzprobleme und Paradoxien sich in jedem System auf jeweils andere Weise stellen und im politischen System anders als im Rechtssystem. Dies ist der eigentliche Grund, weshalb die Entfaltung der jeweiligen Selbstreferenzen und die Auflösung der jeweiligen Paradoxien über den Mechanismus struktureller Kopplungen vermittelt werden und nicht über Metaregeln oder logische Lösungen, die in den Systemen selbst gefunden werden. Das heißt auch: daß für die Unsichtbarkeit, für die Inkommunikabilität, für die Un-

Staatsräson im Übergang von traditionaler Herrschaft zu moderner Politik, in ders., Gesellschaftsstruktur und Semantik Bd. 3, Frankfurt 1989, S. 65-148.

möglichkeit der Thematisierung des Problems und seiner Lösung im System gesorgt ist, und genau das geschieht durch das, was man als den metakonstitutionellen Sinn der Verfassung bezeichnen könnte.

Die Verfassung beschafft, können wir nunmehr zusammenfassen, politische Lösungen für das Selbstreferenzproblem des Rechts und rechtliche Lösungen für das Selbstreferenzproblem der Politik. Sie ist eine Verfassung des »Staates«, setzt also diesen als zu verfassendes Realobjekt voraus. Nicht der Text allein, sondern nur der Verfassungsstaat erfüllt die Kopplungsfunktion – wie immer begriffen als Volk-in-Form, als Anstalt, als Organisation oder bloß als »government«.[86] Die den Staat konstituierende und bestimmende Verfassung nimmt dabei in beiden Systemen einen je verschiedenen Sinn an. Für das Rechtssystem ist sie ein oberstes Gesetz, ein Grundgesetz. Für das politische System ist sie ein Instrument der Politik, und dies im doppelten Sinne von instrumenteller (Zustände ändernder) Politik und symbolischer (Zustände nicht ändernder) Politik. Beide Versionen sind, auch wenn sie semantisch einander zu widersprechen scheinen, kompatibel dank der operativen Geschlossenheit der Systeme. Nur in der jeweils systemeigenen Version unterliegen Zustände einer Veränderung durch die Operationen jeweils ihres Systems. Es mag sein, daß sich auf diese Weise der rechtliche und der politische Sinn der Verfassung auseinanderentwickeln, was sich in einer Steigerung der wechselseitigen Irritation bemerkbar machen wird. Ebensogut ist vorstellbar, und in vielen Entwicklungsländern ist beobachtbar, daß Verfassungen fast nur als Instrument symbolischer Politik dienen, weil es noch nicht gelungen ist, das Rechtssystem operativ zu schließen und gegen unmittelbare Beeinflussung durch Politik oder andere soziale Mächte abzudichten. Aber selbst dann ist das moderne Muster der strukturellen Kopplung noch erkennbar, wenn auch nur als wahrer (das heißt: funktionierender) Schein. Der nur symbolische Gebrauch von Verfassungen dient der Politik dazu, zu verfahren, so als ob das Recht sie limitieren und irritieren würde, und die wahren Machtverhältnisse der Insider-Kommunikation zu überlassen.[87] Im vollen

---

86 Die semantischen Unklarheiten in dieser Hinsicht sind ihrerseits ein Indikator dafür, daß es sich um einen (verschieden perspektivierten) Mechanismus struktureller Kopplung handelt.

87 Vgl. dazu mit einer etwas anderen Interpretation im Sinne von nichtrealisierter

Sinne erfüllt die evolutionäre Errungenschaft »Verfassung« ihre Funktion jedoch nur unter der Voraussetzung funktionaler Differenzierung und operativer Schließung von politischem System und Rechtssystem. Und genau dies ist die Prämisse, deren Latenz, deren Verkennung die Evolution dieser Errungenschaft überhaupt erst ermöglicht hat. Verfassungen im neuzeitlichen Verständnis dieses Begriffs sind erfunden worden unter dem Schutzschirm der fortdauernden (mittelalterlichen) Illusion, man könne Politik als Rechtsordnung begründen. Und man findet sie weithin praktiziert mit der Funktion, unsichtbar zu machen, daß die wirkliche Limitierung der Souveränität des politischen Systems durch Machtkämpfe und -kalküle innerhalb politischer Eliten bestimmt ist.

Was faktisch damit in Gang gesetzt wird, ist eine Geschichte der Auswirkungen wechselseitiger Irritationen, die langfristig gesehen die Richtung beeinflussen, in der die gekoppelten Systeme sich durch Abbau und Aufbau von Strukturen entwickeln. Das politische System unterliegt der Selbstirritation durch die Möglichkeit, Rechtsänderung anzuregen. Die Positivierung des Rechts bildet ein immenses Potential für politische Aktion, und die Politik befaßt sich laufend mit der Auswahl solcher Möglichkeiten. Wenn eine Rechtsänderung angeregt wird, ist das Politik. Das politische System kann auf sehr verschiedene Weise auf solche Initiativen reagieren, nicht aber dadurch, daß es sie gar nicht als systemeigene Operation erkennt. Für das politische System heißt Positivierung des Rechts daher Überforderung von Politik, besonders unter der strukturellen Entscheidung für Demokratie.

Ebenso ist das Rechtssystem politischen Initiativen ausgesetzt, die es in Verfahren der Gesetzgebung, der administrativen Regulierung und der Rechtsprechung (einschließlich der Rechtsprechung der Verfassungsgerichte) laufend abarbeiten muß. Das deformiert, wie sich unübersehbar zeigt, die traditionellen Formen der Konsistenzprüfung an Hand von gerichtlichen Fallentscheidungen und der sehr zähflüssig sich entwickelnden Rechtsdogmatik. Diese Ordnung wird gleichsam überbaut und mediatisiert durch eine Verfassungsinterpretation, die mit »Grundwerten« oder (in den USA) mit

Modernität Marcelo Neves, Verfassung und Positivität des Rechts in der peripheren Moderne: Eine theoretische Betrachtung und eine Interpretation des Falles Brasiliens, Berlin 1992. Vgl. außerdem die Ausführungen zum Thema Autonomie oben Kap. 2, IV.

moralischen Intuitionen arbeitet und sich damit eine Änderung der Werteabwägung von Fall zu Fall offen hält. Die scheinfeste Ordnung der Rechtssätze wird durch eine verflüssigte, stets provisorische Abwägungsrechtsprechung, das relativ Stabile also durch das prinzipiell Instabile gesteuert.[88] In der oben eingeführten Terminologie heißt das: die Varietät des Systems nimmt zu, und die Erhaltung der Redundanz wird zum Problem. Dafür müssen dann neue Formen ausprobiert werden – etwa im Gefolge von Abwägungsklauseln.

Entscheidend ist – und das macht der Begriff »strukturelle Kopplung« sichtbar –, daß die Verstärkung der wechselseitigen Irritation abhängig bleibt vom Ausschließungseffekt desselben Mechanismus. Nur wechselseitige Indifferenz macht es möglich, daß eine spezifische wechselseitige Abhängigkeit gesteigert wird.[89] Unter dieser Bedingung, die mit Bezug auf das Gesellschaftssystem als funktionale Differenzierung zu begreifen ist, lösen die Systeme die zirkuläre Struktur ihrer Selbstreferenz durch Externalisierung auf. Das Rechtssystem setzt sich selbst durch Bereitstellung von Möglichkeiten der Gesetzgebung politischen Einflüssen aus. Das politische System setzt sich selbst durch Demokratisierung den Verlockungen aus, Initiativen zur Änderung des Rechts zur Entscheidung zu bringen. Die Selbstreferenz der Systeme nimmt dann den Umweg über Einbeziehung der Umwelt in das System. Auf diese Weise werden hierarchische Asymmetrisierungen entbehrlich, nachdem ohnehin der Blick nach oben jeden Halt verloren hat.

Als Resultat dieser Entwicklung wird heute diskutiert, ob und wie der Apparat des klassischen Konstitutionalismus den Entwicklungen zum Wohlfahrtsstaat angepaßt werden könne.[90] Die Klarheit der zivilrechtlichen Formen, von denen man im Common Law

88 Vgl. auch die Betonung des »experimentellen, projektiven, auf Selbsterfüllung angelegten Charakters der »Werte« (der Verfassungsinterpretation), deren »realer Kurs letztlich vom Verfassungsgericht provisorisch festgesetzt und immer wieder neu ins Spiel gebracht wird«, bei Karl-Heinz Ladeur, Postmoderne Rechtstheorie: Selbstreferenz – Selbstorganisation – Prozeduralisierung, Berlin 1992, S. 166, 167.

89 Das Argument findet sich übrigens bereits im 18. Jahrhundert, bereits im Kontext der ersten Darstellungen der checks and balances von Gewaltenteilung. Vgl. Henry, Viscount Bolingbroke, Remarks on the History of England (1730), zit. nach Works Bd. I, Philadelphia 1841, Nachdruck Farnborough, Hants. England 1969, S. 292-455 (333 f.).

90 Siehe vor allem Dieter Grimm, Die Zukunft der Verfassung a.a.O. (1991).

ebenso wie im kontinentaleuropäischen Zivilrecht um 1800 ausgehen konnte, ist nicht länger gegeben. Mehr und mehr ändern sich die Vorstellungen über Sinn und Funktion der Grundrechte in Richtung auf allgemeine Wertprogramme, die als Richtlinien der Politik zu verstehen seien. Die Entscheidungsprobleme treten dann nicht mehr im politischen Überschreiten von Schranken auf, sondern in der Lösung für ständig neu auftretende Wertkonflikte. Mit Angaben, wie solche Konflikte zu entscheiden seien, greift die Verfassungsgerichtsbarkeit mehr und mehr in die Politik ein und diktiert zum Beispiel Ausgaben, wo Sparsamkeit angebracht wäre. Die Entwicklung bestätigt die politische Überzeugungskraft des Wohlfahrtsstaates und vor allem die Idee, daß unverdiente Schicksalsschläge von der Gemeinschaft ausgeglichen werden müßten.[91] Die ursprüngliche Funktion der Verfassung, Politik zu limitieren, gerät dabei außer Sicht. Man sieht zwar, daß der Wohlfahrtsstaat ein politischer Selbstläufer ist[92], zieht daraus aber nicht die Konsequenz, daß es der Funktion einer Verfassung entsprechen müßte, solchen Trends *entgegenzuwirken*. Eine Anpassung der Verfassung an die Gegebenheiten des Wohlfahrtsstaates müßte eher darin liegen, die Unabhängigkeit der Zentralbank zu garantieren und der Staatsverschuldung feste Grenzen vorzugeben.

V

Der Übergang zu einer primär funktionalen Differenzierung des Gesellschaftssystems erfordert neuartige strukturelle Kopplungen im Verhältnis der Funktionssysteme zueinander, nämlich Kopplungen, die der Autonomie und operativen Geschlossenheit der Funktionssysteme Rechnung tragen können. Die Funktionssysteme werden durch diese Mechanismen in der Gesellschaft gehalten; aber da sie ohnehin als Kommunikationssysteme operieren müssen, könnten sie gar nicht aus der Gesellschaft austreten. Strukturelle

---

91 Daß auch die Zivilrechtsprechung solchen Vorstellungen folgt und sich damit einem sich verändernden Sozialklima fügt, zeigt Lawrence M. Friedman, Total Justice, New York 1985.

92 Siehe Grimm a.a.O. (1991), S. 325 mit weiteren Hinweisen und mit der Feststellung, der Sozialstaat könne verfassungsrechtlicher Garantien eher entbehren als anderer Staatsziele. .

Kopplungen entwickeln sich daher ineins mit den neuen Funktionsautonomien. Das eine wäre nicht ohne das andere möglich.

Diese Darstellung hat noch ganz außer acht gelassen, daß es immer auch strukturelle Kopplungen für die Außenbeziehungen des Gesellschaftssystems gibt, also für das Verhältnis des Gesellschaftssystems zu den psychischen Systemen, deren Bewußtsein eine für Kommunikation notwendige Umwelt ist. Selbstverständlich unterhält das Rechtssystem, da es ja selbst Kommunikation durchführen muß, unmittelbare Beziehungen zu dieser psychischen Umwelt des Gesellschaftssystems. Es prägt sich direkt (und nicht etwa auf dem Umweg über irgendwelche anderen gesellschaftlichen Instanzen) in das Bewußtsein der Beteiligten ein. Es muß von daher Erleben und Handeln motivieren können, wenn nicht die entsprechende Kommunikation mangels Ressourcen zum Stillstand kommen soll. Recht bekommen zu können, im eigenen Rechtsgefühl bestätigt oder nicht bestätigt zu werden, kann Schicksal werden; es ist in jedem Fall keine belanglose Angelegenheit. Auch in dieser Hinsicht erfordert der Umbau in Richtung funktionale Differenzierung Umstellungen der Kopplungsmechanismen – schon deshalb, weil jedes Funktionssystem jetzt die Bedingungen der Inklusion von Bewußtsein oder auch von Körperverhalten (zum Beispiel Präsenz, Diszipliniertheit, Bewegungseinschränkungen, Darstellung von Aufmerksamkeit, etwa bei Gerichtsverhandlungen) selbst definieren muß und sich dafür, von Sprache abgesehen, kaum noch auf allgemeine gesellschaftliche Ordnungsvorgaben verlassen kann. Das Rechtssystem muß, wenn es mit ausdifferenzierten Subsystemen wie Geldwirtschaft, privatisierten Familien, politisch programmierten Staatsorganisationen usw. zu rechnen und sich auf entsprechende strukturelle Kopplungen einzulassen hat, auch sein Verhältnis zu Bewußtseinssystemen reformulieren.[93]

Die neuzeitliche Rechtsentwicklung trägt dem dadurch Rechnung, daß sie allgemeine, gesellschaftlich fundierte Normen der Rezipro-

---

93 Ein ähnliches Argument findet man bei Talcott Parsons, The System of Modern Societies, Englewood Cliffs 1971, insb. S. 18 ff., 82 u. ö., hier bezogen auf gesteigerte Ansprüche an die integrative (das heißt: Individuen einbeziehende) Funktion der »societal community«, die mit Hilfe eines legal systems in die üblichen Menschenrechte umgesetzt werden.

zität zur Rechtsfigur des subjektiven Rechts abstrahiert.[94] Die Rechtsgeltung wird damit formal unabhängig von Gegenseitigkeitsverpflichtungen lokaler Art, die Funktionskontexte übergreifen; sie gewinnt Unabhängigkeit auch vom genius loci des Adels und von der Pressionsmacht der Nachbarn, gegen die man sich mit Hilfe des Rechts zur Wehr setzen kann. Sie läßt statt dessen nur noch Konditionierungen durch die Rechtsgeltungsgeschichte des Rechtssystems selbst zu. Die alten Reziprozitätspflichten treten in eine jetzt ausgiebig diskutierte Moral der Dankbarkeit zurück.[95] Konkrete Gemengelagen von Rechten und Pflichten werden aufgelöst. Den Rechten, die A gegen B geltend machen kann, brauchen nicht, um der Gerechtigkeit willen, Rechte zu entsprechen, die B gegen A geltend machen kann. Solche Komplementaritätssymmetrien werden in tautologische Entsprechungsverhältnisse von Rechten und Pflichten aufgelöst – unter der Voraussetzung (die sozial dann sehr ungleich realisiert werden kann), daß jedermann unabhängig von ständischen Vorgaben entsprechende Rechte erwerben kann und entsprechende Pflichten zu erfüllen hat. Das erfordert, wie leicht zu sehen, eine Differenzierung von Privatrecht und öffentlichem Recht in den Bereichen, in denen man vorher von bürgerstatusbedingtem Recht (Zivilrecht) gesprochen hatte. Und es erfordert die Auflösung von Voraussetzungen des altrömischen Begriffs eines »ius«, das in den konkreten Rechtsverhältnissen den Rechten entsprechende Bindungen vorsah.[96]

94 Hierzu ausführlicher Niklas Luhmann, Subjektive Rechte: Zum Umbau des Rechtsbewußtseins für die moderne Gesellschaft, in ders., Gesellschaftsstruktur und Semantik Bd. 2, Frankfurt 1981, S. 45-104.

95 Und werden hier emphatisch aufrechterhalten. Vgl. etwa (Charles de) Saint-Evremond, Sur les ingrats, zit. nach Œuvres Bd. 1, Paris 1927, S. 153-158; Claude Buffier, Traité de la société civile: Et du moyen de se rendre heureux, en contribuant au bonheur des personnes avec qui l'on vit, Paris 1726, S. 177 ff. (Man beachte die Einschränkung im Untertitel: avec qui l'on vit!.)

96 Vgl. hierzu die viel diskutierten Thesen von Michel Villey, Leçons d'histoire de la Philosophie du droit, Paris 1957, S. 249 ff. und als Überblick über die anschließende Diskussion Karl-Heinz Fezer, Teilhabe und Verantwortung: Die personale Funktionsweise des subjektiven Privatrechts, München 1986, S. 111 ff. Auch Romanisten finden im altrömischen Recht wenig Anhaltspunkte für eine abstrakt subjektbezogene Interpretation des ius. Vgl. Max Kaser, Das altrömische ius: Studien zur Rechtsvorstellung und Rechtsgeschichte der Römer, Göttingen 1949, insb. S. 96 ff. Man beachte vor allem die Breite des Begriffssinns, dessen Ausschließungseffekt (zum Beispiel in der Unterscheidung von ius und lex) dann schwer feststellbar ist.

Es liegt auf der Hand, wie stark der Übergang zur Rechtsvorstellung »subjektiver Rechte« seit der Mitte des 17. Jahrhunderts[97] die bereits diskutierten Mechanismen struktureller Kopplung, das Eigentumsrecht und die Erwartungen, die man an eine Verfassung richtete, beeinflußt hat. Solange man sich traute, naturrechtlich zu formulieren, konnten Menschenrechte (oder jedenfalls Bürgerrechte, civil rights) als Vorgegebenheiten angesehen werden, die jede Rechtsordnung, wenn sie auf den Titel des Rechts Wert legte, zu respektieren habe. Ohne Anerkennung dieser naturrechtlichen Individualrechte, so konnte man denken, gebe es kein Recht. In gewissem Umfang übernimmt dieser Begriff damit für die revolutionären Bewegungen des 18. Jahrhunderts die Funktion der alten Unterscheidung rex/tyrannus, Widerstand zu legitimieren. Und das Naturrecht auf Eigentum als Grundlage selbstbestimmter Entfaltung von Individualität erhält in diesem Zusammenhang einen Rang, der wirtschaftspolitische Forderungen gleich mit abdeckt. An die Stelle konkreter Bindungen des Eigentumsgebrauchs tritt die Annahme, daß die individualistisch-rationale Nutzung des Eigentums von selber den allgemeinen Wohlstand mehre, weil Rationalität jetzt heißt: sich nach den Bedingungen des Wirtschaftssystems zu richten. Aber was bleibt von dieser Konstruktion, wenn

In gewissem Sinne vollzieht der Begriff eine Autonomieerklärung der Jurisprudenz, der es überlassen bleibt, den Rechtsgehalt in einer Streitsache zu ermitteln. Sicher ist nach all dem, daß die Unterscheidung subjektiv/objektiv nicht diejenige Form war, in der das ius zunächst konzipiert war.

97 Normalerweise wird Hobbes als der maßgebliche Autor genannt. Hobbes hat jedoch die Jurisprudenz seiner Zeit wenig beeinflußt. Die Umdeutung des ius im Sinne von facultas oder potentia beginnt bereits im 16. Jahrhundert, wenn nicht früher. Siehe dazu Hans Erich Troje, Wissenschaftlichkeit und System in der Jurisprudenz des 16. Jahrhunderts, in: Jürgen Blühdorn / Joachim Ritter (Hrsg.), Philosophie und Rechtswissenschaft: Zum Problem ihrer Beziehungen im 19. Jahrhundert, Frankfurt 1969, S. 63-88 (81 ff.); Fernando N. Arturo Cuevillas, »Luis de Molina«: el creador de la idea del derecho como facultad, Revista de Estudios Politicos 75 (1954), S. 103-116; ferner etwa Richard Tuck, Natural rights theories: Their Origin and Development, Cambridge Engl. 1979; Fezer a.a.O., S. 140 ff. Für Rückdatierung bis in die Zeit um 1200 (Ablösung der feudalen Reziprozitätsverhältnisse durch eine *staatliche* Garantie der selbständigen Verfügungsmacht des Eigentümers, und dies als Folge der ersten größeren Inflation) Robert C. Palmer, The Origins of Property in England, Law and History Review 3 (1985), S. 1-50; ders., The Economic and Cultural Impact of the Origins of Property 1180-1220, Law and History Review 3 (1985), S. 375-396.

die Referenz auf »Natur« verblaßt oder nur noch als unreflektierter, spezifisch juristischer Sprachgebrauch weitergeführt wird?

Noch bei Kant und noch bei Savigny stößt man auf die alte Regel der Reziprozität, jetzt aber nicht mehr als Gebot der Dankbarkeit formuliert (denn Undankbarkeit gegenüber Wirtschaftspartnern oder gegenüber dem Staat, in Wahrheitsfragen oder auch in der Liebe ist gerade ein Gebot systemadäquaten Verhaltens geworden), sondern abstrahiert zu einem allgemeinen ethischen Gesetz, dessen Verbindlichkeit jedes Subjekt in sich selbst (ohne Akzeptieren externer Autoritäten) feststellen könne.[98] Die alte Form wird nur generalisiert, um komplexeren Bedingungen gerecht werden zu können. Aber diese Lösung hält nicht lange, sie zerbricht bereits um die Mitte des 19. Jahrhunderts an der Frage des Geltungsverhältnisses von subjektiven Rechten und objektivem Recht, also am Problem der Einheit des Rechtssystems.

Denn die Vorstellung *objektiver* Geltung *subjektiver* Rechte ist nichts anderes als eine verdeckte, entfaltete Paradoxie – jedenfalls solange man die Unterscheidung objektiv/subjektiv für relevant hält. Die Grundparadoxie der Selbigkeit von Recht und Unrecht konnte damit auf eine andere Unterscheidung, auf eine harmlosere Paradoxie umdirigiert werden, und das funktionierte gut, solange es rechtstechnisch funktionierte und solange in legitimatorischen Kontexten es hauptsächlich um die Frage ging, ob und wie die Gesellschaft dem Individuum Freiheit zur Selbstverwirklichung gewähren könne. Die Konstruktionsschwierigkeiten der Rechtstheorie fielen demgegenüber weniger ins Gewicht. Die Theorie sah darin nur eine Aufgabe sachgerechter Konstruktion.

Erst seitdem die Gerichtsbarkeit in öffentlichrechtlichen Angelegenheiten subjektive Rechte nachkonstruieren mußte, erst mit der Entwicklung des Sozialstaates und erst seitdem Reziprozität unter dem neuen Namen der »Solidarität« zum politischen Slogan und

---

98 Unter den heute relevanten Autoren greift Jürgen Habermas dieses Prinzip auf mit einer nochmaligen Abstraktion, die das Apriori der Symmetrievorgabe von bewußtseinstheoretischen Analysen auf linguistische Grundlagen umstellt. Die These lautet dann: daß die Sprache selbst für angemessenen Gebrauch eine Symmetrie von Anerkennungsverhältnissen vorschreibe und damit *normative* Ansprüche an gesellschaftliche Rationalität begründe. Siehe ausführlich Jürgen Habermas, Faktizität und Geltung: Beiträge zur Diskurstheorie des Rechts und des demokratischen Rechtsstaates, Frankfurt 1992.

zum einen praktisch konturlosen Rechtsprinzip geworden war[99], beginnen sich Risse in der Dogmatik zu zeigen, und Reziprozitätsmaximen werden immer stärker als nur noch ethische Prinzipien vertreten. Das lange Festhalten an reziprozitätstheoretischen Begründungsvorstellungen wird verständlich, wenn man erkennt, wie sehr sie immer noch den Gesellschaftsstrukturen entsprechen, die sich inzwischen eingespielt haben. Das zeigt sich zum Beispiel an der relativ hohen Adäquität des Vertragsmodells für das Verständnis der Wirtschaft und der modernen Ehe und für das Aufkommen von Bürgerbeteiligungspostulaten mit Bezug auf die Regierung des »Staates«. Aber diese Entsprechung liegt außerhalb derjenigen Semantik, die im Kontext einer juristischen Dogmatik mobilisiert werden kann. Die Dogmatik kann eigentlich nur über eigene Schwierigkeiten berichten – sowohl mit Versuchen, den Naturbegriff zu klären, der in der Rede von Naturrecht vorausgesetzt ist[100], als auch mit Versuchen, das subjektive Recht aus dem Unterschied zu objektivem Recht heraus zu bestimmen.[101] Wir können das, was gemeint ist, aber nicht gesagt werden kann, mit der Unterscheidung von Systemreferenzen und entsprechend zu unterscheidenden strukturellen Kopplungen klären.

Die allgemeine Kopplung Bewußtsein/Kommunikation mitsamt ihren Konsequenzen, Sozialisation, Erwartungshaltung von Individuen, Tiefenschärfe der Irritabilität usw. betreffend, bezieht sich auf das Gesellschaftssystem in allen seinen Bereichen; denn ohne Kommunikation und ohne Beteiligung von Bewußtsein an Kommunikation läuft nichts. Insofern liegen Transformationen dieser Beziehung in der Entwicklung des modernen Individualismus auf einer fundamentaleren Ebene als diejenigen Einrichtungen, die die wechselseitige Irritation einzelner Funktionssysteme regeln und be-

99 Speziell hierzu Dieter Grimm, Solidarität als Rechtsprinzip: Die Rechts- und Staatslehre Léon Duguits in ihrer Zeit, Frankfurt 1973. Vgl. auch J.E.S. Hayward, Solidarity: The Social History of an Idea in 19th Century France, International Review of Social History 4 (1959), S. 261-284; Jan Milič Lochman et al., Solidarität in der Welt der 80er Jahre: Leistungsgesellschaft und Sozialstaat, Basel 1984.

100 Inzwischen hat man darauf wohl verzichtet und versteht unter Naturrecht nur noch die Annahme, daß Moralprobleme entscheidbar sind unabhängig von der Fluktuation der Meinungen – eine Auffassung, für die man dann Argumente beizubringen versucht. Vgl. Michael S. Moore, Moral Reality, Wisconsin Law Review (1982), S. 1061-1156.

101 Siehe etwa Alf Ross, On Law and Justice, London 1958, S. 170ff.

grenzen. Im Bewußtsein des Einzelnen laufen dann Irritationen zusammen und stellen sich Sozialisationseffekte ein, die aus verschiedenen Funktionsbereichen der Gesellschaft stammen und diese zurückirritieren, ohne daß das Individuum ein Verhältnis zur Gesellschaft als ganzer gewinnen oder gar in ihr als einer Art Solidargemeinschaft, die für alle Lebensverhältnisse zuständig ist, aufgehen könnte. Vom Individuum her gesehen kann das Verhältnis zur Gesamtgesellschaft also allenfalls negativ bestimmt werden, was die Vorteile der Distanz und der Freiheit durchaus einschließt. Was das Recht betrifft, entspricht das Rechtsinstitut des subjektiven Rechts dieser Sachlage, ebenso wie die Rechtsform des Vertrages, die dem Individuum eine hochselektive, vorübergehende Befriedigung vorübergehender Bedürfnisse ermöglicht, ohne daß sein sozialer Status dadurch unmittelbar berührt wäre. In der im objektiven Recht vorgesehenen Form der subjektiven Rechte macht das Rechtssystem sich selbst auf die Problematik der Inklusion von Personen ins Rechtssystem aufmerksam – ein Problem, das gerade daraus folgt, daß eine Fusion von psychischen und sozialen Operationen durch Systembildungen ausgeschlossen ist.

Wenn dies zutrifft, kann das – ganz unabhängig von den historischen Terminologien, mit denen die Wende durchgeführt worden ist – erklären, daß auch die neu zu entwickelnden Kopplungsformen, die die einzelnen Funktionssysteme verbinden, mit dem Rechtsinstitut der individuellen Rechte abgestimmt sind. Die Verfassung ist neben ihrer Funktion als »instrument of government« explizit zur Implementation der »Bill of Rights« eingeführt worden. Daß das Eigentumsrecht im 18. Jahrhundert individualistisch umkonzipiert wird, ist ebenfalls oft dargestellt worden. Nicht zuletzt wirkt sich der neue Individualismus und die juristische Entkopplung von Rechten und Pflichten auch auf die Begründung der Besteuerung aus, also auf die Kopplung des Wirtschaftssystems und des politischen Systems.[102] In weitem Umfang fungiert also das Rechtssystem, zunächst jedenfalls, als Auffangsystem für die Folgen, die die Umstrukturierung der Gesellschaft in Richtung auf funktionale Differenzierung für das Individuum hat. Es wird, zur Entschädigung für den Verlust aller festen Positionen, mit subjekti-

102 Vgl. William Kennedy, English Taxation 1640-1799: An Essay on Policy and Opinion, London 1913, insb. S. 82 ff.

ven Rechten ausgestattet. Auf dieser Linie kommt es dann zur Ergänzung von bloßen Freiheitsrechten durch Sozialrechte, von bloßen Abwehrrechten durch Teilnahmerechte, so als ob das Problem in derselben Rechtsform durch bloße Zugaben gelöst werden könnte.

Aber kann man davon ausgehen, daß Individuen ihre Gesellschaft positiv erleben und mit ihr zufrieden sind, wenn sie mit Rechten versehen und in ihren Rechten geschützt werden? Bislang war es nur die im ganzen ungerechte Verteilung der Güter, die zu dieser Frage führte. Heute kommt eine sich ausbreitende Sorge um die Zukunft hinzu sowie eine Betroffenheit durch riskantes Verhalten anderer, gegen das man sich mit Rechten nur sehr begrenzt wehren kann. Die rechtstechnischen Schwierigkeiten sind bekannt – etwa im Falle ökologisch vermittelter, indirekter, langfristiger Kausalität oder bei Interessen an Prävention, die sich noch nicht konkret mit eingetretenen oder unmittelbar drohenden Schäden artikulieren können. Rechtstechnische Lösungen bieten sich bisher vor allem über das paradoxe Rechtsinstitut der Gefährdungshaftung an, das Handeln erlaubt, aber Haftung für rechtmäßig (!) verursachte Schäden vorsieht. Auch darin liegt ein Rückzug des Rechts aus der Lebensführungsrelevanz und der Informativität für Einzelne. Das Recht sagt dann nicht mehr, was man tun oder lassen soll. Es sagt nur noch: wenn es gut geht, geht es gut; wenn nicht, dann nicht. Und subjektive Rechte spielen ihre Rolle nur bei der Definition derjenigen, die ihre Schäden geltend machen können; aber nicht in der Form von Abwehrrechten, mit denen man schon Befürchtungen dem Gericht anvertrauen könnte.

Mit all dem gewinnt das an Bedeutung, was man als »die andere Seite« der subjektiven Rechte bezeichnen könnte: daß ihre Zuweisung und ihr Gebrauch und vor allem der durch sie vermittelte Zugang zu Gerichten beschränkt ist und daß in eben dieser Beschränkung der Schutz anderer gegen allzu wirksame Intervention Dritter gelegen hatte. Als Markierung einer Form mit zwei Seiten begriffen, bietet das subjektive Recht eine Freiheitsgarantie in doppeltem Sinne: für den Rechtsinhaber und für den, gegen den mit solchen Rechten nichts auszurichten ist.

Es mag sein, daß diese delikate Balance unter dem Druck massiver ökologischer Bedrohungen zerbricht. Es dürfte wahrscheinlicher sein, daß sie an Bedeutung verliert und durch eine verstärkte staatliche Regulierungstätigkeit, der die Verfassung mehr und mehr nachgibt[103], ersetzt oder doch ergänzt wird. Das würde allerdings bedeuten, daß das Recht für die strukturelle Kopplung von individuellem Bewußtsein und gesellschaftlicher Kommunikation überhaupt an Bedeutung verliert. Dann dürfte das Recht auch die Sicherheit verlieren, Bewußtsein für sich mobilisieren zu können, wenn es darauf ankommt, zum Beispiel politisch darauf ankommt. Das Rechtssystem bedürfte dann pressewirksamer Skandale und einer riesigen »Amnesty International«, um den Rechtsstaat zu halten, an dem kein Individuum aus sich heraus mehr interessiert ist.

In diesem Zusammenhang wird ein Aspekt subjektiver Rechte an Bedeutung gewinnen, der bisher rechtsdogmatisch fast vollständig vernachlässigt worden ist und auch mit einer Ergänzung von Freiheitsrechten durch Sozialrechte nicht erfaßt wird. Auch die Sorge um die Legitimität des Rechts, in die nach Habermas die Figur der subjektiven Rechte übergeleitet werden sollte[104], erfaßt ein weiteres, zunehmend wichtiges Problem nicht. Das subjektive Recht garantiert auch, daß die Entscheidung der Frage, ob man seine Rechte überhaupt wahrnehmen will, dem Individuum überlassen bleibt.[105] Für die Entscheidung mögen rein psychologische Gesichtspunkte eine Rolle spielen – aber auch Unterschiede in den sozialen Vernetzungen, etwa die Meinungen Nahestehender, das Ausmaß eines finanziellen Risikos oder die Frage, wieviel Zeit man für nervenaufreibende Tätigkeiten dieser Art zu opfern bereit ist. Auch die Verwirklichung der Menschenrechte hakt an diesem Punkt, solange es Möglichkeiten gibt, auf den Entschluß zur Wahrnehmung eigener Rechte politisch einzuwirken. Prozesse sind für ein Individuum Störungen ersten Ranges, und vom Standpunkt individuelle Lebensführungsrationalität wird es selten sinnvoll sein, sich darauf

---

103 Vgl. Dieter Grimm, Die Zukunft der Verfassung, Staatswissenschaften und Staatspraxis 1 (1990), S. 5-33; auch in ders., a.a.O. (1991), S. 397-437.

104 Jetzt ausführlich in Habermas a.a.O. (1992), S. 109 ff.

105 Für das Religionssystem findet man eine entsprechende Diskussion unter dem Stichwort »Säkularisation«. Danach ist Religion in der modernen Gesellschaft zur Privatsache geworden und damit zur Frage von individuellen Entscheidungen. Unbestritten auch hier, daß solche Entscheidungen sozialen Einflüssen unterliegen; aber unter der Bedingung eines »institutionalisierten Individualismus« (Parsons) wirken diese Einflüsse nicht mehr eindeutig zugunsten bestimmter religiöser Bindungen.

einzulassen. »Voice« oder »exit« – das ist hier die Frage.[106]
Soweit eine Verletzung subjektiver Rechte Klagevoraussetzung ist,
ist auch in dieser Hinsicht für eine strukturelle Kopplung von individuellen Bewußtseinslagen und Irritationen im Rechtssystem gesorgt. Das Rechtssystem ist, mit anderen Worten, auf Anstöße
angewiesen, die vom Recht her gesehen als Zufall beschrieben werden müssen; und es wäre angesichts des Ausmaßes, in dem Prozeß-
ausgänge von Faktenfragen (Beweisfragen) abhängen, eine Illusion,
wollte man annehmen, das Recht könne diese Anstoßabhängigkeit
selbst steuern. Es ist in dieser wichtigen Hinsicht zwar autonom im
Sinne von operativer Geschlossenheit; aber es ist keine kybernetische Maschine, die, sofern sie nicht defekt ist, ihren eigenen Output
als Input verwendet.

Subjektive Rechte berechtigen zur Rechtslethargie, zu einem Ab-
sentismus der Betroffenen. Sie gewähren nicht nur Freiheiten im
Recht, sondern auch Freiheit vom Recht. Je mehr andere Funktionssysteme und vor allem die politische Regelungsmaschinerie
des Staates sich des Rechts bedienen und in dessen Formen Erfolgs-
sicherheit suchen, desto störender mag sich diese Form des Anschlusses an diese labile, undurchschaubare, subjektive Umwelt
auswirken.

VI

Die alteuropäische Tradition hatte, unter Aufnahme des römisch-
rechtlichen Begriffs der societas, die Gesellschaft selbst als Vertrag
begriffen, wenngleich als einen Vertrag, mit dem der Natur des
Menschen als eines sozialen Lebewesens entsprochen wurde. Man
kann vielleicht interpretieren: die bloße Betätigung im Kontext
einer unausweichlichen Sozialität sei als Vertragsschluß zu verstehen, und den Konsequenzen könne man sich nur in der Form eines
rechtlich unzulässigen venire contra factum proprium entziehen.
Wenn aber die Einheit der Gesellschaft selbst auf ihrer Rechtsform
beruht, kann das Recht nicht gut als Teilsystem des Gesellschafts-

---

106 In der bekannten Terminologie von Albert O. Hirschman, Exit, Voice, and Loy-
alty: Responses to Decline in Firms, Organizations, and States, Cambridge Mass.
1970.

systems begriffen werden. Vielmehr wird die Rechtsordnung, parallel zur Hierarchie der Stratifikation, als Legeshierarchie konstruiert, als Stufenbau von göttlichem Recht, Naturrecht und positivem Recht.

Eine Alternativ-Interpretation lag seit dem Hochmittelalter in der Organismus-Metapher, in der Beschreibung der Gesellschaft als eines politischen Körpers. Hier wurde keine artifizielle, sondern eine natürliche Konstitution unterstellt. Aber der Begriff der Natur enthielt die Doppelmöglichkeit natürlicher (perfekter) und korrupter Zustände, in der Herrschaftsstruktur der Gesellschaft etwa die Varianten »rex« und »tyrannus«. Die dem Naturbegriff immanente normative Option für Perfektion und gegen Korruption wurde ihrerseits als Recht, und zwar als Naturrecht begriffen – und dies auf der Grundlage einer im Mittelalter durchgehend vorausgesetzten Einheit von göttlichem Ursprung und Vernünftigkeit des Rechts bei verbreiteter Wahrnehmung von Korruption.[107] In zwei gegenläufigen Konstruktionen, der artifiziellen (Vertrag) und der natürlichen (Organismus), war die gemeinsame Voraussetzung mithin die Annahme, die Gesellschaft sei eine Rechtsordnung.

Erst im 18. Jahrhundert wird klar, daß dieses Konzept den Verhältnissen der modernen Gesellschaft nicht mehr entspricht, und David Hume ist in dieser Hinsicht der wohl eindrucksvollste Autor. Nach wie vor ist eine Gesellschaft ohne Recht undenkbar, aber die Gesellschaft selbst erscheint jetzt als Produkt ihrer Geschichte, und das Recht entspricht den Veränderungen, die sich daraus ergeben. Es entwickelt sich in der Gesellschaft mit der Gesellschaft. Wenn die modernen Größenordnungen der commercial society eine soziale Kontrolle durch Nähe nicht mehr zulassen, muß das Recht sich dem anpassen und Versprechungen, auch Unbekannten gegenüber, für rechtlich verbindlich erklären.[108] Die Verbindlichkeit von Versprechungen ergibt sich nicht aus der Natur und auch nicht aus der Moral. Sie ist eine historisch späte Konvention. Eigentum wird verfügbar gemacht unter der einzigen Bedingung des Konsenses des

---

107 Siehe hierzu die bis in die Volkspoesie hinreichende Untersuchung von Edward Powell, Kingship, Law, and Society: Criminal Justice in the Reign of Henry V., Oxford 1989, insb. S. 38 ff.

108 Siehe Hume a.a.O., Book III, Part II, Sect. V, S. 219 ff. Vgl. auch Annette Baier, Promises, Promises, Promises, in dies., Postures of the Mind: Essays on Mind and Morals, Minneapolis 1985, S. 174-206, insb. 181 ff.

Eigentümers. Damit werden, im Vergleich zu bloßer Gewalt, aber auch im Vergleich zu lokal gebundenen Eigentumsverhältnissen, bessere, weil flexiblere Verteilungen von Gütern auf Personen möglich.[109] Als Hauptfunktion des Rechts gilt jetzt die Sicherung des Eigentums[110], denn dies (und damit die Wirtschaft) wird als Bedingung der Möglichkeit von Gesellschaft angesehen. Das, was wir als Formen struktureller Kopplung des Rechts bezeichnen, eben Eigentum und Vertrag wie in anderer Hinsicht auch Verfassung, gelten in der Übergangszeit des 18. Jahrhunderts als notwendige Formen zivilisierter Gesellschaften schlechthin, und es scheint, daß deren Überschätzung eine Bedingung der Durchsetzung gewesen ist.

Gegenüber der Präzision des klassisch-juristischen Begriffs der societas bleibt jetzt freilich unklar, was unter Gesellschaft zu verstehen ist. Bei aller Ausarbeitung interner Strukturen fehlt ein Begriff für die Einheit des Systems. Auch die Historisierung der Gesellschaftsanalyse ermöglicht zwar Darstellungen, kann aber dieses Theoriedefizit nicht ausfüllen. So wird weiterhin von »civil society« gesprochen. Will man höherer Differenzierung Rechnung tragen, erfordert das eine entsprechende Generalisierung der Symbole, die dann noch für Einheit stehen können, und die Theorie kommt hier zunächst nicht mit. Ihre Plausibilität liegt nur darin, den historischen Abstand von Vorgängergesellschaften markieren und als Resultat der gesellschaftlichen Entwicklung darstellen zu können.

Auch die im 19. Jahrhundert sich ausbreitende Terminologie der Klassengesellschaft liefert noch keine zufriedenstellenden Resultate und bleibt deshalb kontrovers. Sie postuliert, daß die Gedanken der herrschenden Kreise die herrschenden Gedanken seien und daß das Rechtssystem sich nicht unabhängig von ihnen entwickeln könne. Die herrschaftstheoretische Sicht auf diese Sachverhalte führen wir mit einem etwas längeren Zitat vor: »Allgemeine Werturteile der führenden Kulturschicht, die vorhandenen gesetzlichen Werturteilen *widersprechen*, sind selten. In der Regel wird das gesetzliche Werturteil wenigstens in einem Teile der Bevölkerung Anklang fin-

---

109 Siehe Hume a.a.O., Book III, Part II, Sect. IV, S. 217 ff.

110 So Hume sehr prononciert, aber es handelt sich dabei um einen zu seiner Zeit allgemein verbreiteten Gedanken. Siehe dazu mit weiteren Hinweisen Niklas Luhmann, Am Anfang war kein Unrecht, in ders., Gesellschaftsstruktur und Semantik Bd. 3, Frankfurt 1989, S. 11-64.

den. Es werden die Meinungen auseinander gehen. Auch in den Fällen, in denen jedes gesetzliche Werturteil fehlt, ist die notorisch allgemeine Übereinstimmung nicht gerade häufig. Regel ist Verschiedenheit des Urteils.«[111] Liest man den Text als ganzen, so bleibt der Eindruck haften, daß es den im ersten Satz behandelten Widerspruch deshalb kaum gibt, weil es »allgemeine Werturteile der führenden Kulturschicht« gar nicht oder nur selten gibt. »Regel ist die Verschiedenheit des Urteils.« Das Recht benutzt die eigene Autonomie nicht etwa, um eine eigene Gegenkultur zu erzeugen und durchzusetzen.[112] Das Problem ist vielmehr, daß ein allgemein akzeptiertes Werturteil sich typisch auf Einzelwerte erstreckt und im Wertkonflikt zerbricht. Gerade mit Wertkonflikten hat es aber das Recht überwiegend zu tun. Die Autonomie des Rechts entsteht daher – bestens zu studieren am römischen Recht – dadurch, daß im Konfliktfall die »quaestio iuris« gestellt wird und sich an die Stelle einer hoffnungslosen Bemühung um Ermittlung oder Herstellung eines gesellschaftlichen Wertkonsenses setzt. Die begriffliche und organisatorische Apparatur, die sich entwickelt an Hand der Aufgabe, den Hebel der quaestio iuris konsequent anzusetzen und in der Beantwortung möglichst konsistent zu verfahren, führt zur Ausdifferenzierung des Rechtssystems. Dessen Eigenwerte sind dann nur noch über strukturelle Kopplungen erreichbar. Das heißt: Man kann das System nur noch in seinen Eigenwerten irritieren.

Auf diese Weise kann das Rechtssystem sich zwar nicht gegen allgemein akzeptierte gesellschaftliche Werturteile isolieren. Eine Abweichung des rechtsintern Zulässigen von solchen Werturteilen – man denke an den Bereich des Sexualrechts, eheloses Zusammenleben, Homosexualität, Abtreibung usw. – wird im Rechtssystem Irritation auslösen und dadurch die Suche nach anderen Problemlösungen in Gang bringen, die in der aktuellen Beurteilungslage als »besser« erscheinen. Andererseits bremsen die auch nötigen Re-

---

111 Philipp Heck, Gesetzesauslegung und Interessenjurisprudenz, Tübingen 1914, S. 292. Eine neuere soziologische Darstellung dieser Auffassung findet sich, bezogen auf das Wissenschaftssystem, bei G. Nigel Gilbert / Michael Mulkay, Opening Pandora's Box: A Sociological Analysis of Scientists' Discourse, Cambridge Engl. 1984.
112 Wir wollen nicht prinzipiell bestreiten, daß dies möglich wäre, in geringem Ausmaße zum Beispiel in Südafrika oder Israel.

dundanzen, also das, was im Rechtssystem als Gleichheit der Fall-behandlungen, Gerechtigkeit usw. gepflegt wird, eine solche Entwicklung. Wenn die Abtreibung erlaubt wird, limitiert das die Argumente, mit denen der Streit um Experimente mit menschlichem Genmaterial ausgetragen wird; es limitiert sie nicht notwendigerweise politisch, wohl aber juristisch.

Im Ergebnis führen diese Überlegungen zum Verzicht auf die grobe Begrifflichkeit der »Macht« herrschender Kreise, ihre Wertvorstellungen mit Hilfe des Rechts durchzusetzen; aber auch zum Verzicht auf die dies abschwächenden Gramsci-Begriffe der Hegemonie und der relativen Autonomie. Es erscheint daher fraglich, aber diese Auffassung wird Widerspruch finden, ob man ein Verhältnis struktureller Kopplung zwischen Rechtssystem und gesellschaftlicher Schichtung annehmen kann. Jedenfalls muß man in diesen Theoriebereichen auf die einfache Dualterminologie von oben und unten oder von Zweck und Mittel verzichten und Entwicklungsanalysen in den sehr viel offeneren Kontext der Evolutionstheorie überführen.

Offenbar realisiert sich das Gesellschaftssystem mit Hilfe der Differenz von autopoietischen Funktionssystemen und strukturellen Kopplungen und grenzt sich dadurch von einer Umwelt ab, in bezug auf die ganz andere strukturelle Kopplungen (nämlich die mit Bewußtseinssystemen) realisiert werden.[113] Weder kann man deshalb sagen, daß die Gesellschaft sich als Summe ihrer Funktionssysteme reproduziert; noch kann man diejenigen Formen, in denen sich strukturelle Kopplungen realisieren (in unserem Bereich also: Verfassung bzw. Eigentum und Vertrag oder in der Terminologie des 19. Jahrhunderts: Staat und Gesellschaft) als repräsentativ für die gesellschaftliche Ordnung ansehen. Entscheidend ist vielmehr, daß die Realisation von autopoietischen Funktionssystemen und die Einrichtung von strukturellen Kopplungen, die Irritationen zugleich steigern, dirigieren und ausschließen, nur zusammen evoluieren können.

113 Auch hier fällt, ohne daß man auf eine »Organismus-Theorie« des Gesellschafts-systems zurückkommen müßte, eine formale Ähnlichkeit mit lebenden Systemen auf. Gewiß sind die Operationsweisen des Lebens und der Kommunikation sehr verschieden, aber ungeachtet dessen setzt auch der lebende Organismus im Inneren autopoietisch lebende Zellen und massive, aber gleichwohl hochselektive strukturelle Kopplungen voraus.

Auf diese Weise kommt es zu dem, was Maturana »structural drift« nennt, nämlich zu koordinierten Strukturentwicklungen, in unserem Themenbereich etwa zu Trends in Richtung Wohlfahrtsstaat, Positivität des Rechts und dezentral an Hand von Bilanzen und Budgets gesteuerter Wirtschaftsentwicklung. Die Funktionssysteme für Politik, Recht und Wirtschaft (von anderen war hier nicht die Rede) reizen jeweils ihre Möglichkeiten aus, und die intensive reziproke Irritation sorgt dafür, daß ausreichende Kompatibilität erhalten bleibt. Bei allen heutigen Versuchen, sozialistische Wirtschaften auf Marktwirtschaften, Einparteiensysteme auf Mehrparteiensysteme und Planungsrecht auf ein System mit subjektiven Rechten (vor allem Eigentum) umzustellen, zeigt sich, wie schwierig es ist, das, was auf diese Weise entstanden ist, im Wege der nachholenden Planung zu erreichen.

Kapitel 11

Die Selbstbeschreibung des Rechtssystems

I

Alle Bemühungen um Kenntnis und Erkenntnis des Rechts finden in der Gesellschaft statt. Sie sind und bleiben an Kommunikation, also auch an Sprache gebunden. Davon sind die ihrerseits Sprache benutzenden Ausführungen der voranstehenden Kapitel ausgegangen. Der ausdrückliche Hinweis darauf bezeichnet einen Gesichtspunkt, dem die Rechtstheorie nicht immer genügend Rechnung getragen hat. Er impliziert die historische Bedingtheit aller rechtstheoretischen Kommunikation. Sie muß sich unter jeweils gegebenen sozialen Bedingungen verständlich machen können. Nicht nur ihr Gegenstand, das Recht, sondern auch sie selber variiert mit den Strukturen, denen die jeweilige Gesellschaft ihre Kommunikation über Recht unterwirft. Heute kann man zum Beispiel nicht ignorieren, daß wir auf eine lange Rechtsgeschichte zurückblicken können. Das verlangt von einer heutigen Rechtstheorie, die Auskunft darüber geben will, was das Recht ist, eine ungewöhnliche, Epochen und Gesellschaften übergreifende Abstraktion und zugleich ein Verständnis für historische Verschiedenheiten, einschließlich der Besonderheit dieses historisch späten Abstraktionszwangs selber.

Das schließt es nicht aus, das Rechtssystem, wenn es in der Gesellschaft ausdifferenziert ist, von außen zu beobachten und dabei jede Bindung an Funktion, Code und Normen des Systems zu vermeiden. Man muß dann aber eine andere Systemreferenz und damit andere Bindungen wählen. So kann man das Rechtssystem vom politischen System aus beschreiben als Instrument der Politik; oder vom Erziehungssystem aus als didaktisches Problem eines zeitsparenden und doch effektiven Unterrichts; oder vom Wissenschaftssystem aus als Gegenstand der Forschung. Keine Beschreibungsweise kann die Bindung an das System, das beschreibend operiert, und damit die Bindung an dessen Unterscheidungen vermeiden. Und in jedem Fall verdankt auch eine externe Beobachtung und Beschreibung des Rechtssystems sich selbst der Kommunikation reproduzierenden Gesellschaft. Man kann, anders gesagt, in einer Gesellschaft, die Teilsysteme, in unserem Fall also das Rechtssystem, ausdifferenziert, nicht ignorieren, daß diese Systeme von innen und von außen beschrieben werden können. Sowohl Selbstbeschreibungen als auch Fremdbeschreibungen sind möglich. Die Struktur gesellschaftlicher Differenzierung macht es möglich und sinnvoll, sie zu unterscheiden. Sie läßt zugleich zu, daß externe Beschreibungen interne beeinflussen und umgekehrt, denn übergreifende Kommunikation bleibt als Vollzug von Gesellschaft möglich, auch wenn innerhalb der Gesellschaft Systemgrenzen gezogen sind.

Die Einsicht in diese Zusammenhänge erschwert unsere Aufgabe. Eine externe, eine wissenschaftliche Beschreibung des Rechtssystems ist nur gegenstandsadäquat, wenn sie dieses System als ein sich selbst beschreibendes, als ein theoriehaltiges System beschreibt.[1] Eine soziologische Beschreibung muß deshalb die Bemühungen um eine rechtstheoretische Klärung der Grundfragen des Rechts, zum Beispiel des Begriffs von Gerechtigkeit, einschließen. Aber auch die Rechtstheorie selbst ist betroffen. Sie muß entweder für eine rechtsexterne Beschreibungsweise optieren und dabei die Frage nach ihren eigenen Theoriegrundlagen beantworten. Oder sie muß sich als eine Selbstbeschreibung des Systems sehen, die selbst normative Geltungsansprüche erhebt, denn sonst wäre sie dem System nicht zurechenbar; und dann stellt sich die Frage, wie weit diese Ansprüche auf Verbindlichkeit, die im System den Status einer Argumentation neben anderen haben und als solche beobachtet werden, durchsetzbar sind.

Um einem so komplexen Sachverhalt Rechnung tragen zu können, müssen wir den Begriff der Selbstbeschreibung präzisieren und mit ausreichendem Unterscheidungsvermögen ausstatten. Dabei muß man als erstes zwischen Beobachten und Beschreiben unterschei-

---

1 So auch, im Kontext einer breiten Erörterung der Probleme externer und interner Beschreibung des Rechtssystems, François Ost / Michel van de Kerchove, Jalons pour une théorie critique du droit, Bruxelles 1987, S. 27 ff. (30 f.), 251 ff. Für Gunther Teubner ist dies zugleich eine Bedingung der Anwendbarkeit des Begriffs der Autopoiesis. Siehe: Hyperzyklus in Recht und Organisation: Zum Verhältnis von Selbstbeobachtung, Selbstkonstitution und Autopoiese, in: Hans Haferkamp / Michael Schmid (Hrsg.), Sinn, Kommunikation und soziale Differenzierung: Beiträge zu Luhmanns Theorie sozialer Systeme, Frankfurt 1987, S. 89-128. Mir würde es genügen, darin ein Erfordernis adäquater Beschreibung autopoietischer Systeme zu sehen für Fälle, in denen tatsächlich Selbstbeschreibungen auf operativer Ebene festgestellt werden können.

den. Selbstbeobachtung ist nichts anderes als die Zuordnung der Einzeloperation zu Strukturen und Operationen des Rechtssystems, also vor allem die Implikation oder Explikation, daß es in einer Kommunikation um Recht oder Unrecht geht. Das ist nicht weiter problematisch, sondern Sache der täglichen Kommunikation. Auf ganz andere Probleme stößt man, wenn es sich um Selbstbeschreibungen handelt, nämlich um Darstellung der Einheit des Systems im System; denn hier geht es nicht nur um laufende Sicherung von Anschlußfähigkeit über herausgegriffene Referenzen, sondern um die Reflexion der Einheit in genau dem System, das sich reflektiert.

Wie der Begriff des Beschreibens im allgemeinen festlegt, intendiert diese Operation die Anfertigung von Texten, das heißt: von wiederholt verwendbaren Prämissen weiterer Kommunikation. Eine Selbstbeschreibung (»Vertextung«) ist die Thematisierung des Systems, in dem die Operation der Selbstbeschreibung stattfindet. Es ist also nicht irgendeine Operation des Systems, sondern eine Operation mit genau dieser Intention. Wir können sie insofern mit einem klassischen Ausdruck auch als Reflexion bezeichnen. Und es ist eine Beschreibung, die zusätzlich in der Reflexion noch reflektiert, daß sie selbst dem System angehört, das sie beschreibt, und folglich entsprechenden Ansprüchen zu genügen, Rücksichten zu nehmen, Zugehörigkeitsmerkmale zu akzeptieren hat. Mit einem aus der linguistischen Semantik stammenden Begriff können wir auch sagen: Selbstbeschreibung ist die Anfertigung eines autologischen (sich selbst mitmeinenden) Textes.

Selbstbeschreibungen beachten Beschränkungen, die sich aus ihrer Zugehörigkeit zu dem beschriebenen System ergeben. Eine Selbstbeschreibung des Rechtssystems kann zum Beispiel nicht bestreiten, daß das System berechtigt ist, zwischen Recht und Unrecht zu unterscheiden oder daß man sich auf »geltende« Normen einzulassen hat. Dies bedeutet jedoch nicht unbedingt, daß Selbstbeschreibungstexte so wie Gesetze die tägliche Praxis des Systems steuern. Dies ist eher unwahrscheinlich, »and indeed it is hard to imagine many JPs (Justice of Peace, N.L.) thumbing through the Summa Theologiae after a hard day at the sessions«.[2] Aber man wird davon

---

2 So Edward Powell, Kingship, Law, and Society: Criminal Justice in the Reign of Henry V., Oxford 1989, S. 29.

ausgehen können, daß die Rechtspraxis die Beantwortbarkeit der Sinnfragen des Systems voraussetzt und in der Form einer Unterstellung (nicht: als Information) den Entscheidungen zugrunde legt.

Diese Anforderungen, nämlich Bezugnahme auf die Identität des Systems, das sich beschreibt, und autologischer Einschluß der Beschreibung in das Beschriebene, unterscheiden Reflexionstheorien von normalen juristischen Theorien, etwa über die Irrelevanz von Motivirrtum beim Vertragsschluß und eine etwaige Ausnahme für den Fall eines für den Vertragspartner erkennbaren Irrtums. Schon in der Tradition gibt es deutliche, auch schulmäßige Unterschiede zwischen den Allgemeinplätzen der Naturrechtslehre und dem, was Juristen zur Begründung ihrer Entscheidungen anführen. Heute etikettiert man diese Differenz durch die Unterscheidung von Rechtsphilosophie (oder neuerdings auch »Rechtstheorie«) und Rechtswissenschaft. Wir gehen auf solche akademischen Distinktionen nicht näher ein, halten aber fest, daß die Sonderaufgabe der Selbstbeschreibung des Rechtssystems nicht in der hochdifferenzierten Entscheidungsbegründung liegt, sondern in der Darstellung von Einheit, Funktion, Autonomie und auch Indifferenz des Rechtssystems, und es gibt nur relativ wenige Punkte, die einen Übergang vom einen zum anderen Kontext ermöglichen, so etwa der Konnex von Freiheit/subjektivem Recht/Klagebefugnis.

Ungeachtet dieses Unterschiedes sind Selbstbeschreibungen, wie alle Beschreibungen, konkret vollzogene, system- und kontextabhängige Operationen. Sie geben nicht wieder, was »da ist«, sondern konstruieren, was ihren Annahmen entspricht. Insofern folgen wir der heute viel diskutierten neopragmatischen Interpretationstheorie von Stanley Fish.[3] Selbstbeschreibungen operieren daher immer in-

---

3 Siehe für literarische und juristische Interpretationen Stanley Fish, Doing What Comes Naturally: Change, Rhetoric, and the Practice of Theory in Literary and Legal Studies, Oxford 1989. Wenn dem hier vorgelegten Text dennoch eine ganz andere Perspektive zugrunde liegt, so deshalb, weil Fish, ohne an eine andere Möglichkeit zu denken, von beschreibenden, interpretierenden usw. Individuen ausgeht, während für uns die basale Operation Kommunikation und entsprechend die Systemreferenz das soziale System ist, sei es das System der Gesellschaft, sei es das System des Rechts.

nerhalb von schon akzeptierten Beschränkungen, die ein anderer Beobachter als für sie eigentümlich beobachten kann. Ferner müssen sie in dem System, das sie selbst beschreiben und damit vollziehen, eine Grenze einrichten, über die hinweg und zurück sie etwas anderes und sich selbst beobachten können. Das Problem, das damit entsteht, ist mindestens seit Fichte bekannt. Es geht um Einlagerung von Differenz in ein System, das auf genau diese Weise nicht nur vollzogen, sondern auch identifiziert werden soll. Das Resultat ist immer eine entfaltungsfähige Paradoxie.[4] Es erfordert immer eine den Prozeß begleitende Verdeckung der Paradoxie, eine partielle Invisibilisierung, ein Akzeptieren der Unsichtbarkeiten, die mit der Operation selbst erzeugt werden. Und im Falle des Rechtssystems vor allem: einen irgendwo zu placierenden Verzicht auf die Weiterverfolgung der Begründungsfrage. Im Vollzug der Selbstbeschreibung muß das System sich selbst voraussetzen – und hinnehmen.[5]

Es versteht sich von selbst, daß Selbstbeschreibungen Schrift als Form für Texte voraussetzen. Solange Bücher jedoch relativ selten und nicht ohne weiteres zugänglich sind, sind die Möglichkeiten der Differenzierung begrenzt. Die Forderung der Gerechtigkeit hat einen gesamtgesellschaftlichen Bezug, sie bezieht sich auf das Einhalten der natürlichen Plätze, auf die man gehört, und auf das Verhalten des politischen Regiments. Sie gilt für jede Art von »Körper«, also für die Medizin ebenso wie für das Recht. Erst mit Hilfe des Buchdrucks entsteht ein Textvolumen, das weitere Differenzierungen ermöglicht. Vorher gab es schon spezifisch juristische Texte; aber erst der Buchdruck ermöglicht eine im Rechtssystem selbst ausdifferenzierte Reflexion – zunächst unter dem Traditionsnamen der Philosophie, also Rechtsphilosophie. Die Operation der Selbstbeschreibung ist mithin gedruckte Publikation; und was aus dem

---

4 Hierzu gibt es durchaus anerkennende Literatur, allerdings eher auf einem Seitenweg der herrschenden rechtstheoretischen Diskussion. Siehe z. B. Benjamin N. Cardozo, The Paradoxes of Legal Science, New York 1928; George P. Fletcher, Paradoxes in Legal Thought, Columbia Law Review 85 (1985), S. 1263-1292; Roberta Kevelson, Peirce, Paradox, Praxis: The Image, the Conflict, and the Law, Berlin 1990; Michel van de Kerchove / François Ost, Le droit ou les paradoxes du jeu, Paris 1992. .

5 Einen vergleichbaren Sachverhalt formuliert Pierre Bourdieu etwas stärker als Zusammenhang von Beschreiben und Vorschreiben in: Ce que parler veut dire: l'économie des échanges linguistiques, Paris 1982, S. 149 ff.

einen oder anderen Grund (der nichts mit Recht zu tun haben muß) nicht gedruckt werden kann, hat somit keine Chance, auf die Selbstbeschreibung des Systems einzuwirken.

II

Will man die Selbstbeschreibung des Rechtssystems in einem ersten Zugriff von außen beschreiben, liegt es nahe, auf die Identifikation mit den eigenen Normen abzustellen. Teilnehmer, so wird erwartet, müssen sich systemloyal verhalten, was immer ihre subjektiven Motive, ihre Hintergedanken, ihr Ehrgeiz, ihre Interessen sein mögen. Auch zahllose Kommunikationsweisen, die gesellschaftlich möglich und erwartbar sind, müssen außer acht bleiben, wenn sie nicht dem Rechtssystem zugerechnet werden können, und auch innerhalb des Rechtssystems ist bei weitem nicht jede Kommunikation ein Beitrag zur Selbstbeschreibung.

Keine Beschreibung kann es sich leisten, ihr Objekt zu verfehlen, aber die Innenbindungen der Selbstbeschreibung gehen darüber hinaus. Denn die Selbstbeschreibung muß *sich selbst* dem System, das sie beschreibt, einordnen, und das kann nur durch Übernahme und Thematisierung systemspezifischer Bindungen geschehen. Anders könnte die Selbstbeschreibung sich selbst nicht als solche ausweisen, sich selbst nicht von einer externen Beschreibung unterscheiden. Sie kann, mit anderen Worten, nicht prinzipiell bestreiten, daß es richtig ist, den Normen zu folgen und sich so zu verhalten, wie das Rechtssystem es vorschreibt.[6] Die Erwartungsstabilisierungsfunktion wird als Verhaltensanweisung interpretiert. Aber eben: interpretiert. Es geht nicht einfach um weitere Normen, auch nicht um »höhere« Normen, sondern um Gründe; nicht um Rezepte für rechtmäßiges Verhalten, sondern um Rechenschaft. Und vor allem wird die Unterscheidung von Normen und Fakten, die für das System zentrale Bedeutung hat, nicht in Richtung Faktizität,

---

6 Dies ist der Kernpunkt der sog. Neutralisierungsthese, die als soziologische Theorie der Devianz vertreten wird. Vgl. die Hinweise oben (Kap. 6, III, Anm. 47). Und auch hier sieht man deutlich die Differenz von externer und interner Beschreibung. »Neutralisierung« ist natürlich kein Argument, das im Rechtssystem selbst gebraucht werden könnte, und erst recht keine Form der Beschreibung der Einheit des Systems.

sondern in Richtung Normativität markiert. Das heißt: Es ist für das System unakzeptabel, in Normen bloße Fakten (etwa: faktische Verhaltenserwartungen) zu sehen. Statt dessen bevorzugt man (vor dem unbestrittenen Hintergrund der Unerläßlichkeit von Normen für die Fortsetzung von Gesellschaft) eine tautologische Symbolisierung von Normativität: Normen bezeichnen das, was gesollt ist; und der Rechtssoziologie wird ein Verkennen der Eigenart von Normen vorgeworfen, wenn sie auf der schlichten Faktizität von Normen besteht.[7] Weil die Unterscheidung Normen/Fakten für das System selbst essentiell ist (weil es sich über Normen schließt), ist jede »Reduktion« von Normen auf Fakten unakzeptabel.[8]

Diese Darstellung bedarf einer Ergänzung. Sie trägt den normativen Programmen des Rechtssystems Rechnung, nicht aber seiner binären Codierung, die erst eigentlich die Identität des Systems fixiert. Ohne Codierung ließe sich im Rechtssystem kein Entscheidungszwang einrichten, also auch keine gesellschaftliche Vollverantwortung für die eigene Funktion. Ohne Reduktion auf zwei ineinander konvertierbare Werte gäbe es im System keine praktikable Logik.[9] Auch die übliche Argumentationstechnik ist auf Codierung angewiesen. Sie unterstellt stillschweigend, daß es neben Recht und Unrecht nicht noch andere Codewerte gibt und daß man, indem man für das Recht der eigenen Auffassung plädiert, damit zugleich das Unrecht der gegenteiligen Auffassung nachweisen kann. Sie setzt zum Beispiel voraus, daß es für einen bestimmten Sachverhalt nur eine richtige Entscheidung gibt, die im Wiederholungsfall zu wiederholen ist, und könnte die Erfahrung daher nicht verarbeiten (oder müßte sie als Ungleichheit der Fälle rekonstruieren), daß gleiche Fälle ungleich entschieden werden. Anders könnte die Selbstbeschreibung des Systems den Insidern nicht nahebringen, was von ihnen erwartet wird.

---

7 So z. B. Werner Krawietz, Staatliches oder gesellschaftliches Recht? Systemabhängigkeiten normativer Strukturbildung im Funktionssystem Recht, in: Michael Welker / Werner Krawietz (Hrsg.), Kritik der Theorie sozialer Systeme, Frankfurt 1992, S. 247-301.

8 Dies hat im übrigen nichts mit der völlig unbestrittenen Einsicht zu tun, die oft an dieser Stelle genannt wird: daß es die Logik nicht erlaubt, von Fakten auf Normen zu schließen.

9 Ich sage »praktikabel« im Hinblick auf die Möglichkeit, mehrwertige Logiken zu entwickeln, die jedoch in der Alltagskommunikation des Rechtsbetriebs auf kaum überwindbare Schwierigkeiten stoßen würden.

Die Selbstbeschreibung des Rechtssystems muß, mit anderen Worten, davon ausgehen, daß man es im Rechtssystem mit kontroverser Kommunikation zu tun hat, und dies nicht im Sinne eines leider unvermeidlichen Defekts, sondern als Konsequenz der Funktion und der Codierung des Systems. Daraus ergibt sich ein weiterer Darstellungszwang, dem jede Selbstbeschreibung sich zu fügen hat. Alle Kommunikation im System muß auf Entscheidbarkeit hin stilisiert werden, und zwar auf eine Entscheidung hin, die gute Gründe – und lägen sie nur im Verweis auf geltendes Recht – für sich in Anspruch nehmen kann. Es genügt nicht, einfach die eigenen Wünsche, Interessen, Präferenzen darzustellen wie bei Kaufverhandlungen im Wirtschaftssystem.[10] Es müssen vielmehr Darstellungsformen gesucht und gefunden werden, die insinuieren, daß eine systemkonforme Entscheidung – man mag sie dann als rational, vernünftig, gerecht titulieren – möglich ist.[11] Das System muß als Entscheider angesprochen werden, wie immer kontrovers dann Tatsachen, Regeln und Prinzipien sein und bleiben mögen. Zu jeder bestimmten Norm kann eine Kommunikation sich kritisch einstellen: aber wenn sie das tut, muß sie einen Ersatzvorschlag offerieren. Sie kann nicht einfach Anarchie, freies Belieben oder gar nichts empfehlen. Sie hat die Notwendigkeit zu respektieren, im Zentrum des Systems, in der Gerichtsbarkeit, zu einer Entscheidung zu kommen. Deshalb hat auch die Selbstbeschreibung des Systems, sie wäre sonst keine, zunächst einmal diesem Erfordernis argumentativer Stilisierung aller Kontroversen Rechnung zu tragen. Was immer man zu erreichen sucht: man muß es im System und durch Bezugnahme auf die Argumentationsmittel des Systems begründen. Es kommt nicht unbedingt darauf an, ob es auf alle Fragen eine letztlich richtige Antwort gibt: aber man muß so kommunizieren, als ob es sie gäbe, etsi non daretur Deus.

Im Unterschied zu normaler Systemkommunikation, die Entscheidungsbegehren oder Entscheidungen selbst begründet, kann die Selbstbeschreibung des Systems vermeiden, Partei zu ergreifen. Es ist nicht ihre Sache zu entscheiden, ob man den Produzenten für Fehler der Waren und Folgeschäden haften läßt oder den Käufer das

---

10 Dazu bereits oben Kap. 7, IV, 8, VII und VIII.
11 Siehe dazu, dies Erfordernis »ernst nehmend«, Ronald M. Dworkin, No Right Answer?, in: P.M.S. Hacker / Joseph Raz (Hrsg.), Law, Morality, and Society: Essays in Honour of H.L.A. Hart, Oxford 1977, S. 58-84.

Risiko tragen läßt. Es ist vergleichsweise einfach, in solchen Fällen der einen oder anderen Lösung zuzustimmen (zumal in dem genannten Fall die Kosten der Versicherung auf jeden Fall auf den Käufer abgewälzt werden). Erst der Verzicht auf Parteinahme angesichts von Kontroversen gibt der Selbstbeschreibung des Rechtssystems ihr *eigenes* Problem, nämlich zu klären, *was impliziert ist, wenn ein System eine Antwort auf alle Fragen in Aussicht stellt und alle Operationen des Systems zwingt, davon auszugehen, daß es eine solche Antwort gibt.*

Argumentationsmittel können ausgewechselt werden, der Entscheidungszwang bleibt. Man muß das System so beschreiben, daß die Suche nach einer richtigen Antwort sinnvoll bleibt – auch bei zunehmendem Zweifel daran, daß es *die* richtige Antwort gibt. Immer wieder setzen solche Bemühungen dazu an, prinzipielle Antworten vorzuschlagen – wenn nicht mehr den *Willen Gottes*, dann eben *Wohlstandsmaximierung*. Es mag kein Zufall sein, daß diese Beschreibungen auf einen archimedischen Punkt außerhalb des Systems verweisen, auf *Religion* bzw. auf *Wirtschaft*. Dasselbe gilt für den Vorschlag Jeremy Benthams oder John Austins, souveräne Weisungsgewalt eines *politischen* Machthabers als Rechtsquelle in Anspruch zu nehmen. Und nicht zuletzt fügt auch die reine Rechtslehre Kelsens sich diesem Muster, indem sie das Problem als ein Problem der Rechtserkenntnis formuliert und es deshalb im *wissenschafts*üblichen Stil durch eine als Hypothese eingeführte Voraussetzung zu lösen versucht. In ganz anderer Weise zeigt sich diese Dominanz von Wissenschaftsorientierung in dem Reflexionstyp, der seit einigen Jahrzehnten »Rechtstheorie« heißt.[12] Hier sucht die Selbstbeschreibung des Rechtssystems interdisziplinäre, etwa linguistische, semiologische, hermeneutische, soziologische, anthropologische Abstützung. Vier Angebote also, die Einheit des Systems mit Bezug auf Religion, Wirtschaft, Politik oder Wissenschaft als Bedingung der Möglichkeit von Kontroversen[13] und

---

12 Siehe auch Kapitel 1, I.

13 Selbst in strikt religiös begründeten, auf den Willen Gottes bezogenen Rechtsordnungen findet dieser Faktor Beachtung, und jedenfalls kann man nicht den bloßen Dissens als solchen schon verurteilen. Vgl. dazu David Daube, Dissent in Bible and Talmud, California Law Review 55 (1971), S. 784-794; oder, noch deutlicher, die Legende des Ofens von Akhnai aus dem Recht des Talmud, mit der Gunther Teubner sein Buch über Recht als autopoietisches System a.a.O. (1989) einleitet.

zugleich als Bedingung ihrer Entscheidbarkeit zu beschreiben, und alle Versuche benutzen Plausibilitäten, die die moderne, funktional differenzierte Gesellschaft zur Verfügung stellt, nämlich den Rückgriff auf ein anderes Funktionssystem.

Daß auf diese Weise die funktionale Differenzierung des Gesellschaftssystems genutzt wird, um über externe Referenzen die Einheit des Rechtssystems zu begründen, ist leicht nachzuvollziehen. Auch die Logik lehrt ja nach Gödel, daß ein Logiksystem unfähig ist, die eigene Widerspruchsfreiheit (als Symbol für die eigene Einheit) aus sich selbst heraus zu begründen, sondern sich die Bedingungen dafür ab extra geben lassen muß. Die Selbstbeschreibung des Rechtssystems findet sich jedoch mit der Tatsache konfrontiert, daß sie in ihrer gesellschaftlichen Umwelt mehrere Anknüpfungsmöglichkeiten findet. Wir hatten Religion, Wirtschaft, Politik und Wissenschaft als die bisher in den Reflexionstheorien des Rechts benutzten Möglichkeiten genannt. Dann kommt es aber zu der Frage, wie man zwischen diesen Möglichkeiten auf der Eigenbasis des Rechtssystems entscheiden könne, oder ob man sie nur historisch nacheinander ausprobieren und damit verbrauchen kann. Es läge nahe, diese Art der Externalisierung durch Bezugnahme auf das Gesamtsystem der Gesellschaft zu ersetzen. Das würde aber heißen, daß die Reflexionstheorie sehr viel komplexer ausgeführt werden muß. Denn das Rechtssystem ist ja auch selbst Teilsystem des Gesellschaftssystems, verweist also im Verweis auf Gesellschaft zugleich auf die gesellschaftsinterne Umwelt und auf sich selbst. Vielleicht liegt in dieser an Systemtheorie orientierten Form eine letztlich überzeugende Lösung des Problems; sie ist bisher jedoch noch nicht ausprobiert worden in einer Weise, die ihren Ertrag für die eigenen Operationen des Rechtssystems hätte erkennbar werden lassen.

Welches Prinzip immer man wählt, die Insider-Sicht besagt, daß es dazu keine Alternative mehr gibt. Man kann das Prinzip mehr oder weniger gut realisieren, und es mag sein, daß die Wohlstandsmaximierung faktisch ebenso unmöglich ist wie das sündenfreie Leben in der Annahme der Liebe Gottes. Aber als Prinzip genommen unterscheidet sich das Prinzip nicht von anderen Formeln mit gleicher Funktion. Ihm muß deshalb »blind« gehorcht werden. Aber was geschieht faktisch, wenn der eine beobachtet, daß der andere einem Prinzip folgt?

Eine systemtheoretische Kritik hat hier leichtes Spiel. Wenn man einmal die Differenz von System und Umwelt zugrunde legt (was die genannten Theorien nicht tun), ist rasch einzusehen, daß die Einheit des Systems in dieser Unterscheidung nicht verortet werden kann: sie ist weder im System noch in der Umwelt des Systems zu finden. Die Suche nach dem archimedischen Punkt[14] reagiert auf die Unmöglichkeit, die Einheit des Systems im System überzeugend und metakontrovers zu repräsentieren. Sie deshalb in die Umwelt zu verlegen, ist aber ebenso verfehlt.[15] Von außen gesehen ist das System ein Netz von operativ verwendeten Unterscheidungen, »polyvalence sans unité possible«, um es mit Julia Kristeva zu formulieren.[16] Auf genau dieses Problem kann man nur noch mit der Unterscheidung von Operation und Beobachtung/Beschreibung reagieren, um dann die Einheit des Systems als ein Resultat des im Vollzug unbeobachtbaren Operierens zu begreifen. Auch die Selbstbeschreibung eines Systems ist dann eine unter vielen Operationen des Systems, und wenn man wissen will, wie das System sich beschreibt, muß man eben diese Operation beobachten und sich im Beobachten des Beobachtens seinerseits dem Beobachtetwerden aussetzen.

Darin liegt ein Verzicht auf jede Einheitslösung. Statt dessen wird die Aufmerksamkeit auf die Art und Weise gelenkt, wie das System Geltungen und Argumentationsmittel beschränkt. Genau das betont heute die »institutionelle« Rechtstheorie.[17] Sie erklärt auf diese Weise das, wovon wir ausgegangen sind: daß die Selbstbeschreibung des Systems sich mit den Bedingungen identifizieren muß, auf

14 Im Kontext einer selbstreferentiellen Begründung seiner utilitaristischen Rechtstheorie schreibt Jeremy Bentham, An Introduction to The Principles of Morals and Legislation (1789), New York 1948, S. 5: »Is it possible for a man to move the earth? Yes; but he must first find out another earth to stand upon.

15 Die theologische Lösung hat immerhin den Vorteil, daß sie sich auf Gott als einen Beobachter des Systems beziehen kann. Nur ist dies nicht sehr hilfreich, wenn man im gleichen Zuge zugestehen muß, daß dieser Beobachter selbst nicht beobachtet werden kann. Eben deshalb war es für Pufendorf, Locke und viele ihrer Zeitgenossen unerläßlich, den Willen Gottes schließlich durch eine Art Utilitätskalkül zu spezifizieren mit der Unterstellung, es läge Gott daran, daß es den Menschen gut gehe. Dann freilich kommt man nicht umhin, erhebliche Konstruktionsfehler in der Schöpfung zuzugestehen.

16 Julia Kristeva, Semiotikè: Recherches pour une sémanalyse, Paris 1969, S. 11.

17 Siehe repräsentativ: Donald Neil MacCormick / Ota Weinberger, Grundlagen des institutionalistischen Rechtspositivismus, Berlin 1985.

die man sich einlassen muß, wenn man im System Problemlösungen sucht. Das macht es erträglich zu akzeptieren, daß man mit einem »open texture« zu leben hat[18] und manche Kontroversen nicht argumentativ zu entscheiden sind.[19] Entscheidend ist, daß das System selbst den Spielraum einschränkt, in dem es auf reine Kompetenznormen rekurrieren muß und rein faktisch über Geltungssymbole disponiert, die dann ihrerseits Ausgangspunkte für weitere Operationen bieten.[20] An die Stelle der Berufung auf Einheit tritt die Berufung auf Geschlossenheit des Systems.

III

Das Naturrecht Alteuropas liegt so weit zurück und steht uns so fern, daß nicht einmal die Distanz dem heutigen Bewußtsein geläufig ist. Andererseits ist ein Verständnis der Reflexionstheorien im heutigen Rechtsdenken nur möglich, wenn man sieht, daß und wie sie sich aus dem Naturrecht herausgelöst haben und dabei auf die Probleme gestoßen sind, die die heutige Diskussion bestimmen. Das gilt nicht zuletzt für die Fälle, in denen die Argumentation sich auch heute noch (oder wieder) auf Naturrecht beruft.

Sozialstrukturell gesehen hatte das Naturrecht einen wichtigen Ausgangspunkt in der Diskrepanz von rechtlich-politischen Einheiten, insbesondere Stadtstaaten oder kleineren Territorialstaaten, und einem weit über deren Grenzen hinausgreifenden Handel. Daraus entstanden laufend Fragen nach dem rechtlichen Status von Fremden in der eigenen Stadt, auf die das für Bürger reservierte eigene Recht nicht ohne weiteres angewandt werden konnte – also römisch gesprochen: Fragen des ius gentium. Darüber geht eine für das Mittelalter wichtige Digestenstellen hinaus, die auch Tiere einbezieht und dadurch Naturrecht vom Völkerrecht (Recht aller

---

18 So H.L.A. Hart, The Concept of Law, Oxford 1961.

19 Siehe die Argumente gegen Dworkin bei Neil MacCormick, Legal Reasoning and Legal Theory, Oxford 1978, S. 229 ff.

20 Daß dieses Vorgehen auch eine faktische Seite der Akzeptanzbeschaffung und der Isolierung bzw. Politisierung von Protesten hat, habe ich zu zeigen versucht in Niklas Luhmann, Legitimation durch Verfahren, Neuwied 1969, Neudruck Frankfurt 1983.

Menschen) unterscheiden kann.[21] Dieser Umweg über das Tier ist
argumentationspraktisch bedeutsam, denn er ermöglicht es einer
bis in die Neuzeit anhaltenden Tradition, Abweichungen vom
gleichsam animalischen Naturrecht zu begründen: Ehe als Abweichung vom natürlichen Fortpflanzungstrieb, Sklaverei als Abweichung von der natürlichen Freiheit, Eigentum als Abweichung von
der natürlichen Gütergemeinschaft, kurz: Kultur als Abweichung
vom Naturrecht. Keinesfalls kann das Naturrecht in diesem Dis-
kussionsstrang (es gibt andere![22]) als höherwertiges Recht, geschweige denn als die Rechtsform moralischer Prinzipien gedacht
werden. Wenn es um Bezugnahme auf ein moralisches Rechtsprinzip geht, wird im Mittelalter eher der Ausdruck aequitas verwendet.[23]

Eingewoben in diese Argumentation findet man einen zweiten Gedanken. In Anlehnung an Aristoteles, vor allem aber seit dem
Hochmittelalter, setzt das Naturrecht voraus, daß es in der Natur
Naturen (Wesen) gibt, die Kenntnis von sich selber haben. Die Vernunft (ratio) findet ihren Ort und entfaltet sich als Natur in der
Natur. Wenn im Mittelalter Selbsterkenntnis gefordert wird, heißt
das deshalb nicht: Erkennen der eigenen individuellen Besonderheit
oder gar Subjektheit. Vielmehr geht es um das Erkennen der eigenen Natur, die in analogia entis verstanden wird als Einzelfall der
Weltseele, als imago Dei, als Kreatur der Schöpfung.[24] Vor allem die

21 Siehe D.1.1.1.3: Ius naturale est, quod natura omnia animalia docuit, im Unterschied zu D.1.1.1.4: Ius gentium est, quo gentes humanae utuntur. Das vielleicht
berühmteste Beispiel ist das Recht auf Fortpflanzung, das triebhaft angelegt ist,
aber durch Völkerrecht und erst recht durch Zivilrecht *gegenüber dem Naturrecht
eingeschränkt werden kann*. Zur Diskussion in der Glosse siehe ausführlich Rudolf
Weigand, Die Naturrechtslehre der Legisten und Dekretisten von Irnerius bis Ac-
cursius und von Gratian bis Johannes Teutonicus, München 1967, insb. S. 12 ff.,
78 ff. .

22 Zum Beispiel die eher rechtsinnovativ eingesetzte aequitas (D.1.1.11, Paulus) oder
das eher für Gerechtigkeitsdefinitionen verwendete ius suum cuique tibuendi
(D.1.1.10 pr. und 1, Ulpian) mit direktem Bezug auf Stratifikation.

23 So z. B. oft zitiert Johannes von Salisbury im Policraticus Buch IV, Kap. II, zit. nach
der Ausgabe Ioannis Saresberiensis...Policratici...libri VIII, London 1909, Nachdruck Frankfurt 1965, Bd. I, S. 237, mit Bezug auf aequitas und das tribuens
unicuique quod suum est: lex vero eius interpres est, utpote cui aequitatis et iustitiae
voluntas innotuit.

24 Nur so wird auch die Bedeutung der Spiegelmetapher im Mittelalter verständlich:
Der Spiegel verdoppelt nicht die pure Faktizität der individuellen Besonderheit,

Vorstellung des Menschen als »Mikrokosmos« deutet an, daß ihm durch Selbstreflexion der ganze Kosmos zugänglich sei.[25] Noch im Spätaristotelismus der deutschen Protestanten bleibt diese Vorstellung lebendig: daß theologisch-moralisch-politisch-naturrechtlich gültige Normen in der Selbstbesinnung erkannt werden könnten.[26] Noch Pufendorf verlangt, wenngleich mit einem säkularisierten und dadurch unklar gewordenen, polemisch einsetzbaren Naturbegriff, daß die Menschen beim Zusammenschluß zu einer Zivilgesellschaft ihre Naturrechte *kennen*, aber bemerkenswerterweise geht es jetzt schon nicht mehr um Kenntnis der eigenen *Natur*, sondern um Kenntnis der eigenen *Rechte*.[27] Auch andere Autoren der Frühmoderne unterscheiden mit Melanchthon natürliche Triebe und natürliche Rechte.[28] Ihre Vernunft führt die Menschen zu der Einsicht, daß sie auf Leben in der Gesellschaft angelegt und auf Kooperation angewiesen sind. Das führt auf Recht als Bedingung der Möglichkeit von Gesellschaft. Ebenso leicht ist zu erkennen, daß damit nicht alle Rechtsfragen geklärt sind. Einerseits gibt die Natur dem Einzelmenschen oder den unterschiedlichen Gruppen unterschiedliche Präferenzen ein – auch und gerade für das Ziel des Zusammenlebens. Das ergibt sich aus der Rationalität der Verfolgung eigener Ziele. Daraus folgt, daß die für das Gemeinwohl wichtigen Fragen geregelt werden müssen.[29] Außerdem ergibt die Erkenntnis der Natur auf manche Fragen keine Antwort. Diese

---

sondern er zeigt das, was man seiner Natur nach (und das schließt soziale Stellung ein) zu sein hat.

25 Hierzu Marian Kurdziałek, Der Mensch als Abbild des Kosmos, in: Albert Zimmermann (Hrsg.), Der Begriff der Repraesentatio im Mittelalter: Stellvertretung, Symbol, Zeichen, Bild, Berlin 1971, S. 35-75.

26 Siehe hierzu Horst Dreitzel, Grundrechtskonzeptionen in der protestantischen Rechts- und Staatslehre im Zeitalter der Glaubenskämpfe, in: Günter Birtsch (Hrsg.), Grund- und Freiheitsrechte von der ständischen zur spätbürgerlichen Gesellschaft, Göttingen 1987, S. 180-214.

27 Vgl. Samuel Pufendorf, De jure naturae et gentium libri octo 8.I.II., zit. nach der Ausgabe Frankfurt-Leipzig 1744 Bd. II, S. 287: »Enimvero heic praesupponi debet, homines in civitatem coituros iam tum iuris naturalis fuisse intelligentes.«

28 Siehe Horst Dreitzel, Protestantischer Aristotelismus und absoluter Staat: Die »Politica« des Henning Arnisaeus (ca. 1575-1636), Wiesbaden 1970, S. 197 ff.

29 Thomas von Aquino, Summa Theologiae Ia IIae q. 96 a 3. Vgl. auch IIa IIae q 57 a.2.

»adiaphora« bedürfen der Regelung.[30] Daß dies so ist, ist aber wiederum aus der Natur einsichtig, zu der eben auch gehört, daß Handeln sich an Zielen orientiert und mit sehr verschiedenen natürlichen und sozialen Bedingungen zurechtkommen muß. Insofern ergibt sich der Bedarf für positives Recht und für autoritative Gesetzgebung aus der Natur selbst.[31] *Das Naturrecht selbst erzeugt die Differenz von Naturrecht und positivem Recht.* Das Problem der Geltungsform des Rechts wird also über ein re-entry gelöst: Die Unterscheidung von Naturrecht und positivem Recht wird in das Naturrecht hineincopiert; *und nur unter dieser Bedingung kann man in einem seriösen Sinne von einer naturrechtlichen Rechtsbegründung sprechen.* Die Rechtsqualität des positiven Rechts setzt, auch so wird häufig formuliert, Indifferenz des Naturrechts in der entsprechenden Regelungsfrage voraus. Das Naturrecht wird im kosmologischen Weltaufbau des Mittelalters deshalb als höherstufig angesehen. Aber zugleich bleibt auch der »animalische« Naturrechtsbegriff in der Diskussion, wonach sich die Menschengesellschaft in Abweichung vom Natur(rechts)zustand entwickele, also gegen das Naturrecht. Damit bleibt das Verhältnis von Naturrecht und positivem Recht in der mittelalterlichen ebenso wie in der frühneuzeitlichen Selbstbeschreibung des Rechtssystems ambivalent. Man findet in dieser Tradition, die noch ernsthaft von Naturrecht gesprochen hatte, nicht das, was heutige Rechtsphilosophen erwarten würden: daß das Naturrecht das positive Recht *begründe*.[32] Es ist im Verhältnis zum Zivilrecht entweder indifferent oder auf Abweichung gefaßt. Und als zusammenschließende Perspektive dient die Vorstellung, daß beide Arten von Recht dem Schöpfungsplan Gottes entsprechen.

Auch wenn man zugeben mußte, daß das Recht nicht in allen Details Naturrecht ist und daß es in den einzelnen Ländern und zu den verschiedenen Zeiten unterschiedliche, aber naturrechtgemäße Rechtsordnungen geben kann, galt das Naturrecht doch als Gel-

---

30 Vgl. Aristoteles, Nikomachische Ethik Buch V, Kap. 10 1134b 18-24. Siehe auch Thomas a.a.O., Ia IIae q. 95 a.2.

31 Das Argument lautet: »Natura autem hominis est mutabilis. Et ideo id quod naturale est homini potest aliquando deficere.« (IIa IIae q.57 a.2 ad primum.)

32 Vielleicht kann man die Vermutung wagen, daß eine solche Auffassung überhaupt erst sinnvoll wird, wenn es neben dem Zivilrecht auch öffentliches Recht gibt, also frühestens seit dem 17. Jahrhundert.

tungsgrund des Rechts schlechthin, denn die Natur der Weltordnung und des Menschen fordert, daß es Recht gibt. Daraus
wiederum folgte, daß das positive Gesetz insoweit an der ratio teil
hat, als es aus dem Naturrecht abgeleitet ist; und umgekehrt: daß
bei einem Verstoß gegen das Naturrecht gar kein Gesetz vorliegt,
sondern nur eine Korruption des Gesetzes.[33] Wenn eine solche Korruption gar kein Gesetz *ist* (so wie ein Tyrann kein König), schuldet
auch niemand Gehorsam, und dann ist Widerstand erlaubt, wenn
nicht geboten.

Diese Theorie schließt, wie man sieht, aus dem Schema naturgemäßer
Perfektion/Korruption auf Geltung/Nichtgeltung aller Derivate des Naturrechts. Je nach der Option für die eine bzw. andere
Seite legitimiert sie Gehorsam bzw. Widerstand – aber all dies unter
der Voraussetzung, daß nicht böser Wille oder unauflösbare Wertkonflikte im Spiel sind, sondern es immer nur um die Frage der
richtigen Erkenntnis bzw. eines Irrtums gehe.

Das wird im modernen Territorialstaat unakzeptabel. Man gibt
zwar die Hoffnung noch nicht ganz auf, daß Gott den Souverän
beeindrucke und benutzt diese Erwartung als Abschlußformel der
Begründung des Rechts. Aber schon gegen Ende des 16. Jahrhunderts ist für Zwecke der Praxis geklärt, daß die autoritative Verkündung des Rechts entscheidet.[34] Die Religion trägt jetzt vor allem in
der Form von Bürgerkriegen zur darauf reagierenden Rechts- und
Verfassungsentwicklung bei. Ferner wird angesichts zunehmender
Rechtssetzungstätigkeit des modernen Territorialstaates und angesichts ihrer Begründungsbedürftigkeit eine Bindung an Natur nur

33 »Unde omnis lex humanitus posita intantum habet de ratione legis, inquantum a
lege naturae derivatur. Si vero in aliquo, a lege naturali discordet, iam non erit lex
sed legis corruptio.« (Thomas a.a.O., Ia IIae q. 95 a.2.)

34 Siehe neben dem viel zitierten Bodin etwa François Grimaudet, Opuscules politiques, Paris 1580, fol. 1r: Gesetz sei die »souverain raison, empreinte par Dieu, qui
commande les choses qui sont à faire, & deffend les contraires, faicte et publiée par
céluy qui a puissance de commander«. Und: »Car la loy est l'Œuvre du Prince.«
Der Übergangscharakter derart markiger Formulierungen zeigt sich daran, daß
gleichwohl vom Fürsten Gerechtigkeit verlangt wird, daß der Autor inkonsequent
an der Unterscheidung rex/tyrannus festhält (fol. 3 v - 4 r) und meint, daß naturrechtswidrige Befehle (anders bei Verstößen gegen Zivilrecht) nicht ausgeführt
werden müßten (fol. 5 v ff.). Aber durch das Eingangsstatement fühlt man sich an
John Austin oder andere Rechtspositivisten des 19. Jahrhunderts erinnert, die sich
natürlich nicht mehr auf Gott beziehen, sondern auf eine dem Rechtssetzungsprozeß vorgeschaltete, an der öffentlichen Meinung orientierte Politik.

noch für die Vernunftnatur des Menschen behauptet. Naturrecht wird fast übergangslos zum Vernunftrecht, wobei die Kenntnis der Natur der Vernunft allmählich durch eine Diskussion über vernünftige Prinzipien der Begründung des Rechts ersetzt wird.[35] Das Vernunftrecht war aber immer schon Revolutionsrecht gewesen und konnte daher nach der Revolution, oder so meinte man jedenfalls, positiviert werden. Es wurde ins Verfassungsrecht übernommen. Deshalb kam der Bruch nicht so hart zum Ausdruck, wie er tatsächlich vollzogen wurde. Begünstigend kam hinzu, daß man in den amerikanischen Kolonien Englands auf Grund der besonderen sozialen Bedingungen ohnehin von einer stärkeren Durchmischung von Naturrecht und positivem Recht ausgehen konnte.[36] Überdies akzeptiert die Vernunft, wie es scheint, in auffälliger Übereinstimmung den jeweils nationalen Kontext der territorialstaatlichen Rechtsordnungen, so als ob auch deren Unterschiede noch vernünftig seien. Immerhin blieb auch dann zunächst noch unbestritten, daß das Naturrecht nicht nur Geltungsgrundlage, sondern auch *Kenntnis*grundlage des gesamten Rechts sei.[37] Das ändert sich in dem Maße, in dem das Recht positiviert wird. Die Gesetzgebungstätigkeit nimmt dramatisch zu. Das wird bemerkt, aber nicht als Problem der Neubegründung des Rechts empfunden.[38] Jetzt *erkennt das Recht einen Änderungsbedarf* (auf externe Anregung, versteht sich) *ausschließlich an sich selbst*, und eine Theorie, die das

---

35 Was auf diese Weise geschieht, verdeutlicht ein Vergleich mit der davorliegenden Tradition. Matthew Hale argumentiert in einer gegen Hobbes gerichteten Schrift noch auf dieser Basis: Die Vernunft (reason, reasonnableness) stecke im Zusammenhang der Dinge, in Congruity, Connexion and fitt Dependence und gehe jeder Ausübung menschlicher Fähigkeiten (faculties) voraus. Der Richter müsse diese Vernunft erkennen, auch angesichts hoher Inevidence of Laws und unvermeidbarer Nachteile (mischiefs) aller Problemlösungen. Er solle mehr auf 400-500 Jahre Tradition vertrauen als auf eigene Theorien. So im Manuskript Reflections by the Lord Cheife Justice Hale on Mr. Hobbes His Dialogue of the Lawe, gedruckt in: William Holdsworth, A History of the English Law, 3. Aufl. London 1945, Nachdruck 1966, Bd. V, Appendix III, S. 500-513.

36 So Gerhard Oestreich, Geschichte der Menschenrechte und der Grundfreiheiten im Umriß, Berlin 1968, S. 58 ff.

37 Vgl. z. B. Jean Domat, Les loix civiles dans leur ordre naturel, 2. Aufl. Paris 1697, Bd. 1, S. LXXIII f.

38 Siehe mit quantitativen Angaben für England David Lieberman, The Province of Legislation Determined: Legal theory in eighteenth-century Britain, Cambridge Engl. 1989, S. 13 f.

zu reflektieren sucht, kann allenfalls noch Wertbegriffe anvisieren oder Legitimationsfragen aufwerfen. Das erfordert neue Syntheseversuche. Um 1800 versucht deshalb die neue Philosophie des positiven Rechts (wohl unter dem Einfluß von Hume, der gewissermaßen an Kant vorbeigeleitet wird) einen Zusammenhang herzustellen zwischen gesetzgeberischen Entscheidungen und den Erfahrungsgrundsätzen der Rechtspraxis, wobei allenfalls sekundär aus historischer Bewährung auf Vernünftigkeit geschlossen wird.[39] Dabei mögen die zeitgenössischen Kodifikationen als Anschauungsmaterial und zugleich als Garant für die Möglichkeit einer solchen Synthese gedient haben. Die Kontroverse Savigny/Thibaut wird vor diesem Hintergrund verständlich.[40] Das sind dann in der Moderne nicht mehr reversible Entwicklungen, und folglich spricht die heutige argumentative Praxis kaum noch von dem, was die Vernunft seiner Natur dem Menschen als richtig eingibt, sondern eher von vernünftigem und erwartbarem Verhalten in positivrechtlich bereits durchregulierten Situationen – etwa als Verkehrsteilnehmer oder im Hinblick auf die erwartbare Aufmerksamkeit eines Konsumenten.[41] Alles in allem scheint der Bruch mit den traditionellen Grundlagen des Rechtsdenkens nicht so kraß gewesen zu sein, daß er, wie im Parallelbereich der Kognition, zu besonderen epistemologischen Reflexionen angeregt hätte.[42]

Das neue Naturrecht des 17. und 18. Jahrhunderts wendet sich gegen die überlieferte Ordnung, indem es das Recht des Individuums auf seine eigenen Interessen betont und von diesem Verständnis aus neben Selbstbestimmung Freiheit und Gleichheit als natürliche

---

39 Siehe zu terminologischen Aspekten Jürgen Blühdorn, Zum Zusammenhang von »Positivität« und »Empirie« im Verständnis der deutschen Rechtswissenschaft zu Beginn des 19. Jahrhunderts, in: Jürgen Blühdorn / Joachim Ritter (Hrsg.), Positivismus im 19. Jahrhundert: Beiträge zu seiner geschichtlichen und systematischen Bedeutung, Frankfurt 1971, S. 123-159 – besonders zum Zusammenhang von Hume, Pütter und Hugo; ferner ausführlich Giuliano Marini, L'opera di Gustav Hugo nelle crisi del giusnaturalismo tedesco, Milano 1969.

40 Siehe als Neuausgabe: Jacques Stern (Hrsg.), Thibaut und Savigny: Ein programmatischer Rechtsstreit auf Grund ihrer Schriften, Darmstadt 1959. Vgl. hierzu auch Franz Wieacker, Die Ausbildung einer allgemeinen Theorie des positiven Rechts in Deutschland im 19. Jahrhundert, in: Festschrift für Karl Michaelis, Göttingen 1972, S. 354-362.

41 Siehe dazu Jutta Limbach, Der verständige Rechtsgenosse, Berlin 1977.

42 So sieht es jedenfalls Christian Atias, Epistémologie juridique, Paris 1985, S. 45 ff.

Menschenrechte proklamiert. Im historischen Kontext wird das verständlich, wenn man bedenkt, daß Adel wegen der umfangreichen politischen Nobilitierungen sowie zahlreicher Privilegien und Dispense (als Ausnahmen vom nach wie vor allgemeingültigen Recht) nicht mehr als Naturrecht, sondern nur noch als Staatsinstitut begriffen werden konnte (obwohl »Geburt«, »race« usw. nach wie vor und eher noch stärker als früher betont werden).[43] Das macht es möglich, mit dem Naturrecht auf eigene Individualität ein schichtneutrales Prinzip zu formulieren, das dann nicht mehr auf Naturrecht im alten Sinne verweist, sondern auf positivrechtliche Einschränkungen und auf deren durch eine Verfassung zu sichernde Schranken. Die Verfassung wird jetzt nötig zur Beschränkung der Beschränkungen natürlicher (»wilder«) Freiheit und natürlicher (als Gesellschaft nicht realisierbarer) Gleichheit.[44]

Auf diese Veränderung, die man grob mit den Stichworten Absolutismus und Individualismus bezeichnen könnte, reagiert auch die alte Frage nach der Legitimität der Abweichungen vom Naturrecht. Sie wird jetzt über Vertragskonstruktionen beantwortet. Die natürliche Freiheit wird durch den Gesellschaftsvertrag, den Staatsvertrag, die Individualverträge eingeschränkt, wenn nicht ganz geop-

43 Vgl. für einen knappen, auf Frankreich beschränkten Überblick über die Verschiedenheit der Adelskriterien Arlette Jouanna, Die Legitimierung des Adels und die Erhebung in den Adelsstand in Frankreich (16.-18. Jahrhundert), in: Winfried Schulze (Hrsg.), Ständische Gesellschaft und Mobilität, München 1988, S. 165-177. Auch wenn damit »Naturrecht« im strikten Sinne ausschied, konnte man allerdings außer an Zivilrecht auch an ius gentium denken in Anbetracht der damals unbestritten universalhistorischen und internationalen Verbreitung der Unterscheidung des Adels vom gemeinen Volk. Aber »ius gentium« wurde dann immer noch an Hand der römischen Quellen interpretiert. Siehe dazu Klaus Bleeck / Jörn Garber, Nobilitas: Standes- und Privilegienlegitimation in deutschen Adelstheorien des 16. und 17. Jahrhunderts, Daphnis 11 (1982), S. 49-114 (90 ff.).

44 Siehe dazu Benjamin N. Cardozo, The Paradoxes of Legal Science, New York 1928, S. 94: »Liberty as a legal concept contains an underlying paradox. Liberty in the most literal sense is the negation of law, for law is restraint, and the absence of restraint is anarchy.« Dasselbe gilt in genauer Entsprechung für Gleichheit. Die so umstrittene Kompatibilität beider Menschenrechte beruht also darauf, daß in beiden Fällen ein Paradox aufzulösen ist; aber dies dann auf verschiedene Weisen, die in Widersprüche führt. In etwas anderer Formulierung könnte man auch sagen: die paradoxe Grundstruktur beider Menschenrechte habe die Funktion, die Zukunft für eine Festlegung und für den Austausch der Festlegung von Einschränkungen offenzuhalten. Wenn das noch »Naturrecht« heißen soll, verliert dieser Begriff jeden Zusammenhang mit dem in der Tradition üblichen Sprachgebrauch.

fert. Die Freiheitsemphase, die einen freien, eben vertraglichen, Verzicht auf Freiheit miteinschließt, legitimiert zugleich den Verzicht auf Widerstandsrecht und die Subjektion des Subjekts im absoluten Staat.[45] Auch hier werden also die zivilisatorischen Errungenschaften der individuellen Freiheit und der staatlich geordneten (friedlichen) Gesellschaft als naturrechtliche Abweichungen vom Naturrecht, also paradox vorgestellt.

Ein weiterer Änderungspunkt betrifft die Rationalität der individuellen Einstellung zum Recht. Unter dem Regime des Naturrechts kann es nur rational sein, das Recht zu beachten und seine Weisungen zu befolgen. Das Individuum hat keine Chance gegen das Recht. Und vor allem: das gilt für alle gleichermaßen, ohne Rücksicht auf Charakter und Umstände. Rücksicht auf Individualität kann nur im Recht selbst zum Ausdruck gebracht werden, und vor allem natürlich: durch Differenzierung der Status, der Rollen, der Vertragspflichten. Unter der Ägide des positiven Rechts ändert sich diese Prämisse, weil das Recht selbst keine für das Individuum verbindliche Rationalität mehr zum Ausdruck bringt. Im Utilitätskalkül eines Bentham kann für ein Individuum der überwiegende Nutzen darin bestehen, Rechtsnormen zu brechen; oder zumindest ist es nicht mehr möglich, von der Rationalität für alle auf die Rationalität für den Einzelnen zu schließen. Daraus zieht man dann in heutigen Theorien des rational choice, der »Neuen Politischen Ökonomie« oder der wirtschaftlichen Analyse des Rechts die Konsequenz, daß die Rationalität des Rechts auf einer Ebene der Beobachtung zweiter Ordnung kalkuliert werden muß: Das Recht ist nur in dem Maße rational, als es so eingerichtet ist, daß es für Individuen rational ist, es zu befolgen.

Diese Überlegung zeigt, daß die Positivierung des Rechts in engem Zusammenhang steht mit semantischen und strukturellen Innovationen, die die Gesellschaft einem höheren Maß an Individualität der Individuen anzupassen suchen und auf Durchgriffsrationalität von kosmischen oder religiösen oder kommunalen Bedingungen auf individuelles Verhalten verzichten. Auch die Neuformierung der Freiheitsrechte als Menschenrechte hat genau diesen Hinter-

---

45 Hierzu ausführlich Diethelm Klippel, Politische Freiheit und Freiheitsrechte im deutschen Naturrecht des 18. Jahrhunderts, Paderborn 1976.

grund der Positivierung des Rechts durch den Territorialstaat.[46] Das gilt mit besonderer Extravaganz für die Behauptung, das Individuum sei das Subjekt; es gilt für die Literatur, besonders den Roman der Moderne, die dem Individuum eine Zentralstellung einräumt; es gilt für die neue Demographie und den Begriff der Population, die ebenfalls seit der zweiten Hälfte des 18. Jahrhunderts das alte Denken in Naturgattungen ablöst durch evolutionär zu erklärende generative Isolation; und es gilt eben auch, im selben Zusammenhang gesellschaftlicher Transformation und aus gleichen Gründen, für die Positivierung des Rechts.[47]

Mit all dem wird die Positivität des Rechts zum Topos der Selbstdarstellung des Rechts der modernen Gesellschaft. Daß es sich dabei um einen Terminus der Tradition handelt, behindert die Reflexion beträchtlich. Der abwertende Beiklang und eine Erwartung von »höherem« Sinn werden nicht wirksam unterbunden. Die humanistisch-anthropologische Begründung des positiven Rechts aus dem »Willen der Menschen« (im Unterschied zur Natur der Sache) verliert ihre eindeutige Referenz. Wer oder was ist gemeint? Und die Formel der volonté générale drückt genau diese Verlegenheit aus. Andererseits ist es schwierig, den Voluntarismus der Tradition aufzugeben, da es schließlich um Entscheidungen geht, die Rechtsgeltung begründen und aufheben, und die gesamte Gesellschaftstheorie noch am Menschen formuliert wird. So bleibt das Problem der Willkür des Willens ungelöst bzw. wird in das politische Postulat der repräsentativen Demokratie verlagert. Immerhin hat die Semantik der »Positivität« den Vorteil, im Kreuzpunkt verschiedener Unterscheidungen zu stehen und deshalb mit einem Austausch der Gegenbegriffe jonglieren zu können. Positiv ist *nicht natürlich*, sondern gesetzt und daher als Entscheidung zu beobachten. Positiv ist *nicht spekulativ*, sondern in Fakten und Gesetzen nachweisbar begründet. Und positiv ist *nicht negativ*. Im 19. Jahrhundert gehen diese in der Markierung von Positivität offen bleibenden Unter-

---

46 Siehe dazu Klippel a.a.O. (1976); ferner Winfried Schulze, Ständische Gesellschaft und Individualrechte, in: Günter Birtsch (Hrsg.), Grund- und Freiheitsrechte von der ständischen zur spätbürgerlichen Gesellschaft, Göttingen 1987, S. 161-179.
47 Vgl. zu diesem Zusammenhang ausführlicher Niklas Luhmann, Individuum, Individualität, Individualismus, in ders., Gesellschaftsstruktur und Semantik Bd. 3, Frankfurt 1989, S. 149-258.

scheidungen ineinander über[48], und darin könnte das Geheimnis des Erfolges des »Positivismus« liegen. Aber im Prinzip wird schon klar, daß die Ausdifferenzierung eines besonderen Systems rechtlich geschützter Erwartungen aus dem Gesamtfeld gesellschaftlich geläufiger Normbildungen nur durch Positivierung, das heißt nur durch rekursive Schließung des Systems erreicht werden kann. Und man hat demgegenüber nur die Wahl, dies für ethisch oder sonstwie unbefriedigend zu halten, übernimmt damit dann aber die Beweislast für die Möglichkeit, auf andere, superrechtliche Weise eine eindeutige Festlegung bestimmter Norminhalte als verbindlich erreichen zu können.

Wenn all diesen Entwicklungen zum Trotz heute noch von Naturrecht gesprochen wird, fehlen dafür alle Voraussetzungen im Naturbegriff und in den Naturwissenschaften. Der Begründungsbedarf, auf den dieser Begriff antworten soll, kann durch gedankenloses Kontinuieren eines Hochtitels der Tradition sicher nicht erfüllt werden. Und das gilt erst recht für einen von Natur abgelösten transzendentalen Vernunftbegriff kantischer Prägung, aus dem nur das herausgeholt werden kann, was Kant an selbstjudizierender Kompetenz vorab schon hineingeschmuggelt hatte.[49] Es kann nur befremden, wie leicht und kontextfrei diese Titel heute verfügbar sind und als Reflexionsstopp eingesetzt oder zur Stärkung bloßer Behauptungen mißbraucht werden.[50] Gerade der Naturrechtsgedanke, der das Entstehen der mittelalterlichen Rechtsordnung, den Übergang zum »souveränen« Territorialstaat, den Absolutismus, den aufgeklärten Absolutismus und schließlich die verfassungsrechtliche Positivierung der Menschenrechte begleitet hat, hat sich als politisch anpassungsfähig erwiesen. Wenn man heute hier eine Absicherung gegen eine denkbare Wiederkehr des Nationalsozialismus oder ähnlicher Terrorregimes erhofft, so kann man nur sagen:

48 Siehe dazu die gelehrte Diskussion in: Jürgen Blühdorn / Joachim Ritter (Hrsg.), Positivismus im 19. Jahrhundert: Beiträge zu seiner geschichtlichen und systematischen Bedeutung, Frankfurt 1971, S. 27 ff.

49 Siehe dazu Joachim Lege, Wie juridisch ist die Vernunft? Kants »Kritik der reinen Vernunft« und die richterliche Methode, Archiv für Rechts- und Sozialphilosophie 76 (1990), S. 203-226.

50 Siehe als Überblick und Kritik Noberto Bobbio, Giusnaturalismo e positivismo giuridico, 2. Aufl. Milano 1972, insb. S. 159 ff. Bobbio schließt denn auch aus der laufenden Wiedergeburt der Naturrechtslehre, daß es ihr offenbar nicht gelingt, erwachsen zu werden (S. 190).

die Geschichte dieser Selbstbeschreibungsformel des Rechtssystems lehrt das Gegenteil. Selbst wenn man mit Jürgen Habermas auch für unser »postkonventionelles« Zeitalter am Erfordernis einer vernünftigen Legitimation des Rechts festhält und den Weg dahin durch eine Diskurstheorie zu weisen versucht, ist dies mit einer naturrechtlichen (und insofern starren) Begründung des Rechts nicht zu vereinbaren.[51]

Abgesehen von der Obsoletheit der Semantik fehlen auch die sozialstrukturellen Grundlagen, die einst eine Kopplung von Naturrecht, Gemeinwohl und Gerechtigkeit hatten plausibel erscheinen lassen. In der alten Welt der Adelsgesellschaften konnten die Grundlagen der Rechtsordnung in der Gerechtigkeit gefunden werden. Gerechtigkeit war einerseits die angebrachte, tüchtige (tugendhafte) Einstellung zum sozialen Zusammenleben, sie war andererseits das, was dem Einzelnen nach Maßgabe seines Platzes in der Gesellschaft zukam, und diese Plätze wurden als feststehend angesehen. Gerechtigkeit – das war mithin die rationale Perfektion der (städtischen, politischen, zivilen) sozialen Natur des Menschen und damit Gegenstand eines Wissens, in dem man zwar irren, aber nicht anders werten konnte. Sozialstrukturell war dabei vorausgesetzt, daß auch in sozialen Konflikten abschätzbar und am vorgefundenen Recht erkennbar bleibt, wie und gegebenenfalls nach welchen Regeln unbeteiligte andere den Konflikt beurteilen würden – und dies selbst dann, wenn für die Formulierung der Entscheidung juristisches Fachwissen benötigt wird. Unter solchen Vorbedingungen konnte man dann auch mit rein fiktiven Begründungen der Rechtsgeltung arbeiten, etwa Gründungsmythen oder Annahmen über einen unvordenklichen und seitdem in der Praxis bewährten Ursprung des Rechts.[52]

Diese Vorstellungswelt hat ihre sozialstrukturellen Voraussetzungen im Übergang zur modernen Gesellschaft verloren. Bei allen Bemühungen um Erhaltung oder Wiederbelebung[53] – im Original-

---

51 So ausdrücklich Jürgen Habermas, Faktizität und Geltung: Beiträge zu einer Diskurstheorie des Rechts und des demokratischen Rechtsstaats, Frankfurt 1992 (mehrfach).

52 Eine rhetorische Floskel, die im Common Law Englands bis weit ins 18. Jahrhundert gehalten hat.

53 Siehe etwa Otfried Höffe, Politische Gerechtigkeit: Grundlegung einer kritischen Philosophie von Recht und Staat, Frankfurt 1987.

ton ist das nicht zu reproduzieren. Soziale Reflexivität führt im Zweifelsfalle nicht auf Konsens, sondern auf Dissens zurück. »Reflexivity subverts reason«, heißt es dazu lapidar bei Giddens.[54] Auch die frühmoderne, durch Hobbes ausgelöste Streitfrage, ob die Vernunft in den Regeln und Prinzipien des Rechts selbst liegt oder nicht vielmehr nur in der Befolgung des autoritativ gesetzten Rechts, überlebt das 19. Jahrhundert nicht.[55] Die Rechtstheorie der modernen Gesellschaft bietet anstelle dessen zwei verschiedene Selbstbeschreibungsmodelle an, und als erstes wäre zu notieren, daß man sich nicht hat einigen können. Jede Seite der Kontroverse, die wir auch »Positivismusstreit« in der Rechtstheorie nennen können, orientiert sich an den Defekten der anderen Seite, aber nicht an den eigenen.

IV

Das Bedürfnis nach einer zeitgemäßen Neukonzipierung des Rechts war bereits im 16. Jahrhundert deutlich geworden aus Anlaß der Rekonstruktion der Ordnung politischer Staaten nach dem Zerfall der religiösen Einheit und ihrer politischen Realisation in der Reichsidee. Wie nie zuvor wurde damit das Recht selbst der Garant nationaler und internationaler Ordnung – oder darauf jedenfalls wollten Innovatoren wie Vitoria und Suárez hinaus. Die angestrebte Einheit von politischer und rechtlicher Ordnung ließ sich theologisch nur mit den alten Mitteln des Voluntarismus begründen.[56] Die viel benutzten Theorien eines Gesellschafts- und Herrschaftsvertrags hatten das Problem, daß sie das Widerstandsrecht des Volkes im Falle eines (vermeintlichen) Vertragsbruchs des Herrschers nicht definitiv ausräumen konnten. Deshalb lag eine viel benutzte Alter-

54 Siehe Anthony Giddens, The Consequences of Modernity, Stanford Cal. 1990, S. 39.
55 Vgl. dazu Gerald J. Postema, Bentham and the Common Law Tradition, Oxford 1986.
56 Diese Geschichte ist oft erzählt worden. Siehe nur I. André-Vincent, La notion moderne de droit et le voluntarisme (de Vitoria et Suárez à Rousseau), Archives de Philosophie du Droit 7 (1963), S. 238-259; Michel Villey, La formation de la pensée juridique moderne (Cours d'histoire de la philosophie du Droit), Paris 1968; Juan B. Vallet de Goytisolo, Estudios sobre Fuentes del Derecho y método jurídico, Madrid 1982, S. 939 ff.

native in den theologisch begründeten Immediattheorien: Gott habe den Herrscher unmittelbar zu unmittelbarer Gewaltausübung eingesetzt. Das doppelte »immediate« ist entscheidend: weder handelt es sich um eine nur delegierte Gewalt, die auf einer Einsetzung des Herrschers durch das Volk beruht; noch ist die Ausübung in irgendeiner Weise an Konsens oder auch nur an Mitwirkung der Stände gebunden. Aber diese Lösung hatte ihrerseits das Risiko, ganz auf Kooperation der Theologen-Juristen angewiesen zu sein und mit der Frage belastet zu sein, was Gott sich eigentlich bei der Einsetzung von eher dummen, kriegslüsternen, ungerechten oder ineffektiven Herrschern gedacht habe.

Eine wichtige und folgenreiche Variante bieten die Reflexionsbemühungen des Common Law, die in England seit dem 17. Jahrhundert immer wieder als nationale Eigentümlichkeit gefeiert werden (ganz ungeachtet der Frage, wieviel kanonistisches und zivilrechtliches Gedankengut in das Common Law eingeflossen ist). Die Reflexion beginnt mit Edward Coke und mit der Abwehr königlicher Regulierungsansprüche. Sie läuft bereits auf eine positivistische Rechtstheorie hinaus, wenngleich in naturrechtlichen und historischen Verkleidungen.[57] Erstmals kommt es hier zu einer expliziten Historisierung der Rechtsgeltung. Angesichts einer sehr langen, ununterbrochenen Rechtstradition kann die Rechtsgeltung nicht gut auf einen historisch fixierbaren Ursprung zurückgeführt, sie muß in der historischen Sukzession des Entscheidens in Abwägung vorgefundener Regeln aus Anlaß immer neuer Fälle gefunden werden.[58] Was immer die ursprünglichen Rechtsquellen waren: Die

---

57 Die Darstellung als Frühpositivismus mag befremden. Aber das Kernargument lautet, daß es sich um eine historisch immer neu bewährte Vernünftigkeit der Entscheidungspraxis handelt, und das kann bei aller Rede von expounding, declaring, publishing the law nur überzeugen, wenn die Richter an sich die Möglichkeit gehabt haben, zu anderen Fallösungen zu kommen, und dies immer wieder geprüft, aber abgelehnt haben. Zu den Schwierigkeiten, das Common Law als positives Recht im Sinne des 19. Jahrhunderts zu verstehen (= durch Entscheidung gesetztes System von Regeln) vgl. A.W.B. Simpson, The Common Law and Legal Theory, in: ders. (Hrsg.), Oxford Essays in Jurisprudence (Second Series), Oxford 1973, S. 77-99.

58 Das Argument wird sehr deutlich in Kapitel IV »Touching the Original of the Common Law of England« der 1713 posthum veröffentlichten Schrift von Sir Matthew Hale, The History of the Common Law of England, zit. nach der Neuausgabe von Charles M. Gray, Chicago 1971, S. 39 ff. Ähnlich auch in der gegen Hobbes gerichteten Schrift: Reflections a.a.O. Das Argument macht im übrigen zugleich

kontinuierliche Dauerprüfung des Rechts durch die Gerichte macht das Recht zum »Common Law«.

Seit der zweiten Hälfte des 18. Jahrhunderts hat, semantisch wie strukturell, der Positivismus den Vorlauf.[59] Er beruht, außer in England, auf der Annahme einer Einheit von Staat und Recht.[60] Das Natur- und Vernunftrecht lebt aus zweiter Hand, lebt von all den berechtigten Bedenken, die man gegen diese Lösung des Ordnungsproblems mobilisieren kann. Auch die Rechtstheorie stellt sich um 1800 auf Positivismus ein[61], was nicht ausschließt (und auch heute nicht ausschließt), daß man rechtseigene Kriterien der Selbstkontrolle des Rechts gegenüber allzu erratischen Bewegungen des Gesetzgebers, gegenüber ungerechten Gesetzen zum Beispiel, für notwendig hält.[62]

Nach der Erosion ihrer kosmologischen Grundlagen entnimmt die Partei der Vernunft heutzutage die Selbstbeschreibung des Systems den systemeigenen Argumentationsmitteln und behauptet, darauf gestützt und im System gegründet, daß es tatsächlich so etwas gäbe wie: gute (und weniger gute) Gründe, vernünftige Prinzipien oder

die Frage einer etwaigen ausländischen Herkunft unschädlich (S. 43 f., 47 f.). Auch in einer anderen Hinsicht ist die Temporalisierung der Argumentation bemerkenswert. Zwar gibt die Eroberung eines Landes dem Eroberer Recht (Krieg ist »the highest Tribunal that can be«). Aber die nächste Frage ist: *ab wann* sie Recht gibt, *wann* also die Eroberung *abgeschlossen ist.* Und die Antwort lautet: erst wenn die Unterworfenen beginnen, die Rechtsordnung des Eroberers anzuerkennen und zu benutzen (1971, S. 48 ff.).

59 Für die Gegenwart siehe z. B. Werner Krawietz, Recht als Regelsystem, Wiesbaden 1984, insb. S. 166 f.

60 Das erklärt im übrigen die Leichtigkeit, mit der schon früher Theorievorstellungen des spanischen Katholizismus auf protestantischer Seite übernommen werden konnten. Siehe nur Ernst Reibstein, Johannes Althusius als Fortsetzer der Schule von Salamanca: Untersuchungen zur Ideengeschichte des Rechtsstaates und zur altprotestantischen Naturrechtslehre, Karlsruhe 1955; Dreitzel a.a.O. (1970), S. 188 ff.

61 Im Rückblick ist die damalige Situation vor allem deshalb nicht leicht zu beurteilen, weil Kant selbst in der Rechtslehre der Metaphysik der Sitten sein eigenes kritisches Potential nicht nutzt, so daß die Rechtslehre Kants mit Kant gegen Kant gelesen werden muß.

62 Sowohl in der historischen Rechtsschule als auch in der Philosophie des positiven Rechts herrscht von Anfang an ein Mißtrauen gegen den Gesetzgeber – und dies in Deutschland noch dadurch unterstützt, daß es gar keinen nationalen Gesetzgeber gibt. Siehe neben Savigny auch Paul Johann Anselm von Feuerbachs Antrittsrede: Die hohe Würde des Richteramtes, 1817.

letzte Werte als Sollwerte des Systems.[63] Gegenwärtig konzentriert sich die Diskussion auf die Schriften von Ronald Dworkin.[64] Die Schwierigkeit besteht darin, daß die Hoffnung auf in Vernunft begründete Entscheidungsgrundlagen mit der hochentwickelten sozialen Reflexivität der modernen Gesellschaft kollidiert.[65] Denn in dem Maße, in dem das Verständnis für andersartige Sichtweisen anderer zunimmt und zum Erfordernis zivilisierten Verhaltens wird, nimmt auch die Hoffnung in die Aussagekraft gemeinsamer Überzeugungsgrundlagen ab. So rechtfertigt sich die Vernunfttheorie zunehmend nur noch polemisch: mit der Behauptung, daß der Verzicht auf letzte gemeinsame Gründe oder Werte alles der Willkür ausliefere. Wer das leugnet, wird als destruktiv charakterisiert: als Nihilist, Anarchist, Dezisionist, Opportunist, Positivist. Es liegt dann nahe zu insinuieren oder auch offen zu behaupten, daß solche Theorien in der Lage seien und bei gegebenem Anlaß dazu gebracht werden könnten, jedes Verbrechen in der Gesellschaft und vor allem politische Verbrechen als rechtmäßig zu legitimieren.

Die Partei der Positivisten hält solche Behauptungen für ein pures Ablenkungsmanöver der Prinzipienanhänger. Diese stellen sich blind in genau der Hinsicht, die den Positivisten interessiert. Sie wollen die Schwierigkeiten nicht sehen, in die sie selbst geraten, wenn es darum geht, die Prinzipien, die sie aus der Systempraxis abstrahieren, zu respezifizieren. Dann versagt nämlich die reductio ad unum, und man endet bei mehreren Prinzipien, bei einer Vielzahl von konfligierenden guten Gründen und Werten und muß, das Schimpfwort wird zurückgegeben, opportunistisch verfahren. Die Anhänger der Vernunft können auf das Versagen der einheitsstiftenden Funktion der Vernunft, auf die logische Unschließbarkeit des Systems nicht reagieren. Sie haben keine Antwort auf die Frage, wie zwischen mehreren Prinzipien (zum Beispiel: Haftung aus Vertrag oder Haftung aus Verschulden) oder mehreren Werten entschieden

---

63 Siehe zum Beispiel Ralf Dreier, Recht-Moral-Ideologie: Studien zur Rechtstheorie, Frankfurt 1981.

64 Siehe Taking Rights Seriously, Cambridge Mass. 1978; The Law's Empire, Cambridge Mass. 1986. Siehe auch die kritische Diskussion bei Habermas a.a.O. (1992), S. 248 ff.

65 Siehe auch Anthony Giddens, The Consequences of Modernity, Stanford Cal. 1990, S. 39: »... that the reflexivity of modernity actually subverts reason, at any rate where reason is understood as the gaining of certain knowledge«.

werden soll. Der Positivist kann sagen wie, nämlich durch Bezugnahme auf das geltende Recht.

Das führt zunächst freilich nur auf die Frage, was denn als Recht gilt bzw. nicht gilt. Wir hatten diese Frage auf unsere Weise bereits mit der Theorie des im geschlossenen System zirkulierenden Geltungssymbols beantwortet. Aber das ist eine externe Beschreibung, keine justitiable Selbstbeschreibung des Systems. Deshalb muß man die Positivität des Rechts und den rechtstheoretischen Positivismus als im System fungierende Selbstbeschreibung unterscheiden.[66] Der rechtstheoretische Positivismus beantwortet die Geltungsfrage mit Hilfe des Begriffs der Rechtsquelle.[67] Die Quellenmetapher stammt zwar, auch in Anwendung auf das Recht, aus der Antike und wurde durchaus auch auf naturrechtliche Sachverhalte angewandt.[68] Es scheint aber, daß man dabei zunächst mehr an das Zustandekommen gerechter Fallösungen gedacht hat.[69] Für das römische und das mittelalterliche Rechtsdenken war ja die Regel nur eine brevis rerum narratio gewesen.[70] Das in der Sache selbst liegende ius, das für gerecht befundene Recht war entscheidend. Daher konnte auch nicht davon die Rede sein, daß die Regel selbst als Bedingung für die daraus abzuleitende Entscheidung einer sie legitimierenden Rechtsquelle bedürfe. Erst mit den neuzeitlichen Vertragstheorien (Gro-

---

66 So auch Hendrik Philip Visser't Hooft, Pour une mise en valeur non positiviste de la positivité du droit, Droits 10 (1989), S. 105-108.

67 Siehe ausführlich Alf Ross, Theorie der Rechtsquellen: Ein Beitrag zur Theorie des positiven Rechts auf Grundlage dogmenhistorischer Untersuchungen, Kopenhagen-Leipzig 1929. Eine ältere, eher konventionelle Diskussion findet man in: Le Problème des Sources du Droit Positif, Annuaire de l'Institut de Philosophie du Droit et de Sociologie Juridique, Paris 1934.

68 Oft berufen sich Spätere auf Cicero, De legibus I.VI.20. Hier findet man aber nur eine ganz beiläufige und offensichtlich metaphorische Verwendung von »fons«, und im übrigen gleichsinnig auch »caput« (I.VI.18). Zur Äquivalenz von Quellenmetapher und Körpermetaphern noch in der Frühmoderne siehe auch René Sève, Brèves réflexions sur le Droit et ses métaphores, Archives de philosophie du droit 27 (1982), S. 259-262. Im übrigen fehlt eine gründliche begriffsgeschichtliche Aufarbeitung. Viele Hinweise in der umfangreichen Aufsatzsammlung von Juan B. Vallet de Goytisolo, Estudios sobre fuentes del derecho y método jurídico, Madrid 1982. Siehe auch Enrico Zuleta Puceiro, Teoría del derecho: Una Introducción crítica, Buenos Aires 1987, S. 107 ff.

69 So Vallet de Goytisolo a.a.O., S. 60 f.

70 So Paulus, Digesten 50.17.1. Und deshalb: non ex regula ius sumatur, sed ex iure quod est regula fiat.

tius, Hobbes) und der durch sie begründeten Rechtssetzungsautorität des Staates und mit der zunehmenden Bedeutung staatlicher Codifizierungen und Neuregulierungen ändert sich der Bezug und damit der Sinn der Rechtsquellenmetapher.[71] Jetzt erst wird sie zum Begriff für die begründete Geltung abstrakter rechtlicher Normen.

Der theoretische Gewinn liegt auf der Hand. Der Begriff der Rechtsquelle erlaubt eine einfache Identifikation des geltenden Rechts und erspart jede weitere Frage nach der Natur des Rechts, dem Wesen des Rechts oder auch den Kriterien der Abgrenzung von Recht und Sitte, Recht und Moral.[72] Er erlaubt es, das Recht als geltend zu identifizieren, wie immer die Einzelfallsituationen sein mögen, in denen es angewandt wird, und unabhängig von beteiligten Personen.[73] (Daß es auf Personen höchsten Ranges nicht angewandt werden kann[74], ist noch selbstverständlich, betrifft aber nicht die Geltung, sondern nur die Durchsetzbarkeit des Rechts.) Die Metapher der Quelle suggeriert jedoch einen Bruch mit dem »Woraus«, aus dem die Quelle entspringt.[75] Sie funktioniert nur, wenn man *nicht* fragt, was vor der Quelle liegt und was die Differenz zwischen Vor-der-Quelle und Nach-der-Quelle erzeugt. Auf Dauer wird dieser Trick kaum befriedigen, aber für eine Übergangszeit tut er seine Dienste. Doch das Ungenügen zeigt sich bereits daran, daß eine sehr ähnliche Unterscheidung danebengesetzt und mit einer auffallend ähnlichen Metaphorik die Begründungslast

71 Sève a.a.O. sieht den Beginn einer zunehmenden Bedeutung dieser Metapher im 16. Jahrhundert, und zwar im Zusammenhang mit territorialstaatlichen Interessen an Übersichtlichkeit, Vereinheitlichung und Vereinfachung des Rechts. Vgl. auch Hans Erich Troje, Die Literatur des gemeinen Rechts unter dem Einfluß des Humanismus, in: Helmut Coing (Hrsg.), Handbuch der Quellen und Literatur der neueren europäischen Privatrechtsgeschichte II, 1, München 1971, S. 615-795, insb. 700f.
72 Siehe dazu Atias a.a.O., S. 80f.
73 So liest man bei Pierre Ayrault, Ordre, formalité et instruction judiciaire (1576), 2. Aufl. Paris 1598, S. 10: »Car il est des Lois, comme des fleuves. Pour considerer quels ils sont, on ne regarde pas les contrées par où ils passent mais leur sources & origine.
74 So nicht nur die Staatsräson-Literatur, sondern auch Juristen wie Ayrault (a.a.O., S. 111).
75 Aus diesem Grunde unterscheidet Jacques Derrida, Qual Quelle, in: Marges de la philosophie, Paris 1972, S. 325-363 im Anschluß an Valéry zwischen Quelle und Ursprung – nur um dann um so schärfer sehen zu können, daß das Problem der Differenzsetzung sich am Ursprung wiederholt.

übernimmt, nämlich die Unterscheidung von Grund und Argument. Dieser Ausgangspunkt bietet immerhin, wie es scheint, bessere Möglichkeiten der Verfeinerung als das Vernunftrecht, und er schließt Argumentationskultur, wie namentlich die Positivisten des Common Law zeigen, nicht aus, sondern ein.

Die Rechtsentwicklung selbst, besonders die Entwicklung einer Präzedenzbindung im Common Law im 19. Jahrhundert[76] als Reaktion auf die Vollpositivierung des Rechts, hat dazu genötigt, den Begriff der Rechtsquelle zu erweitern.[77] Nicht nur die Gesetzgebung mitsamt den durch sie delegierten Kompetenzen, sondern auch die Rechtsprechung gilt als Rechtsquelle. Man unterscheidet folglich Gesetzesrecht und Richterrecht. Das heißt vor allem, daß der Rechtspositivismus seine Bindung an eine rechtsexterne Rechtsquelle, nämlich durchsetzungsfähige politische Macht aufgibt und statt dessen eine Rechtsquelle hinzunimmt, die nur »begründet« entscheiden kann – was immer das heißen mag.[78] Dann liegt es nahe, auch die Rechtsdogmatik, die solche Begründungen aufgreift und kritisch sortiert, als Rechtsquelle anzusehen. Denn die Gerichte zitieren – in einigen Ländern mehr als in anderen – solche Produkte der Gelehrsamkeit, Lehrbücher und sonstige Veröffentlichungen angesehener Rechtslehrer und lassen unter Umständen auch ihre Mitwirkung als Gutachter zu.

Die Rechtsquellenlehre ermöglicht es, die Frage nach der Natur des Rechts zu vermeiden. Dann muß freilich auch ein Ersatz für die Spannweite dieser Frage angeboten werden, und damit wird der Begriff der Rechtsquelle selbst unklar. Ebenso wie bei den Vernunftgründen bekommt man es mit dem Problem der Einheit einer Mehrheit zu tun. Im Unterschied zur Theorie der Vernunftprinzipien kann die positivistische Theorie hier aber noch reagieren, und zwar durch Aufstellung von Kollisionsregeln mit klaren Prioritä-

---

76 Zum Zeitpunkt und zu Vorentwicklungen im 18. Jahrhundert vgl. Jim Evans, Change in the Doctrine of Precedent during the Nineteenth Century, in: Laurence Goldstein (Hrsg.), Precedent in Law, Oxford 1987, S. 35-72.

77 In anderer Weise auch: einzuschränken. Vor allem in der Ablehnung der Auffassung, daß das Gewohnheitsrecht eine aus sich heraus und auch ohne Anerkennung durch Gerichte wirksame Rechtsquelle sei.

78 Von Anhängern der »critical legal studies« Bewegung und von ähnlichen ihrem Selbstverständnis nach soziologisch argumentierenden, durchschauenden Gruppen wird den Rechtspositivisten genau dies als Verschleierung ihrer wahren (was immer das nun heißen mag) politischen Abhängigkeit vorgeworfen.

ten. Im Falle eines Widerspruchs, den man durch Interpretation, also durch vernünftiges Argumentieren (!) aber oft ausräumen kann, gilt das Gesetz und nicht der Richterspruch, gilt das Richterrecht und nicht die Lehrmeinung. Dies Problem ist also lösbar. Erst der Begriff der Rechtsquelle bezeichnet den Punkt, an dem die Selbstbeschreibung stoppt und weiteres Fragen verbietet. Die Ausweitung der Anwendbarkeit dieses Begriffs führt bis an die Schwelle, an der man ebensogut sagen könnte: das Rechtssystem selbst ist die Rechtsquelle. Aber das kann nur ein externer Beobachter sagen. Das Rechtssystem selbst ist auf die Asymmetrie, auf die Stoppregel, auf die Symmetrieunterbrechung angewiesen, die mit der Metaphorik der »Quelle« intendiert ist, ohne daß diese Intention (oder »Funktion«) ihrerseits als Grund, als »Urquelle« genannt werden dürfte. Man darf nicht offen tautologisch, das heißt: unergiebig, argumentieren. Die Metapher der Rechtsquelle hat mithin, was Geltung betrifft, die Funktion einer Kontingenzformel – so wie vernunftrechtlich gesehen der Begriff einer materiellen Gerechtigkeit. Sie transformiert eine Tautologie in eine Argumentationssequenz und läßt etwas von außen gesehen Artifizielles und Kontingentes in der Innensicht des Systems als natürlich und notwendig erscheinen.

Soweit Verfassungen in Geltung und nicht prinzipiell umstritten sind, kann der Positivismus sich auch auf die Verfassung beziehen und eine darüber hinausgehende Referenz auf Rechtsquellen vermeiden. Das scheint eine Lösung zu sein, die sich anbietet, wenn die externen Verweisungen auf Religion (Gott), Wirtschaft (Wohlstandsmaximierung), Politik (durchsetzungsfähige Staatsgewalt) oder Wissenschaft (Bedingungen der Möglichkeit von Rechtserkenntnis) ausgedient haben. Die Verfassung ist, wie im vorigen Kapitel gezeigt, ein autologischer Text. Die Selbstbeschreibung ist eine autologische Operation. Beide kommen darin überein, daß sie eine Selbstplacierung in ihrem eigenen Gegenstand, dem Rechtssystem, nicht vermeiden können. Was als Folge dieses Zusammenschlusses zu beobachten ist, läuft auf eine gewisse Zweisprachigkeit der Verfassungsinterpretation hinaus. So spricht man von Grundrechten im Hinblick auf den rechtstechnischen Apparat der subjektiven Rechte, Klagebefugnisse, Verpflichtungsbeschränkungen usw., kurz im Hinblick auf Justitiabilität; und von Grundwerten, wenn es um die semantische Überhöhung geht, die für eine Selbstlegitimation des Rechtssystems erforderlich zu sein scheint. Der Zuschnitt auf Justitiabilität entspricht der Zentralstellung der Gerichte im Rechtssystem. Die Wertesemantik bringt zum Ausdruck, daß der Sinn der Rechtsgeltung sich darin nicht erschöpft, sondern oberhalb aller fluktuierenden Geltungen eine Sinnebene in Anspruch nehmen kann, auf der notwendige Grundlagen – modern gesprochen: des freiheitlichen Zusammenlebens – formuliert sind. Man hat auch, um dieser Differenz zu entsprechen und sie in das Recht hineinzuformulieren, die Verfassung über sich selbst erhoben und von »supraconstitutionalité« gesprochen.[79] Aber erreicht hat man nicht viel mehr als die Selbstbestätigung der Auffassung, daß es oberhalb aller Bedingtheiten noch etwas Unbedingtes, oberhalb alles Kontingenten noch etwas Notwendiges geben müsse.

Vernunfttheorie und Positivismus sind als Selbstbeschreibungen des Rechtssystems daran zu erkennen, daß sie einer Verantwortung für Resultate nicht ausweichen, sondern sich im System – wie man sagt: »praktisch« – engagieren. Aus den hohen Höhen der Vernunft werden, wie am Fallschirm, Hinweise auf richtiges Recht abgeworfen; oder jedenfalls glaubt man dies von der Erde aus mit Ferngläsern erkennen zu können. Mit Berufung auf die Vernunft, auf die Einsicht aller anständig und gerecht Denkenden oder mit ähnlichen Formeln erweckt man den Eindruck, als ob es im Recht um ein Konsenserzwingungsverfahren gehe. Dies kann man natürlich nicht zu weit treiben. Deshalb kommen unvermeidlich auch die positivrechtlichen Fixpunkte zur Geltung. Aber welche Texte, welche erst noch zu gewinnenden Grundlagen? Die Positivisten glauben an Rechtsquellen im Sinne eines distinktionsfähigen Begriffs, an dem sie geltendes und nichtgeltendes Recht unterscheiden können. Wie weit solche Ausgangspunkte im System zu unterschiedlichen Konstruktionen und unterschiedliche Konstruktionen dann zu unterschiedlichen Resultaten führen, ließe sich nur am Einzelfall erkennen. Man weiß heute, daß der Text erst das Ergebnis einer Interpretation ist, die aber ihrerseits auf Grund des Textes als nötig nachgewiesen werden muß. Jedenfalls handelt es sich nicht um externe Beschreibungen, nicht um soziologische Theorien.

Schließlich müssen wir eine auffällige Verschiebung des Bezugs-

79 So Stéphane Rials, Supraconstitutionalité et systématicité du droit, Archives de Philosophie du Droit 31 (1986), S. 57-76.

punktes der Diskussion notieren, die sich in den letzten beiden Jahrzehnten bemerkbar gemacht hat. Nach wie vor stehen sich, weil für eine Kontroverse unentbehrlich, zwei Parteien gegenüber, aber das Thema hat sich von der Frage nach dem Grund der Rechtsgeltung abgelöst. Die vordem positivistische Position wird jetzt von denen gehalten, die darauf insistieren, daß Entscheidungen letztlich durch eine Folgenabwägung begründet werden müssen. Oft spricht man auch von Güterabwägung oder von Interessenabwägung. Positivistisch ist dies insofern, als die Rechtsentscheidung, sei es des Richters, sei es des Gesetzgebers, gilt, auch wenn Interessen verkannt oder Folgen anders eintreten, als bei der Entscheidung unterstellt wurde. Die Gegenpartei argumentiert, daß es Rechtsgehalte gebe, die sich einer solchen Abwägung nicht zu stellen hätten, sondern auf jeden Fall durchzuhalten seien. Winfried Hassemer gibt dafür das Beispiel des Verbotes zu foltern, das auch dann zu beachten wäre, wenn man durch Folterung möglicher Zeugen Schlimmes verhüten könnte.[80] Es gebe in diesem Sinne »unverfügbare« Rechtsgrundsätze einer – wie immer historischen und damit an sich kontingenten – Rechtskultur. Hier geht es nicht mehr um Rechtsquellenpositivismus und ebensowenig um eine sich auf Natur oder Vernunft berufende Begründung. Eher könnte man meinen, daß fast schon mit der Notwendigkeit von Redundanzen im Recht argumentiert wird oder jedenfalls mit Eigenwerten, die den Bezug des Rechts auf Personen zum Ausdruck bringen und als Formeln des Ausgleichs interner und externer Referenzen nicht mehr zur Disposition gestellt werden.

Um auch diese stets kontrovers auftretenden Reflexionstheorien von außen erfassen zu können, dürfte es hilfreich sein, positivistische Theorien und Vernunfttheorien bzw. Abwägungsmonismus und Insistieren auf Unverfügbarkeiten auf die Begründung der Geltung von *Regeln* zu beziehen.[81] Das erlaubt es, einen entsprechend

---

80 Siehe: Unverfügbares im Strafprozeß, in: Festschrift Werner Maihofer, Frankfurt 1988, S. 183-204.

81 Dann ist auch die oben diskutierte Generalisierung des Rechtsquellenbegriffs noch erträglich. MacCormick a.a.O. (1978), S. 61, formuliert im Anschluß an Hart: »It is useful to take it as a defining characteristic of legal positivism that every genuine positivist holds that all rules which are rules of law are so because they belong to a particular legal system, and that they belong to the system because they satisfy formal criteria of recognition operative within that system as an effective working

eingeschränkten Systembegriff als Modell für die Beobachtung des Systems im System zu verwenden. Demgegenüber kann der externe Beobachter das System, an dem er nicht teilnimmt, durch die Eigenart seines *Operierens* (inclusive Selbstbeobachtung/Selbstbeschreibung) definieren. Es sollte nicht zwingend ausgeschlossen sein, daß das System ein solches Konzept der operativen Autopoiesis in seine Selbstbeschreibung übernimmt, vielleicht als Ersatz für alle sonstigen Formen der Externalisierung von Symmetrieunterbrechungen. Aber dann wird es schwieriger werden, sich im System mit der Art und Weise zu identifizieren, in der das System seine eigene Paradoxie/Tautologie in die Geltung von Normen auflöst, und das Verhältnis der Reflexionstheorie zu den übrigen Operationen des Systems müßte neu bestimmt werden. Jedenfalls ist es nicht das eigentliche Ziel einer externen Beschreibung, solche Reperkussionen auszulösen. Als wissenschaftliche Beschreibung findet die externe Beschreibung ihre Prämissen und Ziele im Wissenschaftssystem.

Ungeachtet solcher noch nicht ausprobierter Möglichkeiten der Überbrückung des Unterschieds von interner und externer Beschreibung beeindruckt der Befund, daß es im modernen Rechtssystem offenbar zwei verschiedene Reflexionstheorien gibt, deren Differenz sich nicht ausräumen läßt: die vernunftrechtliche und die positivrechtliche; die nach Prinzipien (und seien es neuestens nur noch Verfahrensprinzipien) und die nach Rechtsquellen. Im einen Fall liegt das Manko im Fehlen eines Geltungsgrundes für eine Entscheidung zwischen konfligierenden Prinzipien. Im anderen Fall liegt es im Fehlen einer Letztrechtfertigung für das, was als geltendes Recht angewandt wird. Keiner dieser Ansätze zur Selbstbeschreibung des Systems kann der Einheit des Systems im System Rechnung tragen. Geltung und rechtfertigende Begründung kommen nicht überein, und folglich muß man sich für den Primat der einen oder der anderen Version entscheiden.

Aber eben das ist nur ein Problem für die Selbstbeschreibung des Systems. Die externe Beschreibung kann sich mit der Feststellung begnügen: so ist es!

order.« Auch Hart bleibt bei »*rules* of recognition«, obwohl deren Erläuterung dann mehr an practices of recognition denken läßt. Als Kritik dieser Einschränkung durch Regelbezug (wobei der Begriff Regel in dieser Theorielage unklar bleibt) siehe N. E. Simmonds, The Decline of Juridical Reason: Doctrine and Theory in the Legal Order, Manchester 1984, S. 99 ff.

V

Das Offenlassen dieser Streitfrage mag den gegenwärtigen Zustand treffend beschreiben. Es braucht jedoch nicht die letzte Antwort auf die Frage zu sein, wie das Rechtssystem seine eigene Einheit reflektiert. Positivität und Vernunft sind (oder waren) ihrerseits Traditionsformeln, mit denen das 18. Jahrhundert eine neue Situation (in Kenntnis ihrer Neuartigkeit) zu erfassen versucht hat. Inzwischen liegt das zweihundert Jahre zurück. Selbstbeschreibungsformeln der Tradition wirken heute wie »obstacles épistémologiques« im Sinne von Bachelard.[82] Sie zeichnen sich durch zu geringe Komplexität, durch Uniformierung und durch Überbewertung der Leitgesichtspunkte aus, und es mag sein, daß sich heute andere theoretische Perspektiven gewinnen lassen, wobei man zunächst einmal offenlassen kann, ob sie für eine Selbstbeschreibung oder (wie hier) für eine Fremdbeschreibung der Selbstbeschreibung des Systems benutzt werden können.

Angesichts der Bewährung beider Formeln, Positivität und Vernunft, im systeminternen Gebrauch wird der externe Beobachter zunächst nach einer Erklärung suchen. Allgemein fällt auf, daß in der Ära des positiven Rechts die Rechtskenntnis auf die Form des Beobachtens von Beobachtern übergeleitet wird. Im kontinentaleuropäischen Recht geht es um die Auslegung des Willens des Gesetzgebers. Die Form des Gesetzes, die Form einer *Änderung* vorherigen Rechtszustandes genügt, um eine Absicht zu unterstellen. Dem Gesetzgeber passiert nicht nur, daß er ein Gesetz erläßt; er will damit etwas Bestimmtes erreichen, beobachtet die Welt also mit Hilfe von einer oder mehreren Unterscheidungen. Wie das Beobachten dieses Beobachters zu ermitteln ist, und vor allem: wie es bei älter werdenden Gesetzen in veränderte Verhältnisse zu überführen ist, wird zum Methodenproblem. Dabei geht es aber nie um eine faktische (soziologische) Motivforschung, sondern immer nur um Gründe, die juristisch Sinn geben und als vernünftig einsehbar dargestellt werden können.

Im angelsächsischen Common Law wird der Übergang zur vollen Positivierung des Rechts im 19. Jahrhundert durch Anerkennung

---

82 Siehe dazu auch François Ost / Michel van de Kerchove, Jalons a.a.O., S. 121 ff. für die These der Rationalität und der Souveränität des Gesetzgebers.

der Bindung an Präzedenzentscheidungen vollzogen. Auch damit ist kein mechanischer Zwang zur Übernahme von Entscheidungsprämissen gemeint. Vielmehr werden die als Präjudiz in Betracht kommenden Entscheidungen aus Anlaß späterer Fälle beobachtet im Hinblick auf ihre »ratio decidendi«, und danach richtet sich, ob und in welchem Umfang man ihnen zu folgen hat.[83] Unter amerikanischen Verhältnissen des Common Law dominiert die Vorstellung, Anwälte müssen den Richter beobachten, um zu ermitteln, wie er Fälle beobachten und entscheiden wird.[84] Das ist die (mit vielen Varianten vertretene) Botschaft des Rechtsrealismus. All diese Versionen der Positivität des Rechts schließen eine Orientierung an Rechtsgrundsätzen keineswegs aus. Aber unter Rechtsgrundsätzen kann jetzt nur das verstanden werden, was beim Beobachten des Beobachtens stabil bleibt. Die Rechtsgrundsätze sind dann gewissermaßen die »Eigenwerte« eines Systems, das seine Autopoiesis auf der Ebene der Beobachtung von Beobachtern sichert. Und wie denn sonst? Wenn man nicht mehr wissen kann, wie andere sich am Recht orientieren, hört jede Rechtskunde auf. Ein ausgeweiteter Zeithorizont – seien es alte Gesetze, seien es künftige Gerichtsentscheidungen – ist in der jeweils aktuellen Gegenwart nur über Beobachtung zweiter Ordnung aktualisierbar. Andernfalls bleibt einem nur die Möglichkeit zu tun, was man tut, sich auf Interaktion unter Anwesenden zu stützen und auf Erfolg zu hoffen.

Das Substrat dieses Auseinanderziehens von Beobachterperspektiven liegt in der Systemdifferenzierung – vor allem in der Differenzierung von Anwaltspraxen, Gerichten, Rechtsabteilungen in Organisationen und Gesetzgebungsorganen mit je verschiedenen Außengrenzen zur gesellschaftlichen Umwelt hin. Das Beobachtungsniveau und die differenzübergreifende Verständigungsmöglichkeit wird durch eine gemeinsame Ausbildung zum Juristen und durch entsprechende professionelle Sozialisation gewährleistet. Dennoch würde es zu kurz greifen, den Strukturgewinn nur durch

83 Evans a.a.O., S. 71 f. weist darauf hin, daß die damit erreichte Flexibilisierung den Bruch mit der Tradition, der im Übergang zur Präzedenzbindung, also in der Positivierung des Common Law, gelegen hatte, erheblich abschwächt.
84 Die Anregungen dazu stammen aus dem Pragmatismus der Jahrhundertwende. Siehe Oliver W. Holmes, The Path of the Law, Harvard Law Review 10 (1897), S. 457-478. Für den Höhepunkt in den 30er Jahren vgl. vor allem Jerome Frank, Law and the Modern Mind, New York 1930.

»Professionalisierung« zu erklären.[85] Eher scheint die Bildung von Professionen eine aus älteren Gesellschaftsformationen stammende, heute nur noch begrenzt hilfreiche Lösung zu sein. Das Problem des heutigen Rechtssystems liegt in der operativen Schließung, in der dadurch unvermeidlichen Autonomie und in der Verlagerung der Autopoiesis des Systems auf eine (sich selbst genügende) Ebene der Beobachtung zweiter Ordnung. Ein weiterer Beobachter wird dann Konventionalismus oder Konstruktivismus beobachten, was aber keineswegs heißt: daß er Willkür zu sehen bekommt.

Strukturell können die heutigen Bedingungen der Selbstbeschreibung des Systems demnach als Ausdifferenzierung eines in sich geschlossenen, operativ nur auf sich selbst angewiesenen Funktionssystems und als durchgehender Einbau eines second order observing in das System beschrieben werden. Beides hängt zusammen. Denn weil das System geschlossen ist, muß es alle seine Operationen, mit denen es Rechtsangelegenheiten konstituiert und beobachtet, der eigenen Beobachtung unterwerfen.

Vernunft wird dann zum Symbol für die Selbstreferentialität des Systems. Und Positivität wird die Formel, unter der die Beobachter der Beobachter sich einigen können, dasselbe zu beobachten, nämlich das jeweils geltende Recht. Und umgekehrt: Mit Positivität markiert man, daß alles Recht auf Entscheidungen beruht, die man als Entscheidungen (das heißt: im Hinblick auf andere Möglichkeiten) beobachten und erinnern kann. Und Vernunft führt dann den Hinweis darauf mit, daß es bei einer solchen Selektionslast Begründungen geben müsse, die sich schließlich als Vernunft selber begründen. Beide Formeln verdecken für Zwecke der Selbstbeschreibung, daß das System ohne transzendenten Halt operiert, ohne jenes kosmische periéchon und ohne jede eingreifende Anweisung Gottes. Sie verdecken zugleich, daß das System statt dessen auf zahllose direkte und indirekte strukturelle Kopplungen angewiesen

85 Tendenzen dieser Art gab es vor allem in den 4oer und 5oer Jahren im Anschluß an Talcott Parsons, The Professions and Social Structure, Social Forces 17 (1939), S. 457-467. Aber die Stoßrichtung dieses Vortrags zielte auf Schließung einer Erklärungslücke, die utilitaristische Theorien des Sozialverhaltens (oder heute würde man vielleicht sagen: Theorien des rational choice) offengelassen hatten. Wir ersetzen im Text die damals vorherrschende Perspektive der Realisierung von Wertbeziehungen (Rickert, Weber) durch die Frage der Bedingung der Möglichkeit einer Beobachtung zweiter Ordnung.

ist, die ihrerseits nicht als Grund für die Geltung des Rechts taugen. Die Ausnahmen, die man ausprobiert – das Subjekt und sein Bewußtsein für die Vernunft und die Verfassung für die Positivität des Rechts – verdecken beide die gesellschaftlichen und die im weitesten Sinne ökologischen Abhängigkeiten des Rechtssystems. Um der Reflexion einen Grund bieten zu können, müssen sie das Problem der Einheit von Selbstreferenz und Fremdreferenz in extremer Weise kondensieren. Sobald man jedoch darauf aufmerksam wird, daß auch dies noch beobachtet und beschrieben werden kann, verlieren diese Formeln ihren Halt in sich selbst – und wenden sich gegeneinander, so als ob die Polemik eine Begründung ersetzen könnte.

Vernunft wird zum Zitat, das verdeckt, daß man nicht weiter weiß und doch mitteilen möchte, daß man bestimmte Auffassungen für richtig hält. Mit Berufung auf allgemeine Vernunft (statt zum Beispiel: eigene Erfahrung) stellt man sich dem Beobachtetwerden. »Mein Argument«, heißt es, »kann sich sehen lassen.« Und das mag durchaus sein. Auch die Positivität der Geltung des Rechts hat diese Funktion. Soweit man vom geltenden Recht ausgeht, kann man sich dem Beobachtetwerden exponieren. Man spaltet die Beobachtungen mit der Unterscheidung de lege lata / de lege ferenda und verweist allzu weit divergierende, allzu »kritische« Beobachter auf die Möglichkeit einer Rechtsänderung. Deshalb kann die Positivität des Rechts auch als Zulassung von Rechtsänderungen begriffen werden. Die alte Form der Bindung an »Höheres« wird ersetzt durch eine ständig neu auszuhandelnde Kombination von Bindung und Änderung. Die Unterscheidung de lege lata / de lege ferenda entfaltet die Paradoxie, daß das Recht genau deshalb gilt, weil es geändert werden könnte.

Sobald das System sich auf der Ebene der Beobachtung zweiter Ordnung selbstreferentiell schließt, werden auch diese Formeln als Direktiven für das Beobachten von Beobachtern erkennbar. Die Letztfragen müssen von der »Was«-Form in die »Wie«-Form übersetzt werden. Man fragt dann nicht mehr: Was sagt die Vernunft? oder: Was gilt als positives Recht auf Grund der dafür maßgebenden Rechtsquelle? Sondern die Frage lautet jetzt: Wie tut das System, was es tut? Wie kettet es Operation an Operation unter Dauerirritation durch die Umwelt?

Damit wird die Schließung des Rechtssystems zum Ausgangspunkt für ein Neubegreifen der Beziehungen von System und Umwelt. Die Rechtstheorie muß sich – auf ihre Weise, versteht sich, und an der Einheit ihres eigenen Systems orientiert – mit den gesellschaftlichen Bedingungen der Funktionsautonomie des Rechtssystems befassen. Sie kann jedenfalls die Einheit des Systems im System nur von der Umwelt her sehen.[86] Aber das kann weder mit der Abschlußformel Vernunft noch mit der Abschlußformel der Positivität der Rechtsgeltung in einer Weise geschehen, die einem Vergleich mit den Reflexionsleistungen der rechtsphilosophischen Tradition standhalten könnte.

VI

Bisher sind wir von einem Problem ausgegangen, das traditionell als Problem der Rechtsquelle behandelt wird. Die Theorie der Rechtsquellen erlaubt es, zwischen geltendem und nichtgeltendem Recht zu unterscheiden und sich mit Hilfe dieser Unterscheidung auf das geltende Recht zu konzentrieren – so als ob dies »das Recht« wäre. Eine andere, für die neuere Zeit ebenso wichtige, wenn nicht wichtigere Ausgangsunterscheidung ist die zwischen materiellem Recht und Verfahrensrecht. Besonders wenn es nur noch positives Recht gibt, verliert die alte Unterscheidung verschiedener Rechtsquellen an Bedeutung, und die Frage, wie materielles Recht und Verfahrensrecht zusammenhängen, um die Einheit der Rechtsordnung zu realisieren, gewinnt an Tragweite für die Selbstbeschreibung des Sy-

---

86 Spencer Brown, um nochmals ihn zu bemühen, versteckt das Problem in der dunklen Formulierung: »We may also note that the sides of each distinction experimentally drawn have two kinds of reference. The first, or explicit, reference is to the value of a side, according to how it is marked. The second, or implicit, reference is to an outside observer. That is to say, the outside is the side from which a distinction is supposed to be seen« (a.a.O., S. 69). Aber das System, von dem wir sprechen, ist zugleich das System, das die Unterscheidung produziert, sich selbst markiert und mit der dadurch erzeugten Außenseite eine Umwelt setzt, von der aus, und nur von der aus, es als Einheit beobachtet werden kann. Das System muß sich daher mit eigenen Operationen der Selbstbeobachtung und Selbstbeschreibung so beobachten, *als ob es von außen wäre.*

stems.[87] Die Erfindung der Kategorie des Rechtsanspruchs[88] fällt nicht zufällig in die Blütezeit des Gesetzespositivismus. Sie ersetzt die Unterscheidung von ius und actio durch einen einheitlichen Begriff mit materiellrechtlicher und prozeßrechtlicher Doppelfunktion.

Auch handelt es sich um eine Konsequenz des oben erörterten Verbots der Justizverweigerung.[89] Wenn jede Rechtsfrage einem Gericht zur Entscheidung vorgelegt werden kann, muß es eine entsprechend allgemeine Kopplung zwischen materiellem Recht und Verfahrensrecht geben. Sie wird mit Verknüpfungsbegriffen wie Rechtsanspruch, subjektivem Recht und Rechtssubjekt hergestellt. Bei Versuchen, diese Begriffe in ihrem Sinngehalt genauer zu bestimmen, erkennt man bereits in der zweiten Hälfte des 19. Jahrhunderts, daß es eigentlich nur um die subjektive Verfügung über die Inanspruchnahme von Rechtsschutz gehe.[90] Man kann ja einen in seinen Rechten Verletzten nicht gut zwingen, sie einzuklagen und vor Gericht zu erscheinen, denn er mag außerrechtliche Gründe haben, dies lieber nicht zu tun. Der Begriff der (subjektiven) Rechte bezieht sich, mit anderen Worten, auf die Differenz von rechtlichen und außerrechtlichen Bedingungen der Juridifizierung von Kommunikation, also auf die Grenze des Rechtssystems. Und man weiß in der zweiten Hälfte des 19. Jahrhunderts sehr wohl dieses rechtstechnische Problem von der »individualistischen Philosophie« zu unterscheiden.

Dennoch knüpfen volltönende, wertemphatische Beschreibungen an das Subjekt des subjektiven Rechts an. Das Recht diene der Freiheit des Menschen gegenüber sozialen Pressionen, es ermächtige ihn zur eigenen Entscheidung, heißt es im 19. Jahrhundert. Es diene der Realisation von »Werten«, heißt es im 20. Jahrhundert, die als Kondensat einer langen humanistischen Tradition dem Recht vor-

---

87 Tragweite für die Selbstbeschreibung! Daß sie rechtstechnisch (zum Beispiel im aktionenrechtlichen System) immer von Bedeutung war, versteht sich von selbst.

88 Siehe Bernhard Windscheid, Die Actio des römischen Zivilrechts vom Standpunkt des heutigen Rechts, Düsseldorf 1856.

89 Siehe Kapitel 7, III und IV.

90 Siehe etwa August Thon, Rechtsnorm und subjektives Recht: Untersuchungen zur allgemeinen Rechtslehre, Weimar 1878. Besonders gilt dies für das neu zu schaffende Rechtsschutzsystem des öffentlichen Rechts, wo materiellrechtliche Rechtslagen überhaupt erst in dem Maße klärungsbedürftig werden, als Rechtsschutz gewährt wird.

gegeben und in der Form von Grundrechten positiviert sind. Die Grundrechte werden in ihrer verfassungsrechtlichen Funktion überinterpretiert, werden als Dokumente einer allgemeinen Werteinstellung verstanden, mit der das Recht sich dem Dienst am Menschen verpflichtet. So können Aussagen über den Sinn des Rechts in einer Weise formuliert werden, die rechtstechnische Anforderungen miterfüllt. Die Einheit des Systems zeigt ihren Sinn an der Differenz von materiellem Recht und Verfahrensrecht, an der Kopplung dieser beiden Komponenten des Rechtssystems und an dem hohen Sinn der Begriffe, die diese Kopplung leisten und zugleich die Inklusion des Menschen ins Rechtssystem garantieren.

Erst in den letzten beiden Jahrzehnten sieht man deutlicher und vor allem skeptischer, was damit ausgeschlossen ist. Wenn jeder Kläger als »Subjekt« auftreten muß, und sei es als korporatives Subjekt (als rechtsfähige juristische Person), müssen rechtlich zu vertretende Interessen künstlich individualisiert werden. Das setzt, sofern man nicht von individuellen Menschen ausgehen kann, Organisation voraus. Bei weitem nicht alle kollektiven Interessen sind jedoch organisierbar, vor allem nicht diejenigen der »Betroffenen«, auch nicht diejenigen an einer gegen technisch bedingte Einwirkungen geschützten Umwelt.[91] Die Form, deren Innenseite das rechtsfähige, klageberechtigte bzw. verklagbare Subjekt ist, hat mithin eine Außenseite mit all den Sachlagen und Interessen, die unter dem Regime des Subjekts nicht als solche, sondern nur als Komponenten subjektiver Rechte oder Pflichten im Rechtssystem relevant werden können. Diese Einseitigkeit mag zur stärkeren Inanspruchnahme von Organisation für die Artikulation von rechtlich zu beachtenden Interessen führen und zu einer Tendenz, Organisationen auch dann für klageberechtigt zu erklären, wenn es nicht in einem rechtstechnischen Sinne um »ihre Rechte« geht. Aber damit wird die Klammer bereits gelockert, die materielles Recht und Prozeßrecht verknüpft hatte, und man gelangt vor die Frage, weshalb eine Organisation als Rechtsperson sich für Rechte einsetzen kann, über die sie nicht verfügen kann; und vor allem: weshalb eine solche Rechtsperson wie ein Individuum die Freiheit haben soll, dies zu tun – oder nicht zu tun.

---

91 Siehe dazu Christian Sailer, Subjektives Recht und Umweltschutz, Deutsches Verwaltungsblatt 91 (1976), S. 521-532.

Soziologisch gesehen dürfte es nur darum gehen, Agenten mit Verhandlungsmacht auszustatten. Sie können mit Klagen drohen, Verzögerungen bewirken und damit ihre Rechtsgegner bewegen, sich mit ihnen zu verständigen, obwohl es gar nicht um ihre Rechte geht. Das mag rechtspolitisch sinnvoll sein, darüber ist hier nicht zu urteilen. Aber die Focussierung der Selbstbeschreibung des Systems auf das Rechtssubjekt wird dadurch gesprengt. Sie müßte, wie Karl-Heinz Ladeur meint, auf einen Organisationspluralismus umgestellt werden.[92] Aber dann wäre der Einzelmensch nur noch ein Restposten für Interessen, deren Organisierung sich nicht lohnt. Die Selbstbeschreibung des Rechtssystems könnte sich nach wie vor noch auf Werte beziehen und sich damit externalisieren. Aber die Werte wären durch Organisationen mit einer Eigendynamik ausgestattet, und DER MENSCH käme nicht mehr als empirisch für sich lebendes Einzelwesen in Betracht, sondern nur noch als der Fluchtpunkt, in dem alle Werte im Unbestimmbaren konvergieren.

Seien es nun aber individuelle Menschen oder Organisationen: das Rechtssystem muß seine Selbstbeschreibung auf eine Umwelt einstellen, in der selbstreferentielle Systeme Turbulenzen erzeugen, die von keiner Stelle aus kontrolliert und erst recht nicht hierarchisch in Ordnung gebracht werden können. Genau dies ist der Grund, aus dem Erwartungen im Modus kontrafaktischer Normativität reproduziert werden müssen – und wenn früher schon, dann heute erst recht. Das Rechtssystem selbst hat auf verschiedene Weisen darauf reagiert: durch Positivierung der Rechtsgeltung, durch die aus vorgegebenen Reziprozitätsverhältnissen herausgelöste Dogmatik der subjektiven Rechte, durch die Ersetzung einer prinzipförmigen Einheitsgarantie durch Wertelisten (fast möchte man sagen: Wartelisten), die in allen Entscheidungsfällen einer »Abwägung« bedürfen, und durch Schwerpunktverlagerung auf due process, auf Verfahrensgarantien, die voraussetzen, daß die Entscheidung noch nicht feststeht, die also, institutionell gesehen, auf die selbster-

92 Siehe: Gesetzesinterpretation, »Richterrecht« und Konventionsbildung in kognitivistischer Perspektive: Handeln unter Ungewißheitsbedingungen und richterliches Entscheiden, Archiv für Rechts- und Sozialphilosophie 77 (1991), S. 176-194. Vgl. auch ders., Postmoderne Rechtstheorie: Selbstreferenz – Selbstorganisation – Prozeduralisierung, Berlin 1992, insb. die Ausführungen zur Grundrechtsdiskussion S. 176 ff.

zeugte Ungewißheit der Zukunft gegründet sind und trotzdem ihre Funktion erfüllen.

Ob man in dieser Lage am Dachbegriff der »Positivität« des Rechts und am theoretischen »Positivismus« festhalten will, ist mehr oder weniger eine Frage des semantischen Taktierens. Wenn ja, dann müßte die Vorstellung einer autoritativen Setzung des Rechts, die Vorstellung einer hinter ihr stehenden (das Recht gleichsam nach oben transzendierenden) Geltungsquelle aufgegeben werden. Weder der Staat noch die Vernunft noch die Geschichte legitimieren das Recht. Es kann solche Theorien zwar geben, und es gibt sie nach wie vor. Aber wenn sie als Selbstbeschreibungen beschrieben werden, wird von ihnen ein Sicheinlassen auf den Modus der Beobachtung zweiter Ordnung verlangt. Sie müssen lernen, sich selbst als Selbstbeschreibung eines sich selbst beschreibenden Systems zu reflektieren. Anderenfalls werden sie anachronistisch (und es gehört zu den bedeutenden Leistungen der Rechtstheorie von Jürgen Habermas, dies allen Rückgriffen auf Naturgeschichte, Prinzipienmoral oder praktische Vernunft bescheinigt zu haben). Was bleibt ist dann eine Anerkennung der unvermeidbaren Diversität der Beobachterperspektiven – auch in ein und demselben System. Was bleibt, ist die Ersetzung von bekannter Vergangenheit durch unbekannte Zukunft als konstante, ständig mitlaufende Prämisse. Was bleibt, ist die laufende Erzeugung von Kontingenzen als den stabilen, sich in Rekursionen erneuernden Eigenwerten des Rechtssystems. Unter diesen Rahmenbedingungen müssen Selbstbeschreibungen gefunden werden, die jetzt noch mithalten können.

VII

Für ein abschließendes Urteil über die Möglichkeiten einer Selbstreflexion des Rechts der modernen Gesellschaft ist es sicher zu früh. Das gilt auch für die Rolle, die eine soziologische Theorie in diesem Zusammenhang spielen könnte. Im Moment mehren sich Zeichen der Unsicherheit, die sehr verschiedene Quellen haben. Das soeben behandelte Problem, daß die Subjektzuweisung von Rechten nicht mehr befriedigt und doch nicht entbehrt werden kann, ist nur einer der Gründe. Ein anderer liegt darin, daß man zunehmend sich auf Folgenvoraussicht und auf Rechtfertigung von Entscheidungen durch ihre Folgen einstellt, ohne die damit verbundenen Probleme rechtsdogmatisch bewältigen zu können. Statt dessen baut man rechtsdogmatische Bestände ab und ersetzt sie durch das flexible bis nichtssagende Paradigma der Interessen- oder Werteabwägung. Auch die Rechtstheorie, auf die man große Hoffnungen gesetzt hatte, hat bisher nicht zu einer hinreichenden Konsolidierung beigetragen. Die unterschiedlichen »Ansätze« und die unterschiedlichen interdisziplinären Importe setzen sich eigensinnig durch. All das motiviert im Moment dazu, dies als Faktum zu akzeptieren und die Situation für »postmodern« zu erklären.[93] Damit wird jedoch nur bestätigt, was man ohnehin sieht: daß das Rechtssystem derzeit eine Mehrheit von Selbstbeschreibungen produziert und damit Probleme der Inkonsistenz, über die sich verschiedene Strömungen nicht mehr verständigen können.

Jedenfalls führt der Begriff der »Postmoderne« auf einen Irrweg. Er unterschätzt die strukturelle Kontinuität der modernen Gesellschaft, vor allem die nach wie vor ungebrochenen Auswirkungen der an Funktionen orientierten Differenzierungsform. Und er läßt die Vergangenheit, und zwar gerade auch die bisherigen Selbstbeschreibungen des Rechtssystems der modernen Gesellschaft, geschlossener erscheinen, als sie es tatsächlich waren.[94] Schon die Doppelperspektive von Positivität und Vernunft (oder Legalität und Legitimität) zeigt an, daß es keine ausgeglichene, harmonische Beschreibung mehr gegeben hat, seitdem man auf das Hierarchiemodell der Rechtsquellen verzichten mußte. Offenbar unterscheidet sich, nach dieser Version, die Semantik der Postmoderne von der Semantik der Moderne nur dadurch, daß diese die Einheit in der Zukunft, jene sie dagegen in der als Tradition abzulehnenden Vergangenheit sucht. Und die Folgerung wäre damit zuzugestehen,

---

93 Siehe das dem Postmodernismus gewidmete Heft der Zeitschrift Droit et Société 13 (1989). Seitdem etwa Boaventura de Sousa Santos, Toward a Post-modern Understanding of Law, Oñati Proceedings 1 (1990), S. 113-123; André-Jean Arnaud, Legal Interpretation and Sociology of Law at the Beginning of the Post-Modern Era, Oñati Proceedings 2 (1990), S. 173-192. Nahestehend auch Karl-Heinz Ladeur, »Abwägung« – ein neues Rechtsparadigma? Von der Einheit der Rechtsordnung zur Pluralität der Rechtsdiskurse, Archiv für Rechts- und Sozialphilosophie 69 (1983), S. 463-483; ders., »Abwägung« – Ein neues Paradigma des Verwaltungsrechts: Von der Einheit der Rechtsordnung zum Rechtspluralismus, Frankfurt 1984, und explizit ders. a.a.O. (1992).
94 Siehe vor allem Arnaud a.a.O. (1990).

daß man die Einheit nur noch in unzugänglichen Fluchtpunkten der Zeit suchen kann und jedenfalls nicht mehr als aktuelle Gegenwart.

Gegenwärtig spricht wenig für die Erwartung, die soziologische Theorie im allgemeinen und die Gesellschaftstheorie im besonderen könnten hier aushelfen und Nennenswertes zur Selbstbeschreibung des Rechtssystems beitragen. Verglichen mit der Situation um 1900 ist es auf beiden Seiten eher zu einem Prozeß der Schrumpfung, zu einem Prozeß der Zurücknahme von Hoffnungen gekommen, die sich mit »grand theory« verbinden ließen. Die vorstehenden Überlegungen lassen das als verständlich erscheinen, zwingen aber nicht dazu, darin die letzte Antwort zu sehen.

Die Selbstbeschreibung des Rechtssystems geht, wie in Abschnitt II dargelegt, von dessen Code aus. Ganz andere, ja geradezu konträre (und, wie es den Juristen erscheinen muß: subversive) Betrachtungsweisen hat die übliche soziologische Beschreibung des Rechtsbetriebs entwickelt. Sie interessiert sich hauptsächlich für Unterschiede in der Rechtspraxis, die im Recht selbst *nicht* vorgesehen sind und rechtlich auch nicht legitimiert werden können, *ohne allein deshalb schon als rechtswidrig ausweisbar zu sein*. Sie sprengt, ja ignoriert geradezu die Vorgabe des binären Codes, die Schematisierung der Gesamtheit der Operationen des Rechtssystems nach Recht und Unrecht. Dazu bedient man sich zumeist statistischer Methoden, die dem Einzelfall sein gutes Gewissen belassen, aber insgesamt ganz andere Verhältnisse zeigen als die, die sich aus einer Generalisierung von Einzelfallentscheidungen oder aus den dafür geltenden Regeln ergeben würden. Ein guter Überblick findet sich bei Donald Black.[95] Die Soziologie stellt dann zum

---

95 Sociological Justice, New York - Oxford 1989, S. 3 ff. Ich lasse die Überblickstabelle (S. 21) hier abdrucken, weil sie die Diskrepanz besonders deutlich macht.

	Jurisprudential Model	Sociological Model
Focus	Rules	Social Structure
Process	Logic	Behavior
Scope	Universal	Variable
Perspective	Participant	Observer
Purpose	Practical	Scientific
Goal	Decision	Explanation

Zu notieren wäre vielleicht noch, daß unter sozialer Struktur nichts anderes ver-

Beispiel fest, daß die weitaus meisten Rechtsstreitigkeiten überhaupt nicht in förmlichem Verfahren zur Entscheidung gebracht, sondern »irgendwie anders« erledigt werden; daß sozialer Status sich auswirkt, und zwar in je verschiedener Weise je nach dem, ob sich Beteiligte mit gleichem oder mit rangverschiedenem Status gegenübertreten; daß Rechtsprobleme in dichten und fortgesetzten (intimen) Lebensbeziehungen anders behandelt werden als bei größerer sozialer Distanz; daß es eine Rolle spielt, ob Kläger bzw. Beklagte Individuen bzw. Organisationen sind, und anderes mehr. Während der Jurist sich an die Normen hält, wenn es darum geht, Entscheidungen vorherzusagen, erkundigt sich der Soziologe nach den Sozialmerkmalen des Falles. Während der Jurist, ermutigt durch die Selbstbeschreibung des Rechtssystems, darauf hinarbeitet, daß gleiche Fälle gleich entschieden werden und entsprechend für Unterschiede juristisch tragfähige Gründe mobilisiert, stellt der Soziologe fest, daß, statistisch gesehen, juristisch nicht erklärbare Unterschiede auftreten, für die man dann eine soziologische Erklärung suchen muß. Und während der Jurist sich für Prognose und argumentative Beeinflussung von Einzelfallentscheidungen interessiert, begnügt sich der Soziologe mit statistisch gesicherten Prognosen; und weder interessiert noch irritiert es ihn, wenn er erfährt, daß Einzelfälle nach dem Gesetz entschieden werden.

Sicher hängt diese Unterschiedlichkeit der Beschreibungen, das wird keinem Juristen verborgen bleiben, mit einer unterschiedlichen Empfindlichkeit für Unterschiede zusammen. Der Soziologe benötigt für seine statistischen Analysen grobe Kategorien, die viele gleiche Fälle produzieren. Er muß Feinheiten vernachlässigen. Der Jurist praktiziert dagegen eine ausgefeilte Unterscheidungskunst, um zu den Ergebnissen zu kommen, die ihm gerecht erscheinen. Für ihn ist Mord nicht gleich Mord, Vergewaltigung nicht gleich Vergewaltigung. Es fällt ihm daher nicht schwer, die Vergewaltigung einer farbigen Frau durch einen Weißen anders zu beurteilen als die Vergewaltigung einer weißen Frau durch einen Farbigen, und er kann in den Fällen andere Unterschiede finden, die die Entscheidung tragen, als den der Rasse. Man wird sagen: er könne seine Vorurteile hinter anderen Kategorien verstecken. Gewiß. Aber

standen wird als die Beziehungen zwischen den sozialen Merkmalen von Personen.

ebenso ist es natürlich ein Vorurteil, wenn der Soziologe auf Kriterien abstellt, die in hinreichender Zahl gleiche Fälle erzeugen und sich für sozialkritische Analysen eignen.

Im übrigen bleibt, selbst wenn man die wissenschaftliche Qualität der soziologischen Analysen nicht bestreitet (und das könnte nur im Eingehen auf die einzelnen Untersuchungen geschehen), ihre Gegenstandserfassung unzulänglich, und zwar in dem uns im Moment interessierenden Punkt. Sie trägt dem Umstand nicht Rechnung, daß es sich beim Rechtssystem um ein operativ geschlossenes, autopoietisches, sich selbst beschreibendes System handelt. Das Rechtssystem kann aus den soziologischen Analysen keinen Nutzen ziehen; es kann nicht seinerseits statistische Sachverhalte wie Regeln behandeln, die bei Entscheidungen zu berücksichtigen sind. Es bedarf weder einer weiteren Begründung noch kann es Anlaß einer »Kritik« sein (etwa im Sinne der »critical legal studies«-Bewegung), wenn das Rechtssystem die Befunde der Soziologie nicht »anwendet«.[96] Jede Benutzung von Unterscheidungen hat eine spezifische Blindheit zur Voraussetzung; und wenn dies allgemein gilt, hat es wenig Sinn, dies anderen vorzuwerfen und dem autologischen Rückschluß auf sich selber auszuweichen.

Die geläufige empirische Analyse der Rechtssoziologie beschreibt das Rechtssystem also gar nicht als Rechtssystem. Sie erfaßt ihren Gegenstand unvollständig. Möglicherweise erscheint dadurch die Kluft zwischen interner und externer Beschreibung größer, als es sein müßte. Jedenfalls könnte eine komplexere soziologische Theorie, die die Differenz als Folge von Systemdifferenzierung reflektiert, Verständnis dafür erzeugen, warum dies so ist, und dabei zugleich von seiten der externen (soziologischen) Beschreibung Vermittlungskonzepte anbieten. Verständlich wird durch eine begriffliche Analyse von Konzepten wie Reflexion oder Selbstbeschreibung, daß man die Erwartung einer einzig-richtigen, den Gegenstand treffenden Beschreibung aufgeben muß, wenn die Beschreibung selbst Teil ihres eigenen Gegenstandes ist und ihn folglich durch ihren bloßen Vollzug verändert. Durch die Herstel-

96 Wir treffen uns hier mit der Forderung von Black a.a.O., S. 3 f., daß die soziologische Analyse des Rechts als Konsequenz der Spezifik ihres Anspruchs auf Wissenschaftlichkeit auf eine (Ablehnung implizierende) Kritik des Rechtsbetriebs verzichten und sich mit der Exposition und forschungsmäßigen Weiterverwendung ihrer Resultate begnügen sollte.

lung einer Theorie des Systems im System wird das System selbst verändert, der Gegenstand der Beschreibung ändert sich durch ihren Vollzug; und folglich sind daraufhin andere Beschreibungen möglich und vielleicht angebracht. Und das gilt für den soziologischen Vollzug einer Selbstbeschreibung der Gesellschaft wie für den rechtstheoretischen Vollzug einer Selbstbeschreibung des Rechtssystems. In beiden Fällen bekommt man es durch die bloßen Bedingungen des Operierens mit einer unaufhebbaren Pluralität möglicher Identifikationen zu tun, »fragmenting into versions«, wie Jonathan Potter das nennt.[97] Darauf zumindest müßte man sich verständigen können, und das heißt praktisch: Es gibt keine Autorität des überlegenen, weil jedenfalls richtigen Wissens. Statt dessen verlagert sich die anspruchsvolle Kommunikation auf die Ebene des Beobachtens von Beobachtungen, auf die Ebene der Beobachtung zweiter Ordnung. Das läßt sehr große (zu große?) Freiheiten zu, indem jeder das ihm passende Schema benutzt, um zu beobachten, was ihm an anderen auffällt. So kann sich ein soziologisches Interesse an der schicht- oder klassenähnlichen Herkunft von Richtern entwickeln, das zu durchaus treffenden Erkenntnissen führen kann, aber nicht in die Urteilsbegründung eingehen darf.[98] Es interessiert nur den daran interessierten Soziologen, und wenn man den Versuch machte, es in Politik umzusetzen (die sich in diesem Falle »Reform« nennen würde), würde das wahrscheinlich mit dem Rechtsprinzip der Unabhängigkeit der Gerichte und des formal gleichen Zugangs zu Ämtern kollidieren.

Neuere Theorieentwicklungen könnten es jedoch nahelegen, einen Schritt darüber hinaus zu tun. Es wäre vorstellbar, *Theorie* selbst als *Form struktureller Kopplung des Wissenschaftssystems mit den Reflexionstheorien der Funktionssysteme einzusetzen.* Das würde voraussetzen, daß es gelänge, den Formmechanismus der strukturellen

---

97 Siehe: What is Reflexion about Discourse Analysis? The Case of Readings, in: Steve Woolgar (Hrsg.), Knowledge and Reflexivity: New Frontiers in the Sociology of Knowledge, London 1988, S. 37-53 (43 ff.) in bezug auf Wissenschaftssoziologie. Vgl. auch die Kapitel über: Vielfältige Versionen der Welt und vielfältige Versionen von Beziehungen bei Gregory Bateson, Geist und Natur: Eine notwendige Einheit, dt. Übers. Frankfurt 1982.

98 Das Problem der zwei Wahrheiten war denn auch derjenige Punkt, an dem die klassische Wissenssoziologie zum Stillstand gekommen ist. Als Überblick über die Diskussion vgl. Volker Meja / Nico Stehr (Hrsg.), Der Streit um die Wissenssoziologie, 2 Bde. Frankfurt 1982.

Kopplung, also die Kanalisierung von Irritation durch Einschlie-ßen/Ausschließen von Möglichkeiten, an dieser Kontaktstelle zu realisieren. Wie leicht zu sehen, wäre dies ein autologisches Verfahren. Denn der Begriff der strukturellen Kopplung ist seinerseits ein Begriff der Theorie, die sich auf diese Weise selbst einsetzt. Die Trennung, operative Geschlossenheit und Funktionsautonomie der Einzelsysteme, hier: Rechtssystem und Wissenschaftssystem, könnte gewahrt bleiben. Nach wie vor ginge es im Rechtssystem um die Pflege normativer Erwartungen und im Wissenschaftssystem um Forschung. Nach wie vor würde gelten, daß man aus Fakten nicht auf Normen schließen kann, und jede verdeckte Mogelei in dieser Frage könnte unterbunden werden. Gleichwohl könnte mit einer entsprechend ausgewählten Begrifflichkeit ein Mechanismus struktureller Kopplung eingerichtet werden. Das Wissenschaftssystem fände sich dann mit der Dauerfrage konfrontiert, wie es mit sich-selbst-beschreibenden Systemen, die für es Forschungsgegenstände sind, umgehen kann. Das Rechtssystem könnte seinerseits die eigene Selbstreflexion mit den begrifflichen Errungenschaften ausstatten, die die Theorie selbstreferentieller Systeme, soweit sie normalwissenschaftlich funktioniert, zur Verfügung stellt. Auch dann muß aber die Selektion dem aufnehmenden System überlassen bleiben. Die Soziologen mögen für ihre Theorien werben. Aber die Juristen wissen, daß Werbung für ein Produkt noch nicht die Zusage der Übernahme der Haftung für etwaige Mängel bedeutet.

Halten wir also fest, daß die Vorstellung, Theorie sei ein Mechanismus stuktureller Kopplung des Wissenschaftssystems mit den Reflexionstheorien der Funktionssysteme, noch nicht zur Annahme von bestimmt ausgeführten Theorien verpflichtet. Zwar liegen im Begriff der strukturellen Kopplung Eignungsbedingungen; und jedenfalls ist damit ein Problem anvisiert, das sich nicht beliebig lösen läßt. Aber wenn man überhaupt zeigen kann, daß es Theorieapparate gibt, die sich für eine solche Aufgabe eignen, wird damit zugleich angedeutet, daß es auch andere Möglichkeiten geben könnte. Denn was überhaupt möglich ist, ist auch anders möglich.

Weder die im vorstehenden behandelten Formen der Selbstbeschreibung des Rechtssystems noch ihre Verortung durch den
externen Beobachter Soziologie führt auf das Problem zurück, das
wir verschiedentlich berührt haben – auf das Problem der Paradoxie. Die Selbstbeschreibung selbst ist ein paradoxes Unterfangen,
weil sie die interne Beschreibung so behandelt, als ob es eine externe
Beschreibung wäre, die über objektive Sachverhalte berichten
könnte. Aber das ist nur eine Version dieses Grundproblems neben
vielen anderen. Wir hatten auch gesehen, daß der Code des Systems
paradox wird, wenn man ihn auf sich selbst anwendet; und daß die
Bemühungen um die Kontingenzformel Gerechtigkeit verdecken,
daß es hierbei um die Entfaltung einer Paradoxie geht. Diese Analysen möchten nicht als »Dekonstruktion« aller Prinzipien des
Rechts verstanden werden. Aber sie machen auf den Grundtatbe-
stand aufmerksam, daß jede Frage nach der Einheit einer Unterscheidung oder anders gesagt: jeder Versuch, das Schema des
Beobachtens zu beobachten, auf eine Paradoxie führt, also auf ein
Oszillieren zwischen zwei Gegenpositionen (Recht/Unrecht, in-
nen/außen, gleich/ungleich), das weder ein Gedächtnis aufbauen,
weder strukturelle Komplexität erzeugen noch Anschlußfähigkeit
gewährleisten kann. So kann, mit anderen Worten, das Rechtssystem nicht operieren.

Andererseits muß es, wenn es die eigene Autonomie garantieren
will, die Negation eben dieser Autonomie und die Negation aller sie
stützenden Konventionen einschließen – und nicht ausschließen.[99]
Oder anders gesagt: Es muß das Ausgeschlossene einschließen und
damit Erfordernisse der Logik wie den Satz vom ausgeschlossenen
Dritten, das Widerspruchsverbot oder auch die Voraussetzung os-
zillationsfreier Identitäten unterlaufen. Die Rekonstruktion dessen,
was hier geschieht (wenn es geschieht), erfordert entweder trans-
klassische Logiken, etwa im Sinne Gotthard Günthers, oder eine
hinreichend genaue Analyse der Art und Weise, wie das System
selbst mit dem umgeht, was für es latent bleiben muß. Sie erfordert

99 Siehe dazu Jean-Pierre Dupuy, Zur Selbst-Dekonstruktion von Konventionen, in:
Paul Watzlawick / Peter Krieg (Hrsg.), Das Auge des Betrachters – Beiträge zum
Konstruktivismus: Festschrift für Heinz von Foerster, München 1991, S. 85-100.

entweder eine Verfügung über Rejektionswerte, die es erlauben, primär vorgeschlagene Unterscheidungen (wahrheitslogisch etwa die von wahr und unwahr oder systemtheoretisch die von System und Umwelt bei vorausgesetzter Systemreferenz) zu suspendieren[100]; oder das Zugeständnis eines unvermeidlichen blinden Flecks jeder Beobachtungsoperation, der sich zwar auf ein anderes Beobachtungsinstrumentarium verlagern, aber nicht beseitigt werden kann.

Auch von hier aus kann man die Verkürzungen analysieren, die unabdingbar sind, wenn die Einheit des Systems im System dargestellt werden soll. Texte werden nur in Betracht gezogen, wenn sie gelten. Begründungsfiguren werden letztlich dogmatisch verankert. Gerechtigkeit wird nicht in ihrer Funktion als Kontingenzformel, sondern als Wert bejaht. Mit all dem wird der Zirkel von Selbstbejahung und Selbstverneinung im System selbst unterbrochen. Die Selbstverneinung wird ausgeschlossen. Es leuchtet dem System zum Beispiel ein, daß die Orientierung an der Unterscheidung von Recht und Unrecht zu Recht und nicht zu Unrecht geschieht. Davon ist auszugehen.

Wie Jacques Derrida am Verhältnis von Philosophie und Schrift gezeigt hat, wird Unentbehrliches nicht als gleichrangig, sondern als nebensächlich, als »supplément« mitgeführt.[101] Ein symmetrisches Verhältnis wird als Haupt- und Nebensache hierarchisiert. Man kann eine solche Lösung, indem man das Geheimnis ihrer Willkür aufdeckt, zwar »dekonstruieren«. Aber dann kann man auch die Dekonstruktion selbst dekonstruieren durch den Nachweis, daß ein solcher Schritt zurück zu nichts anderem führt als zu der Paradoxie des Ursprungs oder des Anfangs, den jedes System immer schon hinter sich hat.[102] Deshalb ziehen wir es vor, die Formen der Paradoxieentfaltung als Formen der Invisibilisierung des

---

100 Hierzu Gotthard Günther, Cybernetic Ontology and Transjunctional Operations, in ders., Beiträge zur Grundlegung einer operationsfähigen Dialektik Bd. 1, Hamburg 1976, S. 249-328 (287 ff.).

101 Siehe: De la grammatologie, Paris 1967; ders., Le supplément de copule: La philosophie devant la linguistique, in: Jacques Derrida, Marges de la philosophie, Paris 1972, S. 209-246.

102 Vgl. Niklas Luhmann, Sthenographie und Euryalistik, in: Hans Ulrich Gumbrecht / K. Ludwig Pfeiffer (Hrsg.), Paradoxien, Dissonanzen, Zusammenbrüche: Situationen offener Epistemologie, Frankfurt 1991, S. 58-82.

Paradoxes darzustellen, wohl wissend, daß das System selbst sie so nicht handhaben kann. Wir bleiben in der Position eines Beobachters dritter Ordnung, eines Beobachters der Selbstbeobachtung und Selbstbeschreibung des Systems. Und dann findet man heraus, daß die Illogik dieses Gründungsschnittes (oder: Gründungsschrittes), dieser »différences/différance« im Sinne Derridas, zugleich der Punkt ist, an dem man die historische Anpassungsfähigkeit, die Zeitgemäßheit von Semantiken zu sehen bekommt.[103]

Ein System kann sich nur, und kann sich nicht, paradox begründen. Ein System kann sich nur, und kann sich nicht, paradox begründen. Aber es rettet sich dann mit einem re-entry der Differenz von System und Umwelt als Unterscheidung ins System. Und es kann dann mit Hilfe der eigenen Unterscheidung das »tertium non datur« wiederherstellen und die Probleme einer mehrwertigen Logik, die notwendig wäre, um die Einheit des Systems und seiner Grenze zu reflektieren, dem Beobachter dritter Ordnung überlassen. Doch alles, was daraus folgt, gilt dann nur für das System selbst.

Auf der Ebene der *Theorien* und *Texte* der Selbstbeschreibungen, die wir bisher so gut wie ausschließlich im Blick hatten, kann dieses Problem nicht weiterverfolgt werden, da das Paradox nicht genannt, nicht als die Erlösung von allen Poblemen gefeiert werden kann. Die Selektivität und »Unstimmigkeit« aller Selbstbeschreibungen kehrt aber als Problem des Alltagsverhaltens ins System zurück. Die Wirklichkeit, vor allem der Rechtsverfahren in Gerichten und Parlamenten, weicht erheblich von dem ab, was gesagt, gewünscht, gewollt wird. Die Gerichte etwa bezeichnen den Sinn ihrer Tätigkeit als Rechtsanwendung. Die Wirklichkeit sieht ganz anders aus.[104] Der Geschäftsbetrieb etwa vermittelt den Eindruck, als ob ihm vor allem an seiner eigenen Erledigung gelegen sei. Termine und Fristen, Akten und Störungen absorbieren die Aufmerksamkeit. Es muß immer noch etwas getan werden, damit noch etwas getan werden kann. Was für Teilnehmer wahrnehmbar wird, unterscheidet sich so stark von dem, was der Selbstbeschreibung entspre-

---

103 Vgl. auch Niklas Luhmann, The Third Question: The Creative Use of Paradoxes in Law and Legal History, Journal of Law and Society 15 (1988), S. 153-165.

104 Siehe dazu und zum Folgenden Klaus A. Ziegert, Courts and the Self-concept of Law: The Mapping of the Environment by Courts of First Instance, Sydney Law Review 14 (1992), S. 196-229.

chen würde, daß einer soziologischen Analyse des Umgangs mit der Grundparadoxie des Systems ganz andere Mechanismen auffallen werden als das bloße logische und methodische Glattbügeln der Widersprüche.

Die Laienteilnehmer werden frustriert sein – nicht nur wenn sie nicht Recht bekommen, sondern auch darüber, wie dies geschieht. Auf dieser Seite der Trennlinie von Juristen und Klienten hilft sich das System mit der Folgenlosigkeit von Frustrationen. Obwohl ein gewisses »recycling« der Klienten nicht ungewöhnlich ist, kann das System doch von Einzelfällen ausgehen. Die beruflich und professionell mit Arbeit im Rechtssystem befaßten Personen bilden andere Formen des Umgangs mit dieser Belastung aus. Einerseits haben sie bessere Vergleichsmöglichkeiten, auch untereinander, also auch weniger Anlaß, von persönlicher Betroffenheit auszugehen. Daher wird auf dieser Seite der Trennlinie anders kommuniziert und in anderer Weise Verständnis erwartet. Ein wichtiger Bezugsrahmen bilden Arbeitszeit und Arbeitsbedingungen. Ferner kann man den Akzent des Wichtigen auf die Formalismen verlagern, weil in diesem Bereich Fehler besonders auffallen. Ein beträchtliches Maß an Zynismus, Ironie oder auch Humor gehören zu den typischen Ausstattungen von Professionen. Man kann in diesen Formen Verständnis testen. Und nicht zuletzt erzeugt das System auf dieser Ebene den ständig wiederholten Wunsch nach besseren Ausstattungen und Reformen, auf dessen anderer Seite dann Sündenböcke sich ansammeln könnten, die die Schuld daran tragen, daß nichts geschieht.

Die Diskrepanz zwischen den textlich-theoretischen Formen des Auflösens der Systemparadoxie und den eher mündlichen oder als Verhalten kommunizierten Alltagsformen ist so groß, daß man nicht erwarten kann, daß eine Verbesserung (Soziologisierung) auf der Ebene der Reflexionstheorien eine Lösung bieten kann. Die Anpassung an Irritationen des Systems auf dieser Ebene wird immer die Form von Idealisierungen annehmen, die man nicht zugleich als »nicht so gemeint« darstellen kann. Reformen können nicht in der Weise begründet werden, daß man sie als Selbstbeschäftigung eines juristischen Establishments, als Abarbeitung kognitiver Dissonanzen der Profession oder als Demonstration einer »kritischen« Einstellung zum »System« begründet. Eher dürfte es zutreffen, wenn man diese Diskrepanz und die Trennung der entsprechenden Kommunikationsebenen als Ausdruck dafür nimmt, daß das System »akratisch« operieren muß, das heißt: über keine ausreichende Macht über sich selbst verfügt.[105]

IX

Welche Semantik auch immer als Selbstbeschreibung des Rechtssystems bevorzugt wird und welche Unterscheidungen dabei retouchiert werden müssen, eine negative Grundbedingung scheint unvermeidbar zu sein: Das System kann keine Positionen vorsehen, die *auf alle Fälle* Recht haben bzw. Recht bekommen. »Auf alle Fälle« « – das heißt: ohne Rücksicht auf die Konditionen des Systems. Eine solche Sonderposition des Großen Führers, der Partei usw. würde die Unterscheidung von Codierung und Programmierung aufheben. Es kann konditionierte Sonderrechte, Notstandsrechte, Ausnahmerechte geben. Was nicht möglich ist, ist ein unkonditioniertes Recht zu Selbstexemtion. Denn für ein solches »Recht« wäre unentscheidbar, ob es im System oder außerhalb des Systems zu verorten ist.

Mit anderen Worten formuliert: Autonomie kann nicht als Willkür aufgefasst werden. Sie enthält ein Verbot der Selbstexemtion, das Beliebigkeit verhindert und das System unter das Gesetz der historischen Selbstspezifikation zwingt.

Die gegenteilige Auffassung findet sich oft genug im Kontext von Theoriepolemiken. Stichwort »Dezisionismus«. Sie kann jedoch sehr leicht als undurchdacht zurückgewiesen werden.

---

105 Zu Parallelüberlegungen für das Erziehungssystem und die Pädagogen vgl. Niklas Luhmann / Karl Eberhard Schorr, Strukturelle Bedingungen von Reformpädagogik: Soziologische Analysen zur Pädagogik der Moderne, Zeitschrift für Pädagogik 34 (1988), S. 463-488.

Kapitel 12

Die Gesellschaft und ihr Recht

I

Das Verhältnis von Rechtssystem und Gesellschaftssystem ist das Thema dieses Buches. Die Reflexion und Nichtreflexion dieses Verhältnisses im Rechtssystem der Gesellschaft war das Thema eines besonderen Kapitels. Wenn wir trotzdem am Schluß unserer Überlegungen dieser Frage nochmals ein eigenes Kapitel widmen, so geschieht dies nicht in der Absicht einer zusammenfassenden Rekapitulation. Vielmehr ist in den bisherigen Untersuchungen offengeblieben, welchen Begriff der Gesellschaft wir zugrunde legen und welche Konsequenzen dies hat für die Analyse der Beziehungen von Gesellschaft und Recht. Wir wissen: Das Recht operiert in der Gesellschaft, vollzieht Gesellschaft, erfüllt dabei eine gesellschaftliche Funktion und ist für diese Funktion zu eigener autopoietischer Reproduktion ausdifferenziert. Oder das jedenfalls sagt die hier vertretene Theorie. Darüber hinaus sollte man aber noch die Frage stellen, wie die Gesellschaft zu begreifen ist, in der dies geschieht.

Eine dafür ausreichende Theorie der Gesellschaft liegt nicht vor. Die sogenannte kritische Theorie und besonders die critical legal studies Bewegung hatte manche Einsichten beigesteuert, letztlich aber doch mit unhaltbaren Vereinfachungen gearbeitet, um die Vision einer alternativen Gesellschaft halten zu können. Das soll hier nicht weiter kommentiert werden, denn vordringlich ist doch die Frage, mit welcher Theorie man die moderne Gesellschaft beschreiben kann, von der auch derjenige auszugehen hat, der viel oder alles ändern möchte.

Wir vereinfachen uns unsererseits die Aufgabe, indem wir von einer Änderung des leitenden Paradigmas der Systemtheorie ausgehen. Begreift man die Gesellschaft als das umfassende System aller sozialen Operationen (wie immer man diese dann auffaßt), so mußte die heute bereits klassische Theorie offener Systeme auch die Gesellschaft als ein offenes, adaptives System mit internen (zum Beispiel

kybernetischen) Selbstregulationen auffassen.[1] Die evolutionstheoretischen Aussagen führten dann zu der Annahme einer immer besseren Anpassung der Gesellschaft an ihre Umwelt, dargestellt zum
Beispiel als immer bessere Ausnutzung natürlicher Ressourcen für
die Verbesserung der Lebenslage (heute allerdings kaum mehr: der
moralischen Perfektion) der Menschen. Die Fortschritte der Wissenschaft, die Technik, die marktorientierte Produktion, aber auch
die bessere Anpassung von Politik an die individuellen Meinungen
der Menschen mittels Demokratie boten dafür überzeugende,
durch Planung zu ergänzende Anhaltspunkte. So liest man selbst
heute noch: »Clearly, society is an open system that seeks to
achieve a steady state by means of a progressive process of adaptation to its environment.«[2]

Geht man von diesem Gesellschaftsbegriff aus, erscheint das Recht
als regulativer Mechanismus im Dienst der Anpassung der Gesellschaft an ihre Umwelt; dies aber in zweitrangiger Position, da die
Gesellschaft selbst (eben: über Marktpreise, demokratische Ab-
stimmungen, »empirische« Forschungen) ihre eigene Anpassung an
die Umwelt immer schon sicherstellt. Man kann dann die kybernetische Vorstellung eines »nachgeschalteten Systems« aufrufen, das
die Gesellschaft bei Störungen wieder einreguliert[3], oder mit An-
thropologen Recht als Zweitinstitutionalisierung von ohnehin vorhandenen Institutionen, als »reinstitutionalization at another level«
darstellen.[4] Das Recht kann dann geradezu als eine kybernetische

---

1 Siehe zum Beispiel mit Zukunftsperspektiven und mit der Forderung nach besserer
   Anpassung (active adaptation, adaptive planning) Fred Emery, Futures we are in,
   Leiden 1977.
2 Und dies aus der Feder oder dem Schreibcomputer eines Soziologen, der der Theorie
   autopoietischer Reproduktion sozialer Systeme mangelndes Interesse an empirischen Fragen vorwirft, sich selbst aber »clearly« in krassen Widerspruch setzt zu
   eigentlich offensichtlichen empirischen Sachverhalten. Das Zitat stammt von William M. Evan, Social Structure and Law: Theoretical and Empirical Perspectives,
   Newbury Park 1990, S. 219.
3 Siehe z. B. Ottmar Ballweg, Rechtswissenschaft und Jurisprudenz, Basel 1970.
4 So Paul Bohannan, Law and Legal Institutions, International Encyclopedia of the
   Social Sciences Bd. 9, Chicago 1968, S. 73-78 (75). Im weiteren wird dann von double
   institutionalization gesprochen. Siehe auch ders., The Differing Realms of the Law,
   American Anthropologist 67/6 (1965), S. 33-42. Kritisch dazu Stanley Diamond, The
   Rule of Law Versus the Order of Custom, in: Robert P. Wolff (Hrsg.), The Rule of
   Law, New York 1971, S. 115-144, der Recht mehr als Unterdrückungsinstrument
   sieht.

Maschine in einer kybernetischen Maschine begriffen werden, programmiert auf Konstanthalten bestimmter Zustände.[5] Wie immer die Ausführung im einzelnen: Das Recht stützt und bestätigt eine Gesellschaft, die nach außen hin als angepaßt beschrieben wird und es nur noch mit internen Konflikten zu tun hat, die man dann entweder moralistisch-konformistisch bagatellisieren oder kritisch-klassentheoretisch als Struktur schlechthin behaupten kann.

Ein anderer Gesellschaftsbegriff führt zu ganz anderen Folgerungen. Andere Begriffe, andere Unterscheidungen, andere Sichtweisen, andere Problemstellungen. Auf Grund des allgemeinen Konzepts autopoietischer Systeme gehen wir davon aus, daß auch das Gesellschaftssystem ein operativ geschlossenes, sich selbst mit eigenen und nur mit eigenen Operationen reproduzierendes System ist. Das besagt, daß auch die Gesellschaft nicht in der Lage ist, sich mit eigenen Operationen mit ihrer Umwelt in Verbindung zu setzen. Gesellschaftliche Operationen, also Kommunikationen, haben nicht den Sinn, Kontakte zwischen System und Umwelt zu ermöglichen; sie dienen nur dazu, die Bedingungen für die Fortsetzung der systemeigenen Operationen bereitzustellen. Ebensowenig kann die Umwelt Operationen anderer Art in das Netz der Autopoiesis des Systems einfügen – so als ob eine chemische Transformation oder die Replikation einer Zelle wie ein Satz im Zusammenhang sprachlicher Kommunikation wirken könnte. Das hat zur Konsequenz, daß Kognition nicht länger als Repräsentation und Evolution nicht länger als Verbesserung der Anpassungsfähigkeit (oder gar: der Angepaßtheit) von Systemen begriffen werden können.[6]

Davon ausgehend kann die Gesellschaft nicht länger im Sinne der älteren Systemtheorie als anpassungsfähiges System beschrieben

---

5 Vgl. Jay A. Sigler, An Introduction to the Legal System, Homewood Ill. 1968, und ders., A Cybernetic Model of the Judicial System, Temple Law Quarterly 41 (1968), S. 398-428. Wenn man mit Sigler zusätzlich berücksichtigt, daß der Output des Systems zum Input desselben Systems werden kann, befindet man sich am Übergang zu einer Theorie operativ geschlossener Systeme.

6 Zu dieser Parallelkritik von Repräsentation und Adaptation als Verhaltensmodi von Systemen siehe Francisco J. Varela, Living Ways of Sense-Making: A Middle Path for Neuro-Science, in: Paisley Livingston (Hrsg.), Disorder and Order: Proceedings of the Stanford International Symposium (Sept. 14-16, 1981), Stanford 1984, S. 208-224 (220).

werden.[7] Sie kommuniziert zwar *über* ihre Umwelt, aber *nicht mit* ihrer Umwelt. Sie ist dabei, wie überhaupt, auf ihre eigenen Operationen beschränkt und kann sich in der weiteren Erzeugung von Anschlußoperationen nur an deren Realität halten. Sie tut dies, solange es geht, und mit dem Grad an Komplexität, den sie ihren eigenen Operationen verdankt.[8] Ihre Umwelt mag sie irritieren oder auch destruieren, kann aber nicht bestimmen, wie die Kommunikation läuft. »Wir können alles machen, was nicht gegen die Welt geht«, formuliert Ernst von Glasersfeld[9], und damit ist mitgesagt, daß wir nicht wissen können, was gegen die Welt geht. Alles Wissen ist Resultat von Kommunikation über die Welt.

Das zwingt aber auch zu Korrekturen am bisherigen Zukunftsverständnis. Autopoiesis ist keine Bestandsgarantie, geschweige denn ein Fortschrittskonzept. Der Begriff gehört in einen weiteren Zusammenhang mit Katastrophentheorie oder Chaostheorie. Die evolutionäre Einmalerfindung des Lebens hat sich zwar über mehrere Milliarden Jahre hinweg als erstaunlich stabil erwiesen, und dies unter sehr verschiedenen Umweltbedingungen. Ob dies auch für die evolutionäre Einmalerfindung sinnhafter Kommunikation gelten wird, läßt sich nicht ausmachen. Jedenfalls schließt das theoretische Konzept Destruktionen gravierenden Ausmaßes oder katastrophale Regressionen und Komplexitätsverluste nicht aus, und über eine Katastrophe, die alles Leben auf dem Erdball auslöschen könnte, wird bereits – geredet.[10] Aber zugleich wird die Eigendy-

---

7 Es gibt viele weitere Gründe (aber keine radikaleren), dem Adaptionismus mit Skepsis zu begegnen – auch in der Biologie. Siehe z.B. Stephen J. Gould, Darwinism and the Expansion of Evolutionary Theory, Science 216 (1982), S. 380-387; Richard M. Burian, »Adaptation«, in: Marjorie Green (Hrsg.), Dimensions of Darwinism, Cambridge Engl. 1984, S. 287-314. Ob Darwin »ursprünglich« Adaptionist war, kann man dabei getrost der fachhistorischen Forschung überlassen. Auch in der Soziologie gibt es distanzierende Stimmen, die sich jedoch eher gegen Systemtheorie schlechthin richten. Siehe z.B. Anthony Giddens, The Constitution of Society: Outline of the Theory of Structuration, Berkeley Cal. 1984, S. 233 ff.

8 Damit ist zugleich gesagt, daß auch der Aufbau von Komplexität (wie in der Biologie: die polymorphe Reproduktion des Lebens, die Vielheit der Arten) nicht als bessere Anpassung an die Umwelt begriffen werden kann.

9 In: Siegener Gespräche über Radikalen Konstruktivismus, in: Siegfried J. Schmidt (Hrsg.), Der Diskurs des Radikalen Konstruktivismus, Frankfurt 1987, S. 401-440 (410).

10 Siehe zu den theoretischen Konzepten Walter Bühl, Sozialer Wandel im Ungleichgewicht, Stuttgart 1990.

namik und die Fähigkeit zu rascher Strukturvariation betont. Alles in allem nimmt diese Theorie mehr als die ältere Systemtheorie Erfahrungen auf, die aus der erkennbaren ökologischen Gefährdung, ihrer Unprognostizierbarkeit und den spezifischen Zeitstrukturen der modernen Gesellschaft resultieren. Damit erscheint die Zukunft in der Gegenwart als Risiko.

Welche Konsequenzen hat dies für das Verständnis der Rolle des Rechts in der modernen Gesellschaft?

Wie bereits mehrfach betont[11], müssen wir voraussetzen, daß es möglich ist, innerhalb autopoietischer Systeme weitere autopoietische Systeme zu bilden.[12] Selbstverständlich operiert das Rechtssystem innerhalb des Gesellschaftssystems. Es vollzieht mit jeder eigenen Operation auch Gesellschaft, indem es Kommunikation erneuert und gegen alles andere abgrenzt. Aber es realisiert auch die Autopoiesis des Rechtssystems, indem es dem Rechtscode und nicht anderen oder gar keinen Codierungen folgt und dadurch sich selbst gegen die innergesellschaftliche Umwelt abgrenzt. Ausdifferenzierungen dienen als Voraussetzungen für Ausdifferenzierungen, Systeme werden, wenn weitere Ausdifferenzierungen evolutionär gelingen, Umwelten für weitere Systeme. All dies ist, und das besagt der Begriff der Autopoiesis, nur auf Grund sich operativ schließender Eigenleistungen zu erreichen und nicht in der Form einer Dekomposition eines Ganzen in Teile.[13]

Die Gesellschaft toleriert, könnte man sagen, solche Ausdifferenzierungen, wenn sie einen funktionalen Bezug auf Probleme des Gesellschaftssystems bewahren. Die Aussagen über die Funktion

11 Vgl. u. a. Kap. 1, V.

12 Kritik daran findet man bei Jürgen Habermas, Faktizität und Geltung: Beiträge zur Diskurstheorie des Rechts und des demokratischen Rechtsstaats, Frankfurt 1992, S. 73 ff. Aber Habermas scheint zu verkennen, daß es bei Autopoiesis um Reproduktion der *Differenz* von System und Umwelt geht. Beachtet man dies, dann ist es theoretisch keineswegs ausgeschlossen, daß kommunikative Operationen zugleich die Außengrenze der Gesellschaft (gegenüber Nichtkommunikation) und die gesellschaftsinterne Grenze zwischen rechtlich codierten und anderen Kommunikationen reproduzieren. Ich kenne im übrigen keine andere theoretische Konstruktion, die auch nur versuchte, sowohl der Autonomie des Rechts als auch der Zugehörigkeit des Rechts zur Gesellschaft Rechnung zu tragen. Die übliche Lösung mit Hilfe des Begriffs der »relativen Autonomie« kann weder theoretisch noch empirisch befriedigen, weil sie in keiner Weise diskriminiert.

13 Und auch nicht, wie bei Parsons, als Entfaltung des Begriffs (!) der Handlung in sich verselbständigende Komponenten.

des Rechts als systemische Stabilisierung normativer (= kontrafaktischer) Erwartungen müssen nicht geändert werden.[14] Sie dienen uns, im Gegenteil, als diejenige Konstante, an der wir die Konsequenzen des Verständnisses der Gesellschaft als eines operativ geschlossenen Sozialsystems sichtbar machen können. Wir erinnern: Bei der Unterscheidung kognitiver und normativer Erwartungen ging es um die Frage, ob und wie weit sich die Gesellschaft als lernbereit einrichten und ihre Erwartungen laufenden Enttäuschungen anpassen kann; wie weit, mit anderen Worten, strukturelle Stabilität nur in den Grenzen der Erkennbarkeit der Konsequenzen von Lernanstößen liegt oder wie weit zusätzlich normative, explizit lernunwillige Erwartungen hinzukommen müssen. Für eine Theorie operativ geschlossener Systeme erscheint dieses Problem als ein rein internes Problem. Es gibt keinen Transport von Informationen aus der Umwelt in das System. Das System reagiert nur auf eigene Zustände, dies allerdings mit einer intern benutzten Unterscheidung von System und Umwelt, also mit einer Bifurkation kausaler Zurechnungen. Die Frage ist dann, welche strukturellen Vorkehrungen die Irritabilität des Systems steigern bzw. abschwächen, wobei auch Irritabilität immer als ein strukturabhängiger Eigenzustand des Systems zu begreifen ist.

Auf den ersten Blick liegt es nahe, den kognitiven, also lernfähigen Erwartungen den Vorzug zu geben. In der Tat haben sie bei der Konsolidierung der Weltgesellschaft den Trend geführt.[15] Man kann sich heute noch nationale Rechtssysteme leisten (wenngleich im internationalen Verbund wechselseitiger Anerkennung unter dem Vorbehalt innerstaatlicher Ordnung und mit »völkerrechtlichen« Beziehungen unter dem Vorbehalt des Rechtsbruchs); dagegen sind nationale Wissenschaften und sogar nationale Wirtschaftssysteme

---

14 Karl-Heinz Ladeur scheint das ebenfalls zu akzeptieren, wenn er formuliert: »Die Funktion des Rechts besteht in der Ermöglichung der Bildung von Erwartungen in einer sich mehr und mehr selbst zum Problem werdenden Gesellschaft« - so in: Gesetzesinterpretation, »Richterrecht« und Konventionsbildung in kognitivistischer Perspektive: Handeln unter Ungewißheitsbedingungen und richterliches Entscheiden, Archiv für Rechts- und Sozialphilosophie 77 (1991), S. 176-194 (176). Im weiteren spricht Ladeur dann allerdings nicht nur von einer Änderung des gesellschaftlichen Funktions*kontextes*, sondern auch von einer Änderung der Funktion selbst.

15 Vgl. Niklas Luhmann, Die Weltgesellschaft, in ders., Soziologische Aufklärung Bd. 2, Opladen 1975, S. 51-71.

kaum mehr denkbar. Wo Erwartungen als lernsensibel ausgezeichnet sind, kann man sich dem innergesellschaftlichen und mehr und mehr auch dem ökologischen Lerndruck schwerlich entziehen. Verliert das Recht dadurch an Bedeutung?

Eine derart pauschal gestellte Frage wird man vermutlich nicht einheitlich beantworten können. Manches deutet darauf hin, daß ein wichtiger Stützmechanismus des Rechts, das normative Erwarten normativen Erwartens an Bedeutung verliert. Man verlangt nicht mehr unbedingt (wenn man es je getan hat[16]), daß jemand sich für seine Rechte einsetzt. Andererseits haben die »Menschenrechte« als eine Art Nachholprogramm Konjunktur wie nie zuvor, und auch Werteinstellungen werden nicht nur in der Form eines bloßen Bevorzugens der Werte bzw. eines »dispreferencing« der Unwerte vertreten, sondern in weitem Umfange normativ eingefordert. Man hat nicht nur Werte, man soll sie auch haben und sie sogar anderen zumuten. Die normative Institutionalisierung von Werteinstellungen erstreckt sich bis hin zu moralisch aufgezogenen Zumutungsprogrammen. Man soll demnach nicht nur die eigenen Werte auf die Werte anderer erstrecken (im Interesse der Armen, der Benachteiligten, der Hungernden, der »Dritten Welt«), sondern hat auch mitzufordern, daß andere sich ebenfalls mit diesem Wertprogramm solidarisieren. Diese Form des normativen Erwartens normativen Erwartens liegt jedoch weitgehend außerhalb der etablierten juristischen Formenwelt und richtet sich auch gegen das Recht. Recht oder Unrecht – Humanität zählt.

Wenn sich diese Impressionen und Vermutungen in empirischen Untersuchungen bestätigen lassen, würde sich zeigen, daß das im Rechtssystem praktizierte Recht erneut vom »lebenden Recht« abweicht. Aber hier wäre »lebendes Recht« dann nicht das Gewohnheitsrecht lokaler Bevölkerungsgruppen. Man hätte es nicht in der Bukowina zu suchen, sondern eher in den besonderen Jugendkulturen oder auch in den Einstellungen der inzwischen altgewordenen Jugendlichen, die sich mit dem Recht auf Jeans gegen die etablierten Gewohnheiten durchzusetzen versuchen.

16 Hier wären mentalitätsgeschichtliche Untersuchungen am Platze. Die bloße Erhebung von »Meinungen über das Recht«, »prestige of law« usw. kann allenfalls den gegenwärtigen Zustand ermitteln.

II

Das Rechtssystem selbst scheint auf das, was oberflächlich als Werte-
wandel erscheint, was im Grunde aber ein sehr viel längerfristiger,
nicht nur generationsbedingter Trend ist, auf verschiedene Weisen
zu reagieren. Nimmt man die Konstanz der normativen Funktion
(ohne die Recht nicht Recht wäre) als Maßstab, dann zeichnet sich
eine Tendenz ab, die man als *Temporalisierung der Normgeltung*
bezeichnen könnte. Normen und die sie tragenden Geltungen werden nicht mehr in Konstanten der Religion oder der Natur oder
einer unbefragten Sozialstruktur verankert, sondern als Zeitprojek-
tionen erlebt und behandelt. Sie gelten »bis auf weiteres«. Sie
werden damit nicht nur als kontingent erfahren, sondern werden
auch kognitiv empfindlich. Allerdings heißt das nicht, wie Kritiker
der Unterscheidung kognitiv/normativ meinen[17], daß die Unterscheidung selbst kollabiert oder sich in der empirischen Forschung
nicht halten läßt. Es kann keine Rede davon sein, daß das Recht auf
die pure Tatsache und Häufigkeit abweichenden Verhaltens durch
Normänderung reagiert. Es wäre ja auch gar keine Instanz vorhanden, die zu solchen Entscheidungen befugt wäre und entsprechende
Verfahren durchführen könnte. Gemeint ist nur, daß Normen mit
Realitätsunterstellungen ausgestattet sind, die sich *im Rechtssystem
selbst* als Irrtum erweisen oder durch Änderung der Verhältnisse
inadäquat werden können. Das gilt besonders evident angesichts
der Dynamik technischer und wissenschaftlicher Entwicklungen,
angesichts von lebensrelevanten Innovationen im Bereich der phar-
mazeutischen und apparativen medizinischen Technologie, angesichts der Ausbreitung automatischer Datenverarbeitung, angesichts zunehmender Diskrepanzen von Ausbildung und lebenslan-
ger, gegen Kündigung geschützter beruflicher Verwendbarkeit des
Wissens, angesichts mancher Veränderungen im Wirtschaftssystem,
aber auch in so »privaten« Bereichen wie der Karriereabhängigkeit
des gesellschaftlichen Status der Individuen.

In einer derart dynamischen Gesellschaft verändern sich die an das

---

17 Zum Beispiel Richard Lempert, The Autonomy of Law: Two Visions Compared,
in: Gunther Teubner (Hrsg.), Autopoietic Law: A New Approach to Law and
Society, Berlin 1988, S. 152-190, insb. 178 ff.; Arthur J. Jacobson, Autopoietic Law:
The New Science of Niklas Luhmann, Michigan Law Review 87 (1989), S. 1647-
1689; Evan a.a.O. (1990), S. 41 f.

Recht adressierten Erwartungen. In dem Maße, als die Gesellschaft selbst als Ursache dessen erscheint, was früher als individuelles Schicksal hingenommen werden mußte und allenfalls religiös thematisiert wurde, wird von der Gesellschaft auch Prävention, Abhilfe und Ausgleich von individuell unterschiedlich treffenden Nachteilen erwartet. Hierfür ist dann neben dem politischen System vor allem das Rechtssystem zuständig.[18] Andererseits wird es, aus dem gleichen Grund, immer schwieriger, »Legitimität« zu verlangen im Sinne einer Orientierung an unbezweifelbaren und damit zeitkonstanten Werten oder Prinzipien. Und selbst die, die am Terminus der Legitimität und damit an transpositiven Grundlagen der Rechtsgeltung festzuhalten versuchen, haben ihre Erwartungen inzwischen auf Verfahren eingeschränkt, haben das Legitimitätsproblem prozeduralisiert.[19] Also verzeitlicht! Wie alle Positivisten müssen auch die Vernunftpositivisten die Zukunft in der allein aktuellen Gegenwart garantieren – und arbeiten deshalb mit der Unterstellung, bei Einhaltung bestimmter Verfahrenskriterien würde irgendwann einmal ein vernünftiger Konsens über das Ergebnis entstehen. Man kann schon vermuten, daß auch dies eine nur vorläufige Position ist, die sich selbst dem Test der Zeit ausgesetzt sehen wird, nämlich der Frage, ob Verfahren, wenn tatsächlich eingerichtet und durchgeführt, die in sie gesetzten Erwartungen erfüllen oder ob man auch hier mit der Unterstellung realer Möglichkeiten gearbeitet hat, die zwar unter »Laborbedingungen«, wie Habermas sie skizziert, funktionieren mögen, nicht aber in der wirklichen, durch Organisation und durch den human factor bestimmten Realität. Die Rückkehr zu einem einst strikt abgelehnten Legalismus deutet sich an, wobei die Durchführung rechtsstaatlicher Verfahren nach Art einer Legalfiktion die Legitimität des Rechts begründet.

Das Recht der modernen Gesellschaft muß nach all dem, und gerade darin erweist es sich als gesellschaftsabhängig, *ohne feststehende Zukunft auskommen.*[20] Weder können Naturparameter,

---

18 Vgl. dazu Lawrence M. Friedman, Total Justice, New York 1985, insb. S. 45 ff.

19 Siehe etwa die Beiträge von Klaus Eder und Karl-Heinz Ladeur in: Dieter Grimm (Hrsg.), Wachsende Staatsaufgaben – sinkende Steuerungsfähigkeit des Rechts, Baden-Baden 1990; Karl-Heinz Ladeur, Postmoderne Rechtstheorie: Selbstreferenz – Selbstorganisation – Prozeduralisierung, Berlin 1992; und jetzt Habermas, a.a.O.

20 Dies gilt im übrigen für Zeichensysteme schlechthin, das heißt für alles, was als ein

soweit sie die Gesellschaft betreffen, als konstant angenommen werden (obwohl man natürlich davon ausgehen kann, daß die Sonne noch lange scheinen wird); noch können Werte, soweit sie Entscheidungen instruieren, also als Kollisionsregeln funktionieren sollen, in die Zukunft projiziert werden. Alle Zukunft stellt sich im Medium des (mehr oder weniger) Wahrscheinlichen und des (mehr oder weniger) Unwahrscheinlichen dar. Das aber heißt, daß Zukunftseinschätzungen divergieren können[21] und es auch keine Generallinie wie »Heilsgeschichte«, »Fortschritt« oder »Weltuntergang« mehr gibt, an die man sich halten könnte.

Gerade weil dies so ist und sich mehr und mehr aufdrängt, behalten jedoch normative Erwartungen und deren Absicherung durch das Recht ihre Bedeutung. Es bleibt ja dabei, daß die jeweils gegenwärtige Kommunikation sich orientieren muß und dabei darauf angewiesen ist, feststellen zu können, welche Erwartungen durch das Recht gedeckt sind und welche nicht. Es bleibt dabei, daß es im Recht um Schutz von besonders ausgezeichneten Erwartungen, also um kontrafaktische Stabilisierung von Zukunftsprojektionen geht. Es bleibt auch beim Generalprinzip des Vertrauensschutzes für Fälle, in denen man sich auf geltendes Recht verlassen hatte. Und es bleibt bei sehr spezifischen Anforderungen an die Benutzung der Geltungssymbolik zur Änderung von Rechtslagen, sei es in der Form von Verträgen, sei es in der Form von Gesetzen. Allerdings verschärft sich eine Problematik, die durch die Unterscheidung von gegenwärtiger Zukunft und künftigen Gegenwarten bezeichnet werden kann. Das Recht selbst kann nicht zeitstabil sein in dem Sinne, daß etwas, was einmal gilt, ein für allemal gilt. Wer sich auf Recht verlassen will, kann zwar auf Unterstützung gegen Widerstand und Enttäuschungen rechnen, nicht aber darauf, daß das Recht selbst unverändert fortgilt. In diesem Sinne kommt es zu

Zeichen unmittelbare Verständlichkeit oder praktisch notwendige Akzeptanz erreicht. So Josef Simon, Philosophie des Zeichens, Berlin 1989.

21 Hierzu kann man auf zahlreiche empirische Forschungen über Alltagseinstellungen zu Wahrscheinlichkeiten, über Risikoeinschätzungen usw. verweisen, aber die Kenntnis dieses Problems ist fast ebenso alt wie die Wahrscheinlichkeitsrechnung selber. Bereits Jean Paul weiß, daß »das Menschenherz ... in Sachen des *Zufalls* gegen die Wahrscheinlichkeitsrechnung kalkuliert« (Siebenkäs, siebentes Kapitel, zitiert nach Jean Paul, Werke Bd. 2, München 1959, S. 226 f.). Hoffnungen und Befürchtungen erweisen sich als stärker.

einem erweiterten ius vigilantibus scriptum. Wer heiratet, muß damit rechnen, daß das Scheidungsrecht und die rechtliche Regelung von Scheidungsfolgen geändert werden. Wer langfristig investiert, kann nicht damit rechnen, daß während der Abschreibungsdauer Steuerrecht, Umweltrecht usw. so bleiben, wie sie zur Zeit seiner Entscheidung galten. Man muß also immer auch eine Gegenrechnung aufmachen für den Fall, daß das Recht, auf das man sich verläßt, geändert wird. Und bei der Rechtsänderung selbst müssen nicht nur formelle Rückwirkungen vermieden werden, sondern vermehrt auch diejenigen geschützt werden, die in bereits getroffenen Dispositionen durch die Rechtsänderung besonders betroffen sind.

Das Problem ist im übrigen so neu nicht. Schon früher war ja unter Gesichtspunkten des Enteignungsrechts diskutiert worden, ob derjenige, der zum Beispiel an einer viel befahrenen Straße eine Tankstelle errichtet, Entschädigung verlangen kann, wenn die Straßenführung geändert wird. Solche Probleme dürften jetzt nur vermehrt und vor allem auch in Fällen auftreten, in denen nicht Sachdispositionen, sondern Rechtsdispositionen in Frage stehen. Das Problem wird nochmals brisanter, wenn die Rechtsänderung nicht durch Gesetzgebung erfolgt, die es berücksichtigen könnte, sondern durch richtungweisende höchstrichterliche Rechtsprechung, die wenig oder allenfalls sibyllinische Möglichkeiten hat, solche Fragen in die Einzelfallentscheidung einzubeziehen.

Kommunikation im Rechtssystem muß mithin, darauf laufen diese Überlegungen hinaus, stärker auch das *Eigenrisiko des Rechts* beachten. Risikofragen tauchen nicht nur in der Weise auf, daß das Recht riskantes Verhalten als rechtmäßig oder als rechtswidrig beurteilt. Auch das ist sicher ein Problem, das bereits in vielen Bereichen zu Rechtsänderungen geführt hat und noch führen wird. Mehr und mehr geht es hier darum, Verantwortung bis hin zur Haftung an Möglichkeiten der Risikokontrolle zu binden und so dem für Entscheider typischen »illusion of control« entgegenzuarbeiten. Eine weit darüber hinausgehende Frage ist aber, ob und wie das Recht sein eigenes Risiko akzeptieren kann. Diese Frage hängt unmittelbar mit der Ausdifferenzierung, operativen Schließung und funktionalen Spezifikation des Rechtssystems zusammen. In dieser Hinsicht ist das Rechtssystem ein Spiegelbild des Gesellschaftssystems. Es ist selbst riskant, weil die Gesellschaft riskant ist. Oder genauer gesagt: Es hat sich selbst als riskant zu beobachten und zu beschreiben, weil dies für die moderne Gesellschaft schlechthin gilt.

Im systemtheoretischen Design ersetzt die Formel Risiko die Formel Anpassung, und dies auf der Ebene des Gesamtsystems der Gesellschaft wie auch auf der Ebene ihrer Funktionssysteme. Die Konsequenzen einer jahrzehntelangen wohlfahrtsstaatlichen Politik haben das structural drift des Rechtssystems mitbestimmt. Sie bleiben in das Rechtssystem eingeschrieben. Sie zeigen sich an der Unbestimmtheit gesetzgeberischer Aufträge ebenso wie an der Eigenmächtigkeit richterlicher (und vor allem: verfassungsrichterlicher) Durchgriffe auf gesellschaftliche Wertungen, die als plausibel angesehen werden. Insgesamt hat die Benutzung präsumtiver Folgen als Kriterium der Rechtsentscheidungen zugenommen. Auch das hat aber im Effekt nicht als Anpassung des Systems an seine gesellschaftliche Umwelt, geschweige denn als Unterstützung der Anpassung des Gesellschaftssystems an dessen Umwelt gewirkt – etwa im Sinne größerer Zufriedenheit der Menschen mit der Gesellschaft. Eher haben sich größere Diskrepanzen zwischen Ansprüchen und Realisationen ergeben und zugleich Enttäuschungen mit politisch angeheizten Hoffnungen.[22] Die Wirtschaft tut mit ihrer marktorientierten Produktion von Massengütern vermutlich mehr zum Ausgleich von Ungleichheiten als das politisch in diese Richtung gedrängte Recht.

All das gerät jetzt aber zusätzlich unter die Perspektive einer hohen temporalen Instabilität des Normengefüges. Das Recht kann nicht Sicherheit garantieren, wenn die Gesellschaft selbst ihre Zukunft als entscheidungsabhängiges Risiko begreift. Im Rechtssystem gewinnen Risiken nur eine rechtsspezifische Form. In fremdreferentieller Perspektive, also bezogen auf Interessen, wird das Risiko des Ent-

---

22 Enttäuschungen in dieser Hinsicht werden heute breit reflektiert. Siehe als ein Beispiel unter vielen Marc Galanter, Why the »Haves« Come out Ahead: Speculations on the Limits of Legal Change, Law and Society Review 9 (1974), S. 95-160. In diesem Zusammenhang fällt besonders auf, daß die Rechtssoziologie sich praktisch nur für das Recht der Armen, nicht aber für das Recht der Reichen interessiert – so als ob diese Ungleichheit der Rechtslagen durch Forschung kompensiert werden könnte (ein gerade für Soziologen erstaunlich unrealistischer Gedanke). Vgl. dazu die Erhebung von Maureen Cain, Rich Man's Law or Poor Man's Law?, British Journal of Law and Society 2 (1975), S. 61-66.

scheidungsverhaltens und die Gefahr, die davon für andere ausgeht, zum Rechtsproblem par excellence. In selbstreferentieller Perspektive, also bezogen auf Begriffe, muß das Recht die eigene Riskanz reflektieren. Das heißt nicht einfach: die eigene Unzuverlässigkeit in Kauf zu nehmen. Vielmehr geht es darum, Rechtsformen zu finden, die unter dem Gesichtspunkt von Risiko und Gefahr mit der Autopoiesis des Rechtssystems, mit seiner spezifischen Funktion und mit der Eigenart seiner Codierung kompatibel sind.

In realistischer Sicht wird rasch klar sein, daß eine solche Entwicklung nicht im Wege einer Gesamtplanung auf Grund neuer Prinzipien, aber natürlich auch nicht in der Form einer Codifikation bewährten Rechts ins Werk gesetzt werden kann. Was sich abzeichnet, ist eine Arbeit an Einzelproblemen, eine »inkrementelle« Vorgehensweise, die, stark zufallsabhängig und eher unsystematisch, Probleme zu lösen sucht in dem Maße, als sie sich auf Grund politischer Anstöße oder in der Rechtsprechung aufdrängen. Wenn es je zu gesellschaftsadäquaten Rechtsbegriffen kommen sollte[23], dann im Wege eines Testens und Wiedertestens von Problemlösungen, eines Herausfindens der möglichen Eigenwerte des Rechtssystems der modernen Gesellschaft.

Bei allem Absehen von Prinzipien könnte es dennoch sinnvoll sein, die Diskussionsebene der Rechtstheorie zu verwenden, um eine stärkere Beachtung der Zeitdimension in der Selbstbeschreibung des Rechtssystems einzuleiten. Die wichtigsten Ergebnisse der vorangehenden Untersuchungen lassen sich unter diesem Gesichtspunkt nochmals zusammenfassen:

(1) Die Funktion des Rechts als normative Stabilisierung von Verhaltenserwartungen läßt sich auf das allgemeine Problem der sozialen Kosten von Zeitbindungen beziehen, ohne daß dieser Bezug in den Normtexten selbst auftauchen und damit deren Interpretation stören müßte. Aber man kommt an die Wurzeln des an Normtexten diskutierten Problems der Begründung und der Legitimation nur heran, wenn man sieht, daß alle zeitliche Extension von Erwartungen diejenigen belastet, deren Zukunft dadurch eingeschränkt wird. Und ist es dann nicht ein allgemeines, alles Recht fundierendes Risiko, daß man die

---

23 Zu dieser Perspektive Niklas Luhmann, Rechtssystem und Rechtsdogmatik, Stuttgart 1974, S. 49 ff.

Rechtsbrecher darauf festzulegen versucht, Rechtsbrecher zu sein, obwohl man Situationen und Motive nicht voraussehen kann?

(2) Den Begriff der Rechtsgeltung haben wir von Statik und relativer Invarianz auf Dynamik umgestellt. Rechtsgeltung dient als zirkulierendes Symbol, mit dem das Rechtssystem den momentanen eigenen Zustand markiert, von dem es unvermeidlich auszugehen hat, wenn die Geltungslage in der einen oder anderen Hinsicht geändert werden soll. Darin geht dann auch der Begriff der Positivität des Rechts auf. Er bezeichnet gewissermaßen den Gegenwert der Spezifik der Bedingungen der Rechtsänderung. Man kann von Rechtslagen ausgehen, solange sie nicht geändert sind; ja sogar mit gutem Recht, weil sie geändert werden könnten, aber offenbar bisher dazu kein Anlaß gegeben war. Änderungsverbote könnten einen Überdruck erzeugen, der sich schließlich mit Gewalt den Weg bahnen kann. Das Lernen aus Revolutionen geht in Richtung Positivierung des Rechts und politische Demokratie.

(3) Ferner verlagert auch das Entscheidungskriterium der Folgenbeurteilung die Rechtsgeltung in die Zeit, und zwar wiederum: in die Zukunft. Das gilt in doppeltem Sinne, einmal als Unterstellung der Konstanz von Bewertungen, zum anderen im Hinblick auf die Wahrscheinlichkeit/Unwahrscheinlichkeit des Eintritts der Folgen. In dieser Hinsicht fehlt es dem Rechtssystem derzeit an Risikobewußtsein. Das mag daran liegen, daß Zeitprobleme generell unterschätzt werden, aber auch daran, daß die Entscheidungstexte der Juristen ohnehin keine Gelegenheit bieten, Unsicherheit und Risikobewußtsein zum Ausdruck zu bringen, und der Jurist gelernt hat, nur die Informationen zu erzeugen, die er für die Begründung seiner Entscheidungen braucht. Um so mehr könnte es aber angeraten sein, auf der Ebene der Entscheidungsprogramme nicht zu hohe Anforderungen an Folgenvoraussicht vorzusehen. Denn das Rechtssystem übernimmt damit Risiken, für deren Einschätzung es weder Methoden noch Verfahren zur Verfügung hat.

(4) All dies hat schließlich Konsequenzen für das Verständnis der eigentümlichen Rationalität des Rechts. Im Rechtssystem selbst denkt man Rationalität traditionell als Rationalität des Gesetz-

gebers[24], heute aber eher als Vernünftigkeit und Vernünftigkeit als Begründbarkeit der Entscheidungen[25] – sei es mit Bezug auf Prinzipien (Dworkin), sei es mit Bezug auf kulturelle Intelligibilität (Parsons), sei es schließlich mit Bezug auf zwanglos erreichten Konsens (Habermas). Das läßt die Frage ganz offen, was nach der (wie immer einleuchtenden) Begründung geschieht. Zieht man die Zeitdimension in Betracht, kommen die Vorteile der Temporalisierung von Komplexität[26] in den Blick, und Rationalität ließe sich dann begreifen als Vermehrung der einschränkbaren Möglichkeiten, als Vergrößerung des Entscheidungsspielraums mit Vermehrung der zeitabhängigen Entscheidungsbeschränkungen.

Diese Erörterungen machen zugleich deutlich, weshalb das Rechtssystem gehindert ist, das Eigenrisiko in den Normtexten angemessen zum Ausdruck zu bringen. Seiner normativen Funktion entspricht die Prätention von Sicherheit der Entscheidungsgrundlagen. Die Normtexte müssen in Übereinstimmung mit dieser Funktion hermeneutisch nutzbar, interpretativ auswertbar sein. Und an die Normtexte knüpfen alle Reflexionsleistungen des Rechtssystems an. Das Eigenrisiko wird auf diese Weise »externalisiert«. Das wiederum kann eine externe Beschreibung beobachten – aber nicht vorwerfen.

Dennoch kann man sich die Abstraktionsebene von »Theorie« als einen Mechanismus der strukturellen Kopplung vorstellen, der die Reflexionsleistungen des Rechtssystems, die hier »Rechtstheorie« heißen, mit den Theorieleistungen des Wissenschaftssystems verbindet. Für das Wissenschaftssystem ergibt sich daraus die irritierende Erfahrung, daß das Rechtssystem eigendynamisch und jedenfalls nicht im Sinne von »angewandter Wissenschaft« arbeitet

24 Siehe die Diskussion dieser Prämisse mit Hinweisen auf die Literatur bei François Ost / Michel van de Kerchove, Jalons pour une théorie critique du droit, Bruxelles 1987, S. 116 ff. Ost und van de Kerchove behandeln diese Prämisse als ein »obstacle épistémologique« (Bachelard) der weiteren rechtskritischen Forschung.

25 So – repräsentativ für die allgemeine Meinung – Heino Garrn, Zur Rationalität rechtlicher Entscheidungen, Stuttgart 1986. Diskutiert wird dann nur noch die Unzulänglichkeit rein logischer, axiomatisch-deduktiver Begründungstheorien angesichts »offener« Interpretationsprobleme.

26 Hierzu Niklas Luhmann, Temporalisierung von Komplexität: Zur Semantik neuzeitlicher Zeitbegriffe, in ders., Gesellschaftsstruktur und Semantik Bd. 1, Frankfurt 1990, S. 235-313.

(was immer man in spezifisch deutschen Denktraditionen von Rechtswissenschaft als Wissenschaft halten mag). Auf dieses Problem antwortet in der Wissenschaft die Theorie autopoietischer Systeme, oder genauer: die Beschreibung der funktionalen Differenzierung der modernen Gesellschaft als Freisetzung der Funktionssysteme für eine autonome, autopoietische Selbstreproduktion. Der Tatbestand von sich selbst beobachtenden und beschreibenden Systemen schränkt (wenn man ihn nicht auf empirischen Ebenen bestreiten und widerlegen kann) die Theoriemöglichkeiten des Wissenschaftssystems ein. Eben deshalb kann eine soziologische Theorie, die ihren eigenen Ambitionen in Richtung auf eine Theorie der modernen Gesellschaft nachgeht, nicht erwarten, daß ihre Ergebnisse als rechtlich relevant, gleichsam als Grundlagen geltenden Rechts registriert werden. Auch für die Selbstbeschreibung des Rechtssystems, die ihren Ausgang von den Normen des geltenden Rechts zu nehmen hat, bietet die soziologische Gesellschaftstheorie mit ihren funktionssystemspezifischen Ausarbeitungen keine zu übernehmenden Wissensleistungen. Aber möglicherweise Irritationen. Denn man könnte sich denken, daß das Rechtssystem nach dem Zusammenbruch von naturrechtlichen, transzendentalen oder logisch-axiomatischen Grundlagen selbst daran interessiert sein könnte, sich nach gesellschaftstheoretischen Vorgaben umzusehen.

III

Sieht man das Rechtssystem als Art und Weise, eine offene Zukunft in die Gesellschaft hineinzunehmen und zu binden, dann kann man es auch als »Immunsystem« der Gesellschaft begreifen. Auch hier handelt es sich, wie bei »Autopoiesis« (und im engen Zusammenhang damit) um einen Sachverhalt, der zuerst von Biologen entdeckt worden ist, aber allgemeinere Bedeutung hat. Wir argumentieren also nicht per analogiam und benutzen den Begriff auch nicht rein metaphorisch. Vielmehr geht es um ein sehr allgemeines Problem, das typisch in Systemen auftritt, die den Aufbau ihrer eigenen Komplexität auf eine Reduktion von Umweltkomplexität in der Form von operationaler Schließung und struktureller Kopplung gründen. Immer wenn das geschieht, kann ein System seine Abwehr von Störungen nicht auf eine Voraussicht der Störung stützen. Es kann nicht Punkt für Punkt Gegenmaßnahmen bereithalten. Das würde ein unerträgliches Maß an Umweltkomplexität in das System hineinspiegeln. Weder im Positiven noch im Negativen sind Punkt-für-Punkt-Beziehungen zwischen System und Umwelt möglich, denn das würde die Differenz von System und Umwelt auf ein Spiegelungsverhältnis reduzieren. Das Immunsystem kompensiert, zusammenfassend gesagt, das Fehlen von »requisite variety«.[27]

Ein Immunsystem kommt ohne Kenntnis der Umwelt aus. Es registriert nur interne Konflikte und entwickelt für fallweise auftretende Konflikte generalisierbare Lösungen, also mit Überschußkapazität für künftige Fälle. Statt die Umwelt zu erforschen, generalisiert es Erfahrungen mit sich selbst, die ihm als Anzeichen für unbekannt bleibende Störquellen dienen. Dabei stützt sich das System auf spezifische, hochselektive strukturelle Kopplungen, die es ihm erlauben, alles andere außer acht zu lassen mit der nicht auszuschließenden Möglichkeit, daß Störung als Destruktion geschieht – als Weltuntergang. Nur im (aufs Ganze gesehen sehr schmalspurigen) Bereich struktureller Kopplungen entwickelt sich ein eigenständiges Immunsystem für das Abfangen und Neutralisieren unvorhergesehener Störungen. Das Kommunikationssystem Gesellschaft ist auf mitwirkendes Bewußtsein angewiesen, und im Normalfall begleitet das Bewußtsein die Kommunikation, nimmt sie wahr, regt entsprechende sensomotorische Mitwirkung des Organismus an, erinnert das, was kommuniziert worden war, in ausreichendem Umfang bzw. unterstellt für Zwecke der Kommunikation, daß andere sich erinnern. Es ist ebenfalls ganz normal, daß es dabei zu Äußerungen kommt, die vorausgesetzten oder (und das wird schon heikler) geäußerten Erwartungen widersprechen. Zur Störung der Kommunikation wachsen sich solche Bagatellvorfälle aus, wenn auf ein Nein mit einem Gegennein geantwortet wird; denn das bringt die Versuchung mit sich, beim Nein zu bleiben und das Nein auf beiden Seiten durch weitere Kommunikation zu verstärken. In einem solchen Falle wollen wir von Konflikt sprechen.[28]

27 Im Sinne von W. Ross Ashby, An Introduction to Cybernetics, London 1956. Siehe auch ders., Requisite Variety and Its Implications for the Control of Complex Systems, Cybernetica 1 (1958), S. 83-99.
28 Siehe ausführlicher Niklas Luhmann, Konflikt und Recht, in ders., Ausdifferenzie-

(Ein anderes passendes Wort wäre »Streit«.) Konflikte sind danach immer Systeme in der Gesellschaft, parasitäre Systeme, die davon abhängen, daß die Gesellschaft Strukturen (Erwartungen) eingerichtet hat und ihre Autopoiesis strukturkonform, aber auch innovativ und schließlich auch in der Form von Konflikten fortsetzen kann. Aber es gibt keine Konflikte gegen die, keinen Streit mit der Gesellschaft.[29]

Das Immunsystem dient nicht der Korrektur von Irrtümern, sondern der Abschwächung struktureller Risiken. Es folgt nicht dem Ideal einer kalamitätenfreien vernünftigen Praxis. Es hat nicht die Funktion, falsche Auffassungen über das, was recht ist, zu eliminieren, denn dann wäre die Aufgabe rasch gelöst (was immer die Kriterien sein mögen); sondern es ermöglicht es dem Gesellschaftssystem, mit dem strukturbedingten Risiko einer ständigen Reproduktion von Konflikten zurechtzukommen. Der Bedarf für ein Immunsystem ist nicht die Konsequenz einer schlechten Anpassung an die Umwelt, sondern eine Konsequenz des Verzichts auf Anpassung.

Und auch dies paßt in die Theorie des Immunsystems: Das Recht lernt aus Anlaß von Konflikten. Es würde ohne Konflikte nicht entstehen bzw. nicht erneuert und vergessen werden. Dabei kann es sich auch um Konflikte handeln, die das Recht selbst provoziert – etwa Konflikte aus Anlaß staatlicher Regulierungen. Jedenfalls aber folgt das Recht nicht aus der Natur der Sache oder der Natur des Menschen, wie man früher annahm, sondern es entsteht und entwickelt sich auf der Suche nach Lösungen für Konflikte, sobald diese Lösungen nicht nur ad hoc (und dann: inclusive Gewaltanwendung) erfolgen, sondern für mehr als nur einen Fall gelten sollen. Die Immunantwort benutzt den Zeitbindungseffekt normativer Regeln. Regelbildung ist somit eine Art Antikörperbildung mit einer am Fall gewonnenen Spezifität. Wenn das Immunsystem der Gesellschaft nicht in Anspruch genommen wird, lernt es auch

rung des Rechts: Beiträge zur Rechtssoziologie und Rechtstheorie, Frankfurt 1981, S. 92-112; ders., Soziale Systeme a.a.O., S. 488 ff.
29 Es geht also, um die Gegentheorie nochmals zu erwähnen, nicht um eine Zustandsbeschreibung der beteiligten Individuen – so wie ja auch die Biologie ihre Immunologie nicht in der Form einer Beschreibung des Zustandes der beteiligten Zellen ausarbeiten kann. Siehe N. M. Vaz / F. J. Varela, Self and Non-Sense: An Organismcentered Approach to Immunology, Medical Hypotheses 4 (1978), S. 231-267.

nicht, bildet es keine störfallentsprechenden Einrichtungen aus. Das Immunsystem speichert, so kann man auch sagen, eine system-eigene Geschichte; aber es paßt das System nicht etwa seiner Umwelt an. Es gibt keine »Ähnlichkeit« von Anlaß und Abwehr. Im Gegenteil: Die rechtliche Regel ist gerade nicht ein Konflikt. Und wenn sie einen Anlaß bildet für weitere Konflikte, was für den Fall des Rechtssystems sehr typisch ist, entstehen neue Regeln oder zumindest neue textlich fixierte Interpretationen der Regel.

Eine entwickelte juridische Immunologie setzt die Geschlossenheit und autopoietische Reproduktion des Immunsystems Recht vor-aus. Nur so wird begreiflich, daß es zu einer immer historischen, selbstregulativen und zugleich kaskadenhaften Entwicklung inner-halb dieses Immunsystems kommt.[30] Nicht zuletzt wegen dieser notwendigen Schließung und auch, um eine zu weitgehende Auto-aggression des Systems zu verhindern, ist eine Differenzierung von Recht und Politik wichtig. Andere Theorievoraussetzungen müß-ten zu dem Schluß führen, daß die Immunantwort sich in der umgebenden Umwelt verliert; und das würde heißen: daß das Sy-stem nicht an sich selbst lernen kann. Daß dies kausale Beziehungen zwischen System und Umwelt (Recht und Gesellschaft und deren Umwelt) nicht ausschließt, sondern voraussetzt, braucht wohl nicht nochmals betont zu werden.

IV

Im gesellschaftlichen Kontext von Gesellschaft und Recht treten unter modernen Bedingungen Spannungen auf, die noch wenig ana-lysiert und noch weniger begriffen sind. Das vielleicht wichtigste Problem liegt in den immer noch zunehmenden Ansprüchen auf individuelle Selbstbestimmung, an denen die klassischen liberalen Formgebungsmittel zu scheitern scheinen. Es wird immer deutli-cher, daß man zwar jedes Gesetz befolgen kann, aber nicht alle. Rechtsbrüche werden lebensnotwendig, wenn Leben heißen soll: nach Maßgabe individueller Selbstbestimmung zu leben. Dabei geht es keineswegs nurmehr um das klassische Problem der unvermeid-baren Rechtsunkenntnis. Bereiche wie Steuerhinterziehung oder

---

30 Siehe für die biologische Parallelvorstellung erneut Vaz / Varela a.a.O. (1978).

Schwarzarbeit sind Indikatoren dafür, daß es ohne Rechtsverstöße nicht geht – zwar nicht für jedes Individuum (schon weil nicht alle arbeiten bzw. Steuern zahlen müssen), aber für sehr viele. Erhebliche Bereiche der Wirtschaft würden zusammenbrechen, wenn das Recht hier durchgesetzt würde. Vor allem aber würden zahlreiche Möglichkeiten individueller Selbstsinngebung abgeschnitten werden, wenn die Bürokratie mit ihren Rechtsdurchsetzungsprogrammen durchkäme. Ohne Schwarzarbeit können Hauseigentümer ihre Verpflichtungen gegenüber Mietern nicht erfüllen; ohne Schmuggel zigtausende von Arbeitslosen in den italienischen Küstenstädten; ohne »Stimmenkauf« kaum Wahlbeteiligung in den ländlichen Gebieten oder den Slums Thailands.[31] Wie man weiß, dient Rechtsbefolgung den Gewerkschaften als Streikprogramm und der Rechtsbruch in den Organisationen oft als einzig sinnvolles Arbeitsverhalten.[32] Wirksamere Strafverfolgung brächte die Gefängnisse in Schwierigkeiten.[33] Sowohl die Polizei als auch viele therapeutische Berufe stehen vor dem Problem, daß die strikte Beachtung des Rechts ihre Wirksamkeit radikal einschränkt und bis zur Entschuldigung für Untätigkeit führen kann. Das »Gnadenrecht« wird in der Praxis denn auch nicht vom Staatsoberhaupt ausgeübt, sondern von der Polizei. Das Recht kann wichtige Operationen so verlangsamen, daß sie vom Stillstand nicht mehr zu unterscheiden sind. Vor allem aber ist der in der Gesellschaftssemantik hochbewertete Individualismus (Emanzipation, Selbstverwirklichung und all das) nicht durchzuhalten, wenn durchgehende Rechtsbefolgung erwartet wird. Und bei all dem ist noch gar nicht die Rede von den destruktiven individuellen Nebenfolgen, vor allem der Entmutigung und der Selbstexklusion aus motivstarken Aktivitätsbereichen, die als Folge der Beachtung des Rechts eintreten.

Gewiß darf dieses Argument nicht überbewertet werden. Es heißt selbstverständlich nicht, daß man heutzutage nur noch als Krimineller eine Lebenschance hat. Oft hilft eine »aktive Interpretation«,

---

31 Siehe speziell hierzu: Ananya Bhuchongkul, Vote-buying: more than a »sale«, Bangkok Post vom 23. Febr. 1992, S. 8.

32 Siehe als eine bekannte Fallstudie: Joseph Bensman / Israel Gerver, Crime and Punishment in the Factory: The Function of Deviance in Maintaining the Social System, American Sociological Review 28 (1963), S. 588-593.

33 Vgl. Heinrich Popitz, Über die Präventivwirkung des Nichtwissens: Dunkelziffer, Norm und Strafe, Tübingen 1968.

oft eine Identifikation mit »vertretbaren«, wenngleich nicht »herrschenden« Rechtsmeinungen. Wohl aber sollte die Tatsache mehr Beachtung finden, daß sozial wohlgefällige Perfektionsziele auf der Ebene der Individuen, aber auch auf der Ebene der Funktionssysteme (einschließlich des Rechts selbst) nicht mehr ohne Rechtsbruch erreichbar sind. Die Gesellschaft benutzt, anders gesagt, das Recht auch zur Selbstwiderlegung.

Daß dieses Problem mit den klassischen Mitteln der liberalen Rechtstheorie nicht zu lösen, ja nicht einmal adäquat zu begreifen ist, ist bereits angedeutet worden. Die Rechtsform der »subjektiven Rechte« als Instrument der Freigabe von Willkür im Recht reicht als Korrektiv nicht aus; und dies auch dann nicht, wenn man mit in Betracht zieht, daß es dem Rechtsinhaber vom Recht erlaubt wird, Verletzungen seiner Rechte hinzunehmen. Die Bestimmung der Funktion des Rechts als eines Instruments der Freiheitssicherung hat, wie alle Funktionsbestimmungen, kaum interpretativen Wert. Das gilt auch für die sogleich zu behandelnden Menschenrechte, die im übrigen ihrerseits kaum zur Disposition des Einzelnen gestellt, also auch nicht als subjektive Rechte begriffen werden können. Die Menschenrechte sind gewiß ein Resultat des modernen Individualismus, aber Unbefolgbarkeiten im Recht sind ein ebenso wichtiges anderes.

Würde man diese Problematik stärker beachten, käme auch ein wichtiger Grund für regionale Differenzierungen ans Licht. Die positive Seite des Rechts, also die Unterschiede in den Normen und Interpretationsweisen zwischen den einzelnen »Rechtskulturen«, reicht für einen soziologischen Rechtsvergleich nicht aus. In der Frage der strukturell induzierten Rechtswidrigkeiten liegt, zumindest für die Soziologie, der größere Informationswert. Rechtswidrigkeiten haben, gerade in der modernen Gesellschaft, ihre eigene Logik als Indikatoren für unterschiedliche Sozialverhältnisse – für Probleme des Wohlfahrtsstaates, für Probleme der Organisationsabhängigkeit, für Probleme der Inflationsabhängigkeit von regionalen Wirtschaften oder für die anscheinend zunehmende soziale Unmotivierbarkeit von Individuen.

Diese Umorientierung auf Mitbeachtung der selbstinduzierten Rechtswidrigkeiten ist bereits in der Vorstellung angelegt, daß das Recht durch binäre Codierung (statt: durch den eigenen Perfektionszustand) identifiziert werden muß. Sie ist aber auch deshalb

sinnvoll, weil man anderenfalls angesichts des phänomenalen Ausmaßes und der regionalen Unterschiedlichkeit von Rechtsbrüchen
kaum von einem welteinheitlichen Rechtssystem als einem Funktionssystem der Weltgesellschaft sprechen könnte. Dazu mehr im
folgenden Abschnitt.

V

Welchen Begriff der Gesellschaft man auch verwenden will, ob den
traditionellen Begriff der Autarkie, das heißt: Autarkie in den zum
perfekten Leben (Glück) des Menschen nötigen Bedingungen, oder
den Begriff der Geschlossenheit des kommunikativen Operierens:
es kann kein Zweifel daran bestehen, daß unter heutigen Umständen nur noch ein einziges Gesellschaftssystem besteht: die Weltgesellschaft. Dieser Begriff hat zwar, solange keine ausreichende
Gesellschaftstheorie formuliert ist, ungeklärte Konturen[34]; aber das
ist kein Grund, den noch viel unbestimmteren Begriff des »internationalen Systems« zu bevorzugen, bei dem weder klar ist, was
»Nation« heißen soll, noch wie das »inter« zu verstehen ist. Auch
wenn die meisten Soziologen diesem global system den Titel »Gesellschaft« verweigern[35], ist es erst recht unmöglich, nationale Systeme (wenn hier der Systembegriff überhaupt angebracht ist) als
Gesellschaftssysteme zu bezeichnen.[36] Dafür fehlt jedes Abgrenzungskriterium, wenn man einmal von den Staatsgrenzen absieht,
die für diese Frage denkbar ungeeignet sind.

34 Darauf weist zum Beispiel Kurt Tudyka, »Weltgesellschaft« – Unbegriff und Phan-
tom, Politische Vierteljahresschrift 30 (1989), S. 503-508 hin.

35 Siehe mit besonderer Prominenz Talcott Parsons, The System of Modern Societies,
Englewood Cliffs N.J. 1971. Andere sprechen von response to globalities oder von
Trends zur Globalisierung auf der Ebene regionaler Gesellschaftssysteme, so als ob
der Zustand einer einzigen Weltgesellschaft sich zwar ankündige, aber noch nicht
erreicht sei. Siehe z. B. Roland Robertson / Frank Lechner, Modernization, Globalization and the Problem of Culture in World-Systems Theory, Theory, Culture
and Society 11 (1985), S. 105-118; Margaret S. Archer, Foreword, in: Martin Al-
brow / Elisabeth King (Hrsg.), Globalization, Knowledge and Society, London
1990, S. 1; Roland Robertson, Globality, Global Culture, and Images of the World
Order, in: Hans Haferkamp / Neil J. Smelser (Hrsg.), Social Change and Modernity, Berkeley Cal. 1992, S. 395-411 ders., Globalization, London 1992.

36 So aber, vom Politischen ausgehend, mit aller Entschiedenheit Anthony Giddens,
The Nation-State and Violence, Cambridge Engl. 1985; ders., The Consequences of
Modernity, Stanford Cal. 1990, S. 12 ff.

Weder im regionalen Rahmen noch im weltgesellschaftlichen Rahmen kann es dabei auf die Ähnlichkeit der Lebensbedingungen ankommen; denn dann wäre nicht einmal Manhattan eine Gesellschaft. Für unsere Zwecke ist die rekursive Vernetzung der Kommunikation entscheidend – als Voraussetzung dafür die Übersetzbarkeit der Sprachen, aber darüber hinaus die weltweite Kommunikation der Massenmedien ebenso wie die der »privaten« Kommunikationsnetze; ferner die Einheit der kognitiven Bemühungen im Wissenschaftssystem, was immer für lokale Schwerpunkte oder regional-kulturelle Sonderinteressen sich bilden mögen; ferner die auf Krediten aufbauende Weltwirtschaft mit Weltmärkten für ihre wichtigsten Produkte; aber auch das weltpolitische System, das Staaten in unauflösbare wechselseitige Abhängigkeit bringt, und dies angesichts der ökologischen Konsequenzen moderner Kriege mit einer zwingenden Logik der Präventionen und Interventionen.[37] Die verbreitete Klage über die postkoloniale Ausbeutung peripherer Länder durch die Industrienationen, Theorien unter Titeln wie Dependenz oder Marginalität, sind, was immer man inhaltlich von ihnen halten mag, ein Beleg für, nicht ein Beleg gegen Weltgesellschaft. Die weltweiten Verflechtungen aller Funktionssysteme sind kaum zu bestreiten.

Die Weltgesellschaft ist, soweit es um Systemdifferenzierung geht, durch einen Primat funktionaler Differenzierung gekennzeichnet. Ihre Wirtschaft ist politisch nicht zu kontrollieren[38], ihre Wissenschaft läßt sich durch die Wirtschaft zwar fördern, aber nicht zu Ergebnissen bringen, die sich wissenschaftlich halten lassen. Die erstaunlichen religiösen revivals der letzten Dekaden können (wie schon zu ihrer Zeit die protestantische Reformation) politisch ge-

---

37 Hier allein hat es im übrigen Sinn, die Weltgesellschaft von den »internationalen Beziehungen« her zu sehen, wie es zum Beispiel John W. Burton, World Society, Cambridge Engl. 1972, tut.

38 Dies zeigt nicht nur das Scheitern der politischen Realisation einer »sozialistischen Wirtschaft«, sondern auch das wirtschaftliche Scheitern nationaler Wirtschaftsisolierungen aus Gründen politischer Selbstpräferenz (etwa Brasilien oder Mexiko), der Verlust der selbstverständlichen Kreditwürdigkeit fast aller Staaten im internationalen Finanzsystem (mit erheblichen Konsequenzen für dieses System) oder auch die groteske Fehleinschätzung der wirtschaftlichen Konsequenzen der politisch erstrebenswerten deutschen Wiedervereinigung. Die Politik kann zwar aus einsichtigen politischen Gründen über Maßnahmen entscheiden, aber die Wirtschaft entscheidet über deren Folgen.

nutzt, aber nicht als Politik praktiziert werden. Aber funktionale Differenzierung besagt keineswegs: regionales Gleichmaß der Entwicklung, geschweige denn konvergente Evolution. Gerade wenn man davon auszugehen hat, daß Funktionssysteme operativ geschlossene, autopoietische Systeme sind, ist zu erwarten, daß ihr Aufeinandereinwirken ganz verschiedene Konsequenzen hat je nach Ausgangsbedingungen und Weltlage. Und auch hier gelten Einsichten der Systemtheorie (einschließlich ihrer mathematischen Varianten): daß Störungen und Systembrüche je nach dem historischen Pfad ihrer Entwicklung, je nach negativem oder positivem Feedback und je nach regionalen Besonderheiten sehr verschiedene Auswirkungen haben können. Eine funktional differenzierte Gesellschaft ist alles andere als eine harmonische Gesellschaft mit inhärenten Stabilitätsgarantien.

Das Rechtssystem der Weltgesellschaft bildet unter vielen Gesichtspunkten eine Besonderheit. Zwar ist auch hier ein weltweites Funktionssystem etabliert[39], in dem man in allen Regionen Rechtsfragen von anderen Fragen unterscheiden kann, in dem Übersetzungsregeln von einer Rechtsordnung in andere existieren, vor allem in der Form des internationalen Privatrechts, und man normalerweise beim Betreten eines Gebietes, in dem man nicht zu Hause ist, nicht damit rechnen muß, als rechtloser Fremder behandelt zu werden.[40] Man braucht auch nicht, wie Kaufleute noch im Hochmittelalter, zu befürchten, im Ausland für Schulden seiner Landsleute haftbar gemacht zu werden. Auch hat eine starke Äquifinalität der Rechtsinstitute dazu geführt, daß Einrichtungen unterschiedlicher Rechtsordnungen ähnlicher sind, als man zunächst vermuten könnte. Es gibt Gesetzgebung, es gibt den Unterschied von Strafrecht und Zivilrecht, es gibt Eigentum, es gibt Verträge, es gibt Gerichtsverfahren usw. Trotz solcher eher formaler Zusammenhänge und Übereinstimmungen sind jedoch enorme Unter-

---

39 Anders die auch unter Juristen ganz herrschende Meinung. Siehe für viele Werner Krawietz, Recht als Rechtssystem, Wiesbaden 1984, insb. S. 51 ff. Aber natürlich haben selbst Juristen den Mut zu reisen und dabei den Geltungsbereich ihrer Rechtsordnung zu überschreiten.

40 Es gibt Ausnahmen, die man aber eben deshalb ohne besonderen Schutz nicht betreten kann, zum Beispiel favelas brasilianischer Großstädte. Auch ist es nicht ausgeschlossen, daß es demnächst Staaten geben könnte, in denen man als Weißer faktisch keinen Rechtsschutz genießt.

schiede in den einzelnen Regionen des Erdballs nicht zu verkennen, und die Frage an Rechtssoziologen wäre, wie sie zu beschreiben und zu begreifen sind. Daß die Weltgesellschaft auch ohne zentrale Gesetzgebung und Gerichtsbarkeit eine Rechtsordnung hat, wird man aber kaum bestreiten können.[41]

Zu den wichtigsten Indikatoren eines weltgesellschaftlichen Rechtssystems gehört die zunehmende Aufmerksamkeit für Menschenrechtsverletzungen.[42] Die Idee der Menschenrechte (im neuzeitlichen Sinne) ist im Zerfall des alteuropäischen Naturrechts und in engem Zusammenhang mit Sozialvertragskonstruktionen ent-

---

41 Gelegentlich wird diese Rechtsordnung mit Rechtsverhältnissen in tribalen Gesellschaften verglichen. Siehe Michael Barkun, Law Without Sanctions: Order in Primitive Societies and the World Community, New Haven 1968. Aber das wird den Instrumenten des modernen Rechtsverkehrs kaum gerecht. Eher könnte man mit Gerhart Niemeyer, Law Without Force: The Function of Politics in International Law, Princeton 1941, an eine wirtschaftsbürgerliche Gesellschaft ohne korrespondierenden Staat denken. Auch dem jüdischen Recht ließen sich zweitausendjährige Erfahrungen mit einer staatenlosen (sich auf fremde Staaten stützenden) Rechtskultur entnehmen. Man könnte dann sehen, wie dies begrifflich gearbeitet ist (zum Beispiel über den Pflichtbegriff und nicht über den Begriff der individuellen Rechte) und wie man sich vorstellen könnte, daß politische »Anarchie« nicht notwendig auf eine fehlende Rechtsordnung hinausläuft. Vgl. z. B. Robert M. Cover, The Folktales of Justice: Tales of Jurisdiction, The Capital University Law Review 14 (1985), S. 179-203. Aber natürlich sind die Grundlagen dieses Rechts in einer religiösen und ethnischen Einheit und in einer gemeinsamen Texttradition nicht weltweit institutionalisierbar.

42 An deskriptiven, breit angelegten Darstellungen der Entwicklung dieser Idee fehlt es nicht. Siehe zum Beispiel Günter Birtsch (Hrsg.), Grund- und Freiheitsrechte im Wandel von Gesellschaft und Geschichte: Beiträge zur Geschichte der Grund- und Freiheitsrechte vom Ausgang des Mittelalters bis zur Revolution von 1848, Göttingen 1981; ders. (Hrsg.), Grund- und Freiheitsrechte von der ständischen zur spätbürgerlichen Gesellschaft, Göttingen 1987, oder, stärker an aktuellen Problemen interessiert, Ludger Kühnhardt, Die Universalität der Menschenrechte: Studie zur ideengeschichtlichen Bestimmung eines politischen Schlüsselbegriffs, München 1987. Die theoretische Kontextierung bleibt dabei jedoch ungeklärt. Schon daß in der Formulierung dieser Rechtsidee der Begriff »Mensch« auftaucht, bedürfte einer besonderen Analyse, die aber in unserem Zusammenhang zu weitläufig ausfallen müßte. Es muß hier genügen, mit Foucault an die semantische Erfindung des Singularmenschen am Ende des 18. Jahrhunderts zu erinnern, und vielleicht noch an die auch philosophisch anscheinend irresistible »Wiederkehr des Menschen« – etwa in der Reanthropologisierung des Subjekts um 1800 oder in der Reanthropologisierung des Heideggerschen »Daseins« in Frankreich. Juristisch gesehen ist damit jedenfalls klargestellt, daß auch Ausländer mitgemeint sind.

standen.[43] Der »Vertrag« ist bis weit ins 18. Jahrhundert hinein die Form der Entfaltung des Paradoxes der Naturrechte: daß sie keine Ausnahme von sich selber enthalten und sich damit selbst ad absurdum führen.[44] Aber damit wird die Paradoxie nur verschoben und taucht in der Vertragskonstruktion wieder auf. Denn jetzt kann die Geltung des Vertrags, der die Regel begründet, daß Verträge binden, nur paradox begründet werden. Aber genau darin liegt die Überlegenheit dieser Konstruktion im Verhältnis zum älteren Naturrecht. Denn die *Geltung* des Vertrags muß jetzt darauf beruhen, daß in ihm auf die natürlichen Rechte *verzichtet* wird.[45] Mit der Lösung des Problems der Begründung sozialer Ordnung über Sozialvertragslehren (im Sinne von pactum unionis, nicht nur pactum subiectionis) konnte man es sich leisten, die zum Vertragsschluß erforderlichen Individuen gleichsam rückwirkend mit natürlichen Rechten auszustatten, und hatte dann nur noch das Problem, die Form dieser Rechte im Zivilzustand zu bestimmen. Der Versuch Pufendorfs, sehr unterschiedliche Vorstellungen über die Ausgangslage des Naturzustandes (Grotius, Hobbes, Spinoza) auf einen Nenner zu bringen, führte zu Formulierungen, die der Idee angeborener (aber nicht unbedingt unsozialer) Menschenrechte zum Durchbruch verhalfen. Damit konnten traditionelle Unterscheidungen unterlaufen bzw. als bloße Produkte des Zivilrechts dargestellt werden. Zum Beispiel gibt es jetzt nicht mehr, wie in der Tradition der Adelsgesellschaften, Menschen mit und Menschen ohne »dignitas«, sondern Menschenwürde ist jedem Menschen eigen und ist damit auch eine Schranke der Differenzierungsleistungen des Zivilrechts.[46]

43 So die wohl heute allgemein akzeptierte Lehre. Siehe z. B. Gregorio Peces-Barba Martinez, Tránsito a la modernidad y derechos fundamentales, Madrid 1982, insb. S. 159 ff.

44 In den heutigen Verfassungen wird genau diese Funktion des Vertrags durch den Gesetzesvorbehalt übernommen.

45 Zur Rückführung dieser Idee auf religiöse Vorstellungen eines von Gott verlangten und von Gott selbst praktizierten Opfers vgl. Peter Goodrich, Languages of Law: From Logics of Memory to Nomadic Masks, London 1990, S. 56 ff.

46 »In ipso hominis vocabulo iudicatur inesse aliqua dignatio«, heißt es in Samuel Pufendorf, De jure naturae et gentium libri octo 3.II.I., zit. nach der Ausgabe Frankfurt-Leipzig 1744, Bd. I, S. 313. Siehe auch mit demselben Wortlaut ders., De officio hominis & civis iuxta legem naturalem libri duo 1.VII., zit. nach der Ausgabe Cambridge 1735, S. 143. Es fällt auf und verrät wohl eine historisch bewußte Differenzierungsabsicht, daß nicht von dignitas, sondern von dignatio die Rede ist.

Mit der Kritik und Ablehnung solcher Vertragskonstruktionen im Zuge eines sich vertiefenden Geschichtsbewußtseins in der zweiten Hälfte des 18. Jahrhunderts glaubte man dann, die Lösung des Problems in der Vertextung und Positivierung solcher dem Staat vorgegebenen Individualrechte zu finden – sei es in besonderen Bills of Rights, in deklaratorischen Anerkennungen oder schließlich in den Verfassungsgesetzen selbst.[47] Auch diese Lösung hat heute ihre Überzeugungskraft verloren. Sie hat das Problem, daß sie vermeintlich überpositives Recht als positives Recht in Geltung setzt, was mit den Vorteilen textförmiger Interpretationsgrundlagen nur unzureichend erklärt werden kann; und sie hat vor allem den Nachteil, daß der gesamte Apparat der textförmigen Geltung nur mühsam und nur unzureichend auf die Ebene des weltgesellschaftlichen Rechtssystems übertragen werden kann. Es bleibt Staatsrecht bzw. Recht auf der Grundlage von Staatsverträgen. Den Staaten wird daher eine politische Verantwortung für die Beachtung der Menschenrechte auf ihrem Territorium zugemutet, und die Rechte selbst erscheinen als Anforderungen an staatliche Rechtssetzung und Rechtsdurchsetzung.

Es fehlt nicht an Texten, Konventionen, Beschlüssen[48] und auch nicht an positiven Meinungsäußerungen in der Literatur. Die ausführliche Diskussion der Kontroverse von Universalisten und Relativisten hat niemanden dazu gebracht, den Sinn eines letzten Rechtsschutzes gegen staatliche Willkür zu bestreiten.[49] In der Tat ist diese Idee in Europa parallel zur Ausbildung des modernen Territorialstaates aufgekommen, und *diese Differenz*, nicht unbedingt der zeitbedingte naturrechtliche Begründungsduktus, ist mit der weltweiten Ausdehnung der Staatsförmigkeit des politischen Systems eher dringender geworden als in den kulturell noch relativ

47 Für die deutsche Version, die solche Überlegungen nach der Französischen Revolution aufnimmt und eine Lösung, mangels Aussichten auf Revolution und Verfassung, noch einmal von »Naturrecht« erwartet, siehe Diethelm Klippel, Politische Freiheit und Freiheitsrechte im deutschen Naturrecht des 18. Jahrhunderts, Paderborn 1976, S. 178 ff.

48 Siehe als Zusammenstellung etwa Wolfgang Heidelmeyer (Hrsg.), Die Menschenrechte: Erklärungen, Verfassungsartikel, Internationale Abkommen, 2. Aufl. Paderborn 1977.

49 »Cultural differences ... cannot explain or justify barbarism and repression«, meint dazu Louis Henkin, The Rights of Man Today, Boulder Col. 1978, S. 129 (zit. nach Kühnhardt a.a.O., 1987, S. 140).

einheitlichen Verhältnissen des vorkonstitutionellen Europa. Gerade weltweit zeigt sich nun, wie sinnvoll es ist, das politische System segmentär in Regionalstaaten zu differenzieren, damit es sich den lokalen Gegebenheiten besser zuordnen und Konsenschancen nutzen kann; aber zugleich: wie unerträglich es wäre, das Rechtssystem der Willkür regionaler Politikprozesse zu überlassen. Die mit der Ausbildung des modernen Staates in Europa zuerst erfahrene Diskrepanz von Politik und Recht weitet sich aus und gewinnt eine erheblich veränderte Form.

In dieser Situation scheint das Recht der Menschenrechte kaum von der Klarheit der Geltungsgrundlagen und der Präzision entsprechender Texte zu profitieren, wohl aber von der Evidenz der Rechtsverletzungen. Angesichts von Horrorszenen der verschiedensten Art sind weitere Diskussionen überflüssig.[50] Welche Normen und vor allem welche Texte dem zugrunde liegen, ist derzeit nicht sicher auszumachen.[51] Weitgehend wird die liberale Tradition der bürgerlichen Gesellschaft und ihrer Verfassungsrechte fortgesetzt. Grundrechte wie Freiheit und Gleichheit sind nach wie vor anerkannt – zugleich aber mit dem Wissen, wie stark sie legal modifiziert werden können[52] und wie wenig sie den tatsächlichen Verhältnissen entsprechen. Sie dienen, hatten wir oben[53] gezeigt, dem Erzeugen und Entfalten einer Systemparadoxie durch Einführung von Selbstreferenz ins System und gewinnen deshalb praktikable Bedeutung nur als positives Recht. Wo diese liberale Tradition überschritten wird – und das gilt heute dramatisch im Bereich der »Kollektivrechte«, insbesondere des Rechtes auf Unabhängigkeit

---

50 Es mag heute zwar zynisch klingen, aber wenn man sich die Theoriekonstruktion Kants und die Position der Kritik der Urteilskraft im Kontext der drei Kritiken vor Augen führt, könnte man auch an die Urteilskraft in Fragen des Rechtsgeschmacks appellieren – um deutlich zu machen, daß es sich hier weder um eine rein kognitive Frage noch um eine Anwendung der praktischen Vernunft in der Form des Sittengesetzes handeln kann.

51 Das ändert sich allein nicht dadurch, daß die UNO entsprechende Erklärungen verabschiedet.

52 Mit Hasso Hofmann, Menschenrechtliche Autonomieansprüche: Zum politischen Gehalt der Menschenrechtserklärungen, Juristenzeitung 47 (1992), S. 165-173 (171) kann man in diesen Modifikationen sowie in den rechtsstaatlichen Anbindungen der Menschenrechte den eigentlichen Sinn ihrer über das Naturrecht hinausgehenden Positivierung erkennen.

53 Kapitel 5, IV.

und Selbstbestimmung von Nationen, Ethnien und Ethnien im Gebiet anderer Ethnien – gerät man auf ungeklärtes Terrain, wo wiederum Gewalt als der höchste Gerichtshof zu fungieren scheint.

Ein Grund für diese höchst unbefriedigende Sachlage dürfte darin liegen, daß die Entwicklung zum Wohlfahrtsstaat nach dem zweiten Weltkrieg die Formulierung der Menschenrechte mit in ihren Sog gezogen hat. Mehr und mehr versteht man unter Menschenrechten heute nicht nur Abwehrrechte, sondern Versorgungsrechte, insbesondere für Fälle eklatanter Unterversorgung. Die Grundlage dafür bietet ein anthropologisches Konzept, das dem Menschen im allgemeinen (also unabhängig von regionalen oder kulturellen Differenzen) einen Komplex von teils materiellen, teils geistigen Bedürfnissen und Interessen zuschreibt bis hin zu einem Interesse an Persönlichkeitsentfaltung und Selbstverwirklichung.[54] Daraufhin können krasse Diskrepanzen in Versorgungs- und Lebenschancen als »exemplarische Unrechtserfahrungen« markiert und zum Ausgangspunkt genommen werden für die Frage nach Abgrenzungskriterien.[55] Bei dieser Ausweitung besteht jedoch die Gefahr der Inflationierung und der Ideologisierung der Diskussion[56] und weiter das Problem, daß als Adressaten nicht mehr die Rechtsverletzer stricto sensu in Betracht kommen, sondern diejenigen, die helfen könnten. Das Problem der Menschenrechte verschmilzt mit einem immens erweiterten Desiderat für Sozialarbeit und Entwicklungshilfe. Die Differenz von Wirtschaft (Vorsorge) und Sozialhilfe (Nachsorge) läßt sich bei enormen regionalen Verschiedenheiten nicht mehr in klare, durchsetzbare Rechtsansprüche umsetzen. Die Inflationierung ruiniert den Wert des symbolischen Mediums, und die wirklich krassen, empörenden, aktiven Einbrüche in die Zone des unbedingt Schutzwürdigen – Stichwort Menschenwürde – fallen nicht mehr auf, wenn es als ohnehin normal empfunden wird, daß Menschenrechte überall unberücksichtigt bleiben.[57]

---

54 Die (juristische) Unzulänglichkeit solcher anthropologischen Begründungen ist nicht unbemerkt geblieben. Siehe etwa Eibe H. Riedel, Theorie der Menschenrechtsstandards, Berlin 1986, S. 205 ff., 346 ff.

55 So Winfried Brugger, Menschenrechte im modernen Staat, Archiv des öffentlichen Rechts 114 (1989), S. 537-588; ders., Stufen der Begründung von Menschenrechten, Der Staat 31 (1992), S. 19-38.

56 Siehe Brugger a.a.O. (1992), S. 30 f.

57 Aus ähnlichen Gründen empfiehlt Heiner Bielefeldt, Die Menschenrechte als

Angesichts dieser Problematik scheint sich die Aufmerksamkeit auf weltweite Menschenrechts*verletzungen* von *eindeutiger Eklatanz* zu verschieben – auf das staatlich abgesicherte Verschwinden von Personen, auf Zwangsdeportationen und Vertreibungen, auf rechtswidrige Tötung, Verhaftung, Folterung mit Wissen oder unter Schutz durch staatliche Organe. Die Garantie funktionierender Rechtsstaatlichkeit ist dann ihrerseits ein funktionales Äquivalent für die Anerkennung von Menschenrechten und macht diese rechtstechnisch fast überflüssig.[58] Nur wo Rechtsstaatlichkeit nicht gewährleistet ist und Staaten unfähig oder unwillig sind, Menschenrechtsverstöße mit normalen rechtsstaatlichen Mitteln abzuarbeiten, werden sie überhaupt als *Menschenrechts*verstöße aufgefaßt. Da solche Verstöße weit verbreitet, um nicht zu sagen: in der Mehrzahl der Staaten üblich sind, liegt das Problem zunächst einmal nicht in der Eindeutigkeit der Textformulierungen, die eine Entscheidung zwischen rechtmäßig und rechtswidrig ermöglichen könnten. Vorerst genügt es, die Aufmerksamkeit auf die schlimmsten Fälle zu lenken. Zugleich verschiebt sich das Problem gegenüber dem klassisch-neuzeitlichen Rechtsdenken. Einerseits reicht es nicht aus, sich auf das positive Recht der Staaten (etwa in der Form der Verfassungen) zu berufen; denn das positive Recht kann auch benutzt werden, um Menschenrechtsverletzungen zu decken oder – so in der Rechtsprechung des US Supreme Court im Fall Álvarez Marchain (1992) – um kidnapping unter Bruch des internationalen Rechts zu ermöglichen.[59] Andererseits reicht es nicht aus, die

Chance in der pluralistischen Weltgesellschaft, Zeitschrift für Rechtspolitik 21 (1988), S. 423-431, eine Konzentration der Diskussion auf das Problem der Verletzungen der Menschenwürde.

58 Dies erinnert entfernt an die These in Kants Traktat »Zum ewigen Frieden«: daß eine internationale Friedensordnung nur von einem Verbund republikanischer, das heißt intern rechtsstaatlich geordneter Staaten zu erwarten sei. Das Argument unterläuft im übrigen, weil es auf Rechte der Individuen abstellt, die verbreitete Vorstellung, Frieden sei als »internationale« Ordnung durch Verträge zwischen Staaten sicherzustellen. Zur Aktualität der Problemstellung Kants vgl. Fernando R. Tesón, The Kantian Theory of International Law, Columbia Law Review 92 (1991), S. 53-102.

59 Weil, so muß man wohl hinzufügen, eine positivrechtliche Grundlage fehlt, die es ermöglichen würde, die Rechtswidrigkeit des kidnapping vor staatlichen Gerichten als Einwand vorzubringen. Der Fall zeigt mehr als deutlich, daß auch und gerade Rechtsstaatlichkeit kein sicherer Schutz gegen »empörende« Resultate ist. Der turbulente Zustand des Weltrechts zeigt sich gerade an diesem Fall besonders deutlich:

Rechte als subjektive Rechte zu begreifen mit der Konsequenz, daß es dem Einzelnen überlassen bleibt, ob er sie geltend macht oder nicht; denn diese Entscheidung kann unter gegebenen politischen Verhältnissen oft nicht frei getroffen werden.[60] Es liegt deshalb nahe, das Weltrechtssystem nicht von Rechten, sondern von Pflichten aus zu konzipieren. Schließlich bleibt die Sanktion ein Problem. Daß Einzelstaaten, und seien es die USA, sich als Richter und Sanktionsmacht aufführen (obwohl sie selbst die Unterwerfung unter den Inter-American Court of Human Rights abgelehnt haben[61]), wird kaum mehr akzeptierbar sein. Eher ist mit einer zunehmenden Internationalisierung der Aufmerksamkeit für dieses Problem zu rechnen und vielleicht auch mit einer stärkeren Beachtung im Kontext von entwicklungspolitischen Hilfeleistungen. Nach dem Ende des »kalten Krieges« meint man, hierfür neue Perspektiven zu sehen.

Von Eklatanz der Verstöße wird man nur mit Bezug auf Menschenwürde sprechen können. Einschränkungen der Rechte auf Freiheit und Gleichheit, die auch als Menschenrechte geführt werden, sind so normal und so unentbehrlich, daß man staatlichen Rechtsordnungen einen hohen Spielraum (qua »Gesetzesvorbehalt«) konzedieren muß. Hier handelt es sich im Grunde gar nicht um die Einheit einer Norm (einer Idee, eines Wertes), sondern um die Formparadoxien der Unterscheidungen Freiheit/Beschränkung und Gleichheit/Ungleichheit, die dann in den einzelnen Rechtsordnungen auf sehr verschiedene Weise entfaltet werden können. Oder in anderen Worten: um Zukunftsperspektiven, die im Unbestimmbaren konvergieren. Trotzdem scheint es auch hier eine spezifische, sich weltweit durchsetzende Empfindlichkeit zu geben. Man kann sie an Fällen erkennen, in denen *Rollenasymmetrien durch eine externe Referenz festgeschrieben und als unumkehrbar behandelt werden.*[62] Das gilt in besonderem Maße, wenn Rasse als Faktor für

---

daß die Transformation internationalen Rechts in nationales Recht verweigert wird, also Rechtswidrigkeiten als rechtmäßig behandelt werden, weil anders eine Durchsetzung des Rechts selbst nicht gewährleistet werden kann.

60 Auch Hofmann a.a.O., S. 166 f. bezweifelt, allerdings mit anderen Argumenten, den Charakter der Menschenrechte als subjektiver Rechte.

61 Vgl. den ersten »Annual Report of the Inter-American Court of Human Rights 1989«, Washington 1989.

62 Ich verdanke diesen Gedanken einem Manuskript von Vessela Misheva.

die Zuordnung zu Rollen benutzt wird (vor allem: als Gesichtspunkt der Zuordnung zu Leben und Tod oder zu Hunger und guter Ernährung). Tendenziell haben auch religiös oder ideologisch inspirierte Systeme diese Neigung, die Zuordnung zu rollenspezifischen Chancen von einem in den Rollen selbst nicht disponiblen Faktor abhängig zu machen. Die Rollenasymmetrien, die nach moderner Auffassung nur in Funktionssystemen akzeptabel sind (Arzt/Patient, Produzent/Konsument, Kläger/Beklagter im Verhältnis zum Richter usw.) werden durch eine externe Referenz generalisiert, so daß sich strukturelle Benachteiligungen ergeben, die sehr unterschiedliche Funktionssysteme transversal durchziehen. Die Anstößigkeit solcher Verhältnisse unter modernen Gesichtspunkten ist mehr strukturell bedingt als fallbedingt. Deshalb sind Anlässe zur Empörung und zum Eingreifen schlecht zu markieren und gegen Hinzunehmendes abzugrenzen. Aber es scheint, daß zumindest der Gesichtspunkt der Rasse bereits deutlich als Menschenrechtsverstoß akzeptiert wird.

Im Überblick über die hier nur knapp angedeutete Entwicklung der Doktrin der Menschenrechte zeigt sich, daß es immer um die Entfaltung einer fundamentalen Paradoxie geht, die ihre historische Bestimmtheit an der Frage des Verhältnisses von Individuen zum Recht hatte. Die Sozialvertragslehren gaben dieser Paradoxie die Form eines Zirkels: Daß die vertragschließenden Individuen an den Vertrag gebunden seien, konnte nur aus dem Vertrag selbst erklärt werden. Auch die Naturrechtslehren bleiben zirkulär, da man sich auf die Natur des Menschen nur in Fällen beruft, in denen man eine Verletzung beklagen und eine entsprechende Norm konstituieren will. Daß das überpositive Recht positivierungsbedürftig sei, ist ein offenes Paradox, das mit rein pragmatischen Erwägungen über den Nutzen schriftlich fixierter Texte nur schlecht verhüllt ist. Und natürlich ist es auch ein Paradox, wenn man sagt, daß Rechte erst durch ihre Verletzung und durch entsprechende Empörung (Durkheims colère publique) in Geltung gesetzt werden. Aber vielleicht ist gerade *dieses* Paradox in den turbulenten Weltverhältnissen unserer Tage und angesichts des Relevanzverlustes klassisch-staatlicher Ordnungen das *zeitgemäße* Paradox. Wenn aber *alle* Begründungsvorstellungen letztlich auf eine Paradoxie auflaufen, ist damit auch die Diskussion über die Tragweite des spezifisch europäischen Traditionsgutes erledigt, und man wird erwarten können, daß die

Weltgesellschaft sich durch drastische Unerträglichkeiten hinreichend skandalisieren läßt, um ein von regionalen Traditionen und von regionalstaatlichen politischen Interessen unabhängiges Rechtsnormengerüst zu konstituieren.

Alles in allem wird diese Instaurierung von Weltrecht regional unterschiedliche Rechtsentwicklungen nicht beseitigen. Zu ihren wichtigsten Auslösern gehört die segmentäre Zweitdifferenzierung des weltpolitischen Systems in »Staaten«, das heißt in politische Systeme, die sich auf die staatliche Organisation kollektiv-bindender Entscheidungen spezialisieren. Das hat zur Folge, daß die strukturelle Kopplung des politischen Systems und des Rechtssystems über Verfassungen auf der Ebene der Weltgesellschaft keine Entsprechung hat. Damit allein ist jedoch noch nicht erklärt, weshalb es zu regional so unterschiedlichen Entwicklungen kommt, die so weit gehen können, daß die Funktionsfähigkeit und die Ausdifferenzierung der Orientierung am Recht in Frage gestellt sein können.

Es ist zu vermuten, daß das Ausgangsproblem in der mangelnden Inklusion großer Bevölkerungsteile in die Kommunikation der Funktionssysteme liegt, oder anders gesagt: in einer scharfen Differenz von Inklusion und Exklusion, die zwar durch funktionale Differenzierung erzeugt wird, aber mit ihr im Ergebnis inkompatibel ist und sie untergräbt.[63] Soziologen tendieren in Ermangelung anderer Begrifflichkeiten dazu, diesen Sachverhalt als ausgeprägte soziale Schichtung, wenn nicht als (international gestützte) »Klassenherrschaft« darzustellen. Aber diese Begriffe verweisen auf eine soziale Ordnung, die anerkannt oder doch akzeptiert wird und die gerade als Ordnung der (wenngleich extrem unterschiedlichen) Inklusion dient.[64] Man denke an die Rangordnung der Familien und

---

63 »Inklusion« definiert Talcott Parsons: »This refers to the pattern of action in question, or complex of such patterns, and the individuals and/or groups who act in accord with that pattern coming to be accepted in a status of more or less full membership in a wider solidary social system« – so in: Commentary on Clark, in: Andrew Effrat (Hrsg.), Perspectives in Political Sociology, Indianapolis o. J., S. 299-308 (306).

64 Die traditionelle Reflexion dieser schichtspezifischen Inklusion lief teils über Merkmale der anthropologischen Ausstattung des Menschen (vor allem ratio), an denen alle teilhaben, was immer ihre soziale Position, und teils über eine Philosophie des Glücks, das nach Gottes Willen jedem zugänglich sei. Letzteres vor allem im 18. Jahrhundert in einer Situation des Übergangs zu anderen Inklusionsprinzi-

ihrer (Abhängige einschließenden) Haushalte oder an die Fabrikorganisation des 19. Jahrhunderts als Modell der Klassenherrschaft. Die ausgeprägte Differenz von Inklusion und Exklusion hat sehr viel gravierendere Folgen. Denn unter dem Regime funktionaler Differenzierung regelt jedes Funktionssystem die soziale Inklusion selbst und für sich, und was an Relikten der alten Schichtungsordnung bleibt, kann dann nur noch nach Inklusion/Exklusion differenzieren. Mit der rasanten Verstädterung und dem Abreißen aller Sicherheiten, die in einer gewissen nichtmonetären Selbstversorgung lagen, wird das Problem noch verschärft. Die Betroffenen sind dann von der Geldwirtschaft abhängig, ohne nennenswert an ihr teilnehmen zu können. Die subsistenzwirtschaftliche Selbstversorgung muß durch Kriminalität bzw. durch Teilnahme an mafiosen Organisationen ersetzt werden.

Man kann gewiß nicht sagen, daß es unter solchen Umständen kein Recht gibt. (Es hat nie Gesellschaften ohne Recht gegeben.) Es wäre auch verfehlt anzunehmen, daß es für positives Recht keine Verwendung gäbe oder daß internationale Beziehungen, Verkehr, Handel usw. keine Rechtsgrundlagen hätten. Die Beschreibung der Phänomene muß begrifflich sehr viel differenzierter ansetzen. Den vermutlich besten Zugang gewinnt man mit der These, daß die Differenz von Inklusion und Exklusion als eine Art Metacode dient, der alle anderen Codes mediatisiert. Es gibt zwar den Unterschied von Recht und Unrecht, und es gibt auch Rechtsprogramme (Gesetze), die regeln, wie die Werte Recht bzw. Unrecht auf Tatbestände verteilt werden. Aber für exkludierte Bevölkerungsgruppen hat diese Frage geringe Bedeutung im Vergleich zu dem, was ihre Exklusion ihnen auferlegt. Sie werden rechtmäßig oder unrechtmäßig behandelt und verhalten sich entsprechend rechtmäßig oder unrechtmäßig je nach Situationen und Chancen. Für die Inkludierten gilt dasselbe, und dies besonders für die Politiker und die Angehörigen der Bürokratie. Und wieder: Dies ist keine Frage der

pien, die dann mit Freiheit und Gleichheit umschrieben werden. Siehe zum Glück des Landmanns und zur Reflexion der Oberschichten auf die Grenzen ihres eigenen Glücks zum Beispiel das Kapitel Conversation avec un laboureur in: Jean Blondel, Des hommes tels qu'ils sont et doivent être: Ouvrage de sentiment, London - Paris 1758, S. 119 ff. Immer war dabei aber Schichtung als Schema der Inklusion vorausgesetzt, während Exklusion über Zugehörigkeit/Nichtzugehörigkeit zu einer Familie bzw. einem Familienhaushalt bestimmt wurde.

sozialen Stratifikation, die Ordnungssubstitute für Recht bereitstellen würde, sondern es läuft auf eine Unterminierung der Rechtsordnung selbst hinaus. Man kann nicht wissen, ob sie angewandt wird oder nicht, *und selbst die Zuordnung von Kommunikationen zum Schema Inklusion/Exklusion ändert daran nichts*, weil auf *beiden* Seiten dieses Schemas (wenngleich in sehr unterschiedlich »fataler« Weise) rechtmäßiges und rechtswidriges Verhalten ohne Beachtung dieser »labels« gewählt werden kann.[65] Anders gesagt: Die Differenz von Codierung und Programmierung funktioniert nicht oder nur geschwächt, weil andere Präferenzen vorgehen. Das Dominieren der Unterscheidung Inklusion/Exklusion verändert die Erwartungen, die der Soziologe gewohnheitsmäßig mit dem Begriff der Integration (und über diesen Begriff oft mit dem Recht) verbindet.[66] Wenn man Integration definiert als Einschränkung der Freiheitsgrade der integrierten Teile, dann sieht man sofort, daß gerade der Exklusionsbereich *hochintegriert* funktioniert. Die Negativintegration in die Gesellschaft ist nahezu perfekt. Wer keine Adresse hat, kann seine Kinder nicht zur Schule schicken. Wer keine Papiere hat, kann nicht heiraten, kann keine Sozialleistungen beantragen. Analphabeten sind, ob formell ausgeschlossen oder nicht, gehindert, sinnvoll an Politik teilzunehmen. Die Exklusion aus einem Funktionsbereich verhindert die Inklusion in andere. Dagegen ermöglicht die Inklusion eine *geringere* Integration, also größere Freiheiten, und sie entspricht *auf diese Weise* der Logik funktionaler Differenzierung. Funktionale Differenzierung erfordert ein »loose coupling« der Funktionssysteme, die Unterbindung von Rückschlüssen aus einer Rolle auf andere; und darin liegen auch Chancen für Rechtsbrüche und Korruption. Die Chancen, die Inklusion gewährt, können in persönliche Vorteile, in Lageverbesserungen, in Karrieren umgesetzt werden.

Das ist in gewissem Ausmaß normal. Wenn aber die Inklusion der einen auf Exklusion der anderen beruht, untergräbt diese Differenz das Normalfunktionieren der Funktionssysteme. Vor allem das

---

65 Für Belege aus dem Verhältnis der brasilianischen Politik zum Verfassungsrecht siehe Marcelo Neves, Verfassung und Positivität des Rechts in der peripheren Moderne: Eine theoretische Betrachtung und eine Interpretation des Falles Brasilien, Berlin 1992.

66 Wir hatten uns von diesen Erwartungen an die Funktion des Rechts bereits oben, Kap. 3, I, getrennt.

Recht ist dann betroffen. Denn das Rechtssystem beruht nicht nur auf den systemeigenen Sanktionen, auf Verurteilung zur Zahlung oder zu Strafen, sondern auch auf gesellschaftsweiter Resonanz festgestellter Rechtswidrigkeit, die zusätzlich motiviert, sich ans Recht zu halten. Im hochintegrierten Exklusionsbereich ist, abgesehen von der Kontrolle über den eigenen Körper, nichts zu verlieren. Im wenig integrierten Inklusionsbereich werden die Folgen von Rechtmäßigkeit/Rechtswidrigkeit nicht transportiert, und es lohnt sich dann auch nicht, sich um die Feststellung dieser Werte nach Maßgabe rechtsspezifischer Programme zu kümmern. In (gar nicht seltenen) Extremfällen spielt es nicht einmal für die Politik und das Ansehen von Politikern eine Rolle, ob sie rechtmäßig oder rechtswidrig handeln. Auch die Organisation der Kontrolle der Gewalt, die Polizei, richtet sich dann primär nach dem Status, den Inklusion bzw. Exklusion verleiht, und nicht nach dem Recht. Es wäre sicher übertrieben, daraus auf Irrelevanz oder auf Nichtfunktionieren des Rechtssystems im ganzen zu schließen (abgesehen von der akuten Situation des Bürgerkriegs). Aber ob und aus welchen Anlässen der Rechtscode benutzt wird oder nicht, richtet sich dann nach einer anderen Differenz, der von Inklusion und Exklusion.

In entwicklungspolitischer Perspektive könnte es so aussehen, als ob die Exklusion großer Bevölkerungsgruppen von Teilnahme an den Vorteilen der Entwicklung eine vorübergehende Bedingung der Entwicklung sei; man könne, könnte es heißen, nicht alle sogleich an allen Vorteilen der modernen Gesellschaften partizipieren lassen. Die Frage bleibt jedoch, ob eine weltweite Realisierung des derzeitig Wohlstandsniveaus einiger Industrieländer überhaupt möglich ist – allein schon aus ökologischen Gründen. Auch muß man an die starke Geschichtsabhängigkeit aller autopoietischen Systeme denken. Sie setzen ihre Operationen immer an einer bereits strukturierten Ausgangslage an und können dann ebensogut abweichungsverstärkend (mit positivem Feedback) als auch abweichungsmindernd (mit negativem Feedback) wirken. Schließlich kann man nicht unterstellen, daß das derzeit dominierende System der strukturellen Gewichtung der Funktionssysteme langfristig so bleibt, wie man es heute vorfindet. Anders als in der Parsonsschen Theorie des allgemeinen Handlungssystems sehen wir funktionale Differenzierung als ein evolutionäres Produkt und nicht als eine logische Folge der Analyse des Handlungsbegriffs. Es kann daher durchaus sein, daß die gegenwärtige Prominenz des Rechtssystems und die Angewiesenheit der Gesellschaft selbst und der meisten ihrer Funktionssysteme auf ein Funktionieren des Rechtscodes nichts weiter ist als eine europäische Anomalie, die sich in der Evolution einer Weltgesellschaft abschwächen wird.

Register